Ökonomische Anthropologie

Gertraud Seiser (Hg.)

Ökonomische Anthropologie

Einführung und Fallbeispiele

facultas

Bibliographische Information der Deutschen Nationalbibliothek

Die Deutsche Nationalbibliothek verzeichnet diese Publikation
in der Deutschen Nationalbibliographie;
detaillierte bibliographische Daten sind im Internet unter
http://d-nb.de abrufbar.

facultas, Stolberggasse 26, 1050 Wien

Umschlagbild: „Arbeit im Februar", Handzeichnung von Reini Florian Branz 2017
(Gel-Tintenstift auf Papier, 21 × 15 cm), abgedruckt mit freundlicher Genehmigung
des Künstlers.
Graphisches Konzept und Satz: Atelier Tiefenthaler (gesetzt in Enigma von Jeremy Tankard)
Druck: FINIDR
Printed in the EU
isbn 978-3-7089-0835-9

Die Manuskripterstellung wurde gefördert durch das Institut für Kultur- und Sozial-
anthropologie der Universität Wien.

Gewidmet meinen KollegInnen am Institut für Kultur- und Sozialanthropologie an der Universität Wien und im Besonderen Thomas Fillitz.

Dank

Dieses Projekt lief 2012 etwas zögerlich an und wurde dann unterbrochen. Ein wesentlicher Grund lag darin, dass ich es mir eigentlich nicht zugetraut habe. Aber dazu später.

Zuerst möchte ich dem Facultas-Verlag und im Besonderen Sabine Kruse und ihrem Team (Sandra Illibauer-Aichinger, Katharina Schindl und Martin Tiefenthaler) danken, die nicht nur diese Reihe ins Leben gerufen, sondern mich auch hervorragend betreut und ermutigt haben. Der Vergleich mit anderen Verlagen in letzter Zeit macht mich da sicher.

Ein großer Dank zudem an alle, die Artikel beigesteuert haben und auch dem gesamten Institut für Kultur- und Sozialanthropologie der Universität Wien unter der Leitung von Peter Schweitzer und Elke Mader. Ich hoffe, die Erwartungen nicht zu enttäuschen.

Im Dezember 2015 haben mich Thomas Fillitz und Sabine Kruse dazu gebracht, das Projekt wieder aufzunehmen und durchzuziehen. Das war für mich keine leichte Entscheidung. Die Ökonomische Anthropologie, die zu dem Zeitpunkt, als mir die Vorlesung angeboten wurde (2002), wenig begehrt aber im Studienplan vorgesehen war, wurde v. a. nach der Wirtschaftskrise 2008 zu einem zentralen Feld der internationalen Kultur- und Sozialanthropologie. Sabine Strasser und Thomas Fillitz waren sich sicher, dass ich etwas Angemessenes zustande bringe. Danke vor allem an Sabine für kompromisslosen Rückhalt, Vertrauen und durchgehende Unterstützung. Ohne euch würde das Buch sicher nicht existieren. Weiterer erheblicher Rückhalt kam zudem von Wolfgang Kraus, Elke Mader, Herta Nöbauer und besonders von Tatjana Thelen. Danke! Es gibt noch eine Person, ohne die es dieses Lehrbuch nicht gäbe: Martin Thalhammer. Seinem jugendlichen Elan, seiner Kritikfähigkeit, Genauigkeit und seinem Einsatz haben alle Artikel dieses Buches einiges zu verdanken. Merci auch an Stefan Waldner, er weiß wofür!

Keinesfalls möchte ich die Unterstützung meines privaten Umfeldes zu kurz kommen lassen. Dieses Umfeld zeichnet sich durch zwei Orte aus: den Co-Working- und Co-Living-Space in der Taborstraße mit Evangelos Karagiannis, Franz Graf, Muza und Pezi. Dieser ist etwas ganz Spezielles, das nur diejenigen ermessen können, die die Taborstraße kennen. Dann ist da noch das Brendl, mein Stammlokal, das mich „erdet". Sollte ich jemals etwas Kreatives sagen, schreiben oder tun, so ist es dort entstanden. Dort bin ich vor allem mit Lebensentwürfen konfrontiert, die sich deutlich von der akademischen Blase unterscheiden. Danke Bernhard und Peter Basziszta, Birgit Brezina-Amon, Ernst Graumann, und, und, und… nicht zufällig ist das Buch in „Brendlrot" gehalten. Und Reini Florian Branz, dessen Zeichnung das Cover ziert, verdient sich dort sein Kunststudium. Dem Brendl verdanke ich auch Wolfgang Stuchlik. Er ist für mich ein ganz besonderer Mensch, ohne dessen Backing dieses Buch ebenfalls nicht fertiggestellt worden wäre.

Inhalt

Gertraud Seiser

Ökonomische Anthropologie: Eine Einführung[1]

> Ultimately, economic anthropology addresses questions of human nature and well-being, questions that have preoccupied every society's philosophers from the beginning. (Hann/Hart 2011: x)

Die Ökonomische Anthropologie als eigenes Teilgebiet der Kultur- und Sozialanthropologie hat sich erst Mitte des 20. Jahrhunderts herausgebildet und ist somit vergleichsweise jung. Die Beschäftigung damit, wie Gesellschaften ihre Lebensgrundlagen organisieren, gehört aber zu den frühesten schriftlich dokumentierten Themen. Brot, Bier und Sex zähmen im Gilgameschepos, dem ältesten derzeit bekannten literarischen Werk der Menschheit, den Wilden Enkidu und locken ihn in die Stadt Urdu (vgl. Sedláček 2012: 43ff.). Lebensmittel, deren Beschaffung und Verteilung in der eigenen Gruppe sowie die Sicherung des Fortbestandes der Gruppe über die Generationen hinweg sind in sakralen wie weltlichen Texten seit der Antike omnipräsent. Darüber hinaus dokumentierten Reisende und frühe EthnographInnen überall, wo sie hinkamen, auch die Formen des Wirtschaftens und der materiellen Kultur anderer Gruppen; allerdings ohne die Wirtschaft als solche besonders herauszustellen (Petermann 2004: 28ff.).

Ökonomische Anthropologie befasst sich damit, wie Menschen in ihren kulturellen und sozialen Bezügen ihre materiellen und immateriellen Lebensgrundlagen organisieren.[2] Damit ist auf empirischer wie theoretischer Ebene ein sehr weites Feld angesprochen. Dieses umfasst die konkreten Subsistenzformen in Auseinandersetzung mit verschiedensten Umwelten, Themenstellungen, die mit dem klassischen Wirtschaftszyklus (Produktion, Distribution und Konsum von Gütern und Leistungen) in Verbindung stehen, sowie die theoretischen Modelle, mittels derer versucht wird, ökonomisches Handeln zu verstehen. Ökonomisches Handeln dient Zielen, die über die Bestreitung der eigenen Subsistenz weit hinausgehen; zudem findet es nicht in einem machtfreien Raum

1 — Für ihre hilfreichen kritischen und unterstützenden Kommentare möchte ich mich besonders herzlich bei Sabine Strasser, Mathilde Schmitt, Martin Sökefeld, Franz Graf und Evangelos Karagiannis bedanken. Das Ergebnis liegt allerdings ganz in meiner eigenen Verantwortung.

2 — Auf verschiedene detailliertere Definitionen wird im Artikel zur Theoriegeschichte eingegangen (vgl. Seiser in diesem Band).

statt. Es ist Ursache und Folge von Unterdrückung und Zwang, global betrachtet von gravierenden und zunehmenden ökonomischen Ungleichheiten. Daher dominieren in der Ökonomischen Anthropologie theoretische Ansätze, welche die Wirtschaft in politische, soziale, ökologische und/oder religiöse Kontexte eingebettet sehen. Im Unterschied zu den Wirtschaftswissenschaften, insbesondere der Mikroökonomie, sind reale Menschen an konkreten Orten das empirische Feld, an dem sich theoretische Modelle, aber auch die Grundannahmen über den Menschen als solchen bewähren müssen (Carrier 2012a: 4f.).

Als Teilgebiet der Kultur- und Sozialanthropologie stand die Ökonomische Anthropologie nach den 1980er-Jahren nicht im Zentrum der Aufmerksamkeit. Sie hat aber seit der Jahrtausendwende und insbesondere seit der Weltwirtschaftskrise 2008 wieder deutlich an Boden gewonnen. Ab 2010 kann von einem regelrechten Boom gesprochen werden. Abgesehen davon, dass die Beschreibung von wirtschaftlichen Sachverhalten seit den Anfängen der Kultur- und Sozialanthropologie als empirisch fundierter Disziplin Bestandteil jeder ernstzunehmenden Ethnographie ist, hat sich das Spektrum, wer und was ethnographisch beforscht wird, enorm ausgeweitet. Die Forschungsorte des Faches haben sich zunehmend von überschaubaren Inseln und Dörfern in die globalen Zentren dieser Welt und zu deren Institutionen verschoben (Carrier 2013: 10ff.). Die krisenhafte Entwicklung der Weltwirtschaft und ein offensichtliches Versagen der ökonomischen Prognosen und Modelle haben anthropologische Zugänge zur Wirtschaft gestärkt und ihnen eine hohe öffentliche Sichtbarkeit verliehen.[3] Die große Zahl an neuen Analysen und Ethnographien findet nur ansatzweise in dieses Lehrbuch Eingang. Dieser Band soll vielmehr die Voraussetzungen dafür schaffen, diese aktuellen Texte zu verstehen und innerhalb der Kultur- und Sozialanthropologie richtig zuzuordnen.

Ziele und Zielpublikum des Buches

Wie die bereits in dieser Reihe erschienenen Lehrbücher *Anthropologie der Mythen* (Mader 2008) und *Anthropologie der Migration* (Six-Hohenbalken/Tošić 2009) richtet sich dieser Sammelband primär an die Bachelorstudierenden unseres Faches und – aufgrund der zunehmenden Verschränkung und Durchlässigkeit der Studienpläne – an die Studierenden der Sozialwissenschaften allgemein. Am Institut für Kultur- und Sozialanthropologie der Universität Wien gehört die Ökonomische Anthropologie zu den Wahlpflichtfächern, die im zweiten und dritten Semester des Bachelorstudiums absolviert werden sollten. Seit der Zeit von

3 — Ein Beleg dafür ist die breite Rezeption von David Graebers *Schulden* (2014 [2011]).

Walter Dostal (er übernahm 1975 eine Professur für Völkerkunde) hat diese Vorlesung, damals noch „Wirtschaftsethnologie" genannt, zwei Lehrziele:

Die Befassung mit Wirtschaft erfolgt erstens immer aus einer zu bestimmenden theoretischen Perspektive heraus. Daher wird die Geschichte der anthropologischen Ideen über die Wirtschaft, und welche Auswirkungen ein konkreter Blickwinkel hat, vermittelt. Zweitens benötigen Studierende ein Basiswissen über die nicht-industriellen und nicht-kapitalistischen Subsistenzformen, das im weiteren Studienverlauf dann vorausgesetzt werden kann. Dieser Sammelband bietet einen Einstieg in die Ökonomische Anthropologie und in die Wirtschaftsformen. Er eignet sich also besonders für diejenigen, die noch keine Grundkenntnisse in der Ökonomischen Anthropologie haben.

Die Beiträge stammen alle von KollegInnen des Wiener Instituts für Kultur- und Sozialanthropologie, die für Lehre und Forschung Verantwortung tragen und daher in Vergangenheit, Gegenwart und wohl auch in der näheren Zukunft die Grundausrichtung der Kultur- und Sozialanthropologie in Wien maßgeblich (mit-)bestimmen.[4] Es ist daher für die Studierenden sinnvoll, sich damit auseinanderzusetzen, wie ihre Lehrenden argumentieren und welche Positionen sie vertreten. Es zeigt in vielen Fällen auch, mit welchen regionalen Schwerpunkten sie arbeiten und welche Feldforschungserfahrungen sie haben. Die Ökonomie gehört nicht zu den Hauptforschungsgebieten meiner KollegInnen, aber alle denken diese mit, weil sie mitgedacht werden muss. Ohne sie ist jede Auseinandersetzung mit Menschen in ihren vielfältigen sozialen und kulturellen Bezügen sinnlos. Dies gilt aber – und ich glaube, das kommt in diesem Buch sehr deutlich zur Geltung – auch vice versa. Ökonomie ist aus der Perspektive des Mainstreams der Kultur- und Sozialanthropologie in alle Bereiche des menschlichen Lebens eingebettet und mit Werten, Normen, Weltbildern, Verwandtschaft, Politik u. a. verknüpft.

Die Basis für diese doch sehr einheitliche Perspektive ist nicht der gemeinsame Glaube an bestimmte unhinterfragte Grundannahmen, wie z. B. an den Homo oeconomicus der orthodoxen Wirtschaftswissenschaften, die von dem

4 __ Damit sind die unbefristet angestellten WissenschafterInnen des Instituts gemeint. Diese sind hier beinahe vollständig vertreten. Ich hätte sehr gerne einen Beitrag zur Ökonomie der Flucht eingeschlossen, sehe aber vollkommen ein, dass KollegInnen mit dem Forschungsfokus Flucht im Jahr 2016 andere Schwerpunkte setzen mussten. Postdocs, deren Verträge mit der Universität Wien befristet sind und nicht verlängert werden können, sahen sich angesichts einer Ökonomisierung der Universitäten gezwungen abzulehnen. Forschungsleistungen sind für eine Karriere in der Wissenschaft weit wichtiger als die Lehre geworden. Somit zählen in den Evaluierungen ausschließlich Artikel in den sogenannten *top journals*. Verständliche Texte für Studierende zu verfassen, steht folglich auf der Prioritätenliste nicht ganz oben. Auch die Produktionsbedingungen in der Wissenschaft unterliegen ökonomischen „Gesetzen", die vom jeweiligen Kontext und dessen Ideologien abhängig sind (vgl. Carrier 2016).

Axiom ausgehen, dass der Mensch angesichts knapper Mittel grundsätzlich immer seinen Nutzen maximiert. Die Positionierung der KollegInnen innerhalb der verschiedenen Theoriestränge der Ökonomischen Anthropologie ist bei genauerer Betrachtung sicherlich unterschiedlich. Was aber geteilt wird, ist die Erfahrung der Feldforschung, die intensive Auseinandersetzung „how life proceeds in some place, at some time, among some group", wie Clifford Geertz (1988: 143) es auf den Punkt brachte.

Zu den einzelnen Beiträgen des Sammelbandes

Dieses Buch kann in drei Abschnitte unterteilt werden: Nach theoriegeschichtlichen und konzeptionellen Artikeln zu Themenfeldern der Ökonomischen Anthropologie werden verschiedene Subsistenzformen vorgestellt und an konkreten Beispielen deren Spezifika und Einbettungen in andere Bereiche des Lebens diskutiert. Im dritten Teil werden aktuelle Fragestellungen im Kontext einer globalisierten neoliberalen Ökonomie ebenfalls anhand von Fallbeispielen präsentiert.

Meine kursorische Theoriegeschichte zeigt, dass die Frage, wie Menschen ihren Lebensunterhalt bestreiten, von verschiedenen Wissenschaften und aus unterschiedlichen Perspektiven betrachtet wird. Die Ökonomische Anthropologie selbst hat sich aus einer heftig geführten Debatte in den 1950er- und 1960er-Jahren entwickelt, in der einander ausschließende Grundannahmen über menschliches Sein und Verhalten ins Treffen geführt wurden. Ein knapper Überblick zeigt die verschiedenen theoretischen Strömungen, die sich im 20. Jahrhundert herauskristallisierten. Dadurch wird zum einen deutlich, wie wichtig Theorien für unser Ökonomieverständnis sind, und zum anderen, dass es keinen voraussetzungslosen Blick auf wirtschaftliche „Fakten" gibt. Martin Thalhammer fasst die Theoriegeschichte dann in einer Grafik zusammen. Auch die dabei verwendeten Begriffe sind in einem hohen Ausmaß bereits mit verschiedenen Bedeutungen ausgestattet und mit moralischen Wertungen aufgeladen. Gemeinsam mit Martin Thalhammer diskutiere ich in einem nächsten Schritt zentrale Begriffe wie Produktion, Arbeit, Tausch oder Subsistenz, um ein Gespür dafür zu vermitteln, in welche theoretischen und ideologischen Konstruktionen Wörter eingebettet sind. Zudem erläutern wir an verschiedenen Orten wiederkehrende Konzepte, wie jenes des Homo oeconomicus oder der Reziprozität.

Der Wirtschaftszyklus wird seit dem 18. Jahrhundert in die Phasen Produktion (Herstellung), Distribution (Austausch und Verteilung) sowie Konsum (Ge- und Verbrauch) von Gütern/Waren, später auch Leistungen unterteilt. Sowohl die Theoriegeschichte als auch die Begriffsdiskussion konzentrieren sich auf Produktion und Austausch. Maria Dabringer unternimmt es nun in einem sehr ausführlichen Artikel die theoretische und empirische Auseinandersetzung innerhalb der Kultur- und Sozialanthropologie mit dem Phänomen Konsum nachzuzeichnen. Sie sieht dabei Konsum als aktives Handeln von Menschen, das in soziale Kontexte eingebunden ist und gleichzeitig die sozialen Gefüge mitgestaltet.

Darauf folgen zwei Beiträge, die sich ebenfalls vorwiegend theoriebezogen wesentlichen Aspekten oder Voraussetzungen von wirtschaftlichem Handeln widmen. Patricia Zuckerhut erläutert die Debatten um die Basiseinheit zur Gestaltung des Lebensunterhalts, den Haushalt oder die häusliche Produktion im agrarischen Bereich. Sie zeigt auf, wie an den inneren und äußeren Dynamiken der Haushalte ökonomische Rationalität im mikroökonomischen Sinne zu scheitern droht. Haushalte sind auch die Orte, an denen die Geschlechterverhältnisse ausverhandelt werden und die für Ausbeutung von außen anfällig sind. Eine weitere Voraussetzung für die Entstehung und permanente Reproduktion ökonomischer Ungleichheit besteht in den Bedingungen, unter denen der Zugang zu Ressourcen gestaltet wird, den Eigentumsverhältnissen. Tatjana Thelen präsentiert die anthropologische Theoriebildung zu diesem „Bündel von Rechten" und zeigt am konkreten Beispiel postsozialistischer Transformationsprozesse die Auswirkungen legistischer Veränderungen auf die davon betroffenen Menschen.

Nach diesem eher theoretischen ersten Abschnitt des Buches folgt die Auseinandersetzung mit den verschiedenen Formen der Subsistenz. Einen ersten Überblick von den WildbeuterInnen bis hin zu den verschiedenen Arten von Ackerbau und Viehzucht bietet Andre Gingrich. Im Zentrum seines Beitrages steht, welche allgemeinen Aussagen sich zum Naturverhältnis innerhalb der verschiedenen Subsistenzweisen treffen lassen. Insbesondere Jäger- und Sammlerinnen haben das Augenmerk der (frühen) AnthropologInnen auf sich gezogen. Ihre Erforschung hat bis heute wichtige Beiträge empirischer und theoretischer Art zur Ökonomischen Anthropologie geliefert. Peter Schweitzer stellt die diesbezügliche Theoriegeschichte vor, erläutert einzelne Konzepte und führt am Beispiel der Iñupiat aktuelle Herausforderungen von Jäger- und Sammlerinnen im zirkumpolaren Raum vor Augen. Im Anschluss daran beschreibt Gabriele Weichart – anhand der Themenfelder Mobilität, materielle Kultur und Verwandtschaft – sowohl Kontinuitäten kultureller Werte und Praktiken australischer Aborigines als auch das Konfliktpotenzial, das mit diesen einhergeht.

Die Achuar und Shuar im Amazonasgebiet sind bekannt für ihre Gärten, in denen sie eine Vielzahl von Kulturpflanzen kenntnisreich neben- und sogar übereinander kultivieren. Anhand ihrer Mythen und Gesänge zeigt Elke Mader deren enge Verflechtung von Wirtschaftsweise und Weltbild, die sich in einem spezifischen Verhältnis zur Natur ausdrückt. Die InselbewohnerInnen Ozeaniens betreiben neben Fischfang und Schweinezucht ebenfalls einen differenzierten Gartenbau. Berühmt geworden sind allerdings ihre weitläufigen Tauschnetzwerke, unter denen der durch Malinowski bekannt gewordene *kula*-Ring nur einer von vielen ist. Hermann Mückler stellt mehrere solcher Tauschnetzwerke vor und bettet sie in die davon ausgelösten anthropologischen Debatten über Reziprozität und Geldformen ein. Auch die Ayt Hadiddu im Hohen Atlas (Nordafrika) kombinieren Bodenbau mit Kleinviehzucht. Der zentrale Wert der Egalität in dieser Stammesgesellschaft wird von Wolfgang Kraus beschrieben. Er analysiert zudem, wie sich sowohl die Egalität als auch faktische Hierarchien ökonomisch über Reziprozität und Komplementarität abbilden und in den Eigentumsverhältnissen ihre Entsprechungen finden. Werner Zips nimmt die LeserInnen auf einen singulären Sonntagsausflug der Mitglieder einer Revival-Kirche von Maroons auf Jamaika zu einer Nachbargemeinde mit. Anhand der Beschreibung und Analyse dieses Ereignisses erläutert er die zentralen Begriffe von Bourdieus Praxeologie: Feld, Habitus und die Kapitalarten.

Im dritten Abschnitt des Bandes geht es um kultur- und sozialanthropologische Fragestellungen im Kontext einer zunehmenden und sich beschleunigenden Globalisierung. Ein Thema von großer Aktualität ist die Migration, die bislang sehr häufig als Emigration und Immigration im Kontext der betroffenen Nationalstaaten analysiert wurde. Ayşe Çağlar schlägt nun vor, Städte als kulturelle und institutionelle Verdichtungen zum Analyserahmen für die Auswirkungen von Migration zu nehmen. Anhand von zwei Berliner *hometown associations* von MigrantInnen aus den Städten Bozlu und Mardin in der Türkei zeigt sie auf, welche enormen ökonomischen Implikationen diese Vereine für die Herkunftsstädte der MigrantInnen haben können. Ein weiteres, inzwischen eng mit Migration verknüpftes Feld ist jenes der Care-Arbeit, ein weitgehend feminisiertes und globalisiertes Arbeitsfeld. Herta Nöbauer verknüpft die Sorge- und Pflegetätigkeiten mit Theorien zu einer Ökonomie der Gefühle und arbeitet dies anhand der ethnographischen Literatur über philippinische pflegetätige Frauen in Israel heraus. Nicht nur die menschliche Arbeitskraft wird zur Ware, die über nationale Grenzen hinweg angeboten wird, auch einzelne Körperteile gewinnen zunehmend an Wert. An den Beispielen Blutspende, Reproduktionstechnologien und Organtransplantation zeigt Bernhard Hadolt, wie Bestandteile des menschlichen Körpers medizinisch und technisch nutzbar gemacht werden und in welche komplexen Transaktionsprozesse zwischen Spende/Gabe und Ware dies eingebettet ist. Auch der Tourismus ist ein globales Phänomen. Großwildjagd sowie Fotosafaris in den riesigen Naturreservaten des südlichen Afrikas gehören dort zu den rasch wachsenden Tourismusindustrien. Manuela Zips-Mairitsch und Werner Zips fokussieren auf Wildparks, die über nationale Grenzen hinweg angelegt wurden und als friedensstiftende Projekte konstruiert werden. Sie fragen sich, welche Implikationen ökonomischer und legistischer Art diese Bestrebungen für die lokale Bevölkerung haben. Den Abschluss des Sammelbandes bildet der Beitrag von Thomas Fillitz über den globalisierten Kunstmarkt. Er zeigt, in welchen institutionellen Feldern (Auktionen, Galerien, Messen) Kunst gehandelt wird und wie diese Felder von jeweils anderen (ökonomischen) Logiken charakterisiert sind.

Ökonomisches Handeln von Menschen ist also in sehr vielfältige Kontexte eingebunden und wird durch diese spezifischen Kontexte auch mitgeformt.

Der Band im Kontext anderer Lehrbücher zur Ökonomischen Anthropologie

Für eine intensivere Auseinandersetzung mit den Themen der Ökonomischen Anthropologie reicht dieser einführende Band nicht aus. Es ist offensichtlich, dass vieles ausgespart und anderes stark komprimiert werden musste. Zu fast allen Teilbereichen sind zudem bereits entsprechende Überblickswerke vorhanden. Was die Theoriegeschichte der Ökonomischen Anthropologie bis etwa 1980 betrifft, so haben Elke Mader und ich (2006) diese in einem Online-Lehrbuch aufbereitet. Insbesondere haben wir die „Klassiker" des ökonomischen Denkens wie Smith, Marx, Durkheim, Weber, Mauss oder Polanyi in ausführlichen Originalzitaten vorgestellt, um zugänglich zu machen, wie diese argumentiert haben. Zudem werden dort bedeutende ethnographische oder vergleichende Monografien von Malinowskis *Argonauten* bis Eric Wolfs *Völker ohne Geschichte* im Detail besprochen.

Spannend zu lesende einführende Monografien zur Theoriegeschichte der Ökonomischen Anthropologie, die wir hier als weiterführende Lektüre empfehlen, haben Richard Wilk und Lisa Cliggett (2007)[5] sowie Chris Hann und Keith Hart (2011) vorgelegt. In *Economies and Cultures* stellen Wilk und Cliggett den „großen Streit" zwischen SubstantivistInnen und FormalistInnen, der formativ für die Entstehung der Ökonomischen Anthropologie als eigenes Teilgebiet der Kultur- und Sozialanthropologie war, an den Beginn ihrer Ausführungen. Sie bereiten die Theoriegeschichte als Geschichte einander widerstreitender Ideen über die Natur des Menschen selbst auf: Ist der Mensch eigennützig, sozial oder moralisch ausgerichtet? In welchem Verhältnis stehen Individuum und Gesellschaft zueinander? Wie *agency* und Struktur? Ist es der Austausch von Gütern oder deren Produktion, die ökonomisches Handeln begründen? Auf Basis solcher unterschiedlicher Prämissen haben sich einander lange ausschließende theoretische Modelle entwickelt, die in sich konsistent sind, aber jeweils nur Teilbereiche des ökonomischen Handelns erklären können. Im Endeffekt fordern Wilk und Cliggett (2007: 189 ff.) dazu auf, nicht eine Natur der Menschen zu unterstellen, sondern diese zu „ethnographisieren", d. h. in jedem Einzelfall zu beobachten, was Menschen tatsächlich tun und wie sie ihre Handlungen begründen.

Demgegenüber erklären Hann und Hart in *Economic Anthropology* die Theoriegeschichte aus der (Sozial-)Geschichte der Wirtschaft heraus. Seit den Anfängen,

5__ Es handelt sich dabei um eine aktualisierte und stark erweiterte Fassung von Wilk 1996.

die sie in Aristoteles' *Oikos* (Haus, Haushalt), also der agrarischen Hauswirtschaft, verorten, ist das Denken über die Wirtschaft eng damit verflochten, wie Menschen ihren Lebensunterhalt bestreiten und unter welchen sozialen Verhältnissen sie dies tun. Sozialismus, Kapitalismus und Entwicklung sind die zentralen Kontexte, in denen nach dem Zweiten Weltkrieg ethnographisch und theoretisch über Wirtschaft gearbeitet wurde. Der spezifisch ethnographische Blick auf die konkreten Verhältnisse, in denen Menschen leben, lässt eine Reduktion auf Kunstfiguren, wie es der rationale Maximierer ist, nicht zu. Hann und Hart plädieren – wie im Übrigen auch Stephen Gudeman (2016) – für eine neue Sicht auf Ökonomie im Sinne einer *human economy*, die Ökonomie im ständigen Spannungsfeld zwischen Eigeninteresse und Gegenseitigkeit, zwischen Markt und Verantwortung für die Gemeinschaft sieht.

Trotz dieser unterschiedlichen Zugänge ergänzen sich die beiden Bücher und machen klar, dass unser Denken und Schreiben über Wirtschaft einerseits zutiefst in intellektuelle Diskurse eingebunden ist, und andererseits nicht trennbar von der Zeit ist, in der wir leben. Sie sind grundlegend für diejenigen, die ihre Bachelor- oder Masterarbeiten in der Ökonomischen Anthropologie verorten wollen. Zu den zentralen Werken gehört auch das *Handbook of Economic Anthropology* (Carrier 2012b), das zahlreiche Überblicksartikel zu einzelnen Themenfeldern bietet. Es versammelt die international derzeit präsentesten VertreterInnen dieses Teilgebiets der Kultur- und Sozialanthropologie und ermöglicht es, sich rasch zum jeweiligen Diskussionsstand zu informieren. Mit allein vier neuen Artikeln zur Weltwirtschaftskrise 2008 unterscheidet sich die zweite Auflage von 2012 deutlich von der ersten Auflage von 2005. Im deutschsprachigen Raum hat Martin Rössler eine Einführung in die Wirtschaftsethnologie (2005) und Hartmut Lang eine zu den Wirtschaftsweisen (2010) vorgelegt. Diese eher formalistisch geprägten und stärker an wirtschaftswissenschaftlichen Grundannahmen orientierten Werke sind relativ weit weg vom hier vorgestellten Zugang zur Ökonomischen Anthropologie. Rössler bietet einen Überblick über wesentliche Ansätze aus der Mikroökonomie, erklärt aber auch substantivistische und marxistische Zugänge. Lang bereitet systematisch eine große Zahl von Ethnographien zu verschiedenen Wirtschaftstypen nach den einzelnen Produktionsfaktoren auf. Durch die verschiedenen Schwerpunktsetzungen werden zusätzliche Themenfelder abgedeckt. Dies gilt auch für bereits ältere Einführungswerke in die Ökonomische Anthropologie wie Plattner (1989), Narotzky (1997), Gudeman (2001) oder Ensminger (2002). Je älter die Werke sind, umso klarer sind sie damals einander ausschließend gedachten Schulen zuzuordnen, während in den letzten zwanzig Jahren ernsthafte Syntheseversuche dominieren. Ein beeindruckendes Beispiel dieser Diskurse und Synthesen ist sicher das bereits erwähnte *Handbook of Economic Anthropology*.

Ein Blick auf Wirtschaft ist nicht voraussetzungslos und die Notwendigkeit einer fachlichen Positionierung variiert auch in diesem Buch. Ein bisschen boshaft: In welche Strömungen der Ökonomischen Anthropologie die einzelnen Beiträge dieses Bandes einzuordnen sind, das gehört zu meinen bevorzugten Prüfungsfragen.

Zum Abschluss: Wo stehen wir jetzt?

> Is this the endgame of capital, the ultimate gasp of neoliberalism subordinating society to the theater of the economy? Following Malinowski, Karl Polanyi pointed to the opposite: the embodiment of the economic in society. How might we achieve that, noting, thanks to Marshall Sahlins, that the *hau* of the gift lies in the forest? In the forest we turn to what we know best, namely the riveting sense of life and lives instilled by fieldwork and the ecstatic craft of writerly practice. What better, then, in this moment of crisis, than to undertake sweeping experimentation with forms and tones of exposition? (Taussig 2017)

Michael Taussig, dessen *The Devil and Commodity Fetishism in South America* (1980) als ein bedeutendes Werk der Ökonomischen Anthropologie aus einer strukturalistisch-marxistischen Perspektive gilt, verweist hier auf die in der Online-Zeitschrift *Cultural Anthropology* gesammelten Versuche, das Phänomen Donald Trump anthropologisch sowie künstlerisch zu fassen (Bessire/Bond 2017). Dabei fragt er sich, wer, wenn nicht die Anthropologie mit ihren „forms and tones of exposition", diese spannenden Zeiten, und damit auch die Erscheinung Trump, erschließen könnte.

Wenn die Art und Weise, wie wir über die Welt denken, in die jeweilige Gegenwart eingebettet ist, dann ist es notwendig, zumindest kurz den ökonomischen und politischen Kontext zu erwähnen, in dem dieses Buch entstanden ist. Außerdem ist das wichtig, weil sich die Ökonomische Anthropologie immer schon mit großen Transformationsprozessen beschäftigt hat. Das letzte Jahr hat in besonderem Maße den Eindruck einer rapiden Transformation der Weltordnung, wie sie sich nach 1989 herausgebildet hat, vermittelt,[6] der sich mit dem Amtsantritt von Donald Trump noch weiter verstärkt hat. In Bezug auf ethische und kommunikative Standards wird derzeit diskutiert, was inzwischen öffentlich oder in Postings und sozialen Medien halböffentlich gesagt werden darf. Wut und Frustration – worauf auch immer – dominieren das Verhältnis

6 __ Alle zwei Jahre findet in einer anderen europäischen Stadt eine Tagung der EASA (European Association of Social Anthropologists) statt. Das sind die größten europäischen Konferenzen unseres Faches. EASA 2016 in Mailand stand unter dem Generalthema „Anthropological legacies and human futures". Ökonomiebezogene Workshops und Papers, die sich mit krisenhaften Aspekten auseinandersetzten, wurden in einer beeindruckenden Fülle angeboten (vgl. EASA 2016).

zahlreicher Menschen zur Politik. Sie halten Multimilliardäre für Kämpfer der Entrechteten und Enteigneten und jubeln ihnen zu. Spätestens ab 2015 stand Europa im Zentrum gewaltiger Fluchtbewegungen und die EU hat vor Augen geführt, dass sie in dieser Situation politisch handlungsunfähig ist. Eine Rückkehr der „starken Männer" (von Putin über Orban, Erdoğan und Trump) geht mit neuen und alten Nationalismen und religiösen Fundamentalismen einher. Am 24. Juni 2016 war die Abstimmung zum Brexit. Großbritannien hat sich in einer „Bleiben oder Gehen"-Abstimmung mit knapp 52 Prozent für den Austritt aus der EU entschieden. Unter den 18- bis 24-jährigen BritInnen waren 75 Prozent für Bleiben, die Über-60-Jährigen wollen ihr altes „großes" Britannien wiederherstellen und votierten stark mehrheitlich für den Austritt (ORF News 2016; vgl. BBC 2016). Das Pfund ist um weit über zehn Prozent eingebrochen, „die Börsen sind nervös", schreiben die Medien unisono. Die Alten haben entschieden, wie die Zukunft der Jungen aussehen soll. Jetzt haben Nigel Farage und Theresa May in Steve Bannon und Donald Trump neue Verbündete im „xenophoben Nationalismus" (Butler 2017) gefunden. Sie sind damit nicht alleine. Dieser neue Nationalismus wird von populistischen PolitikerInnen (fast) ausschließlich ökonomisch argumentiert und neue Zoll- und Handelsschranken werden gefordert. Outsourcing und *offshoring* sollen, soweit es der eigenen Sache nützt, begrenzt werden, Arbeitsplätze für die „eigene Bevölkerung" erhalten und geschaffen werden; die großen Freihandelsabkommen werden nur dann kritisiert, wenn die eigene Nation davon benachteiligt erscheint. „De-Globalisierung" gehört nach der Weltwirtschaftskrise von 2008 und insbesondere nach Brexit und Trump zu den neuen Schlagwörtern. Darunter wird staatlich angeordneter Protektionismus großer Industrienationen verstanden. Es ist schwierig zu sagen, ob die Welt seit Ende des Kalten Krieges sicherer oder unsicherer geworden ist, das Geschäft mit Waffen blüht jedenfalls. So ist der Umfang internationaler Rüstungstransfers von schweren Waffen zwischen 2006–2010 und 2011–2015 um 14 Prozent gestiegen. Die fünf größten Exporteure sind die USA, Russland, China, Frankreich und Deutschland mit gemeinsam 74 Prozent der weltweiten Lieferungen, an der Spitze die USA mit alleine einem Drittel der weltweit verkauften schweren Waffen (SIPRI 2016: 20). Aus den Regionen, in denen die Waffen eingesetzt werden, wollen die Exportnationen nur bedingt Flüchtlinge aufnehmen.

Ökonomisch schreitet die Konzentration der Reichtümer der Welt in den Händen weniger rasant voran (vgl. Stiglitz 2012; Oxfam 2016), begleitet von Klimawandel, Bodenraub und *land grabbing* (IAASTD 2009; vgl. Bommert 2012). Diese können als Einhegung des 21. Jahrhunderts bezeichnet werden, mit der die nächste (letzte?) Masse von Menschen ihrer Produktionsmittel beraubt wird (vgl. Backhouse et al. 2013). Die Verarmung weiter Bevölkerungsteile in den Ländern des Südens, aber inzwischen auch stark spürbare Verschlechterungen in jenen des Nordens sind die Folge. Der demokratische Grundkonsens und die Wahrung der Menschenrechte, der soziale Friede gerät in den nordatlantischen

Staaten unter Druck (EU FRA 2016). Die polarisierenden Wahlkämpfe in Großbritannien und den USA werden für eine Zunahme der Hassverbrechen verantwortlich gemacht (z. B. Zastiral 2016).

Wie sich die Situation weiterentwickeln könnte, wird sehr unterschiedlich gesehen, große Verunsicherungen sind aber jedenfalls vorhanden. Auch in Wissenschaft und Medien, die sich mit *fake news* und *alternative facts* konfrontiert sehen. Diese weltweiten Transformationsprozesse werden derzeit in der Ökonomischen Anthropologie intensiv diskutiert. Weil wir durch unsere Methoden besonders nahe an konkreten Menschen verschiedenster sozialer, ökonomischer, ethnischer oder religiöser Zugehörigkeit sind, können oder dürfen wir uns der Beschreibung und Analyse von deren Problemen, Sichtweisen und Handlungen nicht entziehen.

Diese neuen Entwicklungen werden in diesem Band nicht besprochen, sie formen die Fragen aktuell laufender Forschungsprojekte im Bereich der Ökonomischen Anthropologie. Was jedoch in diesem Band vorgestellt wird, sind die Grundlagen, um diese Entwicklungen und anthropologische Kommentare wie jenen von Taussig einbetten und verstehen zu können.

Belegliteratur

Backhouse, Maria/Gerlach, Olaf/Kalmring, Stefan/Nowak, Andreas (Hg.) (2013): Die globale Einhegung – Krise, ursprüngliche Akkumulation und Landnahmen im Kapitalismus. Münster: Westfälisches Dampfboot.

BBC (2016): EU Referendum: Results. Available at: http://www.bbc.com/news/politics/eu_referendum/results, 10.3.2017.

Bessire, Lucas/Bond, David (2017): The Rise of Trumpism. In: Hot Spots, Cultural Anthropology website. 18 January, 2017. Available at: https://culanth.org/fieldsights/1030-the-rise-of-trumpism, 9.3.2017.

Bommert, Wilfried (2012): Bodenrausch. Die globale Jagd nach den Äckern der Welt. Köln: Eichborn.

Butler, Judith (2017): Reflections on Trump. In: Hot Spots, Cultural Anthropology website. 18 January, 2017. Available at: https://culanth.org/fieldsights/1032-reflections-on-trump, 9. 3. 2017.

Carrier, James G. (2012a): Introduction. In: Carrier, James G. (ed.): A Handbook of Economic Anthropology, Second Edition. Cheltenham/Northampton: Edward Elgar, 1–9.

Carrier, James G. (2012b): A Handbook of Economic Anthropology, Second Edition. Cheltenham/Northampton: Edward Elgar.

Carrier, James G. (2013): Introduction. In: Carrier, James G./Gewertz, Deborah B. (eds.): The Handbook of Sociocultural Anthropology. London/New York, Bloomsbury: 1–18.

Carrier, James G. (2016): Anthropology in neoliberalism. In: Carrier, James G. (ed.): After the Crisis. Anthropological thought, neoliberalism and the aftermath. New York: Routledge, 7–21.

EASA (2016): Anthropological legacies and human futures. 14th EASA Biennial Conference. Department of Human Science for Education "Riccardo Massa". Department of Sociology and Social Research at the University of Milano-Bicocca. 20–23 July, 2016. Conference Book.

Ensminger, Jean (ed.) (2002): Theory in Economic Anthropology. Walnut Creek et al.: AltaMira Press.
EU FRA (2016): Grundrechte-Bericht 2016: FRA Stellungnahmen. Verfügbar unter: fra.europa.eu/sites/default/files/fra_uploads/fra-2016-fundamental-rights-report-2016-opinions_de.pdf, 10.3.2017.
Geertz, Clifford (1988): Works and lives: the anthropologist as author. Stanford: Stanford University Press.
Graeber, David (2014 [2011]): Schulden. Die ersten 5000 Jahre. München: Wilhelm Goldmann.
Gudeman, Stephen (2001): The Anthropology of Economy. Community, Market, and Culture. Malden: Blackwell.
Gudeman, Stephen (2016): Anthropology and Economy. Cambridge: Cambridge University Press.
Hann, Chris M./Hart, Keith (2011): Economic Anthropology. History, Ethnography, Critique. Cambridge: Polity Press.
IAASTD (2009): Agriculture at a Crossroads (Weltagrarbericht). Global Report. Verfügbar unter: www.weltagrarbericht.de/fileadmin/files/weltagrarbericht/IAASTDBerichte/GlobalReport.pdf, 10.3.2017.
Lang, Hartmut (2010): Systeme der Wirtschaftsethnologie. Eine Einführung. Berlin: Dietrich Reimer.
Mader, Elke (2008): Anthropologie der Mythen. Wien: Facultas WUV.
Narotzky, Susana (1997): New Directions in Economic Anthropology. London/Chicago: Pluto Press.
ORF News (2016): Was hängen blieb und was nicht. Meldung vom 24. Juni 2016. Verfügbar unter: http://orf.at/stories/2346533/2346466/, 10.3.2017.
Oxfam (2016): An Economy for the 1%. How privilege and power in the economy drive extreme inequality and how this can be stopped. Oxfam Briefing Paper 210. Available at: https://www.oxfam.org/sites/www.oxfam.org/files/file_attachments/bp210-economy-one-percent-tax-havens-180116-en_0.pdf, 10.3.2017.
Petermann, Werner (2004): Die Geschichte der Ethnologie. Wuppertal: Peter Hammer.
Plattner, Stuart (ed.) (1989): Economic Anthropology. Stanford: Stanford University Press.
Rössler, Martin (2005): Wirtschaftsethnologie. Eine Einführung. Berlin: Dietrich Reimer.
Sedláček, Tomáš (2012): Die Ökonomie von Gut und Böse. München: Wilhelm Goldmann.
SIPRI (2016): SIPRI Yearbook 2016: Armaments, Disarmament and International Security. Zusammenfassung auf Deutsch. Verfügbar unter: https://www.sipri.org/sites/default/files/YB16-Summary-DEU.pdf, 10. 3. 2017.
Six-Hohenbalken, Maria A./Tošić, Jelena (Hg.) (2009): Anthropologie der Migration. Theoretische Grundlagen und interdisziplinäre Aspekte. Wien: Facultas WUV.
Stiglitz, Joseph E. (2012): The Price of Inequality. New York/London: W. W. Norton & Company.
Taussig, Michael T. (1980): The Devil and Commodity Fetishism in South America. Chapel Hill: The University of North Carolina Press.
Taussig, Michael T. (2017): Trump Studies. In: Hot Spots, Cultural Anthropology website. 18 January, 2017. Available at: https://culanth.org/fieldsights/1046-trump-studies, 9.3.2017.
Wilk, Richard R. (1996): Economies and cultures: foundations of economic anthropology. Boulder: Westview Press.
Wilk, Richard R./Cliggett, Lisa (2007): Economies and cultures: foundations of economic anthropology. Boulder: Westview Press.
Zastiral, Sascha (2016): „Sie waren wie wilde Tiere“. Hassverbrechen in Großbritannien. In: Zeit online, 18. Oktober 2016. Verfügbar unter: http://www.zeit.de/gesellschaft/zeitgeschehen/2016-10/eu-referendum-hassverbrechen-grossbritannien-auslaender feindlichkeit-lgbt, 10.3.2017.

Gertraud Seiser

Eine knappe Theoriegeschichte der Ökonomischen Anthropologie [1]

> [M]an stellt die Wissenschaft aus Tatsachen her, wie man ein Haus aus Steinen baut; aber eine Anhäufung von Tatsachen ist so wenig eine Wissenschaft, wie ein Steinhaufen ein Haus ist. (Poincaré 1904: 143)

Wie in der Einleitung bereits mehrfach betont wurde, erfolgt das Nachdenken über Wirtschaft und die Beschreibung von ökonomischen Handlungen notwendigerweise auf Basis von Annahmen und Modellen beziehungsweise Theorien. Diese Annahmen, Modelle und Theorien wurden von irgendjemandem in die Welt gesetzt und in der Folge kritisiert, systematisiert, verfeinert, verbreitet, angewandt, verglichen oder verworfen. Fachwissenschaftliche Theorien verfügen also über eine Geschichte. Auch das Alltagsverständnis kommt ohne Annahmen, Modelle oder Theorien nicht aus. Als Alltagstheorien oder *folk models* helfen sie die außerordentlich komplexe Welt verständlich zu machen, sind erfahrungsbasiert und ermöglichen Handlungsfähigkeit. Wer behauptet, es wäre möglich, ohne explizit gemachte Theorien und Vorannahmen die soziale Realität anderer erfassen zu können, macht nichts anderes als ganz schlicht seine eigenen Alltagstheorien völlig unreflektiert anderen überzustülpen. Das ist in unserem Fach seit *Writing Culture* (Clifford/Marcus 1986) nicht mehr möglich, ohne sich gravierender Kritik zu unterziehen. Dies macht es notwendig, sich mit Theorien – und hier speziell mit jenen der Ökonomischen Anthropologie – auseinanderzusetzen.

In diesem Beitrag werde ich daher versuchen, wesentliche theoretische Strömungen der Ökonomischen Anthropologie kurz vorzustellen. Vorab braucht es aber Informationen, wie vor der Etablierung der Kultur- und Sozialanthropologie, der Ethnologie, Soziologie und Wirtschaftswissenschaften über Wirtschaft gedacht wurde. Dann ist es nötig zu klären, was in groben Zügen unter dieser Subdisziplin der Kultur- und Sozialanthropologie verstanden wird. Ich glaube behaupten zu können, dass ich einige Tausend Seiten in meinem „Fach" gelesen habe und es daher im Grunde ein irrwitziges Unterfangen ist, dies auf 30 Seiten für StudienanfängerInnen verständlich zusammenfassen zu wollen. Daher muss

1 — Teile dieses Textes sind eine aktualisierte und ergänzte Fassung von Seiser 2009. Diese hat damals außerordentlich von den Kommentaren und Diskussionen mit Thomas Fillitz, Elke Mader, Sabine Strasser und Erich Landsteiner profitiert. Für ausführliche kritische Kommentare zu der vorliegenden Fassung möchte ich mich bei Heinzpeter Znoj herzlich bedanken.

ich vorausschicken, dass alles kursorisch und lückenhaft bleiben wird und auch muss. Darüber hinaus möchte ich klarstellen, dass ich nur wenige ausgewählte Themenfelder der gegenwärtig unglaublich breiten Debatte aufgreifen kann. Die Literaturverweise sind knapp gehalten und an den Originalquellen orientiert, mit ein, zwei Hinweisen auf neuere Interpretationen. Wer als Bachelorstudierende/r mehr will, hat hinreichende Ansatzpunkte, selbsttätig weiterzurecherchieren.

Martin Thalhammer stellt im Anschluss an diesen Artikel in einem grafischen Überblick die Eckpunkte dieser Theoriegeschichte dar und bietet darüber hinaus genau dafür eine zusätzliche Orientierung an.

Bis Ende des 18. Jahrhunderts wurde Ökonomie nicht als separater Bereich gedacht, sondern als Komponente der gesellschaftlichen Basiseinheit, des Haushalts. Man verstand darunter die Lehre vom Management agrarischer (Groß-) Haushalte. Dies geht auf die griechische Antike zurück. Aristoteles unterschied die Kunst der Haushaltung der Haushaltsgemeinschaft (Oikonomik) von der Beschaffungskunst, dem Handel oder Gelderwerb (Chrematistik) (Schefold 2008: 33ff.; Hann/Hart 2011: 19f.). Ab den 1750er-Jahren entwickelte François Quesnay das *Tableau économique,* und formierte sich mit Schülern und Anhängern zur Gruppe der Physiokraten. Das Wirtschaftsmodell der Physiokratie gilt als „erstes vollständiges theoretisches Modell in der Geschichte der Wirtschaftsanalyse" (Gilibert 2008: 122). Es ist als Reaktion auf den Staatsinterventionismus des Merkantilismus entstanden und versucht Wirtschaft als geordnetes System zu sehen, das analog der Natur aufgebaut ist und von „Naturgesetzen" beherrscht wird (Walter 2003: 35). Quesnay hat erstmals den Wirtschaftszyklus mit Produktion, Verteilung und Konsum formuliert.

Als Begründer der klassischen Nationalökonomie gelten neben anderen Adam Smith (2004 [1776]) und David Ricardo (1891 [1817]). Ihre Werke waren für die damalige Zeit ausgesprochen visionär. Die „klassische" und ab 1870 die „neoklassische"[2] ökonomische Theorie prägen bis heute die Grundannahmen der Volkswirtschafts- und der Betriebswirtschaftslehre. Sie sind sowohl für Neoklassiker als auch für Karl Marx (1977 [1867]), die fast zeitgleich ganz entgegengesetzte Theorien entwickelt haben, von grundlegender Bedeutung. Für die Ökonomische Anthropologie sind vor allem Smith und Marx wichtig, um die

2 — Der Begriff Neoklassik bezeichnet ein wirtschaftsliberales Paradigma, das sich durch die stark formalisierte Revision/Weiterentwicklung der Ansätze von Smith, Ricardo und Mill in der „marginalistischen Revolution" um 1870 auszeichnet und bis heute als ökonomischer Mainstream gilt. Im Zentrum der Neoklassik steht der methodologische Individualismus und dabei ein nutzenmaximierender, sich rational entscheidender Akteur *(rational choice theory)*. In etwa zeitgleich und unabhängig voneinander haben im späten 19. Jahrhundert Carl Menger in Österreich, William Stanley Jevons in England und Léon Walras in der Schweiz ihre neoklassischen Modelle entwickelt. Die Neoklassik gilt als der Ausgangspunkt der heutigen Wirtschaftswissenschaften. Einen Überblick über die Geschichte der verschiedenen Schulen und Ansätze bietet Priddat 2002, aber auch Screpanti/Zamagni 2005.

Konzepte der FormalistInnen und NeomarxistInnen sowie deren Auseinandersetzungen zu verstehen. Es wird daher auf sie immer wieder Bezug genommen.

Wirtschaft bezieht sich in der Kultur- und Sozialanthropologie auf jene Aktivitäten, mit denen Individuen und Gruppen ihren Lebensunterhalt sicherstellen, wie sie sich mit dem versorgen, was sie für notwendig halten, sprich die Produktion, Zirkulation und der Konsum von Materiellem und Immateriellem, von Gütern, Leistungen, Ideen oder Mythen. Die ökonomischen Praktiken finden dabei in einem breiten gesellschaftlichen Kontext statt, der in die Analyse miteinzubeziehen ist. Damit schließe ich mich einer sehr weiten Beschreibung des Feldes an, wie sie in etwa Carrier in seiner Einleitung zum *Handbook of Economic Anthropology* (2012) umreißt. Auch Gudemans (2011) Definition geht in diese Richtung.

Diese sehr allgemeine Eingrenzung wird allerdings oft entlang theoretischer und inhaltlicher Abgrenzungslinien eingeschränkt. Eine zunehmend seltenere, aber noch vorhandene Ausrichtung innerhalb der Anthropologie ist die Trennlinie zwischen vorindustriellen und vorkapitalistischen Wirtschaftsformen einerseits und den Industriegesellschaften andererseits, wobei die Prozesse der Integration vorindustrieller Wirtschaftsweisen in die globale Weltwirtschaft hier die gemeinsame Schnittfläche bilden. Ein diesbezügliches Beispiel ist die Definition von *Economic Anthropology* von Francisconi (2006). Die Anthropologie beschäftigt sich primär mit vorindustriellen Gesellschaften, mit Industriegesellschaften befassen sich dann Ökonomie, Soziologie oder Politikwissenschaft.

Auch die von VertreterInnen der Ökonomischen Anthropologie vorgenommenen Definitionen sind keineswegs einheitlich. Mit ihnen wird meist eine der grundlegenden theoretischen Orientierungen ausgedrückt (z. B. Plattner 1989; Rössler 2005: 40ff., 2006: 101).

Theoretische Strömungen der Ökonomischen Anthropologie als Subdisziplin der Kultur- und Sozialanthropologie

Im Wesentlichen werden derzeit für die zweite Hälfte des 20. Jahrhunderts vier große theoretische Strömungen der Ökonomischen Anthropologie unterschieden, die allerdings nur noch selten als einander ausschließende und antagonistische Positionierungen gesehen werden. Es sind dies der formalistische oder *Rational-choice*-Ansatz, der Substantivismus, manchmal auch Institutionalismus genannt, die politische Ökonomie und die kulturelle Ökonomie (Haller 2005: 155; Gudeman 2011).[3] Diese theoretischen Strömungen unterscheiden sich erheblich voneinander durch die Grundannahmen, von denen sie ausgehen, die Schwerpunkte, die sie setzen, und die Fragen, die sie beantworten wollen. Richard Wilk

3 __ In Carrier 2012 werden noch weitere Strömungen vorgestellt.

und Lisa Cliggett (2007) unterscheiden die verschiedenen Ansätze nach dem methodologischen Zugang, nach ihrem Verhältnis zur Geschichte und nach der Konzentration auf eine der drei Phasen im Wirtschaftszyklus. Demnach geht der Formalismus vom methodologischen Individualismus aus, während die anderen Strömungen Gesellschaften, Kulturen oder globale Systeme als Untersuchungseinheiten wählen. Formalistische und klassisch substantivistische Zugänge argumentieren synchron und bringen eventuell noch eine Art typologischen Evolutionismus ein, während die neuere politische und die kulturelle Ökonomie historische Prozesse und kulturelle Dynamiken in den Vordergrund stellen. Substantivistische und formalistische Zugänge interessieren sich primär für Austausch und Distribution, die politische Ökonomie fokussiert hingegen auf Produktion und die sozialen Verhältnisse, die die Menschen dabei eingehen. In den letzten zwanzig Jahren ist vor allem Konsum unter einer kulturellen Perspektive theoretisch bearbeitet worden. Die Einreihung der kulturellen Ökonomie in Wilks und Cliggetts Schema wurde von mir vorgenommen. Ich möchte betonen, dass dieses Schema wie jede Kategorisierung problematisch ist, es bedeutsame Ausnahmen gibt, wie z. B. Sahlins (1972), und in den letzten zwei Jahrzehnten die Syntheseversuche dominieren.

Die (meisten) Darstellungen der Ökonomischen Anthropologie sehen die Subdisziplin selbst im Streit zwischen den SubstantivistInnen und FormalistInnen in den späten 1950er- und 1960er-Jahren begründet – mit einem „lachenden Dritten“, zumal ab Ende der 1960er-Jahre eine neomarxistische politische Ökonomie die Streitparteien voneinander ablenkte (Rössler 2005; Francisconi 2006; Wilk/Cliggett 2007; Hann/Hart 2011). Seit dem *cultural turn*, der von der US-Anthropologie ausgehend ab Mitte der 1980er-Jahre das Selbstverständnis der Disziplin erschütterte, wird inzwischen mehrfach als vierte Richtung die kulturelle Ökonomie genannt (Haller 2005; Gudeman 2011).

Bis in die 1950er-Jahre wurden ökonomische Themen in der empirisch fundierten Kultur- und Sozialanthropologie[4] fast ausschließlich deskriptiv bearbeitet. Es ging in erster Linie um die detaillierte Beschreibung, wie verschiedene Gesellschaften ihren Lebensunterhalt gestalten, wie sie die für notwendig erachteten Güter herstellen und deren Austausch sowie deren Verteilung organisieren.

4 — Anfänge werden immer willkürlich gesetzt. Ich schließe mich hier den Enzyklopädien und Handbüchern an, die die moderne Kultur- und Sozialanthropologie in der Tradition der Feldforschung von Franz Boas und Bronislaw Malinowski begründet sehen, ohne die Bedeutung der Denktraditionen und Beobachtungen, auf die aufgebaut wurde, schmälern zu wollen. Barth et al. 2005 und Petermann 2004 gehen ausführlich auf die langen und unterschiedlichen Vorgeschichten ein.

Formalismus versus Substantivismus: Differenzen und Synthesen

Als namensgebend für die Subdisziplin und als erstes zusammenführendes Handbuch der Ökonomischen Anthropologie gilt Melville Herskovits' 1940 erschienenes Buch *The Economic Life of Primitive Peoples*, 1952 neu aufgelegt unter dem Titel *Economic Anthropology: A Study in Comparative Economics*. Mit vielen empirischen Beispielen und Details versucht er darin auf enzyklopädische Weise seine Annahmen über den Homo oeconomicus in verschiedenen Weltgegenden zu belegen, wodurch das Buch zum historischen Klassiker der formalistischen Theorie wird. Herskovits vermeidet aber Vergleiche und kann die Unterschiede in den ökonomischen Formen nicht erklären (vgl. Halperin 1994: 21). Damit sind die Ausgangspositionen für den „großen Streit" festgelegt.[5]

Die Bezeichnung der Kontrahenten als FormalistInnen und SubstantivistInnen wurde von Karl Polanyi mit seiner Unterscheidung der zwei Bedeutungen von *Ökonomie* eingeführt.

Die substantivistische Bedeutung von „ökonomisch" bezieht sich auf die Abhängigkeit des Menschen von der Natur und von seinen Mitmenschen, um seine Bedürfnisse befriedigen zu können (Polanyi 1968 [1957]: 139). Die „Substanz", der Inhalt, ist hier wesentlich, d.h. welche Bedürfnisse Menschen haben, was sie konkret tun, welche Güter sie auf Basis welcher Beziehungen tauschen. Die formale Bedeutung kommt aus dem logischen Charakter der Mittel-Zweck-Beziehung, wie sie in der diesbezüglichen Begriffsdeutung von „ökonomisch" zum Ausdruck kommt: „It refers to a definite situation of choice, namely, that between the different uses of means induced by an insufficiency of those means" (ebd.: 140). Mit der *rational choice theory* arbeitende AnthropologInnen haben den Begriff FormalistInnen in der Folge als Eigenbezeichnung für sich übernommen (vgl. Schneider 1974: 9).

Die meisten frühen VertreterInnen der Ökonomischen Anthropologie wie Raymond Firth oder Melville Herskovits, aber zum Teil auch Bronislaw Malinowski orientierten sich am damals wie heute dominanten Zugang der Mikroökonomik, der Neoklassik oder *Rational-choice*-Theorie. Diese geht vom Menschenbild des Homo oeconomicus und vom Entscheidungsverhalten von Einzelpersonen oder Haushalten in einer Situation der Knappheit aus. Die erste Grundannahme besteht darin, dass es nur eine einzige universelle ökonomische Logik des Optimierens gibt, die auf der Ebene des Entscheidungsverhaltens der Individuen zum Tragen kommt. Hat ein Individuum die Auswahl zwischen zwei oder mehreren Gütern, entscheidet es rational, d.h. es wählt jenes Gut, das mit geringstem Aufwand den größten Nutzen oder den größten

5__Mirowski (2000: 920) dazu: „Even more distressing, most historians of anthropology have shied away from dealing with the topic, apparently in order to preempt rekindling the blood feuds of honored ancestors."

Gewinn verspricht. KonsumentInnen wollen dabei den Nutzen maximieren und ProduzentInnen die Gewinne (vgl. Mankiw 2003: 13). Die zweite Grundannahme der Mikroökonomik ist das Gleichgewichtsprinzip, das davon ausgeht, dass sich in einer Marktsituation die Mengen so lange anpassen, bis Nachfrage und Angebot im Gleichgewicht sind (Varian 2001: 3). Diese zwei Annahmen sind notwendig, um mathematische Modelle von ökonomischen Prozessen erstellen zu können. Wobei mathematische Rechenoperationen bis heute nur sehr bescheiden Einzug in wirtschaftsanthropologische Texte gehalten haben, da in der Mehrheit der Fälle eine entsprechende Menge an empirischen Daten nicht zur Verfügung steht und diese in Regionen ohne groß angelegte staatliche Zählungen nur sehr schwierig zu erheben sind. Ein weiterer Grund liegt sicherlich im unterschiedlichen Erkenntnisinteresse von Mikroökonomik und Ökonomischer Anthropologie. Erstere will nicht unbedingt ökonomisches Handeln beschreiben, sondern plausible Rechenmodelle für zukünftige Entscheidungen bieten (Hann/Hart 2011: 7 f.).

Ausgelöst wurde die Debatte zwischen FormalistInnen und SubstantivistInnen durch den fundamentalen Angriff des Wirtschaftshistorikers Karl Polanyi auf die Grundannahmen der Neoklassik. Mit *The Great Transformation* (1978 [1944]) wandte dieser sich an die Wirtschaftswissenschaften, mit *Trade and Markets in the Early Empire* (1957) gemeinsam mit mehreren SozialanthropologInnen an die Anthropologie. Polanyi geht davon aus, dass vorindustrielle und bäuerliche Gesellschaften andere Vorstellungen von Rationalität haben als die kapitalistische Industriegesellschaft. Während der Kapitalismus auf dem Prinzip der Marktwirtschaft beruht, wird die Ökonomie in nicht-kapitalistischen Gesellschaften durch die Tauschprinzipien Reziprozität, Redistribution und Haushalten bestimmt (vgl. Seiser/Thalhammer in diesem Band; Isaac 2012: 14 ff.). Unter Substantivismus wird in der Folge eine wirtschaftsanthropologische Ideenrichtung verstanden, die darauf insistiert, dass die Ökonomie zumindest in nicht-kapitalistischen Gesellschaften in die Gesamtheit aller Institutionen eingebettet ist. Sie kann nicht auf eine Handlungsmotivation wie Nutzenmaximierung oder -optimierung reduziert werden (Gudeman 2011: 211 f.). Polanyi argumentiert, die Wirtschaftswissenschaften hätten sich gemeinsam mit dem Kapitalismus entwickelt. Sie seien daher Teil des Systems, das den Kapitalismus aufrechterhält, indem sie ihn als „natürlich" erscheinen lassen (z. B. Polanyi 1978 [1944]: 72 f.). Die SubstantivistInnen lehnten aber den methodologischen Individualismus und den Homo oeconomicus nicht grundsätzlich ab. Sie beschränkten nur seinen Anwendungsbereich auf Gesellschaften mit marktwirtschaftlicher Grundlage, in denen Land, Arbeit und Kapital zu Waren geworden sind. Dort allerdings überhöhten sie das Prinzip der Nutzenmaximierung zu einer die Gesellschaft zerstörenden Kraft. Vor allem Polanyi (ebd.: 54 f.) sah in den Prozessen, die Land, Arbeit und Kapital zu Waren machten und damit aus den politischen und sozialen Institutionen der Gesellschaft herauslösten, die Ursachen für die Weltwirtschaftskrise in den 1930er-Jahren und für die zwei Weltkriege mit ihrer immensen Zerstörung.

In den 1960er-Jahren erfolgte eine heftige Reaktion der FormalistInnen, angeführt von Raymond Firth (1967), auf Karl Polanyi und die SubstantivistInnen. Der erste der zentralen Kritikpunkte war, dass die SubstantivistInnen das Maximierungsprinzip falsch verstanden hätten. Um zu maximieren, brauche es weder Güter noch Markt, auch Liebe und Sicherheit könnten unter formal-rationalen Gesichtspunkten betrachtet werden.[6] Formale Methoden seien zweitens in allen Gesellschaften anwendbar, da überall unendliche Bedürfnisse mit beschränkten Mitteln zu befriedigen versucht würden. Ein induktiver Zugang in der Ökonomischen Anthropologie käme drittens dem Schmetterlingssammeln gleich, nur deduktive Ansätze entsprächen einem wissenschaftlichen Verständnis. Darüber hinaus hätte Polanyi die Geschichte falsch verstanden. Markt, Tausch und Handel gäbe es in allen Gesellschaften (vgl. Wilk/Cliggett 2007: 10 f.).

Auch innerhalb der FormalistInnen und unter Akzeptanz der *Rational-choice*-Theorie hatte man Probleme mit dem Homo oeconomicus im Sinne eines ausschließlichen Nutzenmaximierers. Es ist geradezu unmöglich, „Nutzen" in Gesellschaften zu messen, in denen es kein Geld im Sinne eines „allgemeinen Äquivalents" gibt. Auch in marktwirtschaftlichen Gesellschaften ist der Nutzen eine „metaphysische Kategorie" (Novy 2004; Varian 2001: 50), die sich einer objektiven Messbarkeit entzieht. Zudem kommt in Feldforschungssituationen rasch zum Vorschein, dass die meisten Menschen schlichtweg nichts maximieren. Offenbar zufrieden mit ihrem Leben streben sie weder nach Reichtum, Geld, Macht, Prestige oder Ehre.

Raymond Firth hat auf den augenfälligen Umstand, dass in vielen Gesellschaften keineswegs Reichtum oder Kapital akkumuliert würde, mit der Einführung der *institutionellen Gegebenheiten* reagiert. Es wird überall maximiert, aber eben nicht nur Geld, sondern auch Lust oder Gottgefälligkeit (bei Asketen zum Beispiel) und vieles andere mehr (besonders bei Burling 1962). Dazu meinte Maurice Godelier (1972: 292) bereits 1965: „Wenn so theoretisch jedes zweckbestimmte Handeln ökonomisch wird, ist faktisch keines mehr ökonomisch." Die formale Theorie sei ein Komplex mathematischer Verfahrensweisen, der indifferent gegenüber dem Gegenstand ist, mit dem er umgeht, denn die Logik des Kalküls bleibt überall dieselbe (ebd.: 292). Das heißt, sie kann gar nicht fassen, was nun ökonomisch oder politisch oder psychologisch ist, sie kann nur auf der Basis bereits vorher getätigter Annahmen rechnen – der Annahme, dass immer und überall in einer Situation mit alternativen Entscheidungsmöglichkeiten versucht wird, knappe Mittel den jeweiligen Zwecken zuzuordnen. Dieses Ver-

6__Ein Gedankengang, der in den 1980er- und 1990er-Jahren vom Ökonomen Gary Becker wieder aufgegriffen wurde, diesmal im Sammelband von James Carrier und Daniel Miller (1998) heftig attackiert.

fahren wird heute noch genauso kritisiert wie in den 1960er-Jahren (bspw. von Graeber 2001: 8; Gudeman 2016: 9 ff.).

Synthesebeispiele: Experimentelle Ökonomie und Tschajanows Gesetz

Bis in die späten 1990er-Jahre gab es zwar zahlreiche Hinweise darauf, dass die Ausgangsfigur der MikroökonomInnen – der Homo oeconomicus – nicht überall vorfindbar ist, es existierten allerdings keine empirischen Belege von einer Art, wie sie auch für ÖkonomInnen akzeptabel wären. Hier hat die experimentelle Ökonomie unter Zuhilfenahme der Spieltheorie erstmals vergleichende Untersuchungen aus überschaubaren Gesellschaften vorgelegt, die neue Forschungsfragen eröffnen (Henrich et al. 2001; Ensminger 2002). Ausgestattet mit hinreichend Forschungspersonal und echtem Spielgeld spielten AnthropologInnen und ÖkonomInnen in verschiedenen Gesellschaften (drei Jäger- und Sammlergruppen, sechs Gruppen, die Brandrodungsfeldbau betreiben, vier nomadische Hirtengesellschaften und drei sesshafte kleinbäuerliche Gesellschaften) auf fünf Kontinenten das Ultimatumspiel, das Diktatorspiel und ein Spiel, mit dem der Umgang mit öffentlichen Gütern getestet werden sollte. Ich gehe hier nur auf das Ultimatumspiel näher ein, finde aber auch die Ergebnisse bezüglich der anderen Spiele sehr spannend. Das Ergebnis, den eigennützigen Maximierer betreffend, ist eindeutig: „The canonical model is not supported in any society studied“ (Henrich et al. 2001: 73). Bis zu diesem Großprojekt wurden Experimente mit diesen Spielen vorwiegend in westlichen und industrialisierten Ländern durchgeführt, zudem fast ausschließlich mit Universitätsstudierenden der Wirtschaftswissenschaften als Testpersonen (Henrich et al. 2005: 795). Diese zeigten relativ einheitliche Verhaltensweisen, wenn auch nicht ganz konform mit dem kanonischen Modell. Das Ultimatumspiel soll eigennütziges Verhalten messen. Zwei Spieler, A und B, spielen unter Anleitung eines Spielleiters, die konkrete Identität der beiden ist nur dem Spielleiter bekannt. A erhält eine Geldsumme, die in etwa einem Tageslohn in der untersuchten Gesellschaft entspricht. A soll B einen Teil des Geldes anbieten. Akzeptiert dieser die Summe, erhalten beide den vereinbarten Betrag, weist B aber das Angebot zurück, bekommen beide nichts. Nach der mikroökonomischen Theorie würde das maximierende Individuum nun das Angebot so kalkulieren, dass es für Spieler B gerade noch annehmbar ist (Ensminger 2002: 61). Die Ergebnisse aus dem Ultimatumspiel sind über die fünfzehn Gesellschaften hinweg extrem unterschiedlich. Die Machiguenga in Peru geben möglichst wenig und nehmen alles, was sie bekommen. Die ethnographische Erhebung zeigt, dass die einzelnen Familien in dieser Jagd und Brandrodungsfeldbau betreibenden Gesellschaft ökonomisch fast unabhängig voneinander sind und sich die Kooperation zwischen Familien auf ein Minimum beschränkt. Ganz anders die Au und Gnau auf Papua Neuguinea. Dort bringt das Geben von Geschenken Prestige, und der Empfänger einer Gabe fühlt sich verpflichtet, diese irgendwann in Zukunft zu retournieren. Die Angebote im Ultimatumspiel – bei dem ja der Empfänger nicht bekannt ist – waren bei diesen Gesellschaften am höchsten und lagen weit über 50 % der Spielsumme. Hier wurden auch die meisten Angebote zurückgewiesen, die Gnau lehnten 40 % der Angebote ab. Gesellschaftlich vorhandene Normen über Teilen, Geben und Nehmen sowie Kooperation im Alltag wirken also ganz eindeutig auf das Spielverhalten ein (Henrich et al. 2001: 76). Wobei das Spielverhalten eine Sache ist, das Alltagsleben eine andere. Die Ju/'hoan in der Kalahari erwiesen sich als geizig im Ultimatumspiel, bestraften aber nicht. Im wirklichen Leben strafen sie, sind aber sehr großzügig im Geben. Die Anonymität des Spiels hat die vorhandenen kulturellen Institutionen ausgeschaltet (Wiessner 2009). Henrich u. a. sind nicht für die Abschaffung des rationalen Akteurs als zentrale Grundannahme in der Ökonomie. Sie fordern allerdings Revisionen des kanonischen Modells in zweierlei Hinsicht: Erstens, der eigennützige Maximierer von materiellem Gewinn ist als allgemeines Handlungsmodell empirisch nicht nachweisbar und zweitens, Präferenzen in der ökonomischen Entscheidungsfindung sind keine exogenen Faktoren, sondern werden immer in einem konkreten ökonomischen und sozialen Alltag geformt.

Warum sind diese Ergebnisse wichtig oder, anders gefragt, warum werden so teure Studien finanziert? Mikroökonomische Modellierung wird eingesetzt, um Prognosen erstellen zu können. Diese Prognosen werden bei Investitionsentscheidungen von Unternehmen aber auch in Entwicklungsprojekten verwendet. Ab den 1960er-Jahren sah man sich in Entwicklungsprojekten zunehmend mit dem Problem konfrontiert, dass die EmpfängerInnen auf die ökonomischen Anreize von außen nicht mit den angenommenen Handlungsstrategien reagierten. Abweichungen vom kanonischen Modell als „irrational" zu bezeichnen, bot keine dauerhafte Lösung (Ortiz 2012: 59 ff.; Hann/Hart 2011: 106 f.). Es stellte sich sehr bald schon die Frage, warum Menschen anders handeln, als es der logische deduktive Ansatz vorsieht.

Ein Zugang, der in der Ökonomischen Anthropologie ebenso Relevanz hat, geht auf den russischen Agrarökonomen Alexander Tschajanow (1987 [1923]) zurück, dessen *Lehre von der bäuerlichen Wirtschaft* 1923 auf Deutsch, 1925 auf Russisch erschienen ist und 1966 ins Englische übersetzt wurde. Marshall Sahlins brachte Tschajanows Thesen ab 1968 in die Ökonomische Anthropologie ein und beendete damit die Debatte zwischen FormalistInnen und SubstantivistInnen. Das, was später als Sahlins Formulierung von Tschajanows Gesetz gilt (Durrenberger/Tannenbaum 2002: 145)[7], ist folgender Zusammenhang: Bäuerli-

7 __ Sahlins hat in zwei Aufsätzen, die 1972 wiederveröffentlicht wurden, auf Basis eines von Tschajanow quantitativ erschlossenen Zusammenhangs eine *domestic mode of production* definiert, die fast zwei Jahrzehnte lang in der feministischen und marxistischen Anthropologie diskutiert wurde (vgl. Zuckerhut in diesem Band).

che Haushalte sind im Familienzyklus unterschiedlich zusammengesetzt, das Verhältnis zwischen ProduzentInnen und KonsumentInnen verändert sich. Sind mehr KonsumentInnen zu versorgen, wird mehr produziert, das heißt, die ProduzentInnen müssen mehr arbeiten, um die Bedürfnisse des Haushalts zu befriedigen. Haushalte mit einem günstigen Verhältnis zwischen ProduzentInnen und KonsumentInnen reduzieren dann, wenn die Versorgung der Haushaltsmitglieder über das Jahr hinweg hinreichend gesichert ist, ihre Arbeitsintensität. Tschajanow hat eine Kurve vorgelegt, die zeigt, dass ab einem gewissen Punkt die Mühe für jedes zusätzlich erreichte Mehr an Bedürfnisbefriedigung überproportional steigt. Was aber erforderlich ist, um ein gesellschaftlich akzeptables Niveau an Bedürfnisbefriedigung zu erreichen, hängt vom Verhältnis zwischen ProduzentInnen und VerbraucherInnen ab. Der Aufwand oder die Mühsal ist somit – abgesehen von Situationen an der Kalorienuntergrenze – gesellschaftlich definiert. Durrenberger und Tannenbaum konnten am Beispiel ihrer Feldforschungen bei den Shan und den Lisu in Thailand zeigen, dass ein wesentlicher Einflussfaktor darin besteht, ob eine Gesellschaft stratifiziert oder egalitär ist. Ist sie stratifiziert, verschiebt sich das Erreichen der für den Haushalt notwendigen Bedürfnisbefriedigung hin zu einem Mehr an Mühsal. Zusätzlich zu dem, was für den Haushalt erforderlich ist, ist für die Vermehrung von Prestige, Rang und Status zu sorgen. Das entspricht Eric Wolfs *fund of rent*. Eric Wolf hat als ein Charakteristikum von *peasant societies* festgestellt, dass sie ihre Einkünfte auf vier Kategorien aufteilen: Kalorienabdeckung, Ersatz für verbrauchte Betriebsmittel, *ceremonial fund* (Aufwand für zeremonielle und festliche Bedürfnisse), *fund of rent* (Abgaben an übergeordnete Einheiten). Bäuerliche Wirtschaften versuchen ständig die eigenen Bedürfnisse mit dem, was von außen gefordert wird, auszubalancieren (Wolf 1966: 13 ff.). Die egalitären Lisu stellen die Plackerei für den Zusatzertrag wesentlich früher ein. Ein Mehrertrag eines Teils der Haushalte würde die egalitäre Ordnung gefährden und wird politisch sanktioniert. Eine derartige Limitierung des Mehrertrags und der Mehrarbeit gibt es bei den stratifizierten Shan nicht. Was Durrenberger und Tannenbaum mit dem Vergleich der Lisu und Shan zeigen wollten, ist Folgendes: Grenznutzentheoretiker wie Tschajanow haben recht. In beiden Gesellschaften wird die Produktionsmenge der Haushalte durch den Bedarf der KonsumentInnen und das Ausmaß des Aufwands, diesen zu decken, bestimmt. Welcher Arbeitsaufwand investiert wird, hängt von den sozialen und politischen Verhältnissen der Produktion ab und von den Ideologien, die auf diese einwirken. Dies gäbe wiederum den SubstantivistInnen recht (Durrenberger/Tannenbaum 2002: 144 f.).

Durkheim, Weber und Mauss: Struktur oder Geschichte?

Grundlegende Fragestellungen und Ausgangspositionen der aktuellen Ökonomischen Anthropologie wurden bereits um 1900 von Émile Durkheim und Max Weber formuliert, die sich mit Fragen der Konstitution von Gesellschaft beschäftigten, wobei wirtschaftliche Prozesse für sie einen Teilbereich des Sozialen darstellen und eng mit Religion, Moral, Recht, Politik etc. verwoben sind.

Für Émile Durkheim ist die Gesellschaft mehr als die Summe von Individuen; Gesellschaft manifestiert sich in einem Kollektivbewusstsein, das zwar in den Köpfen von Einzelpersonen sitzt, das aber über Moral und Solidarität die Entfaltungsmöglichkeiten der Individuen bestimmt (Luhmann 1992: 24). Menschen sind für Durkheim soziale Wesen, sie leben in Gruppen und ihr Bewusstsein wird durch Interaktionen mit anderen geprägt. Durch die regelmäßige Interaktion untereinander entwickeln sie ein „Gefühl für das Ganze", binden sich „an etwas, was das Individuum überschreitet, diese Unterordnung des Einzelinteresses unter ein Gesamtinteresse" ist „die eigentliche Quelle jeder moralischen Tätigkeit". Das Gefühl wird in Formeln gegossen „und infolge dessen entsteht ein Korpus moralischer Regeln" (Durkheim 1992 [1893]: 54). Daher kann menschliches Denken und Handeln nur dann zielführend untersucht werden, wenn nicht das Individuum, sondern die Gruppe bzw. die Gesellschaft den Forschungsgegenstand bildet. Durkheim vertritt damit einen systemorientierten Ansatz und wird von den StrukturalistInnen in der Kultur- und Sozialanthropologie als wesentlicher Vordenker angesehen (vgl. Parkin 2005: 170 ff.).

Für die substantivistische Richtung in der Ökonomischen Anthropologie ist Durkheims Dissertation *De la division du travail social* (1992 [1893]) von großer Bedeutung, weil er sich darin explizit vom individualistischen, utilitaristischen Zugang Adam Smiths abgrenzt (Müller/Schmid 1992: 484), der aus einer Art psychologischen Prädisposition heraus versucht hat, die Entstehung und Entwicklung von Arbeitsteilung zu erklären. Adam Smith hielt die Arbeitsteilung in einer „Neigung der menschlichen Natur" zum Tausch und zum Tauschhandel begründet (Smith 2004 [1776]: 18); Durkheim sah Arbeitsteilung nicht als „naturwüchsig" an, er anerkannte ihre Unterschiede und betrachtete diese als Folge und Ursache verschiedener gesellschaftlicher Organisationsformen. In Gesellschaften mit wenig ausgeprägter Arbeitsteilung wird der gesellschaftliche Zusammenhalt über außerökonomische Faktoren wie beispielsweise Religion hergestellt; Durkheim nennt dies „mechanische Solidarität". Ausgeprägte Arbeitsteilung führt demgegenüber zu einem Aufeinander-Angewiesensein der Individuen, zu einer „organischen" Solidarität, und wird damit zu einem strukturierenden Prinzip der sozialen Ordnung.[8] Insofern könnte man die Auseinandersetzung

8__In ähnlicher Weise hat Ferdinand Tönnies etwa zwanzig Jahre später den Dualismus zwischen Gemeinschaft und Gesellschaft konstruiert (vgl. Salazar 1996: 73 ff.).

zwischen FormalistInnen und SubstantivistInnen als Neuauflage der Kritik von Durkheim am utilitaristischen Individualismus von Smith bis Spencer sehen.

Etwa zeitgleich zu Durkheim in Frankreich befasst sich Max Weber in Deutschland mit dem Verhältnis zwischen Ethik, Religion und Wirtschaft. Für die Ökonomische Anthropologie sind *Die protestantische Ethik und der Geist des Kapitalismus* (Weber 1988 [1920]a) und *Die Wirtschaftsethik der Weltreligionen* (Weber 1988 [1920]b) von besonderer Bedeutung. Wie bei allen Klassikern sind nach heutigem Wissensstand nicht die Details der Darlegungen von Relevanz, sondern die zentralen Grundgedanken. Max Weber geht davon aus, dass aus Religion und Ethik kommende Ideen und Werte sich auf das wirtschaftende Handeln von Menschen auswirken. Nach Weber ist eine Wirtschaftsethik weder eine einfache „Funktion" der wirtschaftlichen Organisationsformen, noch wird wirtschaftliches Handeln ausschließlich durch religiöse Momente determiniert. Religiös begründete „praktische Antriebe zum Handeln" wirken aber auf die jeweilige Wirtschaftsethik ein. Religionen und Ethiken der Lebensführung haben sich in konkreten historischen Prozessen und wirtschaftsgeografischen Räumen herausgebildet. Geografische, politische, soziale und nationale Faktoren sind daher gleichermaßen zu berücksichtigen (Weber 1988 [1920]b: 238 f.). Durch die jeweils unterschiedliche Geschichte und die Verschiedenheit der geografischen Bedingungen stellt jede Kultur eine Ganzheit dar, die über eigene Werte und einen eigenen „Geist" verfügt; in diesem Sinne beeinflusst Weber die Fragestellungen und Arbeitsfelder der Ökonomischen Anthropologie, insbesondere den Substantivismus und die kulturelle Ökonomie. So stellen etwa die vielfältigen Verbindungsweisen zwischen (lokalen) symbolischen Systemen (Bedeutungen, Werten, „Geist") und wirtschaftlichen Prozessen in einem globalisierten Handlungs- und Bedeutungsraum gegenwärtig wichtige Forschungsfelder dar, zu deren Vordenkern Max Weber zählt (vgl. z. B. Spittler 2002; Gudeman 2008a: 10; Hann/Hart 2011: 147). Wie Durkheim geht es auch Weber um das Verhältnis zwischen Individuum und Gesellschaft, und die Individuen sind in ihren Entscheidungen nicht ausschließlich von einem utilitaristischen Prinzip geleitet, sondern auch von kulturellen, religiösen, sozialen und politischen Konventionen. Bei Durkheim leiten sich diese aus strukturellen Gegebenheiten ab, Weber betont hingegen die Geschichte der Ideen, die zu konkreten Praktiken führen. Beide haben vergleichend gearbeitet, ein methodologischer Zugang, der in der Sozialanthropologie bis heute mit Erkenntnisgewinn eingesetzt wird. Ein wesentlicher Unterschied zwischen ihnen liegt darin, dass Durkheim universalistisch argumentiert und Weber das Singuläre jeder Geschichte betont. Letzterer ist daher eine wichtige Argumentationsgrundlage für relativistische und kulturalistische Ansätze wie beispielsweise Gudemans 2001 erschienene *Anthropology of Economy* (Gudeman 2001; vgl. Carrier 2007: 466).

Die ersten gezielt Feldforschung betreibenden Anthropologen wie Franz Boas, Richard Thurnwald und Bronislaw Malinowski stellten durch ihre Beobachtungen und Analysen die Ökonomische Anthropologie auf eine neue empirische Basis. Boas' Beschreibung der Verdienstfeste der Kwakiutl (Boas 1966), Thurnwalds Beobachtungen über das *mamoko* auf den Salomon-Inseln (Thurnwald 1912) und Malinowskis Ethnographie über den *kula*-Ring (1979 [1922]) erbrachten neue Perspektiven auf das Thema Austausch und Distribution. Der gebürtige Altösterreicher Richard Thurnwald hat beispielsweise darauf hingewiesen, dass die Interaktion zwischen Personen in homogenen Gemeinschaften dem Prinzip der *Reziprozität* folgt und in stratifizierten Gesellschaften dem Prinzip der *(Re-)Distribution*. Insbesondere diese zwei Begriffe wurden aufgegriffen und von Malinowski, Polanyi und Sahlins weiterentwickelt (Köcke 1979: 156 ff.).

Marcel Mauss synthetisierte die empirische und historische Literatur zum Themenfeld Tausch in seinem Aufsatz *Die Gabe* (Mauss 1990 [1923–1924]), einem der bis heute wohl meist zitierten Werke in der Kultur- und Sozialanthropologie. Im Zentrum seiner vergleichenden Analyse steht die Gabe, das Geschenk[9], das er zu einem allgemeinen Tauschprinzip zwischen Individuen und Gruppen entwickelt (ebd.: 19). Die Gabe begründet nach Mauss eine Verpflichtung; d.h. derjenige, der die Gabe annimmt, fühlt sich dem Geber gegenüber zur Rückgabe verpflichtet. Er ist bestrebt, diese Gabe zu erwidern. Ist ihm dies aus ökonomischen oder sozialen Gründen nicht möglich oder liegt ein längerer Zeitraum zwischen Gabe, Annahme der Gabe und Gegengabe, so wird zwischen Gebenden und Nehmenden ein soziales Band geknüpft, ein Band von gegenseitigen Verpflichtungen. Genau dadurch wird die Gabe zu einem strukturellen Element, das den sozialen Zusammenhalt über große Distanzen hinweg und auch außerhalb des vertrauten, intimen Familienkreises ermöglicht. Mauss verwendet dabei als Metapher den Maori-Begriff *hau*. Das *hau of the forest* kann am besten als Kraft verstanden werden, die den Gaben innewohnt und mit dem Geber verbunden bleibt, es will wieder zu ihm zurück und zwingt den Annehmenden zur Rückgabe. Heinzpeter Znoj (1995: 44 ff.) interpretiert die Originalerzählung neu und weist darauf hin, dass darin eine dritte Person vorkommt, an die die Gabe weitergegeben werden muss. Die Annahme einer Gabe führt daher zu zwei Verpflichtungen: zu jener der Rückgabe und zu jener der Weitergabe. Erst dadurch wird aus einer dyadischen Beziehung die soziale, die Gesellschaft macht.

Mauss versucht nachzuweisen, dass das Reziprozitäts- und Tauschprinzip universell ist. Geben, Annehmen und Zurückerstatten werden bei ihm – unter Verwendung eines Begriffs von Durkheim – zum *fait social total*, zur totalen sozialen Tatsache, die Gesellschaften integriert. Durch dieses Tauschprinzip ist in einer Gesellschaft alles mit allem verwoben, es ist sozusagen der soziale Kitt, der eine Gesellschaft zusammenhält. Der Tausch ist deswegen die totale soziale

9_Heinzpeter Znoj unterscheidet im Gegensatz zu Mauss strikt zwischen der Gabe in archaischen Gesellschaften und dem Geschenk in unserem gegenwärtigen Wortgebrauch. Ein Geschenk müssen wir behalten, die Gabe muss weitergegeben werden (Znoj 1995: 50).

Tatsache, weil im Tausch alle Arten von Institutionen, seien sie nun religiöser, moralischer, rechtlicher oder ökonomischer Natur, gleichzeitig ihren Ausdruck finden (Mauss 1990 [1923–1924]: 176). Zudem ist im Gabentausch auch die Hierarchie angelegt. Die Schenkenden sind gegenüber den Beschenkten immer im Vorteil. Je mehr Zeit beispielsweise zwischen Gabe und Gegengabe liegt, umso höher muss die Rückgabe ausfallen, um nicht zur Unterordnung des Beschenkten zu führen (ebd.: 157f.).

Bei der Durchsicht des Indexes des 39 Artikel und über 600 Seiten umfassenden *Handbook of Economic Anthropology* fällt auf, dass es nur fünf Autoren auf drei- oder mehrzeilige Einträge gebracht haben. An erster Stelle ist das Karl Polanyi, über dessen Einbettung der Ökonomie in alle anderen Bereiche des Lebens sich die Ökonomische Anthropologie von den Wirtschaftswissenschaften abgrenzt. An zweiter Stelle steht Marx, dann gleichwertig Malinowski, Mauss und Wolf. Malinowski steht dabei für den spezifischen kultur- und sozialanthropologischen Fokus auf die Empirie. Ohne Mauss kommt – wie es scheint – keine fachspezifische Tauschtheorie und keine Auseinandersetzung mit Zirkulation aus. Marx fügt dem Ganzen die Möglichkeit der Analyse von Macht- und Ausbeutungsverhältnissen, den Blick auf die Entstehung von Werten, auf die Verschleierung dieser Verhältnisse durch den Fetischcharakter der Waren und auf die Ursachen für die ungleiche Verteilung hinzu. Aktuelle Synthesen in der Ökonomischen Anthropologie gründen m.E. daher nicht nur auf fundierter Empirie, sondern sind aufmerksam gegenüber strukturellen Elementen im Kontext einer konkreten Geschichte auf der Basis einer theoretisch fundierten politischen Ökonomie.

Politische Ökonomie: Ungleichheit ist kein Zufall

Ausgehend vom Marx'schen Konzept der Produktionsweisen fokussiert die politische Ökonomie einerseits auf den Bereich der Produktion, im Besonderen auf die sozialen Verhältnisse, die die Menschen dabei eingehen, und andererseits wird die Bedeutung von Geschichte betont. Die politische Ökonomie ist Teil einer „broad enlightenment metanarrative of progress" (Robotham 2012: 42).

Außerhalb der kommunistischen Länder kann bis in die 1960er-Jahre nicht von einer marxistischen Anthropologie gesprochen werden. Ein Haupthindernis war das Wissen, dass das Evolutionsschema, das Marx und Engels von Lewis Henry Morgan übernommen hatten, nicht haltbar ist und ausgehend von der Sowjetunion eine ausgesprochen dogmatische Marxexegese betrieben wurde. Zudem waren insbesondere in der Zwischenkriegszeit marxistische Ansätze an westlichen Universitäten verpönt (Graeber 2001: 24). Ab den 1960er-Jahren entwickelten sich zwei deutlich unterscheidbare Strömungen einer marxistisch orientierten Ökonomischen Anthropologie, eine in Frankreich und eine in Amerika (Wilk/Cliggett 2007: 104ff.). Beide gingen vom materiellen Prozess der Produktion und der Verfügungsgewalt über die Produktionsmittel aus, setzten sich mit Konflikt und Wandel, Machtverhältnissen und Ausbeutung auseinander, unterschieden sich aber durch die strukturalistische Ausrichtung in Frankreich und die stark historische Orientierung in den USA.

Was hat Karl Marx unter Produktionsweise verstanden? Er fühlte sich einem Universalismus verpflichtet und sah daher den Kapitalismus nur als eine von mehreren Gesellschaftsformationen an, wenn auch als die entwicklungsgeschichtlich progressivste (Wicker o. J.: 28). Er war daher auch an den vorkapitalistischen Produktionsweisen interessiert und studierte die anthropologische Literatur seiner Zeit, die in der zweiten Hälfte des 19. Jahrhunderts die soziale Evolution der Menschheit zu ihrer vorherrschenden Fragestellung gemacht hatte (siehe Marx (1976 [1880–1882]); Patterson 2009). Auf dieser Basis entwickelte Marx eine universalhistorische Theorie der Produktionsweisen, die ab den 1970er-Jahren für die neomarxistische Sozialanthropologie von großer Bedeutung geworden ist.

Marx unterschied Produktivkräfte (Gesamtheit der menschlichen und gegenständlichen Faktoren des Produktionsprozesses, wie Arbeitskraft, Technologie und Wissen) und Produktionsverhältnisse als Gesamtheit der konkret-historischen gesellschaftlichen Verhältnisse, die die Menschen in der Produktion miteinander eingehen. Produktionsverhältnisse und Produktivkräfte ergeben zusammen eine konkrete Produktionsweise. Damit ist ein spezifisches, historisch vorfindbares System gesellschaftlicher Beziehungen gemeint, „das die Verausgabung von Arbeit regelt, um der Natur mittels Werkzeugen und handwerklicher sowie organisatorischer und intellektueller Fähigkeiten ein Quantum Energie abzuringen" (Wolf 1991 [1982]: 114). Dies führt zu einem der Grundgedanken des historischen Materialismus:

> In der gesellschaftlichen Produktion ihres Lebens gehen die Menschen bestimmte, notwendige, von ihrem Willen unabhängige Verhältnisse ein, Produktionsverhältnisse, die einer bestimmten Entwicklungsstufe ihrer materiellen Produktivkräfte entsprechen. Die Gesamtheit dieser Produktionsverhältnisse bildet die ökonomische Struktur der Gesellschaft, die reale Basis, worauf sich ein juristischer und politischer Überbau erhebt, und welcher bestimmte gesellschaftliche Bewußtseinsformen entsprechen. Die Produktionsweise des materiellen Lebens bedingt den sozialen, politischen und geistigen Lebensprozeß überhaupt. Es ist nicht das Bewußtsein der Menschen, das ihr Sein, sondern umgekehrt ihr gesellschaftliches Sein, das ihr Bewußtsein bestimmt. (Marx 1974 [1859]: 15)

Die Produktionsweise ist die wirtschaftliche Basis, auf der sich ein sozialer, politischer und religiöser Überbau erhebt.

In Frankreich gaben der Philosoph Louis Althusser et al. (2014 [1965]) neue Impulse, indem sie für eine flexiblere Begrifflichkeit rund um das Marx'sche Konzept der Produktionsweisen plädierten. Dies wurde von Sozialanthropologen wie Godelier, Meillassoux und Terray aufgegriffen und ausgebaut.

Sie argumentierten, dass sowohl FormalistInnen wie SubstantivistInnen unrecht hätten, da beide den Ausgangspunkt für ökonomisches Handeln im Austausch und der Distribution sehen würden. Um gesellschaftliche Verhältnisse und Dynamiken zu verstehen, müsse man zu allererst analysieren, wie sie es schaffen, über die Zeit hinweg weiter zu bestehen und wie sie sich selbst durch verschiedene Arten produktiver Handlungen reproduzieren. Eine weitere zentrale Frage betrifft die Entstehung und Reproduktion von grundlegenden Formen der Ungleichheit und Ausbeutung auch in klassenlosen Gesellschaften und wie diese in den Prozessen der Produktion und Reproduktion verankert sind.

Die Anhänger der marxistisch orientierten Gruppe in Frankreich, zu der mit Ausnahme von Maurice Godelier vor allem AfrikaspezialistInnen gehören, werden aufgrund des starken Einflusses des Strukturalismus auch als *strukturalistische MarxistInnen* bezeichnet (Robotham 2012: 42 f.; Wilk/Cliggett 2007: 105 ff.). Die Gemeinsamkeit zwischen diesen SozialanthropologInnen besteht in der Kombination von intensiver ethnographischer Empirie mit einer selbstbewussten theoretischen Fundierung. Robotham weist auch darauf hin, dass die marxistischen Konzepte vorher dazu tendiert hätten, die ethnographischen Fakten in vorgefertigte theoretische Schemen zu pressen. Anthropologen wie Claude Meillassoux, Maurice Godelier, Emmanuel Terray, Pierre-Phillip Rey, Georges Dupré oder Marc Augé sehen die Feldforschung als notwendigen Ausgangspunkt für Theoriebildung. Sie legen daher auch feinkörnige und detailreiche ethnographische Beschreibungen der ökonomischen, sozialen und politischen Beziehungen der von ihnen untersuchten Gesellschaften vor. „On this basis, they approached theory as a construct that should respect and be supported by the data" (Robotham 2012: 43).

Claude Meillassoux stellt beispielsweise bei den Ackerbau betreibenden Gouro an der Elfenbeinküste fest, dass die Zugehörigkeit zu einer bestimmten Abstammungsgruppe über den Zugang zum wichtigsten Produktionsmittel Land entscheidet. Ähnlich ist es im Bereich der Zirkulation der wesentlichen Güter, wie sie z. B. über den Brautpreis erfolgt. Er schließt daraus, dass während in der kapitalistischen Produktionsweise die Abschöpfung von Mehrwert über das Eigentum an Produktionsmitteln erfolgt, in der häuslichen Produktionsweise der Gouro die Abschöpfung von Mehrarbeit und Mehrprodukt in der Kontrolle über Menschen begründet ist. Die Ältesten entscheiden, wer wen heiratet, zu welcher Verwandtschaftslinie die Kinder gehören und wer ein Stück Land zur Bearbeitung erhält. Das ökonomische Surplus wird über Gebräuche und Familienverbindungen gesteuert und nicht über Löhne oder Tribute (Meillassoux 1964). Verwandtschaft ist daher bei den Gouro Teil der Produktionsverhältnisse und damit der Basis und nicht des Überbaus. Im zweiten Teil der *Wilden Früchte der Frau* (Meillassoux 1978 [1975]) befasst sich Meillassoux mit der Verschränkung von Subsistenzwirtschaft mit industrieller kapitalistischer Produktion. Er zeigt am Beispiel der erzwungenen Rotationswanderungen im Kontext des südafrikanischen Apartheidsystems, dass sich durch die mehr oder weniger künstliche Aufrechterhaltung eines nicht vollständig durchkapitalisierten Sektors die ursprüngliche Akkumulation[10] in ein permanentes Ausbeutungsverhältnis umwandeln lässt. Meillassoux hat sich damit als einer der ersten AnthropologInnen mit Fragen der Arbeitsmigration und dem Verhältnis zwischen kapitalistischer und häuslicher Produktionsweise befasst. Die häusliche Produktionsweise geht durch die kapitalistische Produktionsweise nicht unter, sondern liefert beständig billige Arbeitskräfte nach (ebd.: 125 ff.).

Maurice Godelier kommt auf Basis seiner intensiven Feldforschung bei den klassenlosen Baruya auf Papua Neuguinea, bei denen Frauen in ausgeprägter Weise abgewertet und unterdrückt werden, zum Schluss, dass soziale Ungleichheit über die Verwandtschaft und vor allem auch die Ideologie hergestellt werden kann. Diese werden zum Produktionsverhältnis, das Alte und Junge, Männer und Frauen voneinander trennt. Insbesondere die Frauen werden mit ideologischen Konstruktionen über die Sexualität und die Leugnung ihres Beitrags bei der Geburt von Söhnen ihrer Produktionsmittel beraubt (Godelier 1982).[11]

In den USA entwickelte sich eine marxistisch orientierte politische Ökonomie, die sich mit Fragen nach den Zusammenhängen und Abhängigkeiten zwischen Weltregionen befasst (Narotzky 2012: 84 f.). Insbesondere Schüler des Neoevolutionisten und Kulturökologen Julian Steward gingen der Geschichte des Aufeinandertreffens nicht-kapitalistischer Produktionsweisen und ihrer Verflechtungen mit der Herausbildung und Ausbreitung des Kapitalismus nach. Wichtige Werke in diesem Zusammenhang sind Eric Wolfs *Europe and the People without History* (1991 [1982]) und Sidney Mintz' *Sweetness and Power* (1985; dt. 1987). Anhand der Produktion, Distribution und Konsumption von Gütern zeichnen beide globale historische Entwicklungen im ökonomischen Bereich nach. Gerade diese zwei Werke bauen nicht auf eigener Empirie auf, sondern versuchen in einer Langzeitperspektive herauszuarbeiten, wie verschiedene Gesellschaften und Regionen in die kapitalistische Weltökonomie einbezogen wurden.

Eric Wolf richtete seine Aufmerksamkeit verstärkt auf historische Prozesse und kritisierte eine Anthropologie, welche die von ihr untersuchten Gesellschaften als statisch und isoliert präsentierte. „Unsere Menschenwelt stellt sich

10 __ Die „ursprüngliche Akkumulation" siedelt Marx in der Phase der Ausbreitung des Kapitalismus an. Die Arbeitskräfte wachsen in vorkapitalistischen Sektoren auf und werden von dort auch weiter versorgt. Der Kapitalist kann daher die Löhne drücken, weil er nicht die vollen Reproduktionskosten der Ware Arbeitskraft bezahlen muss (siehe Seiser/Thalhammer in diesem Band). Dadurch lassen sich wesentlich höhere Profite lukrieren, die wegfallen, wenn alle Sektoren durchkapitalisiert sind. Rosa Luxemburg (1913) hat als Erste darauf hingewiesen, dass die ursprüngliche Akkumulation perpetuiert werden kann.

11 __ Siehe Seiser/Mader 2006 für eine ausführliche Darstellung von Godeliers Ethnographie über die Baruya.

als eine vielfältige Totalität miteinander verbundener Prozesse dar, und Untersuchungen, die diese Totalität zerstückeln, ohne sie wieder zusammenzusetzen, verfälschen die Realität" (Wolf 1991 [1982]: 17). Er geht davon aus, dass weltweite historische und ökonomische Prozesse die verschiedenen Völker miteinander verflechten. Wolf knüpft bei André Gunder Frank (1966) und Immanuel Wallerstein (1986 [1974]) an, die die Entwicklung des kapitalistischen Weltsystems mit ihren Metropolen und Zentren als Geschichte der Unterentwicklung und Unterwerfung der zentrumsfernen Teile der Welt gesehen haben. In Abgrenzung zu den „Weltsystemtheoretikern" konzentriert sich Wolf auf die Reaktion der „Mikro-Populationen" auf die europäische Expansion und die Ausdehnung der Marktwirtschaft (Wolf 1991 [1982]: 44 f.). Er zeigt, dass unterschiedlichste Gesellschaften an den Veränderungsprozessen beteiligt waren, welche mit der Expansion der EuropäerInnen in der Neuzeit ihren Ausgang genommen haben. Diese Gesellschaften sind keineswegs nur als passive Opfer zu betrachten, sondern haben eigene aktive Beiträge zu den Prozessen der Globalisierung geleistet. Wolf zeigt die Vielfalt solcher Prozesse in diversen Regionen und Kulturen auf und analysiert sie mit Konzepten der politischen Ökonomie (vgl. Seiser/Mader 2006: 105 ff.).

Sidney Mintz beschäftigte sich ab den späten 1940er-Jahren mit der Zuckerproduktion in der Karibik und arbeitete die inneren Widersprüche der Plantagensklaverei und deren ökonomische Verflechtung mit der Arbeiterklasse in englischen Fabriken auf (vgl. Durrenberger 2012: 134 f.; Robotham 2012: 45). Mit *Sweetness and Power* (1985; dt. 1987) legt er eine historische Fallstudie vor, die an einem Produkt, dem Zucker, die Geschichte der ökonomischen und kulturellen Verflechtungen und Interaktionen zwischen den Orten der Produktion und des Konsums aufzeigt. Mintz verknüpft dabei Fragen der Globalisierung, der Produktionsverhältnisse in den Kolonien wie den Zentren mit solchen des sich verändernden klassenspezifischen Konsumverhaltens und mit der Konstruktion von Bedeutungen eines Produkts.[12]

Kulturelle Ökonomie: Bedeutung statt Nutzen

Um 1980 kam es zur sogenannten kulturellen Wende insbesondere innerhalb der US-amerikanischen Kultur- und Sozialanthropologie, die auch starken Einfluss auf die Ökonomische Anthropologie hatte. Zentrale Figuren der damaligen Zeit wie Clifford Geertz (1979) und Marshall Sahlins (1976) bestanden darauf, dass jede Kultur oder verschiedene soziale Gruppen innerhalb einer Gesellschaft ein je eigenes Modell über ein gutes oder richtiges Leben und Wirtschaften entwickeln und unser westlich-bürgerliches ökonomisches Denken nur eines davon

12 — Mintz' Studie ist zu einem modernen Klassiker der Konsumanthropologie geworden; vgl. Miller 2006: 347.

sei (vgl. Hann/Hart 2011: 83f.). Die kulturelle Ökonomie betrachtet Menschen als moralische Wesen, deren Wertesysteme durch die Kultur über Symbole und Ideologien bestimmt werden. Dies erlaubt, Teillogiken herauszuarbeiten und zu zeigen, wie mit Ideologien die Handlungen der Mächtigen aber auch der Widerstand der Ohnmächtigen legitimiert werden.[13] Sehr häufig wird dabei auf Michel Foucault Bezug genommen, der argumentierte, dass der Staat über Ideologien, die klassifizieren und reglementieren, eine bestimmte Ordnung etabliert und reproduziert. Diese Ordnung kann dann über verschiedene Formen der Disziplinierung und Selbstdisziplinierung in die Körper eingeschrieben werden.

Ein anderer Zugang geht von der symbolischen Anthropologie aus und wendet sich gegen marxistische und neoklassische Werttheorien, die als gemeinsamen Nenner haben, dass Objekte aufgrund ihres Nutzens begehrt werden. Dem wird entgegengehalten, dass Dinge begehrenswert sind, weil ihnen Menschen Bedeutung verleihen. Dinge sind Symbole, sie stehen für etwas anderes, das mächtige Emotionen auslöst. Ohne diese Möglichkeit einer Wertsetzung durch Symbole wäre beispielsweise jedes Produktmarketing sinnlos.[14] Insbesondere in der Konsumptionsforschung wird mit den Konzepten der kulturellen Ökonomie fruchtbringend gearbeitet.

Um nochmals auf den Wirtschaftszyklus zurückzukommen: Bis etwa 1970 gingen die Ansätze der Ökonomischen Anthropologie primär von Austausch und Distribution aus. In den 1970er- und frühen 1980er-Jahren lag der Hauptfokus auf Produktion, um sich danach schwerpunktmäßig dem Konsum zuzuwenden. Ab der Jahrtausendwende wurden die Forderungen nach einer integrativen Sicht aller drei Phasen des Wirtschaftszyklus immer stärker (z.B. Miller 2006). Ich werde im Anschluss kurz auf Versorgungs- und Lebensunterhaltszugänge eingehen.

Provisioning- und *livelihood*-Ansätze

Provisioning oder *self-provisioning* bedeutet das äußerst vielgestalte Sich-Versorgen mit Gütern und Leistungen. *Provisioning*-Ansätze zielen auf eine Perspektive ab, die Produktion, Distribution und Konsum von Gütern und Leistungen gleichermaßen berücksichtigt und miteinander verbindet (Narotzky 2012). Saatgut kann beispielsweise selbst gezüchtet, eingekauft oder über Kooperationen und Nachbarschaftsnetzwerke bezogen werden. Je nach gewähltem Pfad kommen verschiedene Motivationen, Beziehungen und Identitäten ins Spiel (vgl. ebd.: 82).

13_Intensive Diskussionen anregende Monografien zur moralischen Ökonomie und zum Widerstand der Schwachen in diesem Zusammenhang stammen von James C. Scott (1976) oder Aihwa Ong (1987). Ein wesentlicher Vertreter der kulturellen Ökonomie ist Stephen Gudeman (1986, 2001, 2008a).

14_Vgl. Wilk/Cliggett 2007: 117ff.; zum Thema „Marketing" siehe Applbaum 2004.

Trotz des theoretischen Vorhandenseins unterschiedlicher Möglichkeiten sind aus Perspektive der handelnden Personen die Optionen nicht gleichermaßen zugänglich, da sie jeweils andere Formen des Wissens und des Zugangs zu relevanten Informationen voraussetzen. Die Versorgungssysteme sind zudem in unterschiedliche politische und ökonomische Machtkonstruktionen ebenso wie in kulturelle Bedeutungskontexte eingebettet. Die *provisioning*-Perspektive bemüht sich, eine integrierte Sicht auf ökonomische Prozesse zu erreichen, gleichermaßen *agency*, Struktur und Geschichte miteinzubeziehen und die blinden Flecken einer ausschließlich politischen Ökonomie oder eines kulturalistischen Zugangs zu vermeiden (Narotzky 2012; vgl. auch Miller 2006). Van der Ploeg betont die neue Bedeutung des Konzepts von *self-provisioning* für den *peasant*-Haushalt als „unit of *production*" (2010: 6, Hervorhebung im Original) in expliziter Abgrenzung zur Konsumeinheit und verweist auf eine Vielzahl von Versorgungsbeziehungen, die sich partiell oder ganz einer Kommodifizierung entziehen. In Bezug auf die Landwirtschaft der *Mühlviertler Alm* fallen mir dazu die Arbeits- und Maschinenkooperationen, das Recycling von Industrieabfällen, das Ausschöpfen einer Vielzahl von Versorgungs- und Verteilungskanälen in Bezug auf Informationen, Güter und Leistungen ein (Seiser 2012). Van der Ploeg sieht die nicht ausschließlich marktintegrierten Formen des Sich-Versorgens als expliziten Widerstand gegen die industrielle Landwirtschaft. Es ist eine gezielte Strategie zur Reduzierung der Ressourcenabhängigkeit von außen bei gleichzeitiger Verbesserung oder Erweiterung der inneren Ressourcen.

Der zweite Ansatz, der mir hier wichtig erscheint, ist jener der *livelihood perspective*, die sich zum Teil mit jenem des *provisioning* überschneidet, ihm aber meines Erachtens doch bedeutende weitere Aspekte hinzufügt.

Unter *livelihood perspective* verstehen Stephen Gudeman, Karen Fog Olwig und Norman Long die Summe aller Strategien, Tätigkeiten und Beziehungen, die innerhalb von sozialen Netzwerken dazu dienen, für Individuen und Gruppen den Lebensunterhalt sicherzustellen. Dazu gehört das Streben, die Konsumbedürfnisse zu befriedigen, mit Unsicherheiten zurechtzukommen, auf neue Möglichkeiten zu reagieren und zwischen verschiedenen Werthaltungen zu wählen (Gudeman 1986; Long 2000; Olwig 2002).

Livelihood ist nach Gudeman (1986: 18) ein kulturelles Modell, „comprised of the beliefs and practices which constitute a people's world". Das Konzept in seiner gegenwärtigen als *sustainable livelihood approach* bezeichneten Form steht in engem Zusammenhang mit entwicklungspolitischen Diskussionen und ist interdisziplinär ausgerichtet. Ländliche Armut, insbesondere in den Ländern des globalen Südens, soll durch Strategien, die direkt bei den Menschen ansetzen, erfasst und die Lebensbedingungen in einer ökonomisch und ökologisch nachhaltigen Weise verbessert werden. Mit diesem Inhalt taucht der Begriff nach Scoones (2009: 173 ff.) erstmals im Brundtland-Bericht *Our Common Future* (WCED 1987) auf und wird zum zentralen Begriff der UN-Konferenz über Umwelt und

Entwicklung in Rio 1992. Scoones sieht die Arbeiten des Rhodes-Livingstone-Instituts als frühe Beispiele dieses von AnthropologInnen, ÖkologInnen, AgrarwissenschafterInnen und ÖkonomInnen kooperativ praktizierten Zugangs: „While not labelled as such this work was quintessential livelihoods analysis – integrative, locally-embedded, cross-sectoral and informed by a deep field engagement and a commitment to action" (Scoones 2009: 173).

Rural livelihood bezieht sich nicht nur darauf, was aus der landwirtschaftlichen Tätigkeit an Einkommen oder Lebensmitteln gewonnen wird, sondern auf die Gesamtheit an Aktivitäten, die die Lebensqualität erhöhen. Dazu gehört somit alles, was mit Nebenerwerb, Zusatzeinkommen, „Pluriaktivität" (Brun/Fuller 2001), Gütern, Leistungen/Geld von Institutionen, und durch soziale Netzwerke, *remittances* von emigrierten Familienmitgliedern oder durch Saisonarbeit von Haushaltsmitgliedern, aus informellen Tätigkeiten jeder Art, Verkauf und Tausch lukriert wird. Die soziale Welt der Untersuchten steht im Zentrum, diese wird aber nicht nur im Kontext einer lokalen *community* bestimmt, sondern bezieht auch globale Verflechtungen mit ein (vgl. Long 2000; Olwig 2002; Sørensen/Olwig 2002). Soziale Netzwerke und Institutionen sowie die Wohlfahrtseffekte, die diese haben, und die Wertgefüge, in die sie eingebunden sind, haben aus der *livelihood perspective* eine besondere Bedeutung. Der Zusatz *sustainable* inkludiert die Zeitlichkeit – Vergangenheit, Gegenwart und Zukunft; die Notwendigkeit, die materiellen, sozialen und moralischen Ressourcen über die Zeit hinweg zu reproduzieren (Long 2000; Scoones 2009).

Sowohl *livelihood-* als auch *provisioning-*Ansätze regen zur Mitberücksichtigung von Gütern, Leistungen und Geld an, die sich den üblichen quantitativen und qualitativen Messverfahren entziehen. Viel diskutierte Beispiele sind die Hausarbeit und die Produktion für den eigenen unmittelbaren Konsum sowie die Produkte und Dienstleistungen, die auf Basis von verwandtschaftlichen, nachbarschaftlichen, freundschaftlichen Verpflichtungen ohne eine Bemessung in Zeit oder Geld getauscht werden. Darüber hinaus ist erstaunlich, wie wenig beispielsweise über die Wertschöpfung im informellen Sektor bekannt ist. Die ökonomischen Schätzverfahren, die herangezogen werden, beziehen sich meist wieder nur auf Bereiche (wie die Schwarzarbeit), die in irgendeiner Form auf einer Geldbasis bewertbar sind (vgl. Enste/Schneider 2011). Der Bereich der Schattenwirtschaft, des informellen Sektors, ist genauso zu beachten wie Hausarbeit und Subsistenzproduktion, Kooperationen, Netzwerke, Lohnarbeit, Überweisungen von Abgewanderten, Förderungen, Sozialtransferleistungen und Markttausch. Sie alle zusammen ergeben erst ein vollständiges Bild der wirtschaftlichen Aktivitäten von Haushalten.

Synthesebeispiel Postsozialismus

Aus der Verbindung verschiedener Ansätze sind in den letzten Jahren zahlreiche detaillierte und empirisch fundierte Analysen entstanden. Inhaltlich geht es beispielsweise um die Verknüpfung von Ökonomie und Moral in Gesellschaften, die durch globale Dynamiken in rasche Veränderungsprozesse involviert sind. Ausgangspunkt ist dabei die Beobachtung, dass lokale Vorstellungen über Solidarität, Vertrauen, Arbeits- und Tauschethiken oder Verantwortung sehr unterschiedlich sind und sowohl strukturelle Elemente als auch historische Dynamiken aufweisen.

Besonderes wirtschaftsanthropologisches Interesse haben die Transformationsprozesse in den postsozialistischen Ländern hervorgerufen. Die Angleichung an die westliche Marktwirtschaft hat selbst dort, wo die historischen Voraussetzungen am einfachsten schienen, in Deutschland, nicht wie erwartet funktioniert. Die Bedeutungen und Wirkungen von Eigentum und den Veränderungen der Eigentumsverhältnisse, die Privatisierung im industriellen und im landwirtschaftlichen Bereich werden seit den 1990er-Jahren intensiv bearbeitet.[15] Ich möchte hier beispielhaft eine Studie herausgreifen, die sich mit industrieller Fabriksarbeit beschäftigt, weil Veränderungen in der industriellen Arbeitswelt schon lange Zeit ein wichtiges kultur- und sozialanthropologisches Thema darstellen,[16] das in den Zuschreibungen an das Fach oft nicht wahrgenommen wird. *Privatizing Poland* (Dunn 2004) ist eine ethnographische Untersuchung eines größeren Industriebetriebes, die in Polen der Frage nachgeht, wie der Verkauf von Betrieben an den Westen und die Einführung von postfordistischen Managementmethoden auf die vom Staatssozialismus geformte Arbeiterschaft treffen. Im Zentrum stehen ArbeiterInnen, die stolz darauf waren, die „Wende", den politischen und ökonomischen Machtwechsel selbst herbeigeführt zu haben und die binnen kurzer Zeit von Arbeitslosigkeit betroffen, von Prekarisierung bedroht und vor allem einer Umstrukturierung der Werthierarchien ausgesetzt waren. Im Sozialismus hatte die Arbeit in der Produktion hohen Status und wurde auch entsprechend entlohnt. Dunn zeigt beeindruckend, wie es durch die Übernahme einer polnischen Konservenfabrik durch einen amerikanischen Konzern zu einer völligen Verschiebung der Bedeutungshierarchie zwischen den Abteilungen des Betriebs kam. Die Tätigkeit in Marketing und Vertrieb beispielsweise wird im Zuge einer „Evaluierung und Neubewertung" aller Arbeitsplätze als modern, jung, dynamisch, voll Eigeninitiative und Verantwortung eingestuft und nach annähernd westlichen Gehaltsstandards entlohnt. Die Arbeit an den Fließbändern wird hingegen als monoton und repetitiv, als

15 — Beispielsweise vom Max-Planck-Institut für ethnologische Forschung in Halle/Saale; vgl. Hann 1998; Hann/The „Property Relations" Group 2003.

16 — Vgl. Schein/Seiser 2008.

ungelernte Arbeit, die weder Wissen noch Erfahrung voraussetzt, gewertet. Die dort Tätigen gelten als Relikte des Sozialismus, als faul und stumpfsinnig und werden dementsprechend bezahlt. Die Marketingabteilung symbolisiert die neuen kapitalistischen Werte, die Produktionsabteilungen die alten sozialistischen. Dunn führt vor Augen, dass, unabhängig von möglichen Kompetenzen in der vorhandenen Belegschaft, für den Aufbau der neuen Abteilungen junge Arbeitskräfte aufgenommen wurden, während große Teile der alten Belegschaft entlassen wurden. Es entwickelte sich sehr rasch eine enorme Lohnschere nicht nur zwischen Management und Belegschaft, sondern auch zwischen den verschiedenen Abteilungen des Gemüse und Früchte verarbeitenden Betriebs (ebd.: 104ff.).

Die Transformation zur Marktwirtschaft hin war begleitet von Massenarbeitslosigkeit, Reagrarisierung in Richtung vorindustriell anmutender Subsistenzwirtschaft (Hann/The „Property Relations" Group 2003; Thelen 2003), Verarmung weiter Bevölkerungsteile, kapitalintensiver Renovierung der Stadtzentren bei rapider „Verslumung" der Ränder, Migrationswellen in die Städte und ins Ausland. Die Exklusion erfolgte dabei häufig entlang ethnischer Ausgrenzungslinien, wie am Beispiel der Roma in der Ostslowakei, in Ungarn, Rumänien und Bulgarien oder der Westukraine deutlich sichtbar ist. Daher verwundert es nicht, dass die theoretischen Zugänge, die bei der Entwicklung der Fragestellung und in der Konstruktion des Feldes (Amit 2000) zum Einsatz gelangen, sich auf eine politische Ökonomie berufen, die vor der Verwendung marxistischer Konzepte als Analyseinstrumentarien nicht zurückschreckt. Im Gegensatz zu neoliberalen Modellen, die auf den *Trickle-down*-Effekt schwören, auf das „Niedertröpfeln" von Gewinnresten auf die breiten Massen, wird eine verstärkte Achtsamkeit auf die Verteilungswirkung von politischen und ökonomischen Maßnahmen und Prozessen gefordert.

Abschließende Bemerkungen

Und wo stehen wir heute in der Mitte des zweiten Jahrzehnts des 21. Jahrhunderts? Was tun die FachvertreterInnen angesichts der uns noch immer beschäftigenden globalen Finanzkrise? Sie beobachten z. B. die Wall Street (Gudeman 2008b), sie plädieren für die klassische Feldforschung bei den „neuen Natives", den BankerInnen, BörsenmaklerInnen und FinanzexpertInnen (Elyachar/Maurer 2009). Caitlin Zaloom hat beispielsweise über den Handel mit Optionen an den Börsen von Chicago und London eine Ethnographie über die Veränderungen vorgelegt, die die Umstellung des Face-to-face-Handels auf den schnelleren elektronischen Handel mit sich brachte. Durch diese Umstellung hat sich nicht nur das Berufsbild der BörsenmaklerInnen geändert (kein heftiges Gestikulieren in überfüllten Börsensälen mehr), sondern auch die soziale Herkunft der Makler-

Innen, ihre Berufsidentität, die professionellen Kenntnisse und die Art und der Inhalt der Geschäfte (Zaloom 2006).

In Anlehnung an die klassische Konsumanthropologie, die versucht hat, *biographies of things* (Kopytoff 1986) zu erstellen, könnten nun die Wege von Krediten und Darlehen verfolgt werden inklusive der detaillierten Beschreibung und Analyse ihrer Wirkungen auf die Menschen, die sie auf ihrem Weg treffen. Hart und Ortiz (2008) verweisen darauf, dass ökonomische Krisenzeiten immer einen Aufschwung für die Ökonomische Anthropologie brachten, es öffneten sich *windows of opportunity*[17], in denen die liberale und neoliberale Hegemonie der Wirtschaftswissenschaften zumindest kurzfristig angeknackst werden konnte. Es wird dann eher gehört, dass der Homo oeconomicus doch nicht diese menschliche Universalie ist, die „Natur des Menschen", das psychologische Grundgerüst, sondern ein Modell der Motivation für wirtschaftendes Handeln, das historisch entstanden ist und das ein bestimmtes kulturelles, politisches und moralisches Umfeld benötigt, um seine hegemoniale Wirkung zu entfalten. Die Argumentationen der Ökonomischen Anthropologie nach der Jahrtausendwende lassen sich wie folgt zusammenfassen: Wir müssen die Kernprobleme und Anliegen der realen, konkret fassbaren Menschen ansprechen, egal wo sie sich befinden, ob sie immobil oder transnational mobil sind und egal, was sie tun, ob sie Hedgefunds managen, illegal in der Rund-um-die-Uhr-Pflege tätig sind oder Wurzeln ausgraben. Im Zentrum steht die genaue und feinkörnige Mikrostudie, die Ethnographie mit ihrem Blick auf die Unterschiede zwischen den tatsächlichen Praktiken der Menschen und den Rationalisierungen dieser Praktiken. Ein Schlagwort in diesem Zusammenhang ist *coping mechanisms*, also, wie gehen Individuen und Gruppen mit den beschleunigten Prozessen um, denen sie ausgesetzt sind, in denen sie aber auch aktiv handeln. Unsere Analysen sollen auch von Nutzen sein, ob das jetzt ein konkreter politischer oder ökonomischer Nutzen für die Betroffenen ist, wie Hart und Ortiz, Applebaum oder Gudeman fordern, oder ein sehr abstrakter Nutzen, wie Daniel Miller im Sinne eines besseren Verständnisses der Menschheit, das bleibt verschieden.

Das theoretische Instrumentarium, das dazu zur Verfügung steht, ist in seinen Grundzügen bereits alt. Die zentralen Fragen sind gestellt, aber noch immer nicht hinreichend beantwortet. Sie bewegen sich im Spannungsfeld Individuum–Gesellschaft, Gemeinschaft–Gesellschaft–Markt, Struktur und Geschichte, Praktiken und System, Gleichgewicht und Konflikt, Macht und Ohnmacht. Jedoch werden diese Begriffspaare längst nicht mehr als Gegensätze konstruiert, sondern mit „die Dialektik von..." verbunden. Im Zuge dessen sind zahlreiche Syntheseversuche entstanden, da alle Seiten gute und gewichtige Argumente haben. Die Meinungen darüber, ob und welche Synthesen möglich sind, blei-

17 — Vgl. die Diskussion dieses politikwissenschaftlichen Konzepts von Koopmans und Stratham, zit. nach Strasser 2009: 24ff.

ben aber ob der unterschiedlichen und teilweise einander ausschließenden Grundpositionen geteilt.

Seit der Krise 2008 und zum Teil auch schon davor arbeitet eine ganze Gruppe von das Fach seit Jahren dominierenden Ökonomischen AnthropologInnen unter gemeinsamen Vorzeichen und manchmal sogar an gemeinsamen Projekten. Trotz unterschiedlicher Positionierungen in früheren Jahren teilen sie inzwischen eine Diagnose der gegenwärtigen Situation und gewisse Grundeinstellungen. Sie halten alle den Zustand der Welt ökonomisch wie politisch für extrem prekär. Keith Hart (2012: 626) schließt beispielsweise sogar einen weiteren Weltkrieg nicht aus. Gründe dafür sind das enorme Auseinanderdriften zwischen Reich und Arm unter Bedingungen extremer sozialer Ungleichheiten und deren Begleiterscheinungen. Das Interesse an *real people in real places* führt meines Erachtens derzeit zu einem Forschungsfokus auf die „einfachen Leute" (Narotzky/Besnier 2014), die von den Entwicklungen der letzten Zeit betroffen sind. Egal, was diese derzeit machen und woher sie ihren Lebensunterhalt beziehen, sie teilen, dass sich ihre Lebensbedingungen verschlechtert haben. Der Zugang zu Bildung, Gesundheit, Nahrung, Sicherheit, Produktionsmitteln, insgesamt die Möglichkeit ihre Bedürfnisse zu befriedigen, ist schwieriger geworden. Wie gehen sie damit um? Diese Verschlechterung wird ihnen als persönliches Fehlverhalten, als mangelnde Leistungsbereitschaft, als Defizit kommuniziert. Loïc Wacquant beschreibt dies am Beispiel US-amerikanischer Städte als Pönalisierung und Kriminalisierung der Armut (Wacquant 2012). In diesem Zusammenhang stehen Debatten um die „neoliberale Person" (Eriksen 2015; siehe auch Han 2014), die die Leistungsanforderungen des Kapitalismus in seinen derzeitigen Formen internalisiert hat. Zudem findet eine intensive Auseinandersetzung mit Moral in der Ökonomie statt (z. B. Fassin 2009; Palomera/Vetta 2016). Und es gibt Bestrebungen, Theorien zu entwickeln, die besser imstande sind, die *human economy* als vielfältige Praktiken im Spannungsfeld zwischen *mutuality* und *self-interest* zu fassen. Die Literaturempfehlungen im Anschluss an die Belege sollen es Interessierten ermöglichen, in diese aktuellen Themen einzusteigen.

Belegliteratur

Althusser, Louis/Balibar, Étienne/Establet, Roger/Macherey, Pierre/Rancière, Jacques (2014 [1965]): Das Kapital lesen. Münster: Westfälisches Dampfboot.

Amit, Vered (2000): Introduction: Constructing the Field. In: Amit, Vered (ed.): Constructing the Field: Ethnographic Fieldwork in the Contemporary World. London: Routledge, 1–18.

Applbaum, Kalman (2004): The Marketing Era: From Professional Practice to Global Provisioning. New York/London: Routledge.

Barth, Fredrik/Gingrich, Andre/Parkin, Robert/Silverman, Sydel (eds.) (2005): One Discipline, Four Ways: British, German, French, and American Anthropology. Chicago/London: University of Chicago Press.

Boas, Franz (1966): Kwakiutl Ethnography. Chicago: Chicago University Press.
Brun, André H./Fuller, Anthony M. (2001): Farm Family Pluriactivity in Western Europe. In: Dax, Thomas/Loibl, Elisabeth/Oedl-Wieser, Theresia (eds.): Pluriactivity and Rural Development. Theoretical Framework. Wien: Bundesanstalt für Bergbauernfragen, 97–111.
Burling, Robbins (1962): Maximization Theories and the Study of Economic Anthropology. In: American Anthropologist 64, 802–821.
Carrier, James G. (2007): The Power of Economics. Review of „Peopled Economies: Conversations with Stephen Gudeman". In: Current Anthropology 48/3, 465–466.
Carrier, James G. (ed.) (2012): A Handbook of Economic Anthropology, Second Edition. Cheltenham/Northampton: Edward Elgar.
Carrier, James G./Miller, Daniel (eds.) (1998): Virtualism. A New Political Economy. Oxford/New York: Berg.
Clifford, James/Marcus, George E. (eds.) (1986): Writing Culture. The Poetics and Politics of Ethnography. Berkeley: University of California Press.
Dunn, Elizabeth C. (2004): Privatizing Poland. Baby Food, Big Business, and the Remaking of Labor. Ithaca/London: Cornell University Press.
Durkheim, Émile (1992 [1893]): Über soziale Arbeitsteilung. Studie über die Organisation höherer Gesellschaften. Frankfurt am Main: Suhrkamp.
Durrenberger, Paul E. (2012): Labour. In: Carrier, James G. (ed.): A Handbook of Economic Anthropology, Second Edition. Cheltenham: Edward Elgar Publishing, 128–144.
Durrenberger, Paul E./Tannenbaum, Nicola (2002): Chayanov and Theory in Economic Anthropology. In: Ensminger, Jean (ed.): Theory in Economic Anthropology. Walnut Creek et al.: AltaMira Press, 137–153.
Elyachar, Julia/Maurer, Bill (2009): Retooling Anthropology. A response to Hart/Ortiz and Gudeman. In: Anthropology Today 25/1, 27.
Ensminger, Jean (2002): Experimental Economics: A Powerful New Method for Theory Testing In Anthropology. In: Ensminger, Jean (ed.): Theory in Economic Anthropology. Walnut Creek et al.: AltaMira Press, 59–78.
Enste, Dominik H./Schneider, Friedrich (2011): Jahrbuch Schattenwirtschaft 2010/2011. Münster: LIT.
Eriksen, Thomas Hylland (2015): Opposing the motion. The neoliberal person. In: Journal of the Royal Anthropological Institute 21, 914–917.
Fassin, Didier (2009): Moral Economies Revisited. In: Annales. Histoire, Sciences Sociales 6, 1237–1266.
Firth, Raymond (ed.) (1967): Themes in Economic Anthropology. London: Tavistock.
Francisconi, Michael Joseph (2006): Economic Anthropology. In: Brix, James H. (ed.): Encyclopedia of Anthropology. Thousand Oaks: Sage, 157–165.
Frank, André Gunder (1966): The Development of Underdevelopment. In: Monthly Review 18/4, 17–31.
Geertz, Clifford (1979): Suq: the bazaar economy in Sefrou. In: Geertz, Clifford/Geertz, Hildred/Rosen, Lawrence (eds.): Order and Meaning in Moroccan Society: Three Essays in Cultural Analysis. Cambridge: Cambridge University Press, 159–268.
Geertz, Clifford (1988): Works and Lives. The Anthropologist as Author. Stanford: Stanford University Press.
Gilibert, Giorgio (2008): Francois Quesnay (1694–1774). In: Starbatty, Joachim (Hg.): Klassiker des ökonomischen Denkens: Von Platon bis John Maynard Keynes. Hamburg: Nikol, 114–133.
Godelier, Maurice (1972): Rationalität und Irrationalität in der Ökonomie. Frankfurt am Main: Suhrkamp.
Godelier, Maurice (1982): La production des Grands Hommes. Pouvoir et domination masculine chez les Baruya de Nouvelle Guinée. Paris: Champs Essais.

Graeber, David (2001): Toward an Anthropological Theory of Value. The False Coin of Our Own Dreams. New York: Palgrave.
Gudeman, Stephen (1986): Economics as culture: Models and Metaphors of Livelihood. London: Routledge and Kegan Paul.
Gudeman, Stephen (2001): The Anthropology of Economy. Community, Market, and Culture. Malden/Oxford: Blackwell.
Gudeman, Stephen (2008 a): Economy's Tension. The Dialectics of Community and Market. New York/Oxford: Berghahn.
Gudeman, Stephen (2008 b): Watching Wall Street: A global earthquake. In: Anthropology Today 24/6, 20–24.
Gudeman, Stephen (2011): Economic Anthropology. In: Barnard, Alan/Spencer, Jonathan (eds.): The Routledge Encyclopedia of Social and Cultural Anthropology, Second Edition. London/New York: Routledge, 210–217.
Gudeman, Stephen (2016): Anthropology and Economy. Cambridge: Cambridge University Press.
Haller, Dieter (2005): dtv-Atlas Ethnologie. München: Deutscher Taschenbuch Verlag.
Halperin, Rhoda H. (1994): Cultural Economies Past and Present. Austin: University of Texas Press.
Han, Byung-Chul (2014): Psychopolitik: Neoliberalismus und die neuen Machttechniken. Frankfurt am Main: S. Fischer.
Hann, Chris M. (ed.) (1998): Property relations. Renewing the anthropological tradition. Cambridge: Cambridge University Press.
Hann, Chris M./Hart, Keith (2011): Economic Anthropology. History, Ethnography, Critique. Cambridge: Polity Press.
Hann, Chris/The "Property Relations" Group (eds.) (2003): The Postsocialist Agrarian Question. Property Relations and the Rural Condition. Münster: LIT.
Hart, Keith (2012): The financial crisis and the history of money. In: Carrier, James G. (ed.): A Handbook of Economic Anthropology, Second Edition. Cheltenham/Northampton: Edward Elgar, 626–637.
Hart, Keith/Ortiz, Horacio (2008): Anthropology in the financial crisis. In: Anthropology Today 24/6, 1–3.
Henrich, Joseph/Boyd, Robert/Bowles, Samuel/Camerer, Colin/Fehr, Ernst/Gintis, Herbert/McElreath, Richard (2001): In search of Homo Economicus: behavioural experiments in 15 small-scale societies. In: American Economic Review 91/2, 73–78.
Henrich, Joseph/Boyd, Robert/Bowles, Samuel/Camerer, Colin/Fehr, Ernst/Gintis, Herbert/McElreath, Richard (2005): "Economic man" in cross-cultural perspective: Behavioral experiments in 15 small-scale societies. In: Behavioral and Brain Sciences 28, 795–855.
Herskovits, Melville J. (1952): Economic Anthropology: A Study in Comparative Economics. [1940 erschienen als: The Economic Life of Primitive Peoples]. New York: Alfred A. Knopf.
Isaac, Barry L. (2012): Karl Polanyi. In: Carrier, James G. (ed.): Handbook of Economic Anthropology, Second Edition. Cheltenham/Northampton: Edward Elgar, 13–25.
Köcke, Jasper (1979): Some Early German Contributions to Economic Anthropology. In: Dalton, George (ed.): Research in Economic Anthropology. A Research Annual. Greenwich: JAI Press, 119–167.
Kopytoff, Igor (1986): The cultural biography of things: commoditization as process. In: Appadurai, Arjun (ed.): The social life of things. Commodities in cultural perspective. Cambridge/New York: Cambridge University Press, 64–91.
Long, Norman (2000): Exploring local/global transformations: A view from anthropology. In: Arce, Alberto/Long, Norman (eds.): Anthropology, Development and Modernities: Exploring Discourses, Counter-tendencies and Violence. London/New York: Routledge, 184–201.

Luhmann, Niklas (1992): Arbeitsteilung und Moral. Durkheims Theorie. In: Durkheim, Émile (1992 [1893]): Über soziale Arbeitsteilung. Studie über die Organisation höherer Gesellschaften. Frankfurt am Main: Suhrkamp, 19–38.
Luxemburg, Rosa (1913): Die Akkumulation des Kapitals. Ein Beitrag zur ökonomischen Erklärung des Imperialismus. Berlin: Vorwärts Paul Singer.
Malinowski, Bronislaw (1979 [1922]): Argonauten des westlichen Pazifik. Ein Bericht über Unternehmungen und Abenteuer der Eingeborenen in den Inselwelten von Melanesisch-Neuguinea. Frankfurt am Main: Syndikat.
Mankiw, Gregory N. (2003): Makroökonomik. Stuttgart: Schäffer-Poeschel.
Marx, Karl (1974 [1859]): Zur Kritik der politischen Ökonomie. Berlin: Dietz.
Marx, Karl (1977 [1867]): Das Kapital. Kritik der politischen Ökonomie. Berlin: Dietz.
Marx, Karl (1976 [1880–1882]): Die ethnologischen Exzerpthefte. Herausgegeben von Lawrence Krader. Frankfurt am Main: Suhrkamp.
Mauss, Marcel (1990 [1923–1924]): Die Gabe. Form und Funktion des Austauschs in archaischen Gesellschaften. Frankfurt am Main: Suhrkamp.
Meillassoux, Claude (1964): Anthropologie économique des Gouro de Cote d'Ivoire: de l'économie de subsistance à l'agriculture commerciale. Paris: Mouton.
Meillassoux, Claude (1978 [1975]): „Die wilden Früchte der Frau". Über häusliche Produktion und kapitalistische Wirtschaft. Frankfurt am Main: Syndikat.
Miller, Daniel (2006): Consumption. In: Tilley, Chris/Keane, Webb/Kuechler, Susanne/Rowlands, Mike/Spyer, Patricia (eds.): Handbook of Material Culture. London/Thousand Oaks/New Delhi: Sage, 341–354.
Mintz, Sidney (1987): Die süße Macht. Kulturgeschichte des Zuckers. Frankfurt am Main/New York: Campus.
Mirowski, Philip (2000): Exploring the Fault Lines: Introduction to the Minisymposium on the History of Economic Anthropology. In: History of Political Economy 32/4, 919–932.
Müller, Hans-Peter/Schmid, Michael (1992): Arbeitsteilung, Solidarität und Moral. Eine werkgeschichtliche und systematische Einführung in die „Arbeitsteilung" von Émile Durkheim. In: Durkheim, Émile (1992 [1893]): Über soziale Arbeitsteilung. Studie über die Organisation höherer Gesellschaften. Frankfurt am Main: Suhrkamp, 481–521.
Narotzky, Susana (2012): Provisioning. In: Carrier, James G. (ed.): A Handbook of Economic Anthropology. Cheltenham/Northampton: Edward Elgar, 77–94.
Narotzky, Susana/Besnier, Nico (2014): Crisis, Value and Hope: Rethinking the Economy. In: Current Anthropology 55/9, 4–16.
Novy, Andreas (2004): Internationale Politische Ökonomie: Neoklassik. Verfügbar unter: http://www.lateinamerika-studien.at/content/wirtschaft/ipo/ipo-titel.html, 10. 3. 2017.
Olwig, Karen Fog (2002): A "respectable" livelihood. Mobility and identity in a Caribbean family. In: Sørensen, Ninna Nyberg/Olwig, Karen Fog (eds.): Work and migration. Life and livelihoods in a globalizing world. London/New York: Routledge, 85–105.
Ong, Aihwa (1987): Spirits of Resistance and Capitalist Discipline. Factory Women in Malaysia. Albany: SUNI Press.
Ortiz, Sutti (2012): Decisions and choices: the rationality of economic actors. In: Carrier, James G. (ed.): A Handbook of Economic Anthropology, Second Edition. Cheltenham/Northampton: Edward Elgar, 55–76.
Palomera, Jaime/Vetta, Theodora (2016): Moral economy: Rethinking a radical concept. In: Anthropological Theory 16/4, 413–432.
Parkin, Robert (2005): The French-Speaking Countries. In: Barth, Fredrik/Gingrich, Andre/Parkin, Robert/Silverman, Sydel (eds.): One Discipline, Four Ways: British, German, French, and American Anthropology. Chicago/London: University of Chicago Press, 155–253.
Patterson, Thomas C. (2009): Karl Marx, Anthropologist. Oxford/New York: Berg.
Petermann, Werner (2004): Die Geschichte der Ethnologie. Wuppertal: Peter Hammer.

Plattner, Stuart (ed.) (1989): Economic Anthropology. Stanford: Stanford University Press.
Poincaré, Henry (1904): Wissenschaft und Hypothese. Leipzig: B. G. Teubner.
Polanyi, Karl (1978 [1944]): The Great Transformation. Politische und ökonomische Ursprünge von Gesellschaften und Wirtschaftssystemen. Frankfurt am Main: Suhrkamp.
Polanyi, Karl (1968 [1957]): The Economy as Instituted Process. In: Dalton, George (ed.): Primitive, Archaic and Modern Economies. Essays of Karl Polanyi. New York: Doubleday, 139–174.
Polanyi, Karl/Arensberg, Conrad M./Pearson, Harry W. (eds.) (1957): Trade and Market in the Early Empires. New York: Free Press.
Priddat, Birger P. (2002): Theoriegeschichte der Wirtschaft. Neue Ökonomische Bibliothek. München: Wilhelm Fink.
Ricardo, David (1891 [1817]): On the Principles of Political Economy, and Taxation. London: G. Bell and Sons.
Robotham, Don (2012): Political Economy. In: Carrier, James G. (ed.): A Handbook of Economic Anthropology, Second Edition. Cheltenham/Northampton: Edward Elgar, 41–57.
Rössler, Martin (2005): Wirtschaftsethnologie. Eine Einführung. Berlin: Dietrich Reimer.
Rössler, Martin (2006): Wirtschaftsethnologie. In: Beer, Bettina/Fischer, Hans (Hg.): Ethnologie. Einführung und Überblick. Berlin: Dietrich Reimer, 101–124.
Royal Anthropological Institute (2009): Economic Anthropology. Available at: http://aio.anthropology.org.uk/aiosearch/, 25. 2. 2017.
Sahlins, Marshall (1972): Stone Age Economics. London: Aldine Publishing.
Sahlins, Marshall (1976): Culture and Practical Reason. Chicago: University of Chicago Press.
Salazar, Carles (1996): A Sentimental Economy. Commodity and Community in Rural Ireland. Providence/Oxford: Berghahn.
Schefold, Bertram (2008): Platon (428/427–348/347) und Aristoteles (384–322). In: Starbatty, Joachim (Hg.): Klassiker des ökonomischen Denkens: Von Platon bis John Maynard Keynes. Hamburg: Nikol, 19–55.
Schein, Gerlinde/Seiser, Gertraud (2008): Einführung in die Organisations- und Betriebsanthropologie. Verfügbar unter: http://www.univie.ac.at/ksa/elearning/cp/organthro/organthro-titel.html, 8. 3. 2017.
Schneider, Harold K. (1974): Economic Man. The Anthropology of Economics. New York: Free Press.
Scoones, Ian (2009): Livelihoods perspectives and rural development. In: The Journal of Peasant Studies 36/1, 171–196.
Scott, James C (1976): The Moral Economy of the Peasant: Rebellion and Subsistence in Southeast Asia. New Haven: Yale University Press.
Screpanti, Ernesto/Zamagni, Stefano (2005): An Outline of the History of Economic Thought. Oxford: Oxford University Press.
Seiser, Gertraud (2009): Neuer Wein in alten Schläuchen? Aktuelle Trends in der ökonomischen Anthropologie. In: Historische Anthropologie 17/2, 157–177.
Seiser, Gertraud (2012): Kooperationen in der Landwirtschaft kontextualisiert: Ethnografische Fallstudie von der Mühlviertler Alm. In: Österreichische Zeitschrift für Soziologie 37/4, 385–402.
Seiser, Gertraud/Mader, Elke (2006): Theoretische Grundlagen der Ökonomischen Anthropologie. Verfügbar unter: http://www.univie.ac.at/ksa/elearning/cp/oeku/theogrundlagen/theogrundlagen-sitemap.html, 10. 3. 2017.
Smith, Adam (2004 [1776]): Reichtum der Nationen. Paderborn: Voltmedia.
Sørensen, Ninna Nyberg/Olwig, Karen Fog (eds.) (2002): Work and migration. Life and livelihoods in a globalizing world. London/New York: Routledge.
Spittler, Gerd (2002): Globale Waren – Lokale Aneignungen. In: Hauser-Schäublin, Brigitta/Braukämper, Ulrich (Hg.): Ethnologie der Globalisierung. Perspektiven kultureller Verflechtungen. Berlin: Dietrich Reimer, 15–30.

Strasser, Sabine (2009): Bewegte Zugehörigkeiten. Nationale Spannungen, transnationale Praktiken und transversale Politik. Wien: Turia + Kant, 24–27.
Thelen, Tatjana (2003): Privatisierung und soziale Ungleichheit in der osteuropäischen Landwirtschaft. Zwei Fallstudien aus Ungarn und Rumänien. Frankfurt/New York: Campus.
Thurnwald, Richard (1912): Forschungen auf den Salomo-Inseln und auf dem Bismarck-Archipel. Berlin: Dietrich Reimer.
Tschajanow, Alexander W. (1987 [1923]): Die Lehre von der bäuerlichen Wirtschaft. Versuch einer Theorie der Familienwirtschaft im Landbau. Mit einer Einleitung von Gerd Spittler. Frankfurt am Main/New York: Campus.
van der Ploeg, Jan Douwe (2010): The peasantries of the twenty-first century: the commoditisation debate revisited. In: Journal of Peasant Studies 37/1, 1–30.
Varian, Hal R. (2001): Grundzüge der Mikroökonomik. München/Wien: Oldenbourg.
Wacquant, Loïc (2012): Three steps to a historical anthropology of actually existing neoliberalism. In: Social Anthropology/Anthropologie Sociale 20/1, 66–79.
Wallerstein, Immanuel (1986 [1974]): Das moderne Weltsystem. Die Anfänge kapitalistischer Landwirtschaft und die europäische Weltökonomie im 16. Jahrhundert. Promedia: Wien.
Walter, Rolf (2003): Wirtschaftsgeschichte. Vom Merkantilismus bis zur Gegenwart. Köln/Weimar/Wien: Böhlau.
WCED (1987): Our Common Future. Report of the World Commission on Environment and Development. Available at: www.un-documents.net/our-common-future.pdf, 12.3.2017.
Weber Max (1998 [1920]a): Die protestantische Ethik und der Geist des Kapitalismus. In: Weber, Max (Hg.): Gesammelte Aufsätze zur Religionssoziologie I. Tübingen: J.C.B. Mohr, 17–206.
Weber, Max (1998 [1920]b): Die Wirtschaftsethik der Weltreligionen. In: Weber, Max (Hg.): Gesammelte Aufsätze zur Religionssoziologie I. Tübingen: J.C.B. Mohr, 237–573.
Wicker, Hans-Rudolf (o.J.): Leitfaden für die Einführungsvorlesung in Wirtschaftsethnologie. Universität Bern. Verfügbar unter: http://www.ethno.unibe.ch/downloads/leitfaden_wirtschaft.pdf, 12.3.2017.
Wiessner, Polly (2009): Experimental Games of Life among the Ju/'hoan Bushmen. In: Current Anthropology 50/1, 133–138.
Wilk, Richard R. (1996): Economies & Cultures. Foundations of Economic Anthropology, Boulder: Westview Press.
Wilk, Richard R./Cliggett, Lisa (2007): Economies and cultures: foundations of economic anthropology. Boulder: Westview Press.
Wolf, Eric (1966): Peasants. Englewood Cliffs: Prentice Hall.
Wolf, Eric (1991 [1982]): Die Völker ohne Geschichte. Europa und die andere Welt seit 1400. Frankfurt am Main/New York: Campus.
Zaloom, Caitlin (2006): Out of the Pits: Traders and Technology from Chicago to London. Chicago: Chicago University Press.
Znoj, Heinzpeter (1995): Tausch und Geld in Zentralsumatra: Zur Kritik des Schuldbegriffes in der Wirtschaftsethnologie. Berlin: Dietrich Reimer.

Empfohlene Literatur

Carrier, James G. (ed.) (2016): After the Crisis. Anthropological thought, neoliberalism and the aftermath. New York: Routledge.
Carrier, James G./Kalb, Don (eds.) (2015): Anthropologies of Class. Power, Practice and Inequality. Cambridge: Cambridge University Press.

Gudeman, Stephen (2016): Anthropology and Economy. Cambridge: Cambridge University Press.
Gudeman, Stephen/Hann, Chris M. (eds.) (2015): Oikos & Market. Explorations in Self-Sufficiency after Socialism. New York/Oxford: Berghahn.
Hann, Chris/Hart, Keith (2009): Market and Society. The Great Transformation Today. Cambridge: Cambridge University Press.
Kalb, Don/Halmai, Gábor (2011): Headlines of Nation, Subtexts of Class. Working-Class Populism and the Return of the Repressed in Neoliberal Europe. New York/Oxford: Berghahn.
Kjaerulff, Jens (ed.) (2015): Flexible Capitalism. Exchange and Ambiguity at Work. New York/Oxford: Berghahn.

Grafische Zusammenfassung

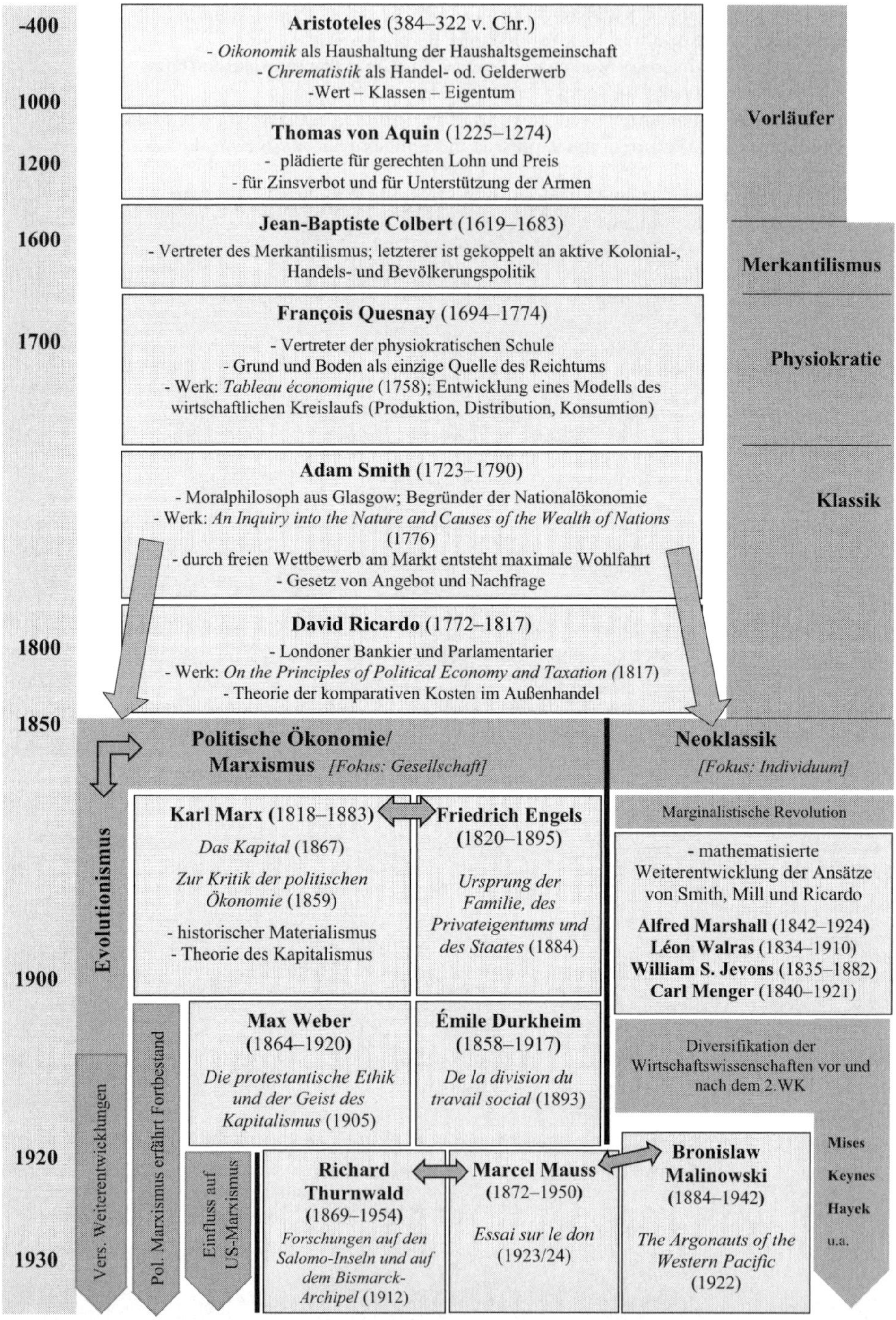

Abbildung 1: Theoriegeschichtlicher Überblick (1)

der Theoriegeschichte

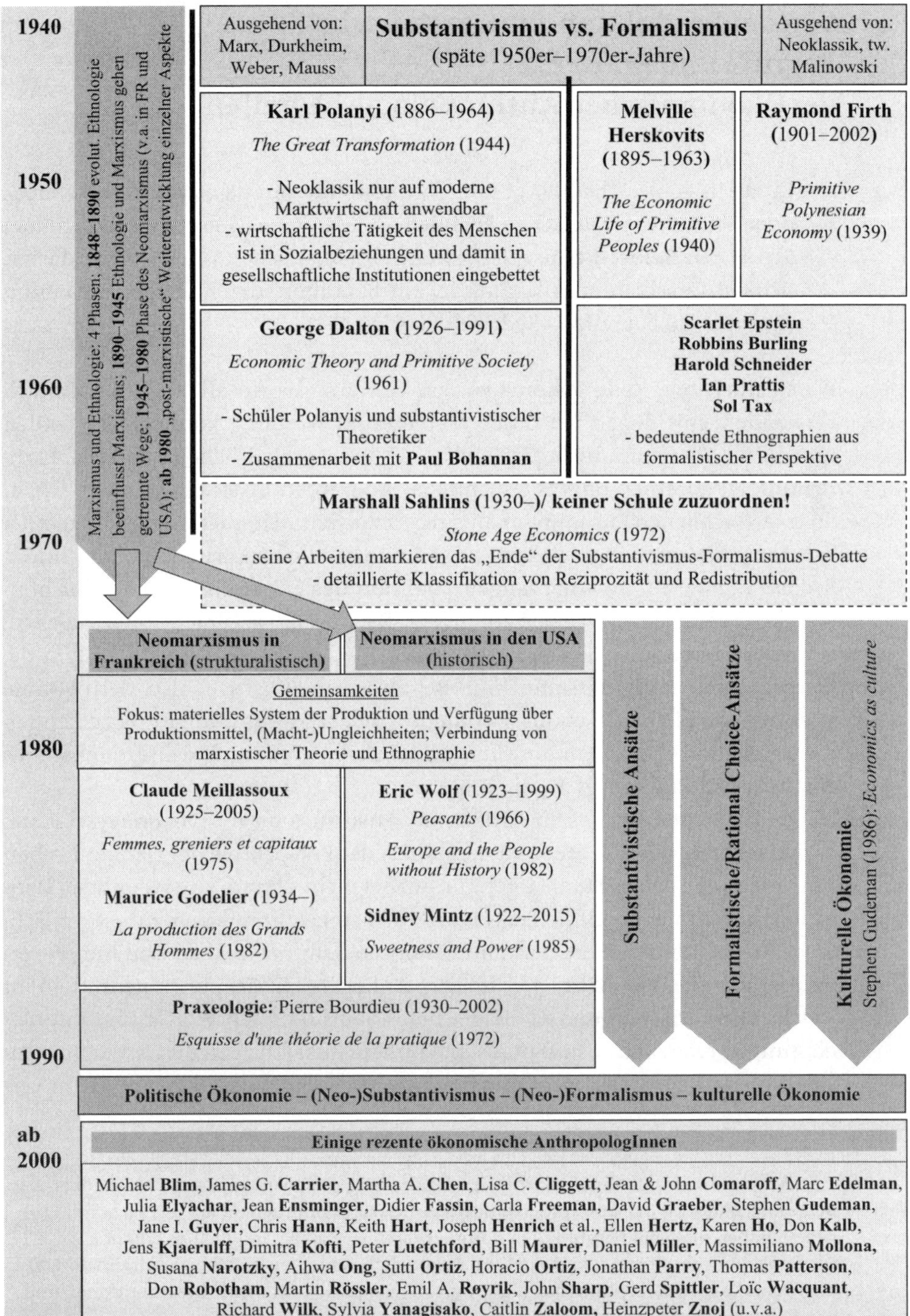

Abbildung 2: Theoriegeschichtlicher Überblick (2)

Gertraud Seiser und Martin Thalhammer

Von der Produktion zum Austausch: Begriffe und Konzepte der Ökonomischen Anthropologie begreifen[1]

> Letztlich geht es bei der gesamten Ökonomie um das Gute und das Böse oder Schlechte – Menschen erzählen anderen Menschen Geschichten über Menschen. Selbst die ausgefeiltesten mathematischen Modelle sind in Wirklichkeit Geschichten, Gleichnisse, ein Bemühen, die Welt um uns herum (rational) zu begreifen. (Sedláček 2013: 17)

Ware, Arbeit oder Geld gehören zu den Wörtern, die wir alle täglich mehrfach verwenden, mit denen wir durch Medien und Werbung konfrontiert werden und die im Alltag unumgänglich sind. Auch wissenschaftliche Texte vieler Fachrichtungen kommen ohne sie nicht aus. Sie werden im Alltag genauso wie in diversen fachlichen Zusammenhängen gebraucht und immer wieder konzeptualisiert und bewertet. Diese Bewertung steht, so der Philosoph und Ökonom Tomáš Sedláček (2013: 18), in einer langen Tradition des „Kampf[es] der Geschichten und der verschiedenen Metaerzählungen". Die normative Dimension zuzugeben, vermeiden ökonomische TheoretikerInnen aber tunlichst. Vielmehr fordern sie, die Ökonomie solle mitsamt ihren Begriffen eine positive, also wertneutrale Wissenschaft bleiben. Dass diese Forderung selbst bereits normativ ist, erkennen die wenigsten (ebd.). Ökonomie und Moral waren immer schon untrennbar miteinander verbunden (vgl. Fassin 2009).

Wir möchten in diesem Artikel, im Anschluss an die Theoriegeschichte, einige zentrale Begriffe auswählen und aus der Perspektive der Ökonomischen Anthropologie beleuchten. Es geht uns dabei nicht darum, zu eindeutigen Definitionen zentraler Begrifflichkeiten wie Subsistenz, Produktion, Arbeit, Tausch, Wert etc. zu kommen, die dann im gesamten Sammelband so und nur so verwendet werden. Vielmehr ist es uns ein Anliegen, ein Gespür zu vermitteln, in welche theoretischen und ideologischen Konstruktionen Wörter und ihre Bedeutungen eingebettet sind und sein können. Zusätzlich zu dieser Problematisierung von Begriffen möchten wir einige Konzepte vorstellen, auf die in ver-

1 — Für die konstruktiven und kritischen Anmerkungen bedanken wir uns bei Andrea Behrends, Mathilde Schmitt und Sabine Strasser. Wir konnten nicht auf alle Einwände eingehen, haben uns aber bemüht, den Kommentaren so weit als möglich zu entsprechen.
Die Konzepte, die wir genauer ausgeführt haben, haben wir bewusst aus der Originalliteratur heraus erklärt, die Rezeption dieser Konzepte ist vielfältig und würde die Intentionen und den Rahmen dieses Artikels sprengen.

schiedenen Artikeln dieses Bandes zwar Bezug genommen wird, die jedoch dort nicht ausführlicher erklärt werden können.

François Quesnay hat 1758 erstmals Wirtschaft als Zyklus gesehen, als Weg der Dinge von der Produktion über den Austausch zum Konsum. Als Physiokrat, der alles in Naturgesetzen verstehen wollte, setzte er diesen Wirtschaftszyklus analog zum Lebenszyklus als Werden, Sein und Vergehen (vgl. Gilibert 2008: 122ff.). In unserer Darstellung folgen wir dieser Abfolge, wobei wir allerdings auf Konsum nicht eingehen. Dieser wird im Beitrag von Maria Dabringer intensiv diskutiert.

Das Werden: Von Subsistenz und Produktion

Subsistenz oder: Wie wird der Bedarf gedeckt?

Ökonomische Aktivitäten dienen der Befriedigung von (materiellen und immateriellen) menschlichen Bedürfnissen und erfordern die Beschäftigung mit der dafür notwendigen Basis, der „natürlichen Umwelt" (Narotzky 1997: 8f.). Dabei tritt der Mensch in eine von ständigen Wechselwirkungen geprägte Beziehung zur Natur und als Teil dieser in eine zu sich selbst und zu anderen. Für Maurice Godelier (1990: 13) ist die Fähigkeit des Menschen, „sein Verhältnis zur Natur zu verändern, indem er die Natur selbst verändert" Teil der „Natur des Menschen" und somit auch seine bedeutendste Kraft.

Diese Auseinandersetzung der Menschen erfolgt mit sehr unterschiedlichen Umwelten und ist in kulturelle und soziale Kontexte eingebettet. Hier sind wir mit dem Begriff der Subsistenz konfrontiert, der ganz allgemein die Bestreitung des materiellen Lebensunterhalts der Menschen durch Nutzung der Natur beschreibt. „Subsistenz" hat zwei miteinander verwobene, aber unterschiedliche Bedeutungsfelder. Das eine geht in Richtung der (möglichst) vollständigen Deckung aller Bedürfnisse aus den eigenen Tätigkeiten heraus: Dabei wird (fast) ausschließlich für den eigenen Haushalt produziert und nicht für einen Markt. Subsistenzwirtschaft steht hier synonym für Bedarfsdeckungswirtschaft. Das andere Bedeutungsfeld von „Subsistenz" bezieht sich auf die Art und Weise der Bestreitung des Lebensunterhalts. Hier wird beispielsweise zwischen „aneignenden" und „produzierenden" Subsistenzformen unterschieden. Unter der aneignenden Subsistenz der „Wildbeuter" werden Jagd, Sammeln und Fischfang in allen Variationen verstanden. Produzierende Subsistenz umfasst hingegen alle Formen von Bodenbau und Viehzucht bis hin zur (kapitalistischen) Dienstleistungs- und Industriegesellschaft (vgl. Gingrich in diesem Band).

Bei Wildbeuter- und Bodenbaugesellschaften überwiegt in vielen Fällen der subsistenzwirtschaftliche Sektor, und zwar als Bedarfsdeckungswirtschaft. Bei PastoralnomadInnen nimmt der Grad an Austauschbeziehungen zu und erreicht in Industrie-/Dienstleistungsgesellschaften das größte Ausmaß in Form einer scheinbar alles durchdringenden Marktwirtschaft. Nach derzeitigem Stand der Forschung in den historischen und anthropologischen Wissenschaften ist keine Gesellschaft dokumentiert, die ganz ohne Austauschbeziehungen ausgekommen wäre. Eine reine Subsistenzwirtschaft ist nicht bekannt (vgl. Rössler 2005: 24). Auch die andere Idealform – eine Gesellschaft, die gänzlich auf Austausch beruht – ist eine Fiktion. Selbst in Industrie- und Dienstleistungsgesellschaften existieren bedeutende subsistenzwirtschaftliche Aspekte,[2] die – werden sie ignoriert – zu erheblichen „blinden Flecken" (Werlhof 1978) führen. Dazu gehören in erster Linie die Haus- und Reproduktionsarbeiten (Zuckerhut 2016: 69 ff.), die unentgeltliche Sorge für andere (Care), aber auch andere Beiträge zur Bestreitung des Lebensunterhalts, wie Tätigkeiten im sogenannten „informellen Sektor" (Chen 2012), der „Schattenwirtschaft", oder das Anlegen von Gärten mit Gemüseanbau in Kombination mit neuen Formen des Sammelns und Jagens (wie z. B. „Dumpster-Diving" [Black 2009]).

Produktion: die Herstellung der Dinge und ihre Voraussetzungen

Anstatt das Notwendige direkt aus der Umwelt zu entnehmen, werden die meisten Dinge, die zur Befriedigung menschlicher Bedürfnisse dienen, zuerst hergestellt, also produziert. Seit dem Begründer der Nationalökonomie, Adam Smith (2004 [1776]), bedarf es zur Produktion dreier Faktoren: Arbeit, Boden und Kapital. Diese werden bis heute in der Volkswirtschaftslehre Produktionsfaktoren oder Ressourcen genannt. Wir werden hier für unsere Zwecke zuerst Boden im Kontext von Umwelt oder Natur, Wissen, Technologie und Rohstoffen besprechen. Besonders relevant, so werden wir zeigen, ist der Faktor Arbeit, da Arbeit ein ganz speziell bewerteter Begriff ist. Zum Abschluss folgen kurze Notizen zum Kapital.

Boden als Grundlage: Überlegungen zu Umwelt, Technologie und Ressourcen

Die Produktion von materiellen Gütern oder Waren bedeutet immer, in irgendeiner Form in die „natürliche Umwelt" einzugreifen. Umwelt ist daher nicht etwas a priori Gegebenes, sondern vielmehr sozialhistorisch Gewordenes, das durch die Einwirkung von Generationen von Menschen geformt wurde. Landschaften sind Ergebnisse der Tätigkeiten und Aufgaben, die Menschen in ihnen verrichtet haben und verrichten: „It is the taskscape made visible" (Ingold 2000: 204). Bewässerungsanlagen oder Terrassenfeldbau sind eingängige Beispiele dafür. Umwelt repräsentiert in ihrer Bedeutung als „Raum" zudem

2 — Aktuelle Fallbeispiele zur Bedarfsdeckungswirtschaft und zum Ideal der Selbstgenügsamkeit im Postsozialismus bieten Gudeman/Hann 2015.

Formen der gelebten Erfahrung der BewohnerInnen dieses Raums. So wird ein großer Fluss ohne Beherrschung von Boots- oder Brückenbau zur schwer überwindbaren Barriere, mit der entsprechenden Technologie jedoch zum intensiv genutzten Transportweg (Narotzky 1997: 9). Wie Land und Wasser genutzt werden, ist daher im Zusammenhang mit der Verfügbarkeit und Verteilung von Wissen[3], Fertigkeiten/*skills* und Technologien zu denken. Letztere stellen einen umfassenden Prozess dar, durch den Ressourcen, Menschen und Instrumente zueinander in Beziehung gesetzt werden (ebd.: 20 f.). Technologie kann auch als eine spezifische Form kulturell tradierten Wissens betrachtet werden; ohne Einbettung in soziale Bedeutungsgefüge erscheint sie unverständlich (Sigaut 1994). Fertigkeiten/*skills* beziehen sich auf inkorporierte Fähigkeiten im und konkretisiertes Wissen zum Arbeits-/Produktionsprozess. Sie können durch Systematisierung Teil einer Technologie werden (Narotzky 1997: 24). Wissen darüber zu besitzen, dass eine Kuh gemolken werden kann, das ist eine Sache; dieses durch monatelanges Training in Melk-*skills* umzuwandeln, eine andere. Eine weitere Dimension wäre es, eine Melkmaschine zu entwickeln. Wissen ist innerhalb und zwischen Gesellschaften zudem ungleich verteilt. Es bestehen Unterschiede zwischen Individuen abhängig von Alter, Geschlecht, Erfahrung, Zugang zu Bildung, Gruppenzugehörigkeit und zwischen Gesellschaften in Bezug auf die Produktion, Organisation und Weitergabe von Wissen. Insbesondere seit der Industrialisierung ist die Produktion von Gütern und Leistungen durch eine ausgeprägte gesellschaftliche Arbeitsteilung charakterisiert, die auf sehr spezialisierten Formen des Lernens und Wissens beruht. Derartige Wissensasymmetrien haben nicht nur Auswirkungen auf den Produktionsprozess und dessen (Macht-)Strukturen, sondern generell auf gesellschaftliches Leben, besonders dann, wenn sie institutionalisiert werden und sozialen bzw. politischen Ausschluss (re-)produzieren (vgl. Bourdieu 2001; Knorr-Cetina 2002 [1984]).

Darüber hinaus erfolgt Produktion durch die Umwandlung oder Umformung von dazu notwendigen Rohstoffen. Rohstoffe existieren nicht als solche per se, sondern müssen erst erkannt, für zugänglich und nützlich befunden werden (vgl. Zimmerman 1955 [1933]). Erdöl beispielsweise war vor dem Aufstieg der Autoindustrie im frühen zwanzigsten Jahrhundert zwar ein bekanntes Schmier-, Heil- und Leuchtmittel, aber keineswegs der zentrale fossile Energieträger von heute. Es ist auch zu berücksichtigen, dass nicht alles, was für den unmittelbaren Alltag als materiell sowie immateriell nützlich und notwendig erscheint, auch automatisch hoch bewertet ist. Ebenso wenig vermag das Goldnugget den Hunger leidenden Tellerwäscher ad hoc zu befriedigen. Erst über ein

3__Unter diesem Begriff werden hier verschiedene Wissenskonzepte, wie bspw. traditionell-ökologisches oder institutionelles Wissen, aber auch Wissensformen wie explizit/implizit bzw. *de facto/socially recognized* subsumiert (vgl. Coy 1989; Barth 2002; Marchand 2010).

komplexes System gesellschaftlicher Bewertungsmechanismen wird ein solcher Gegenstand zu etwas „Wertvollem" und beispielsweise gegen Nahrung eintauschbar.

Ressourcenknappheit und der Homo oeconomicus

Eine Ressource kann grundsätzlich fast alles sein, wobei bei diesem Begriff der Mittelcharakter bzw. der Nutzen im Vordergrund steht. Eine Ressource kann sich insofern vom landwirtschaftlich nutzbaren Boden über Kupfer-Erz in einer chilenischen Mine bis hin zur menschlichen Arbeits- und Reproduktionskraft erstrecken – wiewohl wir weiter unten sehen werden, dass die Auffassung von Arbeit als Ressource durchaus Probleme mit sich bringt. Hinzu kommt, dass ein Teil der nachgefragten Ressourcen (gegenwärtig vor allem nicht-erneuerbare Energieträger) lediglich in einem begrenzten Ausmaß zur Verfügung steht.

Schon seit Adam Smith, aber spätestens seit der Neoklassik macht der Mainstream der Wirtschaftswissenschaften Knappheit (bzw. das Umgehen damit) zum bestimmenden Charakteristikum ökonomischen Handelns (Hann/Hart 2011: 7 f.). So hat Adam Smith in seinem *Reichtum der Nationen* (2004 [1776]) Wirtschaft als die Zuteilung knapper Mittel zum optimalen Erreichen gesetzter Zwecke begründet. Smith geht dabei von einem spezifischen wirtschaftenden Akteur aus, etwa 100 Jahre später Homo oeconomicus genannt. Dieser ist ein *rationales*, nutzenmaximierendes und vollkommen informiertes Individuum. In Entscheidungssituationen zwischen mehreren Gütern wählt er so, dass er mit minimalem Aufwand maximale Bedürfnisbefriedigung erreicht. Nur wenn ein Mensch so handelt, handelt er diesem Konzept folgend vernünftig, d. h. rational. Wer nicht so handelt, gilt als irrational, also unvernünftig. Für Ökonomische AnthropologInnen ist dieses Rationalitätsprinzip immer von großer Bedeutung gewesen – und ist es nach wie vor, daher werden wir hier etwas genauer darauf eingehen.

Zum Ärger von Kolonialverwaltungen, ModernisierungstheoretikerInnen und der Entwicklungspolitik ist es bis heute nur sehr partiell gelungen, dem globalen Süden, aber auch den Peripherien des Nordens den nordatlantischen Rationalitätsbegriff als Maßstab ihres Wirtschaftens aufzuzwingen (Hann/Hart 2011, insbesondere 170 ff.). Durch ethnographische Feldforschung wurde evident, dass Menschen im großen und kleinen Stil „irrational" handeln. Und da wir AnthropologInnen im Regelfall durch lange Aufenthalte vor Ort zumindest einzelne unserer Forschungssubjekte verstehen lernen und für sie Empathie empfinden, bekommen wir ein Problem mit dem Label „irrational". Menschen treten sich in überschaubaren Gesellschaften nicht als anonyme AkteurInnen auf einem virtuellen Markt gegenüber, sondern als Menschen, die persönliche Beziehungen der Verwandtschaft, Freundschaft oder Nachbarschaft unterhalten. Kurzfristiger Eigennutz macht Personen in Face-to-face-Beziehungen ausgesprochen unsympathisch. Das können wir persönlich gut nachvollziehen. Um David Graeber (2001: 8) zu zitieren:

> The assumption, most of all, that no one ever does anything primarily out of concerns for others; that whatever one does, one is only trying to get something out of it for oneself. In common English, there is a word for this attitude. It's called "cynicism". Most of us try to avoid people who take it too much to heart. In economics, apparently, they call it "science".

Woher kommt also die Vorstellung davon, was „rationales Handeln" ausmacht? Im Sinne der Aufklärung ist das *Rationalitätsprinzip* eine Art Naturgesetz. Der Natur des Menschen steht die Natur der Dinge gegenüber. Erstere ist dabei durch ständige Bedürfnisexpansion bestimmt. Auslöser dafür ist der Sexualtrieb und die Tendenz zur Vermehrung bei Verbesserung der Lebensverhältnisse. Die Natur der Dinge wird als Gegenkraft zur Natur des Menschen konstruiert: Die natürlichen Ressourcen sind begrenzt, Knappheit der Mittel und Dinge herrscht vor. Eigennutz wird so zum zentralen Antrieb jedes wirtschaftlichen Prozesses. Der Gegensatz zwischen der Natur der Menschen und jener der Dinge bedingt den freien Wettbewerb.[4]

Aus diesem Gegensatz ergibt sich bei Smith das „Gesetz" von Angebot und Nachfrage, das wie eine unsichtbare Hand wirkt und über den Preismechanismus das Marktgeschehen und somit die Produktion bestimmt. Der Markt ist bei Smith eine sich selbst regulierende Institution, die den Individuen und der Gemeinschaft nur zu ihrem Besten dient (vgl. Hann/Hart 2011: 25). Aus der Balance von Angebot und Nachfrage ergibt sich der perfekte Preis. Und so wird aus dem Eigennutz des Einzelnen das maximale Wohl aller. Diese von Adam Smith und später von David Ricardo ausformulierte Annahme ist deswegen wichtig, weil sie nicht nur bis heute zu den philosophischen Grundaxiomen des Mainstreams der Wirtschaftswissenschaften zählt, sie gehört inzwischen zu den Alltagstheorien, den *folk models* der neoliberalen Subjekte (Eriksen 2015). Aus kultur- und sozialanthropologischer Perspektive ist jedoch weder der Homo oeconomicus noch der Rationalitätsbegriff der Neoklassik empirisch haltbar (Ortiz 2012; Hann/Hart 2011: 172ff.). Vielmehr wird bei genauerer Betrachtung ersichtlich, dass vielfältige Ausformungen „ökonomischer Rationalität" nebeneinander bestehen können (Godelier 1990: 50ff.; aber auch viele Beiträge in diesem Band). Altruistische, an Gemeinschaft, Tradition oder Moral orientierte Handlungsmotive sind ethnographisch so präsent, dass sie sich nicht wegdefinieren lassen. Gleichzeitig finden sich aber auch in allen Gesellschaften eigennützige Verhaltensweisen. Stephen Gudeman versucht daher, Ökonomie aus der omnipräsen-

4 __ Dieser Wettbewerb sollte nach Adam Smith aber nicht anarchisch verlaufen, sondern durch Institutionen und Moral (Staat und Kirche als Schiedsrichter) geregelt werden. Wie oft verkannt wurde, war Smith zuallererst Moraltheologe und interessierte sich deshalb für die Minderung des Elends der verarmten englischen Massen (vgl. Priddat 2002: 50).

ten Spannung zwischen „self-interest" des Individuums und der auf „mutuality" beruhenden Gesellschaft zu erklären (Gudeman 2016: 11 ff.).

Zugang zu Ressourcen

Nach dieser Diskussion des Homo oeconomicus kehren wir zurück zu den Produktionsfaktoren. Diese müssen nicht nur vorhanden, sondern auch zugänglich sein, das heißt, es muss uns erlaubt sein, sie zu nutzen. Hier werden Vorstellungen und rechtliche Konzepte bedeutsam, die Eigentum und Verfügungsgewalt regeln (vgl. Thelen in diesem Band). Susana Narotzky (1997: 26 f.) unterscheidet beispielsweise zwischen freiem Zugang, Privat-, Gemein- und Staatseigentum. Eigentum wird nach Godelier (1990: 83) als ein „Komplex abstrakter Regeln aufgefasst, die den Zugang, die Kontrolle, den Gebrauch, die Übertragung und Weitergabe eines jeglichen sozialen Gutes bestimmen [...]". Eigentums- und Besitzverhältnisse rekurrieren stets auf ein Verhältnis zwischen Menschen, und nicht zwischen Mensch und Natur oder Dingen (ebd.: 92). Ein- und Ausschlussmechanismen in Hinblick auf Nutzungsrechte wirken auch entlang verschiedener Differenzachsen (Klasse, Ethnizität, Geschlecht, Alter, ...) und stehen oft in enger Verbindung mit der Gruppenzugehörigkeit. In vielen Hirtengesellschaften ist z. B. das Recht, Weidegründe und Brunnen zu nutzen, daran gebunden, sich als verwandte Gruppe zu verstehen. Die Zugehörigkeit zu einem Verwandtschaftsverband, einer Lineage, einem Klan, aber auch beispielsweise zu einem Nationalstaat eröffnet somit das Recht, gewisse Ressourcen in einem bestimmten Gebiet zu nutzen (Hann 1998).

Dadurch, dass Menschen nicht ewig leben bzw. auch zu Lebzeiten soziale Konstellationen (z. B. über Heirat) wechseln, ergeben sich Fragen nach der Herstellung einer Kontinuität von Zugangstiteln. Weitergabe kann dabei zeitlich vertikal, z. B. durch Vererbung, aber auch horizontal, z. B. in Form von Mitgift oder Besitzübertragung, erfolgen. Das muss nicht unbedingt eine Transaktion von materiellen Gütern bedeuten, sondern kann sich auch auf die Veränderung des jeweiligen Status beziehen. Jack Goody (1976: 10 ff.) subsumiert alle diese Phänomene der unterschiedlich ausgestalteten Weitergabe von Gütern, Status oder soziopolitischen Funktionen unter „Transmission" und zeigt deren Verwobenheit mit dem Themenkomplex Verwandtschaft. Boden ist somit in den wenigsten Fällen frei zugänglich; der Zugang hängt vom gesellschaftlichen Regelsystem und auch von machtpolitischen Konstellationen ab.

Arbeit: ein besonders bewerteter Begriff

„Arbeit macht frei“ stand über den Toren nationalsozialistischer Konzentrationslager. Zahllose Sprüche wie „Wer nicht arbeitet, soll auch nicht essen“, „Arbeit schändet nicht“ oder Schimpfwörter wie „arbeitsscheues Gesindel“ zeugen davon, dass das deutsche Wort Arbeit keineswegs ein wertfreier Begriff für einen eindeutigen Sachverhalt – dem zweckorientierten Einsatz menschlicher Muskel- und Geisteskraft – ist. Arbeit ist im deutschsprachigen Kontext, aber auch andernorts, ethisch stark besetzt. Der Terminus Arbeit ist zudem eine äußerst schwammige Angelegenheit, die in sehr vielen und oft unvereinbaren Zusammenhängen auftaucht. Begriffserweiterungen wie „Beziehungsarbeit“, „Feldarbeit“ oder „Zwangsarbeit“ illustrieren dies. „Arbeit“ ist also mit großer Vorsicht zu betrachten. Ohne genauere Be- und Hinterfragung des Begriffes besteht die Gefahr, mit dem Wort selbst undurchsichtige ideologische Konstrukte in ethnologische Beschreibungen oder Analysen einzuschleppen.

Gerd Spittler, der sich im deutschsprachigen Raum in den vergangenen 30 Jahren am nachhaltigsten für den Aufbau einer „Ethnologie der Arbeit“ eingesetzt hat, definiert Arbeit als zweckgerichtete Handlungen, deren Zweck außerhalb ihrer selbst liegt (Spittler 2016: 17). Arbeit ist universell, das heißt in allen Gesellschaften anzutreffen, und sie ist dauerhaft, sie lässt sich nicht auf eine einmalige oder kurzfristige Aktivität beschränken. Der Zweck liegt in der Befriedigung der materiellen und immateriellen Bedürfnisse der Menschen, in der Beschaffung und Herstellung des Lebensunterhalts (ebd.: 17 ff., 281 ff.). Spittler stellt im Fach Kultur- und Sozialanthropologie ein ausgeprägtes Desinteresse an diesem Thema fest. Arbeit wäre bislang selten problematisiert worden, sie wird als selbstverständlich hingenommen. Dies läge einerseits an der Präferenz des Faches für das Exotische, die Alltagsphänomene für die Forschung als unwürdig erachtet, andererseits an eklatanten Reduktionismen:

Der ökonomische Reduktionismus mache Arbeit zu einem bloßen, abstrakten Produktionsfaktor und leite sie aus den wirtschaftlichen Zielen ab. Der ökologische Reduktionismus beschränke Arbeit auf eine Anpassungsstrategie an konkrete Umweltbedingungen. Dabei determinieren die naturräumlichen Voraussetzungen die Möglichkeiten der Menschen, ihre Subsistenzmittel zu erlangen. Der technologische Reduktionismus leite Arbeit aus den Eigenschaften der vorhandenen Werkzeuge und Techniken einer Gesellschaft ab (Beck/Spittler 1996: 1 f.; Spittler 2008: 12 ff.).

Gerd Spittler und andere AnthropologInnen[5] fordern dazu auf, Arbeit selbst ins Zentrum der Aufmerksamkeit zu rücken und sie als menschliches Handeln in seinen institutionellen und kulturellen Bezügen zu sehen. Arbeit

5 __ So z. B. eine Gruppe von AnthropologInnen der Universität Bayreuth rund um Gerd Spittler, aber auch Mollona/de Neve/Parry 2009 oder Burawoy 1979.

werde immer im Rahmen einer sozialen Institution verrichtet, sei dies ein Haushalt, eine Verwandtschaftsgruppe oder ein handwerklicher, bäuerlicher und/oder kapitalistischer Betrieb. Die Tätigkeiten selbst und die jeweiligen Produkte oder Dienstleistungen werden kulturspezifisch mit Bedeutungen versehen und unterliegen moralischen Wertungen. Franz Baermann Steiner hat bereits 1957 vorgeschlagen, Arbeit als sozial-integrative Aktivität zu fassen. Jede Tätigkeit als solche kann Arbeit sein oder Nicht-Arbeit, die entscheidende Frage ist, ob sie innerhalb eines konkreten sozialen Kontextes, wie beispielsweise dem Haushalt, von einer Person erwartet und damit dieser Person eine bestimmte soziale Rolle zugewiesen wird (Steiner 1999: 178 ff.).

Die Zugänge, Arbeit über Unterscheidungen wie produktiv–unproduktiv, zielgerichtet–ziellos, effizient–ineffizient, unfreiwillig–freiwillig, bezahlt–unentgeltlich, notwendig–sinnlos zu definieren, reichen also für eine sozial- und kulturanthropologische Betrachtungsweise nicht aus. Insbesondere eine Konzeption von Arbeit als ausschließlich sozialer Status, wie sie sich nach dem Sozialhistoriker Josef Ehmer (1994) in Europa ab dem 19. Jahrhundert herausgebildet habe, sei unbrauchbar. Damit ist die statistische und juristische Kodifizierung von Arbeit gemeint, in der über die Erwerbsarbeit der Zugang zu den Bürgerrechten des Wohlfahrtsstaates geregelt wurde und zum Teil noch wird. Im Zuge der postfordistischen Transformationsprozesse, die meist um 1980 angesetzt werden und mit den Schlagworten „Globalisierung“, „Flexibilisierung“, „Prekarisierung“, „Individualisierung“ oder „Informalisierung der Arbeit“ verbunden werden, ist diese Konzeption von Arbeit auch bei uns in die Krise geraten (vgl. Seiser/Fellner 2011; Kjaerulff 2015).

Trotz dieser durch Definitionsversuche (die immer Ab- und Eingrenzungen sind) geschaffenen Schwierigkeiten verfügt die Kultur- und Sozialanthropologie über einen reichhaltigen Fundus an Informationen über Arbeit als Handeln. Dieser ist den holistischen Ansprüchen der frühen EthnographInnen und der von ihnen eingeleiteten empirischen Traditionen zu verdanken. Detaillierte Beschreibungen, wie verschiedene Gruppen von Menschen die für erforderlich erachteten Produkte und Dienstleistungen produzieren und reproduzieren, wurden erstellt. Dabei tauchten schon sehr früh Probleme mit der Übertragung der westlichen Arbeitsbegriffe auf, die Arbeit abgrenzbar von Nicht-Arbeit konzipieren.

Manche Gesellschaften haben keinen Sammelbegriff für Arbeit; sie konzipieren Muße oder Freizeit auch nicht als deren Gegenteil. Manche erzeugen unter großer Anstrengung materielle Objekte, die sie weder im Austausch verwenden noch konsumieren.

So stellte schon Malinowski (1935) in den 1910er-Jahren fest, dass auf den Trobriand-Inseln große Mengen von Yams kultiviert werden und die Mehrheit der Knollen in eigens dafür errichteten Vorratshäusern verrottet. Je mehr verfaulen, umso höher ist das Prestige des Haushalts. Audrey Richards (1995 [1939]) beschreibt ausführlich die Rodung der Bäume bei den Bemba in Südostafrika für das Anlegen von Feldern. Es ist die wichtigste landwirtschaftliche Tätigkeit aus westlicher Sicht. Von ihr hängt ab, wie viel Anbaufläche für Hirse einer Familie zur Verfügung steht. Dazu kletterten in den 1930er-Jahren die jungen Männer auf hohe Bäume und hackten unter sich die Äste ab. Es kam dabei fast jährlich zu schwerwiegenden Unfällen mit Verletzten und Toten. Aber gerade die Gefährlichkeit machte den Reiz der Tätigkeit aus: Sie war nicht als Arbeit, sondern als Kampfsport organisiert, in dem die jungen Männer ihre Eignung für den Krieg – die damals am höchsten bewertete Aktivität der Bemba – unter Beweis stellen konnten.

Genauer als Arbeit selbst wurde in der Kultur- und Sozialanthropologie die Arbeitsteilung untersucht. Sehr viele alte und neue Ethnographien enthalten Angaben darüber, wer in einem sozialen Kontext welche Arbeiten übernimmt. Es gibt keine Gesellschaft, so ist man sich einig, in der konkrete Tätigkeiten nicht zumindest nach Geschlecht und Alter differenziert (und hierarchisiert) sind. Diese grundlegenden Formen der Arbeitsteilung werden von den AkteurInnen selbst gerne als „naturgegeben" argumentiert. Welche Aufgaben allerdings welchem Geschlecht und welcher Altersgruppe in welchem Ausmaß zugeschrieben werden, variiert beträchtlich in und zwischen gesellschaftlichen Gruppen (vgl. Stivens 2012).

Ideologien haben enorme Auswirkungen auf die Arbeitszuteilung und die Arbeitsleistung einer sozialen Gruppe. Mary Douglas (1962) hat Ende der 1940er-Jahre im Kongo festgestellt, dass die Männer der Lele sich nur im Alter von 30 bis 55 Jahren in der Landwirtschaft engagieren. Davor und danach ist körperliche Arbeit für Männer mit beträchtlichem Statusverlust verbunden. Bei den unmittelbar benachbarten Bushong arbeiten Männer zwischen 20 und 65 in einer sehr ähnlich strukturierten Landwirtschaft. Lele nehmen im Gegensatz zu den Bushong Hungerphasen in Kauf, bevor sie sich einer nicht altersstatusgemäßen Aktivität hingeben. Ist das nicht vergleichbar mit einer immer noch vorhandenen Werthaltung in bürgerlichen und Arbeiterkreisen, die lautet: Ich kann es mir leisten, dass meine Frau nicht arbeiten gehen muss? Es ist insbesondere dann schwer nachvollziehbar, wenn dieselbe vor Langeweile zu Hause depressiv wird und sich die Familie im Falle eines niedrigen Einkommens unter enormem Konsumverzicht und sozialer Unsicherheit dem Modell des *male breadwinners* unterwirft.

Arbeit wirkt hierarchisierend und/oder ist hierarchisiert. Sie ist in Machtverhältnisse eingebettet, ermöglicht diese gewissermaßen, weil ein gesunder erwachsener Mensch im Regelfall – und wäre es nicht der Regelfall, so wären wir ausgestorben – mehr Menschen versorgen kann als nur sich selbst. Irgendwann kamen Ideen von der Ausbeutung der Arbeit der anderen und die Mittel, dies auch durchzusetzen, in die Welt. In den verschiedenen Wissenschaften, die nach den Anfängen und Ursachen der Ausbeutung fragen, gibt es keine Einigkeit darüber, wer damit begonnen hat, andere für sich arbeiten zu lassen: die

Männer die Frauen, die Alten die Jungen, die religiösen oder technologischen SpezialistInnen die Unwissenden (vgl. Gellner 1993). Immer aber scheint es notwendig zu sein, dies zu begründen und ideologisch abzusichern, sei es durch Ahnen, Götter, die Natur der Dinge und Verhältnisse, die Geschichte oder durch Naturgesetzen analog gedachte „ökonomische Gesetze" – besser: die sich durch die behaupteten Analogien mit der Deutungsmacht von Naturgesetzen ausstatten.

Spittler hebt hervor, dass ethnographische Feldforschung mit „dichter Teilnahme" (Spittler 2001) imstande ist, dem vorhandenen Wissen über das Phänomen Arbeit Bedeutsames hinzuzufügen. Nur durch die Teilnahme an und intensive Beobachtung von Arbeitsprozessen wird deutlich, dass Arbeit nicht nur intentionale, zweckrationale Transformation von Objekten ist, sondern auch eine (oft lustvolle) Interaktion mit Subjekten darstellt. Die AkteurInnen schreiben den Dingen Eigenständigkeit, den Tieren und Pflanzen Eigenwillen und den Menschen Eigensinn zu. Das Holz sperrt sich dem Tischler und splittert, eine Ziege ist kapriziös und bockt, der Kunde sieht keinen Sinn im Ankauf des teureren Modells. Arbeit ist dauerhaft und wiederholt sich ständig, durch den interaktiven Charakter aber wird sie erträglich (Spittler 2002). Dichte Teilnahme kann derartige Charakteristika von Arbeit erschließen.

Judith Okely (2001) zeigt in einem Aufsatz über *Visualism and Landscape* in der Normandie, dass für die MalerInnen, die TouristInnen, die örtlichen BildungsbürgerInnen das Pittoreske, das Harmonische, Fließende, die Farben und Formen der Landschaft im Fokus stehen. Diejenigen allerdings, die mit und in der Landschaft arbeiten und leben, haben ein divergierendes Gespür für Schönheit. Ihr ästhetisches Empfinden ist anders verortet, es kommt aus der Arbeitserfahrung, dem körperlichen Tätigsein in der Landschaft, sie sehen Landschaft als das, was getan wurde und als das, was noch zu tun ist. Ihre Perspektive ist keinesfalls nur auf Mühsal beschränkt. Vielmehr spüren sie die Äpfel, die gepflückt, die Kühe, die gemolken werden wollen, den Cidre, wie er vor sich hin gärt, den Käse, wie er reift und wie er dann zum Cidre schmeckt; wenn frau nach getaner Arbeit dasitzt und das Getane überblickt. Judith Okely hat diesen Zusammenhang nicht beim Lesen, beim Betrachten der Landschaft und Interviewen bemerkt, sondern beim gemeinsamen Kühemelken, Äpfelpflücken, Verarbeiten und Essen. Die Teilnahme, das Verkörperlichen, hat eine andere Perspektive auf die Bewertung von Arbeit ermöglicht.

Tätigsein und das Empfinden dabei ist über Sprache meist nicht zu erfassen. Es ist nicht nur als klassenspezifischer Geschmack habituisiert, es ist auch unterschiedlich im Körper verortet. Erfahrung ist an diversen Orten gespeichert, Muskeln erinnern sich. Rhythmen werden dem Körper genauso wie das Handeln, Sprechen oder diverse Imaginationen eingeschrieben. Hannah Arendt beschreibt Arbeit – im Gegensatz zum Herstellen oder dem politisch Handeln – in *Vita Activa* (1981) als die abstumpfende Mühsal des *animal laborans*. Arbeit ist aber nicht banal, nicht die bloße Wiederholung von Mustern, nicht einfach dressierbar; so wie Lernen keine simple Aneignung von Abläufen ist. Auch Karl Marx (1977 [1867]: 193) hat geirrt, denn der Unterschied zwischen Mensch und Tier liegt nicht darin, dass Bienen zuerst die Waben bauen und wir Menschen zunächst einen Plan machen und dann das, was im Kopf vorgeformt ist, eins zu eins umsetzen. Vielmehr lernen wir in der Praxis und durch die Praxis. Im Tun eignen wir uns Fertigkeiten an, wie es Tim Ingold in seiner *Anthropology of Skill* (2001) auf den Punkt bringt. Im Handeln entsteht der Plan. Das weiß jeder Bauer/ jede Bäuerin, das wissen KünstlerInnen, WissenschaftlerInnen. Im Tun selbst werden Entscheidungen getroffen, Pläne revidiert. Nichts ist jedes Jahr gleich. Trotzdem bedarf es der Anleitung, der Wiederholung, der Übung und der Bewertung.

Kapital und die Produktion von Mehrwert

Ein weiterer Begriff, der für die anthropologische Auseinandersetzung mit Ökonomie von zentraler Bedeutung bleibt, ist das Kapital. *Capital* ist im 16. Jahrhundert als „Vermögen" im Sinne der Kopfzahl des Viehbestandes als Lehnwort aus dem Lateinischen dokumentiert (Köbler 1995: 212). Die erwachsenen Tiere waren das Kapital, die Kälber, die geworfen wurden, die Zinsen. Kapital ist jene Geldsumme, die, wenn sie investiert wird, Zinsen einbringt (Fuchs/Raab 2001 [1972]: 401). Kapital kann in äußerst vielfältigen Formen auftreten (Gudeman 2016: 38), es hat das Potenzial, sich zu vermehren. So beschreibt Haller (2005: 156) Kapital als diejenigen „Produktionsmittel, Konsumgüter, Boden oder Geld, die gegen andere Produktionsmittel getauscht werden können". Karl Marx hat sich besonders intensiv mit der Umwandlung von Geld in Waren beschäftigt. Waren, die im Zuge der Mehrwertproduktion zu einem Mehr an Geld für den Eigentümer der Produktionsmittel, den Kapitalisten, führen. Wir möchten hier seine Theorie, wie durch menschliche Arbeit Mehrwert entsteht, genauer vorstellen. Das erscheint uns notwendig für ein Grundverständnis der Ansätze des Neomarxismus und der politischen Ökonomie (vgl. Seiser in diesem Band), die in zahlreichen älteren, aber auch ganz aktuellen Studien zu Kapitalismus in der Ökonomischen Anthropologie weiterentwickelt wurden.

Die Produktion von Mehrwert durch den Einsatz von Kapital bei Karl Marx

Marx unterscheidet zwischen Gütern und Waren. Güter zeichnen sich dadurch aus, dass sie nützlich sind, dass sie einen Gebrauchswert haben (Marx 1977 [1867]: 50). Diese Nützlichkeit ist an den Gegenstand gebunden und unabhängig davon, wie viel menschliche Arbeit darin eingegangen ist. Sie ist auch unabhängig davon, ob das Gut getauscht oder ausschließlich für den eigenen Bedarf hergestellt wird. Güter werden nur durch den Austausch zur Ware. In der Warenzirkulation treten BesitzerInnen von Waren, welche Gebrauchswert und

Tauschwert haben, einander gegenüber. Voraussetzung dafür ist ein gewisses Maß an Arbeitsteilung. Marx unterscheidet nun verschiedene Formen der Warenzirkulation: Die einfachste Form der Warenzirkulation besteht darin, dass Ware gegen Ware getauscht wird. Ein Ding, das für mich nutzlos ist, weil ich zu viel davon habe, wird gegen ein nützliches Ding, das ich nicht habe, getauscht. Beim Tausch Ware gegen Geld, um mit diesem Geld wiederum eine Ware einzutauschen, ist die Motivation dieselbe wie beim Warentausch. Über den Umweg des Geldes wird etwas, das Gebrauchswert für andere hat, in mehreren Schritten zu etwas, das Gebrauchswert für mich hat. Die Funktion des Geldes besteht hier darin, die verschiedenen Waren als „qualitativ gleiche und quantitativ vergleichbare darzustellen" (ebd.: 109).

Die Zirkulationsform im Kapitalismus unterscheidet sich davon gravierend: Geld wird verausgabt, um Waren zu kaufen, die zu mehr Geld führen sollen. Das treibende Motiv ist nicht mehr ein Bedürfnis nach anderen Gebrauchswerten, sondern der aus dem Tausch resultierende Mehrwert. Der Produktionsprozess einer Ware ist bei Marx als der Wertbildungsprozess zu betrachten. Wie in der Gebrauchswertproduktion ist der Wert einer Ware durch die zu ihrer Produktion erforderliche gesellschaftlich notwendige Arbeitszeit bestimmt. Warum schafft nun Warenproduktion „Mehrwert" und Gebrauchswertproduktion nicht? Weil der Kapitalist am Markt eine Ware einkauft, die als einzige imstande ist, Wert zu schaffen: die Ware Arbeitskraft.

Wesentliche Voraussetzung der Warenproduktion ist daher das Vorhandensein der Ware Arbeitskraft, die am freien Warenmarkt angeboten wird. Der „freie Arbeiter" ist „frei in dem Doppelsinne, dass er als freie Person über seine Arbeitskraft als seine Ware verfügt und dass er andere Waren nicht zu verkaufen hat, dass er los und ledig ist von allen zur Verwirklichung seiner Arbeitskraft nötigen Sachen" (Mehring 2001: 346). Die Natur produziert aber nicht einerseits Geldbesitzer und andererseits bloße Besitzer der eigenen Arbeitskraft. Menschen, die nichts zu verkaufen haben außer ihrer eigenen Arbeitskraft, sind das Ergebnis einer langen historischen Entwicklung, welche die Enteignung großer Gruppen von Menschen von ihren Produktionsmitteln (v. a. Grund und Boden) zur Folge hatte.

Im Verhältnis zwischen Arbeitern und Kapitalisten, wie Marx es nennt, herrschen Warenbeziehungen vor. Die Arbeitskraft in der kapitalistischen Gesellschaft ist eine Ware wie jede andere, die am Markt angeboten wird und die der Kapitalist für einen bestimmten Zeitraum kauft. Wie alle anderen Waren auch hat die Ware Arbeitskraft einen Gebrauchswert und einen Tauschwert. Der Tauschwert der Ware Arbeitskraft, die ja nur in der Gestalt der lebendigen ArbeiterInnen existiert, bemisst sich nach deren Reproduktionskosten. Unter die Reproduktionskosten oder Lebensmittel der Ware Arbeitskraft fällt all das, was der Arbeiter oder die Arbeiterin braucht, um sich und die Familie zu erhalten. Der Kapitalist will aber auch „fertige" Arbeitskraft kaufen, das heißt eine, die auch über eine entsprechende Ausbildung und Erziehung verfügt. Darüber hinaus muss die Fortdauer der Arbeitskraft auch über die Generationen hinweg gesichert bleiben.

Der Arbeiter bekommt für seine Arbeitskraft Lohn, der sich an der Hervorbringung der für seine Lebensmittel notwendigen Arbeitszeit orientiert. Im Lohn ist der Tauschwert der Ware Arbeitskraft ausgedrückt. Marx stellt aber neben dem Tauschwert auch noch den Gebrauchswert der Ware Arbeitskraft heraus. Der Gebrauchswert ist die Tatsache, dass der Arbeiter/die Arbeiterin einen bestimmten Zeitraum, z. B. einen Monat lang, in der Fabrik arbeitet. Die Ware hat diesen einen Monat lang nichts mehr mit ihrem ursprünglichen Verkäufer, dem Arbeiter, zu tun, sondern sie gehört dem Unternehmer, der sie einen Monat lang für sich in seiner Fabrik benutzt. Unter diesen Voraussetzungen fragt Marx nun, was in der Produktion passiert. Der Unternehmer hat sich im marxistischen Verständnis die einzige Ware angeschafft, die selbst in der Lage ist, Werte zu schaffen; deren Gebrauchswert es also ist, Werte zu schaffen, und zwar, mehr Wert zu schaffen, als es seinem Preis, seinem Lohn, entspricht.

Die entscheidende Schlussfolgerung bei Marx lautet nun: Die angekaufte Ware Arbeitskraft schafft für den Kapitalisten Werte. Diese Werte sind aber mehr wert als der Lohn, der Tauschwert der Ware Arbeitskraft. Was ein Arbeiter in dem einen Monat schafft, ist das Resultat des Gebrauchswertes der Arbeitskraft. Der Kapitalist erhält unter deren Nutzung ein mehr an Werten, als er für den Ankauf dieser Ware ausgeben musste.

Infolge dieses Prozesses wird Geld zu Kapital: „Indem der Kapitalist Geld in Waren verwandelt, die als Stoffbildner eines neuen Produkts oder als Faktoren des Arbeitsprozesses dienen, indem er ihrer toten Gegenständlichkeit lebendige Arbeitskraft einverleibt, verwandelt er Wert, vergangne, vergegenständlichte, tote Arbeit in Kapital, sich selbst verwertenden Wert, ein beseeltes Ungeheuer, das zu ‚arbeiten' beginnt, als hätt' es Lieb' im Leibe" (Marx 1977 [1867]: 209).

Durch die Verausgabung ihrer Arbeitskraft haben die ArbeiterInnen zuerst das Äquivalent ihres Lohns produziert und dann einen unbezahlten Überschuss, den Mehrwert. Marx klassifiziert die Mehrwertproduktion der ArbeiterInnen für das Kapital als das eigentliche Produktionsverhältnis im Kapitalismus.

Der Tauschwert einer Ware oder der Warenwert ist aber keineswegs mit dem Preis zu verwechseln, der sich durch den Verkauf dieser Ware auf dem Markt realisieren lässt. Marx selbst hat zwischen den Prozessen der Wertbildung und der Wertrealisierung unterschieden. Die Realisierung des Werts besteht im tatsächlichen Verkauf der Waren. Die Preisbildung erfolgt dabei im Rahmen der Bedingungen dieses Verkaufs, die vom Zusammenspiel von Angebot und Nachfrage geprägt sind (vgl. Godelier 1972: 262 ff.). Der Tauschwert einer Ware bildet sich also in ihrer Produktion, über ihren realisierten Preis entscheidet die Zirkulation.

Kapitalismus perpetuiert sich selbst, solange Kapitalisten über die Produktionsmittel verfügen und die Arbeiter nicht, weil dadurch Letztere laufend gezwungen sind, ihre Arbeitskraft zu verkaufen. Der Staat spielt eine bedeutsame

Rolle in der Ingangsetzung und Aufrechterhaltung der kapitalistischen Produktionsweise (vgl. Durrenberger 2012: 129), indem er Kapital und das Eigentum an den Produktionsmitteln schützt (Hann/Hart 2011: 146).

Die Entstehung von Mehrwert und damit von Kapital nach Marx ist für viele Ökonomische AnthropologInnen weit über den Neomarxismus hinaus so wichtig, weil nur dadurch Konzepte wie Entfremdung, „ursprüngliche Akkumulation“, Produktionsverhältnisse im Kapitalismus, Kommodifizierung etc. nachvollziehbar werden.

Das Sein: Von Zirkulation, Tausch und Distribution

Beim Begriff Subsistenzwirtschaft wurde bereits erwähnt, dass keine über Archäologie, Geschichte oder Ethnographie bekannte Gesellschaft existiert, bei der keinerlei Austausch nachgewiesen werden konnte. Adam Smith rückte schon Tausch ins Zentrum und sah im Unterschied zum Tier beim Menschen eine „[...] Neigung zum Tausch, zum Tauschhandel und zum Umtausch einer Sache gegen eine andere“ (Smith 2004 [1776]: 18). Das blieb zwar nicht unwidersprochen, ist aber einer der Gründe, warum weite Teile der Wirtschaftswissenschaften und anderer Sozialwissenschaften, die sich mit Ökonomie befassen, nicht Produktion oder Konsum, sondern die Zirkulation von Dingen und Leistungen zum Ausgangspunkt ihrer Modelle und Zugänge machen (vgl. Patterson 2012). Auch für die Kultur- und Sozialanthropologie sind – weit über die Ökonomische Anthropologie hinaus – damit verknüpfte Phänomene von besonderer Bedeutung: Ohne Austausch keine Gesellschaft, Sprache oder Kultur.

Wir möchten hier zuerst verschiedene Modalitäten des Tausches oder der Zirkulation vorstellen und halten uns dafür weitgehend an Karl Polanyi, der diesbezüglich die Ethnographien seiner Zeit, die von Richard Thurnwald – einem Altösterreicher, dem das Fach zentrale Begriffe wie Reziprozität und Redistribution verdankt (Köcke 1979; Mauss 1990 [1923–1924]; Polanyi 1968 [1957]) –, Malinowski und Mauss, durch Vergleich systematisierte (Isaac 2012: 13). Anschließend werfen wir einen kurzen Blick darauf, was getauscht wird: Güter, Waren oder Gaben. Während Marx und Polanyi weniger genau differenzierten, sind die Unterschiede zwischen Gabe und Gut/Ware für AnthropologInnen sehr gravierend, denn Gaben konstituieren Gesellschaft, sie werden zum Kitt, der nach Mauss (1990 [1923–1924]) soziale Bindungen schafft und Menschen zusammenhält.

Danach gehen wir auf Voraussetzungen für gelingende Transaktionen ein. Diese sind nur auf den ersten Blick einfach: Was macht Güter austauschbar? Wie kommt ihr Wert zustande? Ist etwas teuer oder gar zu teuer? Wird man betrogen? Was muss man wissen, damit das nicht passiert? Welche Rolle spielt Vertrauen? Last but not least geht es ganz formal um Geld und welche Funktionen es erfüllt.

Formen des Tausches: Tauschmodi

Eine Person, die sich sehr intensiv mit verschiedenen Formen bzw. Mechanismen des Tausches beschäftigte und damit die Ökonomische Anthropologie maßgeblich prägte, war Karl Polanyi, ein ungarisch-österreichischer Wirtschaftshistoriker. Er geht davon aus, dass neben dem Markttausch noch weitere Typen wirtschaftlicher Gestaltung bestehen und „daß die Idee des selbstregulierenden Marktes eine krasse Utopie bedeutet" (Polanyi 1978 [1944]: 19).

Polanyi postuliert vier Typen institutioneller wirtschaftlicher Gestaltung, die auf unterschiedlichen Tauschmodi beruhen. Sie sind von grundlegender und mittlerweile selbstverständlicher Bedeutung für die gesamte Kultur- und Sozialanthropologie geworden, „especially reciprocity and redistribution, have become anthropological stock in trade" (Isaac 2012: 21).

1) Unter Reziprozität versteht Polanyi alle Formen von Austausch, die auf der sozialen Ebene in einer symmetrischen, äquivalenten Beziehung ablaufen, so wie Gabe und Gegengabe. Dabei herrscht kein Gewinnstreben, kein Prinzip der Arbeit gegen Entlohnung und kein Prinzip des geringsten Aufwands vor. In Gesellschaften, deren dominante Form des Austauschs Reziprozität ist, existieren keine Institutionen, die ausschließlich wirtschaftliche Ziele verfolgen. Reziprozität setzt Symmetrie voraus. Sie tritt vor allem in Gesellschaftssystemen auf, die auf Verwandtschaft beruhen. Durch das Verwandtschaftssystem wird geregelt, wer für wen zu sorgen hat. Reziprozität bedeutet nicht, dass die Verpflichtung zur Erwiderung der Gabe dieselbe Person trifft, die etwas erhalten hat. Es ist ein sehr viel abstrakteres Prinzip, das auf der Ebene der Gesamtgesellschaft wirkt und sich nicht auf die Interaktion zwischen zwei konkreten Personen beschränken lässt (Polanyi 1978 [1944]: 77 ff.).

2) Das Prinzip der Redistribution bezieht sich hingegen auf wirtschaftliche Bewegungen auf ein Zentrum hin und von diesem wieder zurück. Es beschreibt Güterflüsse in pyramidal geschichteten Gesellschaften. Redistribution ist ein Kennzeichen feudaler Systeme, bezieht sich auf ein Territorium und ist damit Teil des Bereichs der Politik. Tribute, Steuern oder Arbeitsleistungen gehen vom „gemeinen Volk" zum Häuptling, Herrscher, Priester, zur Regierung. Im Gegenzug erfolgen Leistungen der herrschenden Schicht (Güter und anderes, wie z. B. Schutz) von oben nach unten, jedoch asymmetrisch und nicht äquivalent. Das bedeutet, dass im Regelfall von unten nach oben mehr geliefert wird, als zurückkommt. Das Prinzip der Redistribution gibt aber noch keinen Aufschluss über die Herrschaftsform; diese kann despotisch sein, aber auch auf Konsens beruhen. Wesentlich ist die Orientierung an einem Zentrum, auf das sich Güter und Leistungen richten, und das diese wieder umverteilt (ebd.: 81 ff.). Deshalb ist das Muster der Interaktion von Zentrizität gekennzeichnet. Entsprechende soziale Organisationsformen sind der vorkapitalistische Staat, Königtümer oder Stadtstaaten.

3) Mit dem Prinzip der Haushaltung meint Polanyi die Produktion des Eigenbedarfs der Kleingruppe, die in sich möglichst geschlossen und autark ist. Wie diese Gruppe organisiert ist, spielt dabei keine Rolle. Polanyi bezieht sich auf die Unterscheidung von Aristoteles in Haushaltsführung *(oikonomía)* und Gelderwerb. Aristoteles war davon überzeugt, dass die Produktion für den Gebrauch und der Verkauf von überschüssigen Gebrauchsgütern auf dem Markt einander nicht ausschließen und die Autarkie des Haushalts nicht gefährden (ebd.: 84 ff.). Gerade die Hauswirtschaft wird gegenwärtig intensiv als Gegenpol zur Marktwirtschaft diskutiert (z.B. Gudeman/Hann 2015; Gudeman 2016; Zuckerhut 2016).

Der Mensch ist laut Polanyi von „Natur aus" gesellschaftlich konstituiert und in vielfältige soziale Beziehungen eingebettet. Im Rahmen dieser sozialen Einbettung finden auch seine wirtschaftlichen Aktivitäten statt, die insofern grundlegend sind, als sie ihn als Individuum und als Gesellschaft physisch am Leben erhalten. Die Gesellschaften tragen über Normen und Prinzipien Sorge dafür, dass die wirtschaftliche Versorgung funktioniert, dieser kommt aber kein bestimmender Platz in der Gesellschaft zu. Nicht individuelles Interesse an materiellem Besitz, sondern an der Sicherung des gesellschaftlichen Ranges, der gesellschaftlichen Ansprüche und Wertvorstellungen bestimmt das Handeln. Die genauen Ausformungen sind sehr verschieden, aber das Wirtschaftssystem wird in Nicht-Marktwirtschaften grundsätzlich von nicht-ökonomischen Motiven getragen (Polanyi 1978 [1944]: 75 ff.).

4) Beim (Markt-)Tausch handelt es sich um Transaktionen zwischen Individuen nach dem Zufallsprinzip, die unabhängig von ihrer gesellschaftlichen Beziehung sind. Nur diese beruhen auf rationaler Entscheidung und Nutzenmaximierung.

Was das Prinzip des Marktausches von den anderen fundamental unterscheidet, ist, dass seine Wirksamkeit von der Existenz des Marktes abhängig ist. Der Markttausch bedarf einer eigenen, von der Gesellschaft abgetrennten Institution, die nur ihm selbst dient. Diese hat nach Polanyi ungeheure Bedeutung für die Gesamtgesellschaft, da sie die Gesellschaft zu ihrem Anhängsel degradiert: „Die Wirtschaft ist nicht mehr in die sozialen Beziehungen eingebettet, sondern die sozialen Beziehungen sind in das Wirtschaftssystem eingebettet" (ebd.: 88 f.). Dies konnte nur erreicht werden durch die Transformation von allen Elementen der wirtschaftlichen Tätigkeit – Boden, Rohstoffen und Arbeit, also von Mensch und Natur – in Waren, deren Preise durch den Marktmechanismus von Angebot und Nachfrage geregelt werden. Dem Markttausch entspricht die Marktwirtschaft. In dieser wird die Warenproduktion und -distribution ausschließlich über Märkte kontrolliert und gesteuert. Nur diese Wirtschaftsform beruht auf der Erwartung, dass Menschen immer versuchen, ihren Nutzen bzw. den Gewinn zu maximieren (ebd.: 102).

Rezeption und Weiterentwicklung vom Polanyis Tauschmodi durch Sahlins

Marshall Sahlins stellt im Kapitel *On the Sociology of Primitive Exchange* seines Buches *Stone Age Economics* (1972) die These auf, dass ein Tausch nicht ein eigenständiges Ereignis, sondern eine Momentaufnahme aus einer kontinuierlichen sozialen Beziehung ist. Materielle Transaktionen lassen sich nicht isoliert betrachten: „If friends make gifts, gifts make friends“ (ebd.: 186). Er übernimmt Polanyis Begriffe der Reziprozität und der Redistribution, verfeinert sie jedoch und erstellt eine detaillierte Klassifikation: Reziprozität ist für ihn eine *between relation*, sie erfordert das Vorhandensein von zwei Parteien. Redistribution ist eine *within relation* (ebd.: 188), sie verlangt kollektive Handlungen innerhalb einer Gruppe. War Karl Polanyi noch der Ansicht, dass die Interaktion in reziproken Austauschbeziehungen grundsätzlich symmetrisch verläuft, unterscheidet Sahlins, dies bezweifelnd, generalisierte, balancierte und negative Reziprozität. Diese Einteilung trifft er anhand von drei Kriterien, nämlich dem Zeitpunkt der Rückgabe, der Äquivalenz der Gegengabe und der materiellen bzw. nicht-materiellen Dimensionen des Austauschs.

Bei der generalisierten Reziprozität gibt A eine Gabe/Leistung an B, die Beziehung bleibt aufrecht, auch wenn von B lange nichts oder nie etwas zurückkommt. Der typische Fall ist die Beziehung zwischen Eltern und Kindern. Die Eltern sorgen für ihre Kinder ohne zu rechnen und werden eventuell versorgt, wenn sie alt und pflegebedürftig sind. Die „Gabe“ erscheint in diesem Fall „interesselos“, der Zeitpunkt der Rückgabe ist verzögert, niemand scheint sich um Äquivalenz zu kümmern. Im Vordergrund steht die nicht-materielle Dimension des Austauschs (hier die „Elternliebe“) (ebd.: 194).

Balancierte Reziprozität herrscht dann vor, wenn Güter und Leistungen symmetrisch und äquivalent von A zu B und von B zu A wandern. Typischer Fall dafür ist der Tauschhandel, bei dem die „Gegengabe“ unmittelbar erfolgt und Teil des Tauschaktes ist. Beide Seiten bemühen sich dabei um Äquivalenz, es dominiert der materielle Aspekt. *Perfectly balanced reciprocity* (ebd.) wurde ethnographisch auch bei bestimmten Heiratstransaktionen oder Freundschaftspakten beschrieben: Zwei Gruppen tauschen dieselbe Menge der gleichen Güter unmittelbar gegeneinander aus. Diese Art der Transaktion ist im Gegensatz zum Tauschhandel gänzlich nicht-ökonomisch. Heinzpeter Znoj (1995, 2016) hat diesbezüglich eine weitere analytische Unterscheidung zwischen liquidierendem und nicht-liquidierendem Tausch hinzugefügt. Bei Ersterem sind die Tauschpartner nach Abschluss der Transaktion quitt, beim nicht-liquidierenden Tausch bleibt die soziale Beziehung erhalten: „Unsere Gesellschaft hat es mit der Einrichtung eines Marktes der liquidierenden Transaktionen geschafft, den wirtschaftlichen Austausch von allen sozialen Verpflichtungen zu entlasten“ (Znoj 2016: 7).

Negative Reziprozität bezeichnet einen Sachverhalt, bei dem A unfreiwillig „gibt“, z. B. durch Raub oder Diebstahl, B gibt nichts zurück (z. B. Stämme überfallen einander und rauben sich die Frauen und anderes). Negative Reziprozität ist im formalistischen Sinn am ökonomischsten: In einer Situation gegensätzlicher Interessen versuchen Individuen oder Gruppen ihren Nutzen auf Kosten anderer zu maximieren. Sie ist auch die unpersönlichste Form der Interaktion (Sahlins 1972: 195).

Sahlins geht nun davon aus, dass in den meisten Gesellschaften alle drei Formen gleichermaßen vorkommen und dass es fließende Übergänge zwischen ihnen gibt. Für ihn sind diese drei Formen überall moralisch bewertet: „The extremes are notably positive and negative in a moral sense. [...] The distance between poles of reciprocity is, among other things, social distance" (ebd.: 191). Je enger das verwandtschaftliche Verhältnis und je geringer die räumliche Entfernung, desto generalisierter ist der Austausch. Sind keinerlei verwandtschaftlichen, tribalen oder räumlichen Beziehungen mehr vorhanden, schlägt der Tauschmodus in negative Reziprozität um (ebd.: 199). Nach Sahlins inkludiert dies auch die Moral: Moralische Normen sind meist situativ und relativ, nicht abstrakt und universell. Handlungen sind daher nicht „an sich" gut oder böse, sondern es hängt davon ab, wer „der andere" ist. So wird Diebstahl innerhalb der Gruppe in den meisten Gesellschaften als schwere Verfehlung betrachtet, außerhalb der Gruppe aber bewundert.

Sahlins' Modell der mit wachsender sozialer und räumlicher Entfernung abnehmenden generalisierten Reziprozität wurde von Tim Ingold (1986) kritisiert und weiterentwickelt. Ingold argumentiert, dass negative Reziprozität unabhängig ist von verwandtschaftlicher Entfernung. Es lässt sich ethnographisch belegen, dass „positive" und „negative" Reziprozität auf jeder Ebene vorhanden sind. In der Kerngruppe steht dem Teilen auch die Forderung gegenüber, genauso wie es im Kontakt mit anderen Gesellschaften nicht nur den Diebstahl, sondern auch das Geschenk, den Vertrag etc. gibt (ebd.: 232).

Gaben, Waren, Güter und ihr Wert

Güter sind zunächst Objekte von einem undifferenzierten Nützlichkeitswert. Eine Ware ist hingegen ein Objekt, das über den konkreten Nutzen hinaus im Verhältnis zu anderen Gütern einen Wert besitzt und erst dadurch zu einem Objekt des ökonomischen Austausches werden kann. Insofern verfügt es sowohl über einen Gebrauchs- als auch einen Tauschwert (Gregory 2015 [1982]: 4). Während in der politischen Ökonomie vor und nach Marx sowohl Güter als auch Waren nebeneinander existierten, substituierten VertreterInnen der Neoklassik die Ware durch das Konzept des Gutes. Das Gut als Bezeichnung nützlicher Objekte dominiert von diesem Moment an den neoklassischen und später neoliberalen Diskurs. Einem „change from ‚commodities' to ‚goods', from ‚logical history' to ‚prediction', and from ‚society' to ‚the individual' [...]" (ebd.: 21) war damit der Weg bereitet.

Gaben und Geschenke wiederum können als Objekte von Wert bezeichnet werden, die von einer Person oder Gruppe zu einer anderen transferiert werden, ohne unmittelbare Absicht oder Erwartung auf ein Gegengeschenk oder ein Tauschobjekt. Die Gabe ist sozusagen der (materialisierte) Ausdruck von Reziprozität, durch deren Transfer eben nicht eine Beziehung zwischen Objekten, sondern zwischen den an dem Transfer Beteiligten hergestellt wird (ebd.: 106). Dabei fungiert nach Mauss (1990 [1923–1924]) die Gabe als „totales soziales Phänomen", das alle Mitglieder einer Gesellschaft zueinander in Beziehung setzt. Während die Ware *alienable* ist, also durch einen Transfer gänzlich übereignet werden kann und dabei keine reziproke Abhängigkeit entsteht, zeichnet sich der Gabentausch durch eine eigentliche Nicht-Übereigenbarkeit *(inalienableness)* der getauschten Objekte auf Basis einer gegenseitigen Abhängigkeit aus (vgl. Weiner 1992).

Bei Gütern, Waren und Gaben wird jeweils ihr Wert erwähnt. Wie kommt dieser Wert zustande? Das ist im Zusammenhang mit Distribution und Austausch deshalb bedeutsam, weil er genau in diesen Sphären erst realisiert (Robotham 2012: 47 f.) und als qualitatives wie quantitatives Maßkonzept für die Vergleich- und Austauschbarkeit von Objekten herangezogen wird (Narotzky 1997: 64).

David Graeber stellt in seinem Werk *Toward an Anthropological Theory of Value* (2001) fest, dass uns als AnthropologInnen die wirtschaftswissenschaftliche Sichtweise auf Wert Probleme bereitet. Dadurch, dass Menschen in der ökonomischen Mainstreamtheorie als nutzenmaximierende Homines oeconomici versuchen, durch Aneignung von Dingen ihre expandierenden Bedürfnisse bestmöglich zu stillen, wird nach Graeber (2001: 8) Wert zur Bezeichnung einer „promise for pleasure". Damit kann nicht geklärt werden, warum Menschen (verschiedenen, aber genauso auch gleichen) Dingen einen unterschiedlichen Wert beimessen.

Ein Versuch, Wert in einen Gebrauchs- *(value in use)* und einen Tauschwert *(value in exchange)* zu unterscheiden, geht auf Aristoteles zurück und wurde von Quesnay in die ökonomische Theorie eingebracht. Smith hat diese Begriffe in Form der subjektiven und objektiven Werttheorie diskutiert, Marx griff sie im Zuge der Arbeitswerttheorie erneut auf (Priddat 2002: 131 ff.). Die subjektive Werttheorie (oft auch als Nutzentheorie bezeichnet) leitet Wert aus der individuellen Nutzenerfüllungsfunktion eines Guts für eine Person ab. Die objektive Werttheorie bzw. Arbeitswerttheorie macht Wert als Resultat der im Produkt inkorporierten Arbeit aus. Während in der Letzteren die Unterscheidung von Gebrauchs- und Tauschwert aufrechterhalten wurde, wurde diese in der neoklassischen Rezeption der subjektiven Werttheorie zugunsten einer konsumbasierten Präferenz- und Preistheorie fallengelassen (ebd.: 139; Gudeman 2016: 111).

Wie unterscheiden sich jetzt aber Gebrauchs- und Tauschwert? Der Gebrauchswert eines Schuhs bezieht sich beispielsweise darauf, dass er den Fuß bei einer Bergwanderung vor Verletzungen oder Kälte schützt (also sich konkret im Nutzen durch den Gebrauch manifestiert), während der Tauschwert am Preisetikett im Geschäft, also erst durch die Eintauschbarkeit erkennbar ist. Wie dieser Preis jedoch im Verhältnis zu anderen Objekten zustande kommt und wie das Auseinanderdriften von Wert und Nutzen zu verstehen ist, unterliegt bis heute heftigen Diskussionen. Betrachten wir das Wert- bzw. Wasser-Diamanten-Paradoxon von Smith (2004 [1776]: 32): In diesem geht es darum, dass Wasser zwar über einen hohen (unmittelbaren) Gebrauchswert verfügt, aber als eintauschbare Ware am Markt einen relational nur geringen Tauschwert aufweist. Bei einem Diamanten ist das genau umgekehrt, er hat einen hohen Tauschwert, aber einen zu vernachlässigenden Gebrauchswert (Gudeman 2016: 110). Was für wertvoller und/oder nützlicher gehalten wird, unterliegt außerdem dem Kontext. So wird der in der Wüste ausgesetzte Eigentümer eines hochkarätigen Edelsteins angesichts des drohenden Verdurstens nicht zögern, seinen als Ware wertvollen Diamanten gegen Wasser einzutauschen.

Fakt ist, Wert und Nutzen stimmen in vielen Fällen nicht überein und lassen sich nicht durch einen Preis in Einklang bringen. Smith konnte oder wollte dieses Problem nicht lösen. Erst in der Neoklassik glaubte man, das Wertparadoxon mittels der mathematischen Konzeption von Grenznutzen/-kosten gelöst zu haben (Gossen 1854; Marshall 1890).[6]

Marx setzt an einem anderen Punkt an. Für ihn geht es bei Ökonomie in erster Linie um die Produktion.[7] Arbeit ist bei Marx der alles bestimmende Fak-

6 — Der Grenznutzen ist als Bestandteil der Nachfragetheorie in der Neoklassik „definiert als der jeweils zusätzliche Nutzen einer zusätzlichen Mengeneinheit eines Gutes" (Rössler 2005: 49). Dabei wird angenommen, dass dieser mit jeder weiteren bezogenen Einheit beständig abnimmt. Isst man beispielsweise nach der ersten Pizza im Restaurant noch eine zweite, wird der Nutzen dieser Pizza bereits geringer sein als der der ersten, die dritte bringt noch weniger Nutzen als die zweite; das lässt sich beliebig so fortsetzen. Dem gegenüber steht auf der Produktionsseite das Gesetz der zunehmenden Grenzkosten, also die Annahme, dass ab einem gewissen Punkt jede zusätzlich produzierte Einheit mit exorbitant steigenden Kosten verbunden ist. Aus der fallenden Nutzenkurve und der steigenden Kostenkurve wird sodann die Nachfrage- und Angebotsfunktion abgeleitet. Deren Schnittpunkt wiederum ist (theoretisch) der optimale Preis und die optimale Allokation. Dieser Ansatz hat die (philosophische) Frage nach Wert gänzlich ausgeklammert und durch das Konzept des Nutzens, der Präferenz, unter Annahme einer perfektiven Substituierbarkeit von Gütern, ersetzt (vgl. Jäger/Springler 2012: 39 ff.).

7 — Die Beschäftigung damit bleibt zwar bezeichnend für sein Gesamtwerk, ist aber nur eines von vielen Themen des vielseitig interessierten Marx. In seiner Rezeption wird Marx weitgehend als Philosoph und Ökonom angesehen, er könnte aber, so Patterson (2009), genauso gut als ein Anthropologe des 19. Jahrhunderts gelten. So beschäftigte sich Marx in seinen Studien mit „klassisch anthropologischen" Fragestellungen wie dem Verhältnis vom Menschen als sozialem Wesen zur Gesellschaft, aber auch zur Natur. Des Weiteren werden Themen behandelt, wie sich Menschen außerhalb westlicher politischer Systeme organisieren, wie Ökonomie mit historisch partikulären gesellschaftlichen Verhältnissen zusammenhängt. Es überrascht nicht, dass sich Marx im Zuge seiner Studien auch intensiv mit anthropologischen Evolutionisten (wie z. B. Lewis Henry Morgan) auseinandersetzte und diese in seinen *Ethnologischen Exzerptheften* (1976 [1880–1882]) aufarbeitete (Patterson 2009: 3).

tor, der alleine Wert bzw. im Fall des Kapitaleinsatzes Mehrwert schaffen kann (Graeber 2001: 55). Die Ware als Ergebnis des kapitalistischen Produktionsprozesses ist also zum Ding gewordene Arbeit (Hann/Hart 2011: 28). Das „unnatürliche" Zur-Ware-werden-Müssen von Arbeit im Kapitalismus ist dabei eine der Grundlagen menschlicher Entfremdung. Menschen haben in einem solchen System keine Chance, ihr Leben mittels der ihnen zur Verfügung stehenden Ressourcen frei nach ihrem Willen zu gestalten.

Neuere Auseinandersetzungen mit Wert haben die Trennung von Gut und Ware, von Gebrauchs- und Tauschwert hinter sich gelassen und fokussieren auf andere Aspekte. So unterscheidet Gudeman (2008) beispielsweise zwischen „base" und „market". In ersterem, also innerhalb eines Haushalts, sei Wert nicht messbar. Das Messen und Vergleichbarmachen von Wert würde erst zwischen Haushalten notwendig werden. Narotzky und Besnier (2014: 10) betonen die soziale Dimension von Wert. Sie sprechen von „social worth" und meinen damit „the value of people, but also the value obtained through people and the value invested and accumulated in people" (ebd.). David Graeber weist darauf hin, dass das Quantifizierbare *value* genannt wird und das Nicht-Quantifizierbare *values*, im Sinne von „Familienwerten" zum Beispiel. Es gibt seiner Ansicht nach zweifelsohne Beziehungen zwischen *value* und *values*, aber trotz seines eigenen Versuchs, 2001 eine anthropologische Werttheorie zu schaffen, hält er 2005 das Problem noch nicht für gelöst (und landet wieder bei einer Reinterpretation von Marx).

Information und Vertrauen als Voraussetzungen des Tausches

Der Austausch von Gütern und Leistungen innerhalb eines Haushalts oder einer kleinen Gruppe, in der jede/r jede/n persönlich kennt, mag zwar mitunter auch von heftigen Emotionen oder strikten Regeln begleitet sein, ist aber aus ökonomischer Perspektive unproblematisch. Austausch oder Handel mit Unbekannten birgt jedoch erhebliche Risiken. Diese Risiken beziehen sich auf mögliche Fehlinformationen in Bezug auf die drei Hauptkomponenten des Austauschs: Die getauschten Güter und Leistungen, den Austausch selbst (Regeln, Ablauf, Verständnis) und die involvierten AkteurInnen betreffend: „The classic model of perfect competition is predicated on full information on goods, transactions and actors" (Plattner 1989: 214). Stuart Plattner beschreibt in Anlehnung an den Ökonomen Akerlof das Problem der unvollständigen Informationen über Güter am Beispiel des Gebrauchtwagenmarktes: Wie kann der Käufer/die Käuferin sicher sein, dass das Auto tatsächlich „garagengepflegt" und kein optisch aufgeputztes Unfallauto ist? Die Lösung besteht in vielen Fällen darin, die Austauschbeziehung zu personalisieren und nur von Bekannten zu kaufen (ebd.: 215). Auch Mühlviertler LandwirtInnen recherchieren heutzutage Ausstattung und Preise landwirtschaftlicher Maschinen im Internet, versuchen aber gleichzeitig sich bei Kauf und Verkauf auf persönlich bekannte Händler oder Privatpersonen zu beschränken, selbst wenn sie dabei nicht den besten Preis realisieren können. Das Risiko, beim Kauf in Bezug auf die Qualität des Produkts irreversibel getäuscht zu werden, ist ihnen zu hoch (vgl. Seiser 2012: 386). Besonders schwer einschätzbar sind Güter, die teuer sind und deren Gebrauchswert sich über einen langen Zeitraum in der Praxis bewähren soll. Diese Unsicherheit in Bezug auf Informationen über die tatsächliche Haltbarkeit ist unabhängig davon, ob der Kauf des neuen Traktors in einem kapitalistischen Setting gegen Geld erfolgt oder ob eine junge Mutterkuh, von der über Jahre Milch und Kälber erwartet werden, gegen Getreide eingetauscht wird.

Der Akt des Austausches selbst verlangt ebenfalls eine Vielzahl an Informationen, dazu gehören die Preise der Waren selbst, die Zahlungsbedingungen, der institutionelle Kontext, in dem der Austausch erfolgt und ob er überhaupt abgeschlossen werden kann. Wie beispielsweise können Sie sicher sein, wenn Sie im Internet über eBay gegen Vorauskassa ein Smartphone bestellen, dass es auch ankommt? Was ist zu tun, wenn nicht? Was, wenn es zwar kommt, aber kaputt ist oder sich herausstellt, dass der Preis viel zu hoch war? In Europa haben wir zahlreiche Institutionen entwickelt, die die Risiken des Austausches selbst minimieren sollen: Das reicht von Marktbehörden über Gerichte, Konsumentenschutzorganisationen bis hin zu Preisregulierungsbehörden. Auch vorkapitalistische Marktplätze waren durch Aufsichtsorgane geschützt. Die persönliche Sicherheit der BesucherInnen wurde gewährleistet und in sehr vielen Fällen auch die Preise festgelegt. George Dalton und Paul Bohannan (1962: 13) sprachen in diesem Zusammenhang von „verwaltetem Handel".

Das Informationsproblem besteht auch in Bezug auf die tauschenden AkteurInnen selbst. Was muss und kann man über HändlerInnen oder KundInnen wissen, um beim Austausch kein Risiko einzugehen? Beinahe schon sprichwörtlich ist die Erfahrung des Touristen, der auf einem indigenen Markt sieht, wie der Kunde vor ihm z. B. für eine warme Decke einen unschlagbar günstigen Preis bezahlt. Da noch zwei solcher Decken zum Verkauf liegen, will er auch eine. Darauf nennt ihm die Verkäuferin eine um das Zehnfache höhere Summe. Der Tourist fühlt sich betrogen und schimpft. Sie ist gekränkt: Das vorhin war ja ihr (hoffentlich) zukünftiger Schwiegersohn. Auch der herbeigerufene einheimische Marktwächter sieht kein Problem in den unterschiedlichen Preisen, abhängig von der Person des Käufers. Es handelt sich hierbei nicht um den erträumten Markt der Ökonomen „where the smooth workings of competition ensure economic efficiency between faceless traders" (Plattner 1989: 217). Der Preis hängt hier nicht von Angebot und Nachfrage ab, sondern davon, wer kauft. Daher kann es bei einer Händlerin zu einer ganzen Reihe von unterschiedlichen Preisen für ein und dasselbe Produkt kommen: Verwandte und Nachbarn, bekannte BewohnerInnen des Dorfes, Mitglieder der eigenen indigenen Gruppe, Mitglieder der nationalen Mehrheitsgesellschaft und gut gekleidete, weiße TouristInnen. Die Verkäuferin bestimmt den Preis aber nicht auf Basis ethnischer Vorurteile, sondern unterscheidet nach dem Wert ihrer ökonomischen und sozialen Beziehungen: Ein kurzfristiger Profit auf Kosten des Nachbarn ist mittel- oder langfristig betrachtet ein enormer Verlust oder sogar ein Sicherheitsrisiko. Was in einem Weltbild als Nepotismus negativ erscheint, ist in einem anderen ein Versuch „to make life worth living" (Narotzky/Besnier 2014: 6).

In Teilbereichen der Wirtschaftswissenschaften (z.B. der Institutionellen Ökonomie) und auch in Teilbereichen der Ökonomischen Anthropologie werden die Phänomene der asymmetrischen Informationen und die Frage, wie jeweils Vertrauen in den Austausch hergestellt wird, unter dem Begriff der „Transaktionskosten" diskutiert. AnthropologInnen interessieren sich dabei für die Institutionen und Regelsysteme – formelle wie informelle –, die Märkte verschiedenster Art zu steuern versuchen (Acheson 2002: 38ff.).

Voraussetzungen für den friedlichen Austausch von Gütern zwischen Personen sind also Orte, an denen sie sich treffen können, Informationen über Quantität und Qualität der zu tauschenden Güter sowie das Vertrauen in einen gelingenden Tauschvorgang. Auf einer konkreten Ebene wird dieses Vertrauen entweder durch intakte langfristige persönliche Beziehungen hergestellt oder durch Institutionen staatlicher oder anderer Einheiten. Im abstrakten Denken der marktwirtschaftlich ausgerichteten ÖkonomInnen wird seit Adam Smith der sich selbst regulierende Markt als solch eine Institution gesehen und das Vertrauen wird in den Glauben an den Ausgleich von Angebot und Nachfrage gesetzt. Alle MarktteilnehmerInnen sind in dieser Ideologie gleich oder haben zumindest die gleichen Chancen. Die Geschichte hat bereits mehrfach gezeigt, dass sich Menschen in Krisensituationen lieber auf das Konkrete und persönlich Bekannte verlassen. Anthropologische Untersuchungen zur Krisenbewältigung in Griechenland zeigen derzeit anschaulich, dass in prekären Zeiten das Vertrauen der Betroffenen sich viel eher auf persönliche Netze der Solidarität stützt und die marktwirtschaftlichen Institutionen weitgehend gemieden werden (vgl. Rakopoulos/Cabot 2016).

Geld als ein Mittel des Tausches

Vertrauen in die Macht des Abstrakten oder der Symbole braucht es auch anderswo. „In God we trust" steht nicht von ungefähr auf der Rückseite kleiner Papierzettel, die sich vorzüglich fast weltweit dazu eignen – vor allem wenn man viele dieser Zettel hat –, gegen Güter und Leistungen aller Art eingetauscht zu werden. Diese Zettel heißen Dollar-Scheine und bringen uns zu einem weiteren, ausgiebig diskutierten Begriff, dem Geld. Wir können darauf nur sehr kursorisch eingehen, weil Geld und Finanzen nicht im Zentrum dieses Buches stehen.[8]

8 __ Für Interessierte sei aus anthropologischer Perspektive auf Parry und Bloch 1989, Hart 2000 und die Artikel in Carrier 2012 verwiesen.

Geld ist zunächst als ein abstraktes Mittel und Zeichen des Tausches anzusehen, das je nach Kontext bestimmte Funktionen verschieden gut zu erfüllen vermag (Haller 2005: 173): Erstens verfügt Geld über eine Tauschmittelfunktion, durch die es einen Austausch von Gütern und Dienstleistungen, auch über eine räumliche und soziale Distanz hinweg, gewährleistet. Zweitens hat Geld eine Zahlungsfunktion. Mittels einer solchen ermöglicht es den Austausch über den „Umweg" eines zusätzlichen Tauschmediums, wodurch keine direkte Übereinstimmung der Tauschbedürfnisse der Tauschpartner mehr nötig ist. Geld besitzt in einer dritten Dimension eine Wertaufbewahrungsfunktion. Das Versprechen eines Gegenwerts für andere Güter erfährt zeitliche Kontinuität und kann somit auch zu einem späteren Zeitpunkt eingelöst werden. Geld erfüllt viertens eine Wertmaßstabsfunktion, mittels derer das Tauschmedium als Recheneinheit für den relativen Wert aller Güter und Dienstleistungen zueinander herangezogen wird (Preissing 2009: 25; Gudeman 2016: 145 ff.).

Geld wird in unserer Warengesellschaft als universelles Tauschmittel, als allgemeines Äquivalent, begriffen, d.h. (fast) alle Waren, Güter, Leistungen sind in Geldwert ausdrückbar. Und Geld beruht „as unit of account and as replacement on accords of acceptance" (Gudeman 2016: 149).

In vielen vorkapitalistischen/vorindustriellen Gesellschaften ist Geld jedoch kein universelles Tauschmittel, sondern stets auf konkrete Gruppen von Gütern und Leistungen beschränkt. AnthropologInnen haben dafür die Ausdrücke „money stuff" (hat außer Tauschmittel auch anderen Gebrauchswert, wie Getreide oder Salz) und „special purpose money" (etwas kann z. B. nur als Brautpreis verwendet werden) geprägt, um den Unterschied zum „all purpose money" der Warengesellschaften auszudrücken (Bohannan/Dalton 1962: 10 ff.).

Als allgemeines Äquivalent verändert Geld auch unsere Vorstellungen. So weist Pierre Bourdieu darauf hin, dass in der Subsistenzwirtschaft die Zukunft konkret gedacht wird: Die Bäuerin weiß, aus einem Ei wird ein Küken oder ein faules Ei, aber kein Gummibärchen. Geld hingegen erzwingt das Denken einer abstrakten Zukunft, es ermöglicht eine Buchhaltung der Hoffnungen und Erwartungen (vgl. Bourdieu 2000: 36 f.).

Von der Produktion über den Austausch zum Konsum: Abschließende Bemerkungen

Nach Produktion (Werden) und Austausch (Sein) endet der Wirtschaftskreislauf bei Quesnay im Vergehen, in Verbrauch und „Zerstörung" eines Produktes, im Konsum. Nachdem Konsum im nächsten Artikel ausgeführt wird, endet hier unsere begrifflich-konzeptuelle Spurensuche. Zweifelsohne gibt es viele weitere bedeutsame und umstrittene Begriffe in der Ökonomischen Anthropologie, die eine nähere Betrachtung verdienen würden.

Es ging uns in diesem Beitrag darum, für Wörter und deren Einbettung in theoretische, aber auch moralische Konstruktionen verschiedene Lesarten aus Sicht der Ökonomischen Anthropologie anzubieten. Es war uns ein Anliegen, wesentliche Auseinandersetzungen zu Schlagwörtern wie Produktion, Arbeit, Distribution etc. nachzuzeichnen und Differenzen sowohl zum Alltagsverständnis als auch zu wirtschaftswissenschaftlichen Konzepten aufzuzeigen.

Durch unsere Methoden, die ethnographische Feldforschung und den Vergleich, den holistischen Anspruch und die Kontextualisierung in Raum und Zeit ist die Ökonomische Anthropologie weniger bereit, theoretische Modelle, die logisch konsistent sind, sich aber angesichts von *real people in real places* nicht bewähren, zu akzeptieren. Begriffe werden partikularistisch, kontextbezogen und situativ verwendet. Konzepte bedürfen der ständigen Überarbeitung und Adaptierung, der Diskussion und Überlegung. Wir benötigen aber explizit gemachte Modelle und Konzepte, müssen Begriffe, die wir verwenden, reflektieren, weil menschliches wirtschaftliches Handeln auf verschiedenen Ebenen moralisch aufgeladen ist – und das nimmt uns WissenschaftlerInnen nicht aus. Es ist ein zutiefst bewertetes Feld, in dem Auseinandersetzungen zwischen diversen AkteurInnen erfolgen. Es geht schließlich um unsere Lebensgrundlagen und die Möglichkeiten, für alle ein Leben in sozialen Gefügen gut zu gestalten.

Belegliteratur

Acheson, James M. (2002): Transaction Cost Economics: Accomplishments, Problems, and Possibilites. In: Ensminger, Jean (ed.): Theory in Economic Anthropology. Walnut Creek et al.: AltaMira Press.

Arendt, Hannah (1981): Vita activa oder Vom tätigen Leben. München: Piper.

Barth, Fredrik (2002): An Anthropology of Knowledge. In: Current Anthropology 43/1, 1–18.

Beck, Kurt/Spittler, Gerd (1996): Einleitung. In: Beck, Kurt/Spittler, Gerd (Hg.): Arbeit in Afrika. Hamburg: LIT, 1–24.

Black, Rachel (2009): Eating Garbage: Socially Marginal Food Provisioning Practices. In: MacClancy, Jeremy/Henry, Jeya/Macbeth, Helen (eds.): Consuming the Inedible: Neglected Dimensions of Food Choice. NewYork: Berghahn, 141–149.

Bohannan, Paul/Dalton, George (1962): Introduction. In: Bohannan, Paul/Dalton, George (eds.): Markets in Africa. Evanston: Northwestern University Press, 1–26.

Bourdieu, Pierre (2000): Die zwei Gesichter der Arbeit. Interdependenzen von Zeit- und Wirtschaftsstrukturen am Beispiel einer Ethnologie der algerischen Übergangsgesellschaft. Konstanz: Universitäts-Verlag Konstanz.

Bourdieu, Pierre (2001): Wie die Kultur zum Bauern kommt. Über Bildung, Schule und Politik. Hamburg: VSA.

Burawoy, Michael (1979): Manufacturing Consent: Changes in the Labor Process Under Monopoly Capitalism. Chicago: University of Chicago Press.

Carrier, James G. (ed.) (2012): A Handbook of Economic Anthropology, Second Edition. Cheltenham/Northampton: Edward Elgar.

Chen, Martha Alter (2012): The informal economy in comparative perspective. In: Carrier, James G. (ed.): A Handbook of Economic Anthropology, Second Edition. Cheltenham/Northampton: Edward Elgar, 485–498.

Coy, Michael W. (ed.) (1989): Apprenticeship. From Theory to Method and Back Again. Albany: State University of New York Press.
Douglas, Mary (1962): Lele Economy Compared with the Bushong. In: Bohannan, Paul/ Dalton, George (eds.): Markets in Africa. Evanston: Northwestern University Press, 211–233.
Durrenberger, Paul E. (2012): Labour. In: Carrier, James G. (ed.): A Handbook of Economic Anthropology, Second Edition. Cheltenham/Northampton: Edward Elgar, 128–144.
Ehmer, Josef (1994): Soziale Traditionen in Zeiten des Wandels. Arbeiter und Handwerker im 19. Jahrhundert. Frankfurt am Main: Campus.
Eriksen, Thomas Hylland (2015): Opposing the motion. The neoliberal person. In: Journal of the Royal Anthropological Institute 21, 914–917.
Fassin, Didier (2009): Moral Economies Revisited. In: Annales. Histoire, Sciences Sociales 6, 1237–1266.
Fuchs, Konrad/Raab, Heribert (2001 [1972]): Wörterbuch Geschichte. München: Deutscher Taschenbuch Verlag.
Gellner, Ernest (1993): Pflug, Schwert und Buch. Grundlinien der Menschheitsgeschichte. München: Deutscher Taschenbuch Verlag/Klett-Cotta.
Gilibert, Giorgio (2008): Francois Quesnay (1694–1774). In: Starbatty, Joachim (Hg.): Klassiker des ökonomischen Denkens: Von Platon bis John Maynard Keynes. Hamburg: Nikol, 114–133.
Godelier, Maurice (1972): Rationalität und Irrationalität in der Ökonomie. Frankfurt am Main: Europäische Verlagsanstalt.
Godelier, Maurice (1990): Natur, Arbeit, Geschichte. Zu einer universalgeschichtlichen Theorie der Wirtschaftsformen. Hamburg: Junius.
Goody, Jack (1976): Production and Reproduction: Comparative Study of the Domestic Domain. Cambridge: Cambridge University Press.
Gossen, Hermann Heinrich (1854): Entwickelung der Gesetze des menschlichen Verkehrs, und der daraus fließenden Regeln für menschliches Handeln. Braunschweig: Friedrich Vieweg & Sohn.
Graeber, David (2001): Toward an Anthropological Theory of Value. The False Coin of Our Own Dreams. New York: Palgrave.
Gregory, Chris A. (2015 [1982]): Gifts and Commodities. Chicago: HAU.
Gudeman, Stephen (2008): Economy's Tension: The Dialectics of Community and Market. New York/London: Berghahn.
Gudeman, Stephen (2016): Anthropology and Economy. Cambridge: Cambridge University Press.
Gudeman, Stephen/Hann, Chris M. (eds.) (2015): Oikos & Market. Explorations in Self-Sufficiency after Socialism. New York/Oxford: Berghahn.
Haller, Dieter (2005): dtv-Atlas Ethnologie. München: Deutscher Taschenbuch Verlag.
Hann, Chris M. (ed.) (1998): Property relations. Renewing the anthropological tradition. Cambridge: Cambridge University Press.
Hann, Chris M./Hart, Keith (2011): Economic Anthropology. History, Ethnography, Critique. Cambridge: Polity Press.
Hart, Keith (2000): Money in an Unequal World. New York: Texere.
Ingold, Tim (1986): The Appropriation of Nature: Essays on Human Ecology and Social Relations. Manchester: Manchester University Press.
Ingold, Tim (2000): The Perception of the Environment. Essays in livelihood, dwelling and skill. London et al.: Routledge.
Ingold, Tim (2001): Beyond art and technology: The anthropology of skill. In: Schiffer, Michael B. (ed.): Anthropological Perspectives on Technology. Albuquerque: University of New Mexico Press, 17–31.

Isaac, Barry L. (2012): Karl Polanyi. In: Carrier, James G. (ed.) (2012): A Handbook of Economic Anthropology, Second Edition. Cheltenham/Northampton: Edward Elgar, 13–25.
Jäger, Johannes/Springler, Elisabeth (2012): Ökonomie der internationalen Entwicklung. Eine kritische Einführung in die Volkswirtschaftslehre. Wien: Mandelbaum.
Kjaerulff, Jens (ed.) (2015): Flexible Capitalism. Exchange and Ambiguity at Work. New York/Oxford: Berghahn.
Knorr-Cetina, Karin (2002 [1984]): Die Fabrikation von Erkenntnis: Zur Anthropologie der Naturwissenschaft. Frankfurt am Main: Suhrkamp.
Köbler, Gerhard (1995): Etymologisches Rechtswörterbuch. Tübingen: Mohr.
Köcke, Jasper (1979): Some Early German Contributions to Economic Anthropology. In: Dalton, George (ed.): Research in Economic Anthropology. A Research Annual. Greenwich: JAI Press, 119–167.
Malinowski, Bronislaw (1935): Coral Gardens and Their Magic. Bloomington: Indiana University Press.
Marchand, Trevor H. J. (ed.) (2010): Making Knowledge. Explorations of the Indissoluble Relation Between Mind, Body and Environment. Malden/Oxford: Wiley-Blackwell.
Marshall, Alfred (1890): Principles of Economics. London: Macmillan.
Marx, Karl (1977 [1867]): Das Kapital. Kritik der politischen Ökonomie. Berlin: Dietz.
Marx, Karl (1976 [1880–1882]): Die ethnologischen Exzerpthefte. Herausgegeben von Lawrence Krader. Frankfurt am Main: Suhrkamp.
Mauss, Marcel (1990 [1923–1924]): Die Gabe. Form und Funktion des Austauschs in archaischen Gesellschaften. Frankfurt am Main: Suhrkamp.
Mehring, Franz (2001): Karl Marx. Geschichte seines Lebens. Essen: Arbeiterpresse.
Mollona, Massimiliano/de Neve, Geert/Parry, Jonathan (eds.) (2009): Industrial Work and Life. An Anthropological Reader. Oxford/New York: Berg.
Narotzky, Susana (1997): New Directions in Economic Anthropology. London/Chicago: Pluto Press.
Narotzky, Susana/Besnier, Nico (2014): Crisis, Value and Hope: Rethinking the Economy. In: Current Anthropology 55/9, 4–16.
Okely, Judith (2001): Visualism and Landscape: Looking and Seeing in Normandy. In: Ethnos: Journal of Anthropology 66/1, 99–120.
Ortiz, Sutti (2012): Decisions and choices: the rationality of economic actors. In: Carrier, James G. (ed.): A Handbook of Economic Anthropology, Second Edition. Cheltenham/Northampton: Edward Elgar, 58–76.
Parry, Jonathan/Bloch, Maurice (eds.) (1989): Money and the Morality of Exchange. Cambridge: Cambridge University Press.
Patterson, Thomas C. (2009): Karl Marx, Anthropologist. Oxford/New York: Berg.
Patterson, Thomas C. (2012): Distribution and redistribution. In: Carrier, James G. (ed.): A Handbook of Economic Anthropology, Second Edition. Cheltenham/Northampton: Edward Elgar, 202–219.
Plattner, Stuart (ed.) (1989): Economic Anthropology. Stanford: Stanford University Press.
Polanyi, Karl (1978 [1944]): The Great Transformation. Politische und ökonomische Ursprünge von Gesellschaften und Wirtschaftssystemen. Frankfurt am Main: Suhrkamp.
Polanyi, Karl (1968 [1957]): The Economy as Instituted Process. In: Dalton, George (ed.): Primitive, Archaic and Modern Economies. Essays of Karl Polanyi. New York: Doubleday.
Preissing, Sigrun (2009): Tauschen – Schenken – Geld? Ökonomische und gesellschaftliche Gegenentwürfe. Berlin: Dietrich Reimer.
Priddat, Birger P. (2002): Theoriegeschichte der Wirtschaft. Neue Ökonomische Bibliothek. München: Wilhelm Fink.
Quesnay, François (1965 [1758]): Tableau économique. Remarques sur les variations de la distribution des revenus annuels d'une nation. Berlin: Akademie.

Rakopoulos, Theodoros/Cabot, Heath (eds.) (2016): Special Section. The other side of the crisis: solidarity networks in Greece. In: Social Anthropology 24/2, ganze Ausgabe.

Richards, Audrey I. (1995 [1939]): Land, Labour and Diet in Northern Rhodesia. An Economic Study of the Bemba Tribe. Münster/Hamburg: LIT.

Robotham, Dan (2012): Political Economy. In: Carrier, James G. (ed.): A Handbook of Economic Anthropology, Second Edition. Cheltenham/Northampton: Edward Elgar, 41–57.

Rössler, Martin (2005): Wirtschaftsethnologie. Eine Einführung. Berlin: Dietrich Reimer.

Sahlins, Marshall (1972): Stone Age Economics. Chicago/New York: Aldine.

Sedláček, Tomáš (2013): Die Ökonomie von Gut und Böse. München: Wilhelm Goldmann.

Seiser, Gertraud (2012): Kooperationen in der Landwirtschaft kontextualisiert: Ethnografische Fallstudie von der Mühlviertler Alm. In: Österreichische Zeitschrift für Soziologie 37/4, 385–402.

Seiser, Gertraud/Fellner, Wolfgang (2011): Millenniumskapitalismus. In: Kreff, Fernand/Knoll, Eva-Maria/Gingrich, Andre (Hg.): Lexikon der Globalisierung. Bielefeld: transcript, 259–263.

Sigaut, François (1994): Technology. In: Ingold, Tim (ed.): Companion Encyclopedia of Anthropology: Humanity, Culture and Social Life. London: Routledge, 420–459.

Smith, Adam (2004 [1776]): Reichtum der Nationen. Paderborn: Voltmedia.

Spittler, Gerd (1996): Ethnologische Arbeitsforschung in Afrika. In: Beck, Kurt/Spittler, Gerd (Hg.): Arbeit in Afrika. Hamburg: LIT, 25–48.

Spittler, Gerd (2001): Teilnehmende Beobachtung als Dichte Teilnahme. In: Zeitschrift für Ethnologie 126, 1–25.

Spittler, Gerd (2002): Arbeit – Transformation von Objekten oder Interaktion mit Subjekten? In: Peripherie 85/86, 9–31.

Spittler, Gerd (2008): Founders of the Anthropology of Work. German Social Scientists of the 19th and Early 20th Centuries and the First Ethnographers. Berlin et al.: LIT.

Spittler, Gerd (2016): Anthropologie der Arbeit: Ein ethnographischer Vergleich. Wiesbaden: Springer VS.

Steiner, Franz B. (1999): Towards a Classification of Labour. In: Adler, Jeremy/Fardon, Richard (eds.): Franz Baermann Steiner. Selected Writings, Volume II. Orientpolitik, Value and Civilization. New York/Oxford: Berghahn.

Stivens, Maila (2012): Gender. In: Carrier, James G. (ed.): A Handbook of Economic Anthropology, Second Edition. Cheltenham/Northampton: Edward Elgar, 307–324.

Weiner, Annette B. (1992): Inalienable Possessions. The Paradox of Keeping-while-giving. Berkely: University of California Press.

Werlhof, Claudia von (1978): Frauenarbeit: Der blinde Fleck in der Kritik der politischen Ökonomie. In: Beiträge zur feministischen Theorie und Praxis 1, 18–32.

Wilk, Richard R./Cliggett, Lisa (2007): Economies and cultures: foundations of economic anthropology. Boulder: Westview Press.

Zimmerman, Eric (1955 [1931]): World resources and industries. New York: Harper & Brothers.

Znoj, Heinzpeter (1995): Tausch und Geld in Zentralsumatra: Zur Kritik des Schuldbegriffes in der Wirtschaftsethnologie. Berlin: Dietrich Reimer.

Znoj, Heinzpeter (2016): Anders Wirtschaften – Gespräche mit Leuten, die es versuchen. Zürich: Conzett.

Zuckerhut, Patricia (2016): Autorität und Macht in Nahua-Haushalten. Indigene Strukturen in Mexiko zwischen lokaler Politik, globaler Wirtschaft und Kosmos. Bielefeld: transcript.

Empfohlene Literatur

Carrier, James G. (ed.) (2012): A Handbook of Economic Anthropology, Second Edition. Cheltenham/Northampton: Edward Elgar.
Hann, Chris M./Hart, Keith (2011): Economic Anthropology. History, Ethnography, Critique. Cambridge: Polity Press.
Polanyi, Karl (1978 [1944]): The Great Transformation. Politische und ökonomische Ursprünge von Gesellschaften und Wirtschaftssystemen. Frankfurt am Main: Suhrkamp.
Sedláček, Tomáš (2013): Die Ökonomie von Gut und Böse. München: Wilhelm Goldmann.
Spittler, Gerd (2016): Anthropologie der Arbeit: Ein ethnographischer Vergleich. Wiesbaden: Springer vs.

Maria Dabringer

Konsumanthropologie. Zur Verortung einer wirtschaftsethnologischen Perspektive[1]

> It is the complexity of the symbolic systems
> of the peoples of the world,
> not some base utilitarianism,
> that anthropologists look for, expect to find
> and celebrate in their studies.
> (Miller 2001b: 230)

Einleitung: Kultur- und sozialanthropologische Konsumforschung als Perspektive

Innerhalb der Ökonomischen Anthropologie, die ökonomische Aktivitäten von Menschen als „eingebettet in Gesellschaft" (Polanyi 1990 [1944]) versteht, gilt Konsumption (bzw. Konsum) – so wie Produktion und Distribution – als ein Teil des Kreislaufs ökonomischen Handelns. Konsumieren ist dabei ein selbstverständlicher Teil soziokulturellen Lebens und hat nur zu einem kleinen Teil mit populären, westlich geprägten Diskussionen zu „oberflächlicher Konsumgesellschaft" oder „Massenkonsum" zu tun, die entsprechende Praktiken meist einseitig, verengt-ökonomisch, und negativ besetzen.[2]

Dieser Beitrag soll zeigen, wie Kultur- und SozialanthropologInnen sich dem Phänomen nähern, welche Fragen sie dabei beschäftigen und welche wertvolle Perspektive sie in die (wissenschaftliche) Diskussion um Konsum einbringen können. Das Zusammenführen ausgewählter sozialwissenschaftlicher Literatur und die damit verbundenen Analysen bestimmter Charakteristika des Konsumierens sollen einen Perspektivenwechsel auf diese Formen des sozialen Handelns ermöglichen und Konsum als aktives Handeln begreifbar machen, das von sozialen Beziehungen abhängig ist und diese gleichzeitig mitbestimmt. Dabei hinterfragt dieser Text auch die bereits erwähnten, negativ besetzten Dimensio-

1 — Teile dieses Textes wurden bereits im Jahre 2009 in der SWS-Rundschau (Dabringer 2009) veröffentlicht, die Autorin dankt der Sozialwissenschaftlichen Studiengesellschaft für die freundliche Genehmigung.

2 — Letztere sind getragen von einem Überhang (Bias) hin zu ökonomischen Annäherungen an das Phänomen, die (immer noch) den Homo oeconomicus, den rationalen Optimierer, als relevanten Akteur von Konsumprozessen ausmachen (vgl. dazu Soper 2008; Trentmann 2006).

nen von Konsum, indem er das Konsumieren als ein komplexes Agieren in Gesellschaft mit vielen verschiedenen Dimensionen beschreibt. Ethnographische Beispiele aus außereuropäischen Kontexten helfen, den Blick für die Vielschichtigkeit von Konsumprozessen zu schärfen und die einseitig-westliche Perspektive aufzubrechen. Der anthropologische Zugang soll das „Konsumieren" als ein in Gesellschaft eingebettetes, – für Individuen, Gruppen und Institutionen – gestaltbares und politisch relevantes Phänomen verstehbar machen.

In einem ersten Schritt wird die Entstehung der Konsumanthropologie als Teildisziplin der Kultur- und Sozialanthropologie erklärt, der Begriff „Konsum" wird definiert und seine ökonomische Einbettung erläutert. Konsumstrukturen werden dabei als selbstverständliche Teile des ökonomischen Kreislaufs (Produktion – Distribution – Konsum von Gütern) erklärt. Daran anknüpfend werden die sozialen Dimensionen des Konsumierens ausführlich besprochen. Anhand ausgewählter Aspekte wird gezeigt, wie Konsum soziale Handlungen bestimmt und inwiefern z. B. soziale Beziehungen, Status oder gesellschaftliche Differenzen Konsumgewohnheiten prägen (und umgekehrt). Schließlich werden sozialwissenschaftliche Zugänge zu Konsum vorgestellt, die eng mit Untersuchungen über Globalisierung und ihren gesellschaftlichen Auswirkungen verknüpft sind. Dabei werden lokale und gleichzeitig globale Charakteristika von Konsumpraktiken erläutert. Ein weiterer Abschnitt des Beitrags fokussiert zum einen auf die in westlichen Ökonomien feststellbare Überforderung der KonsumentInnen, Konsumprozesse und -strukturen zu durchschauen, und zum anderen auf politisch gestaltbare Dimensionen von Konsum – und damit auf die Möglichkeit und den Anspruch, durch Konsum Gesellschaft mitzugestalten. Abschließende Bemerkungen fassen die wesentlichen Punkte der Argumentation zusammen und zeigen, dass ein erweiterter Konsumbegriff einen fruchtbaren Perspektivenwechsel zulässt – Themen und Dimensionen von Konsumverhalten rücken in den Blick, die in Zukunft von Bedeutung sein werden.

Zur Entstehung der Konsumanthropologie

Der Wirtschaftshistoriker Karl Polanyi thematisierte in seinem Werk *The Great Transformation* (Polanyi 1990 [1944]) die prägenden gesellschaftlichen Veränderungen im Europa des 19. Jahrhunderts. Industrialisierung und die Herausbildung von Nationalstaaten bedingten einen grundlegenden gesellschaftlichen Wandel und die Entstehung von Marktwirtschaften, die gleichzeitig eine Neubewertung des ökonomischen Handelns und eine grundsätzliche „Entkoppelung" der Wirtschaft von Politik und Gesellschaft mit sich brachten. Konsumieren – als komplexes Handeln in Gesellschaft – war im 19. Jahrhundert kein explizit bedeutsames Thema wissenschaftlicher oder ökonomischer Debatten. Jedoch wurde Konsum als ein notwendiger Bestandteil angesehen, wenn es darum ging, ökonomisches Handeln als gesellschaftlich notwendigen Prozess zu thematisieren (Fine/Leopold 1993: 254 ff.). Wurzelnd in den Ideen der politischen Ökonomie des endenden 18. Jahrhunderts (u. a. Smith 1999 [1776]), wurde (und wird) Konsum gerne in Opposition zur Produktion gesehen. Dies ging mit einer für die damalige Zeit neuen Teilung wirtschaftlich genutzter Räume einher: in solche, in denen (industriell) gearbeitet und produziert wurde und andere (wie etwa Haushalte), in denen gelebt und die produzierten Waren konsumiert wurden (Graeber 2011: 492). Solche ökonomisch geprägten Perspektiven auf Konsum konzentrieren sich auf den Verbrauch, Gebrauch und die (individuelle) Aneignung von Produkten. Dabei erscheint er als selbstverständlicher Teil des ökonomischen Handelns und wird im Kapitalkreislauf als Folge der Produktion gesehen. Der Fokus einschlägiger Studien lag und liegt deshalb oftmals auf dem angestrebten Profit durch den Absatz oder die Verteilung von Gütern. Zwar wurde bereits Ende des 19. und zu Beginn des 20. Jahrhunderts der bedeutungsvolle Gebrauch von Dingen innerhalb von Gesellschaften thematisiert – wie etwa von Karl Marx (1969 [1890]: 85 ff.), von dem Ökonomen Thorstein Veblen (2005 [1899]) oder dem Soziologen Max Weber (2005 [1922]). Deren Betrachtungen wurden jedoch bis Mitte des 20. Jahrhunderts nicht kontinuierlich weitergeführt – auch nicht von AnthropologInnen. Studien zur sozialen Organisation verschiedener Gesellschaften und zum Produktionsprozess überdeckten die von diesen Autoren eingebrachten Argumente. Wenn Konsum thematisiert wurde, dominierten bis in die 1970er-Jahre auch in den Sozialwissenschaften von den Wirtschaftswissenschaften geprägte Begrifflichkeiten (Carrier 2004 [1996]: 128). In der Anthropologie ging dies bis in die 1960er-Jahre Hand in Hand mit dem inhaltlichen Fokus der Disziplin auf außereuropäische, „nicht-industrialisierte" Gesellschaften und deren Herausforderungen, ihre (Grund-)Bedürfnisse (meist unter marginalisierten Lebensbedingungen) zu befriedigen.

Wendet man/frau sich der Entstehung der Konsumanthropologie in der zweiten Hälfte des 20. Jahrhunderts zu, so erweist es sich als sinnvoll, sich zuvor mit den etymologischen Wurzeln des Konsumbegriffs zu beschäftigen: Das Wort „Konsum" oder „Konsumption" kommt aus dem Lateinischen und leitet sich von den Worten *consumere* (von *cum sumere*, dt. aufnehmen, verbrauchen oder verzehren) und *consummare* (*cum summa*, dt. zusammenrechnen, vollenden) ab (Drosdowski/Grebe 1963). In diesen lateinischen Ausdrücken sind bereits wichtige Aspekte enthalten, die es im Zuge (wirtschafts-)anthropologischer Auseinandersetzungen mit Konsum zu beachten gilt (Falk 1994: 93). Sie beziehen sich vor allem auf den praktischen Ge- und Verbrauch sowie die materielle Nutzung von Gütern durch den Menschen. Zugleich ist es bedeutsam, diese Ausdrücke im Kontext des Kreislaufs wirtschaftlichen Handelns (nämlich der Produktion, Distribution und Konsumption von Gütern) zu begreifen.

Güter jeglicher Art werden gesellschaftlich (landwirtschaftlich, handwerklich, industriell, in Form von Dienstleistungen etc.) produziert, sie werden (durch

Tauschhandlungen, auf Märkten, in Geschäften, Einkaufszentren etc.) verteilt und auf vielfältigste Weise konsumiert, d. h. als Dienstleistungen in Anspruch genommen, verspeist, verbraucht (etwa Brennholz, Verpackungen) oder unmittelbar vernichtet (z. B. Feuerwerkskörper, Müll). So wird zum einen verständlich, dass die Ableitung vom Wort *consumere* den Aspekt des „Zerstörens" bzw. der „Vernichtung" von Gütern durch (menschliches) Handeln (= Konsumieren) beinhaltet (vgl. dazu Graeber 2011). Zum anderen zeigt sich durch das Herleiten vom lateinischen *consummare* der direkte Zusammenhang mit dem sich selbst speisenden Prozess des wirtschaftlichen Zyklus: Konsumieren bedeutet die „Vollendung" bzw. die „Fertigstellung" des Kreislaufs ökonomischen Handelns.

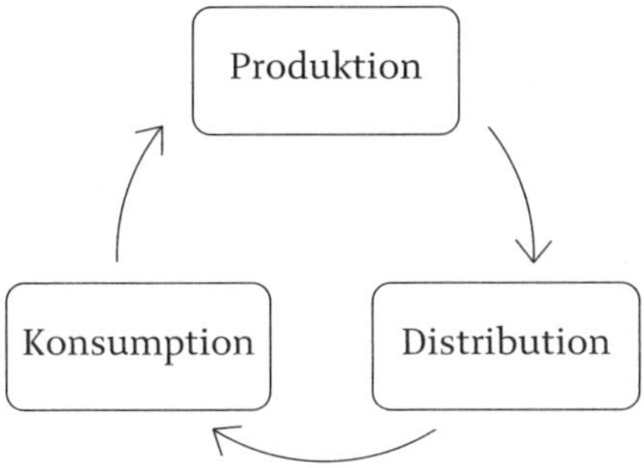

Abbildung 3: Kreislauf ökonomischen Handelns

Der Akt der Konsumption wird damit in unmittelbare, sinnstiftende Beziehung gesetzt zur Produktion und Distribution von Gütern: Ohne Konsum von Gütern gibt es keine gesellschaftliche Legitimation für die Produktion und Distribution derselben (Narotzky 1997: 100 ff.). Hier wird sichtbar, dass sich die konsumanthropologische Forschung als Teilbereich der Ökonomischen Anthropologie verstehen lässt und sich aus dieser heraus entwickelt hat.

Durch die Entstehung der „Konsumgesellschaft" nach dem Zweiten Weltkrieg (insbesondere in den 1960er-Jahren) kam Bewegung in die wissenschaftlichen Überlegungen rund um das Thema Konsum. Seit Ende der 1970er-Jahre haben SozialwissenschaftlerInnen – quasi als Antwort auf die nach dem Zweiten Weltkrieg in den westlichen Wohlstandsgesellschaften entstandenen Begriffe „Konsumkultur" und „Massenkonsum" (Trentmann 2006: 4) – umfassendere Ansätze entwickelt, die das Entstehen kulturell-gesellschaftlicher Dimensionen von Konsum(-verhalten) ins Blickfeld rückten. Kultur- und SozialanthropologInnen (u. a. Sahlins 1976; Douglas/Isherwood 1996 [1979]; Bourdieu 1987 [1979]; Kopytoff 1999 [1986]; Appadurai 1999 [1986]; Miller 1987) kritisierten im Zuge dessen die oben genannten Zugänge zu Konsum in den klassischen Wirtschaftswissenschaften und der marxistischen politischen Ökonomie (vgl. Carrier 2004 [1996]: 128).[3]

In *Die feinen Unterschiede. Kritik der gesellschaftlichen Urteilskraft* (1987 [1979]) belegte der Ethnologe und Soziologe Pierre Bourdieu eindrucksvoll am Beispiel Frankreichs, dass Konsumstrukturen der Schlüssel für die Reproduktion von Klassenbeziehungen sind und dass soziale Beziehungen mittels objektbezogener Studien (in diesem Fall Strukturen der Ernährung und des Geschmacks) analysiert werden können (Miller 1995c: 267).

Mary Douglas und Baron Isherwood fragten zeitgleich in ihrem bahnbrechenden Werk *The World of Goods* (1996 [1979]) – ganz im Gegensatz zu den ökonomistisch geprägten Ansätzen – nach dem vielfältigen gesellschaftlichen Gebrauch von Gütern und stellten fest, dass Güter „[...] are needed for making visible and stable the categories of culture" (ebd.: 59). Für ÖkonomInnen sind KonsumentInnen individuelle OptimiererInnen, die danach streben, ihre Bedürfnisse mittels souveräner, den Nutzen maximierender Entscheidungen zu befriedigen. Douglas und Isherwood unterstrichen in ihren Ausführungen jedoch, dass jede Form materiellen Besitzes auch eine soziale Bedeutung in sich trägt, und damit als Kommunikationsmittel zwischen Menschen angesehen werden kann. So dienen Konsumpraktiken nicht vorrangig der Befriedigung von Bedürfnissen, sondern der Herstellung und Aufrechterhaltung sozialer Beziehungen. In diesem Sinne brachte auch der Wirtschafts- und Kulturanthropologe Grant McCracken[4] Ende der 1980er-Jahre ein, dass über den Gebrauch von Gütern kulturelle Eigenheiten ausgedrückt werden können, wenn etwa über das Tragen bestimmter Kleidung ein bestimmter Status innerhalb der jeweiligen Gesellschaft zur Schau gestellt wird (1988: 74).

Igor Kopytoff zeigte Mitte der 1990er-Jahre in seinem Artikel zur *Kulturellen Biographie der Dinge* (1999 [1986]) darüber hinaus auf, dass nicht – wie von ÖkonomInnen oft angenommen – alle Objekte (vermarktbare) Waren sind, die zu allen Zeiten gegen andere eintauschbar sind. Er veranschaulichte, dass der gesellschaftliche Gebrauch von Objekten in allen Gesellschaften – jenseits der Kommodifizierung – vielfältig gestaltet werden kann. Ausgehend vom Beispiel der Sklaverei (ebd.: 64f.), im Zuge derer ein Mensch zur Ware und verkauft wird (Prozess der *commoditization*), um sich danach in einer neuen Rolle in einem veränderten sozialen Setting wiederzufinden (Prozess der *decommoditization*), jedoch jederzeit wieder als Ware weiterverkauft werden kann, entwickelte Kopytoff eine provokante Annahme: Er legte diese Prozesse der *commoditization* und *decommod-*

3 — Hans Peter Hahn (2008: 22) unterscheidet in einer Übersicht über Forschungsschwerpunkte der (anthropologischen) Konsumforschung (für die Zeit 1954–1992) zwischen (1) Ansätzen und AutorInnen, die sich mit Konsum und seiner Bedeutung als gesellschaftliches Kommunikationsmittel auseinandersetzen und (2) jenen, die sich in ihren Analysen den Konsumpraktiken und sich ändernden Bedürfnissen zuwenden.

4 — Siehe auch Grant McCrackens Blog *CulturBy*.

itization des Menschen auf Objekte um und schlug vor, sich den Biografien von Dingen zu widmen und deren „Lebensgeschichten“ zu erstellen. Dabei wird deutlich, dass Objekte „[...] often far more than mere commodities“ sind (Corrigan 1997: 36). Wie auch Menschen sind Objekte in vielerlei Hinsicht (familiär, ökonomisch, psychologisch, politisch etc.) in gesellschaftliche Rahmenbedingungen eingebunden. Ihre vielschichtige Bedeutung für den Menschen wird durch diese Form der Analyse sichtbar und erklärt deren oftmals komplexe Beziehung zu „ihren“ Objekten.

Mitte der 1990er-Jahre erschien der von Daniel Miller herausgegebene Sammelband *Acknowledging Consumption* (1995a). In seiner Einleitung ging Miller (1995b) auf die steigende Bedeutung der Konsumforschung in einer sich (nach 1989) neu ordnenden Welt ein. Er beschrieb, dass durch die Ausdehnung globaler Märkte der/die individuelle EinkäuferIn *(purchaser)* zunehmend ins Zentrum des gesellschaftlichen und marktwirtschaftlichen Interesses gerückt und damit auch (potenziell) mit mehr Macht ausgestattet wurde. Produktionsmechanismen und -institutionen verloren für Miller in sehr offensichtlicher Weise an Bedeutung – auf wissenschaftlich-analytischer Ebene ebenso wie im Rahmen politischer oder ökonomischer Prozesse. Er schlug deshalb vor, mit einer „neuen Meistererzählung“ globale, soziale, kulturelle und ökonomische Prozesse zu gesellschaftlichen Konsumpraktiken in Beziehung zu setzen und diese mit Hilfe einer anthropologischen Methodologie zu analysieren (vgl. Carrier 1996: 421). In einem weiteren Beitrag thematisierte Miller (1995c) die Bedeutung der Entstehung der Konsumanthropologie für die Disziplin selbst. Er verwies auf den Umstand, dass die vormals eingeengten, ökonomistisch geprägten Zugänge zu Konsum seit Ende der 1970er-Jahre durch anthropologische Studien (v.a. Douglas/Isherwood 1996 [1979]) erweitert und verändert wurden (Miller 1995c: 266ff.). Diese Entwicklung bewirkte, dass anthropologische Analysen zunehmend – auch für das Studium westlicher Gesellschaften – als soziokulturell relevant und sinnvoll betrachtet wurden und sich damit auch der Gegenstand der Anthropologie zusehends aus der (post-)kolonial belasteten Umklammerung löste, sich veränderte und erweiterte: „[...] [T]he changing conception of consumption allowed the discipline to attach itself to an idea of study with a less problematic future than the isolated village“ (Carrier 1996: 422).

Diese Dynamiken fanden seit den 1990er-Jahren auch in sozialwissenschaftlichen Analysen zu den Globalisierungsprozessen nach 1989 ihren Ausdruck (vgl. etwa Inda/Rosaldo 2002; Eriksen 2007). Kultur- und SozialanthropologInnen und andere SozialwissenschaftlerInnen lieferten bedeutende Beiträge (vgl. u.a. Miller 2001a; Warde 2010) zum Phänomen „Globalisierung“, das vielseitig erklärt und höchst kontrovers diskutiert wird. Denn es betrifft in seinen Ausformungen und Wirkungen alle Gesellschaften weltweit, wenngleich lokal sehr unterschiedlich. Das Thema „Konsum“ spielt dabei eine wesentliche Rolle, wird von TheoretikerInnen deshalb auf unterschiedliche Art und Weise in die jeweiligen

Debatten aufgenommen und mit dem Globalisierungsdiskurs verschränkt diskutiert.

In ihrer Bedeutung gestärkt, spielen konsumanthropologische Analysen zur Verwendung und Kommerzialisierung materieller Güter, zur identitätsstiftenden Funktion von Konsum oder zur politischen Bedeutung von Aneignungsprozessen also eine wichtige Rolle innerhalb der rezenten anthropologischen Forschung – etwa in Kontexten der anthropologischen Migrations- und Transnationalismusforschung (u. a. Basu/Coleman 2008; Miller 2008), der Anthropology of Food (u. a. Counihan/Van Esterik 2008 [1997]; Frost 2008), der Museumsanthropologie (u. a. Edwards/Gosden/Phillips 2006; Classen/Howes 2006), der Tourismusanthropologie (u. a. Carrier 2006) oder den Debatten um Identitäten- und Ethnizitätenbildung (u. a. Schiffer 2000; Wilk 2006; Miller 2006) in globalisierten Kontexten urbaner Lebensräume (u. a. García Canclini 1997; Prato 2009). Diese ethnographischen (Mikro-)Studien tragen – im Sinne Polanyis – dazu bei, Konsumieren als soziales Handeln, eingebettet in Gesellschaften mit unterschiedlich strukturierten Wirtschaftsformen, zu begreifen.

Die sozialen Dimensionen des Konsumierens

> Konsum [ist] per se weder gut noch schlecht,
> der Konsument weder das passive Opfer
> noch der kreative Individualist.
> (Breidenbach/Zukrigl 2000: 179)

Den oben beschriebenen Entwicklungen entsprechend erhält der Konsumbegriff in der rezenten kultur- und sozialanthropologischen Forschung eine vielfältige Bedeutung und lässt im Rahmen diverser Forschungen Spielraum für unterschiedliche Perspektiven, Interpretationen und Kontextualisierungen. Die *Encyclopedia of Social and Cultural Anthropology* präsentiert eine sehr umfassende Definition:

> Consumption is the meaningful use people make of the objects that are associated with them. The use can be mental or material; the objects can be things, ideas or relationships; the association can range from ownership to contemplation. (Carrier 2004 [1996]: 128)

Diese Definition fokussiert vor allem den bedeutungsvollen Gebrauch von Objekten, der sich vom materiellen Umgang mit bis zur Betrachtung von Objekten erstrecken kann. Ideen und Beziehungen werden in das Konsumieren eingeschlossen. An ökonomischen Definitionen, die allein auf den Kreislauf ökonomischen Handelns rekurrieren, wird kritisiert, dass sie soziale und kulturelle Prozesse unbeachtet lassen (vgl. Falk 1994; Douglas/Isherwood 1996 [1979]). Wie die folgenden Abschnitte zeigen werden, steht die Art und Weise, wie Güter gesellschaftlich eingefordert, gebraucht und verbraucht werden, in direktem Zusammenhang mit der Ausbildung sozialer Beziehungen und Identitäten (vgl. Breidenbach/Zukrigl 2000: 173 ff.). Menschen tauschen Güter untereinander gegen Geld oder andere Güter, sie essen und trinken miteinander, sie feiern Feste und gestalten gemeinsam Rituale, sie beschenken einander oder kleiden sich in unterschiedlicher Weise – je nach gesellschaftlichem Anlass. All diese Tätigkeiten können als Konsumpraktiken verstanden werden, durch die sich Menschen zueinander in Beziehung setzen und die für jede/n Einzelne/n als auch für Gruppen identitätsstiftend wirken.

Abbildung 4: Konsumpraktiken und die Ausbildung sozialer Beziehungen und Identitäten

Vice versa wird auch das Konsumverhalten von sozialen Beziehungen bestimmt. Der spezifische Umgang der Menschen mit ihrer natürlichen Umwelt, bestimmten Gütern und Waren kennzeichnet ihre Konsumpraktiken. Über das Konsumverhalten lassen sich gesellschaftliche Merkmale erschließen. Der Anthropologe David Howes (1996: 2) betont etwa, dass Güter und der gesellschaftliche Umgang mit ihnen soziale Kennzeichnungen produzieren, die sowohl Strukturen erzeugen als auch Beziehungen fördern. Konsum ist in diesem Sinne mehr als materieller Verbrauch. Er ist aus kultur- und sozialanthropologischer Perspektive „Ausdruck von Lebensgestaltung" (Spittler 2002: 17).

In den folgenden Unterkapiteln wird auf diese gesellschaftlichen Prozesse näher eingegangen und diskutiert,

— welche Bedeutung Bedürfnisse, Präferenzen und Wünsche der Menschen in diesem Zusammenhang haben,

— inwieweit Konsumpraktiken Differenzen in Bezug auf sozialen Status und Identität markieren, und

— warum es bedeutsam sein kann, sich in diesen Zusammenhängen mit der „Ursprünglichkeit“ und „Authentizität“ von Dingen, Waren und Konsumgewohnheiten auseinander zu setzen.

Konsum und die Bedeutung menschlicher Bedürfnisse, Präferenzen und Wünsche

Konsum ist auf vielschichtige Art und Weise gesellschaftlich relevant: So muss jeder Mensch konsumieren (z. B. essen), um physisch zu überleben, eine Leidenschaft für extrem hohe High Heels lässt sich hingegen nicht mit (Überlebens) Notwendigkeit erklären. Im Kontext von Konsumverhalten ist es daher sinnvoll, einzelne, manchmal wahllos verwendete Begrifflichkeiten, die für den Menschen Begehrenswertes benennen, differenziert einzusetzen: So verweist Graeber (2011: 494) darauf, zwischen *needs* (Bedarf, Bedürfnisse, Notwendigkeiten), *desire* (Wunsch, Ersehnen), *urges* (Verlangen, Triebe) und *intentions* (Absichten) zu unterscheiden. Im Kontext kultur- und sozialanthropologischer Forschungen ist es außerdem bedeutsam, auf lokale gesellschaftliche Rahmenbedingungen zu verweisen, die die jeweils relevanten Bedeutungsinhalte dieser Begrifflichkeiten bestimmen.

Sogenannte „Grundbedürfnisse“ *(basic needs)* können auf unterschiedlichste Art und Weise befriedigt werden. Dabei werden meist Nahrung, Kleidung und Unterkunft als die drei wichtigsten Bedürfnisse des Menschen genannt, die durch materielle Güter abgedeckt werden (vgl. Gronemeyer 1988; Bauer 2001; Rössler 2003). Thematisiert werden diese etwa in den Publikationen und Aufrufen internationaler (Hilfs-)Organisationen, die deren Abdeckung als vorrangig betrachten. Bedürfnisse wie der Zugang zu sozialem oder religiösem Wissen, zu Bildung oder auch zu politischer Sicherheit und Freiheit des Individuums werden im Zuge dessen als „höhere“ Bedürfnisse (oder soziale Bedürfnisse) definiert und in ihrer Wichtigkeit nachgereiht (vgl. Maslow 2008 [1954]). Dies führt immer wieder zu kritischen Stellungnahmen, die eine solche Teilung zurückweisen und die Bedeutung soziokultureller Bedürfnisse unterstreichen (vgl. Mies/Shiva 1995: 22).[5]

Menschen wählen als Individuen wie auch als Mitglieder einer kulturellen, sozialen oder politischen Gruppe aus ihnen zur Verfügung stehenden Mitteln je nach gesellschaftlich festgesetzten Mustern, Normen und Ideen Dinge und Güter aus, mit denen sie ihre Bedürfnisse *(needs)* und Wünsche *(desires)* befriedigen. Beim Thema Nahrungstabus wird besonders offensichtlich, wie eng physische und soziokulturelle Bedürfnisse miteinander verschränkt sind. Von einem

5 — Hans Peter Hahn (2008: 22) verweist auf die Bedeutung des Themas der *changing needs* (Veränderungen von „notwendigen Bedürfnissen“) für die anthropologische Wissenschaftsdiskussion in der zweiten Hälfte des 20. Jahrhunderts und auf die wichtigsten AutorInnen, die sich mit diesem Themenfeld auseinandergesetzt haben.

Nahrungstabu wird dann gesprochen, wenn diesem eine gesellschaftliche Norm oder religiöse Vorschrift zugrunde liegt (Rössler 2003: 111 f.). Bestimmte Nahrungsmittel werden – manchmal trotz Nahrungsmangel – kollektiv abgelehnt, da deren Konsum ein gesellschaftliches Tabu bricht und der Logik der jeweiligen Weltbilder zuwiderlaufen würde.

Die Entscheidungen rund um die soziale Konsumpraxis hängen wesentlich von individuell oder kollektiv geprägten Präferenzen ab. Die bevorzugten Konsumwünsche bzw. -formen können individuell ausgeprägt oder einer ganzen Gesellschaft eigen sein. Als zwei Beispiele für kollektive Abneigungen bzw. Vorlieben in punkto Ernährung können – zum einen – die Verweigerung des Konsums von Hunde- oder Insektenfleisch in Europa oder – zum anderen – die besondere Bedeutung des Konsums von Meerschweinchen im andinen Raum genannt werden (vgl. Archetti 1997). Der Wirtschaftsethnologe Martin Rössler bezeichnet diese Vorlieben und Abneigungen als „unreflektierte kulturelle Standards" (2003: 111 f.). Präferenzen können sich jedoch recht schnell wandeln, d. h. gesellschaftliche Moden und Trends verändern Konsumgewohnheiten gesellschaftlicher Gruppen und Individuen (ebd.). Konsumpräferenzen können eine Gesellschaft aber auch in verschiedene Gruppen (mit unterschiedlichen Vorlieben) aufspalten. Innerhalb einer städtisch-pluralistischen Gesellschaft mit einem vielfältigen Angebot an Produkten und Speiselokalen begeistern sich z. B. Teile der Bevölkerung für europäisch-vegetarische Naturkostküche, andere wieder für asiatische oder orientalische Speisen, wobei sich die verschiedenen Präferenzen (temporär) überschneiden können. Neben diesen Gruppenpräferenzen werden KonsumentInnen gleichzeitig von individuellen Präferenzen geleitet, die sich aus geschmacklichen Vorlieben ableiten lassen. Dafür sind die individuelle Sozialisation und damit die geschmackliche Prägung durch die eigene Familie, soziale Gruppe und deren Gewohnheiten verantwortlich.

Auch Arjun Appadurai setzt sich mit menschlichen Bedürfnissen auseinander und bezeichnet diese als „mystery" (Appadurai 1999 [1986]: 29 f.). Das hat damit zu tun, dass mit Bedürfnissen (und Konsumwünschen) menschliche Anliegen benannt werden, die mentale und emotionale Aspekte (z. B. menschliches Begehren, Lust, Imaginationen) ebenso wie biologische Notwendigkeiten umfassen. Im Zuge dessen problematisiert der indische Kultur- und Sozialanthropologe auch die neoklassische Position, dass menschliche Konsumwünsche *(desire for goods)* unendlich, kulturungebunden und transkulturell wirksam sowie zudem notwendig und unveränderlich seien. Konsumverhalten damit ausschließlich als eine „Notwendigkeit" oder als eine Reaktion auf z. B. ein Warenangebot anzusehen, negiert – laut Appadurai – den aktiv-sozialen Charakter des Konsumierens (ebd.: 29), der auch den Wunsch nach Anerkennung (des authentischen Selbst) durch den anderen umfasst (Graeber 2011: 494).

Appadurai (1999 [1986]) zeigt in dem von ihm herausgegebenen Sammelband *The Social Life of Things. Commodities in Cultural Perspective* anhand verschiedener ethnischer Gruppen die Auswirkungen kulturellen Wandels und damit gleichzeitig die kulturelle Komplexität von Konsum auf: Konsumgewohnheiten sind seiner Ansicht nach nicht nur eine mechanische Antwort auf manipulative gesellschaftliche Kräfte (z. B. Werbung). Sie sind kulturell eingebettete Phänomene, sie haben Funktionen für soziale Praktiken und Klassifikationen (ebd.: 29 f.). Gruppenzugehörigkeit, ökonomische Strukturen und Machtbeziehungen bilden einen Rahmen von Werten, der die Adaptierung von „neuen" Kulturgütern reguliert und steuert. So erweist sich die gesellschaftliche Einbindung von Bedürfnissen und Wünschen als Teil einer Strategie, die Normen – auch unter Einfluss neuer Kulturgüterangebote – erhalten kann (Gell 1999 [1986]). Das Bedürfnis und der Wunsch, Güter zu konsumieren, ist somit weder „natürlich gegeben" noch eine bloße Reaktion auf ein Warenangebot, sondern entsteht und entwickelt sich durch unterschiedliche soziale Praktiken.

Das Angebot „neuer" Waren, die von außen in eine Gesellschaft hineingetragen werden, führt nicht automatisch zum Bedürfnis, diese auch sofort erwerben zu wollen. Konsum ist Ausdruck einer bestimmten gesellschaftlichen „Logik", er ist weder „privat" oder „passiv" noch ausschließlich „individualisiert"; er ist für Appadurai (1999 [1986]: 30) in besonderem Maße sozial, in soziale Beziehungen eingebunden und als aktiver Prozess zu betrachten. Für Appadurai (ebd.: 56 ff.) ist das Zusammenspiel bestimmter sozialer Praktiken, die sich durch den Konsum und Gebrauch von Gütern ergeben (z. B. die Konkurrenzkämpfe und Interessenunterschiede zwischen Individuen und Gruppen, das Verhandeln von Güterwertigkeiten, gesellschaftlich akzeptierter Statusgewinn durch Konsum bestimmter Güter), so wichtig und gesellschaftsbestimmend, dass er von Politiken der Wertigkeiten *(politics of values)* oder z. B. von *politics of fashion* (in Bezug auf die innergesellschaftliche Bedeutung von Mode) spricht. Demgemäß nimmt er für unterschiedliche kulturelle Kontexte unterschiedliche „Logiken" des Umgangs mit Gütern an, die das jeweilige Handeln der Menschen bestimmen. Für ihn haben diese Dynamiken politische Relevanz (ebd.).

In Anlehnung an die englische Sozialanthropologin Mary Douglas und ihren Ansatz, dass Konsumieren als Mittel der Kommunikation zwischen Menschen fungiert, entwickelt Appadurai (ebd.: 31) die Idee der gesellschaftlichen Doppelfunktion von Konsum:

— Konsum ist einerseits die Möglichkeit, in Interaktion mit anderen Menschen zu treten *(sending social messages)*.

— Konsumieren bedeutet andererseits die Möglichkeit, *social messages* zu erhalten *(receiving)*.

Appadurai leitet zwei wesentliche Wechselwirkungen zwischen Konsum und Produktion ab: Zum einen sind Bedürfnisse von sozialen und ökonomischen Kräften und Rahmenbedingungen abhängig. Zum anderen haben Bedürfnisse – in begrenztem Maße – das Potenzial, diese sozialen und ökonomischen Kräfte zu beeinflussen.

Als Fallbeispiel kann hier das „prämoderne" Indien (1700–1930) gelten: Die aristokratischen Bedürfnisse der damaligen Zeit bestimmten in ihrem Einflussbereich die Produktion von Gütern und setzten Trends für den Geschmack weiter Teile der Bevölkerung. Dies zeigt Bayly (1999 [1986]) detailliert am Beispiel der indischen Kleidermode auf. Gleichzeitig richteten sich diese von den Eliten gesetzten Parameter nach den von Europa ausgehenden Trends und Moden. Somit bestimmte eine soziale Gruppe in ihrem Einflussbereich mit ihren Kleidungsgewohnheiten die Strukturen von Produktion und Verbrauch. Zugleich wurde diese Gruppe selbst durch externe Konsumstrukturen beeinflusst. Der Geschmack der Eliten und die daraus resultierende Konsumpraxis haben somit strukturgebenden Charakter, der sich u.a. über politische Macht und soziale Kontrolle ausdrückt (Appadurai 1999 [1986]: 31f.).

Der Anthropologe David Graeber (2011: 493) erläutert in seiner Begriffsbestimmung, „how it is that ‚consumption' could become our key idiom for talking about material desire". Ausgehend von westlich-philosophischen Traditionen stellt er verschiedene Ansätze vor, wie (materielle) Wünsche *(desires)* des Menschen verstanden werden können. Dabei nimmt er Bezug auf den griechischen Philosophen Platon, der Wünsche als Reaktionen auf Gefühle des Fehlens oder Zustände des Mangels oder des Nichtvorhandenseins *(lack)* von etwas beschreibt. Diese Idee greift viel später der Psychoanalytiker Jacques Lacan auf, der auf den menschlichen Wunsch verweist, durch das Objekt des Begehrens Perfektion zu erlangen bzw. einer Imagination der Vollständigkeit nahezukommen. Eine alternative Herangehensweise dazu findet Graeber bei Spinoza, der das Verlangen nach Gütern als Selbstschutz und „the desire to continue to exist" definiert (ebd.: 493ff.).

Jedenfalls stellt Graeber fest, dass „desire (unlike needs, urges, or intentions) necessarily involves the imagination. Objects of desire are always imaginary objects and imaginary totalities of some sort [...]" (ebd.: 494). Die Verschränkung menschlicher Konsumwünsche mit dem sozialen Sein des Menschen wurde von Tzvetan Todorov in die Diskussion eingebracht. Dieser vertritt die These, dass Menschen immer nach der Konstituierung sozialer Beziehungen suchen. Das heißt, „there must [...] be some kind of recognition involved" (ebd.: 494). Menschen suchen – auch mit ihrem Konsumverhalten – eine auf Gegenseitigkeit beruhende Anerkennung durch den/die andere/n, durch das Gegenüber. Graeber verweist damit darauf, dass Menschen als einzigartige Wesen geliebt werden wollen und dass dieser Umstand in Folge häufig soziale Konflikte mit sich bringt. Somit macht er deutlich, warum sich aktuelle Forschungen zu Konsumverhalten oder modernem Konsumismus mit dem Begriff *desire*, den „imaginary pleasures" (ebd.: 495) und der Konstruktion von Identitäten auseinandersetzen.

In diesem Kontext beschäftigen sich neue Publikationen u.a. mit der hedonistischen Komponente von Konsumpraktiken, also dem Wunsch der Menschen,

Konsum – einem gewissen Lebensstil entsprechend – sinnlich-lustvoll zu gestalten, was meist ebenfalls der Konstituierung sozialer Beziehungen dient (vgl. Douglas 1996; Miller 1998): Freude an der Aneignung von Gütern oder der Auswahl an Geschenken für andere, die soziale Komponente der „Osterjause“ oder die Shoppingtour mit dem besten Freund sind für Menschen zunehmend alltagsgestaltend und relevant.

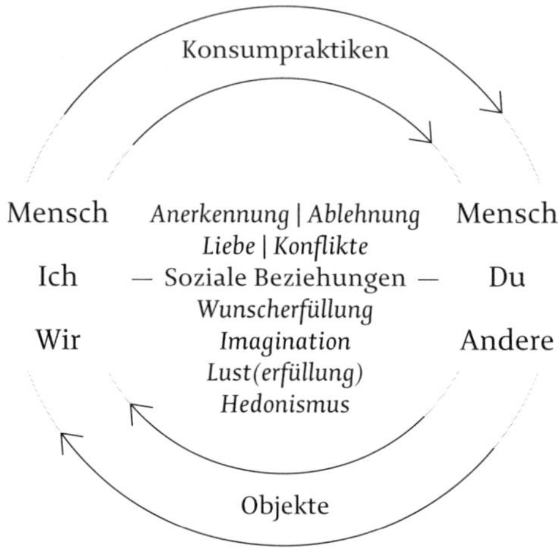

Abbildung 5: Individuen und Gruppen suchen durch Konsumpraktiken (den Umgang mit Objekten) Anerkennung durch den/die anderen

An diese Überlegungen anschließend, wenden sich rezente Publikationen (Soper/Trentmann 2008; Soper/Ryle/Thomas 2009; Miller 2012) den *counter-consumerist concerns* der Menschen zu, die eine kritische Haltung gegenüber dem westlich-neoliberal organisierten Konsumismus einnehmen. Sie beschäftigen sich mit den lustvollen Komponenten eines kritischen Konsumverhaltens (vgl. Thomas 2009), der politischen Macht der KonsumentInnen sowie mit Themen wie nachhaltigem, „alternativem Hedonismus“ (De Geus 2009) oder anti-konsumistischen Bewegungen (Littler 2009).

Konsum als Markierung der Differenz

Konsumgewohnheiten werden von Menschen genutzt, um sich voneinander abzugrenzen und Gemeinsamkeiten auszudrücken. Beziehungen zwischen Menschen werden ebenso über Konsum konstituiert (z. B. durch Essensrituale oder Familienfeiern) wie Stellungnahmen des/der Einzelnen im Kollektiv der Gesellschaft (etwa der Ausdruck von Status oder „Lifestyle“ durch eine bestimmte Wohnungseinrichtung oder Kleidung).

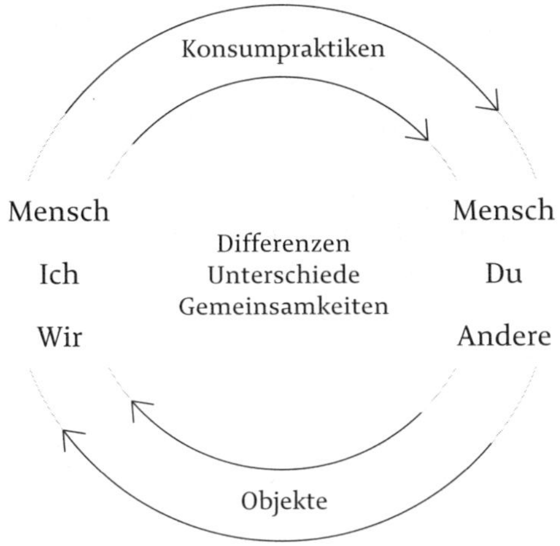

Abbildung 6: Konsumpraktiken werden als Markierung der Gemeinsamkeiten und Differenzen *(marker of differences)* zwischen Individuen und Gruppen verwendet

Wer wann was wie, warum und mit wem konsumiert, hat gesellschaftliche Bedeutung, repräsentativen Charakter und setzt Markierungen für Differenzen *(marker of differences)*. Dabei können alle Formen von Unterscheidungen und Gemeinsamkeiten, die innerhalb einer Gesellschaft relevant sind, wie etwa ethnische Zugehörigkeit, Identitätsbewusstsein, sozialer Status, geschlechtliche Ausrichtung, Alter etc., eine Rolle spielen. Es handelt sich um einschließende wie ausschließende Faktoren, die je nach Situation und Beziehung von Individuen eingesetzt und gelebt werden. Die Nutzung bestimmter Objekte zu bestimmten Zeiten an bestimmten Orten kann zum Symbol für soziale Indikatoren werden. Der Blick der KonsumentInnen richtet sich auf die symbolischen Aspekte von Konsumobjekten (Bourdieu 1987 [1979]; Douglas/Isherwood 1996 [1979]; Douglas 1996; Appadurai 1999 [1986]; Miller 2006, 2010).

Im Folgenden werden Konsumpraktiken als Ausdruck zweier Formen gesellschaftlicher Differenz dargestellt, zuerst werden sie als Markierung des sozialen Status und anschließend im Kontext von Identitätsbildungsprozessen diskutiert.

Konsum als Ausdruck des sozialen Status

Innergesellschaftliche Konflikte zwischen Gruppen werden oftmals im ungleichen Zugang zum und in der ungleichen Teilnahme am Produktionsprozess offensichtlich. Sie entwickeln sich aufgrund der ungleichen Verteilung und Aneignung von Gütern. Dies ist anhand der weltweit immer größer werdenden Kluft zwischen Arm und Reich leicht nachvollziehbar und zeigte sich z. B. auch in der weltweiten Hungerkrise des Jahres 2008. Eine Milliarde Menschen leiden weltweit unter Mangel an (erschwinglichen) Nahrungsmitteln (vgl. FAO/Newsroom 2008; FAO 2011, 2012). Im Kontext globalisierter wirtschaftlicher Rahmenbedingungen sind das Konsumverhalten und die Möglichkeit des/der Einzelnen, Zugriff auf Güter oder Nahrungsmittel zu haben und diese konsumieren zu können, von der jeweiligen gesellschaftlichen und politischen Einbettung der Konsumprozesse abhängig. Fragen zum gesellschaftlichen Status von Menschen und den damit verschränkten Handlungsmöglichkeiten werden relevant. Präferenzen und Bedürfnisse müssen im Falle von Mangel zurückgestellt werden, soziale Beziehungen und Gestaltungsmöglichkeiten der Lebenszusammenhänge werden beeinträchtigt oder sogar zerstört. Strukturelle und physische Gewalt sind oftmals Teil des „Kampfes" um den Zugang zu Ressourcen. Macht und soziale Kontrolle über den Zugang zu Gütern sind für das Überleben und den Status in einer Gesellschaft entscheidend. Gleichzeitig zeigt das Agieren wohlhabender Menschen in verschiedenen Gesellschaften, dass Wohlstand und der Umgang damit ebenfalls soziokulturell verankert ist: So dienen bestimmte Güter oder Konsumaktivitäten den Menschen als Markierung von Wohlstand, Status und als Repräsentationsmechanismen (wie etwa die Bedeutung von Markenware oder die Abhaltung von Festen mit geladenen Gästen in verschiedenen Gesellschaften).

Für die kultur- und sozialanthropologische Diskussion sind diese sozialen Ausdifferenzierungen insofern wichtig als sie es möglich machen, die Frage nach der Handlungsmacht der KonsumentInnen, d. h. ihren Handlungsspielraum im Prozess wirtschaftlichen Handelns zu thematisieren (García Canclini 2001: 39). Denn Konsumieren heißt aktiv an Gesellschaft teilzunehmen.

Der Soziologe und Anthropologe Néstor García Canclini hebt hervor, dass Menschen ihre sozialen Beziehungen zumeist nicht im „Kampf um die Produktionsmittel" (ebd.: 40) oder bloß durch Befriedigung ihrer materiellen Bedürfnisse herstellen. Durch die Aneignung von Gütern entstehen symbolische Beziehungen und Differenzierungen zwischen Individuen (und Gruppen). Er betrachtet den Güterkonsum und die Art und Weise, wie dieser gesellschaftlich kommuniziert wird, als *status marker*.

Im Kontext der Diskussion um die gesellschaftliche Bedeutung von Luxus bezeichnet der Historiker Reinhold Reith (2007) „Konsum als kreativen Prozess": Er sei eine Strategie, um den Attributen der „Oberflächlichkeit" und „Banalität", die der westlichen Konsumpraxis anhaften, entgegenzutreten. Dabei kann der Eindruck entstehen, dass Konsum nur dann kreativ gestaltet werden kann, wenn ausreichend materielle Mittel, sprich Geld, vorhanden sind. Dies führt in der Folge zur Auffassung, dass nur das (quantitative) Ausmaß an Konsummöglichkeiten gesellschaftliche Gestaltungsmöglichkeiten zulässt. Dieser Gedankengang ist jedoch ein Trugschluss und eng verwandt mit der Vorstellung immerwährender Akkumulation von Kapital in kapitalistischen Gesellschaftssystemen.

Deutlich wird dies, wenn Konsum im Kontext von Armut betrachtet wird. Menschen entwickeln differenzierte Strategien, mit Mangel umzugehen. Ethnologische Studien über Straßenkinder in Ostafrika zeigen z. B., wie junge Menschen sich als gesellschaftliche Randgruppen ihren Zugang zu Konsumgütern organisieren und dabei soziale Netzwerke und Machtverhältnisse bedeutend werden (Coen Flynn 2008 [1997]). Armut macht somit in besonderer Weise den kreativen Umgang von Menschen mit Gütern sichtbar. Betont werden soll an dieser Stelle, dass es nicht um eine Positiv- oder Negativbewertung von Konsum geht, sondern darum, diesen als soziale Praxis per se zu begreifen.

Konsum als Ausdruck individueller und kollektiver Identität

Im Folgenden soll auf den zuvor bereits erwähnten Faktor individueller und kollektiver Identität im Kontext von Konsum näher eingegangen werden. Dafür ist es notwendig, den Begriff der Identität vorab näher zu erläutern. Zwei Aspekte sind dabei zu beachten:

(1) Der Gebrauch des Begriffs „Identität" bezieht sich in kultur- und sozialanthropologischen Analysen auf Eigenschaften, die Individuen als einzigartige Persönlichkeiten und als different zu allen anderen ausweisen: Ohne die sozial anerkannte, gelebte Differenz dem/der anderen gegenüber kann ein Individuum sich selbst nicht als einzigartig erkennen und definieren. Der Mensch (Ich) braucht ein gesetztes Nicht-Ich (= Du), um sich selbst – über Gemeinsamkeiten und Unterschiede – zu definieren (vgl. Byron 2004 [1996]: 292).[6]

(2) Dieser Prozess ist nicht nur für Individuen relevant, sondern auch für Gruppen, also Menschen, die Gemeinsamkeiten (Ideen, Praktiken, Interessen, Herkunft, Sprache, Religion etc.) haben. Es wird daher in diesem Zusammenhang von kollektiver, manchmal „ethnischer", „nationaler" oder „kultureller" Identität (in gewissen Kontexten auch als „Ethnizität" bezeichnet) gesprochen. Damit werden ebenjene Gemeinsamkeiten zwischen Menschen betont, die sich als einer Gruppe zugehörig verstehen. „Identitäten" schreiben sich Individuen oder Gruppen selbst zu, oder sie werden von anderen (auch gegen deren Willen oder abweichend von deren Vorstellungen) definiert (vgl. Gingrich 2001: 99 ff.; Byron 2004 [1996]: 292).

Kulturell bestimmte Praktiken des Konsumierens können dazu dienen, ebendiesen individuellen oder kollektiven Identitäten Ausdruck zu verleihen. Menschen nutzen die soziale Praxis zur Selbstdarstellung und Selbstidentifikation. Gleichzeitig werden über das Nutzen und Verbrauchen von Dingen Identitäten mitkonsumiert und gesellschaftlich reproduziert. Die folgenden Beispiele aus dem Kongo, aus Japan und Hawaii sollen zeigen, wie Menschen durch den

6 _ Diese philosophischen Grundüberlegungen zum sozialen Charakter menschlichen Seins gehen bereits auf den Philosophen Johann Gottlieb Fichte (1972 [1794]) zurück.

Gebrauch von Gütern ihr individuelles bzw. kulturelles Selbstverständnis und ihre Gruppenzugehörigkeit sichtbar machen.

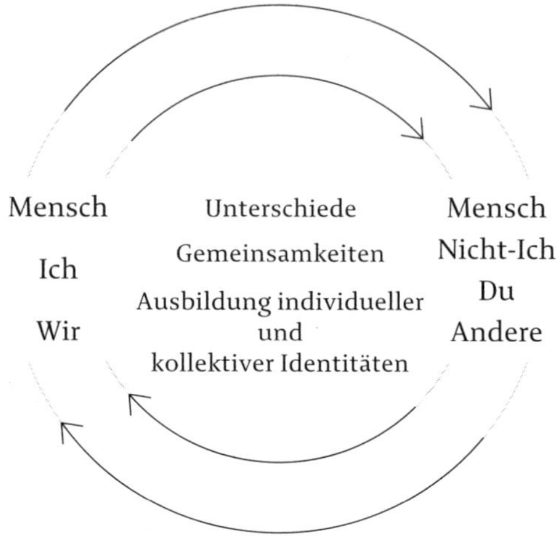

Abbildung 7: Das Individuum (Ich) erkennt seine Einzigartigkeit in Abgrenzung zum anderen (Nicht-Ich = Du)

Seit den 1950er-Jahren existiert im Kongo die Bewegung *La Sape*, der sich meist junge Männer aus ärmeren sozialen Schichten anschließen. Ziel dieser Menschen ist es, nachgemachte europäische Designermode zu sammeln, um in einem nächsten Schritt selbst nach Frankreich reisen zu können, um „echte" Pariser Haute Couture zu erwerben. Nach der Rückkehr werden die erworbenen Güter öffentlich zur Schau gestellt. Die Personen fallen bei diesen inszenierten Formen der „Güterschau" nicht selten in tranceähnliche Zustände. Im Kontext verarmter Lebensbedingungen im Kongo mag der Schluss nahe liegen, dass es dabei um das „Nachahmen" westlicher Kultur oder um Parodien auf bürgerliche Ideale gehen könnte. Das öffentliche Tragen und Zurschaustellen von erworbenen Gütern ist jedoch Ausdruck von (empfundener) Lebenskraft (vgl. Friedman 1994: 167 ff.; Breidenbach/Zukrigl 2000: 58 f.; Friedman 2002: 235 ff.; De Boeck 2007: 42 ff.). Verschränkt ist dieser Ausdruck von Lebensenergie nicht nur mit der Idee von Wohlstand, sondern auch mit jener von Gesundheit und politischer Macht. Kleidung ist somit nicht Symbol für eine soziale Position, sondern eine konkrete Manifestation derselben (Friedman 2002: 237). Im Verständnis der KongolesInnen dient das Ritual dem psychischen und sozialen Überleben einer Person, es erfasst den ganzen Menschen und ist Darstellung seines Selbst. Es geht nicht um die bloße Zurschaustellung eines speziellen Lebensstils, die etwa in Europa mit teuren Kleidern verbunden wird – vielmehr geht es um die Konstituierung des Selbst in der Gemeinschaft durch die Anhäufung von westlichen Gütern (vgl. Breidenbach/Zukrigl 2000: 58f.).

In Japan wurden die Ainu als indigenes Volk durch eine Parlamentsresolution im Juni 2008 anerkannt (vgl. Fogarty 2008). Die Bewegung der Ainu hatte sich ab den 1970er-Jahren für die Rechte ihres Volkes eingesetzt, da dieses innerhalb des als homogen deklarierten japanischen Staates keine Anerkennung als ethnische Gruppe gefunden hatte. Die Ainu versuchten als Ausdruck ihrer eigenen Identität ihre materiellen Kulturgüter (Schnitzereien, Speisen etc.) gezielt am Markt zu positionieren, um sich innerstaatlich Gehör und Macht zu verschaffen. Die Rahmenbedingungen des Marktes wurden strategisch für politische Zwecke genutzt – die Ainu vermarkteten ihre kulturellen Besonderheiten als Teile einer „Urkultur" für TouristInnen. In eigens gebauten Dörfern kann man „typische" Speisen essen, wohnen oder Kunsthandwerk kaufen. Gleichzeitig wurden Schulen errichtet, die Sprache wiederbelebt und an die junge Generation der Ainu weitergegeben. Die japanische Regierung erklärte sich 1998 bereit, in einem ersten Schritt die Ainu-Identität anzuerkennen, was den Ainu mehr politische Gestaltungsmöglichkeiten eröffnete – wie etwa Landbesitz zu fordern. Identitätsstärkung erfolgte hier durch die selektive Vermarktung kultureller (Konsum-) Güter und Repräsentation kultureller Aspekte und führte zu einem politischen Erfolg. Kulturelle Güter können also zur Abgrenzung von anderen kulturellen Gruppen (zur Markierung der Differenz) und gleichzeitig zur Stärkung des eigenen Zusammengehörigkeitsgefühls (der Gruppenidentitäten) genutzt werden. Die kulturell so wichtige Produktion und Repräsentation der eigenen Ausdrucksformen liegt in Händen der Ainu. Sie erfahren innerhalb ihres kulturellen Kontexts ihre Produkte als Erweiterung ihres ethnischen Selbstverständnisses (Friedman 2002: 242). Diese innergesellschaftlichen Prozesse gehen nicht immer „reibungslos" vor sich, da dabei auch bestehende Machtverhältnisse verhandelt werden (müssen) (vgl. García Canclini 2001; Friedman 2002; Comaroff/Comaroff 2009).

In Hawaii ist eine andere Form der kulturellen Bewegung vorzufinden, die Friedman (2002: 242) als „anti-touristisch" bezeichnet. Die indigene hawaiianische Bevölkerung setzt sich für mehr Souveränität innerhalb des US-Bundesstaates ein. Die Bewegung wurde ebenfalls in den 1970er-Jahren gegründet, ihre Ziele sind die Wiederherstellung der eigenen kulturellen Identität und die Wiedererlangung der Landrechte. Beides wurde der indigenen Bevölkerung Hawaiis zuvor im Zuge massiver staatlicher Integrationsmaßnahmen abgesprochen. Die Bewegung stellt sich gegen die Vermarktungsideen der Tourismusindustrie und verweigert die Vermarktung ihrer kulturellen Ausdrucksformen, ihrer traditionellen Güter oder ihrer Lebenswelt. HawaiianerInnen lehnen eine Kommerzialisierung ihrer Kultur (inkl. Kulturgüter) in diesem Zusammenhang ab. Vielmehr wird ihre ethnische Identität durch diese Ablehnung westlicher Kommerzialisierungsstrategien gestärkt. Die indigenen HawaiianerInnen wollen nicht von Außenstehenden als „domestizierte Exotika" konsumiert werden. Diese

Form des „Konsumiert-Werdens“ ist nicht Teil ihres Selbstverständnisses und entspricht nicht der Logik, mit der sie ihre Waren und Werte in einer globalisierten Welt repräsentieren möchten (Friedman 2002).

Abbildung 8: Selbstdarstellung, Ausdruck von individueller oder kollektiver Identität, die Abgrenzung zu(m) anderen, Anerkennung, Ablehnung sind Teile von Konsumpraktiken

Konsum im Kontext von „Ursprünglichkeit“ und „Authentizität“

Österreichische Produktlinien von Lebensmittelketten wie *Natur pur* oder *Ja! Natürlich*, Urlaubsangebote für Familien auf dem Bauernhof, Arrangements für AussteigerInnen, die den „Kontakt zur Natur“ möglich machen und viele andere Konsumangebote, die mittels Geld erwerbbar sind, machen es offensichtlich: In der westlichen (meist urbanen) Welt gibt es eine Suche nach dem „Ursprünglichen“, dem „Natürlichen“, dem „Authentischen“. Doch warum ist das so und warum lassen sich sogar diese, auf die Beziehung zwischen Mensch und natürlicher Umwelt ausgerichteten Formen von Lebensgefühl und Lebensstil kapitalistisch vermarkten?

„Authentizität“ [7] entsteht – dem abendländischen Verständnis nach –, wenn der Mensch „die Sinnhaftigkeit seines Lebens aus der Kenntnis des eigenen Ich“ erfährt (Breidenbach/Zukrigl 2000: 165). Im Alltag wird das Wort „authentisch“

7 — Zur kritischen Diskussion des Begriffs „Authentizität“ als westlich-modernes Konstrukt vgl. Handler 1986; Fillitz/Saris 2012.

gleichermaßen verwendet, um sich auf historische Wurzeln und Ursprünge zu beziehen. „Authentizität ist nicht nur ein Attribut für Menschen und ihre Lebensformen, es wird als Qualitätskriterium auch auf Objekte projiziert" (ebd.: 183).

In der globalisierten Welt des 21. Jahrhunderts, in der kaum noch eine Gesellschaft ausschließlich Güter konsumiert, die sie selbst produziert, rücken kulturelle Lebensräume näher und werden über materielle Objekte greifbarer. Als *deterritorrialized consumers* (vgl. Hahn 2008) erscheint es Menschen schwieriger, das „Authentisch-Sein" und das „Den-Ursprüngen-nahe-Sein" zu bewerkstelligen. Moden, Trends und Massenkonsum lassen den Bezug zur imaginierten „Ursprünglichkeit" und allen damit verknüpften Lebenswelten fast unmöglich erscheinen. Im global-kapitalistischen, zunehmend auf den Güterkonsum fokussierten marktwirtschaftlichen System wird schier alles zur Ware. So organisieren wir uns auch die „Ursprünglichkeit" als Konsumgut und bezahlen dieses, um es zu erleben. Spezielle Produktlinien und Urlaubsarrangements helfen dabei. Denn: „Authentizität ist ein Distinktionsmerkmal, das, auf Objekte projiziert, etwas über die Person aussagt, die sich mit diesen Objekten umgibt" (Breidenbach/Zukrigl 2000: 185).

Wenn – im Kontext der Nahrungsversorgung – der Produktionssektor von Nahrungsmitteln immer mehr vom Konsumsektor abrückt, so wird von der *Delokalisation des Nahrungssystems* gesprochen (Pelto/Pelto 1985). Der/die KonsumentIn hat weder direkten Bezug zum noch Kontrolle über den Produktionsprozess. Dieses Abrücken kann vor allem in städtischen Kontexten festgestellt werden, wiewohl diese Entwicklungen mit jenen im ländlichen Bereich verknüpft sind. Anhand von Beispielen in Lateinamerika lässt sich dies verdeutlichen: Der ländliche Sektor vieler (lateinamerikanischer) Nationalstaaten wird aufgrund verfehlter Agrarpolitik zunehmend marginalisiert. Die Nahrungsmittelversorgung vieler Staaten liegt nicht mehr in den Händen der bäuerlichen Bevölkerung, sondern in jenen der Nahrungsmittelimporteure. Dies hat Konsequenzen für die Ess- und Konsumkultur der Gegenwart: Technische Entwicklungen und ein zunehmender Verstädterungsprozess haben die Bindung zwischen Nahrung, Nahrungsherstellung oder -produktion und dem Wohnort der Menschen zusätzlich schwächer werden lassen. Der Bezug zu den und das Wissen über die Produktionsbedingungen gehen dabei verloren. Technisierung sowie das Delegieren des Produktionsprozesses an die verarbeitende Nahrungsmittelindustrie sind dafür mitverantwortlich. Die Beziehung zwischen ProduzentIn und KonsumentIn ist durch räumliche und technologische Distanz zu charakterisieren (García Canclini 2001: 46).

Neokoloniale Beziehungen von „Mutterländern" zu ehemaligen Kolonien werden über wirtschaftliche Beziehungen aufrechterhalten und die Verwandlung der Nahrungssysteme in Ländern des Südens vorangetrieben (vgl. Montanari 2003: 335f.). Gleichzeitig kommt es durch einen globalisierten Warenhandel zu einer Integration von kulturellen Konzepten und Waren. Der selbstverständliche

Gebrauch und das „Zuweisen“ eines Platzes im kulturellen Kontext sorgen dafür, dass nach Herkunft und „Ursprünglichkeit“ nicht mehr gefragt wird (vgl. Breidenbach/Zukrigl 2000: 138). Der Anschein von Oberflächlichkeit entsteht.

Je weiter nun der Produktionssektor vom Konsumsektor abrückt, desto größer wird die Sehnsucht vieler Menschen, dem „Ursprünglichen“ wieder ein Stück „näher“ zu kommen. Mit dem Kauf von „traditionellem“ Kunsthandwerk oder dem Essen „traditioneller“ Speisen in „fremden“ Ländern wollen Menschen symbolische Beziehungen mit dem „einfachen Leben“ und „der Natur“ wiederherstellen (vgl. Miller/Roedig 2012). Sie finden dabei eine Verbindung zu indigenen Gruppen und deren „Traditionen“, die durchaus als den Vorstellungen des Evolutionismus des 19. Jahrhunderts unkritisch folgend interpretiert werden kann. Denn „Ursprünglichkeit“ ist Indigenen gemäß den sozialevolutionistischen Ideen grundsätzlich eigen (vgl. García Canclini 1993, 1997, 2001; Breidenbach/Zukrigl 2000; Bauer 2001: 216).

Interessant ist, dass fremde Güter und Waren, die „Ursprünglichkeit“ verkörpern, in ihrer „exotischen Besonderheit“ durchaus erwünscht sind. Prestigeträchtig werden sie in Konsumsysteme integriert. Ihr Gebrauch kann als Symbol für Weltoffenheit und Neugier dienen. In Wien sprechen z. B. viele Menschen von „meinem Türken am Eck“, weil sie dort Nahrungsmittel (zu erschwinglichen Preisen und auch sonntags) erwerben und ein Stück fremdländischer Vielfalt mitkonsumieren. Weniger willkommen sind in westlichen Ökonomien allerdings jene Menschen, die diesen Gütern ihre „Authentizität“ erst verleihen und dieses Lebensgefühl erzeugen. Sie werden als Menschen mit Migrationshintergrund oft zu AdressatInnen kollektiver Abwertung und Ausgrenzung, obwohl sie das Konsumsystem nachhaltig mitgestalten und mit Vielfalt bereichern (vgl. Yildiz/Mattausch 2009; Dabringer/Trupp 2012). In diesem Zusammenhang ist es bedeutsam, darauf zu achten, wer wem welche Form von „Authentizität“ zuschreibt bzw. zugesteht und in welchem gesellschaftlichen Kontext dies passiert. Entsprechend der Komplexität der Beziehungen zwischen Individuen und Gruppen, die sich selbst als auch gegenseitig durch Zuschreibungen definieren und vergleichen, bleibt „Authentizität“ von Situation zu Situation verhandelbar und dynamisch.

Consuming Ethnicity

Ethnotourismus-Angebote, eine Vielfalt an „ethnisch-indigenen“ Produkten, Kulturerbe-Industrien oder auch „Multikulturalität“ als wichtige Elemente von weltweit initiierten Stadterneuerungsprogrammen verweisen darauf, dass sich in der Vermarktungslogik des globalen Kapitalismus gesellschaftliche Vorstellungen von „Kultur“ ebenso kommerzialisieren lassen wie Konzepte von „Authentizität“, „Ethnizität“ oder „Identität“ (vgl. Gilmore/Pine 2007; Trupp/Trupp 2009; Kaltmeier 2011). Für Kultur- und SozialanthropologInnen ist das Thema der kommodifizierten Identität kein neues. Die US-amerikanischen AnthropologInnen Comaroff und Comaroff (2009) verweisen jedoch in ihrem Buch *Ethnicity Inc.* darauf, dass – als Folge der weltweit verstreuten Kommodifizierung von „Kultur" – qualitativ neue Formen der Kommerzialisierung dessen festzustellen sind, was für „authentisch" und „ursprünglich" gehalten wird. Gleichzeitig sehen ethnische Gruppen in diesem *business of belonging* (Surak 2010) eine Möglichkeit, sich in das weltweite Vermarktungssystem des globalen Kapitalismus (manchmal mehr, manchmal weniger erfolgreich) einzubringen. Ethnische Gruppen werden im Zuge dessen – wie die Comaroffs anhand von ethnographischem Material und vielen Beispielen zeigen – zunehmend zu (kommerziellen) Wirtschaftsunternehmen. Darin sehen sie eine „welthistorische Transformation", die sich von früheren Formen der „ethnischen" Kommodifizierung, mit denen sich AnthropologInnen immer schon auf die eine oder andere Art beschäftigt haben, abhebt (Comaroff/Comaroff 2009; Surak 2010, 2012). Damit wird Ethnizität als ein vermarktbares Gut erkannt und gleichzeitig auf den in der Moderne erstarkten Wunsch der KonsumentInnen nach „authentischem Erleben" von „Ethnizität" reagiert. Menschen finden „durch Konsum authentischer Andersartigkeit oder Selbstinszenierung qua Konsum ethnischer Güter" zu sich selbst (Surak 2012: 115).

Konsumanthropologisch interessant ist dabei u. a., wie sich der Konsum von Aktivitäten, Dienstleistungen oder Gütern, die sich über ihren Bezug auf „ethnische Identitäten" definieren, auf die entsprechenden Gruppen auswirkt bzw. welche gesellschaftlichen Veränderungsprozesse (z. B. neue Formen wirtschaftlichen Handelns) dadurch innerhalb der ethnischen Gruppe implementiert werden. Entscheidend kann dabei auch sein, welche zum Konsum angebotenen Güter dabei eine besondere Wertigkeit erhalten und welche (neuen, materiellen und symbolischen) Konnotationen für diese bei den an den Konsumprozessen beteiligten Personen bedeutsam werden. Der Prozess der Vermarktung „ethnischer Identität" macht es für die AkteurInnen notwendig, über ebendiese Identität, ihre kulturelle Bedeutung und wirtschaftliche „Verwertbarkeit" zu reflektieren. Darauf Bezug nehmend ist es interessant, die (Neu-)Bewertung von Identität als Konsumgut und *marker of difference* von Seiten der am Konsumprozess Beteiligten zu analysieren. Mit zunehmendem oder abnehmendem Erfolg der Vermarktung(-sstrategien) verändert sich auch die Rolle ethnischer Gruppen innerhalb des nationalstaatlichen Kontextes, die es ebenso zu reflektieren gilt wie die durch (neue) Konsumpraktiken bedingten machtpolitischen Veränderungen (vgl. Halter 2000; Kaltmeier 2011; Surak 2012).

Lokal-globale Dimensionen von Konsum

Konsumgewohnheiten sind weltweit nicht einheitlich, sie sind differenziert ausgeprägt und den lokalen Bedürfnissen, sozioökonomischen und -politischen Strukturen, materiellen Ressourcen, Moden und Trends angepasst. Zwar sind die marktwirtschaftlichen Distributionsstrategien für Waren und Dienstleistungen einander ähnlich, gleichzeitig entsteht in den lokalen Kontexten eine Vielfalt an (sozio-)kulturellen Ausformungen von Konsumgewohnheiten. Bei genauem Hinsehen wird sehr schnell klar, dass diese alles andere als homogen sind (vgl. Breidenbach/Zukrigl 2000: 43 ff.). Diese Dialektik von globalem Einfluss und lokalen Aneignungsformen wurde von der wissenschaftlichen Theoriebildung erfasst und in zwei Paradigmen formuliert. Es wird zwischen dem „Paradigma der kulturellen Homogenisierung" *(Global Homogenization Paradigm)* und dem „Paradigma der Kreolisierung" *(Creolization Paradigm)* unterschieden (Howes 1996: 1 ff.). Dabei werden die globale Ausbreitung einheitlich erscheinender Konsummuster und die auftretenden lokalen „Adaptionsleistungen" in verschiedenen Gesellschaften thematisiert. Erörtert wird, welche neuen Konsumkulturen vor allem in Gesellschaften des „Globalen Südens"[8] entstehen, ob westliches Konsumverhalten unter neokolonialem Einfluss schlichtweg kopiert wird und/oder ob durch diese „kulturelle Globalisierung" eine weltweite Homogenisierung der Verhaltensweisen vorangetrieben wird.

Das „Paradigma der kulturellen Homogenisierung" bezeichnet jene Prozesse, die durch die Verteilung von Gütern in allen Teilen der Welt entstehen: Demnach werden kulturelle Differenzen zunehmend geringer, wenn der historisch gewachsene Gebrauch lokal verwendeter Produkte zurückgeht und diese durch global vermarktete, aus dem Westen stammende Produkte ersetzt werden. Somit kommt es zu einem weiteren Prozess der Kolonialisierung (oder Re-Kolonialisierung) der nicht-westlichen Welt durch die Einführung, Distribution und Konsumption „neuer" Produkte. AkteurInnen und NutznießerInnen dieser ökonomischen Prozesse sind dabei jene nationalen und transnationalen Institutionen, die eine Vermarktung in weltweitem Format erst ermöglichen (etwa transnationale Konzerne, Regierungen). Diese Globalisierung von Konsum bewirkt u. a. auch eine Vereinheitlichung von Männer- und Frauenbildern, die mit der Angleichung von Geschmack, Verhalten und Wertorientierungen gekoppelt ist und über den Konsum bestimmter Produkte reproduziert und umgesetzt wird (vgl. Wichterich 1998: 198).

Der schwedische Kultur- und Sozialanthropologe Ulf Hannerz (1992: 217) subsummiert diese Prozesse unter dem Begriff *Coca-Colonization* der Welt. Er be-

8 — Ich verwende die Ausdrücke „Süden" oder „Länder des Südens" anstelle des seit vielen Jahren dekonstruierten und viel kritisierten Begriffs „Entwicklungsländer", der durch Einbezug des Konzepts „Entwicklung" und seine Entstehungsgeschichte im 20. Jahrhundert immer eurozentristisch und westlich geprägt war (Ferguson 2004 [1996]).

zieht sich bei seiner Wortkreation auf die weltweite Verbreitung des Softdrinks Coca Cola. Seit Beginn des 20. Jahrhunderts steht der Werdegang dieses Getränks repräsentativ für eine solche Entwicklung und kann „[...] as a central symbol of ‚cultural imperialism'" (ebd.) angesehen werden. Lebensstil und Wohlstand der USA wurden über den Konsum von Coca Cola ebenso suggeriert wie das Image des Getränks, Weltoffenheit und Transkulturalität zu repräsentieren. Der „amerikanische Traum" ist im Konsum von Coca Cola ebenso enthalten wie die damit verknüpfte Vorstellung einer (angeblich) „freien Welt" und eines uneingeschränkten, selbstbestimmten Konsums, der oftmals im Englischen mit *consumer democracy* bezeichnet wird. Gekoppelt an den Slogan *Coke offers a taste of freedom* transportiert das Produkt eine politische Botschaft, die weltweit in diesem Sinne verstanden wird – wenn auch nicht ausschließlich (Howes 1996: 3 ff.; Beck 1997: 80 ff.; Bauer 2001: 207 ff.).

Seit der Benennung dieser Dynamiken hat die kultur- und sozialanthropologische Konsumforschung mit ihren ethnographischen Fallstudien aufgezeigt, dass diese Thesen zur kulturellen Homogenisierung von Gesellschaften das Problem nur eindimensional erfassen. Diese Ethnographien haben ergeben, dass die Besonderheiten der kulturellen Adaptierungen „neuer" Konsumgüter zu beachten sind (Spittler 2002: 17 ff.). In der sozialwissenschaftlichen Forschung geht man mittlerweile davon aus, dass „Globalisierung" und die Massenproduktion kultureller Symbole keine kulturelle Vereinheitlichung erzwingen und eine totale globale Kultur nicht im Entstehen begriffen ist (Beck 1997: 100). Denn: Waren und Güter finden über staatliche Grenzen hinweg Verbreitung und werden von Gesellschaften in Europa, Asien oder auch Lateinamerika in das eigene Konsumsystem und in das eigene Weltbild integriert. Fremdes, „von außen" in kulturelle Kontexte „Importiertes" wird „domestiziert", angepasst und adaptiert. Strategien im Umgang mit neuen Konsumgütern sind für Gesellschaften Mittel zur „[...] Selbstdefinition und Selbsterhaltung [...] und [werden] nicht als oberflächliche, hedonistische Gleichmacherdroge" (Breidenbach/Zukrigl 2000: 58) verwendet. Das „Neue" wird anders als „ursprünglich", als im Herkunftsort erdacht, verwendet und verbraucht, es entsteht „[...] a new cultural setting or ‚local reality'" (Howes 1996: 5). Es wird deutlich, dass es bei jeder Form der „Globalisierung" auch um die lokale Einbettung (d. h. Lokalisierung) geht: Aus der „Dialektik kultureller Globalisierung" (Beck 1997: 85) entwickeln sich „hybride" (vermischte) Formen der Konsumkultur, die sich insofern charakterisieren lassen, als die „annehmende" Bevölkerung Neues jeweils spezifisch adaptiert.

Bestehende Formen von Konsum werden verändert und je nach Brauchbarkeit und Kontextualisierung in das soziale Leben integriert. Um diese Veränderungen zu benennen, werden diese unter dem Begriff „Kreolisierung" zusammengefasst. Der Terminus stammt aus der Linguistik des 19. Jahrhunderts und wurde ursprünglich im Zusammenhang mit neu entstandenen Sprachen in der Karibik und Westafrika (Mischformen aus den Kolonialsprachen und afrikanischen Sprachen) nach der ersten Phase der Kolonialisierung verwendet (vgl. Breidenbach/Zukrigl 2000: 85).

Im Zusammenhang mit Konsumgewohnheiten bezeichnet der Begriff den Prozess, bei dem es zu einer Rekontextualisierung von Gütern kommt, die aus anderen kulturellen Kontexten stammen. Der deutsche Ethnologe Gerd Spittler interpretiert „[...] die Übernahme fremder Güter nicht als Überwältigtwerden oder als passive Hinnahme". Er argumentiert, dass „[...] diesem Prozess ein aktives Handeln entspricht" (Spittler 2002: 18). Gleichzeitig kommt es dabei zu einem „[...] Akt der kulturellen Interpretation und Umdeutung" (ebd.: 16). Gerd Spittler plädiert für eine zusätzliche Untersuchung des Prozesses der „In-Besitznahme" von Gütern und der damit verbundenen Interaktion der Menschen miteinander. Diese Prozesse werden als eine Art „zweite Produktion" verstanden, bei der Bedeutungen „umgearbeitet" werden (Hess/Lenz 2001: 24).

So entstehen neue, kulturell eingebundene oder auch Ideologien symbolisierende Konsumpraktiken, die von Individuen, Gruppen oder Institutionen getragen und reproduziert werden. Der Tofu-Burger im Naturkostladen vereint beispielsweise die Idee des Fast Food mit dem Anspruch des gesunden Essens auf Grundlage nachhaltig genutzter Ressourcen. Etwas Neues ist dabei entstanden. Viele der heute international vom Norden in den Süden (und umgekehrt!) transferierten Produkte beinhalten eine Vielzahl von ideologischen Kontexten, die mit diesen Gütern mitkonsumiert werden (vgl. Carrier 2004 [1996]: 129).

Im Kulturtransfer werden die mit den Produkten verknüpften Ideologien nicht unbedingt übernommen: Vielmehr entstehen neue gesellschaftliche Zuschreibungen einer Ware. Als Beispiel sei das südamerikanische Produkt *Inka Kola* genannt, das 1935 als peruanische Alternative zu den aus den USA importierten Softdrinks wie Coca Cola entwickelt wurde. *Inka Kola* wurde zu einem Symbol peruanischen Nationalstolzes, in Abgrenzung zu den USA und ihrer Politik gegenüber lateinamerikanischen Staaten (vgl. Bauer 2001: 210). Die Idee des Softdrinks wurde an sich übernommen, jedoch angepasst, mit anderen Ideologien versehen, und kann somit als Beispiel für aktive Aneignung gelten.

Ein anderer Begriff, der das Zusammenspiel globaler und lokaler Einflüsse benennt, ist jener der „Hybridisierung" (vgl. Howes 1996: 5ff.; García Canclini 1997: 11). Wenn „Traditionelles" und Neues aufeinander treffen, bilden sich „hybride" Formen aus, die der Anthropologe Néstor García Canclini z. B. für das soziokulturelle Zusammenleben im städtischen Raum in Lateinamerika zu Beginn des 21. Jahrhunderts für typisch hält. Er plädiert dafür, „Traditionelles" und „Modernes" nicht einander gegenüberzustellen, sondern in Verbindung miteinander zu sehen. Werden in einer Gesellschaft kulturelle Erscheinungen wie „das Traditionelle" oder „das Moderne" definiert, so kann es passieren, dass Mischformen, eben „hybride" Formen abwertend beurteilt werden. Somit birgt der Begriff „hybrid" die Gefahr, spezifische Lebenswelten als „außerhalb" einer bestimmten kulturell dominanten Wir-Gruppe aufzufassen und damit neu und anders gestaltete Praktiken als inferior abzuwerten.[9]

Die besprochenen Ansätze haben der gesamten sozialwissenschaftlichen Konsumforschung zusätzlichen Aufschwung und Relevanz verliehen (vgl. Miller 1995a). Das drückt für Spittler (2002) nicht nur das Interesse an fremden Einflüssen in den verschiedenen kulturellen Kontexten aus, sondern führt zu einer Neubewertung von Konsum jenseits der Schlagwörter „Konsumrausch" oder „Konsumabhängigkeit". Nicht übersehen werden darf in diesem Zusammenhang, dass nicht nur „westlich" konnotierte Produkte die Gesellschaften im „Süden" erreichen. Umgekehrt profitiert die westliche Welt seit dem Beginn kolonialer Ausdehnung von der weltweiten Gütervielfalt, sie erbringt ebenfalls Adaptionsleistungen, um diese neuen Produkte in das eigene Weltbild und die lokale Konsumpraxis zu integrieren (vgl. ebd.). So bieten Fallstudien zu Konsumstrukturen in nicht-westlichen Gesellschaften für die westliche Welt die Möglichkeit, diese außerhalb ihrer eigenen gesellschaftlichen Logik zu betrachten. Damit wird der Weg frei für neue Perspektiven auf eigene Konsummuster.

Politische Dimensionen von Konsum und Verantwortung

> Konsumption nimmt der Welt etwas weg,
> während Produktion ihr etwas hinzufügt.
> Es ist daher nicht erstaunlich,
> dass wir die Konsequenzen fürchten.
> (Miller/Roedig 2012: A3)

Wie in den vorangegangenen Kapiteln ausgeführt, ist Konsumieren aus kultur- und sozialanthropologischer Perspektive als soziales, identitätsstiftendes Handeln zu verstehen, das die Gemeinschaft von Menschen braucht, um für Menschen sinnstiftend zu sein. Demzufolge ist es nur konsequent, die (sozio-)politische Dimension von Konsum an dieser Stelle zu thematisieren. Versteht man/frau politisches Handeln als ein zielorientiertes und gesellschaftsgestaltendes, das „auf die Ordnung oder die Willensbildung in einem Gemeinwesen gerichtet ist" (Baltzer 1999: 453), so sind die gesellschaftlichen (individuellen als auch kollektiven) Strategien von Menschen zu betrachten, mit denen sie sich mittels Konsumpraktiken politisch zu positionieren suchen: Egal ob in einem indigenen Dorf im Hochland Ecuadors, den städtisch-globalisierten Kontexten nordamerikanischer Großstädte oder einer burgenländischen Kleinstadt, überall haben Konsumpraktiken (von der Nutzung natürlicher Ressourcen über die Weitergabe

9 __ Vgl. dazu Beiträge feministischer Kritikerinnen zu Lebenswelten von MigrantInnen in den Amerikas und Europa (Hess/Lenz 2001: 27; Gutiérrez Rodríguez 2001).

von Ernährungswissen bis hin zum Gebrauch neuer Medien) soziopolitische Relevanz und können den gesellschaftlichen Rahmenbedingungen entsprechend gestaltet werden.

Für den mexikanischen Anthropologen Néstor García Canclini (2001)[10] finden an Orten des Konsums soziopolitische Interaktionen statt, die Ernährung (und damit Konsum) als emanzipatorisch relevant zeigen. Dies soll mit zwei Beispielen aus Lateinamerika nochmals erläutert werden:

Frauen und Mütter schlossen sich seit den 1970er-Jahren u.a. in den peruanischen *pueblos jóvenes*[11], in den meist illegal entstandenen Armen- und MigrantInnenvierteln von Lima, zusammen, um die Lebensgrundlagen ihrer Angehörigen zu verbessern. Volksküchen und *Ein-Glas-Milch-Komitees*[12] wurden gegründet, um die Versorgung von Familien sicherzustellen (Guzmán 1983: 12). Der Überlebenskampf und die Empörung über soziale Ausgrenzung waren Anlass für diese Frauen, sich politisch zu organisieren und ihre Anliegen in den Mittelpunkt der Alltagskultur zu stellen. Armutsbekämpfungsstrategien setzen in Lateinamerika seit damals oft im Bereich weiblicher Lebenswelten an. So werden Unterstützungsmaßnahmen (u.a. Kochkurse, Aufklärungsarbeit bezüglich Warenqualität, finanziell wirksame Strategien in Form von Haushaltsbudgetplanungen) für Frauen in Quito, der Hauptstadt Ecuadors, oft über die familiäre Versorgung eingeleitet. Gleichzeitig erfahren die Teilnehmerinnen durch solche Maßnahmen Solidarität unter Frauen und organisieren sich quasi „rund um Konsumgewohnheiten" in gesellschaftsgestaltenden Belangen. Gestärkt durch eine solche Empowerment-Initiative gründeten zwölf Frauen im Süden von Quito eine eigene Catering-Firma, die – laut ihrem Slogan *Nutrición, Salud y Tradición* – Ernährung, Gesundheit und ecuadorianische „Traditionen" miteinander in Beziehung setzt. Die Analyse der Frauenaktivitäten zeigt, wie lokale Konsummuster, Ansprüche der KonsumentInnen, global-lokale Trends (z.B. gesundes Essen durch die Verwendung andiner Nahrungsmittel) und soziale Differenzen (zwischen ProduzentInnen und KonsumentInnen) von den Beteiligten gestaltet werden. Ehemals marginalisiert lebende Frauen agieren selbstbewusst innerhalb eines lokalglobalen städtischen Kontexts und gestalten diesen (verantwortungs-)bewusst mit (Dabringer 2008, 2010).

10 — Eine sehr hilfreiche anthropologische Annäherung an das Thema kulturell verankerter Konsumpraktiken findet sich bei Néstor García Canclini in dem nur in spanischer Sprache erschienenen und von Guillermo Sunkel herausgegebenen Sammelband *El consumo cultural en América Latina* (2006).

11 — Übersetzung des spanischen Originals: „junge" Stadtteile (in Bezug auf ihre Entstehung).

12 — *Ein-Glas-Milch-Komitees* entstanden im Peru der frühen 1980er-Jahre, die Stadtverwaltung von Lima „gewährte" 1984 allen Kindern unter sechs Jahren ein Glas Milch pro Tag. Später wurde diese Praxis per Erlass für alle Kommunen gesetzlich vorgeschrieben (Kampmann/Koller-Tejeiro 1991).

Beide Bespiele zeigen, wie Frauen politisch gesellschaftsgestaltend agieren. Die Teilnahme an Gesellschaft – ob öffentlich oder privat –, das Einfordern von (Konsum-)Rechten sowie die öffentliche, zu einem großen Teil selbstbestimmte Mitgestaltung des Ernährungssystems sind dabei nicht nur Ausdruck politischer Handlungsmacht, sondern machen zugleich die komplexe gesellschaftliche Einbettung von Konsum sichtbar.

Ebenso ist es zu Beginn des 21. Jahrhunderts in vielen Teilen der Welt kaum mehr möglich, sich der Allgegenwart und Dichte von Konsumangeboten zu entziehen. Das wird weltweit vor allem in Städten eindrucksvoll sichtbar. Vorwiegend in kapitalistisch-neoliberal organisierten Wirtschaftssystemen wird schier alles zur Ware: Objekte und Dienstleistungen, Menschen und Tiere, Gefühle und Sexualität, Wissen und Ideen und anderes mehr. Diese Waren werden dabei in sehr vielfältiger Weise angeboten, verkauft, getauscht, genutzt, verbraucht und auch weggeworfen bzw. vernichtet. Die Auseinandersetzung mit dieser Konsumvielfalt wird von vielen Menschen in westlichen Ökonomien als anstrengend, zeitintensiv und kennzeichnend für „moderne" Lebensweise beschrieben. Viele andere hingegen genießen die gesellschaftlichen Konsumerrungenschaften und profitieren von Institutionen wie etwa den öffentlichen Bibliotheken, weltweit vernetzten Transport- und Kommunikationssystemen, hochentwickelten medizinischen Systemen oder der Vielfalt an Lebensmittelangeboten (vgl. Miller 2001b). Die Mechanismen und Praktiken, die geschaffen werden, um Konsum gesellschaftlich zu organisieren, werden selten reflektiert und doch von unterschiedlichen Teilen der Gesellschaft arbeitsteilig mitgestaltet. Dafür fühlen sich spezielle Institutionen verantwortlich, wie etwa Warenhäuser, Supermarktketten, Einzelhandelsbetriebe, DienstleisterInnen, Initiativen und entsprechende Nichtregierungsorganisationen (NGOs), die sich z. B. für faire Arbeitsbedingungen weltweit einsetzen, Gewerkschaften, die sich um die kollektivvertraglichen Regelungen für Handelsangestellte kümmern, der KonsumentInnenschutz oder auch die städtische Müllabfuhr.

Wie oben bereits gezeigt, hat die Globalisierung und zunehmende Komplexität des Kreislaufs ökonomischen Handelns Ende des 20. Jahrhunderts dazu geführt, dass Menschen sich weniger über Produktionspraktiken definieren als vielmehr über Konsumräume, den symbolischen Gebrauch von Objekten und den damit verbundenen Imaginationen. Konsum hat – vor allem in westlich-globalisierten Gesellschaften, die von einer Vielfalt an Vermarktungsstrategien und einem diversifizierten Warenangebot geprägt sind – einen besonderen Stellenwert erhalten. Es ist deshalb selbstverständlich, dass auch politische Stellungnahmen der Menschen zunehmend über den Konsumbereich erfolgen (können), da dieser als gestaltbarer und beeinflussbarer erscheint als der Sektor der Produktion und Distribution von Gütern und Waren.

Konsumieren bedeutet – überall auf der Welt – in irgendeiner Form Entscheidungen zu treffen, meist in einem komplexen gesellschaftlichen Gefüge, getragen und beeinflusst u.a. von Werten, sozialen Gewohnheiten, Vorlieben, Präferenzen, Differenzen und politischen Rahmenbedingungen. Nehmen sich Menschen als bloße KonsumentInnen wahr, die innerhalb der (westlichen) Ökonomie auf ein Warenangebot „antworten" müssen, so kann aktuell ohne Bedenken von einer „Überforderung" des/der Einzelnen gesprochen werden. Die symbolischen Beziehungen der Menschen zu Gütern werden selektiver. Dabei ist kaum jemand aufgrund finanzieller Rahmenbedingungen bzw. zeitlicher Verfügbarkeit in der Lage, auf all diese Angebote zu reagieren. Über den Gebrauch von Dingen kommt es also gleichzeitig zu Selbstverwirklichung und Entfremdung der Menschen (Miller/Roedig 2012: A3).

Ein Mehr an Möglichkeiten erfordert auch ein Mehr an Entscheidungen für oder gegen das eine oder andere Konsumangebot. Die Vielfalt, Beliebigkeit und Kompromisslosigkeit, mit der in westlichen Demokratien in Massen konsumiert wird, scheint zugleich eine unreflektierte Praxis der Verschwendung zu sein.

Die *Consumption Studies* [13] widmeten sich seit ihrem Entstehen in der zweiten Hälfte des 20. Jahrhunderts vorerst diesem Phänomen des „Massenkonsums" (im Kontext von Klassenbewusstsein und Wohlfahrtsstaat) mit Blick auf „[...] the passive creature created by culture industries and advertising – the consumer, perpetually unsatisfied, restless, anxious and bored [...]" (Trentmann 2006: 2). In den letzten 25 Jahren – nach einem „dramatic turn" (ebd.) – wendeten sie sich einem breiteren Verständnis von Konsum und dem/der ‚aktiven' Konsumenten/in oder „citizen consumer – a creative, confident, and rational being articulating personal identity and serving the public interest" (ebd.) zu. Man/frau trägt damit den Entwicklungen Rechnung, dass KonsumentInnen nicht mehr auf ein Warenangebot einfach nur mittels Gütererwerb „antworten", sondern auf dieses auch einwirken, Umstände kritisch hinterfragen und über Produktions- und Distributionsabläufe informiert werden wollen. Trotz dieses erstarkten Bewusstseins des/der KonsumentIn, aktiver Teil wirtschaftlicher Prozesse zu sein, begleiten Worte wie „Konsumgesellschaft", „Konsumrausch" oder „Konsumsucht" – verwoben mit einer verengten ökonomistischen Perspektive – die populären Diskussionen um das westlich-kapitalistisch organisierte Alltagsleben. Sie sind tendenziell negativ konnotiert und bis heute auf die eine oder andere Weise moralisch belastet (siehe etwa Barber 2007). Diese Konnotationen begleiten auch die KonsumentInnen in ihren tagtäglich reproduzierten Konsumpraktiken. Angesprochen werden damit oft nur wenige der vielen Facetten des Konsumie-

13 — Die *Consumption Studies* werden von unterschiedlichen Disziplinen (Wirtschaftswissenschaften, Soziologie, Anthropologie, Politikwissenschaft und auch Philosophie) getragen. Unter dem Begriff werden verschiedene Ansätze und Studien zusammengefasst; ein Umstand, der manchmal verwirren mag, der jedoch die Breite des Themas und die Vielfalt der Aspekte, die in Bezug auf vergesellschafteten Konsum zu berücksichtigen sind, repräsentiert (vgl. Trentmann 2006).

rens. Diese verengte Sichtweise des Begriffs könnte mit einem Perspektivenwechsel aufgebrochen werden, wenn Menschen nämlich erkennen, dass sie „in der Konsumkultur jene Beziehung zu den Dingen verlieren, die [sie] noch hatten, als [sie] selbst noch in den Prozess ihrer Herstellung eingebunden waren" (Miller/Roedig 2012: A3).

Daniel Miller meint mit diesem indirekten Verweis auf den Kreislauf ökonomischen Handelns: „Wir sollten nach Wegen suchen, an dieses Gespür und die Hingabe an das Einzelne wieder anzuknüpfen" (ebd.).[14]

Komplexe, für den/die Einzelne/n intransparente und global vernetzte, wirtschaftliche Prozesse, die soziale Ungleichheit und Armut mit sich bringen, lassen Kritik am vorherrschenden global-neoliberalen Wirtschaftssystem und Massenkonsum laut werden. Diese wendet sich gegen den unreflektierten Verbrauch von Gütern und die nachhaltige Verschwendung von Ressourcen.[15] Dem Faktor des verantwortlichen Handelns (für andere bzw. das Gemeinsame/Gemeinschaftliche) kommt hierbei – letztlich auch durch die globalisierte Vernetzung und Mobilisierung von KonsumkritikerInnen – eine besondere Bedeutung zu. Neue Anforderungen werden in Bezug auf Konsumentscheidungen gestellt (siehe dazu etwa Busse 2006; Heidbrink 2006; Hillenkamp 2006). Das auf gesellschaftlichen Werten basierende „Gewissen" des/der Einzelnen und gesellschaftlich-moralische Ansprüche kommen ins Spiel. Hier haken Produktlinien ein, die sich innerhalb einer globalisierten Wirtschaftsweise etwa für faire Arbeitsbedingungen in den Produktionsstätten des Südens einsetzen und den Vertrieb ebenso gestalten.[16] Gesellschaftliche Werte (wie die Qualität von Gütern und deren ethisch korrekte Herstellung und „fairer" Vertrieb) werden in die Diskussion um Konsum(-verhalten) eingebracht, die im Zuge von „Massenkonsum" kaum Beachtung finden. Man spricht hierbei manchmal auch von „grünem Konsum". Der/die KonsumentIn kann dieses Angebot – bei entsprechend vorhandenen monetären Mitteln – annehmen, sich politisch positionieren und damit globale Zusammenhänge sozioökonomischen Handelns im Blick haben. Konsumieren kann somit bedeuten, ein gesellschaftliches Statement abzugeben, wenngleich nicht alle, die „grün konsumieren", dies als politisches Statement verstehen. Die Motivationen und Praktiken, „alternativ" zu konsumieren, sind in höchstem Maße differenziert (Soper 2008). Konsum aktiv politisch zu gestalten, bedeutet, über gesellschaftliche Prozesse, die Konsum bestimmen, Bescheid zu wissen und auf Grundlage dieses Wissens zu handeln. Medienberichte machen nun aber deutlich, dass das entsprechende Wissen um marktwirtschaftlich vertrie-

14 __ Vgl. dazu die Diskussionen zu *prosumers* und zur Einbindung von KonsumentInnen in Produktionsprozesse (Richard/Ruhl 2008; Ritzer 2010a, 2010b; Blättel-Mink/Hellmann 2010).
15 __ Diese Kritik erscheint manchmal scheinheilig, leben doch die klassischen KritikerInnen des Systems oftmals selbst auf sehr hohem Verbraucherniveau (Miller/Roedig 2012).
16 __ Zwei solche Labels sind etwa Fairtrade International oder die Ethical Trading Initiative.

bene Produkte, ihre Produktion und ihren Vertrieb für KonsumentInnen nicht selbstverständlich verfügbar ist (siehe etwa Viering 2006; Etscheit 2008; Kupfer 2008). Zum einen sind die AkteurInnen der globalisierten Warenproduktion nicht immer daran interessiert, diese Prozesse durchschaubar zu gestalten. Gleichzeitig ist vorhandenes Wissen gesellschaftlich ungleich verteilt und wird oft auch nicht nachdrücklich genug eingefordert. Es geht bei diesen sozioökonomischen Dynamiken auch um Inklusions- und Exklusionsprozesse entlang gesellschaftlicher Differenzen, die von am Konsumprozess beteiligten Personen bewusst oder auch unbewusst mitgestaltet werden.

Daniel Miller äußert sich in einem Interview mit Andrea Roedig (2012) zum Klimagipfel Rio+20 kritisch zum politischen Dilemma der ungleichen Teilhabe der Menschen an Konsumstrukturen. Er verweist darauf, dass etwa die Verantwortung für die Verwaltung natürlicher Ressourcen nicht auf den/die Einzelne/n und seine/ihre Konsumentscheidungen abgewälzt werden können.

> Die ungerechten Teilhabemöglichkeiten am Konsum in den meisten Ländern der Erde muss man scharf kritisieren. Zudem bin ich für klare Verbote von Gütern, deren Herstellung und Verbrauch den Klimawandel mitverantworten. Ich glaube nicht, dass die Lösung der Umweltprobleme in einer „Wahl des Lebensstils" liegen kann und darin, dass Menschen sich für „grünen Konsum" entscheiden. (Miller/Roedig 2012: A3)

Wiewohl die globalisierten Konsumstrukturen eng mit dem Kapitalismus in seiner neoliberal-globalisierten Variante verschränkt sind, trennt Miller zwischen Konsum- und Kapitalismuskritik und unterstreicht damit die Bedeutung eines erweiterten, umfassenderen Konsumbegriffs:

> Die Hauptprobleme des Kapitalismus, vor allem sein Hang zur Ungleichheit und zu unethischem Verschweigen der Finanzinteressen, haben nichts mit Konsumption zu tun. Umgekehrt würden die Probleme des Konsums, wie etwa die Entfremdung in der massiven Konsumkultur, auch dann existieren, wenn die Produktionsweise eine andere als die kapitalistische wäre. (ebd.)

Der Anthropologe García Canclini (2001: 47) spricht im Zusammenhang mit seinen Studien zu lateinamerikanischen Großstädten über eine notwendige „Komplizenschaft von Konsum und Bürgerschaft". Menschen sind aufgefordert, sich als aktiv mitwirkende BürgerInnen ihrer Gesellschaft zu begreifen denn als passive, reagierende KonsumentInnen – ein Umstand, der aufgrund mangelnder Ressourcen für Wissensvermittlung z. B. in lateinamerikanischen Demokratien besonders wichtig ist. Auf der Grundlage seiner Forschungen tritt García Canclini u. a. für die Informations- und Wissensbereitstellung über Güter und deren Produktion, den egalitären Zugang zu Gütern, die Kontrolle der Produktqualitäten und die demokratische Partizipation der BürgerInnen ein. Wird Konsumverhalten in diesem Sinne als politisches Handeln aufgefasst, so erfordert das gleichzeitig eine Neubestimmung oder Redefinition des Kreislaufs ökonomischen

Handelns und des Marktes[17] als Teil der Gesellschaft, eine Aufwertung des öffentlichen Raums, dessen „Rückeroberung" durch die gesellschaftlichen AkteurInnen sowie die politisch interessierte Öffentlichkeit.

In Zeiten, in denen sich Gesellschaften immer stärker fragmentieren, lokalglobalisierte Konsumstukturen vielerorts von Konzernen gestaltet werden, gesellschaftliche Macht weiterhin ungleich verteilt ist, die Kluft zwischen Arm und Reich größer wird, Korruption und Gewalt das Verhandeln von sozialen Rollen immer öfter bestimmen, erscheint García Canclinis Vorschlag, die Verantwortung für gesellschaftliche Konsumprozesse an die einzelnen BürgerInnen zu delegieren, auf den ersten Blick unbeholfen, fast unrealistisch. Bei genauerer Analyse lokaler Lebensrealitäten zeigt sich jedoch, dass weltweit Individuen, Gruppen und Institutionen – wenn auch oft nur in kleinem Rahmen – die Gestaltung ihrer Konsumräume bereits aktiv übernehmen (z. B. FoodCoops oder Canastas Solidarias[18]) und diese als Orte politischen Handelns begreifen. Sie nutzen ihre Handlungsspielräume im Sinne García Canclinis als *KonsumentInnen und StaatsbürgerInnen* und beschäftigen sich mit ihrer Rolle im Kreislauf ökonomischen Handelns (García Canclini 2001; vgl. Trentmann 2006). Dies soll jedoch nicht darüber hinwegtäuschen, dass jene politischen oder ökonomischen AkteurInnen, die z. B. in Bezug auf die Etablierung eines egalitären Zugangs zu Gütern, die Kontrolle der Produktqualitäten oder mehr demokratische Partizipation der BürgerInnen eigentlich mit mehr Handlungsmacht ausgestattet wären (als der/die einzelne Konsument/in durch sein/ihr Konsumverhalten), ebendiese nicht in jenem Umfang nutzen, der ihnen zur Verfügung stünde.

Interessant und für die kultur- und sozialanthropologische Analyse von Konsumpraktiken sehr hilfreich ist der Ansatz des US-amerikanischen Ernährungsanthropologen Warren Belasco (2008). Er unterstreicht den sozialen Charakter der Ernährung (und damit auch des Konsumierens) und deren komplexe Einbindung in gesellschaftliche Prozesse. Zur Sortierung von relevanten Faktoren schlägt er ein Analyse-Triangel vor, das gesellschaftliche Prozesse, Phänomene und Tätigkeiten rund um Ernährung zwischen den Säulen Identität *(identity)*, Angepasstheit/Bequemlichkeit *(convenience)* und Verantwortung *(responsibility)* aufspannt (Belasco 2008: 7 ff.).

17 _ Wird Markt nicht nur als ein auf „Austausch" reduzierter anonymer Ort wahrgenommen, sondern als Ort, wo Menschen durch Tausch kulturell definierte Bedürfnisse befriedigen, an dem sie sich in Gesellschaft integrieren und sich von anderen aktiv abgrenzen, so lässt sich Konsum als politisch und sozial aktiv gestaltbar verstehen.

18 _ *Canastas Solidarias* ist die lateinamerikanische Bezeichnung für strategische Zusammenschlüsse von Stadtteilorganisationen und bäuerlichen ProduzentInnen (in meist stadtnahen Gebieten), um qualitativ hochwertigere, lokale Produkte zu niedrigeren Preisen erwerben zu können (vgl. Borja et al. 2013).

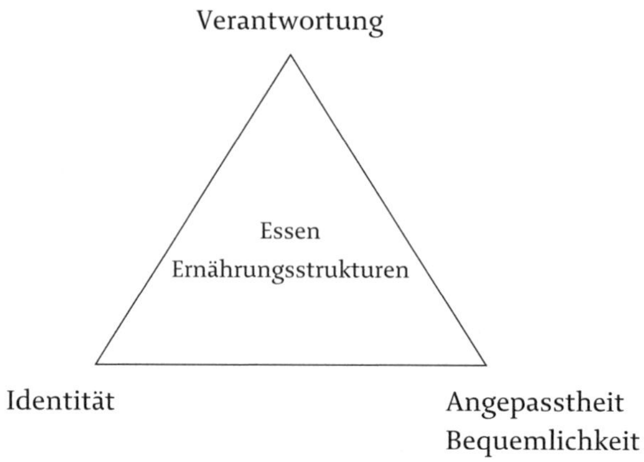

Abbildung 9: Analyse-Triangel (nach Belasco 2008: 7)

Er liefert damit ein Gerüst, das

— die identitätsstiftende Bedeutung des Essens bzw. eines Ernährungsphänomens für die jeweiligen AkteurInnen unterstreicht,

— die immer wichtiger werdenden sozialen und politischen Verantwortlichkeiten der KonsumentInnen in lokal-globalen Ernährungsstrukturen thematisiert und

— die konkrete Umsetzbarkeit der Ernährungspraxis für Individuen oder Gruppen einschließt.

Belascos Überlegungen (2008) verweisen darauf, dass neue Studien zur Konsum- und Ernährungsanthropologie immer auch die Faktoren der individuellen und kollektiven politischen Verantwortlichkeit der KonsumentInnen berücksichtigen müssen, vor allem deshalb, weil diese für die AkteurInnen selbst in ihrer täglichen Alltagspraxis zunehmend relevant geworden sind. Er reagiert damit auf die globalisierte, jedoch lokal differenzierte Vernetzung des/der Einzelnen bzw. unterschiedlicher Gesellschaften und Gruppen in das global organisierte Nahrungsversorgungssystem – ohne die symbolische, identitätsstiftende und sozioökonomische Bedeutung des Konsumierens zu ignorieren (vgl. Miller 2012).

Abschließende Bemerkungen

> I approach our material culture in the same spirit
> as I would that of Melanesia or Amazonia,
> that is through the nuance of ethnographic immersion.
> (Miller 2001b: 230)

Konsumieren wird in westlichen Gesellschaften meist als ökonomische Tätigkeit und meist als für die Wirtschaft relevant thematisiert. Der vorliegende Beitrag versuchte, anhand vorwiegend kultur- und sozialanthropologischer Literatur und ausgewählter Beispiele nicht nur ökonomische, sondern auch soziale, kulturelle, symbolische und politische Dimensionen von Konsum transparent zu machen, um damit ein breiteres Konsumverständnis zu fördern. Was ein erweiterter Konsumbegriff leisten kann, soll in den abschließenden Überlegungen dargestellt werden.

Wird Konsumieren als komplexes soziales Handeln und politisches Agieren verstanden, so erweitert sich der Radius wissenschaftlicher Diskussionen, eine interdisziplinäre Perspektive wird möglich. Dies trägt dazu bei, dass die Auswirkungen von individuellen Konsumgewohnheiten in vielen gesellschaftlichen Teilbereichen von den AkteurInnen selbst detaillierter, vielleicht sogar in ihrer Komplexität wahrgenommen werden. Denn Konsumieren bedeutet, globale ökonomische Strukturen mitzutragen und lokal daran beteiligt zu sein. Ein aufgeklärt-kritisches Konsumverhalten wird damit wichtiger und die einzelnen AkteurInnen werden als politisch aktiv Handelnde anerkannt, deren Tun sich in vielen gesellschaftlichen Bereichen auswirkt.

Menschen werden weder als entmündigte noch allmächtige KonsumentInnen gedacht, sondern als GestalterInnen ihrer Welt. Daraus folgt, dass das sozioökonomische Handeln insgesamt als „eingebettet in Gesellschaft" (Polanyi 1990 [1944]) aufgefasst werden muss. Auch der „Markt" wird als ein politischer Ort unter anderen thematisiert, an dem gesellschaftliche Eingriffe erfolgen und der von Menschen aktiv (mit unterschiedlichem Zugang zu Macht) in verschiedenster Weise gestaltet wird. Konsumieren bedeutet, Gesellschaft zu strukturieren und dafür Verantwortung zu übernehmen.

Nicht übersehen werden sollte in diesem Zusammenhang, dass sich Menschen weltweit in ihrer sozialen Lebenspraxis mit ökologischen, sozialen und menschenrechtlichen Problemen auseinandersetzen müssen, deren Ursachen in einem von Kapitalismus, Neoliberalismus und Globalisierung geprägten Umgang mit Ressourcen und Menschen zu finden sind. Auf der „post-ökonomistischen Suche nach einer fairen Weltwirtschaft" (Eigner/Ritter 2008: 14) wird es notwendig sein, Konsumpraxen zu überdenken, anders zu gestalten und gesellschaftlich neu zu verhandeln – nicht nur auf der Ebene des/der individualisierten Konsumenten/in.

Teilt man/frau ein reflektiertes Verständnis (Graeber 2011: 502) von Konsum als sozialer Praxis, so wird schnell klar, dass gesellschaftliche Kompromisse – im lokalen Kontext oder auf globaler Ebene – geschlossen werden müssen, um neue Rahmenbedingungen für ein sozioökonomisch gerechtes Leben möglich zu machen. Verschwendung, Zerstörung und Verbrauch von Gütern, Verzicht und Mangel, der Umgang mit Abfall und Müll sowie Recycling-Ideen und die damit verbundenen und wichtigen symbolischen Beziehungen der Menschen zu den Gütern, die sie umgeben, sind Themen, die untrennbar mit Konsum verschränkt sind. Diese Aspekte werden unsere Gesellschaften und damit auch die Kultur- und Sozialanthropologie (mit ihren Studien) in Zukunft beschäftigen. Durch die (öffentliche) Vermittlung eines breiteren Verständnisses von Konsum und Konsumieren (auch seitens der Anthropologie!) werden diese Themen nicht nur für AkteurInnen in Politik und Wirtschaft relevant, sondern sie werden als soziopolitische Belange begriffen, durch die Menschen sich aktiv und täglich neu zueinander positionieren und damit die Welt mitgestalten.

Belegliteratur

Appadurai, Arjun (1999 [1986]): Introduction. Commodities and the Politics of Value. In: Appadurai, Arjun (ed.): The Social Life of Things. Commodities in Cultural Perspective. Cambridge: Cambridge University Press, 3–63.
Archetti, Eduardo (1997): The Guinea Pig. Food, Symbol and Conflict of Knowledge in Ecuador. London: Cassell.
Baltzer, Ulrich (1999): Politik. In: Prechtl, Peter/Burkard, Franz-Peter (Hg.): Metzler Philosophie Lexikon. Stuttgart/Weimar: Metzler.
Barber, Benjamin R. (2007): Consumed! Wie der Markt Kinder verführt, Erwachsene infantilisiert und die Bürger verschlingt. München: C. H. Beck.
Basu, Paul/Coleman, Simon (2008): Introduction: Migrant Worlds, Material Cultures. In: Mobilities 3/3, 313–330.
Bauer, Arnold J. (2001): Power, Goods, History. Latin America's Material Culture. Cambridge: Cambridge University Press.
Bayly, Christopher A. (1999 [1986]): The Origins of Swadeshi (Home Industry): Cloth and Indian Society (1700–1930). In: Appadurai, Arjun (ed.): The Social Life of Things. Commodities in Cultural Perspective. Cambridge: Cambridge University Press, 285–321.
Beck, Ulrich (1997): Was ist Globalisierung? Frankfurt am Main: Suhrkamp.
Belasco, Warren (2008): Food. The Key Concepts. Oxford/New York: Berg.
Blättel-Mink, Birgit/Hellmann, Kai-Uwe (Hg.) (2010): Prosumer Revisited. Zur Aktualität einer Debatte. Wiesbaden: VS.
Borja, Ross M./Oyarzún, Pedro/Zambrano, Sonia/Lema, Francisco (2013): Local Food Systems. Tzimbuto and Canasta Utopía. In: Farming Matters 29/2, 38–40.
Bourdieu, Pierre (1987 [1979]): Die feinen Unterschiede. Kritik der gesellschaftlichen Urteilskraft. Frankfurt am Main: Suhrkamp.
Breidenbach, Joana/Zukrigl, Ina (2000): Tanz der Kulturen. Kulturelle Identitäten in einer globalisierten Welt. Reinbek bei Hamburg: Rowohlt.

Busse, Tanja (2006): Die Macht des Einkaufswagens. In: Die Zeit, 28.12.2006. Verfügbar unter: http://www.zeit.de/2007/01/Konsum, 21.7.2012.
Byron, Reginald (2004 [1996]): Identity. In: Barnard, Alan/Spencer, Jonathan (eds.): Encyclopedia of Social and Cultural Anthropology. London/New York: Routledge, 292.
Carrier, James G. (1996): Review Acknowledging Consumption. A Review of New Studies (by Daniel Miller). In: American Ethnologist 23/2, 421–422.
Carrier, James G. (2004 [1996]): Consumption. In: Barnard, Alan/Spencer, Jonathan (eds.): Encyclopedia of Social and Cultural Anthropology. London/New York: Routledge, 128–129.
Carrier, James G. (2006): The Limits of Culture: Political Economy and the Anthropology of Consumption. In: Trentmann, Frank (ed.): The Making of the Consumer. Knowledge, Power and Identity in the Modern World. Oxford/New York: Berg, 271–289.
Classen, Constance/Howes, David (2006): The Museum as Sensescape: Western Sensibilities and Indigenous Artifacts. In: Edwards, Elizabeth/Gosden, Chris/Phillips, Ruth B. (eds.): Sensible Objects. Colonialism, Museums and Material Culture. Oxford/New York: Berg, 199–222.
Coen Flynn, Karen (2008 [1997]): Street Credit: The Cultural Politics of African Street Children's Hunger. In: Counihan, Carole/Van Esterik, Penny (eds.): Food and Culture. A Reader. London/New York: Routledge, 554–571.
Comaroff, Jean/Comaroff, John (2009): Ethnicity Inc. Chicago: University of Chicago Press.
Corrigan, Peter (1997): The Sociology of Consumption. An Introduction. London/Thousand Oaks/New Delhi: Sage.
Counihan, Carole/Van Esterik, Penny (eds.) (2008 [1997]): Food and Culture. A Reader. London/New York: Routledge.
Dabringer, Maria (2008): Local/Global Foodways in Quito. Zur städtischen Verortung andiner Esskultur. In: Engel, Gisela/Scholz, Susanne (Hg.): Esskulturen. Salecina – Beiträge zur Gesellschafts- und Kulturkritik, Nr. 8. Berlin: trafo, 63–84.
Dabringer, Maria (2009): Konsumieren in lokal-globalen Kontexten. Zur Verortung eines sozialen Phänomens. In: sws-Rundschau 49/1, 6–28.
Dabringer, Maria (2010): Frauenmacht durch Focus on Food? Über die soziale und politische Bedeutung von Ernährung in städtischen Kontexten von Quito/Ecuador. In: Gabbert, Karin et al. (Hg.): Jahrbuch Lateinamerika. Über Lebensmittel – Analysen und Berichte, Band 33. Münster: Westfälisches Dampfboot, 135–150.
Dabringer, Maria/Trupp, Alexander (Hg.) (2012): Wirtschaften mit Migrationshintergrund. Zur soziokulturellen Bedeutung „ethnischer" Ökonomien in urbanen Räumen. Wien: Studienverlag.
De Boeck, Filip (2007): Das Lachen Kinshasas. In: Lettre International 76/Frühjahr, 38–46.
De Geus, Marius (2009): Sustainable Hedonism: The Pleasures of Living within Enviromental Limits. In: Soper, Kate/Ryle, Martin/Thomas, Lyn (eds.): The Politics and Pleasures of Consuming Differently. New York: Palgrave Macmillan, 113–129.
Douglas, Mary (1996): Thought Styles. Critical Essays on Good Taste. London/New York: Sage.
Douglas, Mary/Isherwood, Baron (1996 [1979]): The World of Goods. Towards an Anthropology of Consumption. London/New York: Routledge.
Drosdowski, Günther/Grebe, Paul (Hg.) (1963): Duden Etymologie. Herkunftswörterbuch der deutschen Sprache. Mannheim: Duden.
Edwards, Elizabeth/Gosden, Chris/Phillips, Ruth B. (2006) (eds.): Sensible Objects. Colonialism, Museums and Material Culture. Oxford/New York: Berg.
Eigner, Christian/Ritter, Michaela (2008): Anschwellende Gerechtigkeit. Über die post-ökonomistische Suche nach einer fairen Weltwirtschaft. In: Eigner, Christian/Weibel, Peter (Hg.): Un/Fair Trade. Die Kunst der Gerechtigkeit. Wien/New York: Springer, 34–69.

Eriksen, Thomas Hylland (2007): Globalization. The Key Concepts. Oxford/New York: Berg.
Ethical Trading Initiative (n.y.): Respect for Workers Worldwide. Available at: http://www.ethicaltrade.org/, 21. 7. 2012.
Etscheit, Georg (2008): Die Lidl-Probe. In: Die Zeit, 10. 7. 2008. Verfügbar unter: http://www.zeit.de/2008/29/Lidl, 21. 7. 2012.
Fairtrade International (n.y.): Website. Available at: http://www.fairtrade.net/, 20. 7. 2012.
Falk, Pasi (1994): The Consuming Body. London: Sage.
FAO (2011): The State of Food Insecurity in the World. How does international price volatility affect domestic economies and food security? Rome: FAO.
FAO (2012): World Food Situation. Available at: http://www.fao.org/worldfoodsituation/wfs-home/en/, 19. 8. 2012.
FAO/NEWSROOM (2008): Number of Hungry People Rises to 963 Million. Available at: http://www.fao.org/news/story/en/item/8836/icode/, 21. 7. 2012.
Ferguson, James (2004 [1996]): Development. In: Barnard, Alan/Spencer, Jonathan (eds.): Encyclopedia of Social and Cultural Anthropology. London/New York: Routledge, 154–160.
Fichte, Johann Gottlieb (1972 [1794]): Über den Begriff der Wissenschaftslehre oder der sogenannten Philosophie. Stuttgart: Reclam.
Fillitz, Thomas/Saris, A. Jamie (2012) (eds.): Debating Authenticity. Concepts of Modernity in Anthropological Perspective, New York/Oxford: Berghahn.
Fine, Ben/Leopold, Ellen (1993): The World of Consumption. London/New York: Routledge.
Fogarty, Philippa (2008): Recognition at Last for Japan's Ainu. In: BBC News, 6. 6. 2008. Available at: http://news.bbc.co.uk/2/hi/asia-pacific/7437244.stm, 21. 7. 2012.
Friedman, Jonathan (1994): The Political Economy of Elegance: An African Cult of Beauty. In: Friedman, Jonathan (ed.): Consumption and Identity. Chur: Harwood Academic Publishers, 167–187.
Friedman, Jonathan (2002): Globalization and Localization. In: Inda, Jonathan Xavier/Rosaldo, Renato (eds.): The Anthropology of Globalization. A Reader. Oxford: Blackwell, 233–246.
Frost, Nicola (2008): Strange People But They Sure Can Cook. An Indonesian Women's Group in Sydney. In: Food, Culture & Society 11/2, 174–189.
García Canclini, Néstor (1993): Transforming Modernity. Popular Culture in Mexico. Austin: University of Texas Press.
García Canclini, Néstor (1997): Hybrid Cultures. Strategies for Entering and Leaving Modernity. Minneapolis/London: University of Minnesota Press.
García Canclini, Néstor (2001): Consumers and Citizens. Globalization and Multicultural Conflicts. Minneapolis/London: University of Minnesota Press.
García Canclini, Néstor (2006): El Consumo Cultural: Una propuesta Teórica. In: Sunkel, Guillermo (coord.): El Consumo Cultural en América Latina. Construcción Teórica y Lineas de Investigación. Bogotá: Convenio Andrés Bello, 72–95.
Gell, Alfred (1999 [1986]): Newcomers to the World of Goods: Consumption among Muria Gonds. In: Appadurai, Arjun (ed.): The Social Life of Things. Commodities in Cultural Perspective. Cambridge: Cambridge University Press, 110–140.
Gilmore, James H./Pine, B. Joseph II (2007): Authenticity. What Consumers Really Want. Boston: Harvard Business School Press.
Gingrich, Andre (2001): Ethnizität für die Praxis. Drei Bereiche, sieben Thesen und ein Beispiel. In: Wernhart, Karl R./Zips, Werner (Hg.): Ethnohistorie. Rekonstruktion und Kulturkritik. Eine Einführung. Wien: Promedia, 99–111.
Graeber, David (2011): Consumption (Special Section: Keywords). In: Current Anthropology 52/4, 489–511.
Gronemeyer, Marianne (1988): Die Macht der Bedürfnisse. Reflexionen über ein Phantom. Reinbeck bei Hamburg: Rowohlt.

Gutiérrez Rodríguez, Encarnación (2001): Auf der Suche nach dem Identischen in einer „hybriden" Welt – Über Subjektivität, postkoloniale Kritik, Grenzregime und Metaphern des Seins. In: Hess, Sabine/Lenz, Ramona (Hg.): Geschlecht und Globalisierung. Ein kulturwissenschaftlicher Streifzug durch transnationale Räume. Königstein am Taunus: Helmer, 36–55.

Guzmán, Virginia (1983): Women of the Shanty Towns, Peru. In: Minority Rights Group (ed.): Latin American Women – An Overview. Minority Rights Group Report, Nr. 57. London: The Group, 12.

Hahn, Hans Peter (2008): Consumption, Identities and Agency in Africa – Introduction. In: Hahn, Hans Peter (ed.): Consumption in Africa. Anthropological Approaches. Berlin: LIT, 9–41.

Halter, Marilyn (2000): Shopping for Identity. The Marketing of Ethnicity. New York: Schocken.

Handler, Richard (1986): Authenticity. In: Anthropology Today 2/1, 2–4.

Hannerz, Ulf (1992): Cultural Complexity. Studies in the Social Organization of Meaning. New York: Colombia University Press.

Heidbrink, Ludger (2006): Gebraucht wird der Verbraucher. In: Die Zeit, 9. 11. 2006. Verfügbar unter: http://www.zeit.de/2006/46/ST-Konsum-TAB, 20. 7. 2012.

Hess, Sabine/Lenz, Ramona (2001): Kulturelle Globalisierung und Geschlecht – ein Buchprojekt. In: Hess, Sabine/Lenz, Ramona (Hg.): Geschlecht und Globalisierung. Ein kulturwissenschaftlicher Streifzug durch transnationale Räume. Königstein am Taunus: Helmer, 10–33.

Hillenkamp, Sven (2006): Selbst schuld! In: Die Zeit, 8. 6. 2006. Verfügbar unter: http://www.zeit.de/2006/24/Selbst-schuld-Titel_xml, 20. 7. 2012.

Howes, David (1996): Introduction. Commodities and Cultural Borders. In: Howes, David (ed.): Cross-Cultural Consumption. Global Markets, Local Realities. London/New York: Routledge, 1–16.

Inda, Jonathan Xavier/Rosaldo, Renato (eds.) (2002): The Anthropology of Globalization. A Reader. Malden et al.: Blackwell.

Kaltmeier, Olaf (ed.) (2011): Selling EthniCity. Urban Cultural Politics in the Americas. Farnham: Ashgate.

Kampmann, Martina/Koller-Tejeiro, Yolanda M. (1991): Managen oder kochen wir das „Glas Milch"? Frauen diskutieren über Entwicklung in Peru. In: Kampmann, Martina/Koller-Tejeiro, Yolanda M. (Hg.): Madre Mía! Kontinent der Machos? Frauen in Lateinamerika. Berlin: Elefanten Press, 46–54.

Kopytoff, Igor (1999 [1986]): The Cultural Biography of Things. Commodization as a Process. In: Appadurai, Arjun (ed.): The Social Life of Things. Commodities in Cultural Perspective. Cambridge: Cambridge University Press, 64–91.

Kupfer, Kristin (2008): Haben solche Betrüger keine Kinder? In: Zeit Online, 19. 9. 2008. Verfügbar unter: http://www.zeit.de/online/2008/39/china-skandal-milchprodukte, 21. 7. 2012.

Littler, Jo (2009): Gendering Anti-Consumerism: Alternative Genealogies, Consumer Whores and the Role of *Ressentiment*. In: Soper, Kate/Ryle, Martin/Thomas, Lyn (eds.): The Politics and Pleasures of Consuming Differently. New York: Palgrave Macmillan, 171–187.

Marx, Karl (1969 [1890]): Das Kapital. Kritik der politischen Ökonomie. Band 1 (Der Produktionsprozess des Kapitals). Berlin: Dietz.

Maslow, Abraham (2008 [1954]): Motivation und Persönlichkeit. Reinbek bei Hamburg: Rowohlt.

McCracken, Grant (n.y.): Blog at the Intersection of Anthropology and Economics. Available at: http://www.CulturBy.com, 16. 7. 2012.

McCracken, Grant (1988): Culture and Consumption: New Approaches to the Symbolic Character of Consumer Goods and Activities. Bloomington/Indianapolis: Indiana University Press.
Mies, Maria/Shiva, Vandana (1995): Ökofeminismus. Zürich: Rotpunktverlag.
Miller, Daniel (1987): Material Culture and Mass Consumption. Oxford/New York: Basil Blackwell.
Miller, Daniel (ed.) (1995 a): Acknowledging Consumption. A Review of New Studies. London: Routledge.
Miller, Daniel (1995 b): Consumption as the Vanguard of History. A Polemic by Way of an Introduction. In: Miller, Daniel (ed.): Acknowledging Consumption. A Review of New Studies. London: Routledge, 1–57.
Miller, Daniel (1995 c): Consumption Studies as the Transformation of Anthropology. In: Miller, Daniel (ed.): Acknowledging Consumption. A Review of New Studies. London: Routledge, 264–295.
Miller, Daniel (1998): A Theory of Shopping. Cambridge: Polity Press.
Miller, Daniel (ed.) (2001 a): Consumption. Critical Concepts in the Social Sciences. Volumes I–IV, London/New York: Routledge.
Miller, Daniel (2001b): The Poverty of Morality. In: Journal of Consumer Culture 1/2, 225–243.
Miller, Daniel (2006): The Comfort of Things. Cambridge: Polity Press.
Miller, Daniel (2008): Migration, Material Culture and Tragedy: Four Moments in Caribbean Migration. In: Mobilities 3/3, 397–413.
Miller, Daniel (2010): Stuff. Cambridge: Polity Press.
Miller, Daniel (2012): Consumption and Its Consequences. Cambridge: Polity Press.
Miller, Daniel/Roedig, Andrea (2012): „Grüner Konsum ist keine Lösung". Daniel Miller im Interview mit Andrea Roedig. In: Der Standard, Album, 16. 6. 2012, A3.
Montanari, Massimo (2003): Der Hunger und der Überfluss. In: Thimm, Utz/Wellmann, Karl-Heinz (Hg.): Essen ist menschlich. Zur Nahrungskultur der Gegenwart. Frankfurt am Main: Suhrkamp, 330–346.
Narotzky, Susana (1997): New Directions in Economic Anthropology. London/Chicago: Pluto Press.
Pelto, Gretel H./Pelto, Pertti J. (1985): Diet and Delocalisation. Dietry Changes since 1750. In: Rotberg, Robert I./Rabb, Theodore K. (eds.): Hunger and History. The Impact of Changing Food Production and Consumption Patterns on Society. Cambridge: Cambridge University Press, 309–330.
Polanyi, Karl (1990 [1944]): The Great Transformation. Politische und ökonomische Ursprünge von Gesellschaften und Wirtschaftssystemen. Frankfurt am Main: Suhrkamp.
Prato, Guiliana B. (2009): Beyond Multiculturalism: Views from Anthropology. Farnham: Ashgate.
Reith, Reinhold (2007): Konsum ist ein kreativer Prozess. Interview mit Gabriele Rabl. In: profil extra, 19. 11. 2007, 101–102.
Richard, Birgit/Ruhl, Alexander (Hg.) (2008): Konsumguerilla. Widerstand gegen Massenkultur. Frankfurt/New York: Campus.
Ritzer, George (2010 a): Production, Consumption, Prosumption. The Nature of Capitalism in the Age of the Digital "Prosumer" In: Journal of Consumer Culture 10/1, 13–36.
Ritzer, George (2010 b): Focusing on the Prosumer. On Correcting an Error in the History of Social Theory. In: Blättel-Mink, Birgit/Hellmann, Kai-Uwe (Hg.): Prosumer Revisited. Zur Aktualität einer Debatte. Wiesbaden: VS, 61–79.
Rössler, Martin (2003): Wirtschaftsethnologie. In: Fischer, Hans/Beer, Bettina (Hg.): Ethnologie – Einführung und Überblick. Berlin: Reimer, 101–124.
Sahlins, Marshall (1976): Culture and Practical Reason. Chicago: University of Chicago Press.

Schiffer, Michael Brian (2000): Indigenous Theories, Scientific Theories and Product Theories. In: Graves-Brown, Paul (ed.): Matter, Materiality and Modern Culture. London/New York: Routledge, 72–96.
Smith, Adam (1999 [1776]): Der Wohlstand der Nationen. Eine Untersuchung seiner Natur und seiner Ursachen. München: DTV.
Soper, Kate (2008): "Alternative Hedonism" and Citizen-Consumer. In: Soper, Kate/ Trentmann, Frank (eds.): Citizenship and Consumption. New York: Palgrave Macmillan, 191–205.
Soper, Kate/Ryle, Martin/Thomas, Lyn (eds.) (2009): The Politics and Pleasures of Consuming Differently. New York: Palgrave Macmillan.
Soper, Kate/Trentmann, Frank (eds.) (2008): Citizenship and Consumption. New York: Palgrave Macmillan.
Spittler, Gerd (2002): Globale Waren – Lokale Aneignungen. In: Hauser-Schäublin, Brigitta/Braukämper, Ulrich (Hg.): Ethnologie der Globalisierung. Perspektiven kultureller Verflechtungen. Berlin: Reimer, 15–30.
Sunkel, Guillermo (Hg.) (2006): El Consumo Cultural en América Latina. Construcción Teórica y Lineas de Investigación. Bogotá: Convenio Andrés Bello.
Surak, Kristin (2010): The Business of Belonging [Review]. In: New Left Review 63, 151–159.
Surak, Kristin (2012): Die Ethnizitätsindustrie. In: Lettre International 97, 114–118.
Thomas, Lyn (2009): Ecochic: Green Echoes and Rural Retreats in Contemporary Lifestyle Magazines. In: Soper, Kate/Ryle, Martin/Thomas, Lyn (eds.): The Politics and Pleasures of Consuming Differently. New York: Palgrave Macmillan, 59–73.
Trentmann, Frank (2006): Knowing Consumers – Histories, Identities, Practices. An Introduction. In: Trentmann, Frank (ed.): The Making of the Consumer. Knowledge, Power and Identity in the Modern World. Oxford/New York: Berg, 1–27.
Trupp, Alexander/Trupp, Claudia (Hg.) (2009): Ethnotourismus – Interkulturelle Begegnung auf Augenhöhe? Wien: Mandelbaum.
Veblen, Thorstein (2005 [1899]): Conspicuous Consumption. Unproductive Consumption of Goods is Honourable (reprinted from The Theory of the Leisure Class). London: Penguin Books.
Viering, Jonas (2006): Die Bio-Schwemme. In: Die Zeit, 7. 9. 2006. Verfügbar unter: http://www.zeit.de/2006/37/Bio-Massenproduktion, 21. 7. 2012.
Warde, Alan (2010) (Hg.): Consumption. Volumes I–IV. Los Angeles et al.: Sage.
Weber, Max (2005 [1922]): Wirtschaft und Gesellschaft. Grundriß der verstehenden Soziologie. Frankfurt am Main: Zweitausendeins.
Wichterich, Christa (1998): Die globalisierte Frau. Reinbek bei Hamburg: Rowohlt.
Wilk, Richard (2006): Consumer Culture and Extractive Industry on the Margins of the World System. In: Brewer, John/Trentmann, Frank (eds.): Consuming Cultures, Global Perspectives. Historical Trajectories, Transnational Exchanges. Oxford/New York: Berg, 123–143.
Yildiz, Erol/Mattausch, Birgit (2009): Einleitung. In: Yildiz, Erol/Mattausch, Birgit (Hg.): Urban Recycling. Migration als Großstadt-Ressource. Basel: Birkhäuser, 12–20.

Empfohlene Literatur

Breidenbach, Joana/Nyíiri, Pál (2009): Seeing Culture Everywhere. From Genocide to Consumer Habits. Seattle/London: Washington University Press.
Carrier, James G./Luetchford, Peter G. (2012) (eds.): Ethical Consumption. Social Value and Economic Practice. New York/Oxford: Berghahn.

Jayne, Mark (2006): Cities and Consumption. London/New York: Routledge.
Miller, Daniel (2010): Stuff. Cambridge: Polity Press.
Miller, Daniel (2011): Weihnachten. Das globale Fest. Berlin: Suhrkamp.
Mintz, Sidney (1992 [1985]): Die süße Macht. Kulturgeschichte des Zuckers. Frankfurt am Main/New York: Campus.
Mintz, Sidney (1996): Tasting Food, Tasting Freedom. Excursions into Eating, Culture, and the Past. Boston: Beacon Press.
Nicholls, Alex/Opal, Charlotte (2004): Fair Trade. Market-Driven Ethical Consumption. London et al.: Sage.
Sinclair, John/Pentierra, Anna Cristina (2012) (eds.): Consumer Culture in Latin America. New York: Palgrave Macmillan.
Swanson, Gillian (2007): Drunk with the Glitter. Space, Consumption and Sexual Instability in Modern Urban Culture. London/New York: Routledge.

Patricia Zuckerhut

Haushaltsökonomien *(Domestic Modes of Production)*

Einleitung

Haushaltsökonomien werden in der Kultur- und Sozialanthropologie im Wesentlichen mit zwei großen, aber eng miteinander verknüpften Diskussionssträngen assoziiert. Einmal mit dem um die *peasantry*,[1] zum anderen mit dem um die häusliche Produktionsweise *(domestic mode of production)*. Beide beziehen sich auf Landwirtschaft betreibende Bevölkerungsgruppen, deren zentrale Einheit der Produktion und Konsumption der Haushalt oder die häusliche Gruppe ist. Über Mechanismen des ungleichen Tauschs und andere Formen der Ausbeutung ist der Haushalt als untergeordneter Teil mit der umgebenden größeren, stratifizierten Gesellschaft verbunden. Vor allem die Konsequenzen, die sich aus der Einbindung der *peasants* bzw. der häuslichen Produktionsweise in das globale kapitalistische Wirtschaftssystem ergeben, sind zumindest bis Anfang der 1990er-Jahre heftig umstritten: Kommt es zu ihrer vollständigen Integration und Umwandlung in kapitalistische ökonomische Strukturen und damit zu ihrem Verschwinden? Erfolgen unterschiedliche Weisen der Anpassung an die geänderten Bedingungen der globalisierten Ökonomie des 20. und 21. Jahrhunderts? Und ist das kapitalistische System für sein Bestehen auf nicht kapitalistisch wirtschaftende Sektoren angewiesen? Oder aber bieten *peasant*-Lebensweisen Möglichkeiten des Widerstands oder gar Alternativen zu einer scheinbar durchkapitalisierten Welt? Im vorliegenden Beitrag wird einerseits wichtigen Grundlagen dieser Konzepte nachgegangen, andererseits ihre Aktualisierung angesichts neuer Entwicklungen des 20. und 21. Jahrhunderts thematisiert.

Peasant Mode of Production und *Peasant Society*

Ein wichtiger Ausgangspunkt für beide oben genannten Diskussionsstränge sind Überlegungen des russischen Agrarökonomen Alexander W. Tschajanow[2]

1 — Die Diskussion über die verschiedenen Formen und Ausprägungen dieses Typus bäuerlicher Gemeinschaften wird zunächst vor allem im angloamerikanischen Raum geführt, erst in den letzten Jahrzehnten auch im deutschsprachigen (vgl. Giordano/Hettlage 1989: 12 f.).

2 — In diesem Text wird die deutsche Schreibweise des Namens verwendet, da der Text 1923 erstmals auf Deutsch erschienen ist und erst 1925 auf Russisch sowie 1966 auf Englisch.

(1888–1937). Ihm zufolge ist die *peasant*-Landwirtschaft eine Form ökonomischer Aktivität, die so große Besonderheiten aufweist, dass es gerechtfertigt ist, von einer eigenen Weise des Wirtschaftens zu sprechen (Tschajanow 1987 [1923]: 110ff.). Diese wird von einer anderen Logik geleitet als die „Vor-*peasant*"- und die kapitalistische Produktion. In späteren Debatten (vgl. dazu Mallon 1986: 148) wird diese Art der Ökonomie als besondere Form der *peasant*-Kultur bezeichnet. Die Unterschiede finden sich in der Beziehung der bäuerlichen Familie (deren Haushalt die Produktions- und Konsumptionseinheit darstellt) und des Dorfes zur äußeren Welt wie auch in der inneren Konstitution, Dynamik und im Funktionieren dieser Produktions- oder Lebensweise (Tschajanow 1987 [1923]: 41ff.). Tschajanow, dessen Analyse auf Berechnungen von Daten aus russischen Agrarerhebungen basiert, die zwischen 1880 und 1910 gesammelt wurden, konzentriert sich insbesondere auf die ökonomischen Beziehungen zwischen den Mitgliedern der *peasant*-Einheiten. In den Veränderungen der Haushaltskonstellationen im Lebenszyklus und den damit einhergehenden wechselnden „ArbeiterInnen-KonsumentInnen-Verhältnissen" sieht er die Ungleichheiten der russischen *peasantry* in Hinblick auf Größe des bebauten Landes und verfügbare Arbeitsinstrumente begründet (ebd.: 13ff.). Das „ArbeiterInnen-KonsumentInnen-Verhältnis" bezieht sich auf das Verhältnis zwischen arbeitenden Erwachsenen zu den arbeitenden Erwachsenen plus den von ihnen abhängigen Kindern und Alten. Anders als im kapitalistischen Unternehmen, das auf Profitmaximierung und Akkumulierung ausgerichtet ist, ist das Ziel des bäuerlichen Haushalts die Bedürfnisse der (einfachen) Reproduktion zu befriedigen und die Arbeit zu minimieren (ebd.: 25ff.). Ist über das Jahr hinweg die Versorgung der Haushaltsmitglieder gesichert, dann wird die Arbeitsintensität verringert (ebd.: 33).

Auf dieser Grundlage entwickeln Teodor Shanin, Eric Wolf und andere ihre Konzepte der *peasant society*, die sich in ihren wesentlichen Merkmalen folgendermaßen zusammenfassen lässt (vgl. dazu Shanin 1979: 14f.):

1) Die Familienfarm ist die Grundeinheit einer multi-dimensionalen Sozialorganisation. Die Arbeit auf dem Hof wird fast ausschließlich von den Familienmitgliedern verrichtet. Die Konsumgüter stammen primär von den Produkten des Hofes. Auch die Zahlungen an die politischen und ökonomischen MachthaberInnen entstammen der bäuerlichen Hauswirtschaft. Der Familienhof ist die primäre soziale Einheit für Sozialisierung, Besitz und Wohlergehen; die individuellen Zielsetzungen sind tendenziell denen der Familie untergeordnet.

2) Die Landwirtschaft liefert den Großteil der Subsistenz. Es besteht eine spezifische Aufgabenverteilung mit einem niedrigen Maß an Spezialisierung, die Ausbildung erfolgt in der Familie. Der Hof ist relativ autonom. Die Natur hat

Daneben finden sich heute viele verschiedene Versionen wie Chayanov, Chaianov oder auch Čajanov (Spittler 1987: VII sowie persönliche Mitteilung Gertraud Seiser). Eine kritische Darstellung von Tschajanows Relevanz in den Sozialwissenschaften findet sich in Spittler 1987.

einen wesentlichen Einfluss auf die Lebensbedingungen, und die Ressourcen sind begrenzt.

3) Die Kultur ist der Lebensweise kleiner Gemeinschaften angepasst. Spezifische Merkmale bestehen beispielsweise in den sozial bestimmten Normen und Wahrnehmungen. Individuelles Handeln wird oft mit vergangener Erfahrung und dem Willen der Gemeinde gerechtfertigt.

4) *Peasants* sind durch mächtige Außenstehende dominiert, sie befinden sich in einer untergeordneten Position. Ihre politische Subordination ist mit kultureller Unterordnung und ihrer ökonomischen Ausbeutung über Steuern, Renten, etc. vermischt. Unter bestimmten Umständen können sie sich in das revolutionäre Proletariat unserer Zeit verwandeln.

Marshall Sahlins' *Domestic Mode of Production*

Die hier beschriebenen Merkmale der *peasant*-Ökonomie entsprechen in vielerlei Hinsicht der „häuslichen Produktionsweise" des US-amerikanischen Kulturanthropologen Marshall Sahlins. In Teil zwei und drei seines berühmten Werks *Stone Age Economics* (1972) präsentiert Sahlins die Merkmale dieser Produktionsweise, wobei er hier in einigen Punkten, vor allem bezogen auf das Verhältnis Arbeitsintensität-Haushaltsmitglieder, auf Tschajanow zurückgreift (vgl. ebd.: 87 ff., 106 ff.). Die *domestic mode of production* ist ihm zufolge charakteristisch für „tribale Gesellschaften", deren entscheidende Einheit die häusliche Gruppe ist. Diese erzeugt in erster Linie Gebrauchs- und nicht Tauschwerte, wenngleich zwischen den einzelnen Haushalten durchaus Beziehungen des Austauschs bestehen können. Die dominierende Arbeitsteilung ist die zwischen den Geschlechtern, wobei Sahlins zwar die Zusammenarbeit zwischen Eheleuten hervorhebt, nicht aber auf mögliche Differenzen und Spannungen zwischen den Geschlechtern oder innerhalb des Haushalts eingeht. Aufgrund der einfachen Technologie lässt sich eine über die Subsistenz hinausgehende Produktion nur über eine Intensivierung der Arbeit und diese nur darüber bewirken, dass die Menschen über (politischen) Druck dazu gebracht werden, mehr zu arbeiten, als sie für die Befriedigung ihrer kulturellen Bedürfnisse für erforderlich halten. Das widerspricht allerdings dem Produktionsziel – der Erwirtschaftung des Lebensunterhalts und nicht eines Überschusses. Daher bezeichnet Sahlins die häusliche Produktionsweise auch als ein „anti-surplus system" (Sahlins 1972: 82). Dem entspricht, dass die Mitglieder eines Haushalts umso weniger arbeiten, je mehr Arbeitskräfte vorhanden sind. Sahlins fasst diese Zusammenhänge unter *Chayanov's rule* zusammen (vgl. insbesondere ebd.: 87 ff.).

Jeder Haushalt hat Zugang zu den wesentlichen Ressourcen wie Anbauflächen, Weideland, Fischfang- und Jagdrevieren. Die erwirtschafteten Produkte werden von den Mitgliedern des Haushalts konsumiert, d.h. der Haushalt fungiert nicht nur als Produktions-, sondern auch als Konsumptionseinheit. Zwischen den verschiedenen Haushalten hingegen besteht im besten Fall eine reziproke Beziehung, eine *Beziehung zwischen* ihnen (ebd.: 94). Dadurch ist der Zusammenhalt zwischen den einzelnen Einheiten eher gering.

An dieser Unterscheidung zwischen einem haushaltsinternen Teilen der Ressourcen und einer auf Tausch begründeten Güterverteilung zwischen den Haushalten setzt die feministische Kritik an. So sieht beispielsweise Olivia Harris darin eine Sichtweise – von Evelyn Blackwood (2003: 41) treffend als *conjugal bias* bezeichnet –, die von europäischen (und im Speziellen der kapitalistischen Produktionsweise entsprechenden) Annahmen über das Funktionieren von Haushalt und Familie ausgeht (Harris 1982: 145; vgl. auch Moore 1988: 55). Impliziter Ausgangspunkt ist ein heterosexuelles Ehepaar als Grundeinheit des Zusammenlebens und der Kooperation, wobei die hergestellten Produkte entsprechend den Bedürfnissen der Haushaltsmitglieder aufgeteilt werden (Blackwood 2003: 41). Andere Formen des Zusammenlebens, des Teilens, aber auch innerhäusliche Spannungen geraten nicht oder nur als Abweichung von der Norm in den Blick. Darüber hinaus würde zu stark von Haushalten als potentiell autonomen Einheiten ausgegangen, ohne aber deutlich zu machen, was Haushalt überhaupt umfasst und wo seine Grenzen sind. In der Kultur- und Sozialanthropologie gibt es eine lange und intensive Debatte darüber, was unter „Haushalt" oder „häuslicher Gruppe" zu verstehen ist (vgl. Sanjek 2012 [1996]). Denn,

> [...] how this group was actually defined, who the members were, what they shared – living space, food, other items of consumption, work, property, debts, income – and to what extent this group was isolated from or interwoven with other social groups or networks (like neighbourhood, kin and community) requires careful investigation in each case. (Fontaine/Schlumbohm 2000: 5)

Die häusliche Produktionsweise nach Claude Meillassoux

Nichtsdestotrotz übernimmt der französische struktural-marxistische Anthropologe Claude Meillassoux in *Femmes, greniers et capitaux* (1975) (dt. *Die wilden Früchte der Frau,* 1981)[3] Sahlins' Konzept und baut dieses aus. Anders als Sahlins bezieht sich Meillassoux allerdings nicht auf Daten, die der ganzen Welt entstammen, sondern auf eigene Forschungen in afrikanischen segmentären und Ackerbau betreibenden Gesellschaften. Meillassoux geht zunächst davon aus, dass die Nutzung der Erde als Arbeitsmittel, also ihre planmäßige Vorbereitung und Bearbeitung in der Landwirtschaft, eine beständige Sozialorganisation er-

3 — Das französische Original ist 1975 erschienen, die deutsche Übersetzung erstmals 1981. Für diesen Artikel wird eine Ausgabe von 1983 verwendet.

fordert. Diese gründet sich auf der über Verwandtschaft miteinander verbundenen häuslichen Gruppe, die als Einheit der Produktion und der Reproduktion und damit auch der Konsumption fungiert. Die Mitglieder der Haushaltsgruppe teilen sich in solche, „die vorher kommen" (Meillassoux 1983 [1981]: 55), d.h. jene, die Nahrung und Saatgut für die folgende Saison erwirtschaften (Ältere), und solche, „die nachher kommen" (ebd.), also jene, die davon profitieren (Jüngere). Meillassoux bezeichnet das als das Prinzip der Anteriorität. Es besteht ein Zyklus von Vorschüssen und Rückzahlungen, in dem die, „die vorher kommen", die Älteren, Saatgut und Nahrung für die Nachfolgegeneration, die Jüngeren, bereitstellen. Den Älteren bzw. Ältesten kommen daher auch die Aufgaben des Einsammelns und der Speicherung der Produkte und ihre Verwaltung und damit eine gewisse Machtposition zu. Diese Struktur begründet eine auf dem Prinzip der Anteriorität basierende Hierarchie. Die Ältesten kontrollieren über die Verwaltung und Verteilung der Produkte, d.h. der Lebensmittel, auch die Reproduktion der Gruppe. Diese Kontrolle der Reproduktion wird noch ausgeweitet, indem sie auch die Kontrolle der Frauen, der Reproduzentinnen menschlicher Produzenten, übernehmen. Denn „it is logical in an economy in which the product of labour can only be controlled through the direct control over the producer, to control also – and maybe even more so – *the producer of the producer*, i.e. the procreative woman" (Meillassoux 1980: 139; Hervorhebung im Original). Ausbeutung erfolgt hier also weniger über die Kontrolle der Produktion als vielmehr der Reproduktion.

Meillassoux kann im strengen Sinne kein *conjugal bias* vorgeworfen werden. Im Zentrum seiner Überlegungen steht nicht das Ehepaar, sondern das Zusammenwirken (wie auch daraus resultierende Spannungen) zwischen den Älteren und den Jüngeren in der Produktion. Frauen geraten ihm dennoch primär als Reproduzentinnen und weniger als Produzentinnen in den Blick:

> Die Unterordnung der Reproduktionsfähigkeiten der Frau unter den Mann, die *Enteignung ihrer Nachkommenschaft* zugunsten des letzteren, [...] geht einher mit derselben *Unfähigkeit, von den Produktionsverhältnissen her einen Status zu erwerben*. In der Tat wird der Frau, trotz der dominierenden Stellung, die sie zuweilen sowohl in der Landwirtschaft wie in den häuslichen Arbeiten einnimmt, der *Status* einer Produzentin verweigert. (Meillassoux 1983: 94; Hervorhebung im Original)

Über die Kontrolle der menschlichen Reproduktion dienen die Frauen den Älteren dazu, ihre Machtambitionen gegenüber den Jüngeren zu bestätigen und zu verstärken. Die Aktivitäten, das Handeln, vor allem aber die Produktivität der Frauen verschwinden „hinter dem Mann" (ebd.: 92; zur feministischen Kritik an Meillassoux vgl. u.a. Moore 1988: 50ff.).

Interessant wurde Meillassoux' häusliche Produktionsweise in Folge weniger in Bezug auf seine Beschreibung ihrer internen Charakteristika der Hierarchie und Ausbeutung als vielmehr aufgrund seiner Ausführungen zu ihrer Verflechtung mit kapitalistischen Wirtschaftsstrukturen. In Anlehnung an Rosa Luxemburgs Überlegungen einer „fortgesetzten ursprünglichen Akkumulation"[4] als Grundbedingung der Existenz des Kapitalismus geht er davon aus, dass das kapitalistische System für sein Bestehen auf nicht kapitalistische Bereiche zurückgreifen muss (Meillassoux 1983). Dadurch, dass die ArbeiterInnen in ihrer Herkunftsgemeinschaft reproduziert werden, kann die Arbeitskraft unter ihrem Wert, d. h. unter den Kosten für ihre (Wieder-)Herstellung, entlohnt werden (vgl. dazu u. a. ebd.: 133). Die Bedingungen der häuslichen Produktionsweise sichern dem Kapitalismus daher einen Pool an billigen Arbeitskräften.

Der „Bielefelder Subsistenzansatz": Die Verschränkung von Subsistenzarbeit und kapitalistischer Warenproduktion

Inspiriert von Meillassoux (und Rosa Luxemburg) entwickelte die „Arbeitsgruppe Bielefelder Entwicklungssoziologen" in Deutschland einen Ansatz, der als „Bielefelder Subsistenzansatz" bekannt geworden ist. Eingeleitet wurden diese Überlegungen dadurch, dass eine besondere Hartnäckigkeit des Fortbestehens von kleinbäuerlichen Produktionsstrukturen *(peasants)* konstatiert wurde. Weiters wurde festgestellt, dass die kleinbäuerliche Produktion wesentliche Beiträge zur Reproduktion der Arbeitskraft leistet (Arbeitsgruppe Bielefelder Entwicklungssoziologen 1979). Darüber hinaus würde die Warenproduktion durch die Subsistenzproduktion in zweierlei Hinsicht subventioniert – einerseits ermöglicht die Subsistenzproduktion den bäuerlichen ProduzentInnen in Krisenzeiten das Überleben, andererseits aber beeinflusst die Subsistenzproduktion durchgängig das Preisniveau (indem sie die Preise der Argarprodukte und somit die Reproduktionskosten der Arbeitskraft senkt).

Die Mitglieder der Gruppe (darunter Hans-Dieter Evers, Georg Elwert, Diana Wong, Claudia von Werlhof und Veronika Bennholdt-Thomsen) unterscheiden drei Typen der Zusammenhänge von Subsistenz- und Warenproduktion (Elwert/Wong 1979: 262):

1) Ohne einen Beitrag von Nahrungsmitteln aus der Subsistenzproduktion ist die regelmäßige und ausreichende Ernährung der Arbeitskraft nicht gesichert.

2) Oder die Versorgung ist zwar prinzipiell gewährleistet, aber es gibt Krisen, in denen auf die Subsistenzproduktion zurückgegriffen werden muss.

3) Die Ernährung der Arbeitskraft ist ohne Subsistenzproduktion möglich und ökonomisch „sinnvoller". Dennoch wird Subsistenzproduktion weiter praktiziert.

4 — D. h. der ständigen Aneignung nicht kapitalistisch wirtschaftender Gebiete und Sektoren zum Zwecke kapitalistischer Kapitalakkumulation.

Veronika Bennholdt-Thomsen und Claudia von Werlhof sowie Maria Mies (diese drei Frauen sind später als „Bielefelderinnen" bekannt geworden) stellen darüber hinaus fest, dass die Versorgung der Arbeitskraft in jedem Fall unbezahlte (= Subsistenz-)Arbeit impliziert. Denn neben der Arbeit der Kleinbäuerinnen und -bauern in der „Dritten Welt" dient auch die der Hausfrauen in der „Ersten Welt" der Reproduktion aktueller und künftiger ProduzentInnen. Um diesen Zusammenhang auch begrifflich deutlich zu machen, propagiert Maria Mies den Terminus der „household mode of production" (Mies 2009: 159). In Folge wird die (bürgerliche) Hausfrau zum Paradigma der Ausbeutung nicht entlohnter Arbeit:

> Die Hausfrau steht am Ende des Prozesses, der die gesellschaftliche Produktion in vorher nie da gewesener Weise teilt in unsichtbare, scheinbar wertlose Arbeit im Privatbereich, im Bereich der unmittelbaren Versorgung einerseits und sichtbare, scheinbar einzig wertvolle Arbeit im öffentlichen Bereich, im Bereich der Warenproduktion andererseits. Hausarbeit verliert ihren gesellschaftlichen Charakter. Im Ergebnis sind Frauen nicht nur für die Hausarbeit (allein) zuständig, sie haben vor allem auch gesellschaftliches Ansehen eingebüßt: Eine Frau bleibt eine Hausfrau, auch wenn sie Lohnarbeiterin ist [...]. Diese *Hausfrauisierung* von Frauen bietet die strukturelle Grundlage für die Entwertung aller weiblichen Arbeit im Kapitalismus. Aber nicht nur Frauen sind von Hausfrauisierungsprozessen betroffen. In den Kolonien waren und sind auch Männer derartigen Entwertungsprozessen ausgesetzt, auch ihre Arbeitskraft wurde und wird als Naturressource betrachtet und behandelt; und angesichts zunehmender Lohnarbeitslosigkeit auch in den klassischen Industrieländern prophezeiten die Subsistenztheoretikerinnen früh die Generalisierung hausfrauisierter Verhältnisse letztlich auch auf die bis dato privilegierten Empfänger von Männerlöhnen. (Baier 2010: 76)

Subsistenzproduktion in diesem Sinne, also die abgewertete, unbezahlte, „hausfrauisierte" Arbeit im Privatbereich, so die Annahme, wird aus diesen Gründen im Rahmen der kapitalistischen Produktionsweise bewusst geschaffen, erhalten und ausgebeutet. Ihr gegenüber steht allerdings noch eine zweite Form der Subsistenzarbeit, die in sich das Potenzial des Widerstandes trägt, nämlich die für den eigenen Konsum, die Selbstversorgung. Diese ermöglicht es die Abhängigkeit von der kapitalistischen Warenwirtschaft hintanzuhalten, ihr womöglich zu entkommen (vgl. ebd.: 78).

Der „Bielefelder Subsistenzansatz": Subsistenzarbeit als Angelpunkt des Widerstands

Auf diese zweite Bedeutung von Subsistenzarbeit fokussiert die deutsche Ethnologin Veronika Bennholdt-Thomsen (1989) in ihrem Beitrag *Überleben in der Wirtschaftskrise und die Würde der Menschen – zwei Beispiele aus Mexiko*. In diesem Artikel betrachtet sie zum einen die Lebens- und Arbeitsbedingungen in Juchitan, einer Kleinstadt, die sich in der mexikanischen Isthmus-Region im Bundesstaat Oaxaca befindet und von ZapotekInnen[5] bewohnt wird. Zum anderen nimmt sie eine Neuuntersuchung der Lebensumstände der EinwohnerInnen der Maya-Gemeinde Rio Grande in Chiapas (Mexiko) vor. Waren die Frauen in Rio Grande bei ihrer ersten Untersuchung in den 1970er-Jahren vor allem mit der Einführung von Kleinkrediten seitens der mexikanischen Regierung und einer damit einhergehenden Abhängigkeit von global agierenden, kapitalistisch wirtschaftenden Unternehmen konfrontiert (vgl. dazu Bennholdt-Thomsen 1980), so haben sie bei ihrem späteren Besuch Ende der 1980er-Jahre wieder überwiegend Subsistenzökonomie betrieben, was sich für sie als günstig erwies. Denn die Wirtschaftskrise der 1980er-Jahre in Mexiko, die viele MexikanerInnen an den Rand des Existenzminimums getrieben hatte, führte in Rio Grande zu einer Verbesserung der Lebenssituation: Die Entwicklungsagenturen zogen sich zurück und die Bauern und Bäuerinnen konnten sich wieder verstärkt dem Anbau von Lebensmitteln für den Eigenkonsum widmen und verbesserten diesen noch.

In Juchitan, der Kleinstadt, der Bennholdt-Thomsens zweites Beispiel gewidmet ist, war die Ausrichtung der Wirtschaft auf die Subsistenz seitens der lokalen zapotekischen Bevölkerung praktisch nie infrage gestellt. Die Besonderheit der Stadt ist die Stärke der Frauen, weshalb Bennholdt-Thomsen und andere hier von einem „Matriarchat" sprechen (dies. 1989: 88; Holzer 1997). Die Dominanz der weiblichen Bevölkerung resultiert aus ihrer aktiven Rolle im lokalen Handel: „Tagsüber prägen ausschließlich Frauen das Straßenbild und das Leben in und um den Markt herum" (Bennholdt-Thomsen 1989: 81). Sie sind es, die den Markt kontrollieren, wobei der Markt an den Subsistenzsektor geknüpft ist (ebd.: 89). Entscheidend ist darüber hinaus, dass es üblich ist, dass die Frauen unabhängig von den Männern für sich und ihre Kinder sorgen (ebd.: 88). Besonders deutlich zeigt sich die herausragende Rolle der Frauen in der reichhaltigen Kultur von Festen, die das Leben der Stadt charakterisiert, wobei diese Festkultur von einem Netz der Gegenseitigkeit geprägt ist (ebd.: 89f.). Angefangen vom Feiertag des Schutzheiligen bis zur Geburt eines Kindes gibt es immer einen Grund zu feiern. Die Frauen sind es, die diese Feste organisieren. Sie stellen die Speisen und Getränke zur Verfügung und sie sind es, die dazu einladen (ebd.: 93).

Juchitan ist für Bennholdt-Thomsen und ihre Schülerinnen (vgl. u. a. Holzer 1996, 1997) eine Stadt, die zeigt, wie mittels der Subsistenzperspektive Herrschafts-

5 — In Mexiko gibt es eine Vielzahl indigener Gemeinden, die jeweils unter der Bezeichnung von Sprachen zusammengefasst werden. Eine davon ist das Zapotekische, deren potentielle SprecherInnen, unabhängig von den verschiedenen Dialekten und realen Sprachkenntnissen, als ZapotekInnen gelten. Tatsächlich gibt es heute in Mexiko eine große Zahl Indigener, die vorwiegend Spanisch sprechen, dennoch aber als ZapotekIn, Maya o. a. definiert werden bzw. sich in bestimmten Kontexten selbst so bezeichnen.

verhältnisse, darunter auch die zwischen Männern und Frauen, verhindert werden können. Denn über die gemeinschaftliche Organisation der subsistenzorientierten Marktwirtschaft ist die materielle Absicherung für alle gegeben und es besteht ein sozialer Ausgleich, der permanente Hierarchien verhindert (Holzer 1996: 16 f.). In ähnlicher Weise zeigt das Beispiel Rio Grande die politische Relevanz der Subsistenzproduktion im Sinne einer partiellen Abkoppelung von (kapitalistischen) Ausbeutungsstrukturen. Je nach Umständen ist Subsistenzproduktion also als ausbeutungsverringernd wie auch -fördernd (im Sinne der oben beschriebenen „Hausfrauisierung") zu sehen.

Trotz der Hervorhebung des Zusammenhangs zwischen dem im kapitalistischen Sektor tätigen Lohnarbeiter und der im häuslichen Bereich aktiven Hausfrau kann Veronika Bennholdt-Thomsen, Claudia von Werlhof oder auch Maria Mies kein *conjugal bias* vorgeworfen werden, geht es ihnen doch gerade um die Kritik und Infragestellung dieser Existenzbedingung des Kapitalismus. Was bei ihnen zu kurz kommt, sind hingegen nicht auf das Geschlecht zurückführbare Spannungen und Differenzen, wie solche, die aus Ungleichheiten des Alters, der Generation und anderen resultieren. Darüber hinaus werden Beziehungen von *race* und *class*, wie sie seit den 1980er-Jahren im Feminismus als gleichermaßen relevant wie Gender diskutiert werden (vgl. dazu Habinger/Zuckerhut 2005), zwar als wichtig anerkannt, aber nicht weiter ausgearbeitet. Die Verschränkungen der verschiedenen Differenzachsen „Rasse", Klasse, Geschlecht u. a. sind es allerdings, die erst die Besonderheit der Beziehungen zwischen kapitalistisch und nicht kapitalistisch produzierenden Gesellschaftssektoren ausmachen, wie das im folgenden Abschnitt vorgestellte Beispiel aus Peru zeigt.

Das Zusammenwirken von Produktionsweise, „Rasse", Klasse und Geschlecht

Die neben Archivstudien auch mit der ethnographischen Methode der Feldforschung und Theorien aus der anthropologischen Frauen- und Geschlechterforschung arbeitende US-amerikanische Historikerin Florencia E. Mallon (1986) sieht – ähnlich den „Bielefelderinnen" – ein Zusammenwirken von Patriarchat und Produktionsweise. Die Haushaltsproduktion dient ihrer Ansicht nach nicht dem Aufhalten der Klassentransformation im Sinne einer Beibehaltung einer besonderen ökonomischen Dynamik und Form der „kleinbäuerlichen Kultur" (eine Position, die nach Mallon der von Tschajanow entspricht). Vielmehr ermöglicht sie die Reproduktion der Lohnarbeitskraft für das landwirtschaftliche und urbane Kapital (ebd.: 147 f.). Für Mallon ist der Haushalt die entscheidende Grundeinheit einer Verbindung der dominanten Produktionsweise mit dem Patriarchat, aber auch jeweils geprägt durch Klasse, „Rasse" und Kultur. Sie geht diesen Überschneidungen in den zentralperuanischen Tälern Yanamarca und Mantaro im Zeitraum von 1860 bis 1950 nach. Dabei zeigt sie die Bedeutung und

Rolle von Frauen jeweils differenziert nach Klasse, „Rasse“, Kultur und Produktionsweise im Prozess der Veränderung der lokalen Wirtschaft auf. Gleichzeitig aber verweist sie auf ihre jeweils spezifische (sich wandelnde) Unterordnung aufgrund patriarchaler Strukturen.

In die lange Zeit mehr oder weniger autarke Region dringen im Übergang vom 19. zum 20. Jahrhundert zunehmend kapitalistische Wirtschafts- und Denkweisen ein, die allerdings zu keiner vollständigen Proletarisierung führen. Vielmehr entwickelt sich eine stark kommerzialisierte Ökonomie auf der Grundlage vorkapitalistischer Wirtschaftsmethoden. Frauen partizipieren entsprechend ihrer Klassen- und ethnischen Zugehörigkeit in unterschiedlicher Weise an diesem sich verändernden System. Die Frauen der Oberschicht sind zunächst ökonomisch vor allem als Eigentümerinnen (über Erbschaft und Mitgift) großer Besitztümer relevant, d.h. sie liefern die wirtschaftliche Grundlage für künftige (kapitalistisch wirtschaftende) Familienunternehmen. Mittelklassefrauen, zu denen Mallon auch kleinere Händlerinnen, Landbesitzerinnen und Inhaberinnen von Minen zählt, agieren ähnlich wie Elitefrauen oft als Managerinnen ihrer Unternehmen, als Agentinnen in Handels- und Kreditnetzwerken, wobei aber in beiden Klassen die wesentlichen Entscheidungspositionen von Männern eingenommen werden. Rechtliche Dokumente, z.B. wenn eine Frau ihren Grundbesitz verkaufen will, müssen nicht nur von ihr, sondern auch vom Ehemann oder Vater unterzeichnet werden. Der überregionale Handel ist in männlicher Hand. Politische Ämter werden nur von Männern eingenommen. Die (verwandtschaftlichen) Netzwerke insbesondere der Frauen allerdings sind es, die, über ein System gegenseitiger Verpflichtungen, die Grundlage ökonomischer Ausbeutung der ärmeren Bevölkerungsschichten bilden. Genutzt werden in diesem Zusammenhang vor allem Arbeitsverpflichtungen gegenüber sozial höherstehenden (Tauf- und Firm-) Patinnen. Frauen der unteren Klassen schließlich nehmen eine aktive Rolle in der Landwirtschaft, im Haushalt und anderen ökonomischen Bereichen ein und sind auch aktiv in der Verteidigung ihres Landes gegen räuberische Übergriffe. Auch in dieser gesellschaftlichen Schicht stärken staatliche Gesetze die dominante Stellung des Mannes. Hausarbeit und Kinderbetreuung bleiben die Domäne der Frau, auch im Falle außerhäuslicher Arbeit. Und Männer (unterstützt durch Frauen) kontrollieren die weibliche Sexualität über Vorstellungen eines „ordentlichen Verhaltens“, also vermittels Moral und gesellschaftlicher Normen, wie auch über die Regelung der Heirat der Töchter.

Zwischen den Klassen bestehen nun Unterschiede in der Ausrichtung der männlichen Dominanz. Im Falle der Eliten spielt die Kontrolle der Sexualität eine wesentliche Rolle, da über die Heirat mit den Frauen Besitz und Titel weitergegeben werden. Bei den Unterklassen hingegen ist die Arbeitskraft wesentlich für das Funktionieren der Haushaltsökonomie.

Auch „Rasse“ wirkt differenzierend. „Weiße“, in der Regel wohlhabende Haushalte orientieren sich in ihren Moralvorstellungen an den Werten der europäischen (spanischen) Oberschicht und betonen Jungfräulichkeit und eheliche Treue der Frauen. Im Zentrum steht das Interesse, Besitz und Klassenstatus an Blutsverwandte und Angehörige des eigenen Standes weiterzugeben. Indigene (meist ärmere) Haushalte beruhen weit stärker auf dem ökonomischen Zusammenwirken der Geschlechter. Die Bedeutung der Frauen liegt nicht darin, dass über sie Reichtum und Status erlangt und akkumuliert werden kann, sondern vielmehr in ihrer Arbeitsfähigkeit. Daher erfolgt hier die patriarchale Dominanz primär über die Kontrolle der Familienarbeitskraft. Sexuelle Kontrolle von Frauen und Töchtern seitens männlicher Haushaltsmitglieder wird zwar ebenfalls angestrebt, ist aber nur bedingt umsetzbar. Jungfräulichkeit ist keine Voraussetzung für die Ehe. Oft erfolgt eine Heirat, wenn eine Frau bereits zwei oder drei Kinder geboren hat. Diese Kinder stammen u. U. (von Mallon nicht genannt, aber in ganz Lateinamerika und daher auch in Zentralperu verbreitet) aus Vergewaltigungen indigener Frauen auf Grundlage sexueller Ansprüche seitens „weißer" Landherren, Ansprüche wie es sie z. B. im mexikanischen Bundesstaat Hidalgo bis in die 1970er-Jahre gab (vgl. Azaola 1999: 89).

Die ökonomische Bedeutung zusammenfassend, hält Mallon bezogen auf die indigene Bevölkerung fest:

> It is precisely because of its patriarchal control over women's and children's labor power that the peasant household economy has been so flexible and adaptable a unit of production and consumption and so effective in defending peasant self-sufficiency from colonial and postcolonial exploitation. For the same reason, it has been able to combine subsistence agriculture and market activity in such a way as to constitute a bastion of class struggle against labor extraction and proletarianization [sic!]. For the same reason as well, the peasant smallholding has served a dual function as a labor-intensive unit of production and a repository of seasonal labor power for capitalist agriculture in which certain crops cannot be grown effectively on large production units and labor needs are seasonal. And finally, it has been patriarchal control and devaluation of women's and children's labor power that has allowed the household economy to play such a crucial role in reproducing a wage labor force for dependent capitalism whenever it has been beset by crises and accumulation problem. (Mallon 1986: 168f.)

Der bäuerliche Haushalt beruht also einerseits auf der Ausbeutung, Abwertung und Kontrolle der Arbeitskraft von Frauen und Kindern und dient andererseits trotzdem oder auch – absurderweise – gerade deswegen als eine positive Ressource für Frauen und Männer. Er stellt eine Art Refugium dar und hilft den Kleinbauern und -bäuerinnen beim Überleben (ebd.: 169), liefert damit aber gleichzeitig einen Pool zur Reproduktion und Erhaltung von Arbeitskraft für das Kapital. Diese vielseitige Relevanz des Patriarchats (wie auch des bäuerlichen Haushalts) ist womöglich die Grundlage seines hartnäckigen Fortbestands in der globalisierten Welt des 21. Jahrhunderts in vielerlei Formen.

Wenn wir abschließend die Bedeutung und Rolle von Frauen im Rahmen der Veränderungen der Weisen der Produktion noch einmal zusammenfassen, dann ergibt sich folgendes Bild: (Weiße) Elitefrauen als Eigentümerinnen großer Besitztümer liefern die Grundlage für spätere größere kapitalistisch wirtschaftende Unternehmungen, weswegen die Kontrolle ihrer Sexualität – um den Besitz innerhalb der Familie und vor allem der Klasse zu halten – von besonderer Relevanz ist. Zunächst selbst ökonomisch aktiv, orientieren sie sich zunehmend am Modell der bürgerlichen Hausfrau. Frauen der (erfolgreichen) Mittelschichten tragen zur Kapitalisierung und zum Aufschwung von Familienunternehmen insofern bei als sie in vielen Fällen die lokale Organisation und Verwaltung innehaben. Über die geschickte Nutzung verwandtschaftlicher Netzwerke und damit einhergehender Verpflichtungen zur gegenseitigen Unterstützung, Verpflichtungen, die aus vorkapitalistischen Zeiten stammen, gelingt es ihnen, Personen der unteren Klassen zur Arbeit zu mobilisieren, ohne diese in angemessener Weise entlohnen zu müssen. Arme Frauen aus dem indigenen und bäuerlichen Umfeld sind schließlich als Arbeitskraft in der Familienökonomie zentral. Diese Bedeutung bleibt auch mit dem Übergang zu stärker kapitalistisch geprägten Strukturen erhalten und trägt zur Verbilligung der Arbeitskraft bei. Gleichzeitig aber sind Letztere besonders an der Erhaltung des Familienbesitzes in Form von Land interessiert und somit auch aktiv im Widerstand gegen Enteignungen engagiert. Denn die Möglichkeit des Rückzugs in den häuslichen Bereich und in die Subsistenzwirtschaft gibt ihnen die Kraft zu überleben (und zu widerstehen).

Multiple Einkommensstrategien, multiple Identitäten

Was an Mallons Studie deutlich wird, ist, dass praktisch nicht von einer einheitlichen „häuslichen Produktionsweise“ oder einer einheitlichen *peasant*-Produktionsweise und damit auch nicht von einem einheitlichen Modell der Verflechtung kapitalistischer und nicht kapitalistischer Sektoren gesprochen werden kann, sondern dass die jeweils spezifischen Verflechtungen von *race, class* und Gender eine entscheidende Rolle für die besonderen Ausprägungen spielen. Die Verflechtungen und Überschneidungen von race, class und Gender, aber auch kapitalistisch und nicht kapitalistisch, gehen tatsächlich noch weiter und reichen bis in die Einzelpersonen hinein. Insbesondere Michael Kearney (1996) weist darauf hin, dass *peasants* nicht einheitlich sind, sondern vielfältige, zunehmend auch transnationale Identitäten haben. Sie üben im Laufe ihres Lebens unterschiedliche Tätigkeiten in unterschiedlichen Arbeitsverhältnissen an verschiedenen Orten aus. Beispielsweise kann es sein, dass ein junger Mexikaner für einige Jahre in die USA geht, um sich dort als Landarbeiter zu verdingen. Seine Familie zu Hause betreibt einerseits ein Subsistenzfeld, andererseits werden *cash crops* (wie z. B. Kaffee) angebaut und Kunsthandwerksprodukte an TouristInnen verkauft. Kommt der Mann nach Mexiko, so arbeitet er in der Landwirtschaft mit; sein Vater arbeitet womöglich stundenweise auf einer Baustelle. D. h. der junge Mann und seine Familie lassen sich in keine der klassischen Kategorien wie LohnarbeiterIn oder *peasant* einordnen, sondern sie wechseln die Klassenzugehörigkeit. Sie bewegen sich vor und zurück, vom/von der *peasant* zum/zur ProletarierIn und umgekehrt. Sie agieren in unterschiedlichen Lebenswelten, weshalb Kearney von ihnen als *polybians*, in Anlehnung an *amphibians*, als Wesen, die gleichermaßen am Land und im Wasser, d. h. unter sehr divergenten Existenzbedingungen, leben können, spricht (ebd.: 133 ff.). Zu ergänzen ist, dass *polybians* darüber hinaus je nach Kontext unterschiedliche nationale bzw. ethnische Identitäten einnehmen: In den USA gelten sie als *chicano/-a/s* (eine Bezeichnung für mexikanische u. a. lateinamerikanische EinwanderInnen), d. h. ihre nationale Zugehörigkeit wird hervorgehoben, während in Mexiko ihre regionale Herkunft wie auch ihre ethnische Identität im Vordergrund steht. Die nationale bzw. ethnische Diskriminierung oder auch Privilegierung variiert darüber hinaus je nach Geschlecht. Mexikanische Frauen – die in Mexiko und den USA besonderen Formen sexualisierter (und ethnisierter) Gewalt ausgesetzt sind – finden leichter einen Job in den *maquiladoras* (Weltmarktfabriken) in der US-mexikanischen Grenzregion, mexikanische Männer hingegen dominieren im Bereich der kalifornischen Obst- und Gemüseproduktion. In der Gender-Anthropologie werden diese multiplen und fluiden Bedeutsamkeiten von Differenzmarkierungen und Identitäten unter dem Begriff der *anthropology of differences* bzw. der Intersektionalität diskutiert (vgl. u. a. Zuckerhut 2003; Yuval-Davis 2010).

Aktuelle Debatten

Heute, in der ersten Hälfte des 21. Jahrhunderts, wird die Debatte über die Ausbeutung von Frauen und *peasants* bzw. die Rolle der unbezahlten Subsistenzarbeit im Rahmen des kapitalistischen Wirtschaftssystems in anderer Weise geführt als in den 1970er-, 1980er-Jahren. Zum einen wird „Frau" als einheitliche und eindeutige Kategorie ebenso infrage gestellt wie *peasant* (siehe oben die Ausführungen zu Kearney). Zum anderen wird nicht mehr über verschiedene Produktionsweisen und deren Verschränkung diskutiert, und auch die Frage nach einer endgültigen Proletarisierung der *peasantry* oder nach ihrer absoluten Besonderheit stellt praktisch kein Thema dar. Vielmehr werden verschiedene Varianten der Veränderung, die als typisch für gegenwärtige Arbeits- und Ausbeutungsverhältnisse gelten, beispielsweise von Wilma Dunaway (2002) im Sinne einer „Semiproletarisierung" verstanden,[6] d. h. als eine Zwischenform, die weder dem

6 __ Dunaway (2002) spricht von einer Semiproletarisierung wie auch Semidomestifizierung von (Haus-)Frauen als einem der Grundpfeiler kapitalistischen Wirtschaftens.

proletarischen Lohnarbeiter/der Lohnarbeiterin noch der/dem *peasant* im Tschajanowschen Sinne entspricht. Akram-Lodhi und Kay (2009: 5) sehen eine neue Qualität der Unterordnung der *peasantry* unter das globale Kapital. Van der Ploeg (2010) arbeitet verschiedene, miteinander verbundene Weisen heraus, wie sich *peasants* an die Bedingungen des 21. Jahrhunderts adaptieren. Dazu gehört das Verständnis von Land als ökologisches Kapital, das Anstreben der Selbstversorgung und damit einhergehend eine Verringerung der Abhängigkeit vom Markt sowie die gezielte Schaffung von „peasant marketplaces" (ebd.: 18), d.h. regionalen Märkten mit einer besonderen Qualität der Produkte sowie direkten sozialen Kontakten zwischen ProduzentInnen und KonsumentInnen. Oder aber es werden – ähnlich wie bei Kearney (1996) und im Konzept der Intersektionalität – Modelle der Hybridität und der Fluidität entwickelt, also die Vielfältigkeit und Prozesshaftigkeit von Formen der Ausbeutung, aber auch des Widerstands hervorgehoben (vgl. z.B. Glenn 1991; Tinsman 2000). In den Debatten um mögliche Formen des Widerstands gegen das kapitalistische Weltsystem dominieren folglich auch Überlegungen und Konzepte sozialer Bewegungen gegenüber den alten Modellen des Klassenkampfes (vgl. z.B. Teubal 2009). AutorInnen, wie die aus Argentinien stammende Anthropologin Liliana Goldín (2005), beschreiben die Multiplizität und Zwischenstellung beispielsweise indigen-ländlicher Bevölkerungsgruppen, um so ihre besondere Einstellung zur kapitalistischen Lohnarbeit zu begründen. VertreterInnen der inhaltlich sehr breit gefächerten Transnationalismusdebatte fokussieren vor allem auf die transnationale Zusammensetzung sozialer Bewegungen wie La Vía Campesina (z.B. Boyer 2010), aber auch von Haushaltsökonomien und *peasant*-Gemeinden und die damit einhergehenden globalen Verflechtungen (und Identitäten). Ein in diesem Kontext ebenfalls bedeutsames Phänomen ist das der Finanzierung lokaler Bräuche zur Erhaltung indigener (sowie von *peasant*-) Identitäten vermittels Transferzahlungen aus den USA oder Europa (vgl. u.a. Buznego 2005). Ein weiteres hochaktuelles Forschungsthema in diesem Feld ist die Debatte um die Rolle der (globalisierten) Hausarbeit und ihre hartnäckige Feminisierung aber auch Ethnisierung (vgl. z.B. Lutz 2002; Grubner 2011). Die Verflechtungen und Durchkreuzungen unterschiedlicher Weisen des Wirtschaftens (Subsistenz- und Lohnarbeit), aber auch von nationaler und ethnischer Zugehörigkeit, *race, class* und Gender zeigen sich hier in neuer Weise.

Schlussbemerkung

In jedem Fall waren die Auseinandersetzungen um die Frage einer eigenen *peasant*- bzw. häuslichen Produktionsweise und ihre mögliche Verschränkung mit kapitalistischen Produktionsstrukturen wichtige Voraussetzungen für heutige Sichtweisen und Debatten. Daneben stellt insbesondere die Berücksichtigung von Differenzkategorien wie Geschlecht, „Rasse", Klasse etc. und ihren Durchkreuzungen und Überschneidungen notwendige Ergänzungen und Korrekturen bereit. Viele spannende und erhellende Untersuchungen im Sinne der oben genannten Zugangsweisen wie auch neue Konzepte sind hier in Zukunft zu erwarten.

Belegliteratur

Akram-Lodhi, A. Haroon/Kay, Cristóbal (2009): The Agrarian Question: Peasants and rural Change. In: Akram-Lodhi, A. Haroon/Kay, Cristóbal (eds.): Peasants and Globalization: Political Economy, rural Transformation and the Agrarian Question. London: Routledge, 3–34.

Arbeitsgruppe Bielefelder Entwicklungssoziologen (Hg.) (1979): Subsistenzproduktion und Akkumulation, Band 5. Saarbrücken: Bielefelder Studien zur Entwicklungssoziologie.

Azaola, Elena G. (1999): Violencia en México. Hombres y mujeres sentenciados por homicidio en el estado de Hidalgo. In: Revista Mexicana de Sociología 61/1, 95–122.

Baier, Andrea (2010): Subsistenzansatz: Von der Hausarbeitsdebatte zur „Bielefelder Subsistenzperspektive". In: Becker, Ruth/Kortendiek, Beate (Hg.): Handbuch Frauen- und Geschlechterforschung. Theorie, Methoden, Empirie. Wiesbaden: VS, 75–80.

Bennholdt-Thomsen, Veronika (1980): Die stumme Auflehnung der Bauersfrauen. Bericht aus einem Dorf im Süden Mexikos. In: beiträge zur feministischen theorie und praxis 3, 49–56.

Bennholdt-Thomsen, Veronika (1989): Überleben in der Wirtschaftskrise und die Würde der Menschen – zwei Beispiele aus Mexiko. In: Kossek, Brigitte/Langer, Dorothea/Seiser, Gertraud (Hg.): Verkehren der Geschlechter. Reflexionen und Analysen von Ethnologinnen. Reihe Frauenforschung, Band 10. Wien: Wiener Frauenverlag, 78–102.

Blackwood, Evelyn (2003): Woman-Headed Households in Agrarian Societies: Not Just a Passing Phase. In: Clark, Gracia (ed.): Gender at Work in Economic Life. Published in cooperation with the Society for Economic Anthropology. Walnut Creek et al.: Altamira Press, 41–59.

Boyer, Jefferson (2010): Food security, food sovereignty, and local challenges for transnational agrarian movements: The Honduras case. In: Journal of Peasant Studies 37/2, 319–351.

Buznego, María Eugenia Dáubeterre (2005): Aquí respetamos a nuestros esposos: migración masculina, conyugalidad y trabajo feminino en una comunidad de migrantes de origen nahua del estado de Puebla. The Center for Migration and Development. Working Paper Series. Princeton University. CMD Working Paper #05–02 c. Verfügbar unter: www.wp0502c.pdf, 30. 10. 2005.

Dunaway, Wilma A. (2002): Commodity Chains and Gendered Exploitation: Rescuing Women from the Periphery of World-Systems Thought. In: Grosfoguel, Ramón/Cervantes-Rodríguez, Ana Margarita (eds.): The Modern/Colonial/Capitalist World-System in the Twentieth Century. Global Processes, Antisystemic Movements, and the Geopolitics of Knowledge. Westport: Praeger Publishers, 127–145.

Elwert, Georg/Wong, Diana (1979): Thesen zum Verhältnis von Subsistenzproduktion und Warenproduktion in der Dritten Welt. In: Arbeitsgruppe Bielefelder Entwicklungssoziologen (Hg.): Subsistenzproduktion und Akkumulation, Band 5. Saarbrücken: Bielefelder Studien zur Entwicklungssoziologie, 255–278.

Fontaine, Laurence/Schlumbohm, Jürgen (2000): Household Strategies for Survival: An Introduction. In: Dies. (Hg.): Household strategies for survival 1600–2000: fission, faction and cooperation. International review of social history: supplement 8. Cambridge et al.: Cambridge University Press, 1–17.

Giordano, Christian/Hettlage, Robert (Hg.) (1989): Bauerngesellschaften im Industriezeitalter. Zur Rekonstruktion ländlicher Lebensformen. Berlin: Dietrich Reimer.

Glenn, Evelyn Nakano (1991): Racial Ethnic Women's Labor: The Intersection of Race, Gender, and Class Oppression. In: Blumberg, Rae Lesser (ed.): Gender, Family, and Economy. The Triple Overlap. Newbury Park/London/New Delhi: Sage Publications, 173–201.

Goldín, Liliana R. (2005): Labor Ideologies in the International Factories of Rural Guatemala. In: Latin American Perspectives (Maya Livelihoods in Guatemala's Global Economy) 32/5, 59–79.

Grubner, Barbara (2011): Frauenmigration und Gewalt. Überlegungen zu transnationalen Arbeits- und Gewaltverhältnissen im Privathaushalt. In: Zuckerhut, Patricia/Grubner, Barbara (Hg.): Gewalt und Geschlecht. Sozialwissenschaftliche Perspektiven auf sexualisierte Gewalt. Frankfurt am Main et al.: Peter Lang, 107–125.

Habinger, Gabriele/Zuckerhut, Patricia (2005): Frau-Gender-Differenz. Gender Studies in der Kultur- und Sozialanthropologie. In: Bidwell-Steiner, Marlen/Wozonig, Karin S. (Hg.): Die Kategorie Geschlecht im Streit der Disziplinen. Gendered Subjects. Referat Genderforschung der Universität Wien. Innsbruck: StudienVerlag, 62–89.

Harris, Olivia (1982): Households and Their Boundaries. In: History Workshop 13, 143–152.

Holzer, Brigitte (1996): Subsistenzorientierung als „widerständige Anpassung" an die Moderne in Juchitán, Oaxaca, México. Frankfurt am Main et al.: Peter Lang.

Holzer, Brigitte (1997): Lebendiges Matriarchat. Ökonomischer und sozialer Status der Geschlechter in Juchitán, Südmexiko. In: Völger, Gisela (Hg.): Sie und Er. Frauenmacht und Männerherrschaft im Kulturvergleich. Köln: Rautenstrauch-Joest-Museum, 359–366.

Kearney, Michael (1996): Reconceptualizing the peasantry. Anthropology in global perspective. Boulder: Westview Press.

Lutz, Helma (2002): Transnationalität im Haushalt? In: Ganther, Claudia/Geissler, Birgit/Rerrich, Maria S. (Hg.): Weltmarkt Privathaushalt. Bezahlte Haushaltsarbeit im globalen Wandel. Münster: Westfälisches Dampfboot, 86–102.

Mallon, Florencia E. (1986): Gender and Class in the Transition to Capitalism: Household and Mode of Production in Central Peru. In: Latin American Perspectives 13/1, Latin America's Nineteenth-Century History, 147–174.

Meillassoux, Claude (1980): "The Economy" in Agricultural Self-Sustaining Societies: A Preliminary Analysis. In: Seddon, David (ed.): Relations of Production. Marxist Approaches to Economic Anthropology. Padstow Cornwall: Frank Cass, 127–158.

Meillassoux, Claude (1983 [1981]): „Die wilden Früchte der Frau". Über häusliche Produktion und kapitalistische Wirtschaft. Frankfurt am Main: Suhrkamp.

Mies, Maria (2009): Hausfrauisierung, Globalisierung, Subsistenzperspektive. In: Knapp, Gudrun-Axeli/Wetterer, Angelika (Hg.): Soziale Verortung der Geschlechter: Gesellschaftstheorie und feministische Kritik. Münster: Westfälisches Dampfboot, 157–187.

Moore, Henrietta (1988): Feminism and Anthropology. Cambridge et al.: Polity Press.

Sahlins, Marshall (1972): Stone Age Economics. New York: Aldine de Gruyter.

Sanjek, Roger (2012 [1996]): Household. In: Barnard, Alan/Spencer, Jonathan (eds.): Encyclopedia of Social and Cultural Anthropology. London/New York: Routledge, 357–360.

Shanin, Teodor (1979): Peasants and Peasant Societies. Selected Readings. Harmondsworth: Penguin Books.

Spittler, Gerd (1987): Tschajanow und die Theorie der Familienwirtschaft. In: Tschajanow, Alexander V.: Die Lehre von der bäuerlichen Wirtschaft. Frankfurt am Main/New York: Campus, VII–XXVIII.

Teubal, Miguel (2009): Peasant Struggles for Land and Agrarian Reform in Latin America. In: Akram-Lodhi, A. Haroon/Kay, Cristóbal (eds.): Peasants and Globalization: Political Economy, Rural Transformation and the Agrarian Question. London: Routledge, 148–166.

Tinsman, Heidi (2000): Reviving Feminist Materialism: Gender and Neoliberalism in Pinochet's Chile. In: Signs 26/1, 145–188.

Tschajanow, Alexander V. (1987 [1923]): Die Lehre von der bäuerlichen Wirtschaft. Frankfurt am Main/New York: Campus.

Van der Ploeg, Jan Douwe (2010): The peasantries of the twenty-first century: the commoditisation debate revisited. In: Journal of Peasant Studies 37/1, 1–30.
Yuval-Davis, Nira (2010): Jenseits der Dichotomie von Anerkennung und Umverteilung: Intersektionalität und soziale Schichtung. In: Lutz, Helma/Vivar, Maria Teresa Herrera/ Supik, Linda (Hg.): Fokus Intersektionalität. Bewegungen und Verortungen eines vielschichtigen Konzeptes. Wiesbaden: vs Verlag für Sozialwissenschaften, 185–201.
Zuckerhut, Patricia (2003): Von der dichotomen Differenz zu multiplen Differenzen. Ein Überblick über die Entwicklung der Differenzdebatte in der feministischen Anthropologie und ihre praktische Bedeutung. In: Anthropos 1, 171–179.

Empfohlene Literatur

Kearney, Michael (1996): Reconceptualizing the peasantry. Anthropology in global perspective. Boulder: Westview Press.
Mallon, Florencia E. (1986): Gender and Class in the Transition to Capitalism: Household and Mode of Production in Central Peru. In: Latin American Perspectives 13/1, Latin America's Nineteenth-Century History, 147–174.
Meillassoux, Claude (1983 [1981]): „Die wilden Früchte der Frau". Über häusliche Produktion und kapitalistische Wirtschaft. Frankfurt am Main: Suhrkamp.
Mies, Maria (2009): Hausfrauisierung, Globalisierung, Subsistenzperspektive. In: Knapp, Gudrun-Axeli/Wetterer, Angelika (Hg.): Soziale Verortung der Geschlechter: Gesellschaftstheorie und feministische Kritik. Münster: Westfälisches Dampfboot, 157–187.
Sahlins, Marshall (1972): Stone Age Economics. New York: de Gruyter.
Thomas, Philip (2012 [1996]): House. In Barnard, Alan/Spencer, Jonathan (eds.): Encyclopedia of Social and Cultural Anthropology. London/New York: Routledge, 353–357.

Tatjana Thelen

Property: An essential dimension of social organization and change

In summer 2009, I returned to the Hungarian village where I had conducted the fieldwork for my doctoral thesis ten years earlier.[1] Upon arriving, I was struck by the dilapidated buildings, previously the office premises of the former village cooperative, the unkempt pathways, and fence lines with overgrown weeds and shrubs. Only a few meters away, on the other side of the road, a shiny new blue plate bearing yellow stars in a circle indicated that the village was participating in the LEADER program, an EU initiative to support rural development.[2] Otherwise not much seemed to have changed.

The next morning, I woke up to a loud noise from the street, not sure what had caused it. As I would find out later, a big agricultural equipment belonging to one of the four largest landowners in the village had destroyed the electric cables that ran over the street. In the following days, as I visited old interlocutors, some of whom were also owners of the largest village landholdings, and tried to track the developments in the village, the morning incident became clearer to me. New big garages indicated the expanded assortment of farm equipment in their possession. They were also able to afford a new house, or renovate their old home. One had even installed solar collectors on the roof.

While at first sight not much seemed to be noticeably different, changes in the material infrastructure were also an expression of broader transformations and new inequalities induced by property reform. These first impressions testify to the disintegration of the collective and a simultaneous rise of private property

1 — The first research period in 1999–2001 was financed by the German Research Council (DFG) as part of the Graduate School "Comparison of Societies", the second was financed by the Volkswagen Foundation as part of the research project "Social Security and Local State in Rural Hungary, Romania and Serbia". In this chapter, I concentrate on my research in Hungary. I thank the funding organizations and the Max Planck Institute for Social Anthropology (who hosted the second project) for their support, as well as Evangelos Karagiannis, Keebet von Benda-Beckmann, Christof Lammer and Gertraud Seiser for their insightful comments on a first version of this chapter and Gita Rajan for careful language editing. Needless to say, all remaining flaws are my responsibility.

2 — The EU Program LEADER ("Liaison Entre Actions de Développement de l'Économie Rurale", "Link between the rural economy and development actions") was part of the Rural Development Policy in 2007–2013. It was meant to encourage local actors to build on the so-called endogenous development potential.

holdings. They suggest as much the start of a new transnational economic regime. The ramifications of such measures of social engineering, often unexpected and subtle, form the focus of this chapter.

In the following, I begin with an outline of the development of anthropological theorizing about property. Then I return to my own research in Hungary to exemplify the connection between specific ideas about objects and the formation of social relations around them. The overall aim in this chapter is to delineate why property relations are not "just about economy", but significantly affect most realms of everyday life. Property, as a way to conceive and regulate social relations, links such realms as gender, kinship and politics to ideas about justice and morality, as well as about collective and individual subjectivities. In consequence, property relations constitute enormously important elements of social reproduction as well as of change.

Property in anthropological theory

Property had been a central topic in anthropology since its very beginnings as an academic discipline. Most prominently, Sir Henry Maine (1861) formulated the first important definition of property as a "bundle of rights". In contrast to many folk understandings that see property as the right of a specific individual to a "thing", this conceptualization draws attention to the fact that different rights (such as usage rights or transfer rights) pertaining to the same object can be held by different persons. This definition gained widespread acceptance and can still be usefully applied to the analysis of the distribution of rights (Benda-Beckmann/Benda-Beckmann/Wiber 2006). Furthermore, property increasingly came to be understood as a social relation between human beings that underpins hierarchies, interactions and encounters. According to Georg Elwert (1999: 1143), not so much the claim over something makes property as the acknowledgement of this claim by others.

Interest in property was kept alive in the colonial context and was largely structured by the apparent dichotomy of individual and collective forms of ownership (Hann 1998: 24; Benda-Beckmann/Benda-Beckmann/Wiber 2006). The division of private and public – unknown to most indigenous legal systems – justified colonial policies of distributing seemingly "unused" land to new farmers as private property. Collective rights would be seen as inhibiting "progress", and devoid of the "right" incentives to foster individual initiative and "effective" practices of land use (Humphrey/Verdery 2004: 4; Peters 2006: 85).[3] Nevertheless, property relations also stood (and still stand) at the heart of European self-

3 — As had already been argued in favor of the English "enclosures" that transformed large surfaces from collective to individual property.

criticism (Strathern 2006) and, more specifically, the critique of capitalism. Both lines of thought triggered scholarly interest in "other" forms of property. In writing his influential essay *History of the Family, Private Property and the State* Friedrich Engels (1884) relied on the anthropological knowledge of the time (most notably on the works of Lewis Henry Morgan) to validate the idea of primitive communism, denoting an early evolutionary stage, and to argue that private property was detrimental for women. Anthropological accounts of collective forms of property continue to inspire ideas about and provide the legitimacy for engineering social equality through a "return" to non-individual forms of property. However, the dichotomy of individual and collective property did not fully or accurately capture the substance of the actual practices. Among the first to undermine this dichotomy was Bronislaw Malinowski (1935). In his description of the gardening practices of the Trobriand islanders, he showed the simultaneous recognition of group and individual rights in relation to land that were, however, still different from Western understandings of commoditized private property, and bound to inclusion in social groups (kin, village and production groups). In contrast to the earlier evolutionary theories, Malinowski not only stressed the social context of lived property relations, but also put forth the need to emphasize the emic categories. Thus, subsequent efforts were increasingly devoted to describing the diversity of human appropriation of (mainly material) objects (see, for example, Firth 1939).

In 1965, Max Gluckman refined the critique of the dichotomy between individual and collective rights. Analyzing the Barotse land holding system in South Africa, he argued that individual and collective rights would overlap over one and the same piece of land. According to Gluckman (1965: 90 ff.), belonging to social groups (such as household, village, tribe) provided individuals with rights to land within a "hierarchy of estates of administration" (ranging from the village headman to the paramount chief). In addition, he stressed the importance of obligations in relation to property: "Tenure of land therefore arises from, and is maintained by, fulfillment of obligations to other persons and not from the title itself" (ibid.: 79). Non-fulfillment of such obligations can easily result in exclusion: "They can maintain their rights only if they discharge faithfully their status obligations: the recalcitrant villager who merits expulsion from the village thereby loses rights in land" (ibid.: 149). Exclusion and the actual enactment of property in practices that were decisive for producing and legitimizing social stratification remained dominant topics of anthropological discussions about property.

Thus, in a similar argument put forward by Jack Goody, exclusion is framed explicitly as the defining criterion for property: "The definition of property revolves essentially round the problem of exclusion. [...] A man without social relationships is a man without property" (Goody 1962: 287). In addition to the modes of transmission, he, like Gluckman, emphasized the embedding of property in political hierarchies. In the 1970s and 1980s, mainly (neo-)Marxist anthropologists (see Seiser in this volume) insisted that property was anchored not only in cultural ideas but also in power relations, specifically in the production process. Furthermore, Maurice Godelier stressed the processual nature of property and the importance of the actual property practices: "But property only exists fully in concrete activity of appropriation. Property cannot therefore be reduced to an existing body of abstract rules, and only exists when made effective in process" (Godelier 1978: 404).

Another prominent issue in the theorizing of property relates to its conceptualization in Western thought, in particular to the assumptions underpinning it, wherein a clear hierarchy is presumed between "persons" and "things" as inherently discrete units (Humphrey/Verdery 2004; Pottage 2004).[4] Anthropologists have questioned the broader validity of both assumptions in non-Western societies. Diverse indigenous practices with regard to land and other natural resources have been shown to contradict the logic of clear-cut distinctions between things – as bounded, material objects – and humans (see, for example, Povinelli 2004). Similarly, Marilyn Strathern (1988) has contested that the Western notion of a person as "whole" or as a bounded entity applies to the Papuan community of Mount Hageners and, correspondingly, also that the notion of "possessive individualism" would naturally connote a universal form of subjectivity. Furthermore, Annette Weiner (1992) not only introduced the importance of property objects owned and circulated by women to Malinowski's original analysis of the Trobriander economy, but has also argued that giving something away might at the same time be tantamount to keeping it.

In order to study these complexities, Franz and Keebet von Benda-Beckmann (1999; see also Benda-Beckmann/Benda-Beckmann/Wiber 2006) suggest a layered analysis as a heuristic tool. They differentiate between four layers of property. The first layer relates to the cultural or ideological dimensions, e.g. property norms. The second layer covers legal and institutional regulations that identify specific rights. The third comprises the actual social relations within which property is embedded such as kinship or community. Actual property practices constitute the fourth layer, in which actors can reproduce or initiate changes on the other three layers.

During the 1990s, however, these crucial insights into the complexity of property, its link to power as well as to differentiated subjectivities were virtually lost in the hype around institutionalizing property rights, corresponding to layer two in the framework of the von Benda-Beckmanns. "Hard core" neo-liberal

4 __This division is often traced back to the Roman law and the distinction made therein between *res* and *persona*, but this interpretation remains contested (in reference to the works of Yan Thomas see Pottage 2004).

reformers, such as the so-called Chicago Boys[5], Ronald Reagan or Margaret Thatcher, convinced of the absolute superiority of markets, not only advocated, popularized or implemented privatization policies. They also contributed to the accelerated "propertization" of a wide range of resources, human parts, technologies etc. that came to be defined as "things". During this period, increasingly, development activists and engaged anthropologists also took to framing their claims in a "rights language". They were convinced that many problems could be solved by securing property through registration, by issuing land titles to small holders and others who are not so well off. Before I return to this point, it is important to discuss the fate of property norms, practices and relations in self-proclaimed socialist states that were not only modeled upon the political conclusions drawn by socialist thinkers, such as Engels, based on early anthropological findings of "other", collective forms of property, but were also significant for these later developments.

Socialist collective property and its fall

All self-declared socialist states were confronted with the challenge of translating the idea of collective property into economic practice. Based on the four layers introduced by the von Benda-Beckmanns, at the ideological layer, state property would represent the highest form of property, followed by the cooperative and individual property respectively. This hierarchy of state norms was translated into a series of collectivization measures on the institutional layer.

Property transformations in the rural economies were more significant than in industrial production and often proved destructive in the wake of collectivization. In most countries, large landholdings were expropriated to establish state farms *(sovkhoz)*, and small and middle landholders were forced into collective farming *(kolkhoz)*.[6] The difference was that the latter would not lose all their property rights: the land title would still be in their name and could be inherited

5 — The term "Chicago Boys" was first used to describe a group of Latin American economists, some of whom studied at the University of Chicago. They advocated trade liberalization, privatization, withdrawal of state subsidies, release of price controls and other free market policies first in Chile, and later elsewhere in Latin America in the 1970s–80s. Their ideas became prominent again in former socialist countries after the fall of the Soviet Union in the 1990s.

6 — Resistance to collectivization and a dramatic decrease in production levels (in some cases – notably in China and the Soviet Union – leading to a horrendous death toll) led to reforms of an all too rigid organization (e.g. Soviet Union, Hungary, China), often also involving a change in the system of payment according to work units in countries. Some socialist countries even retained the private property system in agriculture (e.g. Poland, Yugoslavia).

by their descendants.[7] Over time, combining large-scale production on state farms and cooperatives with small-scale household-based production became the characteristic feature of socialist agriculture. This "productive symbiosis", as Hann (2015: 156) has called it, included long-term rights for securing access to small plots of land as well as to marketing and distribution channels and welfare benefits, such as pensions, health and child care. Typically, the grains would be grown in large quantities on large, collectivized landholdings in a highly mechanized fashion, whereas fruits and vegetables, more suited for labor-intensive production, were grown on smaller fields and often by small-scale, household- and kinship-based teams. Grains produced collectively would be bought by members to feed their livestock, which would then be resold via state channels.[8] Caroline Humphrey (1983) applied the above-mentioned approach developed by Max Gluckman to describe such unwritten and overlapping property rights along the continuum of status differentiation in a Soviet rural cooperative.[9] Contrary to the widely held belief among economists, that high productivity would be a function of private property in the Western sense, anthropological studies have shown, that although often fuzzy, stable long-term rights of access to land and markets were enough to increase the output impressively. With prospects of commensurate economic rewards, rural households would demonstrate remarkable levels of initiative and self-exploitation (Hann 1980, 2015).[10]

Nevertheless, liberal economic ideas entered the anthropological discourse on socialist property through Katherine Verdery (1996), who relied on the works

7 — Although only few people took the effort of filling out the paperwork, which to many seemed superflous during socialism (see Hann 2015), the official transmission proved important when private property was reintroduced in the 1990s. Some socialist legal systems, e.g. in the Soviet Union and China, had no category for real estate; all land was or still is owned by the state and not available for alienation; nevertheless we witness shifting rights in relation to access and production on that land (see Ruf 1999).

8 — The amount of land and livestock in semi-private production would vary greatly between more restrictive systems, such as in Romania, and comparatively large enterprises in Hungary.

9 — Her study is also unique in its exploration of how economic concepts derived from Marx's analysis of capitalism – like surplus value – were actually translated into valid principles for the Soviet economy. While at first such concepts were considered irrelevant to socialist economies, later textbooks described them as having universal applicability.

10 — Similar arguments have been made in regard to Africa, see Peters 2006. Not as mainstream in anthropology – because dominated by neo-institutional theories – but structurally similar was the debate that evolved around the so-called "tragedy of commons". Whereas economists argued that communal resource management would be deficient and open to abuse, leading to overexploitation, anthropologists joined arguments about well-defined collective access and usage rights being more efficient than private property in the management of natural resources (Acheson 2011).

of the economist János Kornai (1992). The latter asserted that shortages in socialist economies were a result of "improper" property relations, such as the separation of ownership and control rights. Based on this perspective, rational actors who sought to maximize their individual benefit effectively stole from the public good, which ultimately led to the failure of the socialist economy. Despite the presumption of "rational" actors and of a general scarcity of resources – contested in economic anthropology (see Seiser/Thalhammer in this volume) –, this economic analysis had an enormous impact on anthropological thinking about property in the post-socialist 1990s and the early 2000s (Thelen 2011).

The new ascendance of (private) property

The idiom of property took center stage after the fall of the Soviet Union. New governments and international actors proclaimed – much like in colonial times – that private property would increase efficiency and lead to economic progress.[11] Private property was also seen (again) as firmly linked to the development of democracy, and financial assistance was often conditioned upon the introduction of privatization measures. The widespread privatization policies that ensued encouraged a wave of anthropological studies in property across the former socialist countries, especially in rural areas.[12] They showed the diversity of the experiences and practices, the difficulties of establishing the "value" of goods as well as the liabilities and obligations of property (see for example Verdery 2004; Hann 2005; Sikor 2006). Thereby, they posited a corrective to the dominant neoliberal ideologies and unilineal hypotheses centering on "transition" between two property regimes. However, having accepted the premise that socialist property relations had been inherently inefficient, no alternative, new property theory or critique could be formulated (Thelen 2011).

The failure of private property to generate economic success was easily explained as a phenomenon of path-dependency that had resulted from typical "socialist deficiencies". While the institutional layer of property was aligned with that of the West, responsibility for failure was now placed on actors, whose "guilt" increasingly came to be viewed as difference in cultures. Some years later, when right-wing autocratic governments won the elections in many former socialist states, the same reasoning was also applied to the political realm. Private property linked to liberal democracy had seemingly failed to create the imag-

11 — For the similarity of development discourses on land reforms in post-socialist and African countries see Peters 2006.

12 — In China, people would be cautious not to refer to the economic reforms as "privatization" *(siyouhua)*, but rather as the opening up of the market or the system (Ong/Zhang 2008: 6).

ined ideal citizenry. On the other hand, self-proclaimed socialist countries like China had successfully linked state property to market mechanism without introducing political reforms (see, for example, Ruf 1999, Ong/Zhang 2006). Both developments could unsettle the Western ideological layer of property, but with the dissipation of collective property in the former Soviet sphere of influence, such developments were ignored for a while.

The notion that socialism had failed because of excessive reliance on collective forms of property not only fueled large-scale privatization programs in countries of the former so-called Eastern bloc, but also gave a boost to neo-liberal ideas globally. For quite some time, redistributive land reforms in many countries vanished from the political agenda (for Latin America see, for example, Kay 2002). Activists and engaged researchers now saw land registration and "secure" titles as a tool to empower the landless poor and the smallholders (see, for example, de Soto 2000). However, as property is always embedded in larger political structures, even the title-holding poor could easily be excluded from the actual use of property. Echoing the (neo-)Marxist arguments mentioned above, Hetherington (2009) describes how smallholders in rural Paraguay, despite having land titles, were unable to claim access and use of land vis-à-vis powerful industrial farmers. Consequently, the *campesinos* framed their protest in terms of a rejection of privatization, although they were not so much fighting the idea of private property as they were against "the hypocrisy of an increasingly influential conception of property rights that tacitly excludes the poor" by divorcing property as abstract right "from the material conditions of those who possess it" (ibid.: 225). This critique seems very similar to that put forth by post-socialist rural populations in East-central Europe, who embraced the historically rooted notion of private property, but who connected the formal restitution of property rights to the simultaneous loss of other long-term entitlements (Hann 2015: 157, see also below).

Alongside the notion of private property that spread to geographic locations with distinctively different concepts of property, new kinds of property emerged. Property claims thereby expanded to objects formerly not viewed as appropriate for ownership at all (Benda-Beckmann/Benda-Beckmann/Wiber 2006; Hirsch 2010; Hann 2015), while at the same time blurring the established boundaries of, and between, "persons" and "things" (Pottage 2004). Such developments have spurred a renewed interest in property within the discipline (Hann 2005; Benda-Beckmann/Benda-Beckmann/Wiber 2006; Hirsch 2010). Here it is important to remember that property, in fact, "makes" distinct "things" out of objects that might be formerly seen as invaluable and inseparable, for example body parts, ideas, genes, native cultures and arts, milk quota, pollution rights etc. Drawing new boundaries around them allows for standardization, dissemination, commodification and commercialization.

New reproductive technologies are one prominent source of such new "property in the making". As such, discussions on sellable body parts, like eggs and sperms, and on the "leasing" of a body in cases of surrogacy challenge the conventional wisdom about ownership, production and the modes of belonging. Who has produced and therefore "owns" the babies born to surrogates in India? Those who commissioned them or the women who bore them? Is the newborn a citizen of India or of the country of the person that commissioned it? They also blur the boundary and the hierarchy between a "person", as owning by producing something (a material object, an idea, a child), and a human being as a "thing" to be owned and sold. Granted the centrality of this division to Western self-understanding – mirrored in the stern rejection of slavery – the appropriation of new technologies has given rise to heated moral and legal debates (see also Kopytoff 1986; Strathern 1996; Pottage 2004). Besides new technologies, other forms of the expansion of property rights can also challenge the link in the Western ideological layer between private property and human proprietorial agency that constitute liberal personhood. Taking the example of the legal regulation of foreigners' property rights in Iraq introduced by the U.S., which was based on the experience of post-socialist Europe, Maurer and Schwab (2006) argue it established a "freedom from, not freedom to, contract" (ibid.: 2). Claimed to be in the interest of Iraqis' welfare, the regulations allowed trading agreements (especially in oil) without prior registration of property.

Meanwhile, conventional property forms, like landed property, have by no means lost their importance. On the contrary, new modes of extraction and the spreading of private property across the globe have given rise to new struggles and paved the way for transformations (Hirsch 2010). We witness an increase in the value of arable land, accompanied by extensive practices of land appropriation ("land grabbing"), the scope of which, more often than not, is transnational. In addition, changes premised on granting exclusive land titles transform relations within a given community or kinship group, and similar to surrogacy, also give rise to new subjectivities by altering the relation of the individual to the state. The material object (here: land) connects them as citizens to the state and bears strong links to a nation-building project, and thereby to new political identities (Hetherington 2009). These developments, and a growing disappointment with privatization schemes, potentially give rise to new property arrangements that will remain important over the medium term, the implications of which at all levels of social organization need to be studied. The following example from my research in Hungary aims to demonstrate some opportunities to productively study social organization and change through looking at property based on the different layers identified by the von Benda-Beckmanns.

Private property in the making and its consequences: A case study

Between 1999 and 2001, I conducted fieldwork in a small Hungarian village of approximately 860 inhabitants,[13] where, as in most countries of the former Soviet sphere of influence, privatization measures were introduced during the 1990s. These processes would – for a second time within 50 years – fundamentally change the rural landscapes and agrarian production. From my perspective as an anthropologist, the driving questions at that time related to property relations (layer 3) and practices (layer 4). Which social actors could successfully appropriate land and other resources during the course of privatization? If private property connoted exclusion, who would bear the brunt of these privatization processes? Finally, how would these processes affect other social relations?

In the following, I will outline some of the unexpected consequences of the reforms as well as the contradictions within and between different layers of property. I will start with the norms of property and their institutional implementation. Secondly, I will show how historical practices contradict the current ideological layer. Thirdly, I will describe how actual practices were able to shape local outcomes of privatization as well as their consequences two decades later.[14]

Property reform: Overlapping, but partly contradicting norms

As elsewhere in the 1990s, dominant discourses on the ideological layer generally favored private property rights. This conviction then found expression in the second layer of property, especially in legal prescriptions for privatization. However, not just neo-liberal or neo-classical economic theories fueled the process. Besides economic reasoning, arguments about "historical justice" fed into the discussions. Collectivization of agriculture had meant a radical change for peasants who had lost their land and control over production processes. Therefore, after 1989, reinstituting private property in land was perhaps the most emotionally loaded topic of the time. Consequently, compared to all other sectors of the national economy, agriculture was the one in which privatization had proceeded the fastest (Kovach 1997). Though both economic and historical justice discourses favored private property in general, they were based in different temporal visions. From the perspective of the economists, a return to pre-socialist ownership in the exact location (as demanded by rural inhabitants) and to the overall pre-war land holding structure (few large landholdings with

13 — The village is located approximately 150 kilometers southeast of the capital Budapest and 30 kilometers from the district capital of Szolnok, the population is predominantly ethnic Hungarian and Roman Catholic.

14 — In the following, I will summarize and partly reinterpret some of the main earlier findings (for more details see Thelen 2003a–d, 2005), adding some not yet published data from research in 2009–10.

many landless laborers and many smaller holdings) were seen as obstacles to an efficient agriculture in the future. The privatization law in 1991 explicitly tried to avoid both by introducing a system of compensation vouchers. The vouchers were supposed to compensate different sorts of losses or sufferings under the socialist regime and could be invested in land (through auctions), but also in pensions and consumer goods.

Privatization had started in the early 1990s, so that by the time I began my research, a rather typical, post-socialist structure had evolved in the village: one larger entity (the soon to be dissolved reformed cooperative) leasing land from the mass of small holders and a few private farmers. I learned that the latter group consisted of five "new big farmers" or "new agrarian entrepreneurs". While their holdings stood at 100 and 150 hectares at the beginning of my research, after the collapse of the local cooperative, they had each expanded to approximately 400 cultivated hectares (of owned and leased land). Another small group of seven, whom I have called "new middle peasants", worked a surface area of approximately 20 to 40 hectares.[15] The majority of small holders would rent out their new property to either the collective or to some private farmer. With the final bankruptcy of the cooperative, members would lose not only the opportunity to engage in intensive pepper production, but also the other long-term rights granted by collectives under socialism.[16]

While much of this outcome was typical, some prevailing local norms and practices were decisive in shaping the actual property relations. In the above-mentioned effort to avoid inefficient land distribution, the privatization law followed the economic future-oriented logic and did not foresee a return to pre-socialist property, instead envisioning a totally new configuration through land auctions. However, the local pre-socialist, landowning families struggled hard to recover their original plots of land, and they often succeeded. Thus, here local practices manipulated the institutional layer of property according to locally dominant norms that continued to be oriented towards an imagined eternal past of (male) inheritance.[17]

The same local discourse, however, would be flexibly adapted in the practice of agricultural production. Four out of the five of the most successful new farmers are descendants of the pre-socialist land-owning local elite. Since the dominant notion of property neglected the commodification of land and advocated that

15 — I included two more persons who produced on 80 and 100 hectares respectively in this group because they did not expand after the collapse of the cooperative.

16 — Agrarian sociologists estimated that more people lost access to land in the 1990s through privatization than in collectivization in the 1950s (Harcsa/Kovách/Szelényi 1998: 232).

17 — My comparison with a village in Romania, inhabited mostly by Hungarian speakers, showed that this by no means is a "natural" development. In this case the law foresaw the possibility of "return", but villagers chose to case lots (see Thelen 2003c, 2005).

only the descendants of previous owners be granted new property rights, the entry of the fifth farmer, the son of the local mayor with a poor peasant background, who had held office in the early–mid 1990s, was deemed dubious. Gossip and corruption rumors spread about his father having unduly acquired compensation vouchers from the lonely elderly, or from villagers who were vulnerable otherwise. Despite the seemingly dishonest way in which the mayors' family had acquired agricultural land, it turned out that he was firmly embedded in the network of mutual exchange among the larger owners.

In addition, although the idea that justice would prevail by reinstituting inherited property rights, other moral discourses persisted beneath the surface. In 2000, a 52-year old widow dissented from the dominant property discourse by rendering the following account: "The old kulaks[18] return. [...] [M]y parents had only little land, because they were poor peasants. One thing is for sure, this system [today] helps the rich people". Several individuals born likewise into pre-socialist poverty also used the pejorative term *kulak* and remembered working hard as children and being mistreated on the farms of the rich landowners. As a 67-year old female pensioner phrased it: "In the past we hoed for the stinky kulaks". During the 1990s, when compensation for socialist dispossession was at the center of property discourses, these accounts were rarely aired in public. Their existence nevertheless suggests that norms of property are hardly ever uncontested.

Interestingly enough, the general idea of inherited wealth representing an "age-old" tradition or pattern of property transmission was never really questioned by either group. However, the introduction of individual private property was historically a rather new development in the region and in the village.

Historical forms of property

The land in question (approximately 4,000 hectares) is located in the so-called great plain and had for a long time been abandoned due to military conflicts with the Ottoman troops. After their defeat in the 17th century, it belonged to a series of corporate owners (the city of Debrecen, a military association, a charity in Budapest). In 1719, the city of Kunszentmárton first leased the territory for which it acquired the administration rights from the Habsburg crown in 1745. Subsequently, a new form of agrarian production developed, one characteristic for those Hungarian regions that had long suffered from armed hostilities, and where farmers no longer lived in the vicinity of their cultivated land but in towns (about 25 kilometers from the fields). The city council would regularly

18 __ *Kulak*, derived from Russian, was used to denounce "capitalist" land owners who employed farm helpers. During collectivization, landed property above 25 hold (= 15 hectares) indicated the status of *kulak* and was expropriated, the owners also were often imprisoned or otherwise abased.

distribute the land anew among those who had made contributions toward the requisite payment to the crown and would each year determine the time of cultivation as well as the sorts of crops to be planted. It would take another 100 years before the joint property management dissipated. Beginning with 1853, the proportionate use rights were transformed into fully inheritable private property and the city council allowed permanent buildings to be erected on the territory. By the end of the 19th century, more than 300 so-called *tanyas* (scattered single farmsteads) were built, and the village gained independence. In the first decades, there was no dearth for land, and new land could be cultivated with agricultural intensification and river regulation. However, only a few decades following the equal distribution of the estates amongst all (male) heirs, new problems surfaced: land scarcity, fragmentation and new poverty.

All these complex processes of property transformation show that the so-called "old peasant way of life", with private landed property and its transfer, had existed for less than 100 years in this village. In fact, within a few decades, even before the disruptions ensuing from socialist reforms, this had become unsustainable. Rather than resources being "naturally" scarce, which had therefore to be put to effective use through private property, as economists would have it, the introduction of private property (in connection with other factors) had produced scarcity.[19] In the beginning of the 20th century, reformers, including those who did not espouse left-wing politics, attributed the "underdevelopment" in many Eastern and Southeastern European countries to the fragmentation of landholdings, and called for property reforms. Notwithstanding such discussions as well as the actual newness and frailty of the private property system, the notion that it was always a given soon gained currency, and was hardly contested in the aftermath of the socialist experiment with collective property.

Local property practices and adaptation of the institutional layer

Only a small part of the pre-socialist elite was able to reemerge as successful new agrarian entrepreneurs in the 1990s. Property title is not the sole condition to insure successful farming. Among the more obvious factors that were decisive to economic success, besides appropriate machinery, were access to expertise and information. All later successful farmers were members of the local land distribution committee. Vested with the authority to act on behalf of other villagers, they would meet before the public auctions to discuss and agree upon the terms of land distribution. When the official agrarian engineers arrived in the village to manage the auction, these local men were thus the only active bidders.[20]

19 — For an outline of this general idea, see also Humphrey/Verdery 2004: 9.
20 — It is estimated that approximately one third of all auctions were actually based on prior agreements in Hungary (Harcsa/Kovách/Szelényi 1998: 224).

During socialism their families had converted their pre-socialist wealth into "socialist capital": higher education and influential positions in cooperative hierarchies. Under conditions of yet another political transformation, they were again capable of translating their informational and social resources into influential positions, and ultimately into private property.[21]

When asked, the new entrepreneurs preferred to attribute their economic success to their "family tradition" of hard work, resistance to socialism, and upholding patriarchal values. This emphasis on paternal inheritance (return to the land of the father, following paternal advice and example for working the land) hints at the gendered nature of property relations. In fact, during the course of privatization, yet another gap could be noted between the institutional layer and the layer of actual practices of property. While on the institutional layer, equal rights of inheritance were granted regardless of gender, the actual practices of men and women differed in relation to property. Women generally refrained from active participation in the compensation processes. Some relinquished their property rights by transferring their vouchers to their husbands or to other male relatives. No female agrarian entrepreneur had emerged from the privatization proceedings, and in most cases even wives of farmers knew little about the family property and business.

Their reluctance to actively engage in privatization and in agriculture is embedded in a gendered life course, including gendered visions of landed property. Elderly women, who looked back at their pre-socialist lives on the scattered farms, associated it with hard work, sometimes with domestic violence or just loneliness, as even neighbors were out of reach for a greater part of the year. In contrast to men, they would neither talk in terms of self-fulfillment in regard to land nor sentimentally about an obligation to or linkage with their parental property. While a male interlocutor once said: "Our land is our life", a typical statement by a female villager was: "I always said that I don't need that land" or "I worked enough on the fields, I don't need that anymore". The latter woman continued to save her compensation vouchers in her cabinet until 1999 – almost ten years after the privatization laws had taken effect. Instead of landed property, socialism had provided women with long-term rights to employment (often in "clean" jobs such administration and education), pensions, health care as well as a proper village (most of the scattered farmsteads were abandoned in favor of new houses in the core settlement) with a supermarket, church, bank, kindergarten and school. Thus, women had no incentive to return to private agriculture. However, given the successive loss of most other long-term rights, as well as the dwindling employment opportunities, their disengagement turned out to be a disadvantage in the long run.

21 __ In Bourdieusian terms these could be called processes of conversion of economic into social and cultural capital, and vice versa (see also Thelen 2003d).

Consequences of property reform 20 years later

In 2009, the situation of the "new big peasants" had economically stabilized. They claimed in interviews that they worked around 300–400 hectares, not wanting or being able to add more land. They also avoided labor-intensive crops like pepper, instead concentrating solely on grain and corn production. This enabled them to do most work with only one or two permanently employed trustees. One reason they cited for this decision was the alleged idleness of their fellow villagers. These decisions about the use of their landed property not only changed the landscape around the village, they also minimized their exchange relations with other producer groups. In Bourdieus' terms (see Zips in this volume) they continued to invest in the cultural capital of their children, as the generation of their parents and grandparents had done, by investing in now private (religious) schools in the town.

On the other end of the continuum, small and middle size producers were frustrated and many had given up agrarian production altogether. Despite inheriting private property, they had lost other long-term rights, such as access to machinery and markets. Far from generating profits, the land had still to be cared for – many offered to sell or lease their property to larger farmers, who did not want more land. Besides, other employment opportunities were scarce and long-term rights that had been formerly bound to work contracts with cooperatives or state firms, like pensions, health care, leisure activities, holiday facilities, had also diminished. While in the late 1990s through early 2000s, most households had installed gas heating, which was viewed as a sign of modernity, by 2010 many had returned to wood heating (often collecting firewood illegally).

With decreasing financial resources and a shrinking as well as aging population, the village had again forfeited some of its independence. Social work and educational facilities were located in a nearby city. LEADER, the European program to develop local resources while signaling transnational embedding, did not offer any visible economic prospects. The only outcome was the renovated municipal flat, which had formerly housed a teacher family and now was rarely ever used. This subsidized effort to encourage "rural tourism" – the transnationally most propagated strategy at the time – did little to transform the conditions. Having taken loans in Euros or Swiss Francs, many villagers had assumed large debts since the economic crisis of 2008.

My former host had originally returned to his village of origin in the early 1990s, intending to collaborate with his father to produce on the land that the family had previously inherited, and which was more recently privatized. However, at the time, not trusting the then new property regime, his father had refused to take his land out of the cooperative. Therefore, my host took employment at the cooperative and was later employed for a few years as a helping hand in the mayors' office. During that time, he also produced pepper on a small garden plot, until he, too, was hit by the global financial crisis. Meanwhile, his father had died, but private agriculture on a small piece of land was no longer seen as economically viable. Even as he claimed to have received much help from all the larger owners in 2009, he had left the country by 2010 to work in construction in Germany. For him, and for many other villagers, property had turned from a source of hope for the future, as well as from a moral as well as legal right, into a liability.

Concluding remarks

Property has been a central topic in economic anthropology and still constitutes a valuable entry point to the study of social organization and change. This is so because property is intricately enmeshed with all kinds of hierarchies, such as household organization, gender relations, and political structures. Property in this sense is multifunctional (Benda-Beckmann/Benda-Beckmann/Wiber 2006: 1) and a central dimension of the global political economy (Hann 1998: 2). However, property is not a "given"; its boundaries are almost always contested and its scientific conceptualization shifts with changes in the historical context. Thereby, anthropological reflections on property have been deeply influenced by the binary of individual and collective property, as well as the often critical stance anthropologists have taken vis-à-vis the expansion of monetary exchange, and more generally, the relations of production under capitalism. This has spurred anthropological interest in collective forms of property and provided legitimacy to a "return" to non-private forms of property. In more recent times, critiques of neo-liberalism have stimulated research on new forms and objects of property. Therefore, I argue that there are two ways in which property as a concept can still be usefully applied in anthropological research: for comparative research and to trace the "work of property" as Verdery and Humphrey (2004) have termed it, or trace "property in action", in the words of Franz and Keebet von Benda-Beckmann and Melanie Wiber (2006).

The first endeavor needs a delineation of property. In 1998, Chris Hann argued for a broad concept of property "as distribution of entitlements" (ibid.: 7). This would then include entitlements, such as the right for paid work or social welfare. Georg Elwert (1999) termed such entitlements "long-term rights", of which property would be only one. If reforms have produced the loss of such long-term rights, this will generally lead to a rejection of such measures, especially if they are relevant to social reproduction, as the rights of transmission (ibid.: 1143). Aligning my argument with these considerations, I incorporated different long-term rights into my analysis, such as pensions or access to markets through the cooperative. At the same time, I have argued against too broad a definition of property and, for the purpose of analysis, in favor of distinguishing property from other long-term rights (Thelen 2003c). Meanwhile, Hann has partly revised his position and argues, along similar lines, that the definition of property, if extended too much, would risk becoming synonymous with all social relations (2005: 111). Definitions cannot fully unravel the messy reality, but are essential analytical tools that help to delineate certain fields of interest. Therefore, I conclude that property should (and could) be qualified according to the comparative research interest on access and in relation to the deployment and subsequent conversion of diverse resources into valuable "things".

The second way to use property as a conceptual tool is to study the gains it produces, and who the beneficiaries are, within changing economic and political frameworks. This entails deciphering how property is theorized and reconfigured in situations of hierarchy, ranging from how new rights of extraction are granted to issuance of access rights to (foreign) land to large corporations. It involves asking how technologies have made, and still make, new "property entities" conceivable, so that now, for example, human body parts, redefined as bounded units are deemed tradable as such. Attention to such developments will allow us to identify subtle changes and unexpected outcomes, but also to sensitize us to forms of property that still remain unknown as well as to possible forms of undoing and disintegration of property as we know it today.

References

Acheson, James (2011): Ostrom for anthropologists. In: International Journal of the Commons 5/2, 319–339. Available at: http://doi.org/10.18352/ijc.245, 30.8.2016.

Benda-Beckmann, Franz von/Benda-Beckmann, Keebet von (1999): A functional analysis of property rights, with special reference to Indonesia. In: van Meijl, Toon/Benda-Beckmann, Franz von (eds.): Property rights and economic development: Land and natural resources in Southeast Asia and Oceania. London: Kegan Paul International.

Benda-Beckmann, Keebet von/Benda-Beckmann, Franz von/Wiber, Melanie (eds.) (2006): Changing properties of property. New York/Oxford: Berghahn.

De Soto, Hernando (2000): The Mystery of Capital: Why Capitalism Triumphs in the West and Fails Everywhere else. New York: Basic Books.

Elwert, Georg (1999): Eigentum. In: Betz, Hans Dieter/Browning, Don S./Janowski, Bernd/Jüngel, Eberhard (Hg.): Religion in Geschichte und Gegenwart, Bd. 2. Tübingen: Mohr Siebeck, 1143.

Engels, Friedrich (1884): Der Ursprung der Familie, des Privateigenthums und des Staats. Im Anschluss an L. H. Morgan's Forschungen. Hottingen-Zürich: Genossenschaftsbuchdruckerei.

Firth, Raymond (1939): Primitive Polynesian Economy. London: Routledge & Kegan Paul.

Gluckman, Max (1965): The ideas in Barotse Jurisprudence. Manchester: Manchester University Press.

Godelier, Maurice (1978): Territory and Property in Primitive Society. In: Social Science Information 17/3. London/Beverly Hills: Sage, 399–426.

Goody, Jack (1962): Death, Property and the Ancestors. Stanford: Stanford University Press.

Hann, Chris (1980): Tázlár: A village in Hungary. Cambridge: Cambridge University Press.

Hann, Chris (1998) (ed.): Property relations: Renewing the Anthropological Tradition. Cambridge: Cambridge University Press.
Hann, Chris (2005): Property. In: Carrier, James (ed.): Handbook of Economic Anthropology. Cheltenham: Edward Elgar, 110–124.
Hann, Chris (2015): Property: Anthropological Aspects. In: Wright, James D. (ed.): International Encyclopedia of the Social & Behavioural Sciences. Oxford: Elsevier, 153–159.
Harcsa, István/Kovách, Imre/Szelényi, Iván (1998): The price of privatization: The post-communist transformational crisis of the Hungarian agrarian system. In: Szelényi, Iván (ed.): Privatizing the land – rural political economy in post-communist societies. London: Routledge, 214–239.
Hetherington, Kregg (2009): Privatizing the private in rural Paraguay: Precarious lots and the materiality of rights. In: American Ethnologist 36/2, 224–241.
Hirsch, Eric (2010): Property and Persons: New Forms and Contests in the Era of neoliberalism. In: Annual Review of Anthropology 39, 347–360.
Humphrey, Caroline (1983): Karl Marx collective: economy, society and religion in a Siberian collective farm. Cambridge: Cambridge University Press.
Humphrey, Caroline/Verdery, Katherine (2004): Introduction: Raising Questions about Property. In: Humphrey, Caroline/Verdery, Katherine (eds.): Property in question: value transformation in the global economy. Oxford: Berg, 1–25.
Kay, Cristóbal (2002): Agrarian reform and the Neoliberal Counter Reform in Latin America. In: Chase, Jacqueline (ed.): The Spaces of neoliberalism: Land, Place, Family in Latin America. Bloomfield: Kumarian Press, 25–52.
Kopytoff, Igor (1986): The Cultural Biography of Things: Commoditization as Process. In: Appadurai, Arjun (ed.): The Social Life of Things: Commodities in Cultural Perspective. New York: Cambridge University Press, 64–91.
Kornai, János (1992): The socialist system: The Political Economy of Communism. Oxford: Oxford University Press.
Kovách, Imre (1997): Postsocialism and Embourgeoisement. In: Szociológiai Szemle 4, 20–39.
Malinowski, Bronislaw (1935): Coral Gardens and Their Magic. London: Earthscan.
Maurer, Bill/Schwab, Gabriela (2006): Introduction: The Political and Psychic Economies of Accelerating Possession. In: Maurer, Bill/Schwab, Gabriela (eds.): Accelerating possession: global futures of property and personhood. New York: Columbia University Press, 1–20.
Ong, Aihwa/Zhang, Li (2006): Introduction: Privatizing China: Powers of the Self, Socialism from Afar. In: Ong, Aihwa/Zhang, Li (eds.): Privatizing China: Socialism from Afar. Ithaca and London: Cornell University Press, 1–20.
Peters, Pauline E. (2006): Beyond Embeddedness: a Challenge raised by a Comparison of the Struggles Over Land in African and Post-socialist Countries. In: Benda-Beckmann, Keebet von/Benda-Beckmann, Franz von/Wiber, Melanie (eds.): Changing properties of property. New York/Oxford: Berghahn, 84–105.
Pottage, Alain (2004): Introduction: the fabrication of persons and things. In: Pottage, Alain/Mundy, Martha (eds.): Law, Anthropology and the Constitution of the Social: Making Persons and Things. Cambridge: Cambridge University Press, 1–39.
Povinelli, Elizabeth (2004): At home in the violence of recognition. In: Humphrey, Caroline/Verdery, Katherine (eds.): Property in question: value transformation in the global economy. Oxford: Berg, 185–206.
Ruf, Gregory A. (1999): Collective Enterprise and Property Rights in a Sichuan Village: The Rise and Decline of Managerial Corporatism. In: Oi, Jean/Walder, Andrew G. (eds.): Property Rights and Economic Reform in China. Stanford: Stanford University Press, 27–48.

Sikor, Thomas (2006): Land as Asset, Land as Liability: Property Politics in Rural Central and Eastern Europe. In: Benda-Beckmann, Keebet von/Benda-Beckmann, Franz von/Wiber, Melanie (eds.): Changing properties of property. New York/Oxford: Berghahn, 106–125.
Strathern, Marilyn (1988): The Gender of the Gift: Problems with Women and Problems with Society in Melanesia. Berkeley: University of California Press.
Strathern, Marilyn (1996): Potential property. Intellectual rights and property in persons. In: Social Anthropology 4/1, 17–32.
Strathern, Marilyn (2006): Intellectual Property and Rights: an anthropological Perspective. In: Tilly, Christopher/Keane, Webb/Kuechler, Susanne/Rowlands, Michael/Spyer, Patricia (eds.): Handbook of Material Culture. London/Thousand Oaks/New Dehli: Sage, 447–462.
Thelen, Tatjana (2003a): "The New Power of Old Men": Privatisation and Family Relations in Mesterszállás (Hungary). In: The Anthropology of East Europe Review: Central Europe, Eastern Europe and Eurasia 21/2, 15–23.
Thelen, Tatjana (2003b): Are the kuláks back? Inherited Capital and Social Continuity in Mesterszállás, Hungary. In: Grandits, Hannes/Heady, Patrick (eds.): Distinct Inheritances: Property, Family and Community in a Changing Europe. Münster: Lit, 329–346.
Thelen, Tatjana (2003c): Privatisierung und soziale Ungleichheit in der osteuropäischen Landwirtschaft. Zwei Fallstudien aus Ungarn und Rumänien. Frankfurt am Main: Campus.
Thelen, Tatjana (2003d): "The son of a fox is a fox, the son of a dog a dog". Forms of capital and local perception of success in a Hungarian village. In: Viorel, Anastasioae (ed.): Breaking the wall: Representing anthropology and anthropological representations in post-communist Eastern Europe. Cluj-Napoca: EFES, 205–228.
Thelen, Tatjana (2005): Violence and social (dis)continuity: comparing collectivization in two East European villages. In: Social History 30/1, 25–44.
Thelen, Tatjana (2011): Shortage, fuzzy property and other dead ends in Anthropological analysis of (Post-)Socialism. In: Critique of Anthropology 31/1, 43–61.
Verdery, Katherine (1996): What was socialism and what comes next? Princeton: Princeton University Press.
Verdery Katherine (1999): Fuzzy property: Rights, power, and identity in Transylvania's decollectivization. In: Burawoy, Michael/Verdery, Katherine (eds.): Uncertain Transition: Ethnographies of Change in the Postsocialist World. Lanham: Rowman and Littlefield, 53–82.
Verdery, Katherine (2004): The Obligations of Ownership: Restoring Rights to Land in Postsocialist Transsylvania. In: Humphrey, Caroline/Verdery, Katherine (eds.): Property in question: value transformation in the global economy. Oxford: Berg, 139–160.
Weiner, Annette (1992): Inalienable possessions: The paradox of keeping-while-giving. Berkeley/Los Angeles: University of California Press.

Recommended reading list

Benda-Beckmann, Keebet von/Benda-Beckmann, Franz von/Wiber, Melanie (eds.) (2006): Changing properties of property. New York/Oxford: Berghahn.
Goody, Jack (1962): Death, Property and the Ancestors. Stanford: Stanford University Press.
Hann, Chris (2006): Not the Horse We Wanted: Postsocialism, Neo-liberalism, and Eurasia. Berlin: Lit.
Strathern, Marilyn (1999): Property, Substance and Effect: Anthropological Essays on Persons and Things. London: Athlone.
Weiner, Annette (1992): Inalienable possessions: The paradox of keeping-while-giving. Berkeley/Los Angeles: University of California Press.

Andre Gingrich

Vom Verhältnis zur „Natur" bei anderen Kulturen[1]

Der vorliegende Aufsatz fragt nach den Umgangsformen mit der äußeren Natur bei Kulturen, die historisch nicht primär durch die euro-amerikanische Entwicklung hindurchgegangen sind. Als Kriterium zur Charakterisierung werden dafür die jeweiligen Subsistenzformen herangezogen. Schriftlose und verschriftete Kulturen werden danach befragt, welche wesentlichen praktischen und kognitiven Interaktionen sie in Bezug auf die äußere Natur hervorgebracht haben.

Begriffsbestimmung aus Sicht der Sozial- und Kulturanthropologie

Für die Frage, wie andere Kulturen als die in Westeuropa und Nordamerika vorherrschenden mit Natur umgehen, gilt es zwei erste Begriffsklärungen vorzunehmen, bevor eine nähere Beantwortung versucht wird.

Erstens leben jene „anderen" Kulturen nirgendwo auf der Welt in völlig isolierter oder abgeschlossener Form. Heutzutage haben Weltwirtschaft und Globalisierung auf die eine oder andere Weise selbst die entlegensten Kulturen erreicht und verändert. Da diese globalen Veränderungen in den meisten Fällen von euro-amerikanischen Zentren aus getragen und geprägt werden, finden sich vor Ort fast durchwegs mindestens dreierlei kulturelle Einflüsse:

— Ein älteres, manchmal noch fester gefügtes, lokales (oder einheimisches) Kulturmuster, dem spirituelle oder religiöse Werte zugrunde liegen und

— ein jüngeres, manchmal noch schwächer ausgeprägtes, globales (oder westlich geprägtes) Kulturmuster, das eher säkular orientiert ist.

— Drittens können diese lokalen und globalen Konstellationen vor Ort von mehr oder minder rezenten Strängen einer Entsäkularisierung unterlegt sein,

1 — Beim vorliegenden Beitrag handelt es sich um den für diesen Zweck leicht überarbeiteten und ergänzten Wiederabdruck des Textes *Vom Verhältnis zur „Natur" bei anderen Kulturen*, erschienen in Wissenschaft & Umwelt Interdisziplinär 9, 2005. (Gingrich 2005). Für ihre hilfreichen Kommentare und Anregungen danke ich der Herausgeberin Gertraud Seiser (Universität Wien) und im Rahmen der Österreichischen Akademie der Wissenschaften (ÖAW) Herwig Friesinger (2003–2009 Generalsekretär der ÖAW), Helmut Lukas (Institut für Sozialanthropologie der ÖAW) sowie Anton Zeilinger (Präsident der ÖAW seit 2013, davor Institut für Quantenoptik und Quanteninformation der ÖAW). Für ihre Hilfe bei der Bereitstellung der diesen Wiederabdruck illustrierenden Abbildungen danke ich Michael Jursa (Institut für Orientalistik der Universität Wien) sowie Mehmet Emir, Maria-Katharina Lang und Helmut Lukas (Institut für Sozialanthropologie der ÖAW).

die meist von regionalen Zentren ausgehen und popularisierten Formen von Schriftreligion vor Ort Einfluss verschaffen können.

In vielen Kontexten Afrikas, Asiens oder Lateinamerikas verbindet sich dieses örtliche Gefüge noch mit weiteren Einflüssen alter, regionaler Kulturen und Religionen, die über Schrift oder Handel viele Lokalgesellschaften schon lange Zeit vor der heutigen Globalisierung in überlokale Netzwerke und Hierarchien eingebunden haben (etwa mit der Ausbreitung von Schriftreligionen). Kurzum, andere Kulturen weisen vor Ort immer multiple Einflüsse von unterschiedlicher Intensität auf, wovon einer meist ein westlicher ist (Gellner 1988; Appadurai 1997). Soweit eine erste Begriffsklärung dazu, was hier unter anderen Kulturen verstanden wird. Jene Kulturen, die in der Vergangenheit weitgehend ohne Schrift ausgekommen sind, nannte man früher auf Deutsch gerne „Naturvölker", so als ob schriftlose Gesellschaften kaum „Kultur" hätten: Von dieser vorurteilsbeladenen Unterscheidung ist man heute in der Wissenschaft längst abgekommen, auch wenn sie sich im Alltag noch da und dort gehalten hat.

Der zweite zentrale Begriff der vorliegenden Thematik bezieht sich also auf Natur. In der Physik und einigen anderen „Natur"-Wissenschaften wird im Unterschied zu den *life sciences* der Begriff primär auf die Gesamtheit beobachtbarer Phänomene der nicht belebten Natur bezogen. Aus einer anthropologischen Perspektive heraus ist die Betonung dieses Gegensatzes (zwischen „belebt" und „nicht belebt") jedoch weniger zweckmäßig. Vielmehr wird hier an eine andere Unterscheidung der europäischen Begriffstraditionen angeknüpft, wonach zwischen der „natürlichen" Umwelt (äußere Natur) und der Natur des Menschen selbst (innere Natur) differenziert wird. Wäre nun aber diese innere Natur der Menschen für die Zwecke des vorliegenden Beitrages ebenfalls zu erörtern, so müssten Themen wie Geschlechtlichkeit, Reproduktionsfähigkeit oder Krankheit und Sterblichkeit der Menschen diskutiert werden und wie andere Kulturen damit umgehen. Wir wären dann mitten in komplexen Themenfeldern wie Sexualität, Männlichkeit und Weiblichkeit, Ehe, Geburt, Verwandtschaft, Heilung und Tod: Das sind Themen, welche Kulturen und Religionen auf der ganzen Welt zentral beschäftigen, die aber weit weg führen von dem, was hier im Mittelpunkt bleiben soll. Sinnvollerweise wird sich also das hier verwendete Verständnis von Natur auf äußere Natur im Sinn von natürlicher Umwelt beschränken müssen (Eder 1988). Ein wichtiges praktisches Kriterium, um die Abfolgen und Eigenarten menschlicher Bezüge zur äußeren Natur zu charakterisieren, wäre der Umgang mit Energie. Dieser Bezug auf die Praxis genügt allerdings nicht; die Forschung betont seit Langem die Notwendigkeit der Verbindung von praktisch-effektiven mit kognitiv-mentalen Gesichtspunkten (Vayda/Rappaport 1968; Bloch 2012).

In kognitiver und symbolischer Hinsicht wiederum lässt sich der Bezug zur äußeren Natur im Prinzip aus einer kulturwissenschaftlichen und damit aus einer durchaus anthropozentrischen Sicht in drei Bereiche weiter differenzieren:

1) Es gibt immer jenen Bereich der natürlichen Umwelt, mit dem die Menschen zielgerichtet oder unabsichtlich interagieren und dabei wahrnehmbare Veränderungen an sich (etwa Ernährung) und in der äußeren Natur (etwa Rodung) bewirken. Ein Hauptelement dieser Veränderungen hat mit der jeweiligen menschlichen Wirtschaftsform und Haushaltsführung zu tun. Soweit diese Veränderungen in der natürlichen Umwelt von dauerhafter Art sind, kann von Kulturlandschaft gesprochen werden.

2) Darüber hinaus gibt es immer einen Bereich der natürlichen Umwelt, der von den Menschen zwar wahrgenommen und interpretiert, aber unter den gegebenen Verhältnissen von ihnen nicht substanziell verändert werden kann. Umgekehrt aber können Elemente dieses Bereichs auf praktisch erfahrbare oder nur auf symbolisch interpretierte Weise so vorgestellt sein, dass sie selbst massiv auf das Leben der Menschen einwirken: „gute" und „schlechte" Himmelskörper etwa; gefährliche und günstige Jahreszeiten; bestimmte Tiere, die tabuisiert oder gefürchtet sind; todbringende Gewässer und lebensspendende Winde sowie alle Varianten und Gegenteile davon sind hier gemeint.

3) Die moderne naturwissenschaftliche und philosophische Forschung lehrt uns, dass selbst für technisch höchst entwickelte Kulturen wie unsere gilt: Es gibt immer eine Sphäre der natürlichen Umwelt, im Großen wie im Kleinen, welche die Menschen überhaupt noch nicht wahrgenommen haben. Was aber fast immer gewusst oder geahnt wird, ist, dass es Unbekanntes gibt. Vorstellungen vom Unbekannten sind also immer Teil der menschlichen Vorstellungen über die äußere und ebenso die innere Natur (Godelier 1984).

Sinnvollerweise beschränkt sich der vorliegende Beitrag auf die ersten beiden dieser drei Bereiche und konzentriert sich dabei auf das Wechselverhältnis von veränderter zu natürlich belassener Umwelt. Zum dritten Bereich sei hier nur angemerkt, dass er meist auch die Grenzen der inneren Natur des Menschen anspricht (etwa Wissen um Sterben und Tod) und damit Kernthemen des Religiösen wie auch der Wissenschaften betrifft.

Von multipel beeinflussten Lokalkulturen außerhalb der Kernzonen des euro-amerikanischen Westens wird im Folgenden also zu sprechen sein und von ihren Umgangsformen mit umgestalteter und natürlich belassener Umwelt. Dabei wird nur auf indirekte Weise erschließbar werden, was anderswo als eine Art von Naturschutz bezeichnet werden kann. Das Konzept von Naturschutz ist ein euro-amerikanisch geprägtes und damit vor Ort fast immer Teil jener zweiten, jüngeren und von außen kommenden, meist säkularen Einflüsse, von denen bereits die Rede war. Mehr noch: Außerhalb der euro-amerikanisch und/oder monotheistisch beeinflussten Kernzonen der Welt kennen die örtlichen, kleineren und größeren Lokalkulturen fast nirgendwo sonst ein traditionelles Konzept von dem, was wir Natur nennen.

Wildbeuter

Bei jenen Kulturformen, in denen die Menschen nicht systematisch in die biologische Reproduktion anderer Lebewesen eingreifen, spricht die Anthropologie meist von Wildbeutergesellschaften *(foraging societies)*, manchmal wird auch weiterhin der ältere (und unscharfe) Begriff Jäger- und SammlerInnen verwendet. Weit über 90 % der Gesamtperiode, in der der Homo sapiens sapiens existiert, war von diesen Lebensformen geprägt. Nach heutiger Lehrmeinung setzt die menschliche Entwicklung in Afrika ein (*Out-of-Africa*-Hypothese). Die große energetische Entdeckung in dieser langen Periode war der Umgang mit Feuer; Domestikation wurde kaum betrieben. Physische Anthropologie und prähistorische Archäologie sind zu Aussagen über diese Perioden der Menschheit die kompetenten Spezialfächer, die Beiträge der Sozial- und Kulturanthropologie sind zwar kleiner, aber nicht irrelevant: Heute sind es nämlich weit weniger als 0,5 % der Menschheit (Schweitzer et al. 2006: 5), die dieser Lebensform zugerechnet werden können.

Abbildung 10: Ein Maniq-Mann mit Blasrohr

Darunter befinden sich überdies viele Populationen, welche erst sekundär durch äußere Entwicklungen ins Wildbeutertum abgedrängt wurden, was historisch oft eine kreative Anpassungsform darstellte (Ingold et al. 1988; Hoffman 1988). Dennoch lassen sich auch aus Sicht der Sozial- und Kulturanthropologie mindestens drei allgemeinere, wichtige Einsichten zum Wildbeutertum und seinem Verhältnis zur Natur beisteuern:

1) Eine Einsicht ist seit der ersten großen „Man the Hunter"-Konferenz von Chicago 1968 [2] opinio communis geworden und besagt: Sofern sie nicht durch massiven äußeren Druck seitens anderer Kulturen marginalisiert werden, tendieren Wildbeutergesellschaften zur nicht maximalen Ausnutzung der ihnen zugänglichen natürlichen Ressourcen (Lee/DeVore 1968). Sie sind keine auf Wachstum und massive Bevorratung hin orientierten Gemeinschaften, daher wird nicht alles der Tier- und Pflanzenwelt entnommen, was möglich wäre, sondern nur das, was benötigt wird. In der Regel waren das fast immer (und sind es nur mehr manchmal) ökologisch besonders diversifizierte Zonen, welche ein solches Mehr als das Nötigste anboten, sodass man sogar von einer „ursprünglichen Überflussgesellschaft" gesprochen hat (Sahlins 1972). Das generelle Bild von einem verzweifelten, tagtäglichen Kampf ums nackte Überleben bei Jäger- und SammlerInnen (aber auch bei einfachen Bodenbauern) ist also sicherlich falsch.

2) Krisenanfälliger sind Wildbeutergesellschaften durch die stärkere Abhängigkeit vom jahreszeitlichen Wechsel der Natur aber sehr wohl, wofür sie ihrerseits ein besonders hohes Maß an Anpassung entwickelt haben. Diese Einsicht verweist auf zwei grundsätzliche Ausformungen: Die viel weiter verbreitete Ausformung unter Wildbeutern ist das sogenannte *Fusion-and-fission*-Muster (Zusammenschluss und Aufspaltung). Hier gliedern sich – gemäß den saisonalen Zyklen von Tieren und Pflanzen – die Wildbeutergruppen zur Risikominimierung in bestimmten Jahreszeiten über größere Territorien in kleinere Subeinheiten auf, während sie sich zu anderen Jahreszeiten an wenigen geeigneten Orten zu größeren Einheiten zusammenziehen (und dabei auch periodisch sesshaft sein können). Die „schweifende" und mobile Lebensform, für die größere Diversifikation der Ressourcen und geringere soziale Stratifikation charakteristisch sind, wird manchmal auch als jene der „einfachen Wildbeuter" bezeichnet (Hayden 1994). Im Unterschied dazu gibt es andererseits auch die seltenere Anpassungsform von semi-stationären Siedlungen der „komplexen Wildbeuter" in ökologisch besonders üppig oder geschützt ausgestalteten Nischen, wie im zirkumpolaren Raum (bei den Inuit etwa) oder an der Nordwestküste Nordamerikas. Dabei herrschen meist Spezialisierung auf wenige Hauptressourcen und größere soziale Komplexität vor (Burch/Ellanna 1994).

3) Unter diesen Rahmenbedingungen ist noch eine weitere allgemeine Aussage über die Einstellungen in Wildbeutergesellschaften zur Natur möglich: Bestimmten Phänomenen oder Elementen der natürlichen Umwelt wird immer ein besonderer Respekt entgegengebracht und über bestimmte Pflanzen und Tiere wissen Wildbeuter mehr als alle anderen Menschen. Selbstverständlich wird auch von Jäger- und SammlerInnen mit manchen Bereichen der natürlichen Umwelt achtlos oder gar geringschätzig umgegangen – allerdings sind die demo-

2 __ Diese wird seither als größtes interdisziplinäres Weltforum als „Conference on Hunting and Gathering Societies" (CHAGS) regelmäßig abgehalten, darunter 2015 in Wien.

grafischen und technischen Kapazitäten für Umweltschäden unter diesen Umständen äußerst beschränkt. Was aber typisch ist für die meisten Wildbeutergesellschaften, das ist eine besondere Ehrfurcht vor ausgewählten Elementen der Natur, die aus dem einen oder anderen Grund als vital betrachtet werden. Bei den Pygmäen in Zentralafrika ist das der Wald insgesamt; bei vielen australischen Ureinwohnern ist das jeweils ein anderes Totem. Für die !Kung San der Kalahari ist ihr hoch spezialisiertes und von Respekt getragenes Wissen um bestimmte Pflanzen besonders gut dokumentiert. In Sibirien und bei nordamerikanischen Wildbeutern wiederum ist es oft die Seele von Jagdtieren, die um Vergebung gebeten wird, und der man schonenden Umgang verspricht. Die damit zusammenhängenden religiösen Vorstellungen hat man oft als Totemismus (besonders für Australien) und als Animismus (Geisterglaube) charakterisiert (Hamayon 1990; Hiatt 1996): Die indigenen ExpertInnen, welche zu den Geistern reisen oder von ihnen besessen sein können, gelten nicht nur bei Jäger- und SammlerInnen als SchamanInnen.

Daraus lässt sich ableiten:

1) In Wildbeutergesellschaften werden große Teile jener Bereiche der natürlichen Umwelt systematisch zumindest „geschont", die im System nicht-maximaler Nutzung pragmatisch nicht benötigt werden.

2) Aber auch jene Bereiche, denen gegenüber ein besonders intensives Nutzungsverhältnis besteht, werden aus den genannten symbolisch-animistischen Motiven heraus besonders respektvoll behandelt.

Einfache Bodenbauern

Alle anderen Wirtschaftsformen außer dem Wildbeutertum, welche die Menschheit hervorgebracht hat, beruhen auf der Domestikation bestimmter Pflanzen- und Tierarten. Man geht heute davon aus, dass zumindest in weiten Teilen Eurasiens und Nord- und Südamerikas das Wildbeutertum zu unterschiedlichen Zeiten von einfachen Formen des Bodenbaus schrittweise und partiell abgelöst wurde, als erstes im Nahen Osten. Eine dieser Übergangsformen verlief auf mehreren Kontinenten wahrscheinlich ähnlich dem rezenten Muster der sogenannten Erntevölker, die so lange regelmäßig zu fruchttragenden Wildpflanzen ziehen, um sie abzuernten, bis sie den gesamten Vorgang selbst gezielt betreiben. Im Gebiet der Großen Seen Nordamerikas bietet die historische Praxis der Ojibwa mit ihrem „Wildreis" dafür das bekannteste Beispiel, das stets mit Hegen und Pflegen Hand in Hand ging (Lips 1928).

Einfacher Bodenbau operiert mit dem Grabstock und kommt für die Bodenbearbeitung meist ohne tierische Zugkraft aus. Eine seltenere Variante ist der intensiv ausgerichtete Gartenbau, wie ihn etwa die nordamerikanischen Hopi mit ihrem kleinflächigen Mais- und Gemüseanbau betrieben; die gängigste Form hingegen ist die Brandrodungs- oder Schwendtwirtschaft *(shifting cultivation)*: Neue Felder werden durch Roden und Abbrennen angelegt und einige Jahre lang bewirtschaftet, bis der Boden ausgelaugt zu werden droht und dann entweder eine mehr oder minder lange Brache erfordert oder ganz verlassen wird. Je nachdem, welche Voraussetzungen die natürliche Umwelt für das Anlegen neuer Felder anbietet, unterscheidet man zwischen der bekannteren Feld-Wald-Wechselwirtschaft und der oft übersehenen Feld-Gras-Wechselwirtschaft *(grassland farming)*.

Dementsprechend müssen Brandrodungsbauern im mehrjährigen Rhythmus ihre Hauptanbauzonen, wenn nicht sogar ihre Siedlungsstandorte verändern. Dies ist eine klassische extensive Form des Bodenbaus, welche im Vergleich zu Wildbeutern das Denken in weiten Räumen etwas einschränkt zugunsten einer stärkeren Beachtung der zeitlichen Dimensionen (Conklin 1954).

Abroden und Abbrennen enthalten selbstverständlich schwerwiegende Potenziale von Belastung und Schädigung der natürlichen Umwelt. Auch wenn der Boden durch Asche und Mist gedüngt wird, bleibt dies unbestreitbar. Dennoch, die oftmalige mediale Verteufelung von Brandrodungsbauern (und nomadischen Viehzüchtern) als schlimmste Umweltsünder der Menschheit ist von einer geradezu grotesken Einseitigkeit. Ob in Indonesien oder auf den Philippinen, ob in Afrika südlich der Sahara, in den Hügel- und Berggebieten des südostasiatischen Festlands oder im Amazonastiefland: Wo immer man in den letzten Jahrzehnten mediale Attacken gegen umweltsündigende Brandrodungsbauern vernahm, handelte es sich nicht um eigenständige, sondern um aufgezwungene Entwicklungen. In aller Regelmäßigkeit waren dies Fälle, in denen einfache Brandodungsbauern unter massivem äußerem Druck standen, der zuvor längst durch Straßenbau, Abwaldungen, menschlich intensivierte Dürreperioden oder durch Vieh-Rancher entstanden war (Dove 1986; Lukas 2002). Unter solchem äußerem Druck kann es dann tatsächlich passieren, dass Brandrodungsbauern quasi die unfreiwillige Vorhut bei der Zerstörung etwa von Regenwald werden.

Operieren Brandrodungsbauern hingegen in einem selbst regulierten Rhythmus, so ist man trotz der extensiven Dynamik stets darauf bedacht, die Grenzen dieser Extensivität zu bewahren. Das ergibt sich schon allein daraus, dass Brandrodungsbauern fast immer eine Mischwirtschaft betreiben, in der auch der freien Kleinviehzucht und dem Jagen und Sammeln ein größerer Anteil zukommt. Dafür wird ursprüngliche sowie genutzte, aber nicht bebaute Natur im näheren Umfeld der eigenen Siedlung benötigt. Zahlreiche Beispiele, aus Papua-Neuguinea bis etwa in die 1980er-Jahre hinein, belegen dies nachdrücklich (Rappaport 1984; Knauft 1993). Religiöse Vorstellungen von Erdgottheiten, Ahnenkult und Schamanismus tragen oft das Ihre dazu bei, diese Grenzen der Extensivität zu wahren: Die Gemeinschaft der Gegenwart ist nur Mittlerin zwischen den eigenen Kindern und den Ahnen, aus deren Händen man die Verantwortung für das Leben und den Boden übernommen hat. Für jene einfachen

Bodenbaukulturen, die nicht unter massiven äußeren Druck geraten sind, lässt sich daraus ableiten: Aus praktischen Erwägungen schonen sie die von ihnen genutzte natürliche Umwelt, schon um deren langfristige Nutzung durch Felderwechsel und Brache zu sichern, so lange die ökonomische Situation nichtmaximaler Nutzung es zulässt. In symbolischer Hinsicht erlaubt die besonders vielfältige Glaubenswelt einfacher Bodenbauerkulturen nur die Aussage, dass die Grenzen der Extensivität auf massive Weise durch Tabu und Ritual markiert werden. Dies kann sich in Ehrfurcht vor der „wilden" Natur als Manifestation einer Muttergöttin äußern, in Scheu vor „unreinen und gefährlichen" Zonen böser Geister, und in vielerlei anderen, kreativen Formen.

Nomaden

Unter Nomaden versteht man spezialisierte Viehzüchter mit mobiler Lebensweise. Die Entstehung von nomadischen Lebensweisen aus Formen des Jägertums (eventuell in Teilen des nördlichen Eurasiens und Afrikas) dürfte insgesamt eher die Ausnahme dargestellt haben. Für die größten Bereiche Asiens und des nördlichen Afrikas geht die Wissenschaft heute davon aus, dass sich der Nomadismus primär aus den ariden Randgebieten früher Agrarzonen ausdifferenziert hat (Clutton-Brock 1989). Als Halbnomaden bezeichnet man jene Gruppen, die entweder fallweise oder auf Dauer mit einem kleinen Anteil auch einfache Formen des Bodenbaus betreiben (Galatay/Johnson 1990). Insgesamt sind halbnomadische Gruppen häufiger als vollnomadische, und generell stellen Sesshaftigkeit und Nomadismus in der Praxis eher ein Kontinuum dar als eine – in Literatur und Mythen oft übertriebene – Polarität. Das hauptsächliche Verbreitungsgebiet nomadischer Kulturen lag und liegt in der Alten Welt, speziell in jenem randtropischen Nomadengürtel, der sich quer über die Sahelzone von West- nach Ostafrika erstreckt und von dort über Arabien, Anatolien und den Iran bis nach Zentralasien und in die Mongolei.

Mischformen zwischen der Haltung von Kleinvieh (insbesondere Schafe und Ziegen) und bestimmten Arten von Großvieh (Rind, Pferd, Kamel) sind am weitesten verbreitet. Nomaden (oder auch „Hirten", *pastoralists*) haben auf friedliche und auf kriegerische Weise immer sehr dicht mit agrarischen Gesellschaften interagiert und dabei andere oft unterworfen und überlagert, ebenso wie sie auch selbst für größere Verbände instrumentalisiert wurden. Deshalb weisen heutzutage praktisch alle existierenden nomadischen Gruppen besonders deutliche Spuren intensiver Einwirkungen aus dem agrarischen und städtischen Bereich auf (Konsumgüter und Waffen etwa, aber ebenso Kultgegenstände und Glaubensvorstellungen) (Khazanov 1984). In sozialer und mentaler Hinsicht verbinden sich bei der Mehrheit nomadischer Gruppen ausgeprägtes genealogisches Denken mit weit ausgreifenden territorialen Vorstellungen.

Abbildung 11: Berittene Ziegen- und Schafnomaden in der Nähe von Shankh, Övörkhangai-Provinz, Mongolei

Diese besonders extensive und bei Reiternomaden zusätzlich mobile Lebensweise des Nomadismus hat speziell im 20. Jahrhundert dazu geführt, dass man auch diesen Kulturen gerne den Ruf von extrem schädlichen Verhaltensweisen gegenüber der natürlichen Umwelt zugeschrieben hat. Tatsache ist, dass diese hoch spezialisierte Lebensform krisenanfällig ist und sowohl durch Unterversorgung (Dürre) als auch durch erhöhte Herdenbestände zur Überbeanspruchung der eigenen Ressourcen und jener von anderen tendiert (Dahl/Hjort 1976). Unter dem doppelten Druck von wirtschaftlicher Marginalisierung und klimatischen Dürreperioden, wie dies etwa in der zweiten Hälfte des 20. Jahrhundert wiederholt in der Sahelzone der Fall war, können Nomaden tatsächlich in einen schwer auflösbaren *circulus viciosus* geraten, für dessen Entstehung sie oft nicht die Hauptverantwortung tragen.

An sich müssen nomadische Gesellschaften nämlich schon durch ihr Leben am Rande der vorherrschenden Wirtschaftsstrukturen der großen Religionsgemeinschaften ausgesprochen kreative Formen der Ein- und Anpassung in und an die natürliche Umwelt entwickeln. Charakteristisch sind ausgeprägtes Wissen über Jahreszeiten, Himmelskörper und andere Indikatoren der Raum- und Zeitorientierung sowie über Tiere. Sowohl der horizontale (auf einer Höhenstufe) als auch der vertikale (zwischen verschiedenen Höhenlagen in Gebirgsregionen)

Nomadismus kennen eine sorgfältige Beachtung der Wanderrouten zwischen den saisonalen Weiden und bestimmte Formen der rotierenden Nutzung dieser Weiden in aufeinanderfolgenden Jahren. Zur Risikominimierung werden diese saisonalen Bewegungen von elaborierten Rechtsformen begleitet und abgesichert. Die Herden befinden sich dabei meist im Einzelbesitz der Familien und ihrer Führungsperson, während die Weiden zumeist gemeinschaftlicher Besitz von weitaus größeren Einheiten (etwa von Stämmen) sind, mit reziproken Nutzungsrechten auch für bestimmte andere Stämme. Brunnen und andere Wasserstellen hingegen können meist von mehreren Stämmen gemeinsam genutzt werden. In diesen und ähnlichen hoch spezialisierten Formen haben nomadische Gesellschaften mit Umwelt und Nachbarn Formen von prekärem Gleichgewicht entfaltet, die freilich selten von langer Dauer sind (Bonte 1979; Salzman/Galatay 1990). Für jene nomadischen Gruppierungen, die sich nicht in strukturellen oder temporären Krisenzuständen befinden, kann daraus abgeleitet werden: Eine indirekte Form von Naturschutz ist hier, im Vergleich mit den anderen bisher erörterten Wirtschaftsformen, wohl am geringsten ausgeprägt. Permanente Zonen von Nicht-Nutzung und kosmologisch definierter Meidung gibt es hier selbst unter stabileren Lebensbedingungen kaum. Allerdings kommt außerhalb der Krisenzeiten zum einen das umfassende pragmatische Wissen über schonenden Umgang mit Weiden und Wasserstellen voll zur Entfaltung. Zum anderen wirkt aber auch der hier bereits sehr starke kosmologische Einfluss aus dem Umfeld der Weltreligionen Islam und Buddhismus: Was von dort her als Heiligtum (Schreine, Moscheen, legendäre Orte) definiert und oft auch durch Pilger gewürdigt wird, das wird auch von den Nomaden respektiert und „geschützt".

Intensiver Bodenbau

Wie einfacher Bodenbau und Nomadismus, so sind auch intensive Formen der Landwirtschaft oft unabhängig voneinander zu verschiedenen Zeiten und in verschiedenen Regionen der Welt entstanden. Be- und Entwässerungswirtschaft kannte man auch in der Neuen Welt schon zu präkolumbischen Zeiten; die Kombination der kontrollierten Zu- und Abfuhr von Wasser mit dem Einsatz von tierischer Zugkraft für den Bodenbau blieb hingegen den agrarischen Zentren der Alten Welt vorbehalten.

Bevorratung, Saatgutverbesserungen und diversifizierte Anbaumethoden erlauben bei den meisten Formen von intensivem Bodenbau eine stärkere Risikoabsicherung, größeres Wachstum sowie eine größere Dichte der Bevölkerung, mit dementsprechend größeren Ungleichheiten zwischen den Bevölkerungsgruppen und neuen Formen von Komplexität (Boserup 1965; Redman 1978). Der Staat als eine spezialisierte und zentralisierte Einrichtung zur Administration und Kontrolle ist zwar bei intensiven Bodenbau betreibenden Kulturen nicht immer eine zwingende Notwendigkeit und kann auch von einfachen bodenbebauenden sowie von manchen nomadischen Kulturen hervorgebracht werden, er tritt aber in der Kulturgeschichte bei intensiven Bodenbauern besonders häufig und auch in dauerhafterer Form auf. Wo die Schrift entsteht, so ist sie unter der Voraussetzung von intellektueller Spezialisierung in städtischem Milieu fast immer an theokratische Staatsorganisationen und Handelsformen gebunden (Goody 1968; Gellner 1988).

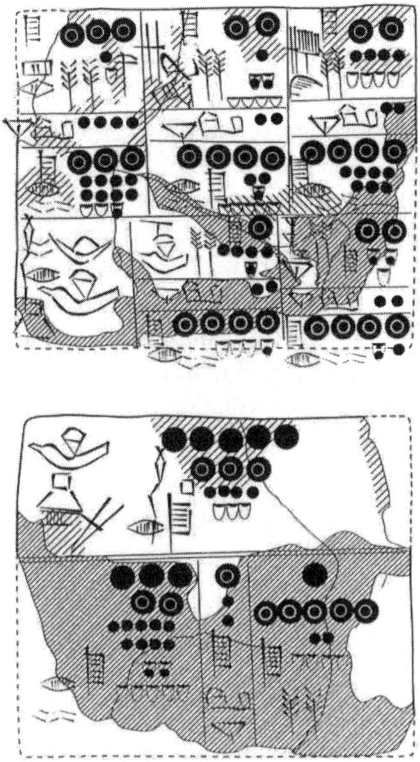

Abbildung 12: Protokeilschriftliches Beispiel aus Jemdet Nasr aus dem ausgehenden 4. Jahrtausend

Das Wort Zivilisation wird fast durchwegs mit derartigen schriftlich verfassten, relativ langlebigen staatlichen Agrarkulturen assoziiert, und es hat zugleich einen verabsolutierenden, positiven Beigeschmack. Dieser soll hier nicht unbedingt entkräftet, aber doch deutlich relativiert werden. Die größten Umgestaltungen der natürlichen Umwelt hin zu Kulturlandschaften wurden historisch zunächst durch die großen Agrarkulturen vorgenommen. Dies ergibt sich schon durch die neue Qualität an demografischer Größe und an materiellem Verbrauch. Die Umgestaltungen umfassten sowohl radikale und dauerhafte Schädigungen wie auch sorgsame Aufbesserungen. Die Palette dauerhafter Schädigungen reicht von der Versalzung und Auslaugung des Bodens im alten Mesopotamien bis zur Abholzung riesiger Landstriche des östlichen Mittelmeerraumes während der Antike. Bespiele für geduldige Aufbesserungen zeigen sich etwa im Bereich der stockwerkartigen Bewirtschaftung von Oasen, die dadurch mit einem Schutz- und Wachstumspotenzial gegen die Aridität ausgestattet werden, oder auch überall dort, wo Terrassenfelder über Generationen hinweg so bewirtschaftet werden, dass die Bodenqualität stetig ansteigt (etwa in den Anden, an den Südhängen des Himalaja, in Südwest-Arabien oder in Südostasien).

Insofern entfalten Kulturen, die auf intensiven Formen des Bodenbaus beruhen, in praktischer Hinsicht wohl nur mit besonderer Radikalität ein Potenzial, das dem Menschen auch im Umgang mit der natürlichen Umwelt generell innewohnt: Zerstörung einerseits, bewahrende Pflege zum anderen.

Bewahrende Pflege kommt seit Jahrhunderten und Jahrtausenden in Agrargesellschaften des Orients besonders eindrucksvoll dort zum Ausdruck, wo ein Teil der natürlichen Umwelt nicht genutzt wird, obwohl er genutzt werden könnte. Oft finden sich diese sakralen „Naturschutzgebiete“ auf Anhöhen in Form eines heiligen Haines, dem als Sitz nicht-menschlicher Kräfte besondere Bedeutung zugeschrieben wird und der manchmal auch dem Schutz eines Herrschers unterstehen kann (Henninger 1981). Vorstellungen über solche sakralen Areale haben unter anderem in das Motiv vom paradiesischen Garten Eden Eingang gefunden.

Ausblick und Schlussfolgerungen

Nicht alle intensiv-agrarwirtschaftlichen Kulturen haben die Schrift hervorgebracht, aber die Schrift ist immer aus ebensolchen Kulturen hervorgegangen. Ohne die grundlegenden, durch die Schrift hervorgerufenen Veränderungen im Umgang mit dem, was wir Natur nennen, wäre selbst ein sehr kursorischer Überblick wie dieser nicht vertretbar.

Mit der Entstehung der Schrift bildeten sich nämlich gut tradierbare Formen des Wissens und der Verwaltung, des Philosophierens und des Glaubens heraus. Die damit verbundenen Eigendynamiken von abstrahierend kumulativem und interpretierendem Denken erleichtern Innovation ebenso wie Dogmatisierung. Daraus ergaben sich tiefgreifende Auswirkungen auch auf die menschlichen Vorstellungen von Natur und natürlicher Umwelt.

In Westasien entwickelte sich aus den abrahamitischen Traditionen des Monotheismus heraus der Glaube an einen Schöpfergott, der als primäres Zentrum und als Quelle von Sakralität gilt und eine „Schöpfung“ geschaffen hat, die demnach nicht selbst sakral sein kann. Als „Krone“ oder ähnlich übergeordneter Teil dieser Schöpfung wird in den meisten Tradierungen dieser Art der Mensch gesehen. Diese spätantike Vorstellung von einer nicht-sakralen Schöpfung mit dem Menschen an ihrer Spitze kann als prägender Vorläufer jenes sachlichen europäischen Bildes von Natur angesehen werden, das seit der Aufklärung Eingang in den Wissenschaftsbetrieb unserer Kulturen gefunden hat und in dem eine hierarchisierende Vorstellung von Ordnung zentral ist (Gingrich/Mader 2002).

Abbildung 13: Intensive Felder-Bewirtschaftung am fruchtbaren Hochplateau von Bawsan, NW-Jemen

Das in den meisten süd- und ostasiatischen Schriftreligionen verankerte Bild von der Welt nimmt demgegenüber nicht ein einziges solches Zentrum von Sakralität an, sondern von vornherein eine Pluralität großer und kleiner solcher Zentren, mit einer nicht immer von Anfang an feststehenden Stellung des Menschen als Teil dieses „Kosmos“. Diese Vorstellungen von Kosmos gehen nicht unbedingt von einer vorgegebenen Ordnung aus und weisen der Welt außerhalb der Menschen eine polyzentrische und plurilokale Spiritualität zu, die sich stets in anderes verwandeln kann als das, was sie zu sein scheint (Gingrich 2013).

Jene Grundvorstellung von Natur, die wir im Westen in säkularisierten Ableitungen und Formen direkt aus den abrahamitischen Traditionen übernommen haben, um sie nun mit der Globalisierung verdinglicht in die ganze Welt zu tragen, ist also nur eine unter vielen.

Die meisten anderen Kulturen dieser Erde haben überhaupt keinen vereinheitlichenden Oberbegriff für das, was wir Natur nennen und die wir oft als Sache behandeln, die uns angeblich untertan ist.

Zusammenfassung

In Kategorien von Natur wird in anderen Kulturen zumeist nicht gedacht. Sofern sie nicht bereits zutiefst durchdrungen sind von westlichen Weltbildern und/oder von Einflüssen einer der monotheistischen Religionen, denken die Menschen in anderen Kulturen das, was wir Natur oder natürliche Umwelt nennen, auf eine ganz andere Weise. Zum einen wird eine ganze Reihe von Phänomenen der äußeren Natur wesentlich genauer gekannt, klassifiziert und beurteilt, als es das westliche Alltagsverständnis vermag. In manchen Fällen ist dieses indigene Wissen den einschlägigen naturwissenschaftlichen Kenntnissen durchaus ebenbürtig oder sogar überlegen. Zum anderen werden diese Phänomene dann aber auf andere Weise klassifiziert als im Rahmen eines Oberbegriffs von Natur: Die Klassifikationsformen verfahren nach pragmatischen Gesichtspunkten der Analogie und kennen durchaus das Prinzip von Gattungen und Ähnlichkeiten. Die grundlegende, abrahamitisch und westlich geprägte Klassifikation zwischen menschlich und nicht-menschlich oder zwischen belebt und unbelebt wird jedoch überall dort verworfen, wo man von vielen belebten Zentren im Kosmos ausgeht, die auf andere Weise erscheinen, als es ihrer Substanz entspricht: Ein Stein kann den gefangenen Geist eines Ahnen verkörpern, Wasser kann als das Leben schlechthin verstanden werden, eine Pflanze könnte einen wiedergeborenen Floh verkörpern, und eine weiße Antilope mag die Erscheinungsform eines guten Wesens sein. Der Common Sense eines kompetenten und anpassungsorientierten Alltags verbindet sich auf diese Weise mit deutenden Weltbildern, die von Geistern, Ahnen, Totems oder anderen nicht-menschenartigen Wesenheiten, aber ebenso von Heroinnen und Heroen oder auch von vielen kleinen und großen Göttinnen und Göttern bevölkert sein können – Weltbilder also, die dem Alltag Sinn verleihen und Orientierungen und Markierungen für das Handeln gegenüber der Umwelt liefern. Dass dabei in anderen Kulturen der natürlichen Umwelt „Sinn" und ein selbstverständliches Potenzial zur eigenständigen Interaktion mit den Menschen zugeschrieben wird, ist wohl eine entscheidende Anregung auch für uns selbst.

Belegliteratur

Appadurai, Arjun (1997): Modernity at Large. Cultural Dimensions of Globalization. London/Minneapolis: University of Minnesota Press.

Bloch, Maurice (2012): Anthropology and the cognitive challenge. Cambridge: Cambridge University Press.

Bonte, Pierre (1979): Segmentarité et pouvoir chez les éleveurs nomades sahariens. Éléments d'une problematique. In: Groupe Écologie et Anthropologie des sociétés pastorales (Hg.): Production pastorale et société. Cambridge/Paris: Cambridge University Press, 171–200.

Boserup, Ester (1965): The Conditions of Agricultural Growth. Chicago: Aldine.

Burch, Ernest S./Ellanna, Linda J. (eds.) (1994): Key Issues in Hunter-Gatherer Research. Oxford/Providence: Berg.

Clutton-Brock, Juliet (1989): The Walking Larder: Patterns of Domestication, Pastoralism and Predation. London: Unwin Hyman.

Conklin, Harold C. (1954): An ethnoecological approach to shifting agriculture. In: Transactions of the New York Academy of Sciences 17, 133–142.

Dahl, Gudrun/Hjort, Anders (1976): Having Herds: Pastoral Herd Growth and Household economy. Department of Anthropology Series. Stockholm: University of Stockholm.

Dove, Michael R. (1986): The Practical Reason of Weeds in Indonesia. Peasant vs. State Views of Imperata and Chromolaena. In: Human Ecology 14/2, 163–190.

Eder, Klaus (1988): Die Vergesellschaftung der Natur. Studien zur sozialen Evolution der praktischen Vernunft. Frankfurt am Main: Suhrkamp.

Friberg, Jöran (1997/98): Round and Almost Round Numbers in Proto-Literate Metro-Mathematical Field Texts. In: Archiv für Orientforschung 44/45, 1–58.

Galatay, John G./Johnson, Douglas (eds.) (1990): The World of Pastoralism: Herding Systems in Comparative Perspective. New York: The Guilford Press.

Gellner, Ernest (1988): Plough, Sword and Book. The Structure of Human History. London: Collins Harvill.

Gingrich, Andre (2005): Vom Verhältnis zur „Natur" bei anderen Kulturen. In: Wissenschaft & Umwelt Interdisziplinär 9, 47–56.

Gingrich, Andre (2013): Establishing a "Third Space"? Anthropology and the Potentials of Transcending a Great Divide. In: Hastrup, Kirsten (ed.): Anthropology and Nature. London/New York: Routledge, 108–124.

Gingrich, Andre/Mader, Elke (2002): Der Elefant im Garten. Einleitende Bemerkungen. In: Gingrich, Andre/Mader, Elke (Hg.): Metamorphosen der Natur. Sozialanthropologische Untersuchungen zum Verhältnis von Weltbild und natürlicher Umwelt. Wien/Köln/Weimar: Böhlau, 7–30.

Godelier, Maurice (1984): L'idéel et le materiel. Pensée, économies, sociétés. Paris: Fayard.

Goody, Jack (1968): Literacy in Traditional Societies. Cambridge: Cambridge University Press.

Hamayon, Roberte (1990): La chasse à l'âme. Esquisse d'une théorie du chamanisme sibérien. Paris: Société d'éthnologie.

Hayden, Brian (1994): Competition, Labor, and Complex Hunter-Gatherers. In: Burch, Ernest S./Ellanna, Linda J. (eds.): Key Issues in Hunter-Gatherer Research. Oxford/Providence: Berg, 223–239.

Henninger, Joseph (1981): Arabica Sacra. Aufsätze zur Religionsgeschichte Arabiens und seiner Randgebiete. Göttingen: Universitätsverlag, Freiburg/Vandenhoeck & Ruprecht.

Hiatt, Lester R. (1996): Arguments about Aborigines. Australia and the Evolution of Social Anthropology. Cambridge: Cambridge University Press.

Hoffman, Carl (1988): The "Wild Punan" of Borneo: A Matter of Economics. In: Dove, Michael (ed.): The Real and Imagined Role of Culture in Development. Honolulu: University of Hawaii Press, 89–118.

Ingold, Tim/Riches, David/Woodburn, James (eds.) (1988): Hunters and Gatherers: History, Evolution and Social Change. New York/Oxford: Berg.

Khazanov, Anatoly (1984): Nomads and the outside world. Cambridge: Cambridge University Press.

Knauft, Bruce M. (1993): South Coast New Guinea Cultures: History, Comparison, Dialectic. Cambridge: Cambridge University Press.

Lee, Richard/DeVore, Irven (eds.) (1968): Man the Hunter. Chicago: Aldine.

Lips, Julius (1928): Die Anfänge des Rechts an Grund und Boden bei den Naturvölkern und der Begriff der Erntevölker. In: Koppers, Wilhelm (Hg.): Festschrift P. W. Schmidt. Wien: Berger, 485–494.

Lukas, Helmut (2002): Tribale und staatliche Einstellungen zum Imperata-Gras in Indonesien: Traditionelles Naturbild versus nationale Entwicklung? In: Gingrich, Andre/Mader, Elke (Hg.): Metamorphosen der Natur. Sozialanthropologische Untersuchungen zum Verhältnis von Weltbild und natürlicher Umwelt. Wien/Köln/Weimar: Böhlau, 277–316.
Rappaport, Roy A. (1984): Pigs for the Ancestors. Ritual in the Ecology of a New Guinea People. New Haven/London: Yale University Press.
Redman, Charles L. (1978): The Rise of Civilization: From Early Farmers to Urban Society in the Ancient near East. San Francisco/New York: Freeman.
Sahlins, Marshall (1972): Stone age economics. Chicago: Aldine-Atherton.
Salzman, Philip Carl/Galatay, John G. (eds.) (1990): Nomads in a Changing World. Neapel: Instituto Universitario Orientale.
Schweitzer, Peter P./Biesele, Megan/Hitchcock, Robert K. (eds.) (2006): Hunters and Gatherers in the Modern World: Conflict, Resistance, and Self-determination. New York/Oxford: Berghahn.
Vayda, Andrew P./Rappaport, Roy A. (1968): Ecology: Cultural and non-cultural. In: Clifton, James A. (ed.): Introduction to Cultural Anthropology. Boston: Houghton-Mifflin, 476–497.

Empfohlene Literatur

Hastrup, Kirsten (ed.) (2013): Anthropology and Nature. London/New York: Routledge.
Kreff, Fernand/Knoll, Eva-Maria/Gingrich, Andre (Hg.) (2011): Lexikon der Globalisierung. Bielefeld: Transcript.
Tsing, Anna L. (2004): Friction: An Ethnography of Global Connection. Princeton: Princeton University Press.

Peter Schweitzer

Die Bedeutung von Jäger- und Sammlergesellschaften für die Ökonomische Anthropologie[1]

Die Tatsache, dass Jagen und Sammeln die frühesten nachweisbaren (und vorstellbaren) Subsistenzformen der Menschheit gewesen sind, hat diesen Gesellschaften spätestens seit dem 19. Jahrhundert einen besonderen Stellenwert in frühen anthropologischen Überlegungen eingeräumt.[2] Sowohl Vertreter des Evolutionismus als auch solche der (katholischen) Kulturkreislehre konstruierten weitreichende Spekulationen aufgrund einer geringen Anzahl ethnographischer Berichte damaliger Jäger- und Sammlergesellschaften (siehe Schweitzer 2004 für mehr Details zu dieser Periode). Nach der Ernüchterung diese großen Narrative betreffend dauerte es bis nach dem Zweiten Weltkrieg, bis es zu einer erneuten Auseinandersetzung mit Jäger- und Sammlergesellschaften[3] kam, diesmal auf der Basis systematischer Feldforschung.

Das folgende Kapitel wird diese letzten 50 bis 60 Jahre der anthropologischen Jäger- und Sammlerforschung hinsichtlich ihrer Beiträge zur Ökonomischen Anthropologie behandeln. Die Darstellung wird chronologisch vorgehen und anschließend einige der bis heute relevanten ökonomischen Kernthemen und -begriffe in die Diskussion einführen. Abschließend werde ich versuchen, einige dieser Themen und Begriffe anhand eines Fallbeispiels, das bei den Iñupiat[4] Nordwestalaskas angesiedelt ist, anschaulicher zu machen, und gleichzeitig Facetten des heutigen Lebens der Iñupiat anzusprechen.

1 — Einzelne Teile des Artikels beruhen auf einem unveröffentlichten Manuskript von Mag. Khaled Hakami (Institut für Kultur- und Sozialanthropologie der Universität Wien) und Univ.-Doz. Dr. Helmut Lukas (Institut für Sozialanthropologie der Österreichischen Akademie der Wissenschaften), das mir freundlicherweise von den Autoren zur Verfügung gestellt wurde.

2 — Alan Barnard geht zeitlich noch weiter zurück und nennt das Konzept der *hunting and gathering society* eine schottische Erfindung des 18. Jahrhunderts (Barnard 2004).

3 — Ich werde im Weiteren Jäger und Sammler, Sammler-Jäger und Wildbeuter synonym verwenden.

4 — Die Inuit Alaskas nennen sich selbst *Iñupiat* (Plural); *Iñupiaq* ist das Adjektiv und die Einzahlform.

Kurzer historischer Überblick: Vom Neoevolutionismus bis ins 21. Jahrhundert

Die wichtigste und folgenreichste Innovation des Neoevolutionismus in der Anthropologie, der vor allem von den 1950er- bis in die 1970er-Jahre ethnologische Diskussionen dominierte, bestand darin, dass er die theoretischen und methodischen Grundlagen für eine systematische und empirische Erforschung von Sammler-Jägergesellschaften lieferte. So hatte der Evolutionismus des 19. Jahrhunderts, in dessen Theorien die Jäger und Sammler zwar eine große Rolle spielten, überhaupt keine stationären Feldforschungen stimuliert – und brachte folglich auch keine auf empirischen Erhebungen basierende Sammler-Jäger-Forschung hervor. Die ersten Feldforschungen über Sammler und Jäger, die von amerikanischen Kulturanthropologen der Boas-Schule durchgeführt wurden, blieben wegen ihrer historisch-partikularistischen Tendenz Einzelstudien. Auch die in der Tradition des britischen Funktionalismus stehenden „klassischen" Monografien über die australischen Aborigines, die Andamaner (Radcliffe-Brown 1922) und die Pygmäen (Turnbull 1961) waren ursprünglich nicht als Beiträge zur Jäger-Sammler-Forschung gedacht.

Die Vertreter eines adaptierten unilinearen Evolutionsschemas (White 1949; Service 1958, 1962) positionierten die Jäger-Sammler (wieder) an den Ausgangspunkt der menschlichen Entwicklung. Die einfach strukturierten, egalitären Hordengesellschaften *(band level societies)* standen damit am Beginn der Entwicklungsreihen (vgl. Service 1958). Die überragende Bedeutung der Sammler und Jäger wurde nunmehr mit neueren Erkenntnissen der physischen Anthropologie (insbesondere der Humanpaläontologie) fundiert, die die zeitliche Tiefe und die Anpassungsfähigkeiten der wildbeuterischen Lebensweise belegten: Danach lebte die Menschheit während des größten Teils ihrer fast fünf Millionen Jahre dauernden Evolution von der Jagd und vom Sammeln; der Übergang zu Bodenbau und Viehzucht setzte erst vor etwa 11.000 Jahren ein.

Neben dem Neoevolutionismus leitete die Kulturökologie dabei die Forschungsinteressen. Ausgangsgedanke von deren Begründer Julian Steward (1955) war, dass die physische Umwelt einer Gesellschaft ihre Sozialorganisation und in der Folge die jeweilige Kultur bedingt. Über die Anpassung an natürliche Umweltbedingungen lassen sich kultureller Wandel und die unterschiedlichen Formen der Sozialorganisation erklären. Daher standen die genaue Charakterisierung der vorhandenen Ressourcen, die konkrete Subsistenzweise, die Wirtschaftsstrategien und deren Einfluss auf die sozio-territoriale und verwandtschaftliche Organisation im Fokus der Ethnographien. Außerdem war man sich angesichts der unvorhergesehenen Variationsbreite und Flexibilität der wildbeuterischen Sozialorganisation im Klaren, dass das bis dahin übliche, einheitliche Bild der Sammler und Jäger mitsamt der Typologie revidiert werden musste.

Nach Julian Steward (1955) und Elman Service (1962) ist der Grundtypus der soziokulturellen Integration des *band levels* somit die aus mehreren blutsverwandten Familien bestehende patrilokale Horde, die sich durch Patrilokalität, Patrilinearität, Exogamie, Territorialität, eine informelle Führung und eine geringe Bevölkerungsdichte bzw. kleine Gruppengröße (50–100 Personen pro Gruppe) auszeichnet. Daneben soll es aber auch einige Wildbeuter geben, die in *family bands* von ein bis zwei einzelnen, wirtschaftlich autonomen Familien organisiert sind. Konzentriertes Ressourcenvorkommen kann auch die Entstehung von *composite bands* nach sich ziehen, worunter man territoriale Horden versteht, die aus mehreren nicht-linearen und nicht-exogamen Kleinfamilien bestehen. Während Steward in den *composite* und den *family bands* Einzelfälle und Sonderentwicklungen sieht, stuft sie Service (1962: 94 ff.) als Verfallserscheinungen der patrilokalen Horde im Gefolge des Kontaktes mit Europäern ein.

Eine zweite Phase konzentriert sich auf die zweite Hälfte der 1960er-Jahre. Die Konferenz „Man the Hunter" in Chicago (1966) demonstriert eine grundlegende Neuorientierung der Jäger-Sammler-Forschung. Sie bewirkt nicht nur die Entwicklung einer neuen Jäger-Sammler-Typologie, sondern auch einen radikalen Theoriewandel, wobei sich alles um die Konzepte der Rationalität und ökologischen Anpassung drehte. Die Lebensweise der Sammler-Jäger wird als ein hoch adaptives und ökologisch empfindliches System angesehen. Im Mittelpunkt des Interesses steht die Funktionsweise des Systems. Ein Ergebnis der Konferenz von Chicago war der von Richard Lee und Irven DeVore 1968 herausgegebene Band *Man the Hunter*, das bis heute das einflussreichste Buch zu Jäger- und Sammlergesellschaften ist. Folgende Gemeinsamkeiten von Wildbeutergesellschaften wurden herausgearbeitet:

1) Ökonomische Basiseinheiten sind kleine, nicht-linear organisierte schweifende Gruppen, die aus bilateral und affinal verknüpften Personen bestehen.

2) Eine territoriale Aufteilung ist vorhanden, diese ist aber nicht mit territorialen Eigentumsvorstellungen der lokalen Gruppen verknüpft: Die *bands* sind an ein bestimmtes Schweifgebiet gebunden, auf das sie jedoch keine exklusiven Ansprüche erheben.

3) Reziprozität und verwandtschaftliche Bindungen bestimmen die soziale und wirtschaftliche Interaktion. Kooperation wird als ständiges Erfordernis betrachtet und es herrscht eine Ideologie und Praxis des Teilens vor. Dies zeigt sich beispielsweise dann, wenn ein größeres Tier erlegt wird.

4) Bedingt durch die hohe Mobilität ist der materielle Besitz stark beschränkt und es entwickeln sich keine Besitzunterschiede.

5) Was die politische Organisation betrifft, handelt es sich um egalitäre Gesellschaften: In der Regel gibt es nur die geschlechtliche sowie die generationelle Arbeitsteilung.

6) Die Lokalgruppen sind offen, flexibel und ihre Zusammensetzung schwankt stark: Bedingt durch die Ressourcenlage (viele Pflanzen- und Tierarten

werden genützt, für die ein verstreutes, nicht genau vorhersehbares Vorkommen charakteristisch ist) wird die Gruppenstärke unter 50 Personen gehalten, wobei eine ständige Fluktuation zwischen den Gruppen (*flux*) für den Ausgleich demografischer Unregelmäßigkeiten und damit den Erhalt effektiver Arbeitsgruppen sorgt. Größere Menschenansammlungen sind temporär, kommen aber beispielsweise bei der Durchführung von Ritualen oder Festen vor.

7) Im wirtschaftlichen Bereich ermöglichen die Flexibilität der Sozialorganisation und das Prinzip der Reziprozität eine optimale Anpassung an unterschiedliche und wechselnde Umweltbedingungen und damit eine ausreichende Nahrungsmittelversorgung auch in klimatischen Extremsituationen wie z. B. in Dürreperioden.

8) Auf gesellschaftlicher Ebene fungieren die Flexibilität der Sozialorganisation (Offenheit und Instabilität der lokalen Gruppen, ständige Restrukturierung der *face to face group*) und das Prinzip der Reziprozität im Fall von Spannungen und Konflikten als Kontrollmechanismen. Daher sind Wildbeuter nicht nur egalitäre, sondern auch ausgesprochen friedfertige Gemeinschaften (vgl. Lee/DeVore 1968a, 1968b: 11f.; Bicchieri 1972).

Bei *Man the Hunter* dominiert also nach wie vor eine (neo-)evolutionistische Perspektive: Der Mensch habe 99% seines Daseins als Sammler und Jäger zugebracht. Daher sei die wildbeuterische Lebensweise nicht nur die älteste, sondern auch die beste aller bisherigen Anpassungsformen. Oberstes Forschungsziel ist es daher, durch das Studium rezenter Sammler-Jäger-Gesellschaften allgemeine Aussagen über die Anfänge menschlicher Kultur, über die Entwicklung spezifisch menschlicher Verhaltensweisen sowie über die Voraussetzungen für den Übergang zum Ackerbau zu erlangen. Dies gipfelt in einem (teilweise an Wilhelm Schmidt erinnernden) Aufruf, die letzten noch „ursprünglichen" Sammler und Jäger zu erforschen, bevor auch sie der Akkulturation endgültig und unwiederbringlich zum Opfer fallen (Lee/DeVore 1968b: 3f.). Wie in der Folge gezeigt wird, hat dieses stark generalisierende Modell weder den empirischen Befunden noch auf theoretischer Ebene standgehalten. Die Variationsbreite zwischen Wildbeutergesellschaften ist viel größer, als damals bekannt war und angenommen wurde. Zudem ist der neoevolutionistische Zugang, wenn er beinhaltet von rezenten Gesellschaften auf vergangene Zustände zu schließen, methodologisch problematisch.

Auf der anderen Seite wurden immer mehr Sammler-Jäger-Studien auf der Basis strukturalistischer und marxistischer Konzepte verfasst. Im Gegensatz zu den ethnoökologischen Theorien wird hier betont, dass das Individuum nicht unmittelbar, sondern über ein strukturiertes Netz sozialer Beziehungen auf seine Umwelt einwirkt. Dazu kommt, dass die soziale Struktur nicht als statisch und gleichgewichtig, sondern vielmehr als dynamisch und wandelbar angesehen wird. Ganz im Gegensatz zum funktionalistischen Paradigma betrachtet man die Sammler-Jäger-Gesellschaften nicht mehr als geschlossene, sondern als in einen sozialen und historischen Kontext eingebundene Systeme (Leacock/Lee 1982; Schrire 1984; Bird-David 1988; Woodburn 1988). Während ethnoökologische Analysen der Subsistenzstrategien lediglich Neuinterpretationen bereits bekannter Sachverhalte waren, eröffneten die Untersuchungen der Sammler und Jäger im sozialpolitischen und historischen Kontext völlig neue Einsichten in die Bandbreite und Variabilität dieses Kulturtypus, die in der Folge zu einer Infragestellung der konventionellen Abgrenzungskriterien der Wildbeuter von den Bodenbauern zu neuen Klassifikationsmodellen und zu einer grundsätzlichen Überprüfung des Begriffs „Sammler und Jäger" führten. Themenbereiche dieser Studien sind: die politischen Probleme von Sammlern und Jägern (Landrechtsfrage etc.), der sozio-kulturelle Wandel durch den Kontakt mit Nachbarethnien/ „Weißen" und die Interaktion der Wildbeuter mit benachbarten Bodenbauern und Viehzüchtern.

Während der 1980er-Jahre entwickelte sich die sogenannte Jäger-und-Sammler-Revisionismus-Debatte (Stiles 1992), die auch manchmal als „Kalahari-Revisionismus" (Barnard 2006) bezeichnet wird. Der einflussreichste Protagonist der Kalahari-Debatte war Edwin Wilmsen, der in seinem 1989 erschienenen Buch *Land Filled with Flies* das herkömmliche Bild der San oder Buschmänner im südlichen Afrika als friedliche Wildbeuter, die nie Bodenbau oder Viehzucht betrieben hatten, fundamental infrage stellte und sie stattdessen als marginalisierte Unterklasse in einem regionalen System der Ungleichheit darstellte. Obwohl es dem Revisionismus nicht gelang die Jäger-und-Sammler-Forschung nachhaltig zu beschädigen, hat die Debatte zu einer Reihe wichtiger Erkenntnisse geführt. So ist es z. B. klar geworden, dass „echte Wildbeuter" keineswegs als direkte Nachkommen unserer präneolithischen Vorfahren zu verstehen sind, und meist auch nicht isoliert von Nicht-Jägern-und-Sammlern leben. Im Gegenteil gibt es in vielen Fällen eine lange Geschichte der Interdependenz mit nicht-wildbeuterischen Gruppen (Headland/Reid 1989).

Obwohl die Sammler-Jäger-Forschung seit 1968 stark expandierte – sowohl die Beschäftigung und das Interesse als auch die Zahl der auf diesen Bereich spezialisierten EthnologInnen betreffend –, gerät sie in den 1990er-Jahren zunehmend in eine Krise. Burch, dem keineswegs eine Nähe zu postmodernen Ansätzen nachgesagt werden kann, bemerkte 1994, dass „[...] hunter-gatherer studies may cease to exist as a distinct specialty within sociocultural anthropology" (Burch 1994: 441). Als einer der Gründe dafür wurde das unfreiwillige und oft gewaltsame „Verschwinden" von Jägern und Sammlern angesehen, „[...] the very subject matter of our investigations is disappearing" (ebd.: 442). Gleichzeitig waren die eher einfachen Sammler-Jäger-Gesellschaften der tropischen und subtropischen Regionen des Südens nicht mehr alleine im Mittelpunkt des Interesses, sondern die komplexen Sammler-Jäger-Gesellschaften der kühlen, nördlichen Regionen Alaskas bzw. der Nordwestküste Nordamerikas wurden immer wichtiger in der Diskussion (Burch/Ellanna 1994: 6 f.; Hayden 1994). Diese veränderte regionale Schwerpunktsetzung bedingte eine radikale Neufassung der Bedeutungsinhalte des Begriffs „Wildbeuter". Dieser Wandel, der fast einer Rebellion gegen die etablierten Vertreter der Sammler-Jäger-Forschung gleichkam, konnte kaum radikaler sein: Gesellschaften, die man bis dahin überhaupt nicht (oder kaum) als „Wildbeuter" betrachtet und daher aus der Sammler-Jäger-Forschung ausgeschlossen hatte, wurden nun nicht nur Teil dieser Forschung, sondern rückten geradezu in deren Zentrum. Es ging jedoch nicht nur um regionale Diversifizierung, sondern auch darum, die früher oft ignorierte extreme sozioökonomische Variationsbreite der Sammler-Jäger-Gesellschaften, die von Gruppen mit minimaler sozialer Stratifikation und relativ wenig elaborierten Eigentums- und Besitzrechten auf der einen Seite bis hin zu Gesellschaften mit Surplus-Produktion und voll entwickeltem Klassensystem auf der anderen Seite reichen, theoretisch stärker zu berücksichtigen (Burch/Ellanna 1994: 3 ff.; Hayden 1994; Burch 1994: 452 ff.).

Die Jäger- und Sammler-Forschung ist auch mehr als 20 Jahre nach Burchs Befürchtungen lebendig und aktiv. Ein gutes Beispiel dafür ist die 2015 in Wien abgehaltene 11. Konferenz zu Jäger- und Sammlergesellschaften (*Eleventh Conference on Hunting and Gathering Societies* – CHAGS XI), bei der mehr als 400 TeilnehmerInnen aus über 20 Ländern in 52 Panels ihre Forschungsergebnisse vorlegten. Die zentralen Themen der Konferenz waren eine kritische Aufarbeitung der jüngeren Forschungsgeschichte sowie eine extrem breite Sichtweise auf „Wildbeuter", die auch Praktiken in Industriegesellschaften wie z. B. das „Dumpstern" oder eine Rückkehr zu gesammelten Pflanzen in manchen Bereichen der Spitzengastronomie inkludiert. Schließlich ist auch noch die neugegründete multidisziplinäre Zeitschrift *Hunter Gatherer Research* zu nennen, die viermal jährlich erscheint, sowohl regional wie auch thematisch sehr inklusiv ist und Fragen der Vergangenheit, der Gegenwart und der Zukunft behandelt.

Für die Ökonomische Anthropologie relevante Themen und Begriffe

Teilen *(sharing)*

Jäger- und Sammlergesellschaften gehören zu den anthropologischen Paradebeispielen dafür, dass marktwirtschaftliche Mechanismen nicht universell vertreten sind, sondern relativ rezent entstandene Formen der Produktion, Distribution und Konsumption darstellen. Eine der Formen des nicht-marktwirtschaftlichen Tausches ist *sharing*, das in den meisten Wildbeutergesellschaften belegt ist. Mechanismen des Teilens werden oft durch das Prisma der Sahlins'schen Typologie der Reziprozität (vgl. Seiser/Thalhammer in diesem Band) betrachtet, wobei die *generalized reciprocity* (Sahlins 1972) im Vordergrund steht. In den letzten Jahren wurde jedoch immer wieder argumentiert, dass *sharing* nicht auf Reziprozität reduziert werden sollte, da weder Gegenseitigkeit noch das Ausbalancieren über einen größeren Zeitraum aus emischer Sicht zentral sein müssen, sondern dass es sehr oft um die Herstellung und Festigung sozialer Beziehungen geht (siehe z. B. Widlok 2005: 13 f. sowie diverse Beiträge in Wenzel et al. 2000). Teilen muss auch nicht notwendigerweise unserem (christlichen) Bild des Karitativen und Altruistischen entsprechen. Ein Beispiel dafür ist das sogenannte *demand sharing* (Peterson 1993), das das meist unfreiwillige Abgeben von Nahrungsmitteln oder Gegenständen an andere in der Gruppe bezeichnet. Es stellt jedoch nicht nur eine Form von „negativer Reziprozität" dar, sondern auch einen sozialen Mechanismus, der die Aneignung bzw. das Horten von Gütern unterbindet. Seit Marcel Mauss wissen wir, dass „die Gabe" nicht auf ihre ökonomischen Dimensionen reduziert werden kann; Woodburns Losung „Sharing is not a form of exchange" (Woodburn 1998) ist nicht nur ein Hinweis darauf, dass Teilen ein zutiefst sozialer Akt ist, sondern auch darauf, dass ihm bestimmte Eigentumsverhältnisse zugrunde liegen. Die Tatsache, dass *sharing* ein zentraler Punkt in den Diskussionen über Jäger- und Sammlergesellschaften ist und bleibt, wurde 2016 übrigens auch durch die Konferenz „Sharing: The Archaeology and Anthropology of Hunter-Gatherers" unterstrichen, die an der University of Cambridge abgehalten wurde.

Die „ursprüngliche Überflussgesellschaft"

Eine der langfristig einflussreichsten Thesen zur Ökonomie von Jäger- und Sammlergesellschaften wurde zwar im Rahmen der „Man the Hunter"-Konferenz und Buchpublikation erstmals formuliert, aber von einem Kultur- und Sozialanthropologen, der davor selbst nie mit Wildbeutern gearbeitet hatte: Der US-amerikanische Anthropologe Marshall Sahlins entwickelte im Rahmen eines ausführlichen Diskussionsbeitrags die These von der „ursprünglichen Überflussgesellschaft" *(original affluent society)* (Sahlins 1968). Diese bis heute zitierte Formulierung wurde von Sahlins in seinem 1972 erschienenen Buch *Stone Age Economics* zwar weiterentwickelt, doch die entscheidenden Argumente sind bereits im knapp fünf Seiten langen Beitrag in *Man the Hunter* enthalten. Ausgehend von der Beobachtung, dass viele Jäger- und Sammlergesellschaften Unterproduktion betreiben (vgl. Zuckerhut in diesem Band), kritisiert er die philosophischen und ethnologischen Prämissen, dass aneignende Wirtschaftsformen unfähig sind Überschuss zu produzieren, da Wildbeuter gänzlich mit dem Kampf ums Überleben beschäftigt sind. Dem stellt er die bewusst provokant formulierte Metapher von Überflussgesellschaften gegenüber. Demnach lebten und leben viele Jäger- und Sammlergesellschaften im Überfluss, weil ihre materiellen Bedürfnisse minimal und die Mittel, diese zu befriedigen, im Übermaß vorhanden sind. Dies stellt er der theoretischen Kunstfigur der Ökonomen, dem Homo oeconomicus, gegenüber, der in einer Welt begrenzter Mittel lebt und dessen Bedürfnisse unendlich sind. Sahlins These hat eine Vielzahl von positiven und negativen Gegenreaktionen ausgelöst sowie die Entwicklung von scheinbar entgegengesetzten Positionen – wie z. B. die *optimal foraging theory* (siehe z.B. Winterhalder/Smith 1981) – stimuliert. Heute scheint es, dass die Hauptfunktion seiner provokanten Argumentation darin bestand, überkommene Denkansätze infrage zu stellen. Die anhaltende Relevanz der These der ursprünglichen Überflussgesellschaft zeigt sich u. a. darin, dass 40 Jahre nach *Man the Hunter* Sahlins Thesen nicht nur von EthnologInnen (z. B. Bird-David 1992), sondern auch von ÖkonomInnen heftig diskutiert werden (z. B. Gowdy 1998). Es kann argumentiert werden, dass die Vorstellung, der zufolge die Sammler und Jäger sich permanent am Rand des Existenzminimums befinden und ihr hartes Leben ganz vom Kampf um die Sicherung des Lebensunterhaltes ausgefüllt ist, ein Vorurteil ist, das bis auf das Neolithikum zurückgeht und die Funktion hatte, die Expansion der Agrikulturvölker zu rechtfertigen. Dieses „neolithische Vorurteil" wurde durch das neue Bild der „ursprünglichen Überflussgesellschaft" ersetzt, das aber auch kritisch hinterfragt werden muss und nicht zum Dogma verkommen darf.

Neubewertung von Sammeltätigkeit und weiblichen Subsistenzbeiträgen

Zudem kam es im Zuge von und im Anschluss an *Man the Hunter* (in Widerspruch zum männerzentrierten Titel) zu einer radikalen Neubewertung der bis dahin völlig unterschätzten Bedeutung der pflanzlichen Nahrung – und damit auch der hauptsächlich von Frauen getragenen Sammeltätigkeit. Der im Englischen doppeldeutige Titel von *Man the Hunter* („*man*" steht hier sowohl für „Mann" als auch für „Mensch") sowie die einseitige Betonung der Jagd gegenüber dem Sammeln hatten zu Recht feministische KritikerInnen auf den Plan gerufen. Frances Dahlberg (1981) setzt dem den Sammelband *Woman the Gatherer* entgegen; Eleanor Leacock (1981; Leacock/Lee 1982) dekonstruiert die Mythen der männlichen Dominanz in *Band Societies*. Heute gilt, dass die (vorwiegend) männliche Tätigkeit der Jagd nicht losgelöst von weiblichen Tätigkeiten (wie z. B. Sammeln, Nahrungsverteilung und -zubereitung, Verarbeitung von Tierhäuten etc.) betrachtet werden kann. *Man the Hunter* hatte zwar bereits empirisches Material in diesem Zusammenhang geliefert,[5] doch dieses Faktum wurde zum damaligen Zeitpunkt noch nicht ausreichend konzeptualisiert. So hatten in der Buchpublikation *Man the Hunter* zwei einflussreiche evolutionstheoretische Artikel von Washburn/Lancaster und Laughlin völlig einseitig die Rolle der von Männern durchgeführten Jagd für die menschliche Kulturentwicklung betont.

5 — Lees *What Hunters Do for a Living* (1968) kam zu der Schlussfolgerung, dass bei der Mehrheit der in tropischen und gemäßigten Zonen beheimateten Jäger- und Sammlergesellschaften das Sammeln die primäre Subsistenzquelle darstellt.

Subsistenzwildbeuter versus kommerzielle Wildbeuter

Bei Ersteren dienen die Sammel- und Jagdaktivitäten nur für den Eigenbedarf, bei Letzteren erfolgt eine Spezialisierung auf Sammeln und Jagd zum Zweck des Tauschhandels (Hoffman 1986: 102 ff.; vgl. Headland 1986: 77 ff.). Die Existenz der meisten Sammler und Jäger geht nach Hoffman auf eine solche Spezialisierung zurück. Damit wird aber auch behauptet, dass alle kommerziellen Wildbeuter „sekundär" seien. Die ethnographische Forschung beweist jedoch, dass primäre Sammler und Jäger in Afrika und Asien eine lange Tradition des Handels mit Urwaldprodukten haben. Das Kriterium der Spezialisierung auf den Handel mit Urwaldprodukten reicht also nicht aus, um die betreffenden Gruppen als ehemalige Bodenbauern, d. h. als sekundäre Wildbeuter, einzustufen. Die bei den kommerziellen Wildbeutern Südostasiens verbreitete Kombination aus Jagd, Sammeln, Anbau und Handel wird von einigen Forschern als eine schon seit sehr langer Zeit erfolgte Adaptation an die Bedingungen des tropischen Regenwaldes angesehen (Griffin 1984). „Kommerzielle Wildbeuter" und „Subsistenzwildbeuter" könnten auch als „Generalisten" bzw. „Spezialisten" bezeichnet werden. „Generalisten" *(broad spectrum hunters and gatherers)* kombinieren Sammeln und Jagd je nach den ökologischen und sozialen Gegebenheiten mit zahlreichen anderen Subsistenzstrategien (ebd.); „Spezialisten" hingegen konzentrieren sich auf Sammeln und Jagd und beschränken die anderen Subsistenzstrategien auf ein Minimum. Wie im Alaska-Fallbeispiel zu sehen sein wird, praktizieren viele Jäger und Sammler der Gegenwart Formen einer *mixed economy*, bei der sowohl Elemente von Subsistenz als auch der *cash economy* zu finden sind.

Schließlich möchte ich noch zwei Versuche, die Diversität von Jäger- und Sammlergesellschaften typologisch (in beiden Fällen durch eine Zweiteilung) zu erfassen, erwähnen.

Gesellschaften mit Systemen des unmittelbaren Ertrags und des aufgeschobenen Ertrags

Diese Unterscheidung *(immediate return* vs. *delayed return)* wurde 1980 von Woodburn in die Diskussion eingebracht (1980, 1982, 1988). Gesellschaften mit unmittelbaren Ertragssystemen sind solche „mit Ökonomien, in welchen die Bevölkerung in der Regel einen unmittelbaren Ertrag für ihre Arbeit erhält, der Arbeitsertrag mit minimaler Verzögerung genutzt wird und die Besitzrechte nur minimal betont werden" (Barnard/Woodburn 1988: 11). Diese begriffliche Differenzierung, die erst in den 1990er-Jahren weitere Verbreitung fand, eignet sich gut zur Unterscheidung der „einfachen Wildbeuter" von den häufiger vorkommenden „komplexen Wildbeutern". Obwohl die Gesellschaften mit unmittelbarem Ertrag die einfachsten je untersuchten ökonomischen Systeme sind, wurden bis jetzt nur wenige von AnthropologInnen beforscht und analysiert. Ingold (1986) hat verschiedene Aspekte dieses Konzepts kritisiert. Zum einen geht es um die Vorratshaltung, die nach Woodburn einen der Unterschiede zwischen unmittelbarem und aufgeschobenem Ertrag ausmacht. Ingold (ebd.: 199 ff.) betont jedoch, dass es wichtig ist zwischen *social storage* und *practical storage* zu unterscheiden. Ein Punkt an seiner Kritik scheint besonders wichtig: Woodburn hätte die Kategorien der Wildbeuter zu wenig in seine Betrachtungen einbezogen. Wenn nämlich nach einer weitverbreiteten emischen Perspektive die gegenwärtigen Erträge der Jagd (aufgrund selektiver Jagd, Jagdverboten, Legen von Bränden etc.) als Ergebnis früherer Jagden gesehen werden, wird das, was ein äußerer Beobachter als „unmittelbares Ertragssystem" beschreibt, von den Jägern selbst als „aufgeschobenes Ertragssystem" aufgefasst (vgl. Feit 1994: 428 ff.).

Einfache versus komplexe Sammler-Jäger

Besonders wichtig wurde seit den 1990er-Jahren die Unterscheidung zwischen einfachen und komplexen Jägern. Komplexität bezeichnet dabei den Grad interner Differenzierung und Spezialisierung der Systemkomponenten. Die Unterscheidung einfach-komplex wird als ein Kontinuum, nicht als eine Dichotomie aufgefasst. Merkmale des Idealtyps der einfachen Wildbeuter sind nach Hayden (1994) eine geringe Bevölkerungsdichte und schweifende Lebensweise. Sie nutzen relativ stabile, aber begrenzte, fluktuierende und besonders gegenüber massiver Ausbeutung anfällige Ressourcen im Rahmen einer diversifizierten Subsistenz. Charakteristisch sind dabei begrenzte Ressourcenausbeutung („Unterproduktion") und ein unmittelbares Ertragssystem. Von der Sozialorganisation her sind flexible soziale Gruppen, deren Zusammensetzung ständig wechselt, typisch. Der Zugang zu den wesentlichen Ressourcen steht allen offen und es findet sich keine interpersonelle Abhängigkeit. Die Distribution von Nahrung und anderen Gütern ist durch Reziprozität und eine egalitäre Ethik des Teilens charakterisiert. Es gibt fast keine Spezialisierung und nur minimale soziale Stratifikation.

Merkmale der komplexen Wildbeuter sind hingegen eine höhere Bevölkerungsdichte und sie leben (semi-)sedentär. Sie haben Zugriff auf relativ ergiebige und verlässliche lokale Ressourcen („Überfluss", geringe Fluktuation), die auf Dauer eine hohe Ausbeutungsrate ermöglichen. Es besteht eine Spezialisierung auf ein bis zwei Hauptressourcen, die intensiv genutzt werden, indem die Primärressourcen in hochbewertete, knappere Güter und Dienste im Rahmen einer arbeitsintensiven Surplus-Produktion (aufgeschobenes Ertragssystem, Vorratswirtschaft) transformiert werden. Zu diesen Hauptressourcen besteht eingeschränkter Zugang auf der Basis exklusiver Eigentumsrechte. Die Sozialorganisation ist durch klar definierte soziale Gruppen mit fixer Zusammensetzung gekennzeichnet. Es herrschen Wettbewerb innerhalb der Gemeinschaft und eine hierarchische Kontrolle über Güter und Arbeit (Abhängigkeitsverhältnisse, Sklaverei) vor. Dem entspricht eine wettbewerbsorientierte individualistische

Ethik. Die Akkumulation von Reichtum und Macht erfolgt vor allem über kompetitive Feste, in welchen die akkumulierten Prestigegüter redistribuiert werden. Es handelt sich bei diesem Idealtyp um Teilzeitspezialisten mit ausgeprägter sozialer Rangordnung bis hin zu voll entwickelten Klassensystemen.

Das Fallbeispiel der Iñupiat Nordwestalaskas

Die ursprünglich von Inuit bewohnten Regionen Alaskas können in die Verwaltungsgebiete North Slope Borough, Northwest Arctic Borough und Nome Census Area unterteilt werden. Zusammen stellen diese drei lebensräumlich subarktisch und arktisch geprägten Gebiete die Heimat der Iñupiat (und mancher Yupik) dar und werden von ca. 25 000 Menschen auf einer Fläche von über 420 000 Quadratkilometern bewohnt (dies entspricht einer Fläche von Deutschland, Belgien und den Niederlanden zusammen) (Schweitzer et al. 2014).

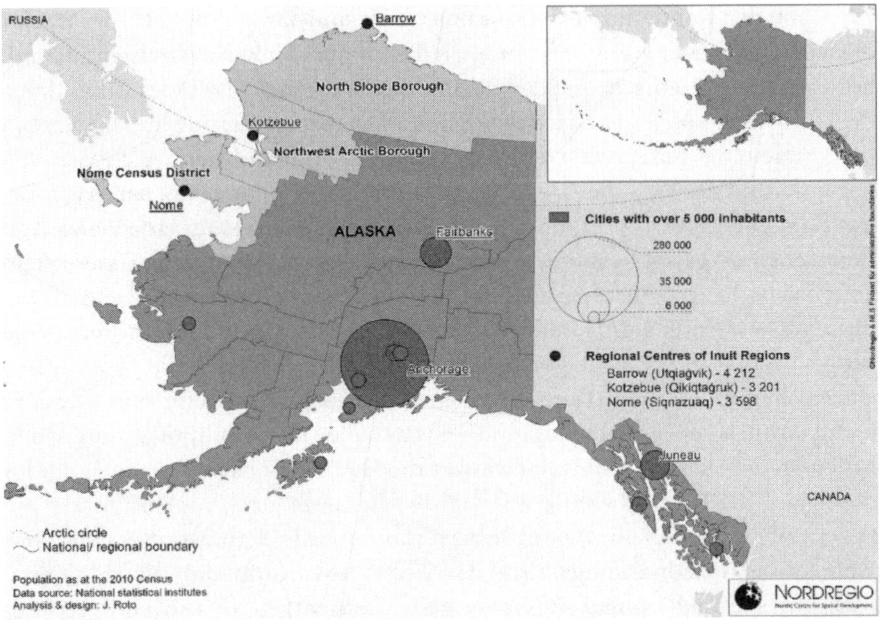

Abbildung 14: Population at the 2010 Census

Generell leben viele Inuitgruppen am oder nördlich des Polarkreises – neben Alaska auch in Kanada, Grönland und an der äußersten nordöstlichen Spitze Russlands –, was sich in merklichen physiografischen Unterschieden zu niedrigeren Breitengraden manifestiert. Angesiedelt am 66. Grad nördlicher Breite, fällt der Polarkreis annähernd mit der Baumgrenze zusammen, und in der Tat war das einzige den Inuit zugängliche Holz oftmals flussabwärts getragenes Treibholz. Der Polarkreis gilt darüber hinaus als die nördlichste Grenze des täglichen Wechsels von Tageslicht und Dunkelheit. Zu guter Letzt markiert er das südlichste Auftreten von Permafrost, also von dauerhaft gefrorenen Böden (Stager/McSkimming 1984: 127). Diese physischen Gegebenheiten wirkten und wirken somit als wiewohl begrenzende – aber nicht determinierende – Faktoren auf die Lebensweise der Inuit ein. Das mitunter wichtigste Alleinstellungsmerkmal des arktischen Lebensraums der Inuit ist die relative Abwesenheit von Wärmeenergie (ebd.: 27). In der Hocharktis dauert der Winter von September bis Mai. Von Oktober bis Februar verharrt die Sonne am Horizont, und um die Zeit der Wintersonnenwende herum verschwindet sie für eine Dauer von drei Wochen sogar vollständig. Nichtsdestotrotz herrscht durch das Leuchten der Sterne, durch die Reflexion des Lichts auf Schnee und Eis und durch den Mond für den Großteil des Tages eher fortwährendes Zwielicht als vollständige Dunkelheit. In Kombination mit der Abwesenheit von Sonnenlicht tragen starke Winde ebenso enorm zu menschlich empfundener Unwirtlichkeit bei.

Unter den wandernden Meeressäugetieren sind das Walross und der Wal als die wichtigsten zu nennen. So beziehen die Iñupiat der Beringstraße und nördlich von dieser die entscheidenden Ressourcen für die meiste Zeit des Jahres durch die Frühjahrs- (von Süden nach Norden) und Herbstwanderungen (von Norden nach Süden) des Pazifischen Walrosses und des Grönlandwalds. Walrosse werden aufgrund des Fleisches, der Haut (z. B. für die Deckplanen der *umiak* [große, aus Haut gefertigte Boote]) und der Stoßzähne (verwendet für eine Vielzahl an Gerätschaften) gejagt, während der Grönlandwal große Mengen an tranreichem Fettgewebe, Fleisch, Barten und Haut (in Inuit bekannt unter *maktak*, das als Delikatesse betrachtet wurde und wird) bereitstellt. Im späten Frühling, wenn die ersten Walrösser und Wale gen Norden ziehen, begeben sich die Jäger in ihre *umiaks*, harpunieren die Tiere und ziehen sie an Land. Die für diese Zwecke hauptsächlich verwendeten Jagdwaffen waren die „Knebelharpune" (ein Widerhaken an der Harpunenspitze erschwert die Flucht des Tieres) als auch der für die eigentliche Tötung benötigte Speer bzw. die Lanze (noch vor Einführung von Feuerwaffen). Vor allem in den Dörfern rund um die Beringstraße stellte das Walross das Grundnahrungsmittel dar, wohingegen Grönlandwale als symbolisch und kulturell bedeutungsvoller galten, ersichtlich an aufwendigen Walfangritualen und dem besonderen Status des Walfangkapitäns und seiner Ehefrau bei den Nordalaska-Iñupiat.

Neben der Jagd auf Meeressäugetiere spielten und spielen der Fischfang, die Vogel- und Entenjagd, die Jagd auf Elche, Rentiere, Bergschafe und – mancherorts – Eisbären sowie das Sammeln von Tundrapflanzen und -beeren eine wichtige Rolle. Lokale und regionale Unterschiede sind hier zu beobachten, die oft durch ökologische Gegebenheiten erklärbar sind. Die geschlechtliche Arbeitsteilung konkreter Subsistenzaktivitäten war immer klar ausgeprägt, obwohl es immer die Möglichkeit der Transgression gab. Diese Arbeitsteilung war aber komplementär und nicht hierarchisch. Generell überwogen bei den Iñupiat die egalitären Momente in der Gesellschafts- und Wirtschaftsorganisation, obwohl es signifikante Reichtumsunterschiede gab und gibt, die aber oft durch koloniale Verhältnisse bedingt sind.

Die sozialen und ökonomischen Seiten des Walfangs sind sehr detailliert für die Nordküste Alaskas beschrieben worden (Worl 1980; Larson 2003; Bodenhorn 2005). Bodenhorn (2005: 77) stellt fest, dass die Sozialorganisation der Iñupiat Nordalaskas sowohl Elemente von Systemen des unmittelbaren Ertrags enthält als auch solche von Systemen des aufgeschobenen Ertrags. Eines der Elemente des *delayed return*, die Vorratshaltung, war und ist bei den Iñupiat sicherlich im Sinn Ingolds als *practical storage* zu verstehen. Entlang der Beringstraße und bis nach Nordalaska gab es entlang der Küste eine Reihe von quasi-permanenten Siedlungen, ein anderes Merkmal komplexer Jäger- und Sammlergesellschaften. Dennoch, die verschiedenen Arten von *sharing*, die praktiziert wurden und werden – angesiedelt zwischen balancierter und genereller Reziprozität – machen klar, dass die Iñupiat mit vielen Merkmalen von *delayed return* und Komplexität ausgestattet sind, diese aber zu keiner sozialen Stratifizierung geführt haben. Bezüglich der Frage Subsistenzwildbeuter oder kommerzielle Wildbeuter ist die Antwort ein klares „beides". Zum einen ist die *mixed economy* bereits vor langer Zeit für Alaska allgemein (Wolfe/Walker 1987) bzw. die Iñupiat (Kruse 1991) dokumentiert worden. Zum anderen sind erst vor Kurzem neue Untersuchungen vorgelegt worden, die nachweisen, dass die Mischung aus Subsistenz und Cash-Ökonomie kein Übergangsphänomen ist, sondern Charakteristiken eines dauerhaften Systems aufweist (BurnSilver et al. 2016).

Wie ich bereits in meiner Dissertation (Schweitzer 1990) festgestellt habe, bieten die Iñupiat Nord- und Nordwestalaskas interessante Vergleichsmöglichkeiten mit benachbarten, sprachlich verwandten Gruppen unter ähnlichen ökologischen Bedingungen, wie z. B. den sogenannten Sibirischen Yupik auf der russischen Seite der Beringstraße. In beiden Fällen bilden Bootsgemeinschaften aus acht oder neun Männern die zentralen Produktionseinheiten für die Walross- und Waljagd. In beiden Fällen werden die Mitglieder dieser Bootsgemeinschaften als verwandt angesehen, aber die Art und Weise der Verwandtschaft ist unterschiedlich. Während bei den Sibirischen Yupik Verwandtschaft „eng" definiert wird und dadurch der Auswahl an Besatzungsmitgliedern Grenzen setzt, kann bei den Iñupiat fast jede Person „verwandt" gemacht werden. So wird der gute Harpunier in Nordalaska aufgrund seiner jägerischen Fähigkeiten in das verwandtschaftliche System des Bootsführers integriert und nicht aufgrund einer bereits zuvor bestehenden verwandtschaftlichen Position zum Harpunier. In Alaska ergeben sich dadurch mehr Möglichkeiten für Wettbewerb und Konkurrenzverhalten als bei den Sibirischen Yupik. Der Vergleich der Küstenbewohner der alaskanischen und der russischen Seite der Beringstraße zeigt also, dass ähnliche ökologische Bedingungen und ähnliche Formen der Kooperation zu durchaus unterschiedlichen sozialen Ergebnissen führen können. Produktionsverhältnisse lassen sich weder auf Subsistenzformen noch auf ökologische Bedingungen reduzieren.

Die heutige Situation der Iñupiat wird immer noch durch den Ölfund in der Prudhoe Bay (auf Iñupiaq-Gebiet) im Jahre 1960 bestimmt. Nicht nur weil die Ölförderung und die damit verbundene industrielle Infrastruktur offensichtliche Auswirkungen auf die Subsistenz und andere Bereiche der Wirtschaft hat, sondern auch weil dieser Ölfund zur Verabschiedung des sogenannten *Alaska Native Land Claim Settlement Act* (ANCSA) im Jahre 1971 führte, der ersten rechtlichen Klärung indigener Landrechte in Alaska seit dem Beginn der Kolonialperiode. Dieses Gesetz übertrug indigenen alaskanischen Unternehmen, sogenannten *native corporations*, 44 Millionen Morgen Land und 962,5 Millionen Dollar. Eines dieser Unternehmen, die *Arctic Slope Regional Corporation* (ASRC) mit Sitz in Barrow, beschäftigt weltweit 100 000 MitarbeiterInnen und ist das größte Unternehmen Alaskas, das Alaskanern gehört. Die 12 000 Iñupiaq-AktienbesitzerInnen erhalten jährliche Dividenden und kommen in den Genuss von Dienstleistungen und Investitionen, die auf Steuereinnahmen für die Ölquellen zurückgehen. Andere (Iñupiaq) *native corporations* in Nome und Kotzebue, auf deren Gebiet kein Öl sprudelt, sind wesentlich kleiner und ärmer.

Für die Iñupiat ist die Subsistenz-Landnutzung nach wie vor umkämpft, es steht weit mehr auf dem Spiel als bloße Ökonomie; von den Gaben des Meeres und des Landes zu leben ist eine Lebensweise und nicht nur eine Form des Einkommens. Im Jahr 1977 wurde die Aufsicht des Grönlandwalfangs durch die *International Whaling Commission* (IWC) auch auf alaskanische Inuit-Dörfer ausgedehnt, in denen Walfang eine symbolträchtige kulturelle Praktik war und ist. Die in der Folge gegründete *Alaskan Eskimo Whaling Commission* (AEWC) konnte jedoch jährliche Fangquoten für ihre elf Mitgliedsdörfer aushandeln (Huntington 1992). Neben Auseinandersetzungen über Fangquoten und andere Subsistenzverordnungen des Staates Alaska und der Bundesbehörden sind heute die Auswirkungen des Klimawandels auf die saisonale Verfügbarkeit der Jagdtiere und ihre Erreichbarkeit sowie die Zerstörung traditioneller Vorratsgruben durch das Auftauen des Permafrosts von kritischer Bedeutung (Ashjian et al. 2010).

Abschließende Bemerkungen

Jäger- und Sammlergesellschaften werden auch in Zukunft für die Ökonomische Anthropologie und für die Kultur- und Sozialanthropologie im Allgemeinen von Bedeutung bleiben. Das gilt sowohl für vergangene Gesellschaften (vor und nach der „Neolithischen Revolution"), deren Wirtschafts- und Lebensweisen durch historische und prähistorische Untersuchungen rekonstruiert werden, als auch für heutige Gemeinschaften, bei denen Feldforschungen durchgeführt werden können. Obwohl Sammler und Jäger evolutionstheoretisch wichtig sind und bleiben werden, müssen wir uns immer der offensichtlichen Tatsache bewusst bleiben, dass heutige Wildbeutergesellschaften dem 21. Jahrhundert angehören und keine Überbleibsel des Paläolithikums sind. Eine nur aus Jäger- und Sammlergesellschaften bestehende Welt gibt es seit über 10 000 Jahren nicht mehr.

Dennoch, auch heutige Wildbeuter haben z.T. ökonomische und soziale Strukturen, die herkömmlichen Vorstellungen eines Homo oeconomicus widersprechen. Das gilt sowohl für Mechanismen des Teilens *(sharing)* und kollektive Formen des Besitzes als auch für gesellschaftliche Tabus gegen soziales Prestige aufgrund wirtschaftlichen Erfolgs und eines Ethos der individuellen und familiären Unabhängigkeit bei gleichzeitiger Anerkennung der Überlebensnotwendigkeit von Gemeinschaft. Formen des wirtschaftlichen Handelns und Denkens, die Sammler und Jäger heute oder vor Jahrtausenden charakterisieren oder charakterisiert haben, sind nicht einfach auf andere Gesellschaften übertragbar. Dennoch ist auffallend, dass manche sozialen Bewegungen der Gegenwart gewisse Aspekte tatsächlicher oder vorgestellter wildbeuterischer Lebensweisen übernehmen oder rekreieren wollen (Beispiele reichen von Neo-Nomaden und *sharing economies* zu Praktiken des Dumpsterns und der Nahrungsversorgung ohne domestizierte Pflanzen und Tiere). Es scheint fast, dass die post-agrikulturellen Gesellschaften (des Westens) jäger- und sammlerische Lebensweisen, die seit der Neolithischen Revolution als überholt und rückständig galten, wieder als Alternativen wahrnehmen können, und zwar oft als umweltschonende und sozial egalitäre Gegenentwürfe zur Ressourcenaneignung industrieller und postindustrieller Gesellschaften.

Belegliteratur

Ashjian, Carin J./Braund, Stephen R./Campbell, Robert G./George, J.C./Kruse, Jack/Maslowski, Wieslaw/Moore, Sue E./Nicolson, Craig R./Okkonen, Stephen R./Sherr, Barry F./Sherr, Evelyn B./Spitz, Yvette H. (2010): Climate Variability, Oceanography, Bowhead Whale Distribution, and Iñupiat Subsistence Whaling near Barrow, Alaska. In: Arctic 63/2, 179–194.

Barnard, Alan (2004): Hunting-and-Gathering Society: An Eighteenth-Century Scottish Invention. In: Barnard, Alan (ed.): Hunter-Gatherers in History, Archaeology and Anthropology. Oxford: Berg, 31–43.

Barnard, Alan (2006): Kalahari Revisionism, Vienna and the "Indigenous Peoples" Debate. In: Social Anthropology 14/1, 1–16.

Barnard, Alan/Woodburn, James (1988): Introduction. In: Ingold, Tim/Riches, David/Woodburn, James (eds.): Hunters and Gatherers. Volume 2: Property, Power and Ideology. New York: Berg, 4–31.

Bicchieri, Marco G. (ed.) (1972): Hunters and Gatherers Today. New York: Holt/Rinehart and Winston.

Bird-David, Nurit (1988): Hunters and Gatherers and Other People – a Re-examination. In: Ingold, Tim/Riches, David/Woodburn, James (eds.): Hunters and Gatherers. Volume 1: History, Evolution and Social Change. New York: Berg, 17–30.
Bird-David, Nurit (1992): Beyond "The Original Affluent Society": A Culturalist Reformulation. In: Current Anthropology 33/1, 25–47.
Bodenhorn, Barbara (2005): Sharing Costs: An Exploration of Personal and Individual Property, Equalities and Differentiation. In: Widlok, Thomas/Tadesse, Wolde G. (eds.): Property and Equality. Volume 1: Ritualisation, Sharing, Egalitarianism. New York: Berghahn, 77–104.
Burch, Ernest S. Jr. (1994): The Future of Hunter-Gatherer Research. In: Burch, Ernest S./ Ellana, Linda J. (eds.): Key Issues in Hunter-Gatherer Research. Oxford: Berg, 441–455.
Burch, Ernest S. Jr./Ellanna, Linda J. (1994): Introduction. In: Burch, Ernest S. Jr./Ellanna, Linda J. (eds.): Key Issues in Hunter-Gatherer Research. Oxford: Berg, 1–8.
BurnSilver, Shauna/Magdanz, James/Stotts, Rhian/Berman, Matthew/Kofinas, Gary (2016): Are Mixed Economies Persistent or Transitional? Evidence Using Social Networks from Arctic Alaska. In: American Anthropologist 118/1, 121–129.
Dahlberg, Frances (ed.) (1981): Woman the Gatherer. New Haven: Yale University Press.
Feit, Harvey A. (1994): The Enduring Pursuit: Land, Time and Social Relationships in Anthropological Models of Hunter-Gatherers and in Subarctic Hunters' Images. In: Burch, Ernest S./Ellanna, Linda J. (eds.): Key Issues in Hunter-Gatherer Research. Oxford: Berg, 421–439.
Gowdy, John (ed.) (1998): Limited Wants, Unlimited Means: A Reader on Hunter-Gatherer Economics and the Environment. Washington: Island Press.
Griffin, P. Bion (1984): Forager Resource and Land Use in the Humid Tropics: The Agta of Northeastern Luzon, the Philippines. In: Schrire, Carmel (ed.): Past and Present in Hunter-Gatherer Studies. Orlando: Academic Press, 95–121.
Hayden, Brian (1994): Competition, Labor, and Complex Hunter-Gatherers. In: Burch, Ernest S. Jr./Ellanna, Linda J. (eds.): Key Issues in Hunter-Gatherer Research. Oxford: Berg, 223–239.
Headland, Thomas (1986): Why Foragers Do Not Become Farmers: A Historical Study of a Changing Ecosystem and its Effect on a Negrito Hunter-Gatherer Group in the Philippines. Dissertation, University of Hawaii. Ann Arbor: UMI Research Press.
Headland, Thomas/Reid, Lawrence A. (1989): Hunter-Gatherers and Their Neighbors from Prehistory to the Present. In: Current Anthropology 30/1, 43–66.
Hoffman, Carl (1986): The Punan: Hunters and Gatherers of Borneo. Ann Arbor: UMI Research Press.
Huntington, Henry P. (1992): The Alaska Eskimo Whaling Commission and Other Cooperative Marine Mammal Management Organizations in Northern Alaska. In: Polar Record 28/165, 119–126.
Ingold, Tim (1986): The Appropriation of Nature: Essays on Human Ecology and Social Relations. Manchester: Manchester University Press.
Jordan, Peter (2015): Technology as Human Social Tradition: Cultural Transmission among Hunter-Gatherers. Berkeley: University of California Press.
Kelly, Robert L. (2013): The Lifeways of Hunter-Gatherers: The Foraging Spectrum. Cambridge: Cambridge University Press.
Kruse, John (1991): Alaska Inupiat Subsistence and Wage Employment Patterns: Understanding Individual Choice. In: Human Organization 50/4, 317–326.
Larson, Mary A. (2003): Festival and Tradition: The Whaling Festival at Point Hope. In: McCartney, Allen P. (ed.): Indigenous Ways to the Present: Native Whaling in the Western Arctic. Salt Lake City: The University of Utah Press, 341–355.

Laughlin, William S. (1968): Hunting. An Integrating Biobehavior System and Its Evolutionary Importance. In: Lee, Richard B./DeVore, Irvin (eds.): Man the Hunter. New York: Aldine Publishing, 304–320.
Leacock, Eleanor (1981): Myths of Male Dominance. Collected Articles on Women Cross-Culturally. New York: Monthly Review Press.
Leacock, Eleanor/Lee, Richard B. (eds.) (1982): Politics and History in Band Societies. Cambridge: Cambridge University Press.
Lee, Richard B. (1968): What Hunters Do for a Living, or, How to Make Out on Scarce Resources. In: Lee, Richard B./DeVore, Irven (eds.): Man the Hunter. New York: Aldine Publishing, 30–48.
Lee, Richard B./DeVore, Irven (eds.) (1968a): Man the Hunter. New York: Aldine.
Lee, Richard B./DeVore, Irven (1968b): Problems in the Study of Hunters and Gatherers. In: Lee, Richard B./DeVore, Irven (eds.): Man the Hunter. New York: Aldine, 3–12.
Peterson, Nicolas (1993): Demand Sharing: Reciprocity and the Pressure for Generosity among Foragers. In: American Anthropologist 95/3, 860–874.
Radcliffe-Brown, Alfred R. (1922): The Andaman Islanders: A Study in Social Anthropology. Cambridge: Cambridge University Press.
Sahlins, Marshall (1968): Notes on the Original Affluent Society. In: Lee, Richard B./DeVore, Irvin (eds.): Man the Hunter. New York: Aldine, 85–89.
Sahlins, Marshall (1972): Stone Age Economics. Chicago: Aldine-Atherton.
Schrire, Carmel (ed.) (1984): Past and Present in Hunter-Gatherer Studies. Orlando: Academic Press.
Schweitzer, Peter (1990): Kreuzungspunkt am Rande der Welt. Kontaktgeschichte und soziale Verhältnisse der Sibirischen Eskimo zwischen 1650 und 1920. Dissertation, Universität Wien.
Schweitzer, Peter (2004): No Escape from Being Theoretically Important: Hunter-Gatherers in German-Language Debates of the Late Nineteenth and Early Twentieth Century. In: Barnard, Alan (ed.): Hunter-Gatherers in History, Archaeology and Anthropology. Oxford: Berg, 69–76.
Schweitzer, Peter/Barnhart, Raymond/Berman, Matthew/Kaplan, Lawrence (2014): Inuit Regions of Alaska. In: Arctic Social Indicators. ASI II: Implementation. Copenhagen: Nordic Council of Ministers, 183–224.
Schweitzer, Peter/Biesele, Megan/Hitchcock, Robert K. (eds.) (2000): Hunters and Gatherers in the Modern World: Conflict, Resistance, and Self-Determination. New York: Berghahn.
Service, Elman R. (1958): A Profile of Primitive Culture. New York: Harper.
Service, Elman R. (1962): Primitive Social Organization: An Evolutionary Perspective. New York: Random House.
Stager, John K./McSkimming, Robert B. (1984): Physical Environment. In: Damas, David (ed.): Handbook of North American Indians: Arctic. Washington: Smithsonian Institution, 27–35.
Steward, Julian H. (1955): Theory of Culture Change: The Methodology of Multilinear Evolution. Urbana: University of Illinois Press.
Stiles, Daniel (1992): The Hunter-Gatherer "Revisionist" Debate. In: Anthropology Today 8/2, 13–17.
Turnbull, Colin (1961): The Forest People. New York: Simon and Schuster.
Washburn, Sherwood L./Lancaster, Chet S. (1968): The Evolution of Hunting. In: Lee, Richard B./DeVore, Irvin (eds.): Man the Hunter. New York: Aldine, 293–303.
Wenzel, George W./Hovelsrud-Broda, Grete/Kishigami, Nobuhiro (eds.) (2000): The Social Economy of Sharing: Resource Allocation and Modern Hunter-Gatherers. Osaka: National Museum of Ethnology.

White, Leslie A. (1949): The Science of Culture: A Study of Man and Civilization. New York: Farrar & Straus.
Widlok, Thomas (2005): Introduction. In: Wildlok, Thomas/Tadesse, Wolde G. (eds.): Property and Equality. Volume 1: Ritualisation, Sharing, Egalitarianism. New York: Berghahn, 1–17.
Wilmsen, Edwin N. (1989): Land Filled with Flies: A Political Economy of the Kalahari. Chicago: University of Chicago Press.
Winterhalder, Bruce/Smith, Eric Alden (eds.) (1981): Hunter-Gatherer Foraging Strategies. Ethnographic and Archeological Analyses. Chicago: University of Chicago Press.
Wolfe, Robert J./Walker, Robert J. (1987): Subsistence Economies in Alaska: Productivity, Geography, and Development Impacts. In: Arctic Anthropology 24/2, 56–81.
Woodburn, James (1980): Hunters and Gatherers Today and Reconstruction of the Past. In: Gellner, Ernest (ed.): Soviet and Western Anthropology. London: Duckworth, 95–117.
Woodburn, James (1982): Egalitarian Societies. In: Man 17, 431–451.
Woodburn, James (1988): African Hunter-Gatherer Social Organization: Is It Best Understood as a Product of Encapsulation? In: Ingold, Tim/Riches, David/Woodburn, James (eds.): Hunters and Gatherers. Volume 1: History, Evolution and Social Change. New York: Berg, 31–64.
Woodburn, James (1998): "Sharing is Not a Form of Exchange": An Analysis of Property Sharing in Immediate-Return Hunter-Gatherer Societies. In: Hann, Chris (ed.): Property Relations: Renewing the Anthropological Tradition. Cambridge: Cambridge University Press, 48–63.
Worl, Rosita (1980): The North Slope Inupiat Whaling Complex. In: Kotani, Yoshinobu/Workman, William B. (eds.): Alaska Native Culture and History. Senri Ethnological Studies 4. Osaka: National Museum of Ethnology, 305–320.

Empfohlene Literatur

Brody, Hugh (2001): The Other Side of Eden: Hunter-Gatherers, Farmers and the Shaping of the World. London: Faber and Faber.
Cummings, Vicki/Jordan, Peter/Zvelebil, Marek (eds.) (2014): The Oxford Handbook of the Archaeology and Anthropology of Hunter-Gatherers. Oxford: Oxford University Press.
Kelly, Robert L. (2013): The Lifeways of Hunter-Gatherers: The Foraging Spectrum. Cambridge: Cambridge University Press.
Lee, Richard B./Daly, Richard (eds.) (1999): The Cambridge Encyclopedia of Hunters and Gatherers. Cambridge: Cambridge University Press.
Shostak, Marjorie (1981): Nisa, the life and words of a !Kung woman. Cambridge: Harvard University Press.

Gabriele Weichart

Hunting and gathering as a way of life. Vom Leben und Überleben kultureller Werte und Praktiken in indigenen Gesellschaften Australiens

Die indigenen Gesellschaften Australiens lebten bis zu Beginn der Kolonisierung und Besiedlung durch Großbritannien Ende des 18. Jahrhunderts als nicht-sesshafte WildbeuterInnen von Jagd, Fischfang und Sammeln. Sie hatten keine dauerhaften festen Behausungen und praktizierten weder Ackerbau noch Viehzucht.

In den vergangenen zweihundert Jahren veränderten sich die Lebensbedingungen der Aborigines jedoch drastisch, und selbst in den abgeschiedenen Regionen Nord- und Zentralaustraliens wird diese Art der Subsistenzwirtschaft heute im „besten" Fall nur mehr als „Nebenerwerb" betrieben. Dennoch haben sich manche kulturellen Traditionen in adaptierter Weise bis in die Gegenwart erhalten. So begrüßenswert dies sein mag, birgt es doch auch ein gewisses Konfliktpotenzial. Für den vorliegenden Beitrag habe ich einige Beispiele ausgewählt, die für das ökonomische Handeln und den ökonomischen Status von Individuen und Gruppen relevant sind – und zwar sowohl in Jäger-Sammlerinnen-Gesellschaften als auch im modernen postindustriellen Kontext.

Von der Vergangenheit zur Gegenwart

Die indigenen AustralierInnen, die Aborigines[1], erregten bereits im 19. Jahrhundert das wissenschaftliche Interesse in Europa. Ausschlaggebend dafür war, dass sie aufgrund ihrer umherschweifenden, auf Jagd- und Sammelwirtschaft basierenden Lebensweise sowie der einfachen und spärlichen materiellen Kultur als „primitiv" angesehen und in die Kategorie von „Steinzeitkulturen" eingeordnet wurden (Kuper 1988). Das Studium ihrer physischen und kulturellen Merkmale sollte daher wertvolle Erkenntnisse über vergleichbare Kulturen weltweit sowie über die Entwicklung der Menschheit im Allgemeinen liefern.

In Australien dienten derartige Interpretationen als Rechtfertigungen für die oft gewalttätige Unterdrückung, Enteignung und Vertreibung der Aborigines. Diese begannen mit der Ankunft der ersten britischen Flotte mit über 1000 Strafgefangenen und SiedlerInnen im Jahr 1788 an der Südostküste des Kontinents (Turnbull 2013). Da Aborigines als Jäger-Sammlerinnen das Land nicht intensiv bewirtschafteten, wurde angenommen, dass es sich um *„terra nullius"*, d.h. Nie-

1 — Ich verwende die Begriffe *Aborigine* (Substantiv Singular) und *Aboriginal* (Adjektiv) synonym zu *indigen*, wie dies auch von vielen indigenen AustralierInnen praktiziert wird.

mandsland, handelte und daher rechtmäßig von den Kolonialregierungen sowie den SiedlerInnen angeeignet werden konnte. Erst ungefähr zweihundert Jahre später wurden indigene Landrechte schrittweise zuerkannt und mit dem Native Title Act 1993 die Vorstellung einer *„terra nullius"* offiziell revidiert. Im Northern Territory wurde mit der Rückgabe traditioneller Territorien bereits 1976 begonnen und bis jetzt großflächiger als in anderen australischen Staaten und Territorien[2] umgesetzt. Bereits bestehende, von staatlichen oder kirchlichen Institutionen errichtete Siedlungen in diesen Gebieten wurden in der Folge unter indigene Verwaltung gestellt, wobei weiße[3] MitarbeiterInnen weiterhin viele Aufgaben im Bereich der Administration und Dienstleistungen übernahmen. Während in der Vergangenheit die Siedlungen vor allem dazu dienten, Aborigines zu einem sesshaften und an die veränderten Umstände angepassten Leben zu erziehen, sollten in den umstrukturierten und neu gegründeten *Aboriginal communities* die indigenen kulturellen Traditionen[4] gepflegt werden. Die Vision der *community* als „ungestörter und sicherer Zufluchtsort", an dem moderne Anforderungen mit traditionellen Lebensweisen in Einklang gebracht werden, konnte jedoch nur in Einzelfällen umgesetzt werden. Stattdessen führten niedrige Bildungs- und Gesundheitsstandards, niedrige Einkommen und Lebenserwartung sowie wachsende soziale Probleme zu steigender Unzufriedenheit bei der lokalen Bevölkerung sowie zu Kritik und lebhaften Diskussionen in und zwischen externen Organisationen, Medien und intellektuellen MeinungsbildnerInnen.

Dem Umgang mit Traditionen und Kontinuitäten wird auch ein zentraler Stellenwert in diesem Beitrag beigemessen, der von der vorkolonialen[5] Lebensweise der Aborigines als Jäger und Sammlerinnen ausgeht und den Bogen spannt zur aktuellen Situation in *outback communities*[6] im Northern Territory.

2 — Australien ist seit 1901 keine britische Kolonie mehr, sondern eine Föderation von sechs Staaten, drei Territorien und sieben Außengebieten. Allerdings ist die britische Königin nach wie vor offizielles Oberhaupt.

3 — Die Begriffe „weiß" und „Weiße/r" werden in diesem Text für Personen euro-amerikanischer Abstammung verwendet.

4 — Aboriginal-VertreterInnen selbst operieren besonders gerne und häufig mit dem Begriff der „Tradition", wenn es sich um soziale Strukturen, Praktiken und Prozesse sowie kulturelle Werte und Glaubensvorstellungen handelt (vgl. Mückler 2012). Damit wird auf deren nicht näher spezifiziertes hohes Alter und ihre lange Dauer verwiesen. Generell wird davon ausgegangen, dass diese zumindest bis kurz vor Beginn der Kolonialzeit Ende des 18. Jahrhunderts zurückreichen (Weichart 2012: 163 ff.).

5 — Der Terminus „vorkolonial" wird in der einschlägigen wissenschaftlichen und populären Literatur häufig synonym zu „traditionell" verwendet (siehe Fußnote 4).

6 — Diese werden auch als *remote communities* bezeichnet, da sie sich in dünn besiedelten und infrastrukturschwachen Gegenden befinden. Derzeit sind 72 solcher *communities* im Northern Territory registriert (NT Government n.y.). Entgegen dem nationalen Trend der Urbanisierung leben ca. 80 % der indigenen Bevölkerung des Northern Territory, d. h. ca. 28 000 Personen, in *remote areas* (ABS 2011).

Dabei werde ich zwei große Themenfelder herausgreifen, welche die Struktur der beiden Hauptkapitel vorgeben: die Auseinandersetzung mit Mobilität und materieller Kultur im ersten Kapitel und Verwandtschaft, sozialen Beziehungen und Netzwerken im zweiten Kapitel.

Lebensraum und Besitz

Das Land war von Anfang an Hauptursache für Konflikte zwischen den beiden Bevölkerungsgruppen, Aborigines und EuropäerInnen. Angesichts der Größe Australiens von ca. 7,7 Millionen Quadratkilometern, die ungefähr den Ausmaßen der USA entspricht, und der extrem niedrigen Bevölkerungszahl mag dies verwunderlich erscheinen. Im Jahr 1800 lebten in New South Wales, der bis dahin einzigen Kolonie des Landes, ca. 5 200 Personen europäischer Herkunft. Einhundert Jahre später hatte sich die weiße Bevölkerung über den ganzen Kontinent verbreitet und war auf 3,8 Millionen angewachsen (Australian Historical Population Statistics 2014). Heute leben ca. 24 Millionen Menschen in Australien. Da Aborigines erst ab 1971 vom Zensus erfasst worden sind, kann deren Zahl zu Beginn der Kolonisierung nur mittels historischer Dokumente geschätzt werden. Mulvaney/Kamminga (1999: 68f) gehen von einer Größenordnung zwischen 500 000 und einer Million Menschen aus.

Allerdings ist Australien nicht nur der kleinste, sondern auch der trockenste Kontinent. Weite Teile des Landesinneren, vor allem im Zentrum und im Westen, können nur eine niedrige Anzahl von Menschen aufnehmen. In vorkolonialer Zeit wie auch in der Gegenwart lebten und leben daher mehr Menschen in den klimatisch begünstigten, feuchten und fruchtbaren Regionen in Küstennähe.

Für die indigenen AustralierInnen, die vor Beginn der Kolonisierung ausschließlich von Jagd, Sammeln und Fischfang lebten, bot die Natur sämtliche Nahrungsquellen und somit die grundlegende Basis für ihr Dasein. Um diese Ressource auch optimal nutzen zu können, waren profunde Kenntnisse notwendig. Diese allein garantierten jedoch noch keine ausreichende Nahrungsversorgung. Gemäß der traditionellen Kosmologie wurden das Land in seinen Formationen und sämtliche Lebewesen von mythischen Ahnen in einer ebenso mythischen Urzeit geschaffen. Da diese Ahnenwesen nach wie vor Einfluss auf das Leben auf der Erde ausüben, muss die Kommunikation mit ihnen aufrechterhalten werden. Auf die korrekte und regelmäßige Durchführung von Ritualen ist dabei zu achten. Nur dann sind der harmonische Kreislauf der Natur und die Fortpflanzung der Lebewesen gesichert. Die Beziehung zu den Ahnen ist integriert in ein komplexes System sozialer Beziehungen, die auf Verwandtschaft, aber auch auf ausgedehnten Allianzen basieren. Der Etablierung und Aufrechterhaltung dieser Beziehungen werden in der indigenen Gesellschaft nach wie vor große Aufmerksamkeit gewidmet, und viel Zeit und Energie werden dafür investiert (vgl. Stanner 1989 [1963]).

Auch für die Mehrheit der im 18. und 19. Jahrhundert aus Europa kommenden SiedlerInnen bildete das Land die Lebensgrundlage. Es wurde jedoch nicht nur bearbeitet, sondern hatte auch einen monetären Wert und konnte veräußert werden. Dies stellte einen grundlegenden Unterschied zu den indigenen Vorstellungen dar. Während in urbanen Zentren sich die Lebens- und Besitzverhältnisse der Aborigines in den vergangenen Jahrhunderten denjenigen der Mehrheitsbevölkerung stark angepasst haben, sieht die Lage in den *remote communities* nach wie vor anders aus. In diesen Siedlungen werden neben der Infrastruktur auch die Häuser vom Staat zur Verfügung gestellt und an Interessierte vermietet. Grund und Boden sind Gemeineigentum. Verwandtschaftsgruppen können im Rahmen des Aboriginal Land Rights (NT) Act den Landtitel über ihr traditionelles Land beantragen, zu dem sie kontinuierliche ökonomische und spirituelle Beziehungen nachweisen können. Der Titel wird unter der Bedingung der Unveräußerlichkeit verliehen, d. h. dass das Land zwar in Privatbesitz übergeht, jedoch weder verkauft noch verpfändet werden darf, und es wird einem Aboriginal Land Trust zur Verwaltung übergeben. Dadurch soll soweit wie möglich dem traditionellen indigenen Verständnis von „Landbesitz" entsprochen werden.[7]

Diese Politik wird zwar in der indigenen Bevölkerung generell positiv aufgenommen, zeigt aber auch Schwachpunkte. Einer davon ist, dass dadurch Strukturen der sozialen und wirtschaftlichen Ungleichheit geschaffen bzw. gestärkt werden. So zum Beispiel gehören nicht alle in einer *community* lebenden Personen dem Kreis der *traditional owners* an, jedoch können nur Letztere über die ökonomische Ressource Land verfügen. Dies betrifft Investitionen in Unternehmen vielfältiger Art, wie zum Beispiel im Bereich der Viehzucht oder des Tourismus. Am deutlichsten sind die Auswirkungen im Bergbau erkennbar, der zwar von australischen Firmen und internationalen Konzernen betrieben wird, von dessen Gewinnen *traditional land owners* durch den Erhalt von Tantiemen jedoch finanziell profitieren, wenn auch in weit geringerem Ausmaß als die Bergbaufirmen (Scambary 2013).

Geld ist mittlerweile auch im Outback ein wichtiger Bestandteil von Lebensqualität, selbst für Personen, die traditionelle Werte und kulturelle Praktiken hochhalten und bewahren wollen. Dass beides nicht unbedingt ein Widerspruch sein muss, sondern dass für den Erhalt der traditionellen Kultur Geld förderlich bzw. sogar notwendig sein kann, wird in nachfolgenden Unterkapiteln gezeigt. Jedoch darf nicht übersehen werden, dass diese kulturellen Praktiken und Werte nicht immer in Einklang mit den modernen Erfordernissen stehen und nicht

7 — Im Jahr 2006 wurde der Aboriginal Land Rights Act dahingehend abgeändert, dass fortan Grundstücke und Häuser in Städten Einzelpersonen für bis zu 99 Jahre übertragen werden können.

selten Ursachen für Konflikte sind. In der Folge werde ich mich auf zwei Aspekte konzentrieren, die in der indigenen Wertschätzung in einem gegensätzlichen Verhältnis zueinander zu stehen scheinen, nämlich die Mobilität und die materielle Kultur. Während persönliche Mobilität einen hohen Stellenwert einnimmt, wird mit materiellen Objekten recht achtlos umgegangen. Beide Haltungen haben ihren Ursprung und ihre Berechtigung in der Jäger- und Sammlerinnenkultur.

Mobilität und immaterielle Werte

Ein Charakteristikum für Wildbeutergesellschaften weltweit ist ihre mobile Lebensweise. Verantwortlich dafür sind insbesondere die von den jeweiligen klimatischen und ökologischen Bedingungen abhängigen begrenzten Nahrungsressourcen. Dementsprechend ist der Grad der Mobilität relativ niedrig in fruchtbaren, wasserreichen Gebieten mit üppiger Vegetation und großem Wildreichtum. In kargen, vegetations- und tierarmen Gegenden hingegen ist die Bevölkerung gezwungen, häufiger ihre Lagerstätten zu wechseln und größere Strecken zwischen diesen zurückzulegen (Lee/DeVore 1968).

Die Lebensweise der indigenen AustralierInnen als Jäger-Sammlerinnen entsprach diesem Muster. Wo es möglich war, hielten sich die Aborigines in der Nähe von Flüssen, Seen und Meeresküsten auf, wo Fische, Meeresfrüchte, Süßwasserkrebse sowie Vögel wichtige Nahrungsquellen darstellten. Aber auch die trockenen Inlandsregionen mit hohen Sommertemperaturen waren besiedelt, obgleich entsprechend dünner. Aufgrund der extremen Umweltbedingungen stellte dort die tägliche Nahrungsbeschaffung eine Herausforderung dar, die einen größeren Zeit- und Energieaufwand erforderte als in klimatisch begünstigteren Zonen. Nicht selten mussten lange Fußmärsche zurückgelegt werden, um Jagdbeute und ausreichende Mengen an essbaren Pflanzen (Früchte und Samen) zu finden und somit die Ernährung der sogenannten „Lokalgruppe" (Elkin 1986 [1938]) zu sichern. Neben den verschiedenen Känguru- und Wallaby-Arten und kleineren Beuteltieren waren Reptilien und Insekten beliebte tierische Nahrungsquellen.

Die Frage nach dem zeitlichen und energetischen Aufwand der Nahrungsbeschaffung war von den 1960er- bis 1980er-Jahren von zentralem anthropologischem Interesse und führte innerhalb der Wissenschaftsgemeinschaft zu hitzigen Debatten. Marshall Sahlins (1988: 1 ff.) prägte den Begriff der *„original affluent society"*, der weit über die Grenzen der Jäger-Sammlerinnen-Forschung hinaus Bekanntheit erlangte. Seine damals revolutionäre These, dass Jäger und Sammlerinnen ein relativ geruhsames Leben führen konnten und nur einen geringen Teil des Tages für die Nahrungsbeschaffung aufwenden mussten, basierte unter anderem auf ethnographischem Material aus Arnhem Land in Nordaustralien (McCarthy/McArthur 1960). WissenschafterInnen nachfolgender Generationen (z. B. Altman 1987: 71 ff.) widersprachen Sahlins' radikalem Ansatz und kritisierten seine Wahl der ethnographischen Beispiele, die ein verzerrtes Bild der Realität widerspiegeln würden und keinesfalls für sämtliche Jäger-Sammlerinnen-Gesellschaften Australiens oder gar weltweit gelten könnten. Ein Verdienst Sahlins' war jedoch, dass er ein Gegenmodell zu früheren, ebenso unrealistischen Sichtweisen aufzeigte, nach denen Jäger-Sammlerinnen-Gesellschaften in Elend und Entbehrung leben würden.

Je nach Region, Jahreszeit, Personenzahl und Anlass lagerten die Lokalgruppen zwischen einigen Tagen und mehreren Wochen lang an einem Standort. Davon abhängig variierten auch die Behausungen und Lagereinrichtungen. Als Minimalvariante begnügte man sich mit ein paar kleinen Feuerstellen im Camp, welche vor allem in der kalten Jahreszeit die ganze Nacht durchbrannten. Am weitesten verbreitet waren neben natürlichen Höhlen und Felsüberhängen aus Hölzern, Rinden, Blättern und Gras errichtete Windschirme, die gegen Regen und Wind Schutz boten.

Sowohl die Unterkünfte als auch sämtliche sonstigen Gegenstände der materiellen Kultur wurden aus natürlichen Materialien gefertigt und waren biologisch abbaubar. Das moderne Konzept von „Abfall", der fachgerecht entsorgt werden sollte, war daher in der Vorkolonialzeit unbekannt. Speisereste und nicht mehr benötigte Objekte konnten problemlos zurückgelassen werden und verrotteten schließlich, ohne die Umwelt zu belasten. Das „Müllproblem" war auch deshalb nicht so präsent, weil der materielle Besitz in vorkolonialen Aboriginal-Gesellschaften äußerst gering war. Dieser beschränkte sich neben einigen am Körper getragenen persönlichen Gegenständen (Bekleidung und Schmuck) auf Waffen (Speere, Schilde, Wurfhölzer, Bumerangs), Werkzeuge (Grabstöcke und Mahlsteine) sowie Tragschüsseln und Netze aus Holz, Stein und Pflanzenfasern (Berndt/Berndt 1988). Die aufgrund der Umweltbedingungen und Wirtschaftsweise erforderliche Mobilität verhinderte die Akkumulation von Gütern, nicht zuletzt, da keine Last- oder Reittiere zur Verfügung standen (Sahlins 1988: 31 ff.).

Der Grad der „Sesshaftigkeit" bzw. Mobilität der Lokalgruppen hing jedoch nicht nur von den natürlichen Bedingungen und Ressourcen ab, sondern auch von sozialen Beziehungen. So versammelten sich bei ausreichenden Nahrungsvorräten gelegentlich bis zu hundert Personen und mehr, um über einige Wochen oder sogar Monate elaborierte Rituale zu planen und durchzuführen (Elkin 1986 [1938]: 61 ff.). Diese sollten den Fortbestand der Tier- und Pflanzenwelt und somit auch des menschlichen Lebens garantieren und die sozialen Beziehungen festigen. Wie in der Jagd- und Sammeltätigkeit finden wir auch bei der Organisation des rituellen Lebens eine ausgeprägte geschlechtsspezifische Arbeitsteilung. Während diese in der konventionellen Anthropologie bis in die 1980er-Jahre als Nachweis der männlichen Vorherrschaft interpretiert wurde (Hiatt 1985), argumentierte die feministische Anthropologie ab den 1970er-Jahren für eine revidierte Sichtweise auf den gesellschaftlich und spirituell relevanten Aufgabenbereich der Frauen (Bell 1985).

Den Großteil des Jahres lebten die Aborigines in kleineren Verbänden, die eine mobile und flexible Lebensweise ermöglichten. Dennoch waren ihre Wanderungen kein „zielloses Umherschweifen“, wie von frühen Entdeckern und Forschern angenommen, sondern sie bewegten sich entlang gewohnter Routen innerhalb eines Territoriums, in dem die Mitglieder der Lokalgruppe Besitzrechte oder zumindest Nutzungsrechte besaßen (Tindale 1974). Solche Rechte basierten entweder auf der Abstammung und wurden über die väterlichen oder mütterlichen Verwandtschaftslinien vererbt, oder sie wurden durch Allianzen (z. B. Heirat, Initiation, rituelle Kooperationen) erworben. Aufgrund der tiefen, ererbten und unauflöslichen Verbindung der Menschen zu ihrem „Heimatland“ sind nach wie vor zwischenmenschliche Beziehungen immer auch Beziehungen zwischen Ländern bzw. zwischen Personen und Ländern. Auf spiritueller Ebene manifestieren sich diese Beziehungen unter anderem in den Traumpfaden *(song lines)*. Diese repräsentieren die Wanderwege der mythischen Ahnenfiguren, die sich über Hunderte, oft sogar Tausende von Kilometern erstrecken (Glowczewski 1991a). Sie durchziehen die Territorien verschiedener Verwandtschafts- und Sprachgruppen und stellen Verbindungen her zwischen weit voneinander entfernt lebenden Personen und sozialen Gruppen mit unterschiedlichem kulturellem und ethnischem Hintergrund.

Dieses beeindruckende Beziehungsnetzwerk, das ohne jegliche Transportmittel geschaffen und erhalten wurde, diente nicht nur dem Austausch von Informationen und Personen (z. B. als HeiratspartnerInnen), sondern ebenso dem Handel und der Verbreitung von Waren und immateriellen Gütern. Die geringe Menge und Vielfalt an materieller Kultur bedeutete nicht, dass dieser keinerlei Beachtung beigemessen wurde. Alltagsgegenstände (z.B. bestimmte Formen von Bumerangs) wie auch Ritualobjekte (z. B. eingeritzte Perlmuttscheiben und roter Ocker) wurden zum Teil über durch den Kontinent transportiert und eingetauscht (Mulvaney 1976). So wurde Ocker von der Wilgie-Mia-Mine im Murchison-Gebiet in Western Australia in Queensland gegen den einheimischen Tabak Pitjurri eingetauscht, wie archäologische Funde belegen (Flood 1988: 235ff.). Jedoch nicht nur Güter, sondern auch Mythen, Lieder und Rituale und die damit zusammenhängenden Glaubensvorstellungen wurden über das Land transportiert, und die sozialen und religiösen Beziehungsnetzwerke wurden dadurch verändert und erweitert.

Sesshaftigkeit und materielle Güter

Mit der Einnahme und Besiedlung Australiens durch EuropäerInnen lernten die Aborigines innerhalb kürzester Zeit Lebens- und Wirtschaftsformen kennen, die sich stark von den ihnen vertrauten unterschieden. Die ZuwanderInnen waren weitgehend sesshaft und wohnten in stabilen und dauerhaften Häusern und Siedlungen. Heute lebt ein Großteil der Bevölkerung zwar in Städten, aber auch dort dominieren Einfamilienhäuser das Straßenbild der Wohngebiete. Das Ideal von der in ihrem Eigenheim in „Suburbia" lebenden harmonischen Kleinfamilie wird auch den angeblich (noch) nicht ausreichend integrierten Minderheiten, wie MigrantInnen und Aborigines, vermittelt. Besonders in *remote communities* entsprechen derartige Erwartungen nur selten der Realität.

Ein Großteil der indigenen Bevölkerung des Northern Territory lebt in *remote indigenous communities*, die „das Beste aus beiden Welten" verkörpern sollen: Sie sind ausgestattet mit moderner Infrastruktur, deren Kosten von der Regierung getragen werden und wodurch den BewohnerInnen ein moderner westlicher Lebensstandard geboten werden soll (Department of Community Services n.y.). Andererseits sollten die Menschen von den Versuchungen (z. B. Alkohol und Glücksspiel) und Problemen (z. B. Konflikte und Gewalt) der Städte ferngehalten werden. Für die Betroffenen selbst ist der Umstand, auf ihrem traditionellen Land oder zumindest in relativer Nähe desselben zu leben, ein wichtiger Beweggrund, sich für das Leben in einer *community* zu entscheiden. Auch wenn dieses Leben nur mehr wenig gemein hat mit dem vorkolonialen Jäger-Sammlerinnen-Dasein, so ist es im Rahmen der realen Möglichkeiten die nächste, wenn auch nicht immer die beste Alternative.

Nach wie vor sind jedoch Jagen und Sammeln in angepasster Form beliebte Aktivitäten, und *bush food* wird als besondere Delikatesse geschätzt. Der Einsatz moderner Waffen (z. B. Gewehre), Werkzeuge (z. B. Grabstöcke aus Metall) und Autos erleichtert das Vorgehen. Besonders Letztere sind unverzichtbar, denn Mobilität ist auch für Freizeit-Jäger und -Sammlerinnen von großem Wert. Die meisten Privatautos sind im Besitz von Männern, die auch als Fahrer fungieren. Aboriginal-Frauen haben seltener Fahrkenntnisse oder gar einen Führerschein. Während in der Jäger-Sammlerinnen-Gesellschaft in erster Linie Kleinkinder Einfluss auf die Mobilität der Frauen hatten, drückt sich in diesem Bereich die Gender-Ungleichheit heute durch den Zugang zu Transportmitteln aus. Dies führt dazu, dass Frauen in Bezug auf ihre Mobilität weniger spontan und flexibel agieren können und abhängig sind von ihren Ehemännern oder männlichen Verwandten bzw. von lokalen Organisationen.

Für die Beliebtheit von Ausflügen „auf's Land", in die nähere Umgebung ist jedoch nicht nur die Vorliebe für *bush food* verantwortlich. Der Besuch des traditionellen Landes, vertrauter und eventuell durch das Wirken der mythischen Ahnen geheiligter Orte ist mehr als ein sentimentaler Rekurs in die Vergangenheit. Er ermöglicht den AkteurInnen die Kontinuität ihrer persönlichen Geschichte und Identität, die Fortführung der religiösen und sozialen Verpflichtungen *(caring for country)* sowie die Weitergabe spezifischen lokalen Wissens an die jüngeren Generationen. Die „Pflege" des eigenen Landes durch regelmäßige Besuche, Rituale und Gesänge vor Ort ist jedoch nicht allen Menschen möglich. Viele leben in *communities* weit entfernt von ihrem traditionellen Land, und sie können Letzteres nur selten aufsuchen.

Landausflüge bedeuten auch, dem Alltag in der *community* für ein paar Stunden den Rücken zu kehren – Ruhe und Frieden zu erfahren. Denn *community life* bedeutet heute nicht nur „*back to the roots*", sondern auch enge Wohnverhältnisse, fordernde Verwandte, betrunkene Ehemänner und emotionalen Stress. Vor allem Frauen und Kinder sind diesen Belastungen ausgesetzt und haben aufgrund ihrer geringeren Mobilität weniger Möglichkeiten, ihnen auszuweichen. Neben der spirituell-emotionalen und kulinarischen Attraktivität von *hunting trips* und Picknicks spielt demnach auch der soziale Aspekt eine große Rolle. Erstere bieten die Möglichkeit, einerseits unliebsamen sozialen Beziehungen und Spannungen in der *community* zu entfliehen und andererseits soziale Bindungen zu anderen Personen zu festigen.

Die Pflege sozialer Beziehungen oder die Meidung bestimmter Personen (-gruppen) sind weitere Beweggründe, trotz moderner Kommunikationsmedien entfernt gelegene *communities* und *outstations* sowie Ortschaften und Städte jenseits der indigenen Territorien zu besuchen oder sogar einen permanenten Ortswechsel vorzunehmen (Taylor 2012). Nicht selten werden temporäre Umzüge durch Todesfälle ausgelöst. Das Hab und Gut der Verstorbenen gilt als unantastbar und unbedingt zu meiden. Die Häuser der Verstorbenen werden auf unbestimmte Zeit (nicht selten mehrere Jahre) unbewohnbar (vgl. Glowczewski 1991b: 71 ff.). Die früheren MitbewohnerInnen sind gezwungen, sich neue Unterkünfte, meist bei Verwandten, zu suchen, wodurch der ökonomische und soziale Druck auf andere Haushalte in der *community* erhöht wird.

Wie eingangs in diesem Kapitel erwähnt, gelten Kernfamilienhaushalte mit ein bis zwei Kindern in geräumigen Häusern mit gepflegten Vorgärten als idealtypische und nicht zu hinterfragende soziale, ökonomische und lokale Einheiten in der gegenwärtigen australischen Gesellschaft. Der Grad der sozialen Anpassung bzw. Devianz wird daher an der Einhaltung bzw. Abweichung von dieser Norm gemessen. Indigene Häuser und Haushalte in *communities* widersetzen sich derartigen Anforderungen nach Ordnung und Gemütlichkeit. Spärliches oder auch gänzlich fehlendes Mobiliar, Abnützung durch Überbelegung, Nachlässigkeit und fehlende Instandhaltung sowie Reparaturen gehören zu den offensichtlichen Ursachen. Neben finanziellen Schäden, ästhetischen Irritationen und sozialen Herausforderungen werden vor allem die gesundheitlichen Risiken (z. B. bakterielle Erkrankungen im Bereich des Magen-Darm-Trakts und der Atemwege) für die BewohnerInnen als Argumente gegen die bestehenden Wohnverhältnisse vorgebracht (Bailie/Wayte 2006). Entsprechend stehen seit Jahren Programme zur Verbesserung der Häuser- und Wohnsituation weit oben auf der Prioritätenliste verschiedener staatlicher und nicht-staatlicher Hilfs- und Entwicklungsorganisationen.

Generell beschränkt sich der Privatbesitz vieler BewohnerInnen auf das Notwendigste, auf ein paar Kleidungsstücke, Decken und Polster, Küchenutensilien, Mobiltelefone, das eine oder andere elektrische Gerät und ein Auto, d. h.

auf mobile Güter, die von einer Person bewegt werden können. Die vielgeschätzte Mobilität der Menschen ist abhängig von der Menge, Größe und Beweglichkeit der Besitztümer. Dies gilt auch im Zeitalter moderner Verkehrsmittel, und für die in *communities* lebenden indigenen AustralierInnen scheint sie nach wie vor eine Handlungsmaxime zu sein (Dyson/Brady 2016).

Die Ökonomie der sozialen Beziehungen

Während die Kolonisierung und Besiedlung Australiens durch EuropäerInnen innerhalb weniger Jahre einschneidende und erkennbare Auswirkungen auf die Mobilität der Jäger-Sammlerinnen-Gesellschaften hatte, konnten die sozialen Beziehungsnetzwerke weiterhin bestehen bleiben und funktionieren. Die Ansiedlung der indigenen Bevölkerung in permanenten Niederlassungen und die daraus resultierende veränderte Lebens- und Produktionsweise hatte jedoch nachhaltige Auswirkungen auf Ordnung und Praxis der sozialen Beziehungen. In den vergangenen Jahrzehnten übte vor allem die moderne Technologie einen großen Einfluss auf die Kommunikationsprozesse und deren Dynamik aus.

„Kinship and society were virtually the same thing." [8]

In nicht-sesshaften Wildbeutergesellschaften sind neben üppigen Nahrungsressourcen vor allem extensive und verlässliche soziale Netzwerke die primären Voraussetzungen für ein „gutes" Leben. Ohne einen sicheren Platz in der Gesellschaft, der Zugang zu diesen Ressourcen bietet und dadurch ausreichende Ernährung gewährleistet, ist die Existenz von Individuen, aber auch von sozialen Gruppen gefährdet. Australische Aborigines lebten in vorkolonialer Zeit zwar nur selten und über kurze Perioden in größeren Verbänden von hundert und mehr Personen, aber ein Leben als „EinsiedlerIn" war kaum vorstellbar und noch weniger erstrebenswert.

Aufgrund der Unvereinbarkeit einer längerfristigen Vorratshaltung mit einer mobilen Lebensweise war eine direkte und ständige Abhängigkeit von den vorhandenen natürlichen Nahrungsquellen gegeben. Möglichkeiten, Einfluss auf Wetter und den Ablauf der Jahreszeiten zu nehmen, lagen aus Sicht der Aborigines in Ritualen, die in Übereinstimmung mit den überlieferten Glaubenstraditionen zu vorgeschriebenen Zeiten und an bestimmten Orten durchgeführt wurden. Dadurch konnten sie Regen herbeirufen, Dürre abwehren und somit die kontinuierliche und saisonal entsprechende Vermehrung und das Wachstum der essbaren Pflanzen und Tiere gewährleisten. Um eine übermäßige Ausbeu-

8 __ Scheffler 1994: 551.

tung der natürlichen Ressourcen zu verhindern, wurde die Größe der jeweiligen Residenzgruppe an die ökologischen Bedingungen ihres Territoriums angepasst.

Dennoch konnten die Menschen sich nicht ohne Weiteres auf die Umwelt verlassen. Eventuell wurden die Rituale nicht korrekt durchgeführt oder gar verabsäumt, oder sonstige Umstände wurden als Ursache für das Aussetzen des Regens, ein geringeres Nahrungsangebot oder mangelndes Trinkwasser interpretiert. Dann war es gut und notwendig, auf das Beziehungsnetzwerk zurückgreifen zu können. Je ausgedehnter dieses war und je besser es auch in Notfällen funktionierte, desto abgesicherter waren die betroffenen Personen. Sie erhielten die Erlaubnis, nicht nur in ihren angestammten Gebieten dem Jagen und Sammeln nachzugehen, sondern darüber hinaus auch Gebiete von weiter entfernt lebenden Verwandten oder AllianzpartnerInnen aufzusuchen. Wer in solchen Situationen innerhalb des sozialen Netzwerks um Hilfe gebeten wurde, war keine willkürliche oder rein individuelle Entscheidung. Ausschlaggebend waren meist die Art und Qualität der Verwandtschaftsbeziehungen, die auf einem komplexen Regelwerk sozialer Klassifikationen aufbauten (Meggitt 1952). Wie streng diese befolgt wurden und welche Spielräume es in der Praxis für einen kreativen und flexiblen Umgang mit dem starr wirkenden strukturellen Überbau gab, hing nicht zuletzt von den Umweltbedingungen ab. Die in den kargen Wüstenregionen des Landesinneren lebenden Pintupi benötigten ein relativ offenes Allianz- und Assistenzsystem, um Zugang zu ausreichenden Wasser- und Nahrungsquellen zu erhalten. Entsprechend anpassungsfähig musste ihr Verwandtschaftssystem sein (Myers 1986).

Aber auch in Perioden des relativen Wohlstands war Teilen eine grundlegende Pflicht in Jäger-Sammlerinnen-Gesellschaften. In erster Linie betraf dies die Ernährung. Während der Verzehr von pflanzlichen Nahrungsmitteln und kleinen Tieren häufig bereits während der Sammeltätigkeit tagsüber erfolgte, wurden größere Tiere ins Lager gebracht. Die Zubereitung und anschließende Verteilung unter den Mitgliedern der Residenzgruppe wurde nicht vom Jäger, sondern von einem männlichen Verwandten durchgeführt. Der Jäger selbst erhielt nur einen kleineren Teil. Neben ihren Ehefrauen und Kindern mussten die Männer auch ihre Schwiegereltern sowie alte und kranke Verwandte mit Fleisch versorgen (Hamilton 1981: 10 ff.). Die familiären Beistandsverpflichtungen konnten daher besonders in kargen Zeiten eine Herausforderung darstellen, waren jedoch langfristig für den Zusammenhalt der Gruppe und das physische Überleben ihrer Mitglieder notwendig. Sie waren daher kein freiwilliger Akt der solidarischen Hilfeleistung, sondern die soziale Norm, obligatorisch, und ihre Unterlassung wurde sanktioniert.

Die Strategien des Teilens und der Verteilung von Ressourcen und sozialen Verpflichtungen mit dem Ziel der Konsolidierung sozialer Einheiten und Netzwerke stellten sich auch in abgeänderter Form in der Organisation und Regelung sozialer Institutionen dar, wie zum Beispiel der Knaben- und Männerinitiationen sowie der Ehe. Die Reglementierungen der sozialen Beziehungen wurden im indigenen Verständnis wie sämtliche anderen Verhaltensvorschriften von den Schöpferahnen vorgegeben und vorgelebt. Ihre Bewahrung und Kontinuität sicherten daher die überlebensnotwendigen Verbindungen zum traditionellen Land der Ahnen (Bell 1985: 90ff.).

Soziale Netzwerke und Verbindlichkeiten im Alltag der *community*

Obwohl die Autorität der Ahnen in den letzten Jahrzehnten an Einfluss verloren hat und heute ihre Gesetze daher auch in *outback communities* vor allem unter den jüngeren Generationen weniger streng befolgt werden, bilden die Beziehungen zu den Ahnen und die darauf aufbauenden verwandtschaftlichen Netzwerke nach wie vor die Grundlage für soziale Strukturen und Organisationsformen. Da soziale Beziehungen nur innerhalb des Verwandtschaftssystems eingeordnet werden können, wird auch mit Außenstehenden, mit denen regelmäßige und enge Kontakte bestehen bzw. zu erwarten sind, ein fiktives Verwandtschaftsverhältnis hergestellt. So erhielt ich 1991 zu Beginn meiner Feldforschung in Zentralaustralien den klassifikatorischen Verwandtschaftsnamen Napanangka von einer meiner ersten Kontaktpersonen, einer Napaljarri, die bis zum Ende meiner Forschung zwei Jahre später meine engste Bezugsperson blieb. Durch diese Maßnahme wurde ich in das Verwandtschaftssystem eingegliedert und in Beziehungsverhältnisse mit allen Mitgliedern der indigenen Gesellschaft gesetzt. Obwohl wir beide ungefähr gleich alt waren, nahm Napaljarri somit die Position einer „sozialen" Schwiegermutter mir gegenüber ein, wodurch sie größere Autorität ausüben und Ansprüche an mich stellen konnte. Dies ist ein Beispiel, dass selbst Freundschaft, Vertrautheit und Intimität den Ordnungsstrukturen unterliegen und in den Kreislauf der Beziehungen von Rechten und Pflichten, Verbindlichkeiten und Forderungen, dem Geben und Nehmen eingeordnet werden.

Während dieses komplexe Netz von Beziehungsregeln in der Vergangenheit relative Ausgewogenheit und Beständigkeit garantiert hat, kann ein solches Ideal heute nicht mehr verwirklicht werden. Man könnte auch sagen, „der Kreis schließt sich nicht mehr". Gründe dafür sind unter anderem, dass die den traditionellen Strukturen und Beziehungen innewohnenden Prinzipien der Reziprozität und Egalität (Sahlins 1988) nicht mehr denselben Stellenwert haben wie in vorkolonialer Zeit und jüngere Generationen ihre persönlichen Präferenzen nicht mehr dem Diktat der Verwandtschaftsregeln und der sozialen Kontrolle unterwerfen wollen. Das sich an westlichen Standards und Inhalten orientierende Schulsystem, der Einfluss einer kapitalistischen und marktwirtschaftlichen Ökonomie, die Etablierung demokratischer politischer Strukturen und einer entsprechenden Verwaltung in den *communities*, aber auch moderne Technologien und Medien haben wesentlich zu diesen Veränderungen beigetragen.

Verwandtschaftliche Bande sind nach wie vor ein entscheidender Faktor für den Zugang zu Ressourcen und damit für das ökonomische Potenzial einer Person. Allerdings führt die Vergabe von Landrechten an die *traditional owners* dazu, dass andere Personen, die nicht dieser privilegierten Gruppe angehören, jedoch in derselben *community* leben, wirtschaftliche und politische, somit auch gesellschaftliche, Nachteile erfahren.

Aufgrund der geringen Erwerbs- und Ausbildungsmöglichkeiten in den *communities* sind viele BewohnerInnen auf staatliche Sozialleistungen angewiesen. Das von 1977 bis 2011 in vielen *communities* durchgeführte CDEP-Programm (Community Development and Employment Projects) zählt zu den langfristigen Initiativen im Arbeitsbereich (Morphy/Sanders 2004).

Das bisher wohl erfolgreichste und zugleich für alle Beteiligten spannendste Arbeitsfeld für Aborigines in *remote communities* ist die Produktion von Kunst und Kunsthandwerk. Die ersten Versuche in diese Richtung wurden bereits in den 1920er-Jahren in verschiedenen Missionsstationen gemacht (z.B. Hermannsburg und Ernabella in Zentralaustralien), aber erst mit der in den 1980er-Jahren einsetzenden überregionalen und schließlich internationalen Vermarktung wurden nennenswerte Profite erwirtschaftet und eine *art industry* etabliert. Die höchste Anerkennung erhielten die auf Leinwand oder Baumrinde gemalten Bilder mit Darstellungen aus der Mythologie. Die Reverenz an einen spezifischen Landstrich und die mythischen Ahnen des/der jeweiligen Malers/-in standen gewöhnlich im Mittelpunkt. Sowohl für die KünstlerInnen als auch für die durchwegs weißen KundInnen war dieser Bezug zum traditionellen Leben und den damit verbundenen Glaubensinhalten ein wichtiges Element für den überwältigenden Erfolg auf dem (indigenen) Kunstmarkt als auch für die Begeisterung, mit der eine ständig wachsende Zahl an Personen sich dieser Aufgabe widmete (Weichart 1997). Mittlerweile gibt es allein im Northern Territory ungefähr 30 indigene KünstlerInnenkooperativen, deren Mitglieder sich gegenseitig mit ihren einfallsreichen und farbenfrohen Kreationen überbieten.

Zwar werden derartige Verdienstmöglichkeiten grundsätzlich begrüßt und als Zeichen einer (beginnenden) ökonomischen „Mündigkeit" gewertet, andererseits gibt es auch Bedenken. Diese betreffen die dadurch entstehende wirtschaftliche Ungleichheit innerhalb der Bevölkerung einer *community*. Seitens des weißen Personals wird beklagt, dass das Geld nicht sinnvoll investiert, sondern relativ schnell für kurzlebige Konsumgüter (z.B. Lebensmittel, Fast Food, Alkohol, elektronische Geräte) ausgegeben wird. Für die Betroffenen selbst, sowohl für die Besitzenden als auch die Besitzlosen, präsentiert sich das Problem eher in der Verteilung. Bewegliche Ressourcen und materielle Güter sind nach traditioneller indigener Auffassung dazu da, nach Befriedigung der primären Bedürfnisse in die Zirkulation überzugehen. Dabei kann eine Person die zu Beschenkenden nicht allein nach ihren persönlichen Präferenzen auswählen, sondern es gelten wie bei Nahrungsverteilung und anderen Beistandsverpflichtungen die Prinzipien des Verwandtschaftssystems und der gegenseitigen Verbindlichkeiten (Peterson 2013). Auf dieser Basis berechtigte Forderungen seitens Familienangehöriger oder anderer Personen können nicht ignoriert oder zurückgewiesen werden, selbst wenn dies letzten Endes die beinahe vollständige Ausgabe des Besitzes bedeutet.

Bis in die 1960er-Jahre hatten im Outback lebende Aborigines nur selten Bargeld zur Verfügung, da sie als Unmündige sowohl in den Siedlungen als auch auf den Farmen, wo viele arbeiteten, üblicherweise in Naturalien bezahlt bzw. in erster Linie verköstigt wurden. Mit den erwähnten politischen und sozioökonomischen Veränderungen, die bereits in den 1960er-Jahren einsetzten und schließlich zur proklamierten Selbstbestimmung der Aborigines führten, setzte auch der Siegeszug der Geldwirtschaft in den indigenen Gesellschaften ein. Dazu trug unter anderem die Eigenschaft des Geldes als allgemeines Äquivalent bei, aber auch seine einfache Handhabung, die es ermöglichte, die zusammengefalteten Scheine auch in kleinsten Taschen oder am Körper getragenen Kleidungsstücken zu verstecken. Geld ist heute das am meisten eingesetzte Mittel des Tausches sowie der Distribution ökonomischer Ressourcen. Eine bewährte Strategie, die Forderungen aus dem Verwandtenkreis abzuwehren oder gar nicht erst aufkommen zu lassen, ist, andere Personen in Unkenntnis über die eigenen Besitzverhältnisse zu lassen. Während dies mit geringen Geldsummen und kleinen Wertgegenständen, z. B. Mobiltelefonen, relativ gut funktionieren kann, bieten sich größere Objekte oder auch höhere bzw. regelmäßige Einkommen nicht dafür an.

Geldbesitz bringt zwar Belastungen mit sich, hat aber durchaus auch Vorteile für *community*-BewohnerInnen. Neben dem Erwerb begehrter Waren kann Geld zur Begleichung von materiellen oder immateriellen Schulden aufgewendet werden. Des Weiteren dient es zur Bezahlung von Gefolgsleuten, die in ein Schuldverhältnis gebracht werden und deren Beistand man sich dadurch sichert. Dennoch erscheint es nicht besonders motivierend, einer anstrengenden und zeitaufwendigen Arbeit nachzugehen und dadurch die persönliche Freiheit und Mobilität aufzugeben, um am Ende des Zahltages, der von allen bereits sehnsüchtig erwartet wird, mit nicht viel mehr an Bargeld als ein/e Sozialhilfeempfängerln dazustehen. Die in Jäger-Sammlerinnen-Gesellschaften ökonomisch sinnvolle Praxis der Ressourcenumverteilung ist für die moderne Arbeitswelt kontraproduktiv, da sie aufgrund der begrenzten Möglichkeiten eines ökonomischen Aufstiegs wenig Anreiz für besonderen Leistungseinsatz liefert. Zudem werden Eigenschaften wie Ehrgeiz und Strebsamkeit mit dem Ziel eines persönlichen Erfolgs und höheren Status in Jäger-Sammlerinnen-Gesellschaften abgelehnt und die Kinder und Jugendlichen nicht daraufhin trainiert (Lee 1995).

Conclusio

Mobilität, Besitzlosigkeit, Landressourcen und soziale Netzwerke sind bis heute zentrale und miteinander verwobene Themenkomplexe in der Jäger-Sammlerinnen-Forschung. Auf diesen basierende Vorstellungen, Werte und Praktiken haben auch unter drastisch veränderten Lebensbedingungen bis in die Gegenwart fortgedauert.

In Australien zeigte sich dies am deutlichsten in den *remote Aboriginal communities*, deren „Gründungsutopie" die Möglichkeiten der Fortführung der kulturellen Traditionen bzw. Anknüpfung an dieselben einschloss. Nach wie vor können viele BewohnerInnen dieser relativ isolierten Siedlungen zumindest einen Teil ihrer Nahrung durch Jagen und Sammeln erwirtschaften und ihre spirituelle Beziehung zu ihren traditionellen Ländern und mythischen Vorfahren in Ritualen, Liedern und Tänzen aufrechterhalten. Die in Jäger- und Sammlerinnengesellschaften lebensnotwendigen sozialen Beziehungsnetzwerke, basierend auf komplexen Verwandtschaftssystemen, üben auch in der Gegenwart einen großen Einfluss auf gesellschaftliche und ökonomische Strukturen und Institutionen aus.

Trotz der mittlerweile sesshaften Lebensweise in *communities* besteht auch heute noch die Notwendigkeit einer spontanen Mobilität, um sozialen, ökonomischen und religiösen Verpflichtungen nachzukommen. Voraussetzungen dafür sind wenige Besitztümer und geringe Abhängigkeiten der Individuen von modernen Institutionen wie beispielsweise Schulen und Arbeitsstätten.

Die Kontinuität dieser traditionellen Werte und Praktiken mag für viele erstrebenswert sein, ist jedoch nicht unumstritten. KritikerInnen, und darunter auch wohlmeinende AnthropologInnen, sehen darin die Ursache der in vielen *communities* herrschenden massiven sozioökonomischen Probleme. Sie fordern eine Abkehr von dem in ihren Augen protektionistischen System und stattdessen eine schrittweise Anpassung an Standards in der Mehrheitsgesellschaft (vgl. Sutton 2009).

Es bleibt daher abzuwarten, ob die indigenen AustralierInnen ihre kulturellen Eigenheiten entgegen den zunehmenden Anforderungen durch das 21. Jahrhundert verteidigen und bewahren werden können, ob für sie soziale Beziehungen weiterhin oberste Priorität haben werden und ob sie auch in einigen Jahrzehnten ihre wenigen Habseligkeiten innerhalb von ein paar Minuten zusammenpacken, aufstehen und weggehen werden können, wie sie es über viele Tausende Jahre getan haben.

Belegliteratur

ABS (2011): Available at: http://www.abs.gov.au/AUSSTATS/abs@.nsf/DetailsPage/3238.0.55.001June%202011?OpenDocument, 15. 10. 2016.
Altman, Jon (1987): Hunter-Gatherers Today. An Aboriginal Economy in North Australia. Canberra: Australian Institute of Aboriginal Studies.
Australian Historical Population Statistics (2014): Available at: http://www.abs.gov.au/AUSSTATS/abs@.nsf/DetailsPage/3105.0.65.0012014?OpenDocument, 15. 10. 2016.
Bailie, Ross/Wayte, Kayli J. (2006): Housing and Health in Indigenous Communities. Key Issues for Housing and Health Improvement in Remote Aboriginal and Torres Strait Islander Communities. In: Australian Journal of Rural Health 14, 178–183.
Bell, Diane (1985): Daughters of the Dreaming. Melbourne/Sydney: McPhee Gribble/Allen & Unwin.
Berndt, Ronald/Berndt, Catherine (1988): The World of the First Australians. Canberra: Aboriginal Studies Press.
Department of Community Services (n.y.): Available at: https://dlgcs.nt.gov.au/__data/assets/pdf_file/0020/156071/2014-2015_Minimum_Standards.pdf, 15. 10. 2016.
Dyson, Laurel/Brady, Fiona (2016): The Rise and Rise of Mobile Technology in the Remote Indigenous Communities of Far North Australia. In: van der Velden, Maja/Strano, Michele/Hrachvec, Herbert/Abdelnour Nocera, José/Ess, Charles (eds.): Culture, Technology, Communication. Common Worlds, Different Futures? Proceedings of the Tenth International Conference on Culture, Technology, Communication. London, 15–17 June 2016, 125–137. Available at: http://philo.at/ocs2/index.php/london16/catac_16/paper/viewFile/317/140, 6. 11. 2016.
Elkin, Adolphus (1986 [1938]): The Australian Aborigines. Oxford: Oxford University Press.
Flood, Josephine (1988): Archaeology of the Dreamtime. Honolulu: University of Hawaii Press.
Glowczewski, Barbara (1991a): Du rêve à la loi chez les aborigènes. Mythes, rites et organisation sociale en Australie. Paris: Presses Universitaires de France.
Glowczewski, Barbara (1991b): Träumer der Wüste. Leben mit den Ureinwohnern Australiens. Wien: Promedia.
Hamilton, Annette (1981): Dual Social Systems. Technology, Labour and Women's Secret Rites in the Eastern Western Desert of Australia. In: Oceania 55/1, 4–19.
Hiatt, Les (1985): Maidens, Males and Marx. Some Contrasts in the Work of Frederick Rose and Claude Meillassoux. In: Oceania 56, 34–46.
Kuper, Adam (1988): The Invention of Primitive Society. Transformations of an Illusion. London/New York: Routledge.
Lee, Richard (1995): Reflections on Primitive Communism. In: Ingold, Tim/Riches, David/Woodburn, James (eds.): Hunters and Gatherers 1: History, Evolution and Social Change. Oxford/Herndon: Berg, 252–268.
Lee, Richard/DeVore, Irven (eds.) (1968): Man the Hunter. Chicago: Aldine.
McCarthy, Frederick/McArthur, Margaret (1960): The Food Quest and the Time Factor in Aboriginal Economic Life. In: Mountford, Charles (ed.): Records of the Australian-American Scientific Expedition to Arnhem Land. Vol. 2: Anthropology and Nutrition. Melbourne: Melbourne University Press, 145–194.
Meggitt, Mervyn J. (1952): Desert People. A Study of the Walbiri Aborigines of Central Australia. Sydney: Angus & Robertson.
Morphy, Frances/Sanders, Will G. (eds.) (2004): The Indigenous Welfare Economy and the CDEP Scheme. CAEPR Monograph 20. ANU Press. Available at: http://www.jstor.org/stable/j.ctt2jbj2z, 12. 11. 2016.

Mückler, Hermann (2012): Einführung. Tradition und Traditionalismus. Zur Rolle und Instrumentalisierung eines Identitätskonzepts. Wien: Verein für Geschichte und Sozialkunde/Promedia/Südwind, 7–24.
Mulvaney, John (1976): "The Chain of Connection". The Material Evidence. In: Peterson, Nicolas (ed.): Tribes and Boundaries in Australia. Canberra: Australian Institute for Aboriginal Studies, 72–94.
Mulvaney, John/Kamminga, Johan (1999): Prehistory of Australia. St. Leonards: Allen & Unwin.
Myers, Fred (1986): Pintupi Country, Pintupi Self. Sentiment, Place, and Politics among Western Desert Aborigines. Washington: Smithsonian Institution.
NT Government (n.y.): Services to remote communities and homelands. Available at: https://nt.gov.au/community/local-councils-remote-communities-and-homelands/services-to-remote-communities-and-homelands, 15.10.2016.
Peterson, Nicolas (2013): On the Persistence of Sharing. Personhood, Asymmetrical Reciprocity, and Demand Sharing in the Indigenous Domestic Moral Economy. In: The Australian Journal of Anthropology 24, 166–176.
Sahlins, Marshall (1988): Stone Age Economics. London/New York: Routledge.
Scambary, Benedict (2013): My Country, Mine Country. Indigenous People, Mining and Development Contestation in Remote Australia. CAEPR ANU, Research Monograph No. 33. Canberra: Australian National University E-Press. Available at: http://press-files.anu.edu.au/downloads/press/p223641/pdf/book.pdf?referer=31, 6.11.2016.
Scheffler, Harold W. (1994): Australian Kin Classification. Cambridge: Cambridge University Press.
Stanner, William (1989 [1963]): On Aboriginal Religion. Oceania Monograph 36. Sydney: University of Sydney Press.
Sutton, Peter (2009): The Politics of Suffering. Indigenous Australia and the End of the Liberal Consensus. Carlton: Melbourne University Press.
Taylor, Andrew (2012): Information Communication Technologies and New Indigenous Mobilities? Insights From Remote Northern Territory Communities. In: Journal of Rural and Community Development 7/1, 59–73.
Testart, Alain (1989): Aboriginal Social Inequality and Reciprocity. In: Oceania 60/1, 1–16.
Tindale, Norman (1974): Aboriginal Tribes of Australia. Berkeley: University of California Press.
Turnbull, Paul (2013): Das indigene Australien im ersten Jahrhundert der europäischen Invasion. In: Mückler, Hermann/Weichart, Gabriele/Edelmayer, Friedrich (Hg.): Australien: 18. bis 21. Jahrhundert. Geschichte und Gesellschaft. Wien: Promedia, 87–100.
Weichart, Gabriele (1997): Art in the Centre. An Overview of the Production of Art in Central Australia and its Role in Contemporary Aboriginal Society. Dissertation, Universität Wien.
Weichart, Gabriele (2012): Indigene Kunst, Kultur und Tradition in Australien. In: Mückler, Hermann/Faschingeder, Gerald (Hg.): Tradition und Traditionalismus: Zur Instrumentalisierung eines Identitätskonzepts. Wien: Verein für Geschichte und Sozialkunde/Promedia/Südwind, 162–181.

Empfohlene Literatur

Bell, Diane (1985): Daughters of the Dreaming. Melbourne/Sydney: McPhee Gribble/ Allen & Unwin.

Mückler, Hermann/Weichart, Gabriele/Edelmayer, Friedrich (Hg.) (2012): Australien: 18. bis 21. Jahrhundert. Geschichte und Gesellschaft. Wien: Promedia.

Myers, Fred (1986): Pintupi Country, Pintupi Self. Sentiment, Place, and Politics among Western Desert Aborigines. Washington: Smithsonian Institution.

Elke Mader

Wirtschaft, Natur und Weltbild. Die Shuar und Achuar im Amazonasgebiet

Verflechtungen von Wirtschaft, Natur und Weltbild stellen ein komplexes Gefüge von Zusammenhängen dar, das weitreichende theoretische Konzepte und die Analyse spezifischer Vorstellungen und Praktiken in ihrem gesellschaftlichen und kulturellen Kontext umfasst. Sie beziehen sich auf eine Reihe von Fragestellungen zum Stellenwert von Natur, die in Zeiten von Klimawandel und gravierenden ökologischen Problemen besonders brisant sind, und verweisen auf Natur als Konzept und damit als Teil von Weltbildern bzw. Ontologien sowie auf Natur als materielle Ressource für ökonomische Praktiken und Prozesse. Solche Fragen erstrecken sich außerdem auf Vorstellungen von und Interaktionen zwischen Mensch und Natur, die zu den Grundthemen der Kultur- und Sozialanthropologie gehören und seit den 1990er-Jahren besonders intensiv aus divergenten theoretischen Perspektiven beforscht und debattiert werden. Dazu zählt die Auseinandersetzung mit der Bedeutung von Ontologien im Sinne von Beziehungsstrukturen zwischen Mensch und Natur, die mit kosmologischen Modellen und mit dem Verständnis von Mensch und Person verbunden sind. Auch sind rituelle Gefüge und Praktiken als Inszenierung, Ausdruck und Repräsentation von Kosmologien und Ontologien oft eng mit Subsistenzaktivitäten und diversen ökonomischen Handlungsräumen verwoben, und bringen das komplexe Verhältnis von Materialität, Ontologie und Ritual zum Ausdruck.[1]

In diesem Artikel werden zunächst mehrere Gruppen von Theorien vorgestellt, die das Verhältnis von Subsistenz und ökonomischen Praktiken zu Natur und Weltbild aus unterschiedlichen Blickpunkten analysieren und eine Schnittstelle zwischen ökonomischer Anthropologie und Anthropologie der Natur bzw. Umweltanthropologie darstellen. In der Folge konzentriere ich mich auf die Shuar und Achuar, indigene Gemeinschaften am oberen Amazonas, die im Rahmen neuerer Diskurse sehr häufig als Beispiel für eine animistische Ontologie herangezogen und diskutiert werden (vgl. Descola 2011 [2005], 2014; Sahlins 2014). Im Mittelpunkt des Textes stehen sodann die vielfältigen Verflechtungen von Mythen, Ritualen, Natur und Subsistenz am Beispiel von Gartenbau, Jagd und Sammeln im tropischen Regenwald.

1 — Hier beziehe ich mich u. a. auf Descola 2011 [2005]; Ingold 2006; Kohn 2013; Praet 2013 zu Ontologien, interaktiven Netzwerken und Prinzipien von Verflechtungen sowie auf Henare/Holbraad/Wastell 2007; Santos-Granero 2009; Rival 2012 zum Verhältnis von Ontologie und Materialität.

Theoretische Perspektiven auf Subsistenz, Natur und Weltbild

Die Beschreibung und Analyse von Subsistenzweisen erfolgt aus verschiedenen theoretischen Perspektiven aus der ökonomischen Anthropologie. Dazu zählen Ansätze, die das Verhältnis von Mensch und Natur im Rahmen der Ressourcennutzung untersuchen und die verschiedene historische Phasen der Auseinandersetzung mit den Grundlagen von ökonomischem Handeln reflektieren. So galt im Wirtschaftsmodell der Physiokratie Natur (im Sinne von Grund und Boden) als einzige Ressource, die Werte schaffen kann. Die Arbeitswerttheorie von Adam Smith besagt, dass der Mensch die Natur zu seinem Nutzen formt; sein Prinzip der Wirtschaftlichkeit steht in Zusammenhang mit dem Konzept des „Geizes der Natur", das die Begrenztheit natürlicher Ressourcen zum Ausdruck bringt. Im Zentrum der Analysen der Ökonomie bei Karl Marx stehen die Beziehungen, die Menschen untereinander eingehen, um aus der Natur ihren Lebensunterhalt zu gewinnen. Dabei steht die gesellschaftliche Dimension des Verhältnisses von Ökonomie und Natur im Vordergrund. Die Auseinandersetzung mit dem Verhältnis von Mensch und Natur sowie die Beschäftigung mit Gemeinsamkeiten und Unterschieden von Subsistenzformen bilden auch eine Konstante im Rahmen der generellen Theoriebildung der Kultur- und Sozialanthropologie und dienen als Grundlage für neue anwendungsorientierte Modelle für die Analyse von Subsistenz und Weltbild, etwa in Zusammenhang mit dem Konzept von traditionellem ökologischem Wissen *(traditional ecological knowledge* – TEK*)*.

Subsistenzformen spielten im Rahmen der Theorieentwicklung der US-amerikanischen Kulturanthropologie eine zentrale Rolle, beispielhaft seien hier der *culture area approach* und die Kulturökologie genannt. So beschreibt Alfred Kroeber bei Ersterem den Zusammenhang von Subsistenzformen sowie Bevölkerungsdichte und bestimmten Formen des ökologischen Habitats mittels einer Systematik von „ökologischen Provinzen" und Subsistenzregionen und vergleicht diese mit der Verbreitung bestimmter Kulturpflanzen (vgl. Harris 1968: 339 f.). In der Folge entwickelt Julian Steward verschiedene Modelle, um die Gesellschaftsformen (in Südamerika) und ihre Beziehungen zur natürlichen Umwelt zu ordnen und zu analysieren. Damit begründet er die Forschungsrichtung der Kulturökologie *(cultural ecology)*, die das Verhältnis von Umwelt und Gesellschaft untersucht und die These vertritt, dass die Umwelt (Natur) die Gesellschaft (Kultur) bedingt. Subsistenz als zentrale Interaktionszone zwischen Gesellschaft und Umwelt steht im Mittelpunkt des Interesses und wird auf verschiedenen Ebenen untersucht. Die Kulturökologie und verwandte Forschungsrichtungen (z. B. *ecological anthropology*) gehen von einem interdisziplinären Ansatz aus, der Methoden und Modelle der Archäologie, der Kultur-und Sozialanthropologie und der Biologie verbindet (vgl. Wilson 1999: 11 ff.). In Hinblick auf die Analyse der Zusammenhänge zwischen Subsistenz und Weltbild argumentierte Julian Steward (1955), dass die natürliche Umwelt den „Kern" einer Kultur *(culture core)* bestimmt und alle anderen Bereiche davon abhängig sind. Weltbild, Ritual und Mythologie stellen in diesem System einen Teil der Anpassungsmodalitäten des Menschen an sein entsprechendes Habitat dar. In diesem Sinne werden materielle Gegebenheiten (Natur) als determinierend für symbolische Gefüge (Kultur, Weltbild) erachtet.

Andere Perspektiven auf das Verhältnis von Mensch und Natur widmen sich in erster Linie den Zusammenhängen zwischen kulturellen Bedeutungssystemen und dem Verständnis von Natur. Besonderen Stellenwert für die Entwicklung dieses Forschungsfeldes hatten die Arbeiten von Claude Lévi-Strauss und seine Fragen zum Verhältnis von Natur und Kultur im menschlichen Denken im Allgemeinen bzw. in der Mythologie im Besonderen. Die Logik der Mythen beruht für Lévi-Strauss auf der generellen Logik des Denkens. Für beide Logiken gibt es eine grundsätzliche Erfahrung, die Erfahrung einer Opposition: Als eine der zentralen Oppositionen postuliert Lévi-Strauss (1967 [1958]) den Gegensatz zwischen Natur und Kultur. In seinen Mythenanalysen versucht er zu zeigen, dass ebenjene Opposition auch das Denken indianischer Kulturen prägt, eine These, die inzwischen mehrfach kritisiert wurde. So entwickelt Philippe Descola (1992, 1996) ein Modell der „sozialen Ökologie“, das auf einer sozialen Kontinuität zwischen Natur und Kultur beruht.

Im Mittelpunkt des Interesses stehen hierbei Weltbilder und Kosmologien, die als Modelle für die Interaktionen zwischen Mensch und Natur gelten und vor allem im Rahmen von Subsistenzaktivitäten zum Tragen kommen. Die materielle und ökonomische Nutzung der Umwelt wird als Teil eines umfassenden Gefüges von Bedeutungen verstanden, das die Wahrnehmungsweisen und Klassifikationen von Natur prägt. Solche Modelle werden heute auch mit dem Begriff „Ontologie“ bezeichnet, der sich in der Philosophie auf das Ordnungssystem in der Welt der Gegenstände und ihrer Relationen bezieht (Busse et al. 2014). Die vieldiskutierte „ontologische Wende“ in der Anthropologie, getragen u. a. von Philippe Descola (2011 [2005]) und Eduardo Viveiros de Castro (2015), eröffnet – gemeinsam mit anderen Ansätzen zu Interaktionen zwischen den verschiedenen Bereichen und BewohnerInnen der Welt (z. B. Ingold 2006, 2011; Kohn 2013) – neue Perspektiven auf die Diskussion des Verständnisses von „Natur“ in verschiedenen kulturellen und ökonomischen Kontexten (vgl. u. a. Sahlins 2014; Hornborg 2015).[2]

Weitere theoretische Herangehensweisen zur Analyse des Verhältnisses von Subsistenz, Natur und Weltbild stehen in der Tradition der britischen Sozialanthropologie und reflektieren die klassischen Arbeiten von Bronislaw Malinowski

2__Hornborg (2015: 37) beschreibt diese Ansätze folgendermaßen: „No longer simply relegating concerns with a modernist concept of ecology to the margins, constructionist and culturalist approaches in anthropology were now prepared to apply their perspectives to human-environmental relations and to ‚nature‘ itself.“

(1961 [1922], 1935, 1982 [1948]). Er betont die multiplen Verflechtungen von diversen ökonomischen Aktivitäten mit anderen Dimensionen der Gesellschaft der TrobrianderInnen – vor allem auch mit Religion/Weltbild, Mythen und Ritualen. Die Bedeutung von Mythen und Ritualen, die gesellschaftliche Regeln und Handlungsmodalitäten untermauern und rechtfertigen, untersucht er auch im Rahmen ökonomischer Praktiken. Neben der Analyse des *kula*-Tauschsystems (vgl. Mückler in diesem Band) beschreibt er ausführlich die verschiedenen Subsistenzbereiche der TrobrianderInnen im Kontext von Gesellschaft, Mythologie und Ritual (Malinowski 1935). Solche Verflechtungen stehen bis heute im Mittelpunkt vieler Studien. Hervorzuheben sind hier die Arbeiten von Joanna Overing, die „mythische Räume/Landschaften" *(mythscape)* als eine Dimension der Praxis und des „Guten Lebens" analysiert, in der Alltagsleben (u. a. Subsistenzaktivitäten) und mythisches Geschehen miteinander verwoben sind (Overing 2004).

Wahrnehmung, Wissen, interaktive Prozesse des „Bewohnens" *(dwelling)* als Schlüssel zum Verhältnis von Wirtschaft, Natur und Weltbild stehen im Mittelpunkt mehrerer Werke von Tim Ingold (u. a. 2000). Ingold betont, dass Mensch und Umwelt gemeinsam die Welt formen; (ökonomische) Fähigkeiten und Techniken – *skills* – entstehen durch Interaktion mit einer bestimmten Umwelt mittels bestimmter Praktiken. Wesentliche Fragen in diesem Zusammenhang zielen darauf ab „to explore the generative dynamics of skilled practices that – in the very precision they seek – are bound to respond to moment-by-moment variations in the environmental conditions of their enactment" (Ingold 2011: 2). Produktion und Konsumption sind Teil eines umfassenden Prozesses, in dem das Verhältnis von Natur und Kultur als ein Kontinuum von Praktiken und Bedeutungen zum Ausdruck kommt. Diese Prozesse bilden ein komplexes „meshwork", das aus verflochtenen Linien der Bewegung und des lebendigen Wachstums besteht (Ingold 2006).

Auch die Konzepte von „traditionellem ökologischem Wissen" oder „indigenem Wissen" integrieren verschiedene Aspekte von Weltbild, Subsistenz und Umwelt. Sie entstanden aus einer Verbindung von Ansätzen der Kulturökologie mit *ethnoscience* (vor allem Ethnozoologie und Ethnobotanik) und kommen auch im Rahmen von internationalen Organisationen (z. B. UNO und UNESCO) sowie in der Entwicklungszusammenarbeit zur Anwendung. Die Konzeption von Wissen in diesem Zusammenhang umfasst ökonomische Tätigkeiten, geht aber auch darüber hinaus. Im Mittelpunkt der Modelle stehen lokale bzw. kulturspezifische Wissensgefüge und Epistemologien, die an ökologischen wie sozialen Gegebenheiten orientiert sind und Weltbild und Ritual mit einschließen.[3] Auch

3 — Berkes (1999: 8) bezeichnet traditionelles ökologisches Wissen als „[...] cumulative body of knowledge, practice and belief evolving by adaptive processes and handed down through generations by cultural transmission, about the relationship of living beings (including humans) with one another and with their environment".

die Forschungsrichtung der historischen Ökologie betont die Interaktionen zwischen Natur und Kultur bzw. Gesellschaft. Sie entwickelte sich aus einer Kritik an verschiedenen Aspekten der Kulturökologie (vor allem am Umweltdeterminismus) und betont, dass nicht die Umwelt die gesellschaftliche Entwicklung bestimmt, sondern dass Mensch und Natur im Verlauf von langen historischen Zyklen aufeinander einwirken.[4] In diesem Prozess interagieren verschiedene Typen von Gesellschaften und ihre Ökonomien auf unterschiedliche Weise mit der natürlichen Umwelt. In den Arbeiten der historischen Ökologie rückt das Konzept der Landschaft an die Stelle des Begriffs „Ökosytem"; im Vordergrund der Untersuchungen stehen gemeinsame Prozesse des historischen Wandels von Landschaft und Ökonomie als Produkt eines Dialogs von Mensch und Natur. Weltbilder und Rituale bilden einen integralen Bestandteil dieser Dynamik.

Die Vielfalt der theoretischen Perspektiven auf die Verflechtungen von Subsistenz, Natur und Weltbild soll am Beispiel der Shuar und Achuar veranschaulicht werden, das jene Facetten der theoretischen Perspektiven reflektiert, die im Rahmen der vielfältigen Vorstellungen und Praktiken in diesem Kontext zum Tragen kommen.

Ökologische, historische und ethnographische Kontexte der Shuar und Achuar

Die Shuar und Achuar leben und wirtschaften in tropischen Waldgebieten in Ecuador und Peru; sie bilden mit den Shiwiar, Huambisa und Aguaruna die Jivaro-Sprachfamilie, die ca. 120 000 SprecherInnen umfasst.[5] Das naturräumliche Umfeld ihrer Wohngebiete ist die *montaña*, die Übergangszone zwischen Anden und Amazonastiefland: Sie erstreckt sich im Gebiet der Shuar auf den Ostabhang der Anden (bis ca. 1 200 Meter Seehöhe) und reicht bei den südlichen Achuar bis zum Beginn der *selva baja*, den Niederungen des Amazonasbeckens (ca. 200 Meter Seehöhe). Die ökologischen Zonen in der Region umfassen ein breites Spektrum von Formen des tropischen Regenwaldes. Hügelketten und Täler, Sumpfgebiete und niedere Plateaus zwischen größeren und kleinern Flussläufen, die in den Zubringern zum oberen Amazonas zusammenfließen, bilden Teile einer vielfältigen Kulturlandschaft.

Archäologische Befunde in dieser Region reichen bis ca. 3 000 v. Chr. zurück und verweisen auf eine Bandbreite von indigenen Wirtschafts- und Gesellschaftsformen. Dazu zählen urbane/rituelle Zentren im Upanotal (Ecuador) sowie ver-

4 — Für solche Prozesse in Amazonien vgl. u. a. Ericksen 2008; Heckenberger 2010.

5 — Dieser Artikel beruht auf Feldforschungen bei den Achuar am Rio Huasaga (Peru) in den Jahren 1979–1981 und 1991 sowie bei den Shuar im Upanotal (Ecuador) in den Jahren 1990–1999.

schiedene Besiedlungsschichten von kleinen (dörflichen) Gemeinschaften, die teilweise intensive Bodennutzung *(terra preta)*[6] betrieben (vgl. Salazar 2008). Die Bevölkerung im heutigen Siedlungsgebiet der Jivaro-SprecherInnen war in allen historischen Phasen durch Handel mit diversen andinen und amazonischen Gesellschaften verbunden; historische Quellen verweisen seit ca. 1 500 Jahren auf verschiedene politische und ökonomische Netzwerke, aber auch auf bewaffnete Konflikte zwischen den Gemeinschaften im Andenhochland und im angrenzenden Amazonasgebiet (z. B. in der späten Phase des Inkareichs). In der Kolonialzeit war die Wirtschaft in dieser Region phasenweise durch die Einrichtung von Haziendas sowie durch die Ausbeutung von Goldvorkommen geprägt.[7] Erfolgreiche Aufstandsbewegungen gegen die spanische Herrschaft reduzierten den Einfluss der kolonialen Ökonomie im 17. und 18. Jahrhundert; im späten 19. Jahrhundert begann eine partielle Erschließung der Region durch Kirche und Nationalstaat. Sie umfasste einen Missionsvorstoß des Ordens der Salesianer, die Einwanderung von Siedlern aus dem Andenraum und den Küstengebieten Ecuadors und Perus sowie einen verstärkten internationalen Zugriff auf bestimmte Naturprodukte (z.B. Kautschuk). Seit ca. 1950 kam es zu einer großräumigen Kolonisation des westlichen Teils der Siedlungsgebiete der Jivaro-SprecherInnen entlang der Andenketten (insbesondere bei den Shuar und Aguaruna) und zu einer systematischen Erschließung dieser Zone durch die jeweiligen Nationalstaaten, die bis heute anhält (Bau von Straßen und Flugfeldern, administrative und militärischen Einrichtungen; vgl. Moncayo 1987; Bustamente 1988; Weiler 2011: 65 f.). Diese Prozesse gingen und gehen Hand in Hand mit intensiver Missionierung durch verschiedene christliche Konfessionen und der Entstehung von transkulturellen religiösen Praktiken (vgl. Münzel 1977; Meiser 2011; Weiler 2011). Die Kolonisation bedingt auch eine Veränderung der Umweltbedingungen (großflächige Rodungen) sowie des Zugangs zu Ressourcen (Landrechte) und eine Diversifizierung ökonomischer Prozesse. Uría Sandoval (1979) spricht in den 1970er-Jahren von einer „dualen Ökonomie" der Shuar in der Provinz Zamora im südlichen Ecuador: Sie umfasste sowohl Elemente der traditionellen Subsistenzform als auch verschiedene Dimensionen der Marktwirtschaft und war zu einem guten Teil in das ökonomische System des Nationalstaats eingebettet. Heute werden die natürlichen Ressourcen von verschiedenen Bevölkerungsgruppen in unterschiedlichen ökonomischen Kontexten genutzt. Die herkömmlichen Subsistenzweisen der indigenen Gemeinschaften, die im Mittelpunkt

6 — Als *terra preta (do indio)* – „schwarzer Boden (der Indianer)" – bezeichnet man im Amazonasgebiet (aber auch in anderen Regionen Südamerikas oder Afrikas) bestimmte, durch menschliches Eingreifen verbesserte Böden. Sie ermöglichen eine intensive und dauerhafte landwirtschaftliche Nutzung von Bodentypen, die sonst nur sehr eingeschränkt fruchtbar sind.

7 — Zur politischen Ökonomie im kolonialen Lateinamerika vgl. u. a. Wolf 1982.

dieses Artikels stehen, bilden demnach einen Teil eines vielfältigen ökonomischen Gefüges, das unterschiedliche Bereiche umfasst: Dazu zählen u.a. auch kleinere und größere landwirtschaftliche Betriebe von Siedlern (z.B. Rinderzucht, Plantagen für Tee, Kakao oder Ölpalmen, Holzwirtschaft), die Erdölförderung durch nationale und transnationale Konzerne sowie vereinzelt Öko- bzw. Ethnotourismus.

Im 20. Jahrhundert prägten bei Jivaro-SprecherInnen verstreute Siedlungen bzw. Lokalgruppen die ökonomischen, sozialen und politischen Organisationsformen; diese räumlich-soziale Ordnung besteht teilweise bis heute fort. Einzelhäuser oder Häusergruppen stellen dabei wirtschaftlich und sozial relativ autonome, nur locker miteinander verbundene Einheiten dar. In den 1970er-Jahren begann ein Organisationsprozess von lokalen Gruppen in verschiedenen indigenen Föderationen, wodurch es zu einer stärkeren sozio-politischen Integration und teilweise zu neuen wirtschaftlichen Organisationsformen (Kooperativen) kam.

Die Subsistenz der Shuar und Achuar beruht auf Gartenbau im tropischen Regenwald, der wichtigsten traditionellen Wirtschaftsform der indianischen Gemeinschaften des Amazonasgebiets. Für diesen Subsistenztypus wurde der Begriff *tropical forest horticulture* von Julian Steward als Sammelbegriff für die Wirtschaftsformen der BewohnerInnen des südamerikanischen tropischen Regenwaldes eingeführt. Die „tropische Wald-Landwirtschaft" beinhaltet verschiedene Kombinationen von Brandrodungsfeldbau mit Jagd, Fischfang, Sammeltätigkeit und Tierhaltung (vgl. Steward 1948; Leeds 1961).

Bei den Jivaro-Gemeinschaften bildet das Bebauen brandgerodeter Felder in Mischwirtschaft die Basis der Subsistenz. Die Jagd ist vor allem in den weniger erschlossen Waldgebieten von Bedeutung und dient der Selbstversorgung sowie der Beschaffung von Rohmaterialien für die Herstellung von Federschmuck oder Musikinstrumenten; Pelze und Häute werden gelegentlich an Händler verkauft. Das wichtigste Wild sind zwei Arten von Nabelschweinen (Pekari), deren Fleisch das beliebteste Nahrungsmittel darstellt. Auch der Fischfang dient dem Eigenbedarf. Methoden und Techniken sind vom Wasserstand der befischten Bäche und kleinen Flüsse abhängig: Bei hohem Wasserstand wird meistens geangelt, bei Niederwasser mit der Hilfe von Pflanzengiften gefischt. Sammeln ist für die Nahrungsbeschaffung nur als Ergänzung zu Feldbau, Jagd und Fischfang von begrenzter Bedeutung (z.B. Palmfrüchte zu einer bestimmten Jahreszeit oder Honig), spielt aber bei der Materialbeschaffung für Gebrauchsgüterfertigung eine wesentliche Rolle (z.B. Holz für Hausbau, Lianen für Körbe, Ton für Biertöpfe und Bierschalen).

Wie bereits oben ausgeführt wurde, ist diese Subsistenzform seit Längerem in unterschiedlichem Ausmaß mit diversen lokalen und globalen ökonomischen Prozessen vernetzt. So besteht z.B. bei den Shuar in einzelnen Regionen eine starke Tendenz zu marktorientierter Produktion (z.B. Rinderzucht, Obstanbau, Kakao). Ferner gehen etliche Shuar dauerhaft oder periodisch einer Lohnarbeit nach (z. B. bei Ölkonzernen, in landwirtschaftlichen Betrieben, bei staatlichen und nicht-staatlichen Organisationen, als Hilfskräfte im Handel oder im Haushalt, als ArbeitsmigrantInnen in anderen Landesteilen Ecuadors oder in den USA).

Die Jivaro-SprecherInnen wurden seit dem 16. Jahrhundert in verschiedenen kolonialen und ethnographischen Quellen vor allem als „gefährliche Wilde" beschrieben (vgl. Mader 1993). Im Mittelpunkt dieser Texte standen bis zur Mitte des 20. Jahrhunderts oft die „Kopfjagd-Kriege" sowie Rituale, die mit der Herstellung von Kopftrophäen *(tsantsa)* verbunden waren. Ziel dieser Rituale war es, die Feinde zu schwächen, sie nicht nur physisch, sondern auch spirituell zu besiegen. Den Vorstellungen und Praktiken rund um die „Kopfjagd" liegt ein Verständnis von (spiritueller) Macht zugrunde, das mit persönlichen Fähigkeiten und sozialem Einfluss in der Gesellschaft sowie mit ökonomischen Tätigkeiten verbunden ist (vgl. Mader 1999; Rubenstein 2012).

Die indigenen Weltbilder am oberen Amazonas verfügen über grundlegende Gemeinsamkeiten und stehen in engem Zusammenhang mit Mythen und Ritualen. Der Kosmos wird als ein vielschichtiger Weltenraum verstanden, dessen Ebenen oder Zonen von unterschiedlichen Wesenheiten bevölkert werden, die alle spirituelle Qualitäten aufweisen: Das gilt für Tiere, Pflanzen, Menschen, Geister oder mythische Gestalten. Durch die Interaktionen der Menschen mit verschiedenen machtvollen Wesen in mythischer Zeit wurden die Natur sowie die menschliche Gesellschaft aus einem bestehenden Kosmos geformt. Einige Wesen agierten als Kulturheroen, die den Menschen Wissen brachten, und werden in der Gegenwart als Herren oder Herrinnen bestimmter Kräfte, Kenntnisse und Tätigkeiten verehrt.

Diese Weltbilder konzipieren die kosmische Ordnung generell als ein Beziehungsgefüge, das von einer „ontologischen Triade" bestimmt wird, die Natur, menschliche Gesellschaft und Spirituelles umfasst (Viveiros de Castro 1992: 29). Die verschiedenen Dimensionen der Welt sind durch ein Netzwerk von Beziehungen miteinander verbunden: Dieses stellt symbolische und aktive Verbindungen zwischen den einzelnen Komponenten her und bildet die Grundlage für ein dynamisches Prinzip von Wechselwirkungen. So stellen Subsistenztätigkeiten wie Jagen, Fischen oder Pflanzen keine eindimensionale Interaktion des Menschen mit einem (natürlichen) Objekt dar. Soll eine solche Handlung effektiv sein, muss sie auch den spirituellen Aspekten von Mensch und Natur Rechnung tragen.

Mythen, Rituale und ökonomische Tätigkeiten

Die interaktive Dynamik zwischen Mensch und Natur in verschiedenen Subsistenzbereichen kommt bei den Jivaro-SprecherInnen besonders deutlich in Mythen und Ritualen zum Ausdruck. Subsistenztätigkeiten stellen dabei eine *mythscape* im Sinne von Joanna Overing (2004) dar, eine Zeit/einen Raum, in der/dem Mythen und Alltag miteinander verschmelzen und aufeinander einwirken. So begleiten diverse rituelle Tätigkeiten die verschiedenen Arbeitsprozesse, das Singen von magischen Liedern *(anent)* oder das Einhalten von Speisevorschriften gelten als eine wesentliche Voraussetzung für Erfolg bei Feldbau, Jagd, Fischfang, Tierhaltung oder Sammeln.

Die Mythen überliefern einen vielschichtigen Kommentar zu diversen Dimensionen von Arbeit, Wissen und technischen wie spirituellen/rituellen Fähigkeiten (*skills* im Sinne von Tim Ingold). Sie legitimieren die geschlechtliche Arbeitsteilung, indem sie das Wissen über bestimmte Tätigkeiten auf weibliche oder männliche KulturheroInnen zurückführen (vgl. Descola 1994; Mader 2002). Im Zuge mythischer Ereignisse erlangten Männer bzw. Frauen die entsprechenden Kapazitäten und Fertigkeiten. Die „Erzählungen aus der alten Zeit" begründen aber auch die Mühsal der Arbeit. So versuchten die KulturheroInnen die Menschen darin zu unterweisen, wie man Arbeiten mit Leichtigkeit verrichtet. Solche speziellen *skills* beruhten auf besonderer spiritueller Kraft (z. B. Anbau durch das Rufen der Feldfrüchte, etwa mit den Worten „es werde Maniok") oder auf magischen Arbeitsinstrumenten (z. B. Arbeit mit einem Grabstock, der die bearbeitete Fläche vervielfacht). Da jedoch die Shuar in der alten Zeit die Anweisungen nicht befolgten, ist die Arbeit in der Gegenwart meist schwierig und anstrengend. Mythen kommentieren auch die Weitergabe von Wissen bzw. *skills*: Viele Geschichten erzählen vom Lernen und Lehren der Produktionstechniken. Dabei wird die uneingeschränkte Weitergabe von Wissen hoch bewertet (so handeln auch die KulturheroInnen), das Knausern bei der Weitergabe von Kenntnissen wird hingegen bestraft. Die Lernenden sollen die Anweisungen der Lehrenden genau befolgen, da sie sonst Misserfolg haben und Unheil über sich (und ihre Mitmenschen) bringen können. Darüber hinaus repräsentieren Mythen die hohe Bewertung von Arbeit und *skills* im sozialen Gefüge der Shuar und Achuar: In den Geschichten werden häufig Personen mit umfangreichen Kenntnissen und Fähigkeiten, die ihre Aufgaben gut und richtig erfüllen, diversen Versagern gegenübergestellt. Während die Fleißigen und Geschickten großes Ansehen genießen und auch Erfolg beim anderen Geschlecht haben, sind die Dummen und Faulen dem Spott der Gemeinschaft und dem Fluch der machtvollen mythischen Wesen ausgesetzt.

Folgende Geschichte illustriert einige dieser Verflechtungen von Mythen, Wissen und ökonomischen Tätigkeiten am Beispiel des Kanubaus:

Etsa (Sonne), Kulturheros und Meister des Wissens für viele Dimension des männlichen Arbeitsbereichs, verfügt über besondere Fähigkeiten, mittels derer er mit Leichtigkeit Kanus herstellt. Kujancham (Fuchs), ein Trickster und Versager, der nie die Anweisungen des Meisters richtig befolgt, ist aber nicht fähig diese Fertigkeiten zu erlernen:

> *In der alten Zeit war Etsa (Sonne) der beste Kanubauer, er konnte an einem Tag zwei große Kanus fertigstellen. Er fällte eine hohe Zeder und spaltete den Baum mit seiner Lanze, noch bevor er den Boden berührte. Er zielte genau auf die Mitte des Stammes und statt des Baumes fielen zwei schön geschnitzte Kanus auf den Boden. Eines Tages sah ihm Kujancham (der Fuchs) bei der Arbeit zu und rief begeistert: „Ich werde auch Kanus bauen, das ist eine leichte Sache! Borge mir deine Lanze und ich zeige dir, was ich kann!" Etsa gab ihm seine Lanze und erklärte ihm alles, dann machte sich Kujancham an die Arbeit. Er fällte einen hohen Baum, doch als dieser zu stürzen begann, bekam er große Angst. Hastig griff er nach der Lanze, zielte schlecht und traf den Baum an der Seite. Statt sich in zwei Kanus zu teilen, zersplitterte er in tausend Stücke. Etsa war zornig und verfluchte ihn: „Von nun an sollen nicht alle Menschen Kanus bauen können! Es wird nur wenige geben, die dieses Wissen beherrschen und die nötige Geschicklichkeit haben, andere werden sich vergeblich bemühen!" Und so blieb es bis zum heutigen Tag.*[8]

Die Macht über das Gedeihen der Pflanzen

Der Brandrodungsfeldbau bildet bis heute die Subsistenzgrundlage für den Großteil der Shuar und Achuar.[9] Die Felder bzw. Gärten werden entweder im unberührten Wald oder im Sekundärwald angelegt; ihre Nutzungsdauer beträgt im Durchschnitt drei bis vier Jahre, die notwendige Brachezeit zur Regeneration des Bodens 10–15 Jahre. An einzelnen Orten (etwa entlang des Rio Huasaga in Peru) existieren mehrere Jahrhunderte lang alte *Terra-preta*-Anlagen und entsprechende archäologische Fundstätten; dort können die Felder wesentlich länger bestellt werden.

Die Arbeitsphasen des Brandrodungsfeldbaus umfassen eine Reihe von Tätigkeiten, die Männern oder Frauen zugeordnet sind oder gemeinsam durchgeführt werden: Die Platzwahl trifft die Frau, die das Feld bebaut, gemeinsam mit ihrem Ehemann, der für die Rodung zuständig ist. In der Folge stecken sie gemeinsam das Areal ab und fixieren seine Grenzen durch die Markierung von Bäumen. Dabei werden möglichst viele nutzbare Pflanzen (Nutzhölzer, Obstbäume etc.) in das Feld einbezogen. Nach der Platzwahl wird der Zeitpunkt für

8 — *Etsa kanun aujmatsamu*: Nach einer Erzählung von Chumpi, aufgenommen 1991 bei den Achuar in Puerto Rubina, Río Huasaga, Peru. Übersetzung ins Spanische: Marco Aij, Übertragung ins Deutsche: Elke Mader.

9 — Zum Brandrodungsfeldbau bei den Achuar vgl. auch Mader 1985; Descola 1994.

die Rodung festgesetzt, wobei vor allem auf beständiges, trockenes Wetter geachtet wird. Die meisten Tätigkeiten bei der Rodung werden von Männern durchgeführt, und zwar im Rahmen einer Gemeinschaftsarbeit: Der Ehemann lädt Verwandte und Nachbarn ein, die Männer verbringen mehrere Tage mit der Rodung des Feldes, die Frauen versorgen sie dabei reichlich mit Maniokbier. Effizienz beim Roden bildet einen wichtigen Aspekt männlicher Arbeit sowie männlicher Identität, in der Mythologie sind diese Tätigkeitsfelder dem Kulturheros Jempe (Kolibri) und Shakaim, dem Herrn des Waldes, zugeordnet.

Ein bis zwei Monate nach der Rodung ist das Holz trocken genug, um das Feld abzubrennen. Männer, Frauen und Kinder tragen Stämme und Äste zu mehreren Haufen zusammen und setzen diese in Brand. Diese Tätigkeit nimmt etwa einen Tag in Anspruch. Wesentlich aufwendiger ist das darauffolgende Reinigen der Pflanzung. Das Anlegen neuer Pflanzungen wird so abgestimmt, dass während der ersten Vegetationsperiode die Subsistenz noch aus den Erträgen des alten Feldes oder durch Mitbenutzung der Pflanzungen anderer Personen gedeckt wird. Nach der Ernte dieser Pflanzen beginnt die Anlage einer Mischkultur, die bis zum Erliegen des Ertrags betrieben wird. Den größten Arbeitsaufwand bereitet das Aussetzen von Maniok und Bananen, das mehrere Arbeitsabschnitte umfasst. Männer sind dabei für die Bananen, Frauen für den Maniok zuständig. In den darauffolgenden Wochen werden verschiedene andere Nutzpflanzen zwischen den Maniok gesetzt, auf einem gut gepflegten Feld wachsen bis zu 50 verschiedene Arten. Da das Klima kaum jahreszeitliche Schwankungen aufweist, kann zu jeder Zeit, dem Bedarf entsprechend, mehr dazugepflanzt werden. Die Pflege des Feldes, das Ernten des täglichen Bedarfs an Feldfrüchten sowie das Nachpflanzen werden in einem Arbeitsgang durchgeführt. Diese Arbeiten verrichten Frauen mit ihren Töchtern.

Von besonderer Bedeutung für die Verflechtungen von Weltbild, Natur und Subsistenz sind eine Reihe von Mythen und Agrarriten, die um die Kulturheroin und Erdgöttin Núnkui kreisen. Núnkui („die in der Erde") nimmt aufgrund ihrer dominanten Bedeutung für den weiblichen Lebensbereich eine Sonderstellung innerhalb der mythischen Gestalten der Shuar und Achuar ein (vgl. Mader 2002). Die Kulturheroin repräsentiert verschiedene Aspekte weiblicher Wirkungsmacht und steht im Mittelpunkt von Ritualen in Zusammenhang mit dem Lebensweg der Frau und den ihr zugeordneten Tätigkeiten (Feldbau, Töpferei etc.). Núnkui gilt als Herrin der Nahrung und des Gedeihens der Kulturpflanzen, als Herrin der Töpferei und der domestizierten Tiere wie Hunde, Hühner oder Schweine. In der mythischen Zeit, als die Shuar Hunger litten und keine Felder bebauen konnten, gab sie ihre kleine Tochter in die Obhut einer Shuar-Frau. Das Mädchen rief Feldfrüchte herbei, aus ihren Worten entstand die Nahrung und die Shuar lebten im Überfluss. Als das Mädchen durch die Unachtsamkeit der Frau zu Schaden kam, kehrte sie zu ihrer Mutter zurück. Den Shuar-Frauen blieb das Wissen um den Anbau der Pflanzen und die harte Arbeit auf den Feldern.

Die Weitergabe der Kenntnisse um diesen Tätigkeitsbereich erfolgt von Mutter auf Tochter, sie werden im Alltag gelernt und praktiziert und wurden bis in die 1970er-Jahre rituell im Rahmen von großen Initiationsfeiern von alten Frauen auf junge Mädchen übertragen.[10] Ein wesentliches Element der Verbindung zwischen Frauen und Núnkui sind magische Lieder *(anent)*, die alle Tätigkeiten des Feldbaus begleiten.

Ich bin die Núnkui-Frau
Núnkui-Frau bin ich
Hier, die Herrin des Gedeihens
Hier bist auch du
Shakaim-Mann
Mit großem Durst
Mit großem Durst

Ich stehe hier
Und rufe die Früchte des Feldes
Ich ziehe sie an
Denn ich komme allein in der Nacht
Und in der Nacht kommen sie
Ich bin hier

Denn ich bin die Núnkui-Frau
Hier in der Nähe des Shakaim-Mannes
Arbeite und arbeite ich

Ich rufe die Früchte des Feldes
Tag und Nacht rufe ich sie
Allein komme ich
Allein mitten in der Nacht.

In diesem Lied, das für frischgepflanzte Manioksetzlinge gesungen wird, identifiziert sich die Sängerin auf mehreren Ebenen mit der Kulturheroin. Im Zentrum steht Núnkuis Kraft mit Worten die Pflanzen zu rufen bzw. anzuziehen, die ihre Macht über diese Sphäre verkörpert. Im Lied geht die Frau „allein in der Nacht" aufs Feld: Dabei bezieht sie sich nicht auf ihre konkrete Arbeitszeit in der Pflanzung – diese fällt meist in die frühen Morgenstunden –, sondern auf die Eigenschaft Núnkuis, sich nachts in den Feldern aufzuhalten und dort zu singen, damit die Pflanzen gut gedeihen. Die Sängerin identifiziert sich auch mit Núnkui

10 — Die rituelle Kultur der Shuar und Achuar wurde vor allem durch Mission, aber auch durch Veränderungen der Lebenswelt im Rahmen der Interaktion mit SiedlerInnen und Nationalstaat stark eingeschränkt. Die (rituellen) Kenntnisse werden heute meist im kleineren Kreis der Familie von einer Generation auf die nächste weitergegeben.

als Ehefrau von Shakaim, dem Herrn des Waldes und des Rodens, dessen „großen Durst“ nur ein ertragreiches Feld, das ausreichend Maniok für Bier liefert, stillen kann.

Die Sozialität des Jagdwildes

Die Fauna des Regenwaldes stellt ein reiches Angebot von Nahrung dar, das in vielen Regionen des Siedlungsgebietes der Jivaro-SprecherInnen regelmäßig genutzt wird. Zu den wichtigsten Wildarten zählen Nabelschweine bzw. Pekaris *(Tayassuidae)*, Wasserschweine (*Hydrochoerus hydrochaeris* – eine Säugetierart und das größte lebende Nagetier der Erde), kleinere Nagetiere wie Agutis *(Dasyprocta)*, verschiedene Affenarten, Kaimane, Leguane, Schildkröten sowie verschiedene Vögel.[11] Der Stellenwert der Jagd im Rahmen der *tropical forest horticulture*, vor allem ihre Rolle bei der Versorgung mit eiweißreicher Nahrung, wurde in Verbindung mit der kulturökologischen Theoriebildung heftig diskutiert. Eric Ross (1978), der seine Studien bei den Achuar am Rio Huasaga durchführte, vertrat wie viele andere KulturökologInnen die Hypothese, dass tierisches Eiweiß der beschränkende Faktor bei der menschlichen Anpassung an das Habitat im tropischen Regenwald sei.[12] Im Vordergrund seiner Untersuchungen stand der Zusammenhang zwischen ökologischen Gegebenheiten (Fauna) und Speisevorschriften. Er argumentierte, dass die Meidungsvorschriften in Hinblick auf den Konsum von Tapiren und Spießhirschen (Letztere gelten als Erscheinungsform von verstorbenen Personen) ökologisch begründet sind, da Kleintiere in diesem Habitat gehäufter vorkommen als größere Säugetiere. Die nachfolgenden Diskussionen haben allerdings gezeigt, dass eine direkte Begründung von einzelnen Aspekten des Weltbilds (Speisevorschriften) aus Faktoren der Ökologie und/oder Subsistenz unhaltbar ist.

Die Jagd ist primär dem männlichen Handlungsfeld zugeordnet und in diverse mythische, spirituelle und rituelle Kontexte eingebunden (vgl. Brown 1986; Descola 1994; Mader 2002). In Mythos und Ritual wird sie mit dem Kulturheros Etsa assoziiert, der auch als Meister der Kriegskunst gilt. So wird die Fähigkeit zum Überlisten und Töten primär den Männern zugeordnet und betrifft sowohl die Jagd als auch die Kriegskunst. Trotzdem leisten Frauen einen wichtigen Beitrag zur Jagd, und zwar durch die Aufzucht und Betreuung von Jagdhunden und die Teilnahme an Jagdzügen.

Nach der Zahl der teilnehmenden Personen und der Dauer des Jagdzuges können drei verschiedene Typen von Jagd unterschieden werden: Die Einzeljagd dauert einige Stunden (oft in der Nacht oder am frühen Morgen) und dient

11 __ Für eine genaue Beschreibung des Jagdwilds und der Jagdtechniken siehe Bianchi 1981.
12 __ Zu dieser Debatte siehe Mader 1985.

vor allem der konstanten Versorgung der Hausgemeinschaft mit Fleisch. Gemeinschaftsjagden, an denen sich mehrere Männer beteiligen, sind eine spontane Reaktion auf das Auftreten von Pekari-Herden in der näheren Umgebung einer Hausgemeinschaft. Alle Nachbarn werden verständigt und jeder Mann, der rechtzeitig am Ort ist, beteiligt sich am Einkreisen der Herde und versucht so viele Tiere als möglich zu erlegen. Jagdlager dauern mehrere Tage oder Wochen. Sie finden in wildreichen Waldgebieten in einiger Entfernung von den Siedlungen statt und stellen einen wichtigen Aspekt der logistischen Mobilität[13] einer Gruppe dar.

Im Rahmen der Jagd kommen verschiedene materielle und spirituelle Methoden zur Anwendung; Jagderfolg beruht auf Kapazitäten in allen Bereichen. Dazu zählen genaue Kenntnisse des Wildes und des Jagdreviers, das Beherrschen der Taktiken für das Aufspüren bzw. Anlocken von und der Annäherung an das Wild, der Einsatz von Jagdhunden, das Beherrschen von magischen Gesängen *(anent)*, Traumdeutung, der Besitz von Amuletten, die das Wild anlocken, sowie die Handhabung der Jagdwaffen (Gewehr, Blasrohr, Fallen). Die spirituellen Kapazitäten zur Jagd werden im Zuge einer Visionssuche erlangt, spezielle rituelle Kenntnisse (Traumdeutung, magische Gesänge) werden von einer Generation auf die andere weitergegeben (bei den Shuar bis in die 1970er-Jahre im Rahmen von Initiationszeremonien für junge Männer).

Im Rahmen der Jagd kommen mehrere Prinzipien zum Tragen, die das Weltbild und die Konzeption der Beziehungen zwischen Mensch und Tier in indigenen Kulturen des Amazonasraums auszeichnen. Philippe Descola bezeichnet diese Zusammenhänge als „soziale Ökologie", die durch eine soziale Kontinuität zwischen Natur und Kultur gekennzeichnet ist: In diesem Prozess werden den natürlichen Phänomenen menschliche Attribute zugeschrieben, dieselben Kategorien, die das menschliche Leben organisieren, prägen auch die Beziehungen zwischen Mensch und Natur. Das Verhältnis von Mensch und Tier stellt sich demzufolge als ein Feld sozialer Beziehungen und sozialer Praktiken dar. Die soziale Kontinuität ermöglicht es auch den Menschen, mit nicht-menschlichen Wesen zu kommunizieren (Descola 1992, 1994). Folgende Mythe bringt diese soziale Kontinuität zum Ausdruck und zeigt auch die enge Verbindung von Jagd und Krieg im Denken der Shuar:

> *Schon unsere Vorfahren erzählten die Geschichte von einem Shuar, der eine Pekarifrau heiratete. Die Shuar lebten immer von der Jagd, sie stellten vielen Tieren nach. Eines Tages ging ein Shuar mit seinem Blasrohr und seinen kostbaren Giftpfeilen auf die Jagd, er schlich lautlos durch den Wald, um irgendein Wild zu erlegen. Als er so dahinging, bemerkte er Pekarispuren. Hier waren vor kurzem Pekari vorbeigekommen, die*

13 — Im Rahmen der logistischen Mobilität werden einzelne Elemente der Siedlung verlegt (z. B. Haus oder Felder) oder bestimmte Zonen temporär stärker oder weniger stark genutzt (Jagd). Diese Form der Mobilität steht in engem Zusammenhang mit den ökologischen Gegebenheiten für die Subsistenz (Bodenfruchtbarkeit, Wild- und Fischvorkommen etc.).

Spuren waren noch ganz frisch. So folgte er dem Pfad der Pekari. Er ging weiter und weiter und kam zu einer kleinen Lichtung. [...] Da sah er eine junge schöne Frau. Als sie den Shuar bemerkte, fragte sie ihn: „Wer bist du? Was willst du hier?" Da antwortete er: „Ich folge den Spuren der Pekari." „Dann bist du schon an deinem Ziel", sagte die Frau, „wir sind die Pekarileute." Der Shuar war ganz verliebt in die junge Frau. [...] Da nahm ihn das Mädchen mit und brachte ihn in das Haus ihres Vaters. [...] So heiratete der Shuar die Pekarifrau. Er lebte im Haus seines Schwiegervaters und lernte das Leben der Pekari kennen. Er lernte, wie sie sich ernährten, was sie aßen. Pekari fressen Käfer und Ungeziefer in fauligen Früchten, doch in den Augen des Shuar verwandelten sich diese Dinge in schmackhafte Kartoffel. Er konnte nicht erkennen, dass er eigentlich verdorbenes Zeug und Ungeziefer aß. Er lebte wie ein Pekari, er aß dieselbe Nahrung, und legte sich mit ihnen zum Schlafen nieder. [...] So lebte der Shuar mit den Pekari und zog mit ihnen durch die Wälder, angeführt von seinem Schwiegervater. Langsam begann sich seine Gestalt zu verändern, auf seinem Körper wuchsen Borsten und sein Penis sah beinahe so aus wie der eines wilden Ebers.

Der Jäger wurde bald von seinen Verwandten vermisst. Sie stellten Suchtrupps zusammen und zogen mit ihren Jagdhunden durch den Wald. Seine Brüder und Nachbarn waren sehr besorgt. Was könnte ihm zugestoßen sein? Hat er sich verirrt? Hat ihn ein Jaguar zerfleischt oder eine Schlange gebissen? So machten sie sich auf die Suche; einige Männer wollten auch mit ihren Hunden Pekari jagen. [...]

Am nächsten Tag griffen die Jäger die Pekari an. Sie umzingelten die Herde mit ihren Hunden, da bemerkten sie zwischen den Pekari den Shuar, der wild um sich schlug. Sie erkannten zwar sein Gesicht, doch aus seinem Mund kamen keine menschlichen Laute, nur lautes Grunzen. Mit Gewalt mussten sie ihn nach Hause schleppen, er hatte sich schon beinahe in ein Pekari verwandelt, er hatte seine Sprache vergessen. Dort wuschen sie ihn sorgfältig. Langsam gewöhnte er sich wieder an das menschliche Leben, und erzählte allen, was er erlebt hatte. Er erzählte den anderen von den Gebräuchen der Pekari, und die Shuar wurden ausgezeichnete Jäger.[14]

Grenzen und Grenzüberschreitungen bestimmen in dieser Mythe die Darstellung des Verhältnisses von Mensch und Tier. Die durchlässigen Grenzen des mythischen Zeitraums erlauben es dem Jäger, mit der Lebenswelt der Pekari in direkten Kontakt zu treten und soziale Beziehungen mit ihnen aufzunehmen. Das Verhältnis zwischen dem Jäger und der Pekarifrau (sowie später auch ihren Verwandten) repräsentiert ein facettenreiches Beziehungsbündel im Sinne der strukturalen Mythenanalyse von Claude Lévi-Strauss, das verschiedene Formen von Differenz bzw. Gegensätzen umfasst. Im Zuge der Erzählung werden solche Differenzen miteinander verflochten und in der Dynamik des Handlungsablaufs zueinander in Beziehung gesetzt: Es geht vor allem um Grenzen und Ver-

14 __ *Shuar paki nuatka*: Nach einer Erzählung von Umberto Timias, aufgenommen 1991 im Centro Shuar Utunkus, Ecuador. Übersetzung ins Spanische: Carlos Utitiaj, Übertragung ins Deutsche: Elke Mader, Text gekürzt.

bindungen zwischen dem Eigenen und dem anderen, und zwar in Bezug auf Natur und Kultur, Tier und Mensch, Mann und Frau, Genießbarem und Ungenießbarem, um Blutsverwandte und Affinalverwandte, Freund und Feind. Die Geschichte zeigt unterschiedliche Möglichkeiten auf, wie sich diese Differenzen auf die Identität, die Gruppenzugehörigkeit und die Handlungsweisen einer Person auswirken können. So vernetzt die Mythe das Verhältnis von Subsistenz, Natur und Weltbild mit einem größeren Gefüge von Bedeutungen und Praktiken, das sich auf diverse Aspekte der Gesellschaft erstreckt.

Die Wiederkehr der Palmfrüchte

Eine besonders intensiv genutzte Pflanze ist die *uwi*-Palme *(Bactris gasipaes)*. Das Holz wird für Hausbau, Möbelherstellung und zur Produktion von Blasrohren (früher auch von Lanzen) gebraucht, Palmherzen und Palmfrüchte werden sehr gerne gegessen, ebenso die Larven eines Käfers *(Rhyncophorus palmarum)*, die in den vermodernden Stämmen alter Palmen leben. Die Palme hat auch einen besonderen Stellenwert im Rahmen der Verflechtungen von Subsistenz und Weltbild. Für die Shuar[15] stellt die *uwi*-Palme ein Symbol für Überfluss an Nahrung und zyklische Erneuerung dar. *Uwi* ist gleichzeitig auch eine mythische Figur, er verkörpert die Jahreszeit der Fülle und der Reife („Sommer") und steht im Mittelpunkt eines mehrtägigen Rituals. Darüber hinaus versinnbildlichen die Stacheln der Palme die magischen Pfeile der Schamanen, durch die sie Krankheiten hervorrufen und heilen können.

Die Beschaffung der materiellen Ressourcen der *uwi*-Palme zählt zu den vielfältigen Sammeltätigkeiten, die einen wichtigen Bestandteil der Subsistenz im tropischen Regenwald ausmachen. Sammeln wird von Männern und Frauen betrieben und teilweise mit anderen Tätigkeiten kombiniert; am häufigsten mit Jagd und Fischfang, da im Zuge dieser Aktivitäten größere Waldstücke durchquert werden. Wenn eine Person bei einem Marsch durch den Wald leicht transportable natürliche Ressourcen findet (z.B. Lianen, Honig, Maden), so nimmt sie diese mit nach Hause, auch wenn sie nicht unmittelbar gebraucht werden. In den meisten Fällen wird aber das Sammeln intentional und als selbstständige ökonomische Aktivität durchgeführt. Die Standorte bestimmter Pflanzen im Umfeld der Siedlungen sind bekannt und werden in einigen Fällen „gepflegt", d.h. es wird – im Sinne einer domestizierten Landschaft – im Wald nachgepflanzt bzw. der Standort verbessert.[16] In diesem Abschnitt soll aber vor allem die mythische und rituelle Dimension der *uwi*-Palme behandelt werden:

15 — Das *uwi*-Ritual wird nicht bei allen Jivaro-SprecherInnen gefeiert, u.a. aufgrund unterschiedlicher klimatischer Verhältnisse in den Wohngebieten der verschiedenen Gruppen.

16 — Bei den Achuar des Rio Huasaga (Peru) wurden in den 1980er-Jahren ca. 80 verschiedene

> *In der alten Zeit trafen sich zwei Männer auf jenem Weg, der vom großen Meer, in dem die Welt wie eine Insel liegt, zu den Häusern der Shuar führt. Vom Meer kam Naitiak, der Herr des Winters*[17] *und der großen Regen, der kargen Jahreszeit, in der wenig wilde Früchte gedeihen aber umso mehr blühende Naitiak-Sträucher die Wege säumen. Von den Häusern der Menschen kehrte Uwi zurück, der Herr des Sommers, der Palmen-Mann, dessen wohlschmeckende Früchte die Zeit der Fülle ankündigen.*[18]

So beginnt die Geschichte der Begegnung von Uwi und Naitiak, die sowohl Pflanzen als auch Jahreszeiten verkörpern. Der Erzähler der Mythe beschreibt Naitiak, der mit der regenreicheren Jahreszeit (Winter) assoziiert wird, folgendermaßen:

> *Es gibt viel Regen, das ist gut für ein bisschen Mais am Feld. Doch es ist die Zeit des Mangels, von allem gibt es zu wenig, wenig wilde Früchte, wenig Wild, wenig Fische. Wer sein Feld nicht gut bestellt hat, hat nichts zu essen. Die Pflanzen reifen jetzt nur langsam, Yams gedeiht nicht gut, die Bananen bleiben grün. Nur wer rechtzeitig sehr viel gepflanzt hat, hat reife Bananen und genug zu essen. Naitiak bedeutet Armut.*

Demgegenüber steht *Uwi*, die trockenere Jahreszeit (Sommer):

> *Der Sommer mit seiner Wärme und Trockenheit lässt alles im Überfluss gedeihen, die Pekari kommen von weit her, um Palmfrüchte zu suchen, sogar die Tukane tauchen aus den entlegenen Wäldern auf. Alle Früchte reifen, die Bananen sind süß und die Guayaba-Früchte saftig. Nur in der Zeit des Uwi gibt es Nahrung im Überfluss.*

Im Zuge der mythischen Begegnung zwischen den beiden Jahreszeiten wird diese Differenz thematisiert. Während *Naitiak* Hunger bringt, bedeutet die Rückkehr von *Uwi* Nahrung.

Die Bedeutung von *uwi* kommt auch in einem Ritual zum Ausdruck, das zur Erntezeit der Palmfrüchte gefeiert wird. Zum Ernten von Palmfrüchten begeben sich mehrere Mitglieder einer Hausgemeinschaft zu einem bekannten Standort von *uwi*-Palmen. Die Frauen tragen die Körbe, die Männer holen die Früchte von der mit langen Stacheln dicht besetzten Palme, sie schütteln die Palme oder klettern zu den Fruchtständen hinauf. Nach der Ernte werden die besten Früchte von älteren Personen in am Boden liegende morsche Stämme gepflanzt. Die Frauen füllen die Früchte in Körbe und tragen sie zum Haus zurück. Dort werden die Palmfrüchte von Männern geschält und von Frauen weiterverarbeitet. Man isst sie entweder gekocht oder bereitet daraus ein süßliches, breiiges alkoholisches Getränk zu.

Pflanzen, Tiere und Naturstoffe gesammelt – davon 27 % Nahrungsmittel, 42 % Materialien zur Herstellung von Gebrauchsgütern, 14 % Heilpflanzen und Genussmittel, 12 % Färbemittel und Duftstoffe sowie 5 % kommerziell genutzte Hölzer (vgl. Mader 1985).

17 __ Die beiden Jahreszeiten (*uwi* = Dezember bis Juni, *naitiak* = Juli bis November) werden im lokalen Spanisch als Winter und Sommer bezeichnet.

18 __ *Uwi Naitiakjai*: Nach einer Erzählung von Alejandro Yurank Tsakimp, aufgenommen 1990 im Centro Shuar Utunkus, Ecuador (vgl. auch Uría Sandoval 1979: 79f.).

Am Tag des Rituals müssen alle Arbeitsvorgänge besonders sorgfältig ausgeführt werden, keine Frucht soll beschädigt werden, keine unangebrachten Scherze sind gestattet (vgl. auch Uría Sandoval 1979). Die Fermentation des Palmbiers bildet den zeitlichen Rahmen für das Ritual, das am frühen Abend beginnt: Während das Getränk in großen Töpfen in der Mitte des Hauses gärt (sechs bis acht Stunden lang, jede verheiratete Frau steuert einen Topf bei), tanzen Männer und Frauen um die Töpfe. Sie werden von Gesängen begleitet, die Wachstum und Reife der Palme sowie das Ernten der Palmfrüchte beschreiben:

Der Samen der uwi-Palme
Er teilt sich
Er springt auf
In der Morgendämmerung
Wird die Palme geboren
Der Samen
Zerbirst in der Morgendämmerung
Der erste Trieb erscheint.

Überall wachsen
Die kleinen Palmen
Meine kleinen Palmen
Wurden gemeinsam geboren
Meine kleinen uwi-Palmen
Beginnen zu sprießen
Schon wachsen
Die ersten Dornen.

Meine kleine Palme
Bekommt Blätter
Alle kleinen Palmen
Haben schon Blätter.
Die uwi-Palme
Der seltene Gast
Soll sprießen und gedeihen
Wie die gewöhnlichen Süßkartoffel
Am Feld meiner Frau.
Die Palme ist jung,
Die Palme wächst,
Meine junge uwi-Palme
schmückt sich mit Blättern.[19]

19 — Ausschnitte aus dem Gesangszyklus der *uwi*-Zeremonie. Gesungen von Mashu, aufgenommen 1990 im Centro Shuar Utunkus, Ecuador. Übersetzung ins Spanische: Carlos Utitiaj, Übertragung ins Deutsche: Elke Mader. Zum Ablauf des Rituals und den Gesängen vgl. Pellizzaro 1978 und Uría Sandoval 1979.

Andere Gesänge richten sich an verschiedene Wesen und laden sie ein, am Fest teilzuhaben: *Uwi* wird als spirituelles Wesen und Personifikation der Palme angerufen und beschworen das Haus zu betreten und am Sessel des Hausherrn Platz zu nehmen. Aber auch andere Pflanzen und Tiere werden gerufen – besonders Jagdwild, das schwierig zu erlegen ist (Uría Sandoval 1979: 36). *Uwi* steht zum einen für Wohlergehen im Sinne des „Guten Lebens“[20], einem wichtigen Prinzip in der Gesellschaft der Shuar. Zum anderen umfasst er auch gefährliche spirituelle Elemente, die den Menschen schaden können. So bringt er nicht nur Früchte, sondern auch Krankheit und Tod. Dieses ambivalente Verständnis der Macht des *Uwi* geht Hand in Hand mit anderen Vorstellungen über das Wirkungspotenzial spiritueller Macht, z.B. im Schamanismus. Ähnlich wie *Uwi*, der über heilbringendes und unheilbringendes Potenzial verfügt, können die *uwishin* (Schamanen) mithilfe von Kraftpfeilen in der Form der Stacheln der *uwi*-Palme Krankheiten heilen oder herbeiführen. So hat das Ritual auch zum Ziel, die unheilvolle bzw. aggressive Dimension von *Uwi* abzuwehren. Seine gefährlichen spirituellen Elemente werden am Ende der Feier rituell getötet, indem alle TeilnehmerInnen einen Speer aus Palmholz auf den Sitz des *Uwi* in der Mitte des Hauses werfen.

Die *uwi*-Feiern repräsentieren eine symbolische, performative und spirituelle Integration verschiedener Aspekte der Kultur der Jivaro-SprecherInnen in Zusammenhang mit ihrem Konzept von Natur sowie der spirituellen Wirkungsmacht von Menschen und mythischen Wesen.[21]

Abschließende Bemerkungen

Das komplexe Verhältnis von Wirtschaft, Natur und Weltbild beruht bei den Shuar und Achuar auf kosmologischen und ontologischen Prinzipien, die im Rahmen der Subsistenztätigkeiten zur Anwendung kommen. Dazu zählen verschiedene Dimensionen der Verflechtungen von materiellen und immateriellen Facetten der Welt, die sich im Denken und Handeln manifestieren. Ökonomische Praktiken sind dabei im Sinne von Bronislaw Malinowski auf das Engste mit Mythen, Ritualen und anderen gesellschaftlichen Bereichen verbunden bzw. im Sinne von Karl Polanyi in sie „eingebettet“, und können nicht von ihnen losgelöst verstanden werden. Wie die historische Ökologie betont, sind solche lokalen Weltbilder und Praktiken auch Teil eines größeren sozio-politischen Umfelds,

20 __ Zum Konzept des Guten Lebens bei indigenen Gesellschaften im Amazonasraum vgl. u.a. Overing/Passes 2000.

21 __ Das *uwi*-Ritual wird auch seit den 1970er-Jahren von der katholischen Kirche christlich überformt und als „Osterfeier“ adaptiert (vgl. Pelizzaro 1978; Uría Sandoval 1979; Meiser 2011; Weiler 2011).

das Veränderungen unterworfen ist und heute mit globalen ökonomischen Prozessen vernetzt ist. Die Verbindungen zwischen sozialen Beziehungen und jenen zwischen Mensch und Natur können auch als spezifische Kennzeichen des Weltbilds analysiert werden, wie das Modell der „sozialen Ökologie" von Philippe Descola zeigt. Die Subsistenztätigkeiten reflektieren auch die interaktiven Prozesse, die eine dialogische Beziehung zwischen Mensch und Natur ausmachen. Das bezieht sich sowohl auf die Ansätze von Tim Ingold zur Bedeutung von Wissen und *skills*, die durch Wechselwirkungen zwischen Mensch und Natur generiert werden, als auch auf die Konzepte von traditionellem bzw. indigenem ökologischem Wissen. Im Vordergrund dieses Fallbeispiels standen Mythen und Rituale, die solche Dynamiken narrativ und performativ zum Ausdruck bringen. Sie geben Einblick in spezifische Aspekte der Subsistenz in Zusammenhang mit Vorstellungen von einer beseelten Natur, die den Menschen mit einschließt und mit der er auf verschiedenen Ebenen interagiert und kommuniziert.

Belegliteratur

Abramson, Allen/Holbraad, Martin (2012): Contemporary Cosmologies, Critical Reimaginings. In: Religion and Society: Advances in Research 3/1, 35–50.

Balée, William/Erickson, Clark (2006): Time and Complexity in Historical Ecology: Studies in the Neotropical Lowlands. New York: Columbia University Press.

Berkes, Fikret (1999): Sacred ecology: traditional ecological knowledge and management systems. Philadelphia/London: Taylor & Francis.

Bianchi, César (1981): El Shuar y el Ambiente. Quito: Mundo Shuar.

Bräunlein, Peter (2014): Ritualdinge. In: Samida, Stefanie/Eggert, Manfred/Hahn, Hans Peter (Hg.): Handbuch Materielle Kultur. Bedeutungen – Konzepte – Disziplinen. Stuttgart: Metzler, 245–248.

Brown, Michael (1986): Tsewa's Gift. Magic and Meaning in an Amazonian Society. Smithsonian Series in Ethnographic Inquiry. Washington/London: Smithsonian Institution Press.

Busse, Johannes/Humm, Bernhard/Lübbert, Christoph/Moelter, Frank/Reibold, Anatol/Rewald, Matthias/Schlüter, Veronika/Seiler, Bernhard/Tegtmeier, Erwin/Zeh, Thomas (2014): Was bedeutet eigentlich Ontologie? In: Informatik-Spektrum 37/4, 286–297.

Bustamente, Teodoro (1988): Larga lucha del Kakaram contra el Sucre. Quito: Editiones Abya Yala.

Descola, Philippe (1992): Societies of nature and the nature of society. In: Kuper, Adam (ed.): Conceptualizing society. London/New York: Routledge, 107–126.

Descola, Philippe (1994): In the Society of Nature. A Native Ecology in Amazonia. Cambridge: Cambridge University Press.

Descola, Philippe (1996): Constructing natures: symbolic ecology and social practice. In: Descola, Philippe/Pálsson, Gisli (eds.): Nature and Society: Anthropological Perspectives. London/New York: Routledge.

Descola, Philippe (2011 [2005]): Jenseits von Kultur und Natur. Frankfurt am Main: Suhrkamp.

Descola, Philippe (2014 [2011]): Die Ökologie der Anderen. Berlin: Matthes & Seitz.

Descola, Philippe (2014): The grid and the tree: Reply to Marshall Sahlins' comment. In: HAU: Journal of Ethnographic Theory 4/1, 295–300.

Erickson, Clark (2008): Amazonia: The Historical Ecology of a Domesticated Landscape. In: Silverman, Helaine/Isbell, William (eds.): The Handbook of South American Archaeology. New York: Springer, 157–183.
Folke, Carl (2004): Traditional knowledge in social-ecological systems. In: Ecology and Society 9/3, 7. Available at: http://www.ecologyandsociety.org/vol9/iss3/art7/, 23.12.2016.
Halbmayer, Ernst/Mader, Elke (2004a): Kultur, Raum und Landschaft in Zeiten der Globalisierung. Zur Einleitung. In: Halbmayer, Ernst/Mader, Elke (Hg.): Kultur, Raum, Landschaft. Zur Bedeutung des Raums in Zeiten der Globalisierung. Atención-Jahrbuch des Österreichischen Lateinamerika-Instituts, 7–19.
Halbmayer, Ernst/Mader, Elke (2004b): Anthropology of Nature: from Connecting Nature and Culture to Crossing the Great Divide. In: Khittel, Stefan/Plankensteiner, Barbara/Six-Hohenbalken, Maria (eds.): Contemporary Issues in Socio-Cultural Anthropology. Perspectives and Research Activities from Austria. Wien: Löcker, 165–191.
Harner, Michael (1972): The Jivaro – People of the Sacred Waterfalls. Berkely: University of California Press.
Harris, Marvin (1968): The Rise of Anthropological Theory. A History of Theories of Culture. New York: Crowell.
Heckenberger, Michael (2010): Biocultural Diversity in the Southern Amazon. In: Diversity 2/1, 1–16.
Henare, Amiria/Holbraad, Martin/Wastell, Sara (eds.) (2007): Thinking through things: Theorising artefacts in ethnographic perspective. Hoboken: Taylor & Francis.
Hornborg, Alf (2015): The political economy of technofetishism. Agency, Amazonian ontologies, and global magic. In: Hau: Journal of Ethnographic Theory 5/1, 35–57.
Hugh-Jones, Christine (1979): From the Milk River: Spatial and Temporal Processes in Northwest Amazonia. Cambridge: Cambrdige University Press.
Hugh-Jones, Stephen (1979): The Palm and the Pleiades: Initiation and Cosmology in Northwest Amazonia. Cambridge: Cambridge University Press.
Ingold, Tim (2000): The Perception of the Environment: Essays in Livelihood, Dwelling and Skill. London/New York: Routledge.
Ingold, Tim (2006): Rethinking the animate, re-animating thought. In: Ethnos 71/1, 9–20.
Ingold, Tim (ed.) (2011): Redrawing anthropology: Materials, movements, lines. Farnham: Ashgate.
Kohn, Eduardo (2013): How forests think: Toward an anthropology beyond the human. Berkely: University of California Press.
Leeds, Anthony (1961): The Yaruro incipient tropical forest horticulture: possibilities and limits. In: Wilbert, Johannes (ed.): The Evolution of Horticultural Systems in Native South America: Causes and Consequences. Antropológica Supplement No 2. Caracas: Editorial Sucre, 13–46.
Lévi-Strauss, Claude (1967 [1958]): Strukturale Anthropologie I. Frankfurt am Main: Suhrkamp.
Mader, Elke (1985): Subsistenz und Arbeitsorganisation der Achuara des peruanischen Amazonas. Dissertation, Universität Wien.
Mader, Elke (1993): Der Diskurs des Wilden. Europäische Beschreibung und indigene Identität in Amazonien. In: Zeitschrift für Lateinamerika 44/45, 35–49.
Mader, Elke (1999): Metamorfosis del poder. Persona, mito y visión en la sociedad Shuar y Achuar (Ecuador/Peru). Quito: Abya Yala.
Mader, Elke (2002): Die Macht des Jaguars. Natur im Weltbild der Shuar und Achuar in Amazonien. In: Gingrich, Andre/Mader, Elke (Hg.): Metamorphosen der Natur. Sozialanthropologische Untersuchungen zum Verhältnis von Weltbild und natürlicher Umwelt. Wien/Köln: Böhlau: 183–222.

Malinowski, Bronislaw (1935): Coral Gardens and Their Magic: A Study of the Methods of Tilling the Soil and of Agricultural Rites in the Trobriand Islands. London et al.: Routledge.
Malinowski, Bronislaw (1961 [1922]): Argonauts of the Western Pacific. New York: Dutton Press.
Malinowski, Bronislaw (1982 [1948]): Magic, Science and Religion and other Essays. London: Souvenir Press.
Meiser, Anna (2011): „Ich trinke aus zwei Flüssen." – Zur Logik transkultureller Prozesse bei christlichen Achuar und Shuar im oberen Amazonien. Dissertation, LMU München.
Moncayo, Dalia (1987): Monografía de la Provincia de Morona Santiago. Macas: Dirección Provincial de Educación de Morona Santiago.
Münzel, Mark (1977): Schrumpfkopf-Macher? Jibaro Indianer in Südamerika. Roter Faden zur Austellung 4. Frankfurt am Main: Museum für Völkerkunde.
Overing, Joanna (2004). The Grotesque Landscape of Mythic "Before Time"; the Folly of Sociality in "today time": an egalitarian aesthetics of human existence. In: Halbmayer, Ernst/Mader, Elke (Hg.): Kultur, Raum, Landschaft. Zur Bedeutung des Raumes in Zeiten der Globalität. Wien/Frankfurt am Main: Brandes und Apsel, 71–92.
Overing, Joanna/Passes, Alan (eds.) (2000): The anthropology of love and anger: the aesthetics of conviviality in native Amazonia. London/New York: Routledge.
Pellizzaro, Siro (1978): Mitologia Shuar (VI), Mundo Shuar, Serie F. Quito: Abya Yala.
Praet, Istvan (2013): Animism and the Question of Life. London et al.: Routledge.
Rival, Laura (2012): The materiality of life: Revisiting the anthropology of nature in Amazonia. In: Indiana 29, 127–143.
Ross, Eric (1978): Food Taboos, Diet, and Hunting Strategy: The Adaptation to Animals in Amazonian Cultural Ecology. In: Current Anthropology 19/1, 1–35.
Rubenstein, Steven Lee (2012): On the Importance of Visions among the Amazonian Shuar. In: Current Anthropology 53/1, 39–79.
Sahlins, Marshall (2014): On the ontological scheme of Beyond nature and culture. In: HAU: Journal of Ethnographic Theory 4/1, 281–290.
Salazar, Ernesto (2008): Pre-Columbian Mound Complexes in the Upano River Valley, Lowland Ecuador. In: Silverman, Helaine/Isbell, William (eds.): The Handbook of South American Archaeology. Berlin: Springer, 263–278.
Santos-Granero, Fernando (2009): Introduction. Amerindian Constructional Views of the World. In: Santos-Granero, Fernando (ed.): The Occult Life of Things. Native American Theories of Materiality and Personhood. Tucson: University of Arizona Press, 1–29.
Steward, Julian (ed.) (1948): Handbook of South American Indians. In 7 volumes. Washington: Bureau of American Ethnology.
Steward, Julian (1955): Theory of Culture Change. The Methodology of Multilinear Evolution. Urbana: University of Illinois Press.
Tessmann, Günther (1930): Die Indianer Nordost-Perus. Hamburg: de Gruyter.
Uría Sandoval, Carlos (1979): La celebracíon de la chonta. Un caso de dualismo cultural. Dissertation, Universidad Pontifica Catholica Quito.
Viveiros de Castro, Eduardo (1992): From the enemy's point of view: humanity and divinity in an Amazonian society. Chicago: University of Chicago Press.
Viveiros de Castro, Eduardo (2015): The Relative Native. Essays on Indigenous Conceptual Worlds. Chicago: HAU.
Weiler, Birgit (2011): Mensch und Natur in der Kosmovision der Aguaruna und Huambisa und in christlichen Schöpfungsaussagen. Münster: Lit.
Wilson, David (1999): Indigenous South Americans of the Past and Present. An Ecological Perspective. Boulder: Westview Press.
Wolf, Eric (1982): Europe and the People without History. Berkely: University of California Press.

Empfohlene Literatur

Descola, Philippe (2014 [2011]): Die Ökologie der Anderen. Berlin: Matthes & Seitz.
Ingold, Tim (2000): The Perception of the Environment: Essays in Livelihood, Dwelling and Skill. London/New York: Routledge.
Mader, Elke (2008): Anthropologie der Mythen. Wien: Facultas WUV.
Mader, Elke (2017): Shamanic Modernities and Ritual Dynamics among the Shuar. In: Halbmayer, Ernst (ed.): South American Indigenous Modernities. Herefordshire: Sean Kingston.
Willerslev, Rane (2013): Hunting Animism: Human-Animal Transformations among the Siberian Yukaghirs. In: Graham, Harvey (ed.): The Handbook of Contemporary Animism. Durham: Acumen, 148–158.
Zuckerhut, Patricia (2016): Autorität und Macht in Nahua-Haushalten. Indigene Strukturen in Mexiko zwischen lokaler Politik, globaler Wirtschaft und Kosmos. Bielefeld: Transkript.

Hermann Mückler

Reziprozität und Tauschnetzwerke in Ozeanien: Beispiele aus Neuguinea

Die Großregion Ozeanien bzw. die pazifische Inselwelt – gegliedert in die Subregionen Melanesien, Polynesien und Mikronesien – ist eine Region der Extreme. Gigantische Wasserflächen stehen vergleichsweise winzig kleinen Landflächen gegenüber. Die Entfernungen zwischen den einzelnen Inseln sind oft beträchtlich und waren in vormoderner Zeit für die Bewohner dieser Weltregion nur durch Spezialisierung in den Bereichen Bootsbau und Segeltechniken sowie dem Erwerb komplexer Navigationskenntnisse überwindbar. Bereits dieser Umstand zeigt, dass die Bewohner dieser Region in Zusammenhang mit Besiedlung und Urbarmachung des Landes spezielle Adaptierungen an die extremen Umweltbedingungen zu leisten hatten.

Die überwiegend harten Lebensbedingungen wurzeln in einer potenziellen Lebensfeindlichkeit der Inseln, die nur auf den größeren Inseln durch das ausreichende Vorhandensein benötigter Ressourcen ausgeglichen wird. Diese regional gegebenen Herausforderungen resultieren aus dem mehrheitlichen Vorhandensein Tausender niedriger koralliner Inseln, auf denen der Anbau von Nahrungsmitteln nur sehr begrenzt und mit hohem Arbeitsaufwand möglich ist. Der harte, poröse Korallenkalk der Atollinseln verhindert eine großflächige Nutzung und der Anbau von Knollenfrüchten reduziert sich auf einige wenige liebevoll gepflegte Yams-, Taro-, Maniok- oder Süßkartoffelknollen, die in intensiver Gartenbautechnik gehegt werden, wobei der größte Aufwand der Anlage eines Beetes, welches aus dem Korallenkalk herausgestemmt werden muss, und der Schaffung einer Humusschicht gewidmet wird. Auch das Vorkommen von Süßwasser stellt auf den kleinen Inseln ein Problem dar, da hier Wasservorräte nur in den karstartigen Hohlräumen der Korallenkalke, den sogenannten Ghyben-Herzberg-Wasser-„Linsen", gespeichert sind, und Bäche oder gar Flüsse weitgehend fehlen. Die Schlussfolgerung daraus ist, dass das Leben auf den klimatischen Unbillen ausgelieferten, exponierten Inseln zum Teil bis heute eine Herausforderung für deren Bewohner darstellt und mancherorts noch durch die Auswirkungen des globalen Klimawandels und dem dadurch prognostizierten Ansteigen des Meeresspiegels verstärkt werden wird. Der Inselstaat Tuvalu mag hier als eines der prekärsten und medial am besten aufbereiteten Beispiele gelten.

Die Subsistenzwirtschaft der Vor-Kontakt-Periode, also vor der europäischen Entdeckung und Kolonisierung, die in der Region massiv überwiegend im 19. Jahrhundert einsetzte, war im insularen Ozeanien von Fischfang im Lagunenbereich der Inseln geprägt (den technologieintensiven und risikoreichen Hochseefischfang gab es vergleichsweise selten) sowie durch die Nutzung der auf den Inseln vorhandenen Ressourcen. Dazu zählen insbesondere die Kokospalme, der Pandanus- und der Brotfruchtbaum sowie die oben erwähnten angebauten Knollenfrüchte. Die Artenvielfalt ist auf den Inseln eingeschränkt und nimmt von Westen nach Osten hin ab. Anders ist die Situation in Teilen Melanesiens, welches sich generell durch größere und mehrheitlich hohe vulkanische Inseln auszeichnet. Insbesondere Neuguinea mit seinem vergleichsweise dicht besiedelten Hochland nimmt hier eine Sonderstellung ein. Hier gibt es keine Wasserknappheit und die Anbaumöglichkeiten sind aufgrund der fruchtbaren Böden äußerst günstig. Neben den für die unmittelbare Ernährung der Bevölkerung wichtigen Knollenfrüchten werden dort inzwischen auch eingeführte *cash crops* für den Export, z. B. Kaffee, angebaut.

In mehrheitlich nicht-industriellen Gesellschaften, wie sie in Neuguinea bis zum heutigen Tage in den peripheren Landesteilen vorzufinden sind, sind die Menschen über die Grundnahrungsmittel mit der sie umgebenden Natur verbunden, wie es bereits Christian Kaufmann (vgl. 1987: 183 f.) betonte. Der Anbau und die Gewinnung der Nahrungsmittel war dabei nicht naturgegeben, sondern beruhte auf hochdifferenzierten Kenntnissen von Wirkungszusammenhängen zwischen Pflanzen, Tieren, Mensch und Umwelt. Diese wurden häufig in rituelle Handlungen wie Verdienstfeste und Leistungsschauen – so beispielsweise die jährliche Prämierung der jeweils größten Yamsknolle bei den Abelam im Sepik-Gebiet (vgl. Huber-Greub 1988) – eingebettet und dadurch erlebbar gemacht. Grundnahrungsmittel und deren Anbau bzw. Erwerb verwiesen hier über das Physiologische hinaus auf kulturelle Leistungen von menschlichen Gesellschaften und es gab (und gibt) Verknüpfungen zwischen den Grundnahrungsmitteln und Bereichen des religiösen Denkens, Fühlens und Glaubens. Herausragende Leistungen, wie die Anlage von Terrassenfeldern, welche in Neuguinea schon vor tausenden Jahren vorkamen und durch archäologische Funde belegt sind, fallen, global gesehen, in die Frühphase landwirtschaftlicher Entwicklung und erforderten Arbeitsteiligkeit, Kommunalität sowie höhere bautechnische Kenntnisse. Für Ozeanien kann diese Periode mit den Eckdaten 3 500–800 v. Chr. angegeben werden (vgl. dazu Bellwood 2005). Das Hochland von Neuguinea stellte jedoch eine frühe Sonderentwicklung dar, die zeitlich noch weiter zurückreicht. Die geringe Größe der Gruppen und die Ausrichtung des Nahrungsmittelanbaus auf die Deckung der jeweiligen Bedürfnisse bei gleichzeitiger nur begrenzt möglicher Vorratshaltung verhinderte eine – aus der Sicht eines modernistischen Diskurses – fortschrittsorientierte Ausweitung der Produktion im Sinne einer Surplus-Produktion, sowohl flächenmäßig als auch in Bezug auf qualitätssteigernde Maßnahmen.

Doch kommen wir zu den Küstengebieten und Inseln zurück. Letztere waren und sind für deren Bewohner nicht isolierte Entitäten, sondern Netzwerkknoten in einem dichten Geflecht von Handels-, Tausch-, Tributs- und Heirats-

sowie religiösen Beziehungen. Die Inseln verkörperten, bildlich gesprochen, Oasen und Stützpunkte, und das Meer bildete die Straßen, auf denen man sich mit einer sehr spezialisierten, angepassten Technologie geschickt bewegen konnte. Die Topografie und Geografie bestimmte entscheidend das Miteinander. Während in den entlegenen Hochlandtälern Kleingruppen vergleichsweise autark abgeschieden leben konnten und nur an den Rändern ihrer jeweiligen Einflusszonen tribale Konflikte um Frauen, Güter und Grenzziehungen austrugen, war die Situation auf den kleinen, niederen Atollinseln eine gänzlich andere. Hier lebte man zwar auch scheinbar isoliert, aber es gab sehr wohl zwischen den Inseln rege Kontakte, die der Notwendigkeit der gegenseitigen Versicherung für Notzeiten geschuldet war. Anders ausgedrückt: Tributzahlungen, Heiratsbeziehungen und Handelskontakte dienten hier oft gezielt der Aufrechterhaltung von bewusst eingegangenen Verbindlichkeiten, welche z. B. bei Verwüstung und Unbewohnbarkeit der eigenen Insel durch Naturkatastrophen einen zeitlich begrenzten Aufenthalt auf einer solcherart „befreundeten“ Insel garantieren konnten. Dies musste natürlich auch umgekehrt funktionieren. Damit dieses Bewusstsein des Aufeinander-angewiesen-Seins immer präsent blieb, wurden regelmäßige und durchaus risikoreiche gegenseitige Besuchsfahrten veranstaltet. Dabei mussten diese Gegenseitigkeitsverhältnisse nicht notwendigerweise immer ausbalanciert sein; sie konnten sehr wohl historisch gewachsene Abhängigkeiten widerspiegeln und prolongieren.

Als Beispiel sei hier das Verhältnis der mikronesischen Insel Yap zu seinen umliegenden Inseln, den sogenannten „Outer Islands“ oder *re matau*, genannt. Yap, dessen Gesellschaft sich in eine landbesitzende und eine landlose Klasse aufteilt, war und ist teilweise bis heute noch mit den Outer Islandern, den *re matau*, traditionell durch das sogenannte *sawai*-System gegenseitiger Hilfestellung verbunden. Die *sawai* auf Yap erhalten von den *re matau* regelmäßig Tributleistungen und gewähren im Gegenzug dafür Unterkunft, Verpflegung und Schutz, wenn sich die *re matau* auf Yap aufhalten. Der oberste der sawai-Handelspartner, der sogenannte *sawailap*, residiert in Gatchepar (Gagil). Die Macht Yaps über die umliegenden Inseln, die Outer Islands, ist nicht nur auf politischen, sondern auch auf spirituellen Einfluss zurückzuführen und fußt in der Vergangenheit. Zeitweise wurde in diesem Zusammenhang von einem „Yap-Imperium“ gesprochen (vgl. Labby 1976; Hunter-Anderson/Zan 1996). Politische Abhängigkeit wurde hier für Sicherheit und Versorgung in Kauf genommen.

Kontaktmöglichkeiten zwischen den Inseln wurden, wo möglich, intensiv genutzt. Hegemoniale Bestrebungen, Machtansprüche und gegenseitige Abgrenzungen kennzeichneten in Ozeanien im politischen Bereich die vorkoloniale Epoche. So gab es beispielsweise im Zentrum Ozeaniens, im Bereich der Inselgruppen Fidschi, Samoa und Tonga, über Jahrhunderte hinweg Rivalitäten und Kämpfe, die zur zeitweiligen Herrschaft Tongas über Samoa und den Ostteil Fidschis führten. Im ökonomischen Bereich haben sich zeitgleich Handelsbeziehungen entwickelt, die vor allem der Distribution von nur an bestimmten Orten lokal begrenzt zur Verfügung stehenden Ressourcen dienten. Die von Westen nach Osten hin abnehmende Dichte an natürlichen Ressourcen findet ihre Entsprechung in der in gleicher Richtung verlaufenden Abnahme von Produktion und Verwendung bestimmter Materialien. So findet man im östlichen Polynesien keine Töpferei, die Verwendung des Bogens ist nicht dokumentiert und auch im Bereich traditioneller Geldformen finden sich tendenziell weniger Beispiele. Gleichzeitig wurden Waren wie Töpfereiprodukte, Harthölzer, Textilien, Obsidian und Muscheln, um nur einige zu nennen, aus dem melanesischen und westpolynesischen Raum (Vanuatu, Fidschi, Samoa) bis in den zentralpolynesischen Raum (Marquesas-Inseln und Tuamotus) verhandelt.

Die Verbreitung der speziellen, sich durch markante Motive und Gefäßformen auszeichnenden und nach einem ihrer Fundorte benannten Lapita-Keramik von Melanesien über das Dreieck Fidschi, Samoa, Tonga bis in den zentralpolynesischen Raum ist ein typisches und gut nachvollziehbares Beispiel für die Reichweite der Verbreitung spezieller Produkte (vgl. dazu Kirch 1997; Clark et al. 2001). Lapita markiert großräumige Handelsrouten, aber es gab auch kleinräumigere, regionale Handelsrouten, die jeweils mehrere Zwischenstationen umfassten, aber immer noch über mehrere Hundert Kilometer verliefen. Dazu zählen die im Folgenden dargestellten *hiri*- und *mailu*-Fahrten, der *kula* sowie im Hochland, in noch engeren räumlichen Grenzen, der *moka*, der *te* und der *mok-ink*. Die Ursachen und Zielsetzungen, die diesen Formen des Interagierens zugrunde liegen, sind vielfältig, soziale und politische Implikationen greifen hier ineinander über. Sowohl *kula* als auch *moka*, *te* und *mok-ink* sind nicht nur Handelssysteme, die der Distribution von Gütern dienen, also der Zirkulation von weither stammenden Gütern, die zum Teil exotischen Charakter haben, wie Kasuare (flugunfähige Laufvögel), Baumkängurus, Paradiesvögel etc., und zum Teil sehr selten oder schwer zu bekommen sind, wie beispielsweise Steinäxte, Perlmutter, Palmöl, Salz, Obsidianklingen, bestimmte Tonwaren etc. Wenngleich dies ein begleitender Aspekt ist, wurden und werden noch andere Ebenen tangiert: Die Dynamiken im Zuge der Tauschzyklen brachten die Menschen zusammen und dienten der Erhaltung bzw. Bewusstmachung der Abstammungslinie und Zugehörigkeit, ermöglichten Heiratsabsprachen und verwandtschaftliche Kontakte. Individueller Status und Gruppenstatus wurden öffentlich definiert und politisch autonome Klane erneuerten damit traditionelle Allianzen innerhalb und zwischen den verhältnismäßig kleinen Klangruppen. Die Zusammenkünfte, bei denen die hoch bewerteten Güter getauscht wurden, dienten nicht nur der Unterhaltung, sondern waren vor allem in vorkolonialer Zeit manchmal die einzigen friedlichen Zusammenkünfte unterschiedlicher Klane in einem Umfeld lang andauernder Kriegszustände. Die im Folgenden exemplarisch angeführten Tausch- und Handelszyklen sind zum Teil auch in der Gegenwart noch existent, wenngleich die genannten Produkte vielfach durch moderne technische Geräte,

Werkzeuge, Konsumgüter und modernes Geld, in diesem Fall durch die Währung Papua-Neuguineas, den Kina, ersetzt wurden. Das verdeutlicht aber ihre über den reinen Güterhandel bzw. -tausch hinausgehende Bedeutung.

Die Frage steht im Raum, inwieweit bei den genannten Interaktionsprozessen die Waren den Stellenwert von „Geld" im Sinne der für das „moderne" Geld charakteristischen vier Funktionen – Tauschmittelfunktion, Zahlungsfunktion, Wertaufbewahrungsfunktion, Wertmaßstabsfunktion – hatten und haben. Im Folgenden beziehe ich mich hier auf Aussagen, die ich bereits in meiner *Einführung in die Ethnologie Ozeaniens* (Mückler 2009: 133 ff.) sowie in mehreren Fachartikeln (z. B. Mückler 2002: 91 ff.) ausführlich dargestellt habe. Bereits der polnisch-österreichische Ethnologe Bronislaw Malinowski hatte bei seinen Forschungen vor und während des Ersten Weltkriegs in Neuguinea erkannt, dass auch in den noch teilweise traditionell lebenden und auf Subsistenzwirtschaft beruhenden Gesellschaften ein ausgeprägter Wertbegriff existiert, und stellte für die Trobriander fest: „Wert [ist] nicht das intellektuell ermittelte Ergebnis aus dem Verhältnis von Nützlichkeit und Knappheit, sondern erwächst aus einem jene Dinge umgebenden Gefühl, die durch die Befriedigung menschlicher Bedürfnisse Empfindungen zu wecken vermögen" (Malinowski 1979 [1922]: 213). Ebenso stellte der aus Österreich stammende Ethnologe Richard Thurnwald bei seinen Untersuchungen bei den Buin auf der Insel Buka feste Wertrelationen fest (vgl. Thurnwald 1971: 245), differenzierte aber gleichzeitig zwischen intrinsischen, also aus eigenem Antrieb sozusagen von „innen" her die Sache verfolgenden, und extrinsischen Werten. Dieses Verhältnis wird hier deshalb erwähnt, weil in der einschlägigen Diskussion immer wieder zwischen einer scheinbaren Inkommensurabilität, also Unvergleichbarkeit, sogenannter „archaischer" Werte und, im Gegensatz dazu, der Kommensurabilität der in der Geldwirtschaft getauschten Werte unterschieden wurde, wie es Hanspeter Znoj (1992: 69) in einer genauen Aufarbeitung und Reflexion der Begrifflichkeit zu diesem Thema vermerkte. Er verwies auf die drohende Gefahr, den Begriff des wirtschaftlichen Wertes widersprüchlich zu verwenden, und verglich dies mit der ebenso problematischen Verwendung des Begriffs „Reziprozität":

> Wird der Begriff der Reziprozität von den Bedürfnissen der Tauschpartner her als „Gegenseitigkeit" aufgefaßt, so nimmt der Begriff des wirtschaftlichen Wertes, von den Bedürfnissen der Tauschpartner her gesehen, die Bedeutung des „Begehrens" an. Umgekehrt geht der Begriff der Reziprozität als „Vergeltung mit einer äquivalenten Gegenleistung" ex definitione mit der quantitativen, objektiv meßbaren Wertform einher. (Znoj 1992: 69)

Zum Thema Reziprozität sei hier auch auf Marshall Sahlins (1965) verwiesen, der drei Formen der Reziprozität unterschied: eine generelle, eine balancierte und eine negative Reziprozität (vgl. Seiser/Thalhammer in diesem Band). Mit diesen Formen thematisierte und differenzierte er mögliche Erwartungshaltungen zur Gegenseitigkeit.

Eng mit Geld und damit mit dem, was wir „Verkauf" nennen, sind noch weitere Faktoren verbunden, die im scheinbaren Gegensatz dazu stehen, aber gleichzeitig inhärente Elemente desselben und daher nicht davon trennbar sind, das gilt auch und vor allem für viele ozeanische Gesellschaften. Die Rede ist von der „Gabe" als Konstruktionselement wechselseitiger Beziehungen, die bereits vom französischen Ethnologen Marcel Mauss (1990) unter anderem am Beispiel des *kula* thematisiert und als eine „totale soziale Tatsache" beschrieben wurde. Die Gabe als Geschenk ohne Gegenleistung, die den Beschenkten in die Schuld des Gebers stellt, schafft deutlich mehr komplexe Abhängigkeitsbeziehungen als der Verkauf. Mauss' Landsmann Maurice Godelier verstand, ähnlich wie Mauss, die Gabe unter anderem als ursprüngliche Struktur der Religion und beschäftigte sich darum insbesondere mit den heiligen Objekten, also jenen Gegenständen, die niemals verschenkt werden können. Dabei ist es durchaus möglich, Dinge zu geben und sie zugleich zu behalten. Gegeben wird zum Beispiel das Nutzungsrecht, behalten bzw. bewahrt wird das Eigentum (vgl. dazu Godelier 1999 an mehreren Stellen). Die soziale Logik der Gabe ist eine völlig andere als die beim Einsatz von Geld. Im Verständnis der Geber und Nehmer lässt sich eine durch eine Gabe entstandene Schuld niemals annulieren. Sie kann und muss durch eine Gabe aufgewogen werden, die eine gleichwertige Schuld bei denen schafft, denen gegenüber man verschuldet ist. Die soziale Logik der Gaben und Gegengaben besteht also nicht eigentlich darin, die Schulden zu tilgen, sondern sie ins Gleichgewicht zu bringen (vgl. Godelier 1987: 46). Würde eine gleichwertige Gabe ausreichen, eine Schuld zu tilgen, und wäre dies das Ziel des Gabentauschs, so würden sich zwei Partner in diesem Beziehungsverhältnis praktisch jeder Verpflichtung einander gegenüber als enthoben erachten. Das Gegenteil ist jedoch der Fall, es kommt dadurch zu einer Intensivierung und Vertiefung des Beziehungsverhältnisses. Und das ist der entscheidende Unterschied zur Verwendung von Geld.

Die zentrale Frage hierbei ist, wie eine Abgeltung ohne allgemeine Wertskala, wie sie in der westlichen Geldwirtschaft verwirklicht ist, überhaupt möglich ist. Laut Znoj (1992: 72), Robert Foster (1990: 56) zitierend,

> sind [in archaischen Ökonomien] die getauschten Güter direkter Ausdruck der Komplementarität der Tauschpartner. Die Tauschpartner sind aufeinander angewiesen, weil eine signifikante materielle oder symbolische Differenz zwischen ihnen besteht, aufgrund derer sie füreinander komplementäre Funktionen erfüllen können. Der direkte Austausch von Personen, Gütern oder Leistungen, in denen sich diese Differenz verkörpert, ist für beide Seiten bedeutungsvoll und die getauschten Objekte haben deshalb einen Tauschwert.

Die unten angeführten Beispiele für Tausch- und Handelsbeziehungen bzw. -netzwerke können mit dem Begriff *external exchange* grob umrissen werden. Die dabei eingesetzten „Güter" oder Waren waren von materiellem und immateriellem

Wert, um eine Differenzierung von Douglas Oliver (1989: 501), der dies anhand von Beispielen pazifischer Gesellschaften beschrieb, aufzugreifen. Zu den materiellen Gütern zählten beispielsweise alle Arten von Rohmaterialien, Nahrungsmittel, Textilien, Schmuckgegenstände, Werkzeuge, Waffen, Boote, magische und medizinische Ingredienzien. Immaterielle Güter waren magische Formeln, Gesänge, Tänze, rituelle Praktiken bzw. Kenntnisse darüber, aber auch Arbeitskraft, Waffenbrüderschaft, Loyalität und öffentliche Loyalitätsbekundungen sowie andere Formen des Respekts, die eine entscheidende Rolle bei der Wertfeststellung spielten. Weiters kann zwischen „kommerziellem" und „zeremoniellem" Handel unterschieden werden, wobei bei Letzterem die Bewertungskriterien komplexen, lokal unterschiedlichen Usancen unterworfen sind, die mit Ressourcenzugang, Verfügbarkeit, historischer Bedeutsamkeit, mythologisch begründeter Symbolik und anderen Faktoren verbunden sind.

Das Problem bei der Klassifizierung von „Geld" im Pazifik ist, dass diese Bezeichnung für die in Ozeanien verwendeten „Geldformen" für multiple, häufig parallel laufende Bedeutungs- und Anwendungskontexte zu ungenau ist. Der Grund dafür liegt vor allem in der Tatsache, dass die pazifischen Geldformen auch für andere Zwecke als die in den westlichen marktorientierten Ökonomien verwendet wurden und zum Teil noch werden – und auch aufgrund der an manchen Orten gegebenen geringeren Konvertibilität relativ zu modernem Geld. Auch in „modernen" Gesellschaften gibt es Dinge, die sich als „unbezahlbar" („priceless") einer direkten Verrechnung entziehen. Geldformen in Ozeanien wurden und werden beispielsweise profan als Schmuck, sozial als beziehungsstiftend bzw. beziehungserhaltend und rituell zum Beispiel als „Schuld" – neutralisierend im Sinne eines Ablasses – verwendet. Insofern kann der Begriff „Geld" nur im Sinne all jener Objekte verstanden werden, die generell von einer Gesellschaft als akzeptierter Standard für Tausch und gleichzeitig als Maßstab und aufbewahrbarer Wert gelten. Die im Pazifik vorkommenden Geldformen sind in ihrer Gestalt durch das Vorhandensein dafür verwendbarer lokaler Materialien gekennzeichnet, wobei deren Nicht-Vorhandensein bzw. deren seltenes Vorkommen und damit die Entfernung zu den Ursprungsorten der Materialien ein entscheidendes Kriterium für die Klassifizierung als „wertvolles" Gut und Wertmaßstab ist.

Das Beispiel des von den Baruya im östlichen Hochland von Papua-Neuguinea verhandelten Salzes verdeutlicht, wie dieses als „Geld" gilt. Der bereits erwähnte Maurice Godelier verfasste mit seiner Darstellung der Kultur der Baruya eine inzwischen klassische Studie zu wirtschaftsethnologischen sowie religiös-rituellen Fragestellungen (vgl. Godelier 1987). Die Baruya bilden eine Gruppe mit der sozialen Organisation eines Stammes ohne Häuptling, aber mit sogenannten *great men* (im Sinne von „Primus inter Pares"); ihnen gehören 15 Klans an, bei denen es ein deutliches Hierarchiegefälle zwischen Männern und Frauen gibt und deren Wohnsitz patrilokal organisiert ist. Sie unterscheiden zwischen Objekten bzw. Dingen, die man behält – sogenannte „heilige Objekte“, wozu beispielsweise hoch bewertete Schwirrhölzer und Flöten zählen –, und solchen, die man produziert, um sie zu geben oder einzutauschen. Zu Letzteren zählt das von den Baruya produzierte Salz. Es handelt sich dabei nicht um Natrium-, sondern um Kaliumsalz, welches durch den Anbau einer speziellen Rohrpflanze gewonnen wird, die man schneidet, trocknet, verbrennt und anschließend die mit Wasser vermischte, salzhaltige Asche in Salzöfen wieder vom Wasser trennt. Das Kristallisieren findet in eigens dafür errichteten Öfen statt und wird von hoch bewerteten Spezialisten, sogenannten *tsaimayé*, bewerkstelligt. Hier werden äußerst komplexe Vorgänge wie Verdampfung und Kristallisierung von Männern durchgeführt, die dieses technische und magische Geheimnis von einem ihrer Verwandten oder Nachbarn erlernt haben. Um die Salzbarren, die ein Gewicht von bis zu ca. zwei Kilogramm haben können, herzustellen, muss der dafür Verantwortliche zahlreiche Meidungsgebote erfüllen, um den Erfolg der Prozedur nicht zu gefährden. Das Kaliumsalz kann nicht in großen Mengen konsumiert werden, da es bei häufigem Konsum zu Vergiftungserscheinungen kommen würde, daher wird es nicht zum alltäglichen Gebrauch, sondern ausschließlich in rituellen Kontexten, zum Beispiel bei Initiationen, genutzt. Der Verzehr des Salzes ist somit an entscheidende Etappen im Leben der Menschen geknüpft (vgl. Godelier 1999: 196).

Der größte Teil des Salzes wird jedoch nicht für den eigenen Gebrauch produziert, sondern um als Ware mit den Nachbarstämmen getauscht zu werden. Die Baruya unternehmen dazu mehrtägige, gut vorbereitete Touren zu ihren Nachbarn und Partnern. Der Austausch geschieht außerhalb der Siedlungen in einem Bereich, der für die Zeit des Handels als Friedenszone ausgewiesen wird. Das Salz wird gegen mehrere Kategorien von Gütern eingetauscht, gegen Produktionsmittel (Stein- und Stahlwerkzeuge etc.), Waffen (Bögen, Pfeile etc.) und Schmuckgegenstände, die zum Ausstaffieren der Initiierten, Krieger und jungen Mädchen verwendet werden können (Federn von Paradiesvögeln und Kasuaren, Kaurischnecken, Muschelschalen etc.), sowie gegen Güter des täglichen Lebens (Tragnetze, Umhänge etc.) oder kleine Schweine (vgl. ebd.: 197). Das Salz fungiert bei diesem Austausch als eine Ware, die sich von allen anderen dadurch unterscheidet, dass sie als einzige gegen alle anderen eingetauscht werden kann. Es ist also mehr als eine Ware, die man tauscht. In gewisser Weise, so Godelier, dient das Salz dazu, den Tauschwert der anderen Waren zu bemessen, da es gegen sie zu fixen Sätzen eingetauscht wird, die deren „Preis“ darstellen. Auch wenn das Salz eine magisch-religiöse Kraft enthält, die dem „Geschäftspartner“ grundsätzlich bekannt ist, und auch wenn die Baruya es in anderen Kontexten verwenden, so sind sie nicht persönlich an das Salz gebunden, anders als bei den heiligen Objekten. Das Salz löst sich so im Regelfall vollständig von seinem Eigentümer und der Warentausch nimmt für die Baruya einen unpersönlichen Charakter an (es gibt Ausnahmen, und zwar dort, wo das Salz als

Pfand für einen Friedensvertrag gegeben wird). Das Salz wird von den Baruya nicht akkumuliert und ebenso wenig andere „Wert"-Objekte, die für den Tauschhandel Verwendung finden, wie beispielsweise perlmuttglänzende Muschelschalen. Dieses Nicht-Akkumulieren findet sich nicht notwendigerweise bei benachbarten Gruppen, so etwa den Melpa und Enga, bei denen für den *moka* und den *te* beispielsweise das Akkumulieren hoch bewerteter Güter von zentraler Bedeutung ist. Man kann also hier auf einem relativ engen Raum im Hochland von Papua-Neuguinea eine Vielzahl von Spielarten mit teilweise grundsätzlich verschiedenen Verhaltensdynamiken und Zielsetzungen beobachten. Eine Auseinandersetzung mit Geld führt daher zwangsläufig zur Beschäftigung mit den Kategorien bzw. Begrifflichkeiten der Reziprozität, der Gabe, der Akkumulation, des Tauschs und des Verkaufs sowie des potenziellen „gefühlten" Wertes von Gütern an sich. In jedem Einzelfall müssen diese Kategorien jeweils neu untersucht und betrachtet werden, denn gerade bei der Beleuchtung der pazifischen Gesellschaften greifen Verallgemeinerungen nicht.

Ein besonderer zeremonieller Tauschzyklus, der in der Western-Highland-Provinz auf der östlichen Seite der Hagen Range im westlichen Hochland von Papua-Neuguinea praktiziert wurde und wird, ist der bereits erwähnte *moka*. Dabei werden grundsätzlich zwei Arten von *moka* nach den jeweils getauschten Gütern unterschieden: *shell-moka* und *pig-moka*, wobei beim Tausch von Muscheln und Schweinen zwischen den teilnehmenden Partnern beide gleichzeitig in unterschiedlichen Größenordnungen zum Einsatz kommen. Es gibt zwei Anlässe bzw. soziale Funktionen für *moka*: Kompensations- bzw. Tributzahlungen nach Kriegshandlungen und Konflikten sowie Tausch zwischen rituellen Partnern zum Erhalt guter Beziehungen. Das können sowohl Einzelpersonen, häufig sogenannte *big men*, als auch Gruppen sein. Im Idealfall gibt der Geber mehr, als er beim letzten Mal erhalten hat, was als *to make moka* bezeichnet wird. Meistens werden von einer Seite Muscheln und – verzögert, zeitversetzt – von der anderen Seite Schweine präsentiert (bzw. viele Muscheln und wenige Schweine gegen viele Schweine und wenige Muscheln und umgekehrt). Die Muscheln sind sogenannte *„gold-lip"*-Muscheln *(Pinctada maxima)*, die vom Westen und Süden des Landes den Weg ins Hochland gefunden haben und in weiches Harz auf mit rotem Ocker geschmückte Holzbrettchen gedrückt offeriert werden. Bevor eine *moka*-Zeremonie öffentlich stattfindet, wird häufig wochenlang über Menge und Wert der Tauschwaren diskutiert, um eine ausgewogene Balance zu erreichen, die dem reziproken Charakter dieser Tradition entspricht. Der *moka* ist zyklisch, linear und weist große Kontinuität auf. Der eigentliche *moka* findet am geschmückten sogenannten *moka-ground* statt, wo alle daran teilnehmenden Waren ausgelegt und entsprechend den vorher beschlossenen Abmachungen im Rahmen eines Festes verteilt werden. Der Tausch wird von Tanz begleitet und endet mit der Verlautbarung eines Termins für die nächste *moka*-Zeremonie. Seit der Befriedung der Hochlandstämme durch Europäer und Australier hat der *moka* eine Wandlung von seiner ursprünglichen Funktion, nämlich für Kompensationszahlungen genutzt zu werden, hin zu einem Anlass zur Aufrechterhaltung guter nachbarschaftlicher und ökonomischer Beziehungen erfahren (vgl. dazu Bulmer 1960; Godelier 1999 und insbesondere Strathern 1971).

Ein *te* genannter Tauschzyklus findet sich im westlichen Hochland, der Enga-Provinz, Papua-Neuguinea, und ist ein alternierend lineares System reziproken Tausches, bei dem Zwischenhändler, sogenannte „Agenten", eine bedeutende Rolle bei der Weitergabe von Perlmutter, Steinäxten und Schweinen in einem komplexen Austauschsystem in West-Ost- bzw. Ost-West-Richtung spielen. Es handelt sich dabei um einen verzögerten Zyklus, der von einer Seite initiiert wird, indem verschiedene wertvolle Güter, primär Muscheln, an die jeweils andere, diesen Tausch mittragende Seite verschenkt werden. Dies geschieht aber nicht direkt, sondern unter Weiterreichung von einem Agenten zum nächsten. Im Gegenzug werden, wiederum mittels zwischengeschalteter Agenten, Schweine zurückerstattet, deren Erhalt erneut wiederum durch Schenkung von gekochtem Schweinefleisch vergolten wird. Anschließend beginnt der Zyklus von vorne, nur in umgekehrter Richtung. Es sind also drei Stadien: Muscheln werden in eine Richtung gegeben, Schweine in die andere und gekochtes Fleisch wiederum in die ursprüngliche Richtung. Da gekochtes Schweinefleisch unter den tropischen klimatischen Bedingungen relativ rasch verdirbt, bedeutet dies, dass die Rückerstattung gekochten Schweinefleischs jeweils sehr zeitnah zu erfolgen hat.

Um als Agent fungieren zu können, muss man einen untadeligen Ruf in der Gemeinschaft und sich bereits als Führungsperson in der eigenen Gruppe bewährt haben. Somit übernehmen meistens *big men* die Rolle von am *te* teilnehmenden Zwischenhändlern. Der Einstieg in den *te* erfolgt über die Bereitstellung eines „Einstiegsgeschenkes", welches vom Agenten weitergeben wird, indem er einen Teil davon für sich behält (um anderen Verpflichtungen nachzukommen) und selbst wiederum Dinge aus eigenem Besitz hinzufügt. Dies geschieht bei allen Zwischenstationen und weitet die Tauschaktivitäten deutlich aus. Einige Monate später kommen die Gegengeschenke in Form von Schweinen wieder retour. Auch davon behalten die Agenten einige für ihren Gebrauch, ersetzen sie aber, wiederum zeitversetzt, durch neue, um die Weitergabe und damit die vom ursprünglichen Geber erwartete Rückerstattung von Schweinen zu gewährleisten. Der Erhalt der Tiere ist der zentrale Höhepunkt des *te*, da er in den Rahmen von öffentlichen feierlichen Festen eingebettet ist. Die verantwortungsvolle Rolle der Agenten ist es, eine Balance zwischen den am Zyklus teilnehmenden Partnern zu wahren und entsprechende *tes* zu initiieren, wenn eine Seite (bzw. eine Richtung) bereits längere Zeit benachteiligt erscheint. Zu den getauschten Gütern zählen Muscheln, Schweine, Stahl, Stahläxte, sonstige Werkzeuge, Salz, Kasuare, Palmöl, Perlmutter, Baumkängurus und Paradiesvogelfedern. Der *te* hat neben seiner ökonomischen Komponente vor allem soziale und politische

Bedeutung. Er definiert öffentlich den Individual- und Gruppenstatus der am Tauschzyklus teilnehmenden Personen, stärkt die Verwandtschaftsbeziehungen und dient der Schaffung und Aufrechterhaltung von militärischen Allianzen (vgl. Bazzi 1994). Vor der Befriedung durch die Kolonialmächte bot der *te* lange Zeit die einzige Möglichkeit, dass sich Tausende Menschen friedlich versammeln konnten. Dabei wurden auch andere zeremonielle Tauschpraktiken umgesetzt, das Ereignis bot Gelegenheit für Partnerwahl und Heiraten, Verhandlungen und Kompensationsgespräche fanden statt. Der *te* hat Ähnlichkeiten mit dem *moka* und überschneidet sich auch mit diesem. Es herrscht Unklarheit, ob *te* und *moka* die entgegengesetzten Enden eines linearen Austauschsystems sind oder ob es sich um regionale Varianten handelt. Der *te* wurde u. a. von Ethnologen wie Adolphus P. Elkin (1953) und Mervyn J. Meggitt (1974) in seinen Zusammenhängen ausführlich dargestellt.

Ein weiteres System ähnlicher Art ist der *mok-ink*. Dies ist die Bezeichnung für ein zeremonielles Tauschsystem in der Southern-Highlands-Provinz Papua-Neuguineas mit Zentren in den Tälern Mendi, Lai und Nembi, aber darüber hinausgehend im Kandep-Gebiet und im Kaugul-Tal in den westlichen Highlands. Bezüglich seiner sozialen Funktion ist der *mok-ink* dem *moka* und dem *te* ähnlich, in seiner formalen Organisation jedoch anders. Während *moka* und *te* zyklisch, linear und kontinuierlich ablaufen, ist der *mok-ink* in seiner Form als radial und geografisch sowie zeitlich als unzusammenhängend zu bezeichnen. So können miteinander verbündete Klans beschließen, alle 15 Jahre einen *mok-ink* zu veranstalten, dessen Vorbereitung bis zu fünf Jahre in Anspruch nehmen kann. Gleichzeitig finden zeitlich versetzt und mit unterschiedlichen zeitlichen Abständen dazwischen andere *mok-ink* parallel statt, sodass Gruppen oder (seltener) Einzelpersonen an mehreren *mok-ink* gleichzeitig teilnehmen können, die an verschiedenen Orten und zu verschiedenen Zeiten ihren jeweiligen Höhepunkt in der Übergabe der Tauschwaren finden. Die auf die Übergabe hinarbeitenden Gruppen sind in ein komplexes System von Verbindlichkeiten, Schulden, Krediten, Rückversicherungen und sonstigen Abhängigkeiten eingebunden, die es ermöglichen bzw. notwendig erscheinen lassen, das wichtige Ziel des Erwerbs bzw. des Sammelns und der Übergabe der Tauschwaren im Auge zu behalten. Dabei kommt es aber auch manchmal zur Verringerung anderer Tätigkeiten, die bis zur existentiellen Gefährdung durch eine Vernachlässigung der Felder führen kann. Am großen (Fest-)Tag werden dann unter Umständen mehrere Tausend Schweine geschlachtet, deren Fleisch verteilt wird. Die Teilnahme bzw. Ausrichtung eines *mok-ink* bringt den Gebern bzw. Gastgebern keinen ökonomischen Profit bzw. Reichtum, jedoch hohes Prestige, das oft eine ganze Generation lang anhalten kann.

Die Signifikanz liegt auf politischer Ebene, sie hilft am *mok-ink* teilnehmenden Partnern langfristige Allianzen zu bilden. Da nur viele Partner, Freunde und kooperierende Klane und Stämme durch gemeinsame Zusammenarbeit und

Opfer einen *mok-ink* ausrichten können, ist die Signalwirkung für Außenstehende groß: Die am *mok-ink* Teilnehmenden präsentieren sich nach außen als verlässliche Alliierte, die auch im Kriegsfall zusammenhalten würden. Durch die Demonstration der Geschlossenheit soll eine abschreckende Wirkung auf Außenstehende erzeugt werden. Einzelpersonen, die sich durch besondere Mengen an Gütern bei den Vorbereitungen eines *mok-ink* hervortun, können als *big men* Reputation erlangen bzw. für sich werben, um diese Führungsposition zu erreichen. Die akkumulierten und dargebrachten Güter sind neben Schweinen alle Arten von Wertgegenständen wie Salz, Perlmutter, Stahl (Klingen, Äxte), Palmöl, moderne Konsumgüter etc., wobei Perlmutter als besonders wertvoll eingestuft wird. Der *mok-ink* wurde von mehreren Ethnologen beschrieben, darunter Andrew Strathern (1969), Mervyn Meggitt (1957) und D'Arcy Ryan (1961).

Eine, wenn auch ausgewählte, Darstellung der wichtigsten bzw. charakteristischsten Kulturphänomene Melanesiens wäre unvollständig ohne Erwähnung des *kula* als Beispiel eines über größere Entfernungen über See zirkulierenden Tauschhandels, wie er in manchen Teilen der Region vorkommt. Wie wir sehen werden, ist die Verknüpfung von Handel und Tausch mit darüber hinausreichenden Funktionen und eingebettet in bestimmte zeremonielle Handlungen nicht auf den *kula* beschränkt. Dieser ist nur eines von mehreren räumlich weitreichenden, komplexen und verästelten Handelssystemen im südöstlichen Neuguinea.

Der *kula* wurde von Bronislaw Malinowski in den Jahren 1914 bis 1918 in Kiriwina auf den Trobriand-Inseln sowie in der umgebenden Region erforscht und ausführlich in seinem Werk *Argonauten des westlichen Pazifiks* beschrieben (1979 [1922]). Malinowski bereiste zur Erkundung des *kula*-Netzwerkes die Region dreimal von seinem Hauptstützpunkt auf den Trobriand-Inseln aus. Seine erste Feldforschung in Melanesien hatte Malinowski nach Mailu an die Südostküste von British Papua geführt, wo er 1913/1914 auf Anregung seines Mentors Charles Gabriel Seligman, der sich selbst mit der Region auseinandergesetzt hatte (vgl. Seligmann 1910), forschte. Seine wichtigste Feldforschung war jedoch der vierjährige Aufenthalt im äußersten Südosten Papua-Neuguineas. Der Forschungsort war nicht ganz freiwillig gewählt: Als Inhaber eines österreichischen Passes zählte Malinowski bei Ausbruch des Ersten Weltkriegs für die in Neuguinea als Kolonialherren auftretenden Australier als Angehöriger einer Feindnation und konnte einer Internierung nur entgehen, indem er sich, mit Einverständnis der australischen Kolonialverwaltung, in eine entlegene Region zurückzog. Mit diesem langen Aufenthalt und den dabei erzielten detaillierten Ergebnissen wurde später innerhalb der Ethnologie die Hinwendung zu langen Feldaufenthalten anstelle von kurzfristigen Forschungsreisen und sogenannter „Schreibtischethnologie" als fachidentitätsstiftende Kategorie forciert. Er war jedoch nicht der „Erfinder" der stationären Feldforschung, das war bereits rund vierzig Jahre vor ihm der Russe Nikolai N. Miklucho Macklay an der Nordostküste Neuguineas in der Region um Erimba.

Sowohl Malinowskis eigene Feldforschung und deren Aufarbeitung als auch die nach seinem Tod veröffentlichten Tagebücher stimulierten die Fachdiskussion um Sinn und Bedeutung der Feldforschung für den Forscher und die Beforschten nachhaltig (vgl. Malinowski 1981, 1986). Malinowski gilt als Begründer des Funktionalismus, einer wissenschaftlichen Richtung innerhalb der Ethnologie, die Kultur, stark vereinfacht, aus der Bedürfnisbefriedigung zu erklären versucht. Gesellschaften waren für Malinowski dabei integrale Systeme von Institutionen, die grundlegende und abgeleitete Bedürfnisse regeln und abdecken sollten. Magie beispielsweise wurde in diesem Kontext als Bewältigungsstrategie für Frustrationen interpretiert. Malinowski beschäftigte sich neben der Beschreibung des *kula* aber auch mit ökonomischen Transaktionen, der Bedeutung von Reziprozität und dem Geschlechterverhältnis sowie mit Sexualität bei den von ihm untersuchten Gruppen.

Malinowski war nicht der Erste, der den *kula* entdeckte und in Aufzeichnungen darauf Bezug nahm: Vor ihm war der methodistische Missionar William Edward Bromilow zweimal für längere Zeit auf der Insel Dobu, die zu den D'Entrecasteaux-Inseln zählt, und war sogar eine Zeit lang Teilnehmer am *kula*. Er war Vorsitzender der New Guinea District Mission und hatte selbst 17 Jahre lang auf Dobu gelebt. Malinowski war jedoch der Erste, der das komplexe System in seinen ökonomischen und rituellen Komponenten durchleuchtete und dabei die auf den ersten Blick nutzlos erscheinenden, aber sich als wertvoll herausstellenden Kernobjekte des Tausch- und Handelssystems in ihrer Bedeutung als Katalysator für den Aufbau und Erhalt sozialer Beziehungen sowie als identitätsstiftende Kategorie für die Teilnehmer am *kula* untersuchte.

Beim *kula* – ich beschreibe hier die traditionelle Form, die sich so jedoch nicht unverändert bis in die Gegenwart erhalten und Adaptierungen erfahren hat, die gegen Ende dieser Ausführungen angesprochen werden – handelt es sich um ein großräumiges Handelssystem, das in seinen Verästelungen die der Ostseite Papua-Neuguineas vorgelagerten Inseln Tubetube und Wari einbezog, wie auch die D'Entrecasteaux-Inseln Dobu, Fergusson und Normanby, die Amphlett-Gruppe sowie die Trobriand-Inseln, Vakuta, Alcester, die Marshall-Bennett-Inseln, Muyua (Woodlark) Laughlan und die Inseln des Louisiaden-Archipels, Misima, Rossell und Sudest Islands (Provinz Milne Bay). Die Region wird auch als Massim-Region bezeichnet. Gemeinsamkeiten sowohl aus wirtschaftsethnologischer als auch aus kunstgeschichtlicher Sicht rechtfertigen diese Zusammenfassung, die erstmals von Charles G. Seligman vorgenommen wurde. Der *kula* war und ist ein rituelles, auf verzögerter Reziprozität beruhendes Gabentauschsystem. Getauscht werden zwischen den ungefähr kreisförmig angeordneten Inseln (daher *kula*-„Ring") *soulava* genannte Halsketten aus kleinen roten Muschelplättchen der roten Klappmuschel im Uhrzeigersinn, und in entgegengesetzter Richtung, also gegen den Uhrzeigersinn, werden *mwali*, Armreifen bzw. Armreifenpaare aus den Gehäusen von weißen Kegelschnecken, getauscht.

Die Halsketten und Armreifen sind aufwendig gearbeitet und reich verziert, haben einen fast sakralen Charakter, stehen manchmal mit magischen Praktiken in Verbindung und können, bei besonderen Stücken, Eigennamen haben (vgl. Malnic 1998). Solche Stücke besitzen dann jeweils eine eigene, mündlich tradierte Geschichte, die mit den Objekten weitergegeben wird und dem Geber hohes Prestige sichert, da er offensichtlich im Besitz eines besonders wertvollen Stückes war, das er nun unter Erzählung der genauen damit verbundenen Geschichte wiederum weitergeben kann (und muss). Die Objekte wechseln wie Wanderpokale mit der Zeit den Besitzer, um das Tauschsystem aufrechtzuerhalten. Mit dem Erhalt einer Halskette geht für den jeweiligen Teilnehmer an diesem Tauschzyklus die Verpflichtung einher, innerhalb eines bestimmten und nicht zu langen Zeitraumes das Stück weiterzugeben. Gleichzeitig muss er dem Vorbesitzer einen bzw. mehrere Armreifen zurückgeben. Der Wert der solcherart „getauschten“ Gegenstände ist nicht notwendigerweise gleich, der Nehmer hat also die Verpflichtung, dem Geber etwas Entsprechendes zurückzugeben, was unter Umständen nur zeitverzögert möglich ist. Das Tauschen bzw. temporäre „Schenken“ (inklusive der Erwartung eines äquivalenten Gegengeschenks) der Halsketten und Armreifen steht nebeneinander, ist miteinander verzahnt und findet gleichzeitig bzw. zeitversetzt unter denselben Partizipanten am *kula*-System statt. Die Teilnehmer stehen durch die Teilnahme am *kula* in einer lebenslangen, auf Vertrauen basierenden, engen Beziehung zueinander, die mit *karayt'u* („Partner“) bezeichnet wird.

Die einzelnen Gegenstände bleiben maximal ein bis zwei Jahre lang in den Händen einer Person, meistens wesentlich kürzer, da der Druck auf die temporären Besitzer, die *soulava* und *mwali* weiterzugeben, mit der Zeit wächst. Kann ein Teilnehmer aufgrund eines zeitlichen Engpasses in der Weitergabe nicht sofort ein gleichwertiges Objekt bei passender Gelegenheit zurückgeben, so kann er ein geringwertigeres Objekt als „Anzahlung“ geben, was ihn aber nicht der Verpflichtung enthebt, zu einem späteren Zeitpunkt ein gleichwertiges Stück nachzuliefern. *Basi* heißt das vorläufige geringwertigere Objekt, *kudu* das im Wert äquivalente. Ein potenzieller Partner, der in das System einsteigen will, hat entsprechende Einstandsgeschenke *(pokala)* zu offerieren, dazu zählen Schweine, besonders gute Bananen, Yams- und Taroknollen sowie später sogenannte „solicitory gifts“ *(kaributu)*, also moderne Sachgüter im Sinne von den Tauschgütern gleichwertige funktionale Waren wie zum Beispiel Axtklingen. Die beiden Kreisläufe, in denen die Zeremonialgegenstände bzw. Wertgegenstände, *vaygu'a*, zirkulieren, wechseln und stoppen nie. Ein Teilnehmer nimmt somit immer an einem der in zwei Richtungen laufenden Zyklen teil: Er erhält und gibt *soulava*, und er erhält und gibt *mwali*, wobei er zum Beispiel *soulava* durch geschicktes Agieren zu erhalten versucht, um durch den zeitweiligen Besitz Prestige zu erlangen und durch die Weitergabe ebenfalls den neuen Nehmer in seine Schuld zu bringen. Gleichzeitig erhält er *mwali*. Den Armreifen, oder auch mehrere, gibt er an den *soulava*-Geber mit dem Bewusstsein weiter, dass er entweder seine Schuld beglichen hat oder eben zum jetzigen Zeitpunkt kein gleichwertiges Geschenk geben kann und so lange in der Schuld des *soulava*-Gebers steht, bis er durch ergänzende Geschenke bzw. eine größere Zahl von *mwali* einen Ausgleich herstellen kann.

Die Summe der Werte, die in einem *kula*-„Ring" zirkulieren, bleibt letztlich gleich, was die *soulava* und *mwali* betrifft. Die Werte der begleitenden Geschenke bzw. Tauschobjekte variieren jedoch teilweise stark und erklären die Dynamik der Systeme. Diese leben davon, dass neue Teilnehmer aus Prestigegründen in das System einsteigen wollen und sich diese Teilnahme „erkaufen" müssen. Gleichzeitig wächst das Prestige der partizipierenden Teilnehmer durch die Art und Weise, wie sie zu den Zeremonialobjekten gelangt sind, und dadurch, wie groß die Zahl dieser Objekte im Lauf der Zeit ist. Je mehr Objekte durch die Hände eines Partizipanten gegangen sind, desto höher ist sein Ansehen. Der Erhalt und die Weitergabe der Objekte werden häufig in öffentlichen Zeremonien praktiziert, somit wissen alle im Dorf von den Handlungen und der Ehre des Betreffenden, am *kula* aktiv teilnehmen zu dürfen. Eine *kula*-Gesellschaft bzw. -Gemeinschaft (ein *kula*-Ring) besteht in der Regel aus mehreren Dörfern bzw. Männern (und heute auch Frauen) aus diesen Dörfern, die miteinander in Tauschbeziehung stehen. Die soziale Funktion dieses komplexen, letztlich nicht profitorientierten Tauschhandels ist es, die sozialen Bande zwischen den akephal verbundenen (männlichen) Inselbewohnern zu stärken und realen Gütertausch rituell zu begleiten. Geber und Nehmer stehen dabei in einer ständigen (erblichen) Position des Gastfreundes zueinander. Unterschieden werden ein Binnen-*kula*, ein engerer Kreis, in dem der Austausch simultan erfolgt, und ein „überseeischer" *kula*, in dem der Tausch in verzögerter Form stattfindet.

Die Anzahl der Tauschpartner, die ein Mann hat, sowie die Menge und Bedeutung der von ihm getauschten Objekte tragen zur Steigerung seines Ansehens insbesondere dann bei, wenn es sich um Partner über große räumliche Distanzen handelt. Die Aufrechterhaltung der komplexen Transaktionen und Kontakte zwischen den Teilnehmern, die von teilweise weit auseinanderliegenden Inseln stammen, wird durch Fahrten mit Auslegerkanus, den sogenannten *waga*-Fahrten, über das offene Meer bewerkstelligt. Die Boote, mit denen der *kula* aufrechterhalten wird, unterscheiden sich von denen, die für den normalen Verkehr und Fischfang verwendet werden, und heißen *masawa*. Diese zeichneten und zeichnen sich (dort, wo sie noch vorhanden sind) durch einen markanten Spritzschutz am Bug aus, der vor dem Vordersteven, *tabuyo*, wie eine Tafel aufragt und *lagim* bzw. Bugbrett genannt wird, um die bis zu fünfzehn Passagiere des Bootes vor der aufspritzenden Gischt zu schützen. Der *lagim* ist aufwendig geschnitzt und bemalt, die Inhalte der Dekorierung korrespondieren mit der Bedeutung des Bootes und der Besitzer. Dem Bau der Boote sowie deren Erhaltung kommt besondere Aufmerksamkeit zu. In der Gegenwart hat sich das

Wesen des *kula* deutlich gewandelt. Während in den 1960er-Jahren die Strukturen noch weitgehend unverändert waren (vgl. Uberoi 1962), kam es in den Folgejahrzehnten zu schrittweisen Veränderungen (vgl. z. B. Campbell 2002). Im 21. Jahrhundert können auch Frauen daran teilnehmen und modernes Geld sowie technische Geräte und Werkzeuge sind ebenfalls als Tausch- bzw. begleitende Handelswaren akzeptiert (vgl. MacCarthy 2012; Senft 2015). Die Kanus wurden durch moderne Verbundstoffboote mit Außenbordmotoren ersetzt. Die Kommunikation wird über das Mobiltelefon aufrechterhalten und die parallel zum *kula* verhandelten Waren sind mannigfach und spiegeln die gegenwärtigen Konsumbedürfnisse der Bewohner wider.

Die Beispiele für großräumige Tausch- und Handelsnetzwerke könnten fortgesetzt werden. So ist neben dem *kula* vor allem der *hiri* im südlichen Neuguinea erwähnenswert. Die Bezeichnung *hiri* steht für Handelsfahrten, die zwischen der *motu*-sprechenden Bevölkerung der Region um Port Moresby an der Südküste Papua-Neuguineas und den Bewohnern der nordwestlich gelegenen Gegend um Koriki im Golf von Papua einmal jährlich stattfanden, um begehrte Güter zu tauschen und soziale Kontakte aufrechtzuerhalten. Ein anderes Beispiel wäre der *mailu*, ebenfalls an der Südküste Neuguineas befindlich, der das Gebiet der *hiri*-Handelskontakte mit demjenigen des *kula* verband und damit eine Brückenfunktion hatte. Kennzeichen dieser beiden Netzwerke ist, dass sie weitgehend historisch sind und daher, anders als der *kula*, keine Relevanz für die Gegenwart haben. Tendenziell ist die räumliche Nähe zwischen den jeweils relevanten miteinander interagierenden sozialen Entitäten in Melanesien eher gegeben als in Polynesien oder Mikronesien, wo die Abstände zwischen den einzelnen Inseln regelmäßige Kontaktnahmen und enge Kooperation limitieren. Weiters unterscheiden sich die auf leistungsbezogener erworbener Führerschaft basierenden kleinen gesellschaftlichen bzw. politischen Entitäten in Melanesien von den mehrheitlich größeren Gemeinwesen in Polynesien, die von statusbezogener vererbbarer Führerschaft geprägt sind. Die melanesischen Gesellschaften neigen aufgrund der häufigeren Führungswechsel daher eher zur Instabilität, während die polynesischen, die sich häufig durch langfristige dynastische Führungsstrukturen auszeichnen, insgesamt stabiler sind. Daraus resultieren unterschiedliche Planungs-, Entscheidungs- und Entwicklungshorizonte für die jeweiligen Gemeinwesen, die sich auch bei der Organisation von Tauschnetzwerken niederschlagen. Eines ist jedoch allen gemein: Es sind nicht ausschließlich ökonomische Parameter, die für den Ablauf und die Bewertung der genannten Netzwerke durch ihre Teilnehmer relevant sind, sondern vielmehr eine enge Interdependenz zwischen ökonomischen, politischen, rituellen und sozialen Bereichen im Sinne Karl Polanyis, der die Einbettung einer Wirtschaftsordnung in komplexere soziale Institutionen unter dem Gesichtspunkt ihrer Wechselbeziehungen untersucht hat. Anders ausgedrückt: Das ökonomische System ist eine Funktion des sozialen Systems, der Gesellschaftsordnung bzw. der gesellschaftlichen Organisation, und diese Einbettung trifft besonders auf „marktlose" Gesellschaften zu, wie sie der Wirtschaftshistoriker Polanyi erforschte und wie es die hier angeführten Beispiele aus Papua-Neuguinea nahelegen. Einer der wichtigsten Aspekte dieser beiden solcherart verknüpften Kernbereiche, nämlich dass die wirtschaftlichen Tätigkeiten der Menschen grundsätzlich in deren Sozialbeziehungen eingebettet sind (vgl. Polanyi 1978: 75), ist Reziprozität, die in allen angeführten Beispielen eine entscheidende Rolle spielt. Gelebte Reziprozität in verschiedenartigen Ausformungen ist, wie wir an den hier angeführten Beispielen erfahren haben, überall anzutreffen, nicht nur in Neuguinea, und sie hat eine identitätsstiftende, brückenbauende und damit letztlich friedensfördernde Funktion.

Belegliteratur

Bazzi, Danielle (1994): Das Schweinetauschsystem „tee" der Enga im westlichen Hochland von Papua-Neuguinea. Bern/Berlin: Lang.

Bellwood, Peter (2005): First Farmers: The Origins of Agricultural Societies. Malden: Blackwell.

Bulmer, Ralph N. H. (1960): Political Aspects of the Moka Ceremonial Exchange System among the Kyaka People of the Western Highlands of New Guinea. In: Oceania 31, 1–16.

Campbell, Shirley F. (2002): The Art of Kula. Oxford/New York: Berg.

Clark, Geoffrey R./Anderson, Atholl J./Vunidilo, Tarisi (eds.) (2001): The archaeology of Lapita dispersal in Oceania. Papers from the Fourth Lapita Conference, June 2000, Canberra. Terra Australis 17. Canberra: Pandanus.

Elkin, Adoplphus P. (1953): Delayed Exchange in Wabag Sub-District, Central Highlands of New Guinea. In: Oceania 23, 161–201.

Foster, Robert (1990): Value without Equivalence: Exchange and Replacement in a Melanesian Society. In: Man 25, 54–69.

Godelier, Maurice (1987): Über die Produktion der großen Männer. Macht und männliche Vorherrschaft bei den Baruya in Neuguinea. Frankfurt am Main: Campus.

Godelier, Maurice (1999): Das Rätsel der Gabe. Geld, Geschenke, heilige Objekte. München: C. H. Beck.

Huber-Greub, Barbara (1988): Kokospalmenmenschen. Boden und Alltag und ihre Bedeutung im Selbstverständnis der Abelam von Kimbangwa (East Sepik Province, Papua New Guinea). Basler Beiträge zur Ethnologie, Band 27. Basel: Ethnologisches Seminar der Universität und Museum für Völkerkunde/Wepf und Co.

Hunter-Anderson, Rosalind I./Zan, Yigal (1996): Demystifying the Sawei, A Traditional Interisland Exchange System. In: ISLA, A Journal of Micronesian Studies 4, 1–45.

Kaufmann, Christian (1987): Von Grundnahrungsmitteln in Neuguinea und ihrer symbolischen Bedeutung. In: Münzel, Mark (Hg.): Neuguinea. Nutzung und Deutung der Umwelt, Band 1. Frankfurt am Main: Museum für Völkerkunde, 181–224.

Kirch, Patrick Vinton (1997): The Lapita Peoples; Ancestors of the Oceanic World. Series The Peoples of South-East Asia and the Pacific. Cambridge/Oxford: Blackwell.

Labby, David (1976): The Demystification of Yap. Dialects of Culture on a Micronesian Island. Chicago/London: University of Chicago Press.

MacCarthy, Michelle (2012): "Before it Gets Spoiled by Tourists". Constructing Authenticity in the Trobriand Islands of Papua New Guinea. PhD thesis. Auckland: University of Auckland.

Malinowski, Bronislaw (1979 [1922]): Argonauten des westlichen Pazifik. Ein Bericht über Unternehmungen und Abenteuer der Eingeborenen in den Inselwelten von Melanesisch-Neuguinea. Frankfurt am Main: Syndikat.
Malinowski, Bronislaw (1981): Korallengärten und ihre Magie. Bodenbestellung und bäuerliche Riten auf den Trobriand-Inseln. Frankfurt am Main: Syndikat.
Malinowski, Bronislaw (1986): Ein Tagebuch im strikten Sinn des Wortes. Neuguinea 1914–1918. Frankfurt am Main: Syndikat.
Malnic, Jutta (1998): Kula, Myth and Magic in the Trobriand Islands. Wahroonga: Cowrie Books.
Mauss, Marcel (1990): Die Gabe. Form und Funktion des Austauschs in archaischen Gesellschaften. Frankfurt am Main: Suhrkamp.
Meggitt, Mervyn J. (1957): The Valleys of the upper Wage and Lai Rivers, Western Highlands, New Guinea. In: Oceania 27, 90–135.
Meggitt, Mervyn J. (1974): "Pigs are our Hearts!" The Te Exchange Cycle among the Mae Enga of New Guinea. In: Oceania 44/3, 165–203.
Mückler, Hermann (2002): Das Geld der Südsee: Ein kurzer Überblick über eine Region und ihre wichtigsten Geld- und geldähnlichen Wertmaßstäbe. In: Mitteilungen der Anthropologischen Gesellschaft in Wien CXXXII, 91–101.
Mückler, Hermann (2009): Einführung in die Ethnologie Ozeaniens. Wien: Facultas WUV.
Oliver, Douglas (1989): Oceania. The Native Cultures of Australia and the Pacific Islands. 2 Bände. Honolulu: University of Hawaii Press.
Petri, Helmut (1933): Das Geld in der Südsee und seine sozialen Aufgaben. Unveröffentlichte Dissertation, Universität Wien.
Polanyi, Karl (1978): The Great Transformation. Politische und ökonomische Ursprünge von Gesellschaften und Wirtschaftssystemen. Frankfurt am Main: Suhrkamp.
Ryan, D'Arcy J. (1961): Gift Exchange in the Mendi Valley. Sydney: University of Sydney.
Sahlins, Marshall (1965): On the Sociology of Primitive Exchange. In: Banton, Michael (ed.): The Relevance of Models for Social Anthropology. London: Tavistock, 139–236.
Seligmann, Charles G. (1910): The Melanesians of British New Guinea. Cambridge: Cambridge University Press.
Senft, Gunter (ed.) (2015): Tales from the Trobriand Islands of Papua New Guinea. Psycholinguistic and anthropological linguistic analyses of tales told by Trobriand children and adults. Culture and Language Use (CLU) 16. Amsterdam/Philadelphia: John Benjamins.
Strathern, Andrew (1969): Finance and Production: Two Strategies in New Guinea Highlands Exchange Systems. In: Oceania 40, 42–67.
Strathern, Andrew (1971): The Rope of moka: Big Men and Ceremonial Exchange in the Mount Hagen Area. Cambridge: Cambridge University Press.
Thurnwald, Richard (1971): Pigs and Currency in Buin: Observations about Primitive Stadards of Value and Economics. In: Dalton, George (ed.): Economic Anthropology and Development. New York: Basic Books, 224–245.
Uberoi, Jit P. Singh (1962): Politics of the Kula Ring. An Analysis of the Findings of Bronislaw Malinowski. Manchester: Manchester University Press.
Znoj, Hanspeter (1992): Tausch und Geld in Zentralsumatra. Zur substantiven Theorie der Marktintegration. Dissertation. Bern: Universität Bern.

Empfohlene Literatur

Görlich, Joachim (1992): Tausch als Rationales Handeln. Zeremonieller Gabentausch und Tauschhandel im Hochland von Papua-Neuguinea. Berlin: Dietrich Reimer.

Kuehling, Susanne (2005): Dobu. Ethics of Exchange on a Massim Island, Papua New Guinea. Honolulu: University of Hawaii Press.

Liep, John (2009): A Papuan Plutocracy. Ranked Exchange on Rossel Island. Aarhus: Aarhus University Press.

Weiner, Annette B. (1983): Women of Value, Men of Renown: New Perspectives in Trobriand Exchange. Austin: University of Texas Press.

Wiessner, Polly/Tumu, Akii (1998): Historical Vines. Enga Networks of Exchange, Ritual, and Warfare in Papua New Guinea. Washington/London: Smithsonian Institution Press.

Wolfgang Kraus

Egalität und Hierarchie: Ökonomische und soziale Strukturen in Zentralmarokko

Die Ayt Hadiddu leben in mehreren Tälern des zentralen und östlichen Hohen Atlas in Marokko, wo sie Bodenbau und Kleinviehhaltung betreiben. Sie verstehen sich als eine tribale Gruppe mit einem eigenen Namen und Territorium, die sich gegen andere Stämme, aber auch gegen die nicht-tribale Bevölkerung abgrenzt. Als SprecherInnen eines Dialektes des *tamazight*-Berberischen identifizieren sie sich weiters als *imazighen*, Berber – eine ethnolinguistische Identität, die sie von den SprecherInnen des Marokkanisch-Arabischen abhebt.

Stammesgesellschaften wie diese, die es in vielen Gebieten Nordafrikas und des Nahen Ostens gibt, streben grundsätzlich nach politischer Autonomie.[1] Im heutigen Marokko ist eine solche Autonomie jedoch keine praktische Option; der Staat erkennt seit der Erlangung der Unabhängigkeit 1956 die Stämme nicht mehr als politische Einheiten an (anders als dies zuvor, unter der französischen Protektoratsherrschaft, der Fall war). Trotzdem spielen tribale Strukturen in manchen Bereichen, vor allem in der Organisation der landwirtschaftlichen Produktion, nach wie vor eine wichtige Rolle.

Meine Darstellung der ökonomischen Verhältnisse bei den Ayt Hadiddu ist bewusst modellhaft und erfordert daher eine erhebliche Reduktion von Komplexität. Aufgrund der hier erforderlichen Kürze wirkt sie stärker idealisiert und statisch, als mir wünschenswert erscheint, und kann auf wichtige empirische Details nicht eingehen. Mein lokaler Fokus ist das Tal des Assif Mellull auf ca. 2 100–2 400 Metern Seehöhe, wo ich 1983 und 1985 (und danach während zahlreicher Aufenthalte zwischen 1995 und 2005) Feldforschungen zur traditionellen Wirtschaft durchführte.[2] Das in diesem Kapitel verwendete ethnographische Präsens bezieht sich ausschließlich auf die Zeit Mitte der 1980er-Jahre. Wirtschaft und Gesellschaft der Ayt Hadiddu befanden sich zum Zeitpunkt dieser Forschun-

1 — Der früher oft unkritisch verwendete Begriff des Stammes wurde ab den 1960er-Jahren in der Kultur- und Sozialanthropologie einer radikalen, weitgehend berechtigten Kritik unterzogen und ist infolgedessen aus dem Fachdiskurs weitgehend verschwunden. Im regionalen Kontext des Nahen Ostens und Nordafrikas bleibt er, eine entsprechend kritische Verwendung vorausgesetzt, jedoch weiterhin nützlich (vgl. Kraus 2004: 27–65; Gingrich 2001).

2 — Für empirisch reichhaltigere Darstellungen der hier behandelten oder angerissenen Themen siehe Kraus 1991; 1995, 1997a, 1997b, 1998, 2004, 2005a, 2005b, 2006. Die zentralen Inhalte sind in Kraus 1991 ausführlicher dargelegt; hier verweise ich auf diesen Beitrag nur dann, wenn wichtige Zusammenhänge im Interesse der gebotenen Kürze übergangen werden müssen.

gen in einer Situation einschneidenden, aber dennoch nicht abrupten Wandels, in der viele Kontinuitäten mit der vorkolonialen Vergangenheit (vor 1933) erkennbar waren.[3] Dieser Wandel hat sich in den vergangenen 30 Jahren deutlich verstärkt; was von meinen Beobachtungen auch 2017 noch gültig ist, kann ich hier nicht ausführen.

Ich beginne mit einem – aus Platzgründen vielleicht übermäßig kondensierten – theoretischen Argument. Ökonomische Anthropologie beschäftigt sich mit bestimmten Formen zielgerichteten Handelns. Am Beispiel einer Gesellschaft wie jener der Ayt Hadiddu wird deutlich, dass solches Handeln nur aus seiner Einbettung in spezifische soziale Formen und Modelle des Sozialen heraus verstanden werden kann. Dies gilt für soziales Handeln insgesamt: Tribale Organisation etwa besteht nicht allein in konkreten politischen Handlungsweisen. Diese sind vielmehr eingebettet in Modelle sozialer Beziehungen, Wertvorstellungen und Ideologien, die nicht allein aus den beobachtbaren sozialen Interaktionen abzuleiten sind. Diese kulturell-ideologische Ebene des Sozialen wird nicht durch das konkrete Handeln determiniert und determiniert dieses ihrerseits nicht. Sie wird nicht nur im Handeln, sondern auch im Diskurs reproduziert und ist daher gegenüber der Ebene des Handelns teilweise autonom. Sie steht aber in einem komplexen Wechselverhältnis mit der physischen Welt und dem Handeln in ihr.[4] Um die soziale Organisation der Wirtschaft bei den Ayt Hadiddu zu verstehen, müssen wir uns daher mit den lokalen Konzeptionen des Sozialen und den ihnen zugrundeliegenden Werten beschäftigen.[5]

Die wirtschaftlichen Strukturen, die wir bei den Ayt Hadiddu beobachten können, sind auf dieser kulturell-ideologischen Ebene durch einen zentralen Wert geprägt: den der Egalität. Er steht mit tribalen Konzeptionen sozialer Identität in Zusammenhang, in denen sich Gruppen von Personen über gemeinsame agnatische Abstammung von einem Gründerahnen identifizieren. Diese patrilinearen Deszendenzgruppen sind in eine segmentäre Struktur eingebunden, die sich in einer tribalen Genealogie abbildet (vgl. Kraus 1991: 25–43, 92–108, 2004: 281–308). Ihre männlichen Mitglieder (Agnaten) verstehen sich unter Berufung auf die geteilte Abstammung als „Brüder“. Handlungsnormen und -erwartungen werden in Analogie zu verwandtschaftlichen Normen verstanden, in denen Brüder gleiche Rechte und Pflichten besitzen und näher miteinander verwandte Agnaten gegenüber Entfernteren zusammenstehen sollen. Man ist sich dabei bewusst, dass das tatsächliche Handeln auch anderen Einflussfaktoren und Interessen unterliegt.

3 — Meine Verwendung des Begriffes „traditionell“ bezieht sich im deskriptiven Sinne auf jene Aspekte von Wirtschaft und Gesellschaft, in denen diese Kontinuitäten mit den vorkolonialen Verhältnissen sichtbar werden.

4 — Für eine Darlegung dieser theoretischen Perspektive siehe Kraus 1995, 1998, 2004.

5 — Für ein fundiertes Verständnis der lokalen Wirtschaft sind auch ökologische Verhältnisse sowie historische Zusammenhänge entscheidend, für deren Darstellung hier der Raum fehlt; vgl. dazu Kraus 2004: 197–238.

Dies ist nicht eine individualistische Konzeption von Egalität, die gleiche Rechte und Pflichten für alle ohne Blick auf Geschlecht, Alter und Herkunft fordert. Personen sind in familiäre Zusammenhänge eingebunden und repräsentieren diese gegenüber anderen; eine klare Geschlechterhierarchie sowie die Unterordnung der Jungen unter die Alten werden daher nicht als Widerspruch gesehen. Zumindest latente Widersprüche bestehen jedoch zwischen dem idealen Modell der Egalität und einem in anderen Bereichen wirksamen Modell von Hierarchie.

Dieses hierarchische Modell unterscheidet zwischen mehreren Statuskategorien, deren Zugehörigkeit auf Abstammung beruht und zwischen denen klare Rangunterschiede bestehen. Die bei Weitem überwiegende Mehrheit der lokalen Bevölkerung gehört der Kategorie der Stammesmitglieder (*imazighen*, d.h. im weiteren Sinn auch „Berber") an, innerhalb derer das Ideal der Egalität eigentlich gilt. Ihnen übergeordnet ist die Kategorie der Heiligen *(igurramen)*, die sich genealogisch vom Propheten Muhammad herleiten und denen Segenskraft und eine besondere Nähe zu Gott zugeschrieben werden. Den Stammesmitgliedern untergeordnet ist die Kategorie der schwarzen Handwerker *(iqbliyen)*, deren Anderssein primär durch ihre Hautfarbe bestimmt ist. Die hierarchischen Kategorien sind durch Heiratsschranken voneinander getrennt. Im Fall der *iqbliyen* ist diese Schranke nahezu undurchlässig; bei den *igurramen* ist sie als Prinzip bekannt, wird aber von den lokalen Heiligengruppen nicht streng eingehalten.

Das hierarchische Modell wirkt aber auch in die Kategorie der *imazighen* hinein. Unter ihnen wird einzelnen Segmenten (die oft als ursprünglich stammesfremd gelten) ein niedrigerer Rang zugeschrieben als den anderen, gleichgestellten Segmenten. Auch dieser Rangunterschied drückt sich in der tendenziellen Verweigerung der Heirat mit den Angehörigen der untergeordneten Gruppen aus, die ich als „unvollständig integrierte" Segmente bezeichne.[6] Die ihnen zugewiesene Unterordnung hat, wie wir sehen werden, auch deutliche ökonomische Konsequenzen, die ihnen in der Gegenwart – vielleicht überraschend – eher Vorteile als Nachteile verschaffen.

Die Wirtschaft der Stammesmitglieder beruht auf einer agro-pastoralen Landwirtschaft, in der Ackerbau und Kleinviehhaltung je nach lokalen ökologischen Bedingungen, historisch gewachsenen kollektiven Präferenzen und familiären Strategien unterschiedlich kombiniert sind, aber eine im Ganzen relativ gleichwertige Rolle spielen. Angebaut werden vor allem Weizen, aber auch Mais, Gerste und Luzerne als Stallfutter für das Vieh sowie Gemüse wie weiße Rüben, Zwiebeln, Karotten und Kartoffeln.

Der Ackerbau erfolgt im Wesentlichen in den bewässerten Talsohlen, die intensiv bewirtschaftet werden. Das Bergland bietet extensiv genutzte Weiden für die Haltung von Kleinvieh (ca. 85% Schafe und 15% Ziegen) sowie in einigen

6__Zu den genealogischen Formen, in denen die unvollständige Integration ausgedrückt wird, siehe Kraus 2004: 288–292, 299ff.

begünstigten Zonen die Möglichkeit für Regenfeldbau (d. h. Ackerbau ohne Bewässerung), der in Abhängigkeit von den Niederschlägen wechselnde Erträge erbringt.

Abbildung 15: Pflügen mit dem Sohlpflug und dem Maultiergespann

Für alle diese Aktivitäten ist Land die zentrale Ressource. Entsprechend ist eine primäre Frage die nach den sozialen Regelungen des Zugangs zu Land. Hier muss zwischen zwei Formen unterschieden werden: dem Privatbesitz, der sich vor allem auf Ackerland bezieht, und dem Kollektivbesitz (des Stammes, tribaler Segmente oder der Dorfgemeinschaften[7]), der in der Regel bei Weideland vorliegt, aber auch einige Zonen mit Regenfeldern betrifft. Die soziale Bedingtheit dieser Formen wird am besten verständlich, indem wir uns schematisch ansehen, wie die gegenwärtige Situation historisch zustande gekommen ist.

Die Besiedelung des Assif-Mellull-Tales durch die Ayt Hadiddu, über die uns reichhaltige Oraltraditionen, aber nur indirekte und vereinzelte Schriftquellen Auskunft geben, geht wohl auf die Zeit um 1700 zurück (vgl. Kraus 2004: 218 ff.). Zu dieser Zeit konkurrierten diverse Stämme, die damals weit mobiler waren, um die relativ fruchtbaren Talschaften des zentralen Hohen Atlas. Kriegerische Auseinandersetzungen und nomadische Wanderungen, aber auch punktuelle

7 — Der Zusammenhang zwischen Dorfgemeinschaften und tribalen Segmenten ist komplex und kann hier nicht besprochen werden (siehe Kraus 1991: 37 ff.).

historische Ereignisse wie Dürreperioden, Hungersnöte und Epidemien, führten die vorhandenen Stämme in die nördlicheren Gebiete Marokkos, während aus dem ariden Süden andere ins Gebirge drängten. Neue tribale Identitäten bildeten sich heraus und historisch belegte Gruppen zerfielen und verschwanden. Die Staatsmacht des Sultans, die vor allem in den Ebenen ihre Kontrolle ausüben konnte, griff in diese Prozesse nicht unmittelbar ein und konnte die gewaltsame Konfliktaustragung nicht verhindern, auch wenn Versuche der indirekten Einflussnahme wahrscheinlich sind. Eine wichtige vermittelnde und ausgleichende Rolle spielten einflussreiche Gruppen von Heiligen mit ihrem religiösen Charisma, die auch als Schnittstellen zur Staatsmacht fungieren konnten.[8]

Land war also umkämpft, und tribale Gruppen konnten, modellhaft gesprochen, in der Periode tribaler Autonomie, die mit der gewaltsamen *pacification* durch die Truppen des französischen Protektorates 1933 endete, nur so viel Land kontrollieren, wie sie gegen andere verteidigen konnten (durch die Protektoratsherrschaft wurde diese territoriale Verteilung der Stämme dann fixiert). Wenn ein Stamm ein neues Tal in Besitz nahm, wie es die Ayt Hadiddu am Assif Mellull taten, dann wurde es in Abschnitte unterteilt, von denen jeder von einer Dorfgemeinschaft besiedelt wurde, die am Rand des bewässerten Landes ein kompaktes und leicht zu verteidigendes Dorf errichtete; am Assif Mellull gibt es auf einer Strecke von ca. 40 Kilometern 25 solche Dörfer. Diese Abschnitte umfassten ein Stück der Talsohle samt der zu beiden Seiten anschließenden Hänge bis zum Bergkamm („von den Fischen [im Fluss] bis zu den Mufflons", wie es heißt).

Das zur Bewässerung geeignete Land eines Dorfes wurde weiter aufgeteilt. Es wurden so viele gleichwertige Anteile geschaffen, wie das Dorf Familien aufwies. Dazu wurde das Territorium oft in mehrere Zonen von unterschiedlicher Qualität gegliedert; die Anteile enthielten jeweils einen Teil in jeder Zone. Jeder dieser Anteile, *taggurt* (eigentlich „Haustüre" oder „Zelteingang") genannt, wurde durch das Los einer Familie zugewiesen und ging in deren Privatbesitz *(melk)* über. Gemeinsam errichtete die Dorfgemeinschaft die Bewässerungskanäle, durch die das Flusswasser auf die einzelnen Felder verteilt wurde. Zusammen mit dem bewässerbaren Land erhielt jede Familie ein entsprechendes Wasserrecht (vgl. Kraus 2004: 229 f. sowie die dort angegebenen Quellen).

Der Rest des Dorfterritoriums blieb im kollektiven Besitz der Dorfgemeinschaft. Das Bergland abseits der Täler dagegen war Kollektivbesitz des gesamten Stammes. Bei den Ayt Hadiddu zeigt sich, dass es einigen (aber nicht allen) Segmenten oder Dorfgemeinschaften gelang, bestimmte Teile davon in ihren Kollektivbesitz zu bringen (siehe unten).

Der Privatbesitz an Ackerland, dessen strikt egalitäre Aufteilung am Anfang der Nutzung stand, ist genau genommen kein persönlicher, sondern ein Ge-

8 __ Für eine breit rezipierte Studie zu diesen Zusammenhängen siehe Gellner 1969.

meinschaftsbesitz familiärer Produktionseinheiten.[9] Charakteristisch für diesen Gemeinschaftsbesitz ist, dass gemeinsam mit dem männlichen Familienoberhaupt dessen Kinder, gleich ob männlich oder weiblich, von Geburt an daran teilhaben. Die respektiven Anteile an dieser Gütergemeinschaft sind in Analogie zum islamischen Erbrecht festgelegt: Dem Vater und den Söhnen stehen je ein ganzer, den Töchtern je ein halber Anteil zu. Söhnen steht es frei, sobald sie erwachsen und eine dauerhafte Ehe[10] eingegangen sind, sich ihren Anteil ausfolgen zu lassen und eine neue Produktionseinheit mit separatem Besitz zu begründen. Töchter können dagegen erst nach dem Tod des Vaters auf ihren Anteil zugreifen und unterliegen überdies einem starken moralischen Druck, diesen in Gütergemeinschaft mit einem oder mehreren Brüdern zu belassen (in diesem Fall steht ihnen ein entsprechender Teil des Ertrages zu) oder gänzlich zu deren Gunsten darauf zu verzichten. Durch diese Gütergemeinschaft mit dem Vater oder den Brüdern bleiben auch verheiratete Frauen Teil ihrer Ursprungsfamilie. Dies bringt u. a. das Recht mit sich, nach einer eventuellen Scheidung stets in diese zurückzukehren.

Die Institution des familiären Gemeinschaftsbesitzes samt dem im regionalen Vergleich ungewöhnlichen Recht erwachsener Söhne, mit dem ihnen zustehenden Anteil aus der Gütergemeinschaft auszutreten (Bousquet 1956: 161), ist Bestandteil des Gewohnheitsrechts der Ayt Hadiddu. So wie dieses insgesamt hat sie seit dem Ende der Kolonialzeit (1956) keine offizielle Gültigkeit mehr, ist aber nach wie vor im lokalen Rechtsempfinden verankert.[11] Wegen ihrer komplexen und widersprüchlichen Überschneidungen mit den staatlich sanktionierten Rechtsnormen in Hinblick auf die Weitergabe von Land und wohl auch wegen der zunehmenden Zersplitterung des Landbesitzes infolge des raschen Bevölkerungswachstums wird die Tragfähigkeit und Sinnhaftigkeit dieser Institution jedoch zunehmend angezweifelt.

Der Privatbesitz an Ackerland ist die wichtigste Grundlage der traditionellen Wirtschaft am Assif Mellull. Er wird außer im Rahmen des familiären Gemeinschaftsbesitzes auf dem Erbweg weitergegeben. Auch hier gilt, wie vom islamischen Erbrecht vorgegeben: ein Anteil für jeden Sohn, ein halber für jede Tochter. Unterschiedliche Entwicklungen der einzelnen Familien und andere Faktoren haben dazu geführt, dass die ursprünglich streng egalitäre Aufteilung des Landes heute nicht mehr gegeben ist. Die Unterschiede im Zugang zu Land sind jedoch nicht sehr ausgeprägt und scheinen nicht akkumulierend zu sein. Es gibt praktisch keine Landlosen. Die verschwindend wenigen Ausnahmen sind auf

9 — Für eine sorgfältige Analyse des familiären Gemeinschaftsbesitzes siehe Bousquet (1956: 161 ff.; vgl. Kraus 1991: 58 ff.), wo auch die wichtige Unterscheidung zwischen Gemeinschaftsbesitz und Kollektivbesitz geklärt wird.

10 — Die ersten Verheiratungen führen in der Regel nicht zu einer dauerhaften Ehe, sondern werden eher als eine Art Initiation in den Erwachsenenstatus verstanden.

11 — Zum Gewohnheitsrecht insgesamt siehe Kraus 2004: 255–279, 2005a.

persönliche Umstände wie z. B. eine Neigung zum Glücksspiel zurückzuführen (vgl. Kraus 1997a). In der Regel bebaut jede Familie ihr eigenes Land und besitzt nicht mehr, als sie bearbeiten kann. Da es (mit Ausnahme von motorbetriebenen Dreschmaschinen, die neuerdings vereinzelt zum Einsatz kommen) keinerlei Mechanisierung gibt, begrenzt die verfügbare Arbeitskraft in der Familie die Fläche, die man bewirtschaften kann.

All dies gilt nicht für die zahlenmäßig kleine, aber sehr einflussreiche Kategorie der Heiligen. Diese verfügen infolge von Schenkungen der *imazighen* über vergleichsweise enormen Besitz an bewässertem Land, das sie nicht selbst bearbeiten. Dieses Land wird für sie von Stammesmitgliedern kultiviert – traditionell ohne Bezahlung, jedoch in der Hoffnung von der Segenskraft der Heiligen profitieren zu können, heute zunehmend gegen Bezahlung.

Land kann nicht nur ererbt, sondern auch durch Kauf erworben werden. Dies ermöglicht etwa, Gewinne aus der Kleintierhaltung, die stärker marktorientiert ist als der Ackerbau, in Land zu investieren. Es gibt jedoch einen deutlichen moralischen Widerstand gegen den Verkauf von Land: Es gilt als große Schande, wenn jemand das von den Vätern ererbte Land durchbringt. Dieser Einschätzung entsprach auf der gewohnheitsrechtlichen Ebene ein bis 1956 bestehendes Vorkaufsrecht der Agnaten, das half, im Fall eines Verkaufs das Land in der Patrilinie zu behalten. Auch heute versucht man nach Möglichkeit einen Landverkauf an gruppenfremde Personen zu verhindern.[12]

Das Wasserrecht, das erst den praktischen Wert der bewässerten Felder begründet, ist bei den Ayt Hadiddu fest an den Besitz von Land gebunden und kann nicht separat ge- oder verkauft werden. Es wird ausgedrückt als das Recht, während einer bestimmten Zeitspanne das vom Fluss oder von dessen Zuflüssen abgeleitete Wasser eines Kanals zu nutzen, und wird proportional zur Fläche der von diesem Kanal versorgten Felder einer Familie berechnet. Auch hier wird die konkrete Reihenfolge der Nutzung durch das Los bestimmt, um potenzielle Ungerechtigkeiten dem Zufall zu überantworten.

Neben den bewässerten Feldern verfügen einzelne Familien auch über private Regenfelder. Diese befinden sich in begünstigten Zonen innerhalb der kollektiven Weideflächen im Besitz von Dorfgemeinschaften oder tribalen Segmenten. Sie sind zu verschiedenen Zeitpunkten von ihren heutigen Inhabern oder deren Vorfahren in Besitz genommen worden (eine Möglichkeit, die das Gewohnheitsrecht unter gewissen Bedingungen vorsah). Auf ihnen wird Getreide angebaut; ihre Erträge sind im Gegensatz zu jenen der bewässerten Felder wenig verlässlich und hängen von den Niederschlagsmengen des jeweiligen Jahres und deren jahreszeitlicher Verteilung ab.

12 _ Zur Verpachtung von Land, die möglich, aber nicht sehr verbreitet ist und die keine soziale Ungleichheit der Beteiligten impliziert, siehe Kraus 1991: 63 f.

Abbildung 16: Ein Kartoffelfeld wird bewässert

Einige Segmente verfügen über kollektive Flächen, die für Regenfelder gewidmet sind und periodisch unter den Nutzungsberechtigten aufgeteilt werden. Solche Neuaufteilungen erfolgen nach der gewohnheitsrechtlichen Regel alle 10 (oder, in einem Fall, alle 8) Jahre, in der Praxis sind die Intervalle nicht selten länger. Hier richtet sich die Verteilung nicht nach Produktionseinheiten, sondern jeder erwachsene Mann aus der besitzenden Gruppe erhält einen Anteil. Auf die Sicherstellung der Gleichwertigkeit dieser Anteile wird viel Mühe verwendet; sie werden letzten Endes wieder durch das Los zugeteilt.

Der Großteil des kollektiven Landes ist für den Anbau nicht geeignet und dient als Weideland. Aus staatlicher Perspektive ist das ehemalige Territorium des Stammes Staatsland; die kollektiven Landrechte sind offiziell auf die Gemeinden *(communes rurales)* übergegangen, setzen aber de facto die früheren tribalen Besitzrechte fort. Seit der vorkolonialen Zeit gibt es reziproke Nutzungsvereinbarungen mit den Nachbarn auf dem Südabhang des zentralen Hohen Atlas, den Ayt Merghad, die noch heute Geltung haben. Sie erlauben den Ayt Merghad, im Sommerhalbjahr ihre Herden auf die höhergelegenen und feuchteren Weiden der Ayt Hadiddu zu führen. Im Gegenzug haben die Ayt Hadiddu das Recht, auf den schneefreien Weiden der Ayt Merghad zu überwintern.

Innerhalb des Stammesterritoriums gibt es abgegrenzte Zonen *(igudlan, Sg. agudal)*, die spezifischen Nutzungseinschränkungen unterliegen. Sie sind im Kollektivbesitz bestimmter tribaler Segmente oder Dorfgemeinschaften und stehen grundsätzlich nur deren Mitgliedern offen. Auch hier kann der Kreis der

Nutzungsberechtigten durch reziproke Abmachungen erweitert werden. Überdies unterliegen viele der *igudlan* jahreszeitlichen Einschränkungen, die die Regeneration der Vegetation fördern sollen. Sie werden zu traditionell festgelegten Daten (die durch Übereinkunft der Nutzungsberechtigen modifiziert werden können, um sie an die aktuelle Entwicklung der Vegetation anzupassen) zu Frühlingsbeginn gesperrt und im Frühsommer wieder freigegeben.

Generell gilt für kollektives Weideland, dass es nur den Mitgliedern der besitzenden Gruppe oder jenen, denen diese Gruppe das Recht dazu einräumt, zur Nutzung offensteht. Nutzung heißt dabei vor allem das Recht, das Vieh der Familie auf die betreffende Fläche zu treiben. Auf manchen begünstigten Flächen wird auch Heu gemacht und als Winterfutter eingelagert. Dieses Recht steht auch jenen Frauen aus der Gruppe (Agnatinnen) offen, die in Familien in anderen Dörfern und/oder Segmenten eingeheiratet haben. Für Übertretungen dieser Regeln durch gruppenfremde Personen gibt es gewohnheitsrechtliche Sanktionen. Einem fremden Hirten, den man auf dem *agudal* erwischt, wird traditionell ein Schaf weggenommen und geschlachtet. Heute sollten solche Konflikte von der Gemeinde durch Geldstrafen sanktioniert werden, was die Betroffenen aber nicht immer abwarten wollen; auch gewaltsame Auseinandersetzungen kommen gelegentlich vor. Die Nichteinhaltung der jahreszeitlichen Sperre durch Gruppenmitglieder wird intern mit Geldstrafen geregelt.

Meine Beschreibung der Regeln für die Weidenutzung hat bereits angedeutet, dass diese mit einem gewissen Ausmaß an Mobilität in Form von jahreszeitlicher Transhumanz verbunden ist. Strategische Entscheidungen für konkrete Praktiken von Mobilität und Sesshaftigkeit werden grundsätzlich innerhalb der familiären Produktionseinheiten getroffen. Manche Familien legen in ihren wirtschaftlichen Strategien mehr Gewicht auf den Ackerbau und haben kein oder nur wenig Kleinvieh. Andere konzentrieren sich vor allem auf die Kleinviehhaltung. Es werden Schafe und Ziegen gehalten; in höheren Lagen überwiegen die weniger kälteempfindlichen Schafe, deren Anteil am Assif Mellull insgesamt wie erwähnt bei ca. 85 % liegt. Auch bei diesen Familien spielt aber der Ackerbau stets eine wichtige Rolle. Er unterstützt auch die Viehhaltung und umgekehrt: Auf den Feldern und Wiesen wird Winterfutter für das Vieh abgebaut; der Mist, den das Vieh liefert, wird auf den Feldern als Dünger ausgebracht.

Neben den familiären Entscheidungen für eine bestimmte landwirtschaftliche Strategie, bei denen Faktoren wie die Größe und Altersstruktur eine wichtige Rolle spielen, gibt es auch kollektive Faktoren. Dazu zählen die Verfügbarkeit von Weideland innerhalb der Dorfgemeinschaft oder des Stammessegments, aber auch traditionelle Bindungen an eine bestimmte Wirtschafts- und Lebensweise. In manchen Dörfern gibt es deutlich mehr Familien mit sehr großen Herden und entsprechend eine erhöhte Mobilität.

Praktisch alle Familien mit eigenen Herden ziehen im Frühsommer mit ihren Zelten auf die *igudlan*, wo sie je nach dem aktuellen Zustand der Weiden einige Tage bis mehrere Wochen bleiben. Die meisten kehren dann in die Dörfer zurück und lassen nur ihre Hirten mit den Herden auf den Hochweiden, solange es dort Futter gibt. Den Rest des Jahres werden die Tiere vom Dorf aus geweidet und kehren am Abend dorthin zurück; bei winterlicher Schneelage müssen sie im Stall durchgefüttert werden. Die größten Herden (etwa ab 100 Stück) bleiben den ganzen Sommer auf den Hochweiden und wandern im Winter auf die tiefergelegenen Weiden der Ayt Merghad im Süden. Wenn es innerhalb der Familie keinen geeigneten Hirten gibt, dann kann man auf einen bezahlten Hirten zurückgreifen, der Mitglied des Haushalts wird. Die wechselseitigen Rechte und Pflichten sind dabei gewohnheitsrechtlich festgelegt. Dasselbe gilt für unterschiedliche Assoziationsformen, bei denen die eine Seite der anderen Vieh zum Hüten übergibt und beide sich am Ende des Jahres den Ertrag teilen (vgl. Kraus 1991: 72 f.).

Abbildung 17: Auf dem Wochenmarkt werden Schafe zum Verkauf angeboten

Der ökonomische Nutzen der Kleinviehhaltung liegt vor allem in der Vermarktung des Zuwachses der Herden. Eigene Tiere werden selten und nur zu festlichen Anlässen geschlachtet, auch das Melken des Kleinviehs spielt eine untergeordnete Rolle. Die Kleinviehhaltung ist also grundsätzlich eine marktorientierte Aktivität. Der Ackerbau ist dagegen viel stärker subsistenzorientiert. Weizen und Gemüse werden für den eigenen Konsum produziert, Mais, Gerste und Luzerne dienen als Stallfutter, das vor allem im Winter bei Schneelage benötigt wird.

Alle diese Produkte decken also den Bedarf des eigenen Haushalts und werden eventuell auch in kleinem Umfang auf dem Wochenmarkt verkauft. In höherem Ausmaß marktorientiert ist nur der Anbau von Kartoffeln, der in den letzten Jahren stark zugenommen hat. Er liefert beträchtliche Überschüsse von guter Qualität, die so wie das Vieh aus der Region exportiert werden. Eine neue Form marktorientierter Produktion ist der Anbau von Äpfeln, der mit staatlicher Förderung in manchen Dörfern seit Kurzem intensiv betrieben wird.

Unabhängig von der jeweiligen Konzentration auf Kleinviehhaltung oder Ackerbau besitzen die meisten Familien eine Kuh für den familiären Milchbedarf sowie ein Maultier, das als Reit- und Lasttier dient und zum Pflügen und Dreschen benötigt wird. Der einfache hölzerne Sohlpflug mit eisernem Schuh wird von einem Gespann aus zwei Maultieren gezogen, während beim Dreschen vier oder mehr Tiere erforderlich sind, die im Kreis um den Mittelpfosten des Dreschplatzes getrieben werden und so die Getreidekörner austreten. Da kaum eine Familie über mehr als ein Maultier verfügt, werden die anderen Tiere auf der Grundlage der Reziprozität von anderen Familien ausgeliehen.

Ich habe bereits darauf hingewiesen, dass die eigentlichen wirtschaftlichen Akteure nicht Personen, sondern Familien sind. Dies ergibt sich nicht allein aus den Besitzformen, sondern auch aus den Strukturen der innerfamiliären Arbeitsteilung. So ist es bei erweiterten Familienformen etwa üblich, dass sich ein Bruder um die Felder und ein anderer um das Vieh kümmert. Ein zusätzliches Familieneinkommen kann sich ergeben, wenn ein weiterer Bruder auswärts beim Militär angestellt ist und einen Teil seines Soldes zur Verfügung stellt.[13] Wichtig ist in diesem Zusammenhang auch die in manchen Bereichen strikte geschlechtliche Arbeitsteilung; sie bedingt, dass eine gangbare Wirtschaftseinheit zumindest über einen erwachsenen Mann und eine erwachsene Frau verfügen muss. So sind die Milchverarbeitung oder das Brotbacken Frauensache, während nur ein Mann den Pflug führen und säen kann. Andere Arbeiten innerhalb und außerhalb des Hauses sind tendenziell eher Frauen- oder Männersache, während bei wieder anderen Männer und Frauen zusammenarbeiten.

Die Arbeitsteilung innerhalb der familiären Produktionseinheiten bedeutet, dass die Familienmitglieder in hohem Ausmaß aufeinander angewiesen sind. Demgegenüber spielt die Kooperation zwischen Familien eine relativ geringe Rolle. Sie ist zudem nicht arbeitsteiliger Natur, sondern baut auf der grundlegenden Gleichheit der Produktionseinheiten und ihrer Aktivitäten auf. Zu den Bereichen, in denen sie wichtig ist, zählt vor allem die Pflege und Erhaltung der Bewässerungsbauten, zu der jede Familie eine Arbeitskraft entsendet. Angeordnet und angeleitet werden diese Arbeiten vom Dorfoberhaupt, das von der Dorfgemeinschaft zur Überwachung ihrer kollektiven Ressourcen jährlich neu gewählt wird (vgl. Kraus 1991: 47f.). Eine weitere Institution der dörflichen Kooperation

13 __ Längerfristige Arbeitsmigration spielt ansonsten am Assif Mellull keine entscheidende wirtschaftliche Rolle; dies kontrastiert deutlich mit der Situation in einigen benachbarten Tälern.

ist die Dorfherde der Maultiere, für die rotierend jeden Tag eine andere Familie den Hirten stellt. Auf weniger formalisierte Weise kooperieren befreundete oder verwandte Familien miteinander auf der Basis der Reziprozität, etwa indem sie sich gegenseitig (wie eben erwähnt) Maultiere zum Pflügen und Dreschen leihen und sich bei Arbeitsspitzen gegenseitig aushelfen.

Abbildung 18: Das Mähen des Getreides mit der Sichel ist überwiegend Frauenarbeit

Angesichts des grundsätzlich gleichen Zugangs aller familiären Produktionseinheiten zu den zentralen landwirtschaftlichen Ressourcen und der relativ wenig ausgeprägten quantitativen Besitzunterschiede erscheint es sinnvoll, die Landwirtschaft, die praktisch von allen Familien von Stammesmitgliedern ausgeübt wird, als *egalitäre Tätigkeit* zu verstehen und sie von *inegalitären Tätigkeiten* zu unterscheiden, die eine berufliche Spezialisierung voraussetzen. Ich verwende diese Begriffe nicht deskriptiv, sondern im eingangs skizzierten Sinn eines Modells des Sozialen. Charakteristisch für die egalitären Tätigkeiten ist, dass sie keine Tauschbeziehungen innerhalb der Kategorie der Stammesmitglieder erfordern; jene Tauschbeziehungen, die sie bedingen, sind nach außen orientiert. Die relative Konzentration auf Ackerbau oder Viehhaltung in den einzelnen Produktionseinheiten, die ich beschrieben habe, stellt keine Spezialisierung in diesem Sinne dar, weil sie nicht zu Tauschbeziehungen zwischen den Familien führt. Die Abwesenheit solcher Tauschbeziehungen bildet somit das charakteristische Merkmal der egalitären Tätigkeiten Ackerbau und Viehhaltung.

Wenn also unter den einander prinzipiell gleichgestellten *imazighen* (Stammesmitgliedern) die egalitären Tätigkeiten vorherrschen, so sind die als grundlegend andersgeartet angesehenen Statuskategorien von *igurramen* (Heiligen) und *iqbliyen* (schwarzen Handwerkern) durch ihre Spezialisierung auf inegalitäre Tätigkeiten gekennzeichnet. Die *igurramen* sind dabei Spezialisten im rituell-religiösen Bereich. Sie fungierten in der vorkolonialen Zeit tribaler Autonomie auch als Vermittler und Friedensstifter und spielten als solche eine wichtige politische Rolle. Was im lokalen Verständnis neben ihrer Abstammung die *igurramen* auszeichnet, ist ihre Nähe zu Gott und ihre Fähigkeit, den göttlichen Segen, der als Voraussetzung für Fruchtbarkeit und Wohlergehen angesehen wird, zugunsten der *imazighen* zu kanalisieren. Sie gehen traditionell keiner unmittelbar erwerbsorientierten Arbeit nach; wie erwähnt verfügen sie infolge von Schenkungen der *imazighen* über beträchtlichen Landbesitz, den diese auch für sie bearbeiten. Der Austausch von Segen gegen materielle Zuwendungen und Arbeit, der das Verhältnis von Heiligen und Stammesmitgliedern prägt, wirft Fragen nach der Abgrenzung des Ökonomischen auf, denen hier nicht nachgegangen werden kann.[14] Die Spezialisierung der als inferior angesehenen *iqbliyen* dagegen ist eindeutig ökonomischer Natur. Als Schmiede, Töpfer und Schuster – alles Berufe, deren Ausübung für die *imazighen* undenkbar wäre – haben sie ein Monopol auf die traditionellen handwerklichen Berufe und benötigen dafür zum Teil hohes Fachwissen. Sie spielen eine ökonomisch zentrale Rolle, da sie die wichtigsten vor Ort erforderlichen Handwerksprodukte herstellen und Reparaturen durchführen. Sie werden für ihre Produktion in Geld bezahlt. Auch heute noch stammen so gut wie alle wichtigen Arbeitsgeräte in der Landwirtschaft aus lokaler Produktion; mit Ausnahme von Transportsäcken und Stricken aus Wolle wird nichts davon in den Familien angefertigt. Daran zeigt sich deutlich die Abhängigkeit von der handwerklichen Arbeit der *iqbliyen*. Diese waren und sind vom Zugang zu Land nicht ausgeschlossen, die Landwirtschaft steht bei ihnen aber gegenüber dem Handwerk im Hintergrund.

Die Anwesenheit und ökonomische Rolle der *iqbliyen* ermöglicht ein soziales und ökonomisches Ethos innerhalb der Statuskategorie der Stammesmitglieder, das Durkheims Modell der „mechanischen Solidarität" erstaunlich nahe kommt – einer Solidarität, die auf Gleichheit und Abwesenheit funktionaler Differenzierung beruht (Durkheim 1893). Dieses Ethos wird auch in anderen Zusammenhängen sichtbar. Seine Auswirkungen sind umso auffälliger, als infolge von Bevölkerungswachstum und neuen Konsumbedürfnissen die auf der

14 __ Die wechselseitige Verbindlichkeit dieses Verhältnisses scheint in der Gegenwart zunehmend infrage gestellt zu werden. Das hat mit überregionalen Faktoren wie einem sich verändernden Verständnis richtiger religiöser Praxis zu tun, aber auch mit lokalen Entwicklungen, die seit der *pacification* den Respekt der Ayt Hadiddu für die dominierende Heiligengruppe im Stammesgebiet erheblich beeinträchtigten (vgl. Kraus 2006).

Landwirtschaft beruhende Ökonomie allmählich an ihre Grenzen zu stoßen beginnt. Dies wird – trotz relativ geringer Unterschiede zwischen Arm und Reich – vor allem an den weniger wohlhabenden Familien sichtbar.

Vor allem bei den Armen besteht also ein zunehmendes Interesse an nichtlandwirtschaftlichen Einkünften. Von manchen handwerklichen Tätigkeiten mit einem geringeren Spezialisierungsgrad, vor allem im Bereich der Holzverarbeitung, heißt es, dass sie früher nur von *iqbliyen* ausgeübt wurden. Heute findet man in diesen Berufen auch *imazighen*.[15] Allerdings sind es vor allem die Armen, die sich ihnen zuwenden. Generell aber wird auch von den Armen wie von den *imazighen* insgesamt – zumindest im traditionellen Kontext – das Annehmen einer Bezahlung für Arbeit als „Schande" und mit dem Ideal der Egalität prinzipiell unvereinbar angesehen. Die einzige Ausnahme stellt die Arbeit des bezahlten Hirten dar, die aber so wenig einbringt, dass sie für erwachsene Männer ökonomisch nicht attraktiv ist. Wenn bei erhöhtem Arbeitsanfall in der Landwirtschaft Hilfe benötigt wird, dann erfolgt diese auf der Basis strikter Reziprozität, aber ohne materielle Gegenleistung (außer eventuell einem Gastmahl). Fallweise kommt es vor, dass Arme in den Haushalten Wohlhabender aushelfen. Dafür werden sie aber nicht bezahlt, sondern erhalten „Geschenke", die den ökonomisch hierarchischen Charakter des Verhältnisses verschleiern. Erfordert es die Notwendigkeit, dass *imazighen* gegen Bezahlung arbeiten, dann tun sie das grundsätzlich außerhalb des Stammesgebietes, also des sozialen Horizonts der Gleichgestellten. Umgekehrt kommen zur Zeit der Ernte Männer aus benachbarten Gebieten, um sich als Tagelöhner zu verdingen. Meist aber hilft man sich bei solchen Arbeitsspitzen auf Gegenseitigkeit aus.

Es gibt allerdings eine auffällige Abweichung von dieser Verallgemeinerung. Die Mitglieder des tribalen Segmentes der Imlwan haben – abgesehen von den genannten Tagelöhnern von außerhalb des Stammes – in der Umgebung ihrer Dörfer ein praktisches Monopol auf bezahlte Hilfsarbeiten. Dies entkräftet aber das theoretische Argument über den negativen Zusammenhang zwischen Arbeitsteilung und Egalität nicht. Ganz im Gegenteil: Die Imlwan repräsentieren mit besonderer Deutlichkeit das Phänomen der unvollständigen Integration. Unter den Ayt Hadiddu gelten sie als nachträglich integrierte Stammesfremde; historische Quellen legen nahe, dass sie bereits vor diesen in der Region siedelten (vgl. Kraus 2004: 292). Sie werden der Kategorie der *imazighen* zugerechnet, aber dennoch als inferior angesehen. Das zeigt sich am deutlichsten daran, dass man sich traditionell nicht mit ihnen verheiratete. Politisch setzten die Imlwan in den tribalen Konflikten der vorkolonialen Zeit bewusst nicht auf In-

15 — Es scheint, dass hier neben der grundsätzlichen Ablehnung asymmetrischer ökonomischer Beziehungen auch hierarchische Bewertungen der Berufe eine Rolle spielen (vgl. Kraus 2004: 107 ff.). Die Verarbeitung von Eisen und die Keramikherstellung sind weit stärker als die Holzverarbeitung mit dem inferioren Status der schwarzen Handwerker assoziiert.

tegration. Sie werden zwar einem der beiden Substämme zugerechnet, in die sich die Ayt Hadiddu des Assif-Mellull-Tales untergliedern und zwischen denen immer wieder gewaltsame Auseinandersetzungen stattfanden. Sie galten aber als unverlässlich und versuchten sich offenbar ihre Unabhängigkeit gegenüber den beiden Substämmen zu bewahren (ebd.: 301). Auch ökonomisch wussten und wissen sie aus der ihnen zugeschriebenen Ungleichheit Nutzen zu ziehen, indem sie Verdienstmöglichkeiten wahrnehmen, die von den übrigen Stammesmitgliedern gemieden werden, da sie die angestrebte Egalität infrage stellen.[16]

Ähnliche Beobachtungen wie im Zusammenhang mit Handwerk und bezahlter Arbeit lassen sich auch im Bereich des Handels machen. Die einzige Form des Handels, die von *imazighen* früher über den eigenen Bedarf hinaus ausgeübt wurde, war der Export von Vieh. Alles andere galt als eines Stammesmitglieds unwürdig. Spezialisierte Händler, die ihre Tätigkeit im Gebiet der Ayt Hadiddu ausüben, waren ausnahmslos stammesfremd. Es waren vor allem Schwarze aus den präsaharischen Gebieten im Süden sowie Juden, die als Wanderhändler erst zu Fuß, dann mit Eseln das Gebirge durchstreiften.[17] In der vorkolonialen Zeit mussten sie sich wie alle Fremden gewohnheitsrechtlich festgelegten Schutzarrangements unterstellen, um sich im Stammesgebiet sicher bewegen zu können (vgl. Kraus 1991: 87). Auch heute noch frequentieren die schwarzen Wanderhändler die Dörfer; ihr Warenangebot ist vor allem auf die Bedürfnisse von Frauen und Kindern abgestimmt. Dies ist die einzige Form von Handel, bei der in Naturalien (meist Gerste oder ungesponnene Wolle) bezahlt werden kann.

Im Wesentlichen aber findet der Handel auf dem Wochenmarkt *(suq)* statt. Einen direkten Güteraustausch gibt es dort nicht; bezahlt wird immer in Geld. Die verbesserten Möglichkeiten für den Waren- und Personentransport per Lastwagen auf den immer noch unbefestigten Pisten der Region haben zu einer erhöhten Präsenz stammesfremder Händler geführt; es ist nicht mehr erforderlich, zum Warenaustausch Märkte außerhalb des Tals aufzusuchen.[18] Der *suq* ermöglicht eine Vermarktung der lokalen landwirtschaftlichen Überschüsse und bietet einen Zugang zu Getreide, Gemüse und Obst, das am Assif Mellull nicht in ausreichenden Mengen oder überhaupt nicht produziert werden kann, sowie zu diversen Industrie- und Importwaren. Auffällig ist, dass auch die Tauschbeziehungen zwischen den einheimischen landwirtschaftlichen Produzenten, von wenigen und unbedeutenden Ausnahmen abgesehen, ausschließlich auf dem Wochenmarkt stattfinden.

16__Zur besonderen Rolle der Imlwan als Rechtsspezialisten siehe Kraus 2004: 267–272, 2005.

17__Die ländlichen Juden des Atlas und der Präsahara sind in den 1950er- und frühen 1960er-Jahren zur Gänze abgewandert. Die allermeisten sind nach Israel emigriert.

18__Zugleich aber hat sich infolge erhöhter Mobilität auch der Besuch anderer Märkte erleichtert, wo man meist billiger einkaufen und bessere Viehpreise erzielen kann.

Insgesamt dominieren mobile Händler von auswärts das Marktgeschehen. Immer öfter gibt es jedoch Einheimische, die sich im Bereich des *suq* auf Handel oder Dienstleistungen spezialisieren. Manche ihrer Angebote (wie etwa Cafés oder Autowerkstätten) haben am Markttag ihren Hauptumsatz, sind aber auch an anderen Tagen aktiv. Imilchil, der Standort des Wochenmarktes, war früher ein Dorf wie alle anderen am Assif Mellull, das abseits des *suq* keine ökonomische Sonderstellung hatte. Heute ist es zusätzlich das Verwaltungszentrum des Tales. Die Anwesenheit von meist stammesfremden Beamten und Funktionären mit einem regelmäßigen Einkommen und mit weitreichenderen Konsumbedürfnissen führt zu einem verstärkten Angebot an Waren und Dienstleistungen, die in steigendem Ausmaß unabhängig vom Wochenmarkt angeboten werden. Daraus ergeben sich diverse Arbeits- und Verdienstmöglichkeiten, die in den anderen Dörfern nicht bestehen. Diese rezente Form zunehmender Arbeitsteilung wird immer weniger nach den alten Wertmaßstäben beurteilt, nach denen das Dazuverdienen von Geld als Notlösung für Arme gilt und eine echte Spezialisierung völlig abgelehnt wird. Dies wird auch an anderen neuen Berufen sichtbar, die nicht mit dem traditionellen Stigma der Spezialisierung behaftet sind, vor allem an jenem des Lastwagenfahrers, der sich auch räumlich unabhängig vom Markt zunehmend findet.

Auch dieser Beruf ist aber vor allem auf den lokalen *suq* und die Wochenmärkte der größeren Marktzentren in der Region hin orientiert, die das Ziel der meisten Waren- und Personentransporte sind. Auch wenn in Imilchil eine deutliche Entwicklung hin zu einem permanenten Handelszentrum mit zunehmender sozioökonomischer Ausdifferenzierung zu beobachten ist, ist der Güterverkehr am Assif Mellull immer noch zum Großteil an den Wochenmarkt gebunden. Vor allem aus der Perspektive der anderen Dörfer hat der *suq* immer noch seine traditionelle Rolle, die darin besteht, gerade diese Ausdifferenzierung zu vermeiden, indem er den Austausch und die ökonomische Komplementarität zwischen Gleichgestellten aus der sozialen Alltagssphäre herauslöste und im Bereich des Wochenmarktes isolierte.

Halten wir zusammenfassend fest, dass das wirtschaftliche Handeln bei den Ayt Hadiddu nur aus seiner Einbettung ins Soziale erklärt werden kann. Es erweist sich als geprägt durch zwei kulturell-ideologische Grundmodelle sozialer Beziehungen – jenes der Egalität und jenes der Hierarchie. Diese Modelle und die von ihnen postulierten Werte stehen logisch im Gegensatz zueinander, kommen sich aber insofern nicht in die Quere, als sie prinzipiell klar voneinander getrennte Geltungsbereiche haben. Das Prinzip der Egalität beansprucht Geltung innerhalb der Kategorie der Stammesmitglieder, während das hierarchische Prinzip die Beziehungen zwischen diesen und den Kategorien der Heiligen und der Handwerker bestimmt.

Das Prinzip der Egalität schließt ökonomische Beziehungen von Komplementarität grundsätzlich aus. Die egalitären Tätigkeiten landwirtschaftlicher

Produktion, denen die Stammesmitglieder nachgehen, bedingen praktisch keine Tauschbeziehungen zwischen ihnen; wenn sie ökonomisch kooperieren, dann auf der Grundlage der Reziprozität. Der kollektive Charakter wichtiger Ressourcen (z.B. Weideland) bedingt eine zumindest latente Konkurrenz zwischen ihnen, die auf der Gleichartigkeit von Interessen beruht. Auch die Beziehungen zwischen tribalen Gruppen sind durch die Konkurrenz um Ressourcen geprägt. Die reziproken Beziehungen, die zwischen ihnen bestehen, wenn sie sich gegenseitig Zugang zu ihrem Land gewähren, lassen sich ebenfalls auf das Prinzip der Egalität zurückführen.

Das Prinzip der Hierarchie dagegen korrespondiert klar mit ökonomischer Komplementarität und mit funktionaler Differenzierung. An der Spezialisierung von Handwerkern und Heiligen im Bereich der inegalitären Tätigkeiten wird dies deutlich sichtbar. Hier geht es aber nicht ohne praktische Widersprüchlichkeiten ab. Innerhalb der grundsätzlich egalitären Kategorie der Stammesmitglieder werden in Bezug auf gewisse Gruppen hierarchische Unterschiede postuliert, die diesen einen niedrigeren Rang zuweisen. Diese graduellen Rangunterschiede gehen zumindest fallweise (bei den Imlwan) mit sehr ausgeprägten komplementären Beziehungen einher.

Da die hier wirksame Konzeption von Egalität keine individualistische ist, sollte es uns dagegen nicht überraschen, dass es innerhalb der Familie hierarchische soziale Beziehungen gibt, die durch die Hierarchien von Geschlecht und Alter bestimmt sind. Zwischen den Familienmitgliedern dominieren entsprechend auch Beziehungen von Arbeitsteilung und Komplementarität. Es gibt im Inneren der Familie aber auch egalitäre Beziehungen, die etwa in der Institution des familiären Gemeinschaftsbesitzes sichtbar werden.

In der weitgehend gültigen Gleichsetzbarkeit von egalitären mit ökonomisch reziproken Beziehungen sowie von hierarchischen mit ökonomisch komplementären Beziehungen bilden sich soziale Verhältnisse ab, die nur aus den Bedingungen der vorkolonialen Epoche tribaler Autonomie erklärt werden können – jene Verhältnisse also, die ich hier die „traditionellen" genannt habe. Der Bezug auf sie ist unumgänglich, um wirtschaftliches Handeln bei den Ayt Hadiddu auch in der Gegenwart verstehen zu können. Zugleich verlieren aber die Grundwerte von Egalität und Hierarchie an Verbindlichkeit – oder besser, ihre Verbindlichkeit für bestimmte Bereiche des Sozialen nimmt ab. Dies wird etwa daran sichtbar, dass häufiger als in der Vergangenheit wirtschaftliche Interessen, die komplementäre Beziehungen begünstigen, von Stammesmitgliedern über den Wert der Egalität gestellt werden. Diese zunehmende funktionale Ausdifferenzierung wird vor allem im Umfeld des Wochenmarktes sichtbar – jener Institution, die für die ökonomische Integration der Lokalgesellschaft in regionale, nationale und globale Zusammenhänge sorgt.

Der *suq* spielt in der Gegenwart eine in sich widersprüchliche Doppelrolle. Als ein zeitlich, räumlich und sozial abgegrenzter Raum für den Austausch von

Gütern und Dienstleistungen gegen Geld vermag er immer noch die ökonomische Komplementarität mit ihrem Potenzial der Schaffung von Ungleichheit gegenüber den sozialen Alltagsbeziehungen unter Stammesmitgliedern zu isolieren. Auf diese Weise trug er traditionell dazu bei, den Wert der Egalität innerhalb der Statuskategorie der *imazighen* abzusichern, und tut dies, wenn auch in vermindertem Ausmaß, weiterhin. Zugleich aber wird der Wochenmarkt zum Mittelpunkt einer neuen und dauerhaften Arbeitsteilung, die zusammen mit anderen ökonomischen, politischen und demografischen Entwicklungen die auf dem Gegensatz von Egalität und Hierarchie basierenden traditionellen ökonomischen Strukturen nachhaltig untergräbt.

Belegliteratur

Bousquet, Georges-Henri (1956): Le droit coutumier des Ait Haddidou des Assif Melloul et Isselaten (Confédération des Ait Yafelmane). In: Annales de l'Institut d'Etudes Orientales 14, 113–230.

Durkheim, Émile (1893): De la division du travail social. Étude sur l'organisation des sociétés supérieures. Paris: Alcan.

Gellner, Ernest (1969): Saints of the Atlas. London: Weidenfeld & Nicolson.

Gingrich, Andre (2001): Tribe. In: Smelser, Neil J./Baltes, Paul B. (eds.): International Encyclopaedia of the Social & Behavioral Sciences, vol. 23. Amsterdam: Elsevier, 15 906–15 909.

Kraus, Wolfgang (1991): Die Ayt Hdiddu. Wirtschaft und Gesellschaft im zentralen Hohen Atlas. Ein Beitrag zur Diskussion segmentärer Systeme in Marokko. Wien: Verlag der Österreichischen Akademie der Wissenschaften.

Kraus, Wolfgang (1995): Segmentierte Gesellschaft und segmentäre Theorie. Strukturelle und kulturelle Grundlagen tribaler Identität im Vorderen Orient. In: Sociologus (N.F.) 45/1, 1–25.

Kraus, Wolfgang (1997a): Glücksspiel und Frauen im Hohen Atlas. Zur ethnographischen Quellenkritik. In: Mitteilungen der Anthropologischen Gesellschaft in Wien 127, 99–109.

Kraus, Wolfgang (1997b): Tribal Land Rights in Central Morocco. A Call for Comparative Research. In: Morocco 2, 16–32.

Kraus, Wolfgang (1998): Contestable Identities. Tribal Structures in the Moroccan High Atlas. Journal of the Royal Anthropological Institute 4/1, 1–22.

Kraus, Wolfgang (2004): Islamische Stammesgesellschaften. Tribale Identitäten im Vorderen Orient in sozialanthropologischer Perspektive. Wien: Böhlau.

Kraus, Wolfgang (2005a): Tribal Law in the Moroccan High Atlas. Traditional Legal Practice and its Transformations. In: Dostal, Walter/Kraus, Wolfgang (eds.): Shattering Tradition. Custom, Law and the Individual in the Muslim Mediterranean. London: Tauris, 148–188.

Kraus, Wolfgang (2005b): Dissidence and the Pre-colonial State in the High Atlas Mountains. The Ayt Hadiddou and the Sultan in the Oral Historical Discourse. In: Aït Hamza, Mohamed/Popp, Herbert (eds.): Pour une nouvelle perception des montagnes marocaines. Actes du 7ème colloque maroco-allemand Rabat 2004. Rabat: Faculté des Lettres et des Sciences Humaines, 101–110.

Kraus, Wolfgang (2006): Der Heilige in der Kanone. Volksislam und politischer Widerstand in Zentralmarokko. In: Mückler, Hermann/Zips, Werner/Kremser, Manfred (Hg.): Ethnohistorie. Empirie und Praxis. Wien: WUV, 171–189.

Empfohlene Literatur

Behnke, Roy H. Jr. (1980): The Herders of Cyrenaica: Ecology, Economy, and Kinship among the Bedouin of Eastern Libya. Urbana: University of Illinois Press.
Dresch, Paul (1989): Tribes, Government, and History in Yemen. Oxford: Oxford University Press.
Fischer, Anja (2008): Nomaden der Sahara: Handeln im Extremen. Berlin: Dietrich Reimer.
Kraus, Wolfgang (2004): Islamische Stammesgesellschaften. Tribale Identitäten im Vorderen Orient in sozialanthropologischer Perspektive. Wien: Böhlau.

Werner Zips

„Der Herr ist mein Hirte; mir wird nichts mangeln." Zur Ökonomie der Interessen am Beispiel der Revival-Kirchen in Jamaika [1]

> [E]ine wirkliche allgemeine Wissenschaft von der ökonomischen Praxis muß in der Lage sein, auch alle die Praxisformen miteinzubeziehen, die zwar objektiv ökonomischen Charakter tragen, aber als solche im gesellschaftlichen Leben nicht erkennbar sind. Sie verwirklichen sich nur aufgrund eines erheblichen Aufwandes an Verschleierung oder, besser, *Euphemisierung*. Eine allgemeine ökonomische Praxiswissenschaft muß sich deshalb bemühen, das Kapital und den Profit in allen ihren Erscheinungsformen zu erfassen und die Gesetze zu bestimmen, nach denen die verschiedenen Arten von Kapital (oder, was auf dasselbe herauskommt, die verschiedenen Arten von Macht) gegenseitig ineinander transformiert werden. (Bourdieu 1983: 184)

Einleitung

Ein Euphemismus ist laut Online-Lexikon Wikipedia [2] ein sprachlicher Ausdruck, der eine Person, eine Personengruppe, einen Gegenstand oder einen Sachverhalt beschönigend, mildernd oder in verschleiernder Absicht benennt. Unter dem Neologismus *Euphemisierung* ist eine Strategie der Verschleierung oder un/bewussten Verkennung eines unangenehmen Sachverhalts zu verstehen. Nach meiner vielleicht recht subjektiven Lesart besteht der Kern des von Pierre Bourdieu und anderen entwickelten praxeologischen Ansatzes darin, ebenjene unbewussten (im Habitus vergessenen) Strategien der Verschleierung oder bewussten, dem ökonomischen Kalkül geschuldeten Praktiken der Unkenntlichmachung dahinterliegender Interessen offenzulegen.

Die Erforschung der partikularen Logik der Praxis in einem bestimmten sozialen Handlungsfeld – die mit dem Begriff der „Praxeologie" gemeint ist – hat damit in aller Regel Aufdeckungscharakter. Sie versucht mithilfe des angebotenen analytischen Werkzeugkastens (der vor allem die Instrumente von Feld, Habitus und unterschiedlichen Formen von Kapital beinhaltet) hinter die Kulissen der vorgeschobenen Bedeutungen zu blicken. In diesem Sinne kann die Sozialwissenschaft zum „Störenfried" einer scheinbar korrekten, unhinterfragt geltenden Ordnung werden, im praxeologischen Modus muss sie das sogar, wie

1 — Eine journalistische Vorversion dieses Beitrages erschien in der Zeitschrift Riddim (Zips 2011).

2 — http://de.wikipedia.org/wiki/Euphemismus, 6.12.2012.

Bourdieu (1996: 33) selbst mit Bezug auf die Soziologie dargelegt hat:

> Natürlich stört die Soziologie. Sie stört, weil sie enthüllt. [...] Deshalb scheint der Soziologe zu denunzieren, wenn er sich nicht damit begnügt, den Anschein festzustellen und zu bestätigen, und statt dessen seine wissenschaftliche Arbeit tut und aufdeckt.

Es gibt keinen Grund, diese Aussage nicht auch für die Sozialanthropologie bzw. mithin für die Ökonomische Anthropologie gelten zu lassen. Gerade in dieser Disziplin geht es schließlich vorrangig um die entzaubernde Entschlüsselung einer gängigen „Utopie der endlosen Ausbeutung", die Bourdieu für die eigentliche Essenz des Neoliberalismus hielt. Sein adäquat benanntes Essay aus dem Jahr 1998 bringt rund ein Jahrzehnt vor dem Ausbruch der auch damals längst unter der Oberfläche grassierenden Wirtschaftskrise deren Genese und Wirkungszusammenhänge konzis auf den Punkt. Die Theorie der Praxis setzt der „reinen ökonomischen Theorie" vom perfekten freien Markt als regulierende Ordnung ihre „Ökonomie der Interessen" entgegen. In Bezug auf das globale Phänomen des Neoliberalismus liest sich der luzide Befund folgendermaßen:

> The neoliberal programme draws its social power from the political and economic power of those whose interests it expresses: stockholders, financial operators, industrialists, conservative or social-democratic politicians who have been converted to the reassuring layoffs of laisser-faire, high-level financial officials eager to impose policies advocating their own extinction because, unlike the managers of firms, they run no risk of having eventually to pay the consequences. (Bourdieu 1998: 2)

Mit der Ökonomie der Interessen als Teil einer allgemeinen Wissenschaft von der ökonomischen Praxis, die dieser Beitrag an einem überaus kleinen situierten Ausschnitt eines religiösen Feldes in Jamaika zur Anwendung bringen will, lässt sich eine Spurensuche nach den Wirkungszusammenhängen beginnen, die eine scheinbar selbstverständliche, „normale" oder „natürliche" Praxis hervorbringen. Bourdieus umfangreiche Erläuterungen zu seiner „Theorie der Praxis" oder Praxeologie haben ihrerseits eine enorme Fülle an erklärender und zusammenfassender Literatur hervorgebracht, die recht redundant die zentralen Konzepte kommentiert und kritisiert. Zunehmend finden sich aber auch empirische Einsätze seiner Werkzeuge wie Habitus, Feld und Kapitalformen in der anthropologischen Literatur.

Dabei geht es um ein Begreifen des komplexen Theoriegebäudes durch Anwendung, was Bourdieu vielleicht selbst durch seine recht verschachtelten und ohne fortgeschrittenes Vorverständnis schwer durchschaubaren Formulierungsweisen zumindest nicht erleichtert hat.[3] Der folgende Beitrag möchte daher

3 — Eine diesbezügliche Ausnahme stellt die Sammlung von Gesprächen dar, die Bourdieu über seine Theorieentwicklung mit KollegInnen geführt hat (1992b). Siehe auch Bourdieu 1992a.

keine weitere Exegese des Bourdieu'schen Ansatzes anbieten,[4] sondern den Modus Operandi einer praxeologischen Deutungsweise an einem überschaubaren Beispiel aufzeigen. Er ist im Bestreben verfasst, die praxeologische Terminologie im Sinne des Erfinders als „tool kit" im alltagsweltlichen Zusammenhang zu verwenden (vgl. Bourdieu/Wacquant 1992a: 31). So kann vielleicht der hohe Grad an theoretischer Abstraktheit in einer den Zielsetzungen eines einführenden Lehrbuches zur Ökonomischen Anthropologie angemessenen, nachvollziehbaren Form konkretisiert werden.

Mit dieser konzeptuellen Triade von Feld, Habitus und Kapitalformen schafft Bourdieu eine Verbindung von Struktur und Praxis, von Gesellschaft und Individuum sowie von Objektivismus und Subjektivismus, die in vielen anderen Sozialtheorien gegeneinander in Stellung gebracht oder zumindest voneinander losgelöst betrachtet werden. Durch die komplementäre Betrachtungsweise realisiert er ein Paradoxon: zum einen die Sphäre der kollektiven und individuellen Interessen auszudehnen, zum anderen den Raum für utilitaristische Handlungsrationalität und individuelles Bewusstsein enger zu fassen (Wacquant 1992: 25). Als erste Annäherung lassen sich unter dem Feldbegriff die Arenen des sozialen Lebens mit ihren Kämpfen um Positionen verstehen; unter dem Habitus: inkorporierte soziale Strukturen (gewissermaßen Dispositionen für Positionen in den sozialen Feldern), die wiederum organisierende, schöpferische Prinzipien der Praktiken darstellen; und unter dem (erweiterten) Kapitalbegriff: Formen von Macht, die nicht notwendigerweise materiell bestimmt sind, sondern symbolische Gestalt annehmen können (vgl. Collins 1993: 116).

Die vielleicht entscheidende Kernaussage zum Verständnis des Bourdieu'schen Theoriegebäudes liegt in der Formulierung „das Reale ist das Relationale". Damit ist gemeint, dass die soziale Welt von objektiven Beziehungen konstituiert wird, die unabhängig vom individuellen Bewusstsein und Willen existieren (Bourdieu/Wacquant 1992b: 97). Hierbei geht es sowohl um die Beziehungen zwischen den Handelnden in Bezug auf ein bestimmtes Feld als auch um die Beziehungen zwischen den einzelnen Handlungsfeldern, deren Machtverteilung in einer historischen Dimension zu hinterfragen ist. Macht wird in diesem Ansatz als unterschiedliche Formen von Kapital ausdifferenziert, mit denen Bourdieu die ökonomistische Theorie des klassischen Wirtschaftszyklus (Produktion, Distribution und Konsum von Gütern und Leistungen) gewissermaßen in ihrem reduktionistischen Modus bloßzustellen beabsichtigt. Begriffe wie Sozialkapital (in einem Feld wirksame soziale Beziehungen) oder kulturelles Kapital (Wissen, Fähigkeiten, Kompetenzen usw.) ergänzen auch im Theorieverständnis vieler anderer AutorInnen in verschiedenen Wissenschaftsdisziplinen einen im engeren Sinn ökonomischen (auf materiellen Besitz abstellenden) Kapitalbegriff.

4 — Für einen derartigen Überblick siehe Zips 2008: 235–284.

Der entscheidende Unterschied bei Bourdieu liegt wiederum im relationalen Verständnis, d.h. in der Suche nach den Beziehungen zwischen den Kapitalformen oder, anders gesagt, der Konzentration auf die Konvertierbarkeit von einer Kapitalform in eine andere. Da „Kapital“ in diesem Ansatz eine konkrete Ausformung von Macht darstellt, geht es insbesondere bei der Umwandlung der erwähnten Formen von ökonomischem, sozialem und kulturellem Kapital in symbolisches Kapital (Ehre, Anerkennung, Respekt, Reputation usw.) um eine Form der Verschleierung von Macht bzw. bei der sozialwissenschaftlichen Analyse um deren Entschleierung oder Aufdeckung. Durch diesen Zugang sollen die Begriffe der „rein ökonomischen“ Theoriegebäude (Produktion, Distribution und Konsum von Gütern und Leistungen) hinterfragt und im empirischen Feld von realen Menschen an konkreten Orten auf den Boden einer oftmals verkannten „Ökonomie der Interessen“ gestellt werden.

Revival in Jamaika

In der Momentaufnahme eines einzigen Handlungszusammenhanges im Feld der jamaikanischen religiösen Praktiken werde ich versuchen, die Erscheinungsformen dieser unterschiedlichen Kapitalformen erkennbar zu machen, die freilich ebenso wie das Feld selbst und die Habitusformen seiner Akteure Gegenstand historischer Akkumulation sind. Denn das religiöse Feld, um das es in dem ebenso kleinen wie kurzfristigen Ausschnitt geht, steht selbstredend mit dem Feld der Politik, der Wirtschaft und der Macht in einem engen Zusammenhang, der im Folgenden nur angedeutet werden kann.

Zu diesem Zweck begeben wir uns gewissermaßen auf eine Tagesreise in die jamaikanische Bergwelt – genauer: zur Gemeinschaft der Maroons von Accompong. Dort habe ich die Einladung angenommen, am Sonntagsgottesdienst der lokalen Revival-Gemeinde bei einer befreundeten Kirche teilzunehmen. Obwohl dieser Beitrag keinerlei religionsanthropologischen Anspruch verfolgt, soll eine kurze Skizze zur afrikanisch-jamaikanischen Religion von *Revival Zion* das notwendige Vorverständnis ermöglichen. *Revival Zion* versteht sich als christliche Glaubensrichtung, auch wenn das von anderen christlichen Denominationen bestritten wird. Ihre spirituellen und philosophischen Grundlagen ebenso wie ihre religiösen Praktiken wurzeln in den durch ihre afrikanischen Herkunftskulturen geprägten Glaubensvorstellungen der Versklavten. Diese bildeten ein Repertoire von Zugängen in die christlichen Schriften der Bibel, die den aus Afrika Verschleppten erstmals durch verschiedene Missionsgesellschaften im späten 18. und frühen 19. Jahrhundert zugänglich wurden (vgl. Murphy 1994: 114–123).

Unter dem Begriff *Revival* wird eine Bandbreite von recht individuellen Glaubensgemeinden subsumiert, die sich durch ihre Nähe zu den jeweiligen afrikanischen Traditionen (Obeah, Myal und Kumina) voneinander unterscheiden. Jene, die vor allem mit Ahnengeistern arbeiten, werden in der Regel als *Poccomania*-Kirchen (oder vermutlich korrekter *Pukkumina*-Kirchen) bezeichnet (Bilby 1995: 152). *Poccomania* wird in Jamaika oftmals als „little craziness" übersetzt, was sich auf die abwertenden Haltungen der Missionare gegenüber dem afrikanischen religiösen Erbe bezieht. Aufgrund der negativen Konnotationen dieses Begriffes lehnen ihn die meisten Gemeinden für sich ab und nennen sich selbst Revival. Manche, die sich mitunter auf einen Bischof und damit eine zentrale Institution beziehen, legen Wert auf die hinzugefügte Bezeichnung Zion *(Revival Zion)* und verweisen auf ihre Anfänge im „Great Christian Revival", das Jamaika zwischen 1860 und 1862 erfasste (Austin-Broos 1997: 55–59).

Diese Erweckungsbewegung verdankte sich einem religiösen Eifer, der, aus England und Irland kommend, vor allem von den ersten Missionaren der protestantischen *Moravians* und den schwarzen Pastoren der *Native Baptists* weiterverbreitet wurde. Allen heutigen jamaikanischen Gemeinden innerhalb des Revival-Komplexes (dessen Grenzziehungen und wissenschaftliche Kategorisierungen ziemlich umstritten sind) ist gemeinsam, dass sie auf einer ausgeprägt individuellen Vision und charismatischen Autorität ihrer jeweiligen Gründungs- und Führungspersönlichkeiten beruhen. Von Außenstehenden werden sie zumeist abwertend als „Pocco people" etikettiert und oftmals abschätzig behandelt (Murphy 1994: 124–127; Besson/Chevannes 1996, 1998: 3–8). Alle evangelikalen Formen des Protestantismus wie die Pfingstbewegung oder der *Pentecostalism* werden vom Standpunkt konventioneller christlicher Religionsgemeinschaften zumeist mit Aberglauben gleichgesetzt und unter dem Begriff „Pocco" in einen Topf geworfen. Die wenigsten selbsternannten „wahren Christen" haben jedoch jemals eine Revival-Gemeinde selbst besucht und persönliche Erfahrungen (wie im Folgenden skizziert) gewonnen.

Tagesanbruch im Cockpit Country[5]

Ein Schuss bricht die Stille der Nacht. Ich fahre aus dem Schlaf hoch. Laut kreischend schwirrt ein Schwarm Papageien aus einer Kokospalme in alle Richtungen. Vor dem Fenster, unter dem mein Bett steht, hängt eine dichte Rauchwolke. Noch ein Knall und die knatternden Startergeräusche verraten die Ursache der „Schießerei". Colonel Cawley versucht seinen alten Pick-up zum Laufen zu bringen. Nach der feuchtkalten Winternacht in den Bergen des Cockpit Country sind Fehlzündungen kein Grund zur Aufregung. Trotzdem pumpt mein Herz im

5 — Die geschilderten Ereignisse fanden am 26. Jänner 1997 statt (dokumentiert im Rahmen einer Feldforschung zum Rechtssystem der Maroons von Dezember 1996 bis März 1997).

dancehall beat. An Schlaf ist jedenfalls nicht mehr zu denken. Mir bleiben vielleicht noch fünf bis zehn Minuten, um meinen vorreservierten Platz auf der Ladefläche des Pick-up zu verteidigen.

So lange lässt der frühere Maroon-Colonel sein Gefährt warmlaufen, wenn er es alle heiligen Zeiten einmal benötigt. Auf der einspurigen, steil bergab gehenden Bergstraße, immer scharf am Abgrund entlang sollte der Motor jedenfalls nicht unvermittelt absterben, zumal die Bremsen dem Allgemeinzustand des Vehikels entsprechen. Über den Hügelketten rund um Accompong – dem Hauptort der Leeward Maroons[6] – verkündet ein schmaler roter Streifen den anbrechenden Morgen. Die ersten herannahenden Stimmen drängen mich zur Eile. Schon umringt eine kleine Menschengruppe jeder Altersschicht den wartenden Wagen. Mehr Frauen als Männer. Die Frauen in langen, festlichen Kleidern mit eleganten Kopfbedeckungen oder Turbanen, die Männer in ihren besten Anzügen, alle mit Hut, viele mit Gilets und Krawatte. Sie haben Trommeln, Tamburine und Rasseln mit, Fahnen, Blumen, eine Schüssel mit Wasser und andere Paraphernalien. Dazu vier Holzbänke. So reisen *Revival bands*, wenn sie eine befreundete Kirche besuchen. Wollen die wirklich alle auf den Pick-up? Praktisch die gesamte Gemeinde der *Episcopal Zion Church* von Accompong, knapp 20 Personen? Der reisenden Sonntagsgemeinde scheint das keine Sorgen zu bereiten. Und unserem Chauffeur, Harris N. Cawley, schon gar nicht. Ihm geht es bei dem Kirchenbesuch nicht um die spirituelle Bereicherung, schließlich gehört er selbst zur protestantischen *United Church* und ist damit Mitglied einer der anerkannten Religionsgemeinschaften, die den *Revivalists* kritisch bis ablehnend gegenüberstehen.

Insofern legt er Wert darauf, die Revival-Gemeinde aus rein ökonomischen Motiven zu befördern. Manche von ihnen haben ihre geringen Ersparnisse zusammengekratzt, um Colonel Cawley für den *trip* bezahlen zu können. Die Zugehörigkeit zu einer der sechs verschiedenen Kirchen im kleinen Accompong richtet sich keineswegs ausschließlich nach religiösen Überzeugungen. Inoffiziell regelt vielmehr das soziale Kapital die Zugehörigkeit zu einer Religionsgemeinschaft. Gerade das religiöse Feld der Maroons ist gezeichnet von früheren Auseinandersetzungen um (Bedeutungs-)Macht. Die Nähe zu christlichen Missionaren aus Europa und den USA entschied nicht bloß über den Zugang zu Bildung und stellte damit eine entscheidende Voraussetzung für die Anwartschaft auf politische Führungspositionen dar, sondern bot auch Gewinnchancen in der Distribution der materiellen Güter (vor allem natürliche Ressourcen und landwirtschaftliche Produkte).[7]

6 __ Zur Geschichte der Leeward Maroons siehe genauer Zips 2011; zu ihren rechtlichen und politischen Strukturen, insbesondere zur Institution des Colonels als militärisch-politischem *chief*: Zips 2007b.

7 __ Der berühmte Colonel Henry A. Rowe, bekannt geworden als „erster Maroon-Kapitalist", mag dafür als Beispiel dienen (Zips 2007b: 167–179).

In diesem Sinne wird das Feld erst sichtbar in den Praktiken konkreter AkteurInnen, die ihrerseits „Emanationen“ des Feldes sind. Daher verkörpern die Handelnden die Geschichte des Feldes. Ihre Handlungen zeigen ihre spezifische soziale Logik nur im Hinblick auf die Historizität eines Feldes als eine aus den Schauplätzen historischer Kämpfe hervorgegangene Arena für die gegenwärtigen Auseinandersetzungen und Konflikte um Distinktion und die zukünftige Verteilung der im Feld verfügbaren materiellen und immateriellen Güter (vgl. Zips 2007a: 99–101).

Harris N. Cawley, Lehrer in der einzigen Schule von Accompong, stammt aus der Familie eines früheren Colonels, der für die Durchsetzung christlicher Werte und den Kampf gegen das afrikanische religiöse Erbe eine besondere Rolle spielte. Sein im Austausch für diese Aktivitäten erworbenes Kapital an Beziehungen im In- und Ausland erlaubte es seiner Familie zu einer der beiden einflussreichsten Familien von Accompong aufzusteigen. In materieller Hinsicht wurde sie vielleicht zur erfolgreichsten überhaupt. Seine Bereitschaft, die Anhänger der Revival-Kirche zu transportieren, folgt daher ganz und gar nicht der symbolischen Logik von Ehre, *good will* und Anerkennung, sondern der simplen kapitalistischen Logik. Jeder Einzelne, sogar die mitreisenden Kinder müssen vor Antritt des Ausflugs einen beträchtlichen Fahrpreis entrichten. Von einer Bezahlung ausgenommen wurde eine Person, der es vielleicht als einzigem Teilnehmer relativ leicht gefallen wäre, den Betrag aufzubringen: Meine Wenigkeit. Denn meine Mitfahrt mag für Cawley als Aufwertung gelten – als eine Art Nachweis für seine Teilnahme an und seinem Naheverhältnis zu meinem Forschungsprojekt. Zudem könnte sie auch dem genannten symbolischen Interesse nach Anerkennung und einer Dankesschuld folgen. Wie dem auch sei, finde ich mich mit der aufgeregten Revival-Truppe auf der Ladefläche des Pick-up wieder. Das zweisitzige Führerhaus blieb einer jungen Mutter mit ihren zwei Kindern vorbehalten.

Kirchenzugehörigkeit als soziales Kapital

Im Jamaika der 1990er-Jahre war man noch ganz andere Bedingungen des *public transport* gewohnt. Zwanzig und mehr Fahrgäste in einem VW-Minibus galten als guter Durchschnitt (mein persönlicher Rekord waren 28, wenn ich mich nicht verzählt habe). Schließlich zwangen die Transportunternehmer ihre Fahrer zu größtmöglichen Umsätzen. Sicherheit und Komfort hatten in dieser Logik der Ausbeutung und Gewinnmaximierung keinen Platz. Privatautos waren damals zumindest im ländlichen Jamaika noch eine absolute Rarität, besonders in Accompong, das jahrelang über ein einziges motorisiertes Gefährt verfügte. Und das obwohl der Ort von der einzigen Verbindungsstraße zwischen Black River und Montego Bay durch die Berge gut zweieinhalb Stunden zu Fuß entfernt ist.

In diesen beiden Städten liegen die nächsten Spitäler. Da kann man sich vorstellen, warum die traditionellen Heiler am Land so einen hohen Stellenwert besitzen. Hoher Blutdruck, ein Blinddarmdurchbruch, ja sogar ein plötzlicher Blutzuckerschub bedeuten hier viel zu oft auch in der Gegenwart ein Todesurteil, ganz zu schweigen von Herzinfarkt, Schlaganfall oder einem schweren Unfall. Einzige Hoffnung in so einem Fall bieten die Heiler mit ihren hervorragenden Kenntnissen der Naturmedizin oder die *bushdoctors*.

Erstere sind häufig auch die Leiter einer Revival-Kirche, zumeist mit einem angeschlossenen *balmyard* (einem Hinterhof als Ordination für Heilungen), Zweitere sind oft Rastas, die ihre traditionelle Heilkunst in der Regel ohne Anrufung der Geisterwelt praktizieren. Für Revival-Anhänger kommt es jedoch gerade auf die Unterstützung der Geister an. Sie sind es, die einen *shepherd* (der „Hirte“ genannte männliche Vorsteher einer Revival-Gemeinde) oder eine *madda* (die „Mutter“ genannte weibliche Vorsteherin) in der richtigen Diagnose, Heilmethode und Auswahl der Pflanzenmedizin instruieren. Die Zugehörigkeit zu einer Revival-Kirche und damit zu deren spirituellen Führungspersönlichkeiten wird so zu einer Art Krankenversicherung. Das ist nur einer der Gründe, warum die Mitgliedschaft in einer der Kirchen über einen hohen sozialen Distinktionswert verfügt. Wer es sich leisten kann, bei Bedarf einen westlichen Arzt oder ein Spital aufzusuchen, ist nicht auf die Unterstützung von alternativen Heilmethoden angewiesen, die insbesondere von den afrikanisch-jamaikanischen religiösen Institutionen angeboten werden. Für materiell ärmere JamaikanerInnen, wie praktisch alle Subsistenzbauern in Accompong, besteht in diesem sozialen Kapital ein wichtiger Schutzfaktor im Fall von Krankheit (der mir auch in Afrika immer wieder als motivgebend für die „religiöse Überzeugung“ begegnet ist).

Bedeutet diese Lesart eine auf Nützlichkeitsüberlegungen reduzierte „utilitaristische“ Deutungsweise? Oder gar eine Beschränkung auf den Homo oeconomicus, der ausschließlich nach eigenen Interessen rational handelt, um seinen persönlichen Nutzen zu maximieren? Nach meinem Verständnis ganz im Gegenteil: Die Erweiterung der Vorstellungen von Kapitalformen erlaubt es, die Komplexitäten der Austauschverhältnisse und Beziehungsgestaltungen zu erfassen, die nicht auf den ersten Blick ersichtlich sind. Mitunter verstellen gerade die exotisierenden Wahrnehmungen von Praktiken, die nicht der „reinen“ kapitalistischen Logik entsprechen, die Erkenntnis von verborgenen historisch akkumulierten Machtverhältnissen. Zweifellos geht von den ewig halbfertigen, zumeist fenster- und türlosen, bisweilen auch dachlosen, windschiefen Kirchen mit ihrer Armada an bunten Fahnen auf meterlangen Pfählen und den unvermeidlichen Wasserbecken eine eigenartige Faszination aus. Diese mag einen dazu verleiten, das Geschehen auf ein in sich abgeschlossenes – eben rein religiöses – Handlungsbündel zu reduzieren. Analytisch gilt es jedoch, der perspektivischen Verengung zu widerstehen und eine Abstraktionsebene zurückzusteigen, trotz oder gerade wegen der emphatischen Ausstrahlung von Revival-Kirchen.

When the church is on fire

Bei meiner Gastfamilie in Shaw Castle, das tief in den „Cockpits" genannten Hügelketten im Westen Jamaikas liegt (in der Nähe der bekannteren Maroon Town), konnte man sie alle paar Nächte hören, wenn der Wind ihre Lobpreisungen über eine Entfernung von zwei, drei Kilometern trug: die stundenlang geschlagenen Trommeln, die hymnischen Gesänge und die dramatischen Schreie, wenn die Geister und Engel zum Besuch in eine „heiß aufgeladene Kirche" flogen: „When the church is on fire", nannten sie das. Aufsteigende Nebelschwaden über dem Regenwald nach dem tropischen Gewitterguss, eine fahle Straßenlampe in dem ansonsten stromlosen Dorf, dessen Häuser flackernde Petroleumlampen erhellten und die (für mich) geheimnisvoll anziehenden religiösen Äußerungen einer ekstatisch feiernden Gemeinde waren durchaus Momente, die mich an Marleys Ode an die „natürliche Mystik" („There's a natural mystic blowin' in the air, what a natural mystic…") denken ließen. Aus der Distanz wirkte es wie ein ganzes Dorf, das mit den Geistwesen feierte.

Durchaus ambivalent und vielleicht auch Ausdruck einer kolonialen Mentalität sehen die meisten Revival-Kirchen, die ich besuchte, im weißen Gast eine Art Bestätigung für ihre sakrale Legitimität – nach dem Motto: Wenn sogar schon die Weißen kommen, dann können wir nicht falsch liegen. Dahinter steht eine Bewertungsstruktur von Hautfarben als Träger von symbolischem Kapital, die sich aus der Zeit der Sklaverei und des Kolonialismus bis in die postkoloniale Gegenwart erhalten hat. Entgegen allen Bemühungen des jamaikanischen *Black Consciousness Movement*, allen voran geprägt durch die Rastafari-Philosophie und ihr Leitmedium Reggae, hat sich an diesen, dem Habitus eingeschriebenen Haltungen wenig geändert (vgl. Mutabaruka 2006: 24 f.). Dahinter steht eine postkoloniale Machtstruktur, die eine Korrelation zwischen sozialer Mobilität und der Hautfarbe erkennen lässt.

Reise im Geist

Die Zusammenkunft der Revival-Gemeinde von Accompong beginnt mit allseitigen Umarmungen. Die Gläubigen sind richtig aufgeregt. So oft kommen sie von Accompong nicht weg. Da ist der Besuch einer anderen Gemeinde ein großer, ja denkwürdiger Anlass. Wann müssen die bloß aufgestanden sein, um derartig festlich herausgeputzt dazustehen? Die meisten kenne ich schon seit vielen Jahren und betrachte sie als Freunde. Praktisch alle sind rein materiell arme Kleinbauern, für die ein Paar neue Schuhe eine Großinvestition darstellt. Sie freuen sich über meine Komplimente, die ich an Frauen wie Männer gleichermaßen verteile. Diese Menschen haben meinen tiefen Respekt für die Art, wie sie den harten natürlichen Bedingungen der Cockpits mit ihrem karstigen, schwierig zu bebauenden Boden ihre tägliche Mahlzeit abringen und trotzdem noch Geld für die Ausbildung ihrer Kinder, die Medizin für die Alten und eben einen neuen Hut mit Gesichtsschleier für den Kirchgang zusammenkratzen. Eine Anerkennung wie „You look like the ladies inna Buckingham Palace" hebt da die ohnehin schon gute Stimmung noch einmal und wird gleich zum Bonmot. Ich werde genauso herzlich begrüßt wie alle anderen, vielleicht sogar, so scheint mir, noch eine Spur überschwänglicher. Ganz offenbar ist „meine" Gemeinde richtig stolz, mit einem *white man*, noch dazu von einer europäischen Universität, auffahren zu können.

Endlich sind alle Gläubigen auf der Ladefläche. Mit seiner Autorität als Schullehrer und ehemaliger Colonel schlichtet Cawley die provisorischen Sitzreihen. Ich finde einen Platz auf der hintersten Holzbank und umklammere meine Foto- und Tonausrüstung. Dann geht es los. Dicht aneinandergedrängt begeben wir uns auf eine spirituelle Tagesreise nach Zion. Über den kaum gefederten Hinterreifen bedeutet jedes Schlagloch einen kurzen Abflug gen Himmel mit rascher, harter Landung auf der Holzbank. Auf diese Weise vergeht der wilde Ritt gewissermaßen wie im Flug. Selbst im Rückblick erscheint mir das Erlebnis ziemlich überirdisch. Als ob ein Trupp Engel mitgeflogen wäre. Jedenfalls suggeriert das der Gesang, den die *madda* auf der vordersten Bank schon nach der ersten Kurve anstimmt:

Where the harps of angels ring, and the blest forever sing,
In the palace of the King, meet me there;
Where is sweet communion blend,
Heart with heart and friend with friend,
In a world that shall never end, meet me there.
Meet me there, meet me there,
Where the tree of life is blooming, meet me there.

Ihre dünne Stimme wird vom Fahrtwind fast vertragen. Aber der Chorus „Meet me there" übertönt auch das Motorgeräusch. Wer so früh schon auf der Straße ist, winkt emphatisch, und ruft „Praise de Lord". Fenster gehen auf und Leute kommen aus ihrem *yard* angelaufen, um die Herkunft des Engelchors zu erfahren. Manche wollen sogar mitgenommen werden und winken energisch wie um einen Minibus zu stoppen. Wir rauschen ungebremst vorbei. Einer der Trommler ruft ihnen zu: „Come to our church, man, next Sunday!" Irgendwie erinnert mich die Inszenierung an eine *car rallye* im jamaikanischen Wahlkampf. Auch hier wird für eine Sache geworben – die Sache Gottes und des Heiligen Geistes. Zumindest nach außen hin. Unter der Oberfläche geht es natürlich um eine möglichst große Anhängerschaft. Jamaika gilt als Land mit den meisten christlichen Denominationen in Relation zur Bevölkerungszahl. Da herrscht eine beachtliche Rivalität sowohl zwischen unterschiedlichen Glaubensrichtungen als auch innerhalb einer Gesinnungsgemeinschaft. Das kleine, rund 1 500 Einwohner zählende Accompong besitzt allein sechs verschiedene Kirchen, die im harten Wettstreit miteinander liegen.

Insofern bietet die Kirchenrallye eine gute Gelegenheit zur Werbung in eigener Sache. Die große rote Fahne wirkt wie ein letztes Signal, sich mit auf die Reise nach Zion zu begeben. Im Fahrtwind droht sie zu zerreißen. Alle Aufmerksamkeit ist uns jedenfalls sicher. Selbst in Maggotty, das an einem Sonntag wie eine Geisterstadt aus einem alten Western wirkt. Es ist der von Accompong nächstgelegene Marktort. Hierher kommen jeden Samstag die Marktfrauen der Maroons, um ihre Mangos, Bananen, den berühmten wild wachsenden Yams oder Cassava zu verkaufen. Heute steht nur eine Handvoll Männer vor der einzigen geöffneten Rum-Bar und lässt den Herrgott einen guten Mann sein.

Nach über zwei Stunden erreichen wir Santa, wie die quirlige Kleinstadt Santa Cruz auf halbem Weg zwischen Black River und Mandeville im lokalen Jargon heißt. Auf der Ladefläche stehend und Fahne schwingend zieht die Zion-Gemeinde in den Ort ein. Voller Inbrunst schmettern sie ihren Lieblings-*tune*:

So many rivers I got to cross
There is so many rivers still left to cross
And I've got to get over
Jordan River's gonna roll
Roll, River Jordan, roll ...

Haben das nicht schon Legionen von Reggae-Interpreten von Clancy Eccles, den Itals, über Linval Thompson, Big Youth, Ras Michael and the Sons of Negus bis hin zu Burning Spear gesungen? Doch diese *lyrics* entstammen weder der Kreativität der *Revivalists* noch der Rasta-Reggae-Sänger. Ihre gemeinsame Wurzel liegt in der Erfahrung der Sklaverei und im Widerstand gegen die Versklavung (vgl. Bilby 1995: 170). Symbolisch steht der Fluss Jordan im gelobten Land für den Auszug der alten Israeliten aus Ägypten. Seine Überquerung öffnete das Tor zur Freiheit. Nach dem Neuen Testament sei Jesus von Johannes dem Täufer darin getauft und als Sohn Gottes oder „Lamm Gottes" erkannt worden. In den *Black Gospel Songs* steht der Jordan für die physische Befreiung aus der Sklaverei, im Reggae-Kanon darüber hinaus für die Zersprengung der unsichtbaren Fesseln der „mental slavery", die Rückbesinnung auf schwarzes Bewusstsein, afrikanische Identität und letztlich für *repatriation* nach Afrika (vgl. Austin-Broos 1997: 239–241). Es zeigt die historischen Akkumulationsweisen des spezifischen kulturellen Kapitals aus unterschiedlichen afrikanischen und neo-afrikanischen musikalischen und religiösen Überlieferungen (vgl. Nagashima 1984: 149–156 sowie Bilby 1995: 148–153).

„Meine" Revival-Band schmettert den Chorus aus vereinten Lungen. Wie im Triumphzug rollen wir über die Hauptstraße von Santa. Jetzt könnten mich auch „meine" Rasta-*bredrin* (Jamaikanisch für Brüder) sehen, ohne dass ich in Erklärungsnotstand geriete („Wah? De I go ah church and praise Lord Jesus pon Sunday?"). In dem Lied *Jordan River* wird eine tiefe gemeinsame Erfahrung angesprochen, die so gut wie keine schwarzen Menschen in der afrikanischen Diaspora unberührt lässt. Das merkt man auch in diesem Moment. Überall freundliche

Gesichter und aufmunternde Zurufe, der *rude boy* mit seinem mobilen Reggae-Laden, bei dem ich sonst immer meine *dancehall mix tapes* kaufe, zieht spontan sein *rag* (ein kleines weißes Handtuch, das jeder „anständige" *rude boy* Jamaikas in den 1990er-Jahren aus seiner rechten hinteren Hosentasche heraushängend wie den Pferdewedel eines afrikanischen Chiefs trug) und „wedelt" uns begeistert zu.

Wir kaufen Donuts, bunte *biscuits*, Brot und *corned beef* sowie eine Kiste *box juices* – die trinken auch die *angels and spirits* gern, mit denen wir offenbar verabredet sind. Die letzten zwanzig Kilometer bis nach Mountainside sparen alle ihre Kräfte. Sie wissen, was sie erwartet. *Revival work* ist Schwerarbeit. Vor der zumindest für Revival-Verhältnisse recht stattlichen Kirche von Mountainside werden wir schon erwartet. Colonel Cawley parkt im Schatten. Unsere Reisegruppe klopft den Staub von gut hundert Kilometern jamaikanischer Landstraßen und über viereinhalb Fahrtstunden aus ihren Sonntagskleidern und nimmt Formation an. Die Kirche steht an einem Ort, der nicht grundlos *Mango Walk* heißt. Madda Wright geht mit ihrer roten Fahne durch die schönen Reihen tragender Mangobäume voran, knapp gefolgt von den *players of instruments*. Schließlich sind die Maroons von Accompong berühmt für ihr afrikanisches Erbe und ihre Kriegstrommeln *(war drums)* im Kampf gegen die Briten (von 1655 bis zum Friedensvertrag 1739). Einige der besten Trommler von Accompong sind mitgekommen, um dem vorauseilenden Ruf unserer *Revival band* quasi als Stargäste Genüge zu leisten, und das obwohl sie selbst gar keine *Revivalists* sind. Sie werden für ihre musikalische Begleitung bezahlt, wenngleich ihr Honorar, zum Unterschied von jenem Colonel Cawleys, zum größeren Teil aus Naturalien – Essen und Getränken – besteht.

Unsere Gruppe wird hinter dem *gate* zur Zion Church von Madda Brown begrüßt. Auch sie schwingt eine rote Fahne. Gemeinsam umrunden sie die Kirche, fegen die übelmeinenden Geister mit ihren *spiritual flags* beiseite und vertreiben alle bösen Zungen mit einem Trommelwirbel. Die führende Rolle von Frauen ist bezeichnend für die meisten Revival-Gemeinden. Sie gelten als Mütter der gesamten Gemeinschaft und sind Anlaufstellen für so gut wie alle Sorgen, von Schwierigkeiten in der Schule bis zu Beziehungs- und Eheproblemen, finanziellen Notlagen, seelischen und körperlichen Krankheiten (vgl. Murphy 1994: 126 f.). Diese zentrale Stellung liefert einen Hinweis auf die Bedeutung der Königinmütter in einer ihrer ursprünglichen afrikanischen Herkunftskulturen (den Akan im heutigen Ghana).

Die heilige Messe und ihre säkularen Gewinne

In der Art einer Prozession ziehen die beiden Glaubensgemeinden in die Kirche ein. Manche erinnert das Geschehen an den Einzug Jesu in Jerusalem. Voran die roten Fahnen, die das Blut Jesu symbolisieren und auf den *table* oder Altar gelegt werden. Die *Revival Zion bands* aus Accompong und Mountainside brauchen weit weniger Zeit zum Warmlaufen als Cawleys Pick-up. Zu lange schon haben sie diesen Moment herbeigesehnt. Heute werden sie mit Unterstützung der Maroon-Trommler die *spirits* bearbeiten. Leader Wright macht den Anfang. Der kleine, hagere Prediger der Accompong-Leute mit seinem bunten Hemd, roter Schärpe und blauer Krawatte hat schon einiges drauf. Etliche Male habe ich in Accompong miterlebt, wie er seine Gemeinde angefeuert hat: „To set the church pon fire" wird das in *Revival Zion* genannt. Aus diesem Grund wird Revival als charismatische religiöse Praxis beschrieben, in der die spirituelle Kraft einer Kirche auf dem Charisma ihrer männlichen und/oder weiblichen Führungspersönlichkeiten beruht (vgl. Murphy 1994: 127).

Nach praxeologischem Verständnis treten neben das Charisma als eine Form des symbolischen Kapitals aber auch andere Kapitalsorten, die den Wettstreit um Führungsansprüche begründen. Letztlich steht das kulturelle Kapital einer überzeugenden Predigt und einer mitreißenden spirituellen Performance Sonntag für Sonntag auf dem Prüfstand der Anerkennung vergebenden Gemeinde. Ihre Vergabe von symbolischem Kapital (das auf Kennen und Anerkennen beruht) hängt vom Vergleich mit anderen religiösen Führungspersönlichkeiten ab und ist damit ebenso relativ wie flexibel und dynamisch. Deshalb bringen Treffen von befreundeten Kirchen besonders energiegeladene Darbietungen der Führungspersönlichkeiten hervor, die je nach Gemeinde Pastoren, Diakone, Diakoninnen, Hirten und Hirtinnen, Mütter *(maddas)*, Leiter *(leader)* oder Gouvernantinnen *(governesesses)* genannt werden.

Mit erhobenen Händen läuft Leader Wright um den Altar, vorbei an dem Becken mit heiligem Wasser und einer Machete oben drauf – aufgestellt als Warnung an alle bösen Geister. Schon spricht er mit fremder Zunge. *Speaking in tongues* bedeutet, dass ein Geistwesen oder Engel seinen Körper besucht und Botschaften aus seinem Mund verlautbart. Zumeist sind es eschatologische Prophezeiungen von der Apokalypse, dem drohenden Weltuntergang *(Armageddon)* und dem Jüngsten Gericht Gottes *(Judgement Day)*. Zumindest wird es der religiöse Anführer in seiner Predigt am Ende der Feier in einigen Stunden so interpretieren, daran anknüpfend den allgemeinen Sittenverfall, Gier, Gewalt und Grausamkeit zwischen den Menschen beklagen und vor der eigenen Verdammnis durch antisoziale Lebensweisen und Handlungen gegen die Nächstenliebe warnen. Je eindringlicher und dramatischer seine Verdammung des Zustands der Welt aufgrund ihres Verlustes an immateriellen Werten ausfällt, umso mehr scheint ihm die Zustimmung beider Gemeinden gewiss. Diese Erhöhung seines symbolischen Kapitals hat eine über die Situiertheit im Augenblick hinausgehende Dimension insbesondere bei benachbarten Gemeinden, zwischen denen Übertritte relativ häufig vorkommen. Dass das sogar für den Wechsel ganzer Konfessionen gilt, hat unter anderem Glazier (2006) für die Konversionen von *Native Baptists* zu Rastafari und umgekehrt (am Beispiel von Trinidad) beschrieben. Dabei geht es eben nicht bloß um religiöse Überzeugungen auf der Basis ihrer symbolischen Überzeugungskraft, sondern um weit umfassendere – im weiteren analytischen Sinn ökonomische – Interessen.

Working the spirits

Revival-Zion-Messen folgen keiner starren Liturgie. Bei der Arbeit mit Geistern („working the spirits") kann alles passieren. Insofern ließe sich das Bibelzitat „Denn sie wissen nicht, was sie tun", mit dem Jesus seine Peiniger vor Gott verteidigte, in abgewandelter Form auch hier anwenden. Denn die Feiernden können nie vorher sehen, was die Geister in den menschlichen Körpern gerade im Schilde führen. Jede Wendung ist möglich. Aus einem stillen Teil der Zeremonie kann die Trance eines Gläubigen die Gemeinde regelrecht explodieren lassen. Dann jagen Frauen und Männer *in the spirit* durch die Kirche, drehen sich in wilden Verrenkungen, bekommen Konvulsionen *(shaking the body)*, zücken ihre Bleistifte aus den Turbanen und notieren die Botschaften eines Erzengels auf Papier oder unterstreichen Prophezeiungen der Bibel mit dem zu diesem Zwecke allgegenwärtigen Lineal. Manche schreiben in Trance mit Kreide Hieroglyphen auf den Kirchenboden im Zentrum beim heiligen Siegel (als *seal* oder Siegel wird ein geweihter Ort verstanden, an dem rituelle Reinigungen vorgenommen und die Geister angerufen werden).

Jetzt geht es darum, die Macht der Geistwesen, Erzengel und wer weiß wem noch aller für die Welt der Gläubigen nutzbar zu machen. Das sind keine ungewollten Formen der „Besessenheit", wie das die anerkannten christlichen Kirchen nennen und damit die Revivals in die Nähe „satanischer Kulte" rücken. Im Gegenteil, bei *Revival-Zion*-Zeremonien steht die gewollte und durch harte Arbeit erreichte Teilnahme der spirits im Mittelpunkt (vgl. Austin-Broos 1997: 144). Wie Gäste aus einer anderen, eben überirdischen Welt werden die spirituellen Kräfte eingeladen, die körperlichen Hüllen der Feiernden wie Gasträume zu besuchen und die menschlichen Gastgeber auf eine Reise in eine übersinnliche Bewusstseinswelt mitzunehmen. Meistens sind es spezielle Engel (Isaiah, Michael oder Jeremiah) und Propheten, die sich als Schutzgeister und Tutoren von *Children of Zion* (wie sich Revival-Anhänger oft selbst bezeichnen) offenbaren und zu ständigen (spirituellen) Begleitern werden. Mit ihnen arbeiten die menschlichen Medien ein Leben lang. Auf diese Weise partizipieren sie auf ihrem eingeschlagenen Weg nach Zion an der jeweiligen Weisheit eines Geistwesens und dessen Beziehung zum Heiligen Geist Gottes. Wie in anderen Kontexten auch, muss die Vorstellung von Weisheit als relative und historische Kategorie bewertet werden, die auf der Zuerkennung durch eine soziale Gemeinschaft beruht und als symbolisches Kapital außer Streit gestellt wird.

Im skizzierten – im weiteren Sinn ökonomischen – Beziehungsverhältnis geht es also um eine sozial vermittelte Weisheit. Der Charakter des Mediums wird durch die von der Gemeinschaft zugedachten Eigenschaften „seines" Geistes geformt. Die dahinterstehende Logik der religiösen Praxis lässt sich daher als Beziehungsarbeit verstehen, bei der es darum geht, die anerkannten Verbindungen zu den Geistwesen zu reproduzieren, zu aktualisieren und schließlich im Idealfall zu erhöhen. Dafür sind Investitionen in Form von Arbeit notwendig, die sich gerne als demonstrativ interessenlose Handlungen einen rein spirituellen Anschein geben. Deren analytische Erfassung vermag daher die am besten verkannten Strategien der Reproduktion von Deutungsmacht und damit letztlich die Reproduktion von Herrschaft über eine Gemeinde offenzulegen. Denn als verdeckte Form der Kapitalvermehrung im Wettstreit um die mit Entscheidungsmacht ausgestatteten Positionen im Feld kann die nur scheinbar ausschließlich spirituelle Beziehungsarbeit für den unauffälligen Ausbau des Sozialkapitals verwendet werden. Sein Umfang ist abhängig von Qualität und Quantität der sozialen Beziehungen, die der Handelnde bei Bedarf „spielen lassen" kann. Im Kontext des Revival sind die spirituellen Beziehungen deshalb von höchster Wichtigkeit. Sie vermitteln einer Führungspersönlichkeit ein nahezu unbegrenztes Pouvoir des sozialen Handelns. Anerkannte charismatische Persönlichkeiten genießen beinahe unbeschränkten Kredit an Glaubwürdigkeit, der selbstredend auch für materielle und im engeren Sinn finanzielle Transaktionen verflüssigt werden kann. So manche *madda* und so mancher *shepherd* sammeln für ihre Kirchen und bauen sich oftmals gleich noch ein hübsches Häuschen daneben dazu.[8]

Wenn die Kirche „heiß" wird und die Geister aus den Mündern der Medien durcheinanderschreien, übernehmen die stampfenden Füße der Geisttänzer den Schlag der Trommeln. Die *madda* gibt den Takt vor. Die *performances* der international als Stomp bekannt gewordenen Choreografien mögen in diesem Tanz eine Urmutter besitzen. Mit jedem machtvollen Stampfer saugt die *madda* geräuschvoll Luft in ihre Lungen, um sie mit aller Kraft und einem tiefen Stöhnen auszustoßen. Die *human beat box* wird von allen anderen unterstützt. *Trumping* nennen die *Children of Zion* diesen Teil ihrer spirituellen Praxis, bei dem der Geist ins Bewusstsein gebracht und „bearbeitet" wird. Ihr Verständnis eines Gottesdienstes steht im Einklang mit Psalm 150, in dem es heißt:

8 — Ohne wirklich tragfähige empirische Daten für weitergehende Generalisierungen zu besitzen, erscheint mir jedenfalls bemerkenswert, wie oft charismatische Führungspersönlichkeiten beträchtlichen materiellen Besitz erwirtschaften konnten, worüber man auch in Jamaika eher hinter vorgehaltener Hand spricht.

Praise ye Lord
Praise God in his Sanctuary ...
Praise him with the sound of the trumpet

Jetzt ist der Moment gekommen, um die Geister mit dem Wasser des Lebens zu nähren. Von allen Seiten wird es über die Köpfe der Tanzenden gespritzt. Manche trinken das Wasser und erleichtern es damit den in der Luft befindlichen *spirits*, in ihre Körper einzutreten. Plötzlich liegt mir eine ziemlich kräftige ältere Dame mit rotem Turban und blütenweißem Kleid in den Armen. Sie wirbelt mich durch die gesamte Kirche. Wir rempeln die anderen Tanzenden zur Seite, die das durchaus erfreulich zu finden scheinen und stolpern beinahe über eine am Boden liegende Novizin, die soeben erstmals ihren Geist empfangen hat. „Put to the ground“ bewegt sich ihr Körper wie die Brandung des Meeres: unregelmäßig und doch mit einer fließenden Rhythmik. Kein Schüttelkrampf, vielmehr freiwillige Einlassung auf eine spirituelle Reise in eine der alltäglichen menschlichen Erfahrung verschlossene Welt. Mitgerissen von der überschäumenden Energie, die den Raum erfüllt – übersinnlich und doch körperlich greifbar im (bewusst) unkoordinierten religiösen Erleben aller Beteiligten. Ein englischer Begriff bringt die Atmosphäre auf den Punkt: *otherworldly*.

Eine Gruppe umringt die jetzt kniende, am ganzen Körper bebende junge Frau, übergießt sie mit Wasser, schwenkt die *leaves of life* über ihrem Kopf und vereint sich in Gebeten mit unzähligen „Praise ye Lord“-Rufen. Es ist eine Art gemeinschaftliche Gebetswache, die sicherstellen soll, dass die Reise in die Transzendenz auch wieder ins weltliche Leben zurückführt. Wenig später findet in einer anderen Ecke der Kirche eine Heilung durch Handauflegung des *leaders* oder *shepherds* statt. Und während sich das neue Medium auf einer Bank, gestützt von erfahrenen *Revivals*, zu beruhigen und ihrem diesseitigen Ich wieder näherzukommen scheint, wird ein kleiner Junge in weißem Hemdchen und Mini-Anzugsgilet hereingetragen und der *madda* zur Taufe übergeben. Mehrmals taucht sie den Kopf des Buben vollständig ins heilige Wasser. Ohne dass das Kind – ich bin Zeuge des Wunders – auch nur einen Pieps von sich gibt. Begeistert wird der Junge herumgereicht, in die Höhe gehalten und sofort in den Tanz miteinbezogen. Immer und immer wieder gerät die Kirche „on fire“. Kurze Beruhigungsphasen dienen zum Kräftesammeln. Dabei werden Revival-Hymnen gesungen und Psalmen rezitiert.

Am Ende kommen die Predigten. Sie erinnern vom Stil her an die ekstatisch anmutenden *Preachermen* im US-TV und ihre dramatischen Appelle zur seelischen Reinigung und spirituellen Katharsis. Dann bin ich selbst an der Reihe. Leader Wright lädt mich zu einer Grußbotschaft an die religiöse Versammlung ein. Damit habe ich zwar nicht gerechnet, aber es fällt mir leicht, salbungsvolle Worte zu finden. Ich würdige ihren tiefen Gemeinschaftssinn – die zelebrierte *unity of mankind* – ohne Rücksicht auf Herkunft und Hautfarbe ebenso wie die sichtbare Freiheit und kreative Inspiration ihres Gottesdienstes. Es war eine reine

Freude an diesem denkwürdigen Zusammentreffen teilhaben zu dürfen und ihre Bereitschaft mitzuerleben, bei der Arbeit mit den *spirits* alles zu geben, teile ich der Gemeinschaft zur sichtbaren allgemeinen Zufriedenheit mit. Die Worte quittieren sie mit lautem Applaus. Am Ende meiner kurzen Ansprache erlaube ich mir den Superlativ, dass ihre Feier die beeindruckendste christliche Messe gewesen sei, die ich je erleben durfte und beende meine kurze Rede mit einem „Praise ye Lord!". „Praise ye Lord!", schallt es dreimal zurück. Dann endlich macht sich eine gewisse Erschöpfung breit, Zeit für den Schlusssegen. Die beiden Revival-Gemeinden danken sich gegenseitig für den Besuch, beschwören ihre Verbundenheit und begeben sich unter die Mangobäume am *Mango Walk* auf Mittagspause.

Die Ökonomie der Interessen zum Arbeiten bringen

Im Schatten versuche ich das Erlebte in mein weltliches – sprich praxeologisches – Koordinatensystem einzuordnen. Dabei geht es nicht darum, dem Erlebten seinen Eigenwert zu nehmen oder die religiöse Inbrunst in welcher Weise auch immer herabzuwürdigen. Vielmehr soll der Blick hinter die Kulisse der gelebten Praxis auch jene Deutungsmöglichkeiten wenigstens ins Kalkül ziehen, die im Habitus (als den verinnerlichten bzw. „verkörperten" sozialen Strukturen) vergessen und damit unbewusst eingeschrieben sind. Dabei steht eine analytische Vorgangsweise im Mittelpunkt, die nach der still-schweigenden Übereinkunft zwischen (individuellen) Dispositionen und (sozialen) Positionen fragt. Denn diese durch historische Akkumulation gewachsene Korrelation zwischen Habitus und dem Feld, in dem er erzeugt wurde, drückt sich in einer praktischen Übereinstimmung zwischen dem Spielgefühl („sense of the game") und dem Spiel selbst aus – ein regelmäßig blindes Spielverständnis, das erklärt, warum der Handelnde das tut, was er scheinbar tun muss, ohne es eben explizit zum Ziel zu machen (Bourdieu/Wacquant 1992b: 128).

Das unterscheidet die Ökonomie der (habitualisierten) Interessen von den pessimistischen – jegliche Wahlmöglichkeit der Handelnden in Abrede stellenden – Spielarten des Funktionalismus, Strukturfunktionalismus und Utilitarismus, mit denen sie mitunter kurzschlüssig in Verbindung gebracht wird (vgl. Janning 1991: 163 ff.). Denn der Wettstreit um die verfügbaren Positionen eines Feldes verlangt nach bewussten Handlungsentscheidungen innerhalb der Spielräume, die von den inoffiziellen – durch allgemeine Anerkennung – geltenden Regeln im Einzelfall mehr oder weniger flexibel festgelegt werden (vgl. Bourdieu 1992b).

Im Hintergrund der oben emphatisch geschilderten religiösen Praxis lassen sich die Kapitaleinsätze der Handelnden gut erkennen. Sie scheinen gewissermaßen durch die mitreißenden spirituellen Handlungen durch. Darunter fallen sowohl die Frage, wer überhaupt zu einer Predigt zugelassen wird, wie lange die akzeptable Redezeit bemessen wird, wie die Inhalte und die Art der charismatischen Performance bewertet werden, wie weit die Heilungen das symbolische Kapital der AkteurInnen vermehren und damit die Macht des spezifischen Feldes bzw. eines Segments des Feldes in Relation zu anderen Segmenten erhöht, welche spontanen Einsätze als unbewusste Strategien ins Spiel um die symbolische Macht gebracht werden, die letztlich viel mehr als ein Spiel ist und über existentielle Bedürfnisse entscheidet. Selbst der Einbezug des weißen Gastes erscheint, im postkolonialen Kontext der sozialen Beziehungen, der spezifischen, in dem Feld wirkenden Ökonomie der Interessen geschuldet.

Church Heathen?

Während ich so reflektierend in mich gekehrt auf einem Stein sitze, passiert das Unvermeidliche: „Mi want a cigarette nuh man!" Wer immer im ländlichen Jamaika eine Packung Zigaretten zückt, bleibt nicht lange alleine. Der junge Mann im *Elephant Man look* (gelb gefärbte Haare mit kurzen, stehenden Locken, fingerdicke, vermutlich unechte Goldketten um den Hals, dunkle Pseudo-Versace-Sonnenbrille) war mir schon während der Feier aufgefallen. Allerdings nicht in der Kirche, sondern in einem der glaslosen Fensterrahmen, die jede Menge Schaulustige angelockt hatten. Mein Verdacht bestätigte sich. Warum er hier sei, könne doch keine Frage sein: Die jungen Kirchgängerinnen seien schließlich die anständigeren Frauen als die *dancehall*-Adeptinnen („Natural man, dem church gyal more clean to di dancehall queen"). Der spricht sogar schon in Reimen. Der Zweizeiler hätte gut in Shaggys *Church Heathen* gepasst, seinen Megahit aus dem Jahr 2007, in dem er sich über die unheiligen Aspekte der vorgeschobenen jamaikanischen Frömmigkeit lustig macht und die Kirche als „Partnerbörse" dekonstruiert.

> *Dann beginnt sie über die Männer zu erzählen,*
> *die nur wegen der Frauen in die Messe kommen,*
> *um sich mit ihrem Geschwatze über Religion eine Gläubige aufzureißen.*
> *Aber wahrscheinlich sollte ich ganz ruhig sein,*
> *weil ich doch einer von ihnen bin ...*[9]

Mit dem nur oberflächlich betrachtet ungewöhnlichen Ort für die Kontaktsuche ist eine komplexe Ökonomie der geschlechtlichen Beziehungen verbunden, die der Kirchenfrau *(church woman)* einen höheren Grad der metaphysischen und

9 — „*Then she proceed fi talk bout de man dem*
Only come ah service fi look church woman
And fi pull up de gal dem, talk bout religion
But me shouldn't say nuttin cause me know me a one ..." (Shaggy: Church Heathen, 2007).

physischen Reinheit zuschreibt. Aufgrund von deren Bemühen um Reinheit von Körper und Geist und moralischer Integrität werden sie von vielen Männern als Langzeitpartnerinnen und vor allem als Mütter ihrer Kinder *(babymothers)* bevorzugt. In ihrem Streben nach Perfektion, die eine Voraussetzung für den Empfang des Heiligen Geistes im spirituell sauberen Gefäß ihres Körpers darstellt, liegt demnach ein starker Anreiz für all jene Männer, die sich von einer Beziehung eine moralische Aufwertung oder zumindest eine geringere Infektionschance für die mit Sexualität traditionell verbundene Gefahr der Verunreinigung wünschen. In diesem Sinne delegieren sie gewissermaßen einen Teil der vor allem auf Verzicht und der Anstrengung von Läuterungen beruhenden spirituellen Reinigungsarbeit an die potenziellen zukünftigen *babymothers* (vgl. Austin-Broos 1997: 120 ff.).

Der Kirchgänger auf Brautschau verfolgt insofern seine Interessen in der säkularen Welt, ebenso wie die Zion-Leute ihre jeweils eigenen Wünsche nach sozialer Sicherheit, Zugang zu besseren Bildungsmöglichkeiten und anderen Sozialeinrichtungen (beispielsweise der Krankenpflege). Selbst während ihre Geistreisen ins gelobte Land der Bibel gehen, begleitet von ihren Engeln und beschützt von ihren Heiligen, lassen sich profane Profite in der symbolischen und mitunter auch „ökonomischen“ Ökonomie einfahren. Musiker, Sänger, Tänzer und Prediger bewerben sich um Respekt und Anerkennung und investieren ihre Energien in ein soziales Netzwerk, das bei Bedarf in Anspruch genommen werden kann. Dahinter steht die Einsicht, dass sich eine Hand alleine nicht waschen kann. Erst der Missbrauch dieser Tatsache führt zu Korruption. Nach Stunden der intensiven Beziehungsarbeit schleppen sich völlig erschöpfte, aber auf verschiedene Weise „bereicherte“ Revival-Gläubige zu dem schon wartenden Pickup von Colonel Cawley. Die Verabschiedung von unserer Gastgeber-Gemeinde dauert eine halbe Ewigkeit. Kaum auf die Holzbänke geschlichtet, stimmt Madda Wright sofort ein Lied an und die Trommeln fallen ein:

One bright morning when my work is over,
I will fly away home to Zion, fly away home ...

Im Umkehrschluss heißen die beiden Textzeilen, dass die Arbeit zum Erhalt und zum Ausbau der erreichbaren Positionen auf Erden nie endet.

Conclusio

Der Habitusbegriff erlaubt es, die jeweilige Investitionslogik der sozial Handelnden als vernünftig wahrzunehmen: Ihre Praktiken sind angemessen, weil sie die objektiven Chancen, denen sie in den Handlungsfeldern ihres Lebenslaufes begegnen, internalisiert haben. Ihre „Strategien“ beruhen auf diesem langwierigen, vielschichtigen und eben niemals endenden Prozess der Konditionierung. Daher entspringen die Strategien dem vom Habitus erzeugten „Spielgefühl“. Im

Gegensatz zu rationalistischen Handlungstheorien werden sie keineswegs auf die bloßen Resultate rationaler Handlungsabwägungen reduziert (vgl. Zips 2007a: 94 ff.). Mithilfe des von der „Ökonomie der Interessen“ angebotenen Werkzeugkastens lässt sich der objektive Gehalt von Strategien auch auf gruppenspezifische Interessen zurückführen, die nicht notwendigerweise unmittelbar ökonomischen Inhalt besitzen. Symbolische Interessen der Anerkennung (z. B. der Ehre, des guten Rufes etc.) unterliegen ebenso „ökonomischen“ Tauschverhältnissen. Sie motivieren die Bewerbungen der KonkurrentInnen eines Feldes um die möglichen Positionen im Feld (vgl. Bourdieu 1976: 335 ff.). Der Konkurrenzkampf wird unter Einsatz der unterschiedlichen Kapitalformen geführt, wie ich am Beispiel der jamaikanischen Revival-Praxis äußerst kursorisch und auf die Momentaufnahme (eines Tages) verkürzt zu zeigen versucht habe.

Dabei geht es immer um die konkrete Bewertung der Kapitalformen, die den AkteurInnen in dem spezifischen Feld zur Verfügung stehen. Darüber hinaus gilt es zu hinterfragen, auf welche Weise die empirisch beobachtete Investitionslogik zu einer Verbesserung des Gesamtkapitals des Feldes in Relation zu anderen Feldern führt. Eigeninteressen bleiben auf diese Weise mit Gruppeninteressen rückgekoppelt. Investitionen (oder Kapitaleinlagen) zur Verbesserung der Position im Feld dienen individuellen und kollektiven Interessen. Hinter dieser sozial-theoretischen Perspektive auf eine „allgemeine Ökonomie der Praxis und der ihr zugrunde liegenden Interessen“ verbirgt sich keine ökonomistische Sicht „auf die (objektivierten) Dinge“.

Kapital erscheint in dieser ökonomischen Lesart immer nur im Plural – als Formen von Kapital. Bei der Erweiterung des Kapitalbegriffes geht es darum, alle Praxisformen in die sozialwissenschaftliche Analyse von Herrschaft miteinzubeziehen, die im weitesten Sinn ökonomischen Interessen dienen, d. h. auf den Erhalt oder die Verbesserung sozialer Positionen abstellen. Dazu bedarf es einer Vorstellung von Kapitalformen und Profitarten, die scheinbar interesselose symbolische Praktiken nicht ausschließt. Auch diese Praktiken können auf die Vermehrung von symbolischem Kapital gerichtet sein, das sich unter den partikularen Bedingungen in andere Formen von Kapital konvertieren lässt. Daher verschafft die relationale Betrachtungsweise der unterschiedlichen Kapitalformen und ihrer Transformationsprozesse einen Zugang zur „Investitionslogik“ symbolischer Praktiken in einem empirischen Ausschnitt (Bourdieu 1983: 183 ff.; Johnson 1993: 5 ff. sowie Zips 2007a: 99 ff.).

Für die Transformation jeder Kapitalform in symbolisches (auf sozialer Anerkennung beruhendes) Kapital ist Arbeit notwendig, die sich gerne wie bei der Geisterarbeit der *Revivals (working the spirit)* als demonstrativ interesselose Handlung unkenntlich macht. Die Aufdeckung der vielfältigen Interessen kann daher die am besten verkannten Strategien der Reproduktion von Herrschaft und Macht offenlegen. Denn grundsätzlich sind alle genannten Kapitalformen auch wieder in ökonomisches Kapital („Vermögen" im materiellen Sinn) konvertierbar (vgl. Bourdieu 1976: 335ff., 1983: 184 sowie Calhoun 1993: 71f.).

Selbst die möglicherweise für manchen Beobachter „entrückt" wirkenden Geistkommunikationen – das Schreiben der Nachrichten von Engeln auf den Fußboden oder das Unterstreichen von handlungsanleitenden Bibelzitaten mit immer im Turban bereitstehendem Bleistift und Lineal – verfolgen bei genauerem theoretischen Blick interessegeleitete Ziele. Insofern spricht der sowohl in Revival-Gesängen als auch in unzähligen Reggae-Songs viel zitierte Psalm 23 des Neuen Testaments („The LORD is my shepherd; I shall not want") auch für eine irdische Bedeutung der potenziellen Bedürfnisbefriedigung durch die praktische Religionsausübung. Etwas sinnerweitert wird es demnach nur demjenigen an nichts mangeln, dessen Zugehörigkeit zum göttlichen Hirten weithin bekannt und anerkannt ist. In der spirituell-säkularen Revival-Ökonomie vermittelt die Aufnahme ins Haus Gottes eine Vielzahl von miteinander komplex verknüpften Interessen, die hier nur angedeutet werden konnten. Revival-Arbeit lässt sich mithin wie jede andere Beziehungsarbeit auch als Prozess der sozialen Alchemie verstehen, deren Aufwand sich auf die Verschleierung der tatsächlich wirksamen Formen von Herrschaft, Autorität und Macht richtet.

Belegliteratur

Austin-Broos, Diane J. (1997): Jamaica Genesis. Religion and the Politics of Moral Orders. Chicago and London: The University of Chicago Press.

Besson, Jean/Chevannes, Barry (1996): The continuity-creativity debate: the case of Revival. In: New West Indian Guide/Nieuwe West-Indische Gids 70/3–4, 209–228.

Bilby, Kenneth (1995): Jamaica. In: Manuel, Peter/Bilby, Kenneth/Largey, Michael (eds.): Caribbean Currents. Caribbean Music from Rumba to Reggae. Philadelphia: Temple University Press.

Bourdieu, Pierre (1976): Entwurf einer Theorie der Praxis auf der Grundlage der kabylischen Gesellschaft. Frankfurt am Main: Suhrkamp.

Bourdieu, Pierre (1983): Ökonomisches Kapital, kulturelles Kapital, soziales Kapital. In: Kreckel, Reinhard (Hg.): Soziale Ungleichheiten (Soziale Welt, Sonderband 2). Göttingen: Schwartz, 183–199.

Bourdieu, Pierre (1992a): The Practice of Reflexive Sociology. The Paris Workshop. In: Bourdieu, Pierre/Wacquant, Loïc J. D. (eds.): An Invitation to Reflexive Sociology. Cambridge: Polity Press, 217–260.

Bourdieu, Pierre (1992b): Rede und Antwort. Frankfurt am Main: Suhrkamp.

Bourdieu, Pierre (1996): Störenfried Soziologie. Zur Demokratie gehört eine Forschung, die Ungerechtigkeiten aufdeckt. In: Die Zeit, 21. Juni 1996, 33.

Bourdieu, Pierre (1998): Utopia of endless exploitation. The essence of neoliberalism, Monde Diplomatique, December 1998. Available at: http://mondediplo.com/1998/12/08bourdieu, 6.12.2012.

Bourdieu, Pierre/Wacquant, Loïc J. D. (eds.) (1992a): An Invitation to Reflexive Sociology. Cambridge: Polity Press.

Bourdieu, Pierre/Wacquant, Loïc J. D. (1992b): The Purpose of Reflexive Sociology (The Chicago Workshop). In: Bourdieu, Pierre/Wacquant, Loïc (eds.): An Invitation to Reflexive Sociology. Cambridge: Polity Press, 62–216.

Calhoun, Craig (1993): Habitus, Field, and Capital: The Question of Historical Specificity. In: Calhoun, Craig/LiPuma, Edward/Postone, Moishe (eds.): Bourdieu. Critical Perspectives. Cambridge: Polity Press, 61–88.
Chevannes, Barry (1998): Introducing the Native Religions of Jamaica. In: Chevannes, Barry (ed.): Rastafari and Other African-Caribbean Worldviews. New Brunswick, New Jersey: Rutgers University Press.
Collins, James (1993): Determination and Contradiction. An Appreciation and Critique of the Work of Pierre Bourdieu on Language and Education. In: Calhoun, Craig/LiPuma, Edward/Postone, Moishe (eds.): Bourdieu: Critical Perspectives. Cambridge: Polity Press, 116–138.
Glazier, Stephen D. (2006): Being and Becoming a Rastafarian: Notes on the Anthropology of Religious Conversion. In: Zips, Werner (ed.): Rastafari. A Universal Philosophy in the Third Millennium. Kingston/Miami: Ian Randle, 256–281.
Janning, Frank (1991) Pierre Bourdieus Theorie der Praxis. Analyse und Kritik einer praxeologischen Soziologie. Opladen: Westdeutscher Verlag.
Johnson, Randal (1993): Editor's Introduction: Pierre Bourdieu on Art, Literature and Culture. In: Johnson, Randal (ed.): The Field of Cultural Production. Essays on Art and Literatury – Pierre Bourdieu. Cambridge: Polity Press.
Lebaron, Frédéric (n.y.): Pierre Bourdieu: Economic Models against Economism. Available at: http://olivier.godechot.free.fr/hopfichiers/lebaron-second-draft-edited.pdf.
Murphy, Joseph M. (1994): Working the Spirit. Ceremonies of the African Diaspora. Boston, Massachusetts: beacon Press.
Mutabaruka (2006): Rasta from Experience. In: Zips, Werner (ed.): Rastafari. A Universal Philosophy in the Third Millennium. Kingston/Miami: Ian Randle, 21–41.
Nagashima, Yoshiko S. (1984): Rastafarian Music in Contemporary Jamaica. A Study of Socioreligious Music of the Rastafarian Movement in Jamaica. Tokyo: ILCAA.
Shaggy (2007): Church Heathen, auf der CD Intoxication, Big Yard Production.
Wacquant, Loïc J. D. (1992): Toward a Social Praxeology: The Structure and Logic of Bourdieu's Sociology. In: Bourdieu, Pierre/Wacquant, Loïc J. D. (eds.): An Invitation to Reflexive Sociology. Cambridge: Polity Press, 217–260.
Zips, Werner (2007a): Das Stachelschwein erinnert sich. Ethnohistorie als praxeologische Strukturgeschichte. Wien: Facultas WUV.
Zips, Werner (2007b): Gerechtigkeit unter dem Mangobaum. Rechtsanthropologische Forschung zu einer Insel des Rechts. Wien: Facultas WUV.
Zips, Werner (2008): Die Macht ist wie ein Ei. Theorie einer gerechten Praxis. Wien: Facultas WUV.
Zips, Werner (2011): Fly away home to Zion. In den „heißen Kirchen“ Jamaikas. In: Riddim. Reggae, Dancehall, Tunes, Culture 01/11, 50–55.

Empfohlene Literatur

Bourdieu, Pierre (1987): Die feinen Unterschiede. Kritik der gesellschaftlichen Urteilskraft. Frankfurt am Main: Suhrkamp.
Bourdieu, Pierre/Wacquant, Loïc J. D. (eds.) (1992): An Invitation to Reflexive Sociology. Cambridge: Polity Press.
Chevannes, Barry (1998): Introducing the Native Religions of Jamaica. In: Chevannes, Barry (ed.): Rastafari and Other African-Caribbean Worldviews. New Brunswick, New Jersey: Rutgers University Press.

Ayşe Çağlar

Locating Migrant Hometown Ties in Time and Space. Locality as a blind spot of migration scholarship[1,2]

Introduction

Although, at a very basic level, migration is a phenomenon of spatial mobility, the concept of spatiality in migration scholarship is under-theorized and/or -framed. As a result, theorizing locality beyond the national scale becomes very difficult.[3] This is particularly apparent in comparative studies about varying migrant dynamics and agency. Questions about locality relate very closely to the units of analysis used in migration scholarship. Historically, when a comparative perspective has been applied to migrant settlement and transnational networks, the analytical parameters for comparative research have been based predominantly on the national scale. Variations in migrant settlement have been approached very often through the lens of nation-states (expressed in the idioms of "host" or "receiving" countries/state or countries of "origin"/"sending" countries/states), and the different opportunity structures these states and societies provide to migrants (Amiraux 2001; Kastoryano 2002; Schiffauer et al. 2004; Garabaye 2005).

On the other hand, there are approaches that do not necessarily confine their analysis of migrant incorporation and translocal ties to a national scale. In these, the *city* is taken to be the "context" that shapes migrant dynamics and agencies.[4] In general, the emphasis is on the historical context and the institutional structure and discursive legacies that provide the particular opportunities available to the migrants. Very often the analysis of migrant settlement is grounded within a framework that emphasizes each city's unique and specific cultural trajectory, its "own intrinsic logic", and the historical unfolding of its institutions.[5] Cities are only one of a range of places that need to be theorized in relationship

1 — This article was first published in Historische Anthropologie 21/1, 2013. Reprint with kind permission of the publisher (Böhlau Verlag).

2 — Parts of this article are based on Glick Schiller/Çağlar 2011a and Çağlar 2007. However, it expands all the arguments and the material presented in these publications on the basis of new data and/or literature and introduces new arguments.

3 — The concept of mobility deployed in migration scholarship is also problematic. While some groups – such as the Roma – are described by generic mobilities, other groups continue the legacy of mobility over generations despite their immobilities – as the "second" and "third generation migrant" concepts show. However, the concept of mobility is not examined in depth in this article.

4 — For "city as context" see Cadge et al. 2009.

5 — For the formulation of such a perspective on locality, see Berking 2008 and Löw 2008.

to migration. However in the context of current globalization in which cities have been playing prominent roles in neoliberal agendas (as strategic nodes of capital flows and units of governance with powers of taxation and local development), the choice of the city is an appropriate entry point to a discussion of the question of locality in migration scholarship (see Glick Schiller/Çağlar 2007). Nevertheless, there are two fault lines in the "city with an intrinsic logic" and "city as context" approaches: difficulties with a comparative analysis and the lack of a global perspective on locality.

Whereas the "city with its own intrinsic logic" approach envisions path dependency and the historical unfolding of institutions for each city, the "city as context" perspective highlights the unique mix of institutions and histories of a city that shapes the local opportunity structures of migrant incorporation and transnationalism. Both approaches defy a comparative analysis, which is crucial if we are to understand and analyze the *varying* dynamics and processes of migrant settlement and translocality in *space* and *time*.

Furthermore, though these studies rightly recognize the strategic role of cities and the local institutions in the urban social and political processes that shape the pathways of migrant incorporation and translocal dynamics, neither the "internal" dynamics ascribed to the cities nor the local opportunity structures of the cities are linked to globe-spanning forces that mark the globalization of today's world. These perspectives that underline the "intrinsic logic" of cities or take "city as context" lack a global perspective on locality and fail to analyze the local dynamics when referring to the global connections that different cities may share.

Scholarship that addresses the mutual constitution of the local and the global might provide a different but an appropriate ground to address the varying migrant settlement and translocal dynamics in space and time. A group of critical urban scholars has been theorizing and exploring how globalization creates differential livelihood possibilities for urban dwellers as well as new forms of urban governance, institutions, and politics (Sassen 1999; Brenner 2004). Operating with the concept of "scaling" processes, these scholars have theorized the dynamics through which cities try to reposition themselves within hierarchies of power and wealth.

Built upon the theoretical space opened by the scale framework, this article aims to develop a perspective that will be able to address the variation of migrant incorporation, translocal ties, and migrant agency in time and space. I discuss the varying dynamics of migrants' translocal ties on the basis of their hometown ties that are crystallized and mediated through hometown associations (HTAS) of migrants from Mardin and Bozlu (Turkey) in Europe. I start with two vignettes on the puzzling emergence of hometown ties and HTAS of migrants from Mardin and Bozlu and situate these developments within the broader literature on HTAS. In the second part of the chapter, I review the way locality is conceptualized in migration scholarship and explore the conceptual impediments that confine these approaches to a national scale and methodological nationalism. Here I focus on the ethnic lens deployed in the analysis and the grip of research based on gateway cities on studies of migrants and cities and their discontents. Then I concentrate on the importance of a global perspective in making cities rather than the nation-states and/or ethnic groups our entry points or units of analysis. Here the emphasis is on the contributions as well as the shortcomings of the "global cities" perspective for theorizing locality in migration scholarship. In the fourth section, I briefly introduce the arguments of the scaling scholars before then going on to explore Mardin's repositioning struggles through the lens of this perspective. Here I concentrate on the emergent hometown ties and HTAs of Syriac migrants from Mardin in Europe and analyze these dynamics in relation to Mardin's repositioning efforts to alter its position within multiple hierarchies and registers of power. The dynamics behind the emergence of HTA of Bozlu are also referred to here but not developed in detail. In conclusion, I draw attention to the resilience of methodological nationalism and focus on the consequences of a failure to approach "migrants" through the same analytical lens deployed for analyzing the practices and relations of "native" urban dwellers. Questions of coevalness and denial of contemporaneity are noted as crucial problems arising from this failure.

Emergent Hometown Ties and Hometown Associations

The following two vignettes help to situate the puzzling questions about the emergence of hometown ties, HTAs, and migrant agency in more concrete terms.

Vignette 1: ARPAD is a hometown association in Berlin of migrants from Bozlu (a city in Eastern Turkey). It aims to contribute to the economic, social, and cultural development of Bozlu and link together the people from Bozlu "at home" and abroad. ARPAD organizes charitable events and festivals, contributes to personal development (e.g., provides scholarships, organizes donations of ambulances and medical equipment) and tries to improve the economic and social position of the hometown of Bozlu and the home community in Berlin. However, what makes the case of ARPAD noteworthy is that, although Turkish migration to Europe and Germany started five decades ago and officially stopped at the beginning of the 1970s, ARPAD was only established in October 1999. Interestingly, by the time ARPAD was established, there was no significant increase in the number of migrants from Bozlu in Berlin, or, in fact, anywhere else in Germany. How can we explain its emergence in Germany almost four decades after the migration from Bozlu to Germany and to Berlin? Neither the opportunity structures available in Berlin in the 1990s nor an ethnic lens focusing on the Turkish community in Berlin (or Germany) enable us to explain the emergence of HTAS of Bozlu in Berlin and Germany 40 years after migration. Moreover, not all migrant groups from Turkey established HTAS in Berlin at the end of the 1990s. However, it is noteworthy that Bozlu was declared to be an "industrial zone" shortly before the establishment of ARPAD and this status looms large in all the activities and publications of this HTA.

Vignette 2: Mardin in Turkey on the border to Syria has been home to different religious and ethnic groups (Kurds, Arabs, Armenians, Yezidis, Turks, and Syriacs) with complex intercommunity relations for centuries. This area has been subject to different streams of displacements. Though the out-migration of the Christian populations (particularly of Syriacs) from Mardin started in the 1940s (with alterations in military service regulations), it intensified during the Turkish invasion of Cyprus in 1974.[6] However, the major massive Syriac emigration was the outcome of the military conflict going on in that region since the 1980s.[7] There is now a Syriac diaspora of about 3.5 million spread throughout Europe, the USA, Australia, Brazil, and India. Despite a vivid community life abroad, the Syriac population in Europe kept hardly any ties to their homeland and hometown despite the complex and changing forms of alliances and relations they had with the other emigrant minority groups from Turkey living in Europe.[8] In the 1970s, Syriac emigrant life in Europe was centered predominantly around the Orthodox Church, whereas in the 1980s and 1990s, the cultural centers became the axis of their community life as well as their internal conflicts (Biner 2011). With the escalation of the conflict between the Kurds and the Turkish state in Turkey in the 1990s, the Kurdish cause acquired an increasing presence within the Syriac populations in Europe. Since 2002, those Syriac migrants from Mardin in Europe who had not forged direct homeland ties for several decades started either to return to their once evacuated villages in Mardin or to forge hometown ties to Mardin in various forms. Since their emigration, they have continuously maintained translocal ties spanning several places in Europe and worldwide, but their hometown Mardin was not present in this space. This started to change in a striking way at the beginning of the 2000s. The Mutual Aid Association of Karfo (from province Mardin), established in Switzerland in 2002, played an important role in mediating the return of migrants to Mardin.[9] Interestingly, many of these hometown development associ-

6 __ For an elaborate analysis of the intercommunity relations in Mardin and abroad, see Biner 2007, 2011.

7 __ Around 40,000 Syriacs are estimated to have emigrated from Turkey since the 1980s.

8 __ For an excellent account of this complex landscape, see Biner 2011.

9 __ Kafro was one of the places that witnessed massive emigration. Whereas about 182 Syriac families were living in different European countries, after the call, 17 such families returned to Kafro. Similarly, 100 families also returned to Midyat in Mardin province after the call.

ations were founded after 2002. It is not possible to explain the emergence of these HTAs on the basis of Syriac ethnic identity, their attachment to their homeland, or the opportunity structures available to them in Turkey or in their countries of settlement on a national scale. Syriac populations in several European countries from Mardin are forging such ties while not all Syriac populations from Turkey are necessarily doing so. The emergence of the hometown ties and HTAs of Syriac migrants from Mardin in Europe several decades after their emigration poses a puzzle.

The rich body of literature on HTAs in migration scholarship, which essentially approaches migrants' HTAs in terms of their entanglements between (sending) state policies, local international development agencies, and local and grassroots politics, is also of limited help in explaining the turn at the very beginning of the 2000s (Landolt/Autler/Baires 1999; Orozco 2000a,b; Sørensen 2004; Bada/Fox/Seele 2006; Goldring 2006; Portes/Escobar/Radford 2007; Orozco/Garcia-Zanello 2009; Iskander 2010; de Haas 2012; Østergaard-Nielsen 2010; Sezgin 2011).[10] Most of the time, the emergence and the increase in the number of HTAs are addressed from within a conceptual framework of increasing volume of remittances, philanthropy, and development. Migrants' homeland ties and their location in the economic, social, and political fabric of their places of settlement and departure are approached through their role as agents of development – most often through their economic and/or social remittances (see Levitt 1998) and through their labor. Although such a perspective explains the recent surge of HTAs in part, it fails to explain their differential increase, spread, and continuity in space and time. Why are HTAs being formed at particular times and only in particular places despite a long story of migration to that place? Independent of the emphasis given to specifics of the locality in hand, these studies of migrant settlement and translocal activities and commitments very often neglect the relationship between the migrants and the locality in relation to broader forces of restructuring of capital. We might need to concentrate on the changes in Bozlu's

10 — The literature on HTAs is by no means unified in analyzing these associations' location vis-à-vis states, international agencies, and local politics. Whereas most of these authors explore HTAs' role as a new player in development policies and grassroots local politics, some of these scholars' approaches are more critical of HTAs when exploring their entanglements with state institutions or questioning their depiction as free-standing civic organizations "from below" (see Çağlar 2007; Iskander 2010; Faist/Fauser/Kivisto 2011; de Haas 2012). Very few scholars of this topic take a critical stand against celebrating migrants as the major agents of development and locate this mantra about the migrants-development nexus within the context of new global labor regimes (for exceptions, see Çağlar 2006; Glick Schiller 2011; de Haas 2012). For a critical and a different approach to HTAs beyond the migration and development nexus, see Green et al. 2012, in which the authors highlight the moral and disciplining aspects of such institutions and address the role of HTAs in future-making and realization of personal and collective aspirations.

and Mardin's multiple registers of (regional and global) connectedness rather than focusing on a national scale or on ethnic community dynamics and engagements to emplace the emergence of such HTAS in time. It seems that in both cases, the privileged units of analysis of migration scholarship, namely the ethnic and national, fall short of providing satisfactory answers to the changes in the translocal ties and networks of a migrant group in *time* and *place*.

Impediments of Migration Scholarship

Most of the literature on migrants' local incorporation and transnational ties has been shaped by a methodological nationalism that equates society and culture with the nation-state and takes the nation-state as the unit of analysis (Martins 1974; Beck 2000; Wimmer/Glick Schiller 2002; Amelina et al. 2012). In this perspective, the differences in national origin are treated as the most significant cultural divide within the population of a particular nation-state; those who happen to be natives to the territory of a nation-state are assumed to share a common culture; and those departing from one national territory to settle in another are also seen as sharing a common identity, values, and culture so that they become identified by the nationality of their homeland. Moreover, within methodological nationalism, the state space is approached as if it were homogeneous within the national territory.

There are impediments grounded in methodological nationalism that make it hard for migration scholars to theorize locality. These are adopting an ethnic lens and building theories about migrant settlement and transnational connection from gateway cities (Glick Schiller/Çağlar 2011a,b).

Most often, ethnic groups rather than the locality of settlement in its multiple relations are taken to be the starting point for addressing questions of migrant agency and identities and their pathways of incorporation and transnationalism. By looking through such an ethnic lens (Glick Schiller/Çağlar/Guldbrandsen 2006), ethnic groups that happen to share an ancestral origin in a particular country (which is then taken as the source of migrant identities and culture) become the privileged unit of analysis for the theorization of the agency of migrants and the dynamics of their settlement processes and translocal ties.

The use of the ethnic group as the unit of analysis creates a barrier to the analysis of migrant dynamics within their multiple connections. The ethnic lens prioritizes one form of subjectivity over all others. An ethnic lens not only reduces the heterogeneous social fabric of the city to an ethnic heterogeneity but also transforms the multiple translocal networks of migrants into a bounded (ethnic) transnational community that stretches between different localities (see Vertovec 1999). In this context, broader restructuring processes that are active on these cities and are transforming these localities very often escape the ethnic lens.

Another impediment to the theorization of locality is using gateway cities to explore the migrant settlement and translocal dynamics anchored in these cities and then to generalize these to the national level. There have been several comparative studies of migrant settlement and transnational relations based on studies conducted in different gateway cities of Europe (Mandel 1990; Çağlar 1995; Werbner 1990, 2002). However, disregarding the fact that cities defined as gateways are exceptional localities due to a combination of a number of factors, these gateway cities have been utilized to compare settlement processes, social ties, and translocal networks of migrants in different states (see Amiraux 2001; Kastoryano 2002; Schiffauer et al. 2004). In short, the locality is viewed simply as a container of national processes and the dynamics and experience in a particular city have become exemplary of processes of migrant incorporation throughout the nation-state. In the context of neoliberal globalization in which the homogeneity of state territoriality is increasingly fractured, this generalization creates a major fault line in studying the variation of migrant incorporation and transnationalism within and across state borders.

A lack of concern for the territorial inequalities within the national territory, state policies, and the related opportunity structures that are anchored in methodological nationalism and dominate migration scholarship also mark research on homeland ties and HTAS. Places of departure and settlement have been approached as if there were equality and homogeneity between regions and localities within a national territory. Similarly, the sending state's activities toward migrants and/or migrants' translocal ties to their places of departure have rarely been researched in terms of the sociospatial characteristics of localities of departure. Neither the opportunity structures at the places of settlement nor those at the places to which migrants are connected have been linked systematically to dynamics other than on the national scale.[11] The local dynamics are not situated within a global perspective.

The Missing Global Perspective[12]

Despite a heavy emphasis put on globalization, a global perspective is missing in migration scholarship. Whereas migration scholars explore globalization by concentrating their analyses on several forms of flows (or by focusing on the resistance of the local), they have bracketed specificities of the global neoliberal

11 — Rath and Kloosterman's work (Kloosterman/van der Leun/Rath 1999; Kloosterman/Rath 2001) is an exception. However, they also fail to link the varying opportunity structures in given cities (distinct from the ones at a national scale) systematically to a global perspective.

12 — For the development of a global perspective on locality, see Glick Schiller 2011.

context in their analysis. However, the neoliberal context is central for understanding the dynamics, including the changing role of the state in creating territorial inequalities (see Brenner 1998a, b; Brenner et al. 2008). These, in turn, are crucial in shaping the location of migrants in the social processes in their settlement and the opportunity structures available to them. Their analyses failed to include the ways in which the restructuring of different forms of capital transform the existing institutions, state territoriality, units of governance, and social relations.[13] No matter how the existing forms of neoliberalism (see Brenner 2011) vary, the existing social relations of property and rights, as well as the accumulation of wealth and power, go through major transformations in the context of neoliberalism.

Migration scholarship remained detached from the analysis of the processes of uneven neoliberal globalization that altered the parameters of regional, national, and global connectedness of cities. Consequently, these processes through which financial, political, and cultural capital is accumulated are not brought into the discussions on the varying location of migrants in urban economies and politics in space and time.

The "global cities" perspective could have provided a venue to introduce the missing global perspective to migration scholarship. Discontinuity of spaces within the nation-state and the understanding of globalization as a substantially uneven process have been crucial for the global cities approach. Global cities scholars analyzed the growing disjuncture between geographical and social spaces and the changing landscape of social, economic, and cultural proximities as the outcomes of the uneven spatiality of globalization. Consequently, they argued that the global cities resemble each other in terms of their socioeconomic and financial structures, their functions, and their institutional capabilities (see Abu-Lughod 1995; Friedmann 1986; King 1991; Sassen 1991). Furthermore, global cities scholars analyzed the restructuring of the nation-state's relationships to its own state territory. Unfortunately, this perspective was not extended to other urban contexts, and global cities were treated as exceptions (see Brenner 2004; Samers 2002, 2011). The global cities perspective provided a valuable entry but fell short of accounting for the differential effects of globalization on different cities, and not just in a small set of cities designated as global cities.

If we turn to the vignettes referred to at the beginning, neither Bozlu nor Mardin were global cities or regions as they would have been identified by global cities researchers. At the same time, they share certain dynamics especially in their efforts to reposition themselves in state space. Moreover, both of

13 __ Glick Schiller's work (even the earlier work such as Glick Schiller 1999) is an exception to this. Portes 1999 incorporates the dynamics of capitalism into his analysis; however these dynamics still remain more or less within a national scale, without addressing the fracturing of state territoriality.

these places acquired a differential economic and juridical relationship to the Turkish state as free trade zones, both were relatively uncoupled from the national policies in varying forms, and both were trying to alter their regional and global connectedness to attract spatially mobile capital in a variety of forms.

Changing the Parameters of Connectedness: The Repositioning Struggle of Cities

A scalar framework that addresses the mutual constitution of the local and the global might help to bring the missing global perspective to studies on the interface of migrant and urban dynamics and might move us beyond the limitations of the global cities perspective while building upon it. This scholarship concentrates on and explores the uneven *spatialization* of globalization and its effects, particularly the impact of urban restructuring on the new forms of urban governance, politics, and differential livelihood opportunities for urban dwellers (see Smith 1995; Swyngedouw 1997; Brenner 1999, 2002; Brenner/Theodore 2002a, b; Brenner et al. 2008). Their entry point is that all cities, even those that experience marginalization, are global in the sense that they have become part of the same ongoing processes of reconstructing and reimaging that shape the cities that are also acknowledged to be global in global cities scholarship. This approach enables us to examine how all the urban resources acquire a new value and become assets within the global competition between all cities. They emphasize how neoliberal globalization alters the relationship not only between localities but also between localities and their states; how, in this context, state intervention and activity are differentiated institutionally and geographically so that the homogeneous state space of intervention has been disrupted. Most importantly, they examine the processes by which the states themselves contribute to the development of territorial inequalities within the national territory by reconcentrating their socioeconomic activity unevenly. A scalar perspective provides us migration scholars the possibility to approach cities of migrant settlement and of translocal reach within the interaction of power hierarchies and enables us to incorporate the uneven character of globalization into our analysis and establish a ground for a comparative perspective.

This perspective provides us with analytical tools to analyze the variation of migrant settlement and translocality (including hometown ties) in time and space. The concept of city scale refers to the differential positioning of a city, and this reflects both a) flows of political, cultural, and economic capital within regions and state-based and globe-spanning institutions, and b) the shaping of these flows and institutional forces by local histories and capacities (see Çağlar/Glick Schiller 2011). Drawing on this literature on urban rescaling, we can better differentiate and understand the varying location of migrants in different cities, if we relate them to the cities' repositioning processes that include the restructuring of the social relations of capital. The place and role of migrants in this competition might differ depending on the scalar positioning of these cities (ibid.). The scalar perspective enables us to conceptualize migrants as scale makers, that is, as social actors whose agencies are both shaped by and contribute to these fields of power.

Urban Branding, Migrants and Supranational Institutions

Now let us return to the emergence of the HTA of Bozlu. The establishment of the HTA of Bozlu in Berlin and the intensification of hometown ties of Bozlu emigrants in Berlin closely followed Bozlu's status as an industrial district. This status has situated Bozlu more favorably vis-à-vis state subsidies, business investments, and tax rebates (especially for export). Within the neoliberal landscape of state spatial politics, Bozlu was declared an industrial district to secure this city's competitiveness. Emigrants from Bozlu established a HTA and started to forge intensive hometown ties when there appeared opportunities to insert themselves as actors in the urban development and politics in Bozlu.

It is noteworthy that the governor, the mayor, as well as the president of the Chamber of Industry and Trade in Bozlu all became entangled with the HTA of Bozlu in Berlin right after its establishment. They not only wrote in the journal of the HTA trying to connect the emigrants from Bozlu to their "hometown", and visited Berlin very often, but also became partners in the companies established by the emigrants from Bozlu both in Bozlu and in Berlin. Even the HTA's logo overlapped with the logo of the Bozlu municipality.

Although there were many entrepreneurs among the emigrants from Bozlu in Berlin, Bozlu was not necessarily part of their entrepreneurial networks. Their translocal activities directed toward Bozlu intensified after the industrial district status of Bozlu that even the State Economic Enterprise was included in the complex partnership designs stretching between Berlin and Bozlu.

Now let us go back to the emergent hometown ties of the migrants from Mardin in Europe and Mardin's attempts to reposition itself within and across the state borders. Is it now possible to address some of the questions raised at the beginning regarding the temporal dimension of migrants' hometown ties to Mardin through a scalar perspective? What would such an approach reveal about the agency and location of migrants in the dynamics of these places, keeping in mind they would have remained veiled if we were to remain within the ethnic and national lens of migrant scholarship or within the unique histories and path dependency of cities perspective?[14]

14 — Here I use Syriacs to designate a group of migrants without suggesting an analysis of

In order to contextualize the emergence of HTAs among the migrants from Mardin, it is useful to underline the changes in the sociospatial factors of Mardin, including the free (trade) zone (FTZ) status acquired in 1995. This status was one of the efforts to attract spatially mobile capital to the region and to Mardin. However, Mardin failed to attract the expected investments and alter its position vis-à-vis power networks within the region despite the favorable business climate (profitable tax, investment, and trade regulations) that came along with the FTZ status. What worked in ARPAD (i. e., the free trade zone that created the ground for a differential state intervention to connect the emigrants from Bozlu to the city's repositioning struggle) did not work in Mardin.[15]

The free trade zone status failed to repopulate and revive economic life in Mardin. After the failure of a government-initiated return and rehabilitation project in 1998 together with incentives for investment (in cash and in kind) to the (particularly Christian) returnees in this region (see Ayata/Yukseker 2005)[16], in 2001, the then Turkish prime minister issued another call to return. This call particularly addressed the Christian population from the region, with a promise that their religious and property rights would be secured.[17] Moreover, in the same year, the Turkish Ministry of Culture and Monuments nominated Mardin as a World Heritage Site. Immediately after these events, the local bishop from Mardin met the expatriates from Mardin in Germany and one of the first HTAs was founded in Switzerland in 2002 following this meeting.

In Mardin's case, we see that cultural and religious diversity are envisaged as the motor of urban rebranding and regeneration. Touting cultural (and often religious) diversity is currently popular in many cities with most of today's cities referring to their human resources (ethnic and religious minorities under the banner of multiculturalism and/or cosmopolitanism) as their cultural capital for rebranding. However the ability of cities and regions to convert their culture and cultural diversity into economic assets is related to their capacity to change the parameters of their regional and global connectedness rather than to their actual demographic and "cultural" composition. One crucial parameter in a city's "success" in repositioning itself within the circuits of capital flow and power

the dynamics of their settlement and transnational ties on the basis of their shared values, ethno-religious identity, and/or culture. I refer to these migrants as such, because they have been subject to hostilities in Mardin on the basis of being a Christian "Syriac" minority and similarly they were interpellated into the urban repositioning struggle and into the UNESCO application as such.

15 — The fact that such economic incentives did not achieve their aims – in terms of attracting the returnees and the economic and human capital of migrants – is a good reminder of the problems involved in reading scale strictly through a structuralist and economic determinist lens.

16 — For a more detailed account of this process, see also Çağlar 2007.

17 — The Christian population in this region has fallen drastically from 20 % to 0.03 % since the turn of the 20th century.

hierarchies is closely connected to its capacity to draw in national, but most importantly supranational actors. These actors are central for creating and maintaining territorial inequalities nationally, regionally, and globally. In the case of Mardin, we see that the city was able to draw in such actors in its efforts to reposition itself by means of two interrelated paths. Christian Syriac emigrants from Mardin in Europe were central for both paths.

The UNESCO and the EU play a crucial role in these developments. The city's 2001 World Heritage Site application to the UNESCO was based on a city image depicting Mardin as a cosmopolitan, Babylon-like city in which multireligious, multiethnic, and multilingual communities coexisted peacefully (see Biner 2007). The city was promoted as "the city of Stone and Faith" with the city's cultural and religious heritages being reflected in its architectural heritage. The cultural and religious minorities and particularly the Christian Syriac population became important evidence for this promotion of the city's cosmopolitan character and cultural heritage. As Biner (2007, 2011) elegantly shows, this World Heritage application meant different things to different groups, but overall it opened up new trajectories and dynamics for intracommunal relations in the city and created a "new negotiation ground" for those identified as part of the cultural and religious diversity with the state (Biner 2007: 31). Moreover, this imagery and the accompanying policies established new bases for the social and spatial transformations of the city through urban renewal and reconstruction to restore its cultural and architectural heritage. The UNESCO application enabled a set of projects of urban renewal, and funds were released (including state funds among others) for the preservation and restoration of the religious and cultural heritage that are crucial for the development of the heritage tourism industry. It was clear that the city of Mardin was trying to reposition itself within and across state borders on the basis of an image enmeshed with cosmopolitanism and tolerance reflected by its cultural and architectural heritage. The Syriac populations in and from Mardin have positioned themselves as the builders of this heritage vis-à-vis the Turkish state and international institutions.[18]

However, there was another reason why and how the Syriacs from Mardin in Europe became an asset for the city boosters and the local government and Turkish state. The Christian minority population from Mardin not only claimed ownership of the cultural heritage (which was important for the UNESCO application), but their presence and well-being (and most importantly their religious freedom) also became an acid test of the Turkish state's minority politics and capacity for governance with tolerance of religious and cultural difference. Unlike the Armenians, Jews, or Greeks, Syriacs were a non-Muslim Turkish citizen mi-

18 _ Mardin's application to become a World Heritage Site failed, but the efforts to promote the city's cultural heritage that were translated into urban renewal projects aiming to boost cultural industries in the city continued.

nority that did not receive an officially recognized minority status in the Treaty of Lausanne (1923). Thus they did not have official minority and cultural rights like the Armenian, Jewish, and Greek minority populations in Turkey. For this reason, the Syriacs in and from Turkey saw themselves as a victimized group (See Biner 2011). Syriacs from Mardin in Europe acquired a different bargaining/negotiating power vis-à-vis the Turkish state in the new institutional context created by Turkey's EU candidacy. Protection of minority rights and tolerance of religious differences are crucial conditions for EU membership. The Syriacs in Turkey, but particularly those from Mardin in Europe, themselves became very aware of their new position.[19] As a Christian minority, they succeeded in drawing a variety of EU institutions into their complex relations with the local state and other international agencies (see Çağlar 2007).

Biner correctly underlines the importance of supranational organizations and the EU and their regimes of supervision for monitoring and implementing minority rights. Such regimes of supervision are particularly important for applicant countries such as Turkey that have problematic human and/or minority rights records. Cowan argues that "supranational governance has concretized itself through EU policies that monitor an applicant state's efforts to govern difference and to achieve democratizing political and legal reforms with respect to human rights" (Cowan 2009: n. p.). Expectations from the EU to secure rights for Christians are significantly present in the discourse of both the organizations and the Syriacs desiring to return to their once abandoned villages. Within this context, the public enactments of (cultural/religious) diversity as the city's cultural capital become crucial for the repositioning of Mardin through heritage tourism.

Turkey's EU candidacy and the EU's regime of supervision opened spaces in which the Syriac migrants and Syriacs in Mardin become valuable assets in this city's rescaling efforts. They became *scale makers* in Mardin's efforts to reposition itself within and across state borders. The emergence of several Syriac HTAs in Europe at the beginning of the 2000s and the Syriac migrants' increasing hometown ties are closely related to Mardin's repositioning strategies and struggle. Ironically, the strengthening of the hometown ties of migrants from Mardin in European cities simultaneously incorporated them further into the institutions in Europe and in their places of settlement. They increasingly became active in Christian organizations in Europe.

Both the cases of Bozlu and Mardin show us how the emergent hometown ties and HTAs of migrants from these cities were related to these cities' repositioning struggles and to the resulting new opportunities that inserted the emigrants

19 — The Archbishop's words are a clear expression of this awareness. He said, "we should like to see Turkey in the EU to live better and practice our culture better. We, as Christian minorities have a great task in establishing ties with Turkey and the European Union" (Culpan 2004).

as the agents reshaping these particular localities. The location of the migrants from Mardin in Europe within the social, political, and cultural dynamics of Mardin was closely related to these rescaling dynamics. Emigrants became part of the restructuring of the social fabric of their hometowns as well as the places to which they were connected through their transnational social field. Their agency and hometown ties were very much shaped within and contributed to the city's efforts to change the parameters of its global, regional, and national connectedness.[20]

Concluding Remarks and the Resilience of Methodological Nationalism

Unless we relate the dynamics of local politics and trajectories to the spatial dynamics of globalization, we fail to have a frame in which to systematically address the emplacement of migrant translocal dynamics in time and space. Thus the structural changes taking place in the cities of migrants' departure and settlement have an impact not only on the way migrants and emigrants relate to their respective cities but also on their trajectories of incorporation including their translocal and hometown ties. Thus, local conditions and the unfolding of unique histories and institutions of cities are not sufficient to bring development to the city (see Leitner/Sheppard 1998: 305). What is important is the relational positioning of a city and its capacity to gain competitive advantage by drawing in actors to create territorial inequalities to locate itself favorably in relation to global power hierarchies and capital flows.[21]

However, most scholars who have addressed urban neoliberal restructuring and the reinvention of cities from a scalar perspective have failed to include migrants in their analyses as active agents who not only reflect but also contribute to the restructuring of various cities. They did not include the migrants as full participants in the social, political, cultural, economic forces – thereby acting as if migrants' location in restructuring processes followed a pattern distinct from that of the "native" inhabitants of the city. As the Mardin case shows, this

20 __ Such efforts to change the parameters of a place's connectedness are referred to as the "jumping scale". See Swyngedouw 1997.

21 __ There is a rich body of literature on the interface between migrants and the urban dynamics that focuses on the place of migrants in the public sphere (Bodaar/Rath 2005: 3 ff.), in commodification of multiculturalism (Welz 1996), in the festivalization of cities (Zukin 1995), in public enactments of diversity (Knecht/Soysal 2005), in tourist industries (Judd/Fainstein 1999), in (ethnic) entrepreneurship (Portes 1995; Kloosterman/Rath 2003), in multiculturalism and cosmopolitanism (Vertovec/Cohen 2002), and in grassroots transnationalism (Smith/Guarnizo 2004). Although migrants find their place in this scholarship, the positionality of cities of migrant settlement in the global economy is not framed in terms of the scalar dynamics of globalization and statehood.

omission disregards the migrants' constitutive role in urban rebranding and renewal – not only as part of the labor, but also as part of the social and political forces upon which cities build their competitiveness. More importantly, by disregarding the migrants' role in the urban restructuring processes, these urban studies stand on a divide that treats migrants either as a homogeneous category or as one identified by ethnic and cultural difference that governs their participation in the different spheres of urban life, distinct from the other urban inhabitants. Such a position operates with the "native"–"foreign" (migrant) divide that could take us back to methodological nationalism, despite the valuable venues the critical urban (scale) scholars opened in their analysis to move urban studies beyond methodological nationalism.

This "native"–"foreigner" (migrant) divide is based upon a denial of coevalness, that is, denial of contemporaneity to "migrants" with "natives" that disregards the experiences, norms, and values that migrants and natives share due to their embeddedness in social, economic, and political processes, networks, movements, and institutions that exist both within and across state borders. This underlying divide paves the road to study migrants through a particularistic and very often a culturalist lens, whereas the "natives" are approached through the lens of political economy and its dynamics. Such a division denies migrants the same analytical lens with which the activities and relations of those who are regarded as the "native" inhabitants of the city are approached and analyzed.

Since Fabian's seminal work in *Time and the Other* (1983), anthropologists have been more alert to the spatiotemporal distancing strategies that function as devices of "othering" in research and writing. Fabian (1983: 27 ff.) had shown in an elaborate way that "time" is a key category with which we conceptualize relationships between us and the other. He argues that coevalness-contemporaneity (different from simple copresence or physical simultaneity) is a condition of truly dialectical confrontation between persons. Thus the creation of coevalness *(Gleichzeitigkeit)* is a basic condition of communication and symmetry in social interaction. According to Fabian, denial of coevalness, which functions as a distancing device in anthropology, functions also as a device of exclusion and for that matter is a political act.

Despite Bevernage's critique (2012) of Fabian, which argues that in order to act against the political (ab)use of spatiotemporal distancing, we need to stand against "referential coevalness" and embrace the idea of noncoevalness rather than arguing for the necessity of coevalness,[22] Fabian's call for radical contem-

22 — Bevernage (2012) explores the works of Fabian (1983), Bloch and Althusser in terms of their ambiguities regarding *Ungleichzeitigkeit* and the question of totality. He locates the problem in referential coevalness and, building upon Laclau and Mouffe's work, he argues for the importance of including the power and dominance dimensions into the construction of coevalness.

poraneity against the relativist and particularist tendencies built into anthropology is important to explore the implications of the native–foreign (migrant) divide prevalent in migration and urban scholarship.

The categorical "native"–"migrant" divide operates with "typological time". Thus, it locates the migrants' frames of action in places and times other than those of the "natives" of a particular place.[23] In this way, migrants and natives end up being placed categorically in different conceptual frames. This a priori categorical denial of coevalness places "native" and "migrant" into distinct landscapes of sociality with an asymmetry between these frames of reference and action. Thus although scale theorists promote a critique of methodological nationalism, their consistent disregard of migrants in their analysis somehow locates the time and acts of migrants somewhere else and might well open a back door to methodological nationalism.

This chapter argues that the spatial aspect of statehood and the sociospatial parameters of migrants' incorporation and translocal ties remain undertheorized in migration research. And in times of neoliberal globalization in which state territoriality and governance structures are fracturing, this becomes a major deficiency. The Mardin case also indicates that migrants forge homeland ties not just to secure a future back home, to circumvent their precarious situation as migrants, or to counter a loss of status (see Glick Schiller 2011). The migrants from Mardin forged hometown ties when they were able to reconfigure the power relations in Mardin and by successfully gaining the support of supranational institutions to insert themselves as actors vis-à-vis an array of institutional actors in Europe. Thus migrants' agency cannot be confined to their ascribed role in the studies of the development–migration nexus in which they function as the agents of development through their different forms of remittances.

This article also shows that neither homeland ties nor establishing HTAs are qualities necessarily intrinsic to migration. They very much vary depending on the conditions present at particular localities. However, rather than being anchored in the intrinsic logic of these cities, these conditions are related in turn to the broader processes closely shaped by global forces of capital restructuring. For that matter, the dynamics at hand in a particular city could neither be comprehended as an "internal" activity to be studied in its own right without reference to the global–local interface of the reconstitution of capital, nor as exemplary processes of migrant experiences throughout the nation. The specific discursive, symbolic, and institutional legacies of particular cities are important, but they acquire their effectivity in conjunction with the repositioning efforts.

23 __ We see the variations of this divide in the terminologies adopted in migration scholarship such as "people with migration background" or "post migrants". All these terms are more or less anchored in the idea that because the pasts are not shared, the present should also be handled through the typological time but not with contemporaneity.

As both cases show, the emergence of Syriac and Bozlu HTAs in Europe could be explained by neither the "internal" dynamics of these places nor by an analysis on a national scale. Adopting a global perspective to locality in migration scholarship is to explore the location of migrants' agency beyond the canonized understandings of their agency as ethnic subjects but in relation to their varying, negotiated, and contested place in urban/regional dynamics. As this chapter shows, the emplacement of migrant settlement and translocal dynamics in space requires a historicized reading of these dynamics, and this, in turn, requires a spatialized reading of this process.

References

Abu-Lughod, Janet L. (1995): Comparing Chicago, New York and Los Angeles. Testing Some World City Hypotheses. In: Knox, Paul L./Taylor, Peter J. (eds.): World Cities in a World System. Cambridge: Cambridge University Press, 171–191.

Amelina, Anna/Nergiz, Devrimsel D./Faist, Thomas/Glick Schiller, Nina (eds.) (2012): Beyond Methodological Nationalism. Research Methodologies for Cross-Border Studies. London: Routledge.

Amiraux, Valérie (2001): Acteurs de l'Islam entre Allemagne et Turquie. Parcours Militants et Expériences Religieuses. Paris: L'Harmattan.

Ayata, Bilgin/Yukseker, Deniz (2005): A Belated Awakening. National and International responses to the Internal Displacement of Kurds in Turkey. In: New Perspectives on Turkey 32, 1–42.

Bada, Xóchitl/Fox, Jonathan/Seele, Andrew (2006): Invisible No More. Mexican Migrant Civic Participation in the United States. Washington D.C.: Mexico Institute.

Beck, Ulrich (2000): The Cosmopolitan Perspective. Sociology of the Second Age of Modernity. In: British Journal of Sociology 51, 79–105.

Berking, Helmuth (2008): „Städte lassen sich an ihrem Gang erkennen wie Menschen". Skizzen zur Erforschung der Stadt und der Städte. In: Berking, Helmuth/Löw, Martina (Hg.): Die Eigenlogik der Städte. Neue Wege für die Stadtforschung. Frankfurt am Main/New York: Campus, 15–33.

Bevernage, Berber (2012): Against Coevalness. A Belated Critique of Johannes Fabian's Project of Radical Contemporaneity and a Plea for a New Politics of Time. In: Anthropological Theory. Available at: http://www.inth.ugent.be/wp-content/uploads/2012/05/AgainstCoevalness.pdf, 9.12.2016.

Biner, Zerrin Özlem (2007): Retrieving the Dignity of a Cosmopolitan City. Contested Perspectives on Rights, Culture and Ethnicity in Mardin. In: New Perspectives on Turkey 37, 31–58.

Biner, Zerrin Özlem (2011): Multiple Imaginations of the State. Understanding a Mobile Conflict on Justice and Accountability from the Perspective of Assyrian-Syriac Communities. In: Citizenship Studies 15, 367–379.

Bodaar, Annemarie/Rath, Jan (2005): Cities, Diversity and Public Space. In: Metropolis World Bulletin 5, 3–5.

Brenner, Neil (1998a): Between Fixity and Motion. Accumulation, Territorial Organization and the Historical Geography of Spatial Scales. In: Environment and Planning D. Society and Space 16, 459–481.

Brenner, Neil (1998b): Beyond state-centrism? Space, Territoriality and Geographical Scale in Globalization Studies. In: Theory and Society 28, 39–78.

Brenner, Neil (1999): Globalisation as Reterritorialisation. The Re-scaling of Urban Governance in the European Union. In: Urban Studies 36, 431–451.
Brenner, Neil (2004): New State Spaces. Urban Governance and the Rescaling of Statehood. Oxford/New York: Oxford University Press.
Brenner, Neil (2011): The Urban Question and the Scale Question. Some Conceptual Clarifications. In: Glick Schiller, Nina/Çağlar, Ayşe (eds.): Locating Migration. Rescaling Cities and Migrants. Ithaca: Cornell University Press, 23–41.
Brenner, Neil/Jessop, Bob/Jones, Martin/MacLeod, Gordon (2008): Introduction. State Space in Suestion. In: Brenner, Neil/Jessop, Bob/Jones, Martin/MacLeod, Gordon (eds.): State/Space. A Reader. Malden: Blackwell, 1–27.
Brenner, Neil/Theodore, Nik (2002a): Cities and Geographies of Actually Existing Neoliberalism. In: Antipode 34, 348–379.
Brenner, Neil/Theodore, Nik (2002b): Cities and the Geographies of Actually Existing Neoliberalism. In: Brenner, Neil/Theodore, Nik (eds.): Spaces of Neoliberalism: Urban Restructuring in North America and Western Europe. Oxford: Blackwell, 2–32.
Cadge, Wendy/Curran, Sara/Hejtmanek, Jessica/Jaworsky, B. Nadya/Levitt, Peggy (2009): The City as Context. Culture and Scale in New Immigrant Destinations (Willy Brandt Series of Working Papers in International Migration and Ethnic Relations). Malmö: Malmö Institute for Studies of Migration, Diversity and Welfare (MIM) and Department of International Migration and Ethnic Relations (IMER).
Çağlar, Ayşe (1995): German Turks in Berlin. Social Exclusion and Strategies for Social Mobility. In: New Community 21, 309–323.
Çağlar, Ayşe (2006): Hometown associations, the Rescaling of State Spatiality and Migrant Grassroots Transnationalism. In: Global Networks 6, 1–22.
Çağlar, Ayşe (2007): Rescaling Cities, Cultural Diversity and Transnationalism. Migrants of Mardin and Essen. In: Ethnic and Racial Studies 30, 1070–1095.
Çağlar, Ayşe (2013): Locating Migrant Hometown Ties in Time and Space. Locality as a blind spot of migration scholarship. In: Historische Anthropologie 21/1, 26–42.
Çağlar, Ayşe/Glick Schiller, Nina (2011): Introduction: Migrants and Cities. In: Glick Schiller, Nina/Çağlar, Ayşe (eds.) (2011): Locating Migration. Rescaling Cities and Migrants. Ithaca: Cornell University Press, 1–22.
Cowan, Jane K. (2009): Selective Scrutiny. Supranational Engagement with Minority Protection and Rights in Europe. In: Benda-Beckmann, Franz von/Benda-Beckmann, Keebet von/Griffiths, Anne (eds.): The Power of Law in a Transnational World. Anthropological Enquiries. Oxford/New York: Berghahn.
Culpan, Hande (2004): Turkey's ancient Christians seek to resettle villages. In: The Daily Star, 2.6.2014.
de Haas, Hein (2012): The Migration and Development Pendulum. A Critical View on Research and Policy. In: International Migration 50, 8–25.
Fabian, Johannes (1983): Time and the Other: How Anthropology Makes its Object. New York: Columbia University Press.
Faist, Thomas/Fauser, Margit/Kivisto, Peter (eds.) (2011): The Migration-Development Nexus. Transnational Perspectives. Basingstoke: Palgrave Macmillan.
Friedmann, John (1986): The World City Hypothesis. In: Development and Change 17, 69–84.
Garbaye, Romain (2005): Getting Into Local Power. The Politics of Ethnic Minorities in British and French Cities. London: Blackwell.
Glick Schiller, Nina (1999): Transmigrants and Nation-States. Something Old and Something New in the U.S. Immigrant Experience. In: Hirshman, Charles/Kasinitz, Philipp/DeWind, Josh (eds.): The Handbook of International Migration. The American Experience. New York: Russell Sage, 94–119.

Glick Schiller, Nina (2011): Localized Neoliberalism, Multiculturalism and Global Religion. Exploring the Agency of Migrants and City Boosters. In: Economy and Society 40, 211–238.
Glick Schiller, Nina/Çağlar, Ayşe (eds.) (2011a): Locating Migration. Rescaling Cities and Migrants. Ithaca: Cornell University Press.
Glick Schiller, Nina/Çağlar, Ayşe (2011b): Downscaled Cities and Migrant Pathways. Locality and Agency without an Ethnic Lens. In: Glick Schiller, Nina/Çağlar, Ayşe (eds.) (2011): Locating Migration. Rescaling Cities and Migrants. Ithaca: Cornell University Press, 190–212.
Glick Schiller, Nina/Çağlar, Ayşe/Guldbrandsen, Thaddeus C. (2006): Beyond the Ethnic Lens. Locality, Globality, and Born-Again Incorporation. In: American Ethnologist 33, 612–633.
Goldring, Luin (2006): The Power of Status in Transnational Social Fields. In: Smith, Michael Peter/Guarnizo, Luis Eduardo (eds.): Transnationalism from Below. New Brunswick: Transaction, 165–195.
Green, Maia/Kothari, Uma/Mercer, Claire/Mitlin, Diana (2012): Saving, Spending, and Future-making. Time, Discipline, and Money in Development. In: Environment and Planning A 44, 1641–1656.
Iskander, Natasha (2010): Comparing Migration and Development Policy in Morocco and Mexico [Essay based on Introduction of Creative State. Forty Years of Migration and Development Policy in Morocco and Mexico, New York]. Princeton University, Center for Migration and Development, Working Papers. Available at: http://www.princeton.edu/cmd/working-papers/2011-immigrant-organizati/wp11-03ecomparingMorMexISKANDER.pdf, 12. 10. 2016.
Jessop, Bob (2002): The political Economy of Scale. In: Perkmann, Markus/Sum, Ngai-Ling (eds.): Globalization, Regionalization, and Cross-Border Regions. Basingstoke: Palgrave Macmillan, 25–49.
Judd, Dennis R./Fainstein, Susan S. (eds.) (1999): The Tourist City. New Haven: Yale University Press.
Kastoryano, Riva (2002): Negotiating Identities. States and Immigrants in France and Germany. Princeton: Princeton University Press.
King, Anthony D. (ed.) (1991): Global Cities. Post-Imperialism and the Internationalization of London. London: Routledge.
Kloosterman, Robert/Rath, Jan (2001): Immigrant Entrepreneurs in Advanced Economies. Mixed Embeddedness Further Explored. In: Journal of Ethnic and Migration Studies 27, 189–202.
Kloosterman, Robert/Rath, Jan (2003) (eds.): Immigrant Entrepreneurs. Venturing abroad in the Age of Globalization. Oxford: Berg.
Kloosterman, Robert/van der Leun, Joan/Rath, Jan (1999): Mixed Embeddedness, Migrant Entrepreneurship and Informal Economic Activities. In: International Journal of Urban and Regional Research 23, 253–267.
Knecht, Michi/Soysal, Levent (2005): Plausible Vielfalt. Wie der Karnaval den Kulturen denkt, lernt und Kultur schafft. Berlin: Panama.
Landolt, Patricia/Autler, Lilian/Baires, Sonia (1999): From Hermano Lejano to Hermano Mayor. The Dialectics of Salvadorian Transnationalism. In: Ethnic and Racial Studies 22, 290–315.
Leitner, Helga/Sheppard, Eric (1998): Economic Uncertainty, Inter-Urban Competition and the Efficacy of Entrepreneurialism. In: Hall, Tim/Hubbard, Phil (eds.): The Entrepreneurial City. Geographies of Politics, Regime and Representation. Chichester: Wiley, 285–308.
Levitt, Peggy (1998): Social Remittances. A Local-Level, Migration-Driven Form of Cultural Diffusion. In: International Migration Review 32, 926–949.

Löw, Martina (2008): Eigenlogische Strukturen. Differenzen zwischen Städten als konzeptionelle Herausforderung. In: Berking, Helmuth/Löw, Martina (Hg.) (2008): Die Eigenlogik der Städte. Neue Wege für die Stadtforschung. Frankfurt am Main/New York: Campus, 33–55.

Mandel, Ruth (1990): Shifting Centres, Emergent Identities. Turkey and Germany in the Lives of Turkish Gastarbeiter. In: Eickelman, Dale F./Piscatori, James (1990) (eds.): Muslim Travellers. Pilgrimage, Migration and the Religious Imagination. Berkeley: University of California Press, 153–174.

Martins, Hermino (1974): Time and Theory in Sociology. In: Rex, Jon (ed.): Approaches to Sociology. An Introduction to Major Trends in British Sociology. London: Routledge, 248–294.

Orozco, Manuel (2000a): Remittances and Markets. New Players and Practices (Working paper, Inter-American Dialogue and the Tomas Rivera Policy Institute, University of Southern California). Los Angeles.

Orozco, Manuel (2000b): Latino Hometown Associations as Agents of Development in Latin America (Working paper, Inter-American Dialogue and the Tomas Rivera Policy Institute, University of Southern California). Los Angeles.

Orozco, Manuel/Garcia-Zanello, Eugenia (2009): Hometown Associations. Transnationalism, Philanthropy, and Development. In: Brown Journal of World Affairs 15, 1–17.

Østergaard-Nielsen, Eva (2010): Codevelopment and Citizenship. The Nexus between Policies on Local Migrant Incorporation and Migrant Transnational Practices in Spain. In: Ethnic and Racial Studies 34, 20–39.

Portes, Alejandro (1995): The Economic Sociology of Immigration. Essays on Networks, Ethnicity, and Entrepreneurship. New York: Russell Sage.

Portes, Alejandro (1999): Globalization from Below. The Rise of Transnational Communities. In: Kalb, Don/van der Land, Marco/Staring, Richard/van Steenbergen, Bart/Wilterdink, Nico (eds.): The Ends of Globalization. Bringing Society back in. Boulder: Rowman & Littlefield, 253–270.

Portes, Alejandro/Escobar, Cristina/Radford, Alexandria Walton (2007): Immigrant Transnational Organizations and Development. A Comparative Study. In: International Migration Review 41, 242–281.

Rath, Jan (2006): Tourism, Ethnic Diversity, and the City. London/New York: Routledge.

Samers, Michael (2002): Immigration and the Global City Hypothesis. Towards an Alternative Research Agenda. In: International Journal of Urban and Regional Research 26, 389–402.

Samers, Michael (2011): The Socioterritoriality of Cities. A Framework for Understanding the Incorporation of Migrants in Urban Labor Markets. In: Glick Schiller, Nina/Çağlar, Ayşe (eds.): Locating Migration. Rescaling Cities and Migrants. Ithaca: Cornell University Press, 42–59.

Sassen, Saskia (1991): The Global City: New York, London, Tokyo. Princeton: Princeton University Press.

Sassen, Saskia (1999): Cracked Casings. Notes towards an Analytics for Studying Transnational Processes. In: Abu-Lughod, Janet L. (ed.): Sociology for the Twenty First Century. Continuities and Cutting Edges. Chicago: University of Chicago Press, 134–145.

Schiffauer, Werner/Baumann, Gerd/Vertovec, Steven/Kastoryano, Riva (eds.) (2004): Civil Enculturation. Nation-State, School and Ethnic Difference in the Netherlands, Britain, Germany and France. New York: Berghahn.

Sezgin, Zeynep (2011): Turkish Migrants' Organizations in Germany and their Role in the Flow of Remittances to Turkey. In: International Migration and Integration 12, 231–251.

Smith, Neil (1995): Remaking Scale. Competition and Cooperation in Pre-National and Post-National Europe. In: Eskelinen, Heikki/Folke, Snickars (eds.): Competitive European Peripheries. Berlin: Springer, 59–74.

Smith, Michael Peter/Guarnizo, Luis Eduardo (eds.) (2004): Transnationalism from Below. New Brunswick: Transaction.
Sørensen, Ninna Nyberg (2004): Migrant Transfers as a Development Tool (DIIS Working Paper 16). Available at: http://www.diis.dk/graphics/Publications/WP2004/nns_development_dimension.pdf, 7. 12. 2016.
Swyngedouw, Erik (1997): Neither Global nor Local. "Glocalization" and the Politics of Scale. In: Cox, Kevin R. (ed.): Spaces of Globalisation. Reasserting the Power of the Local, New York/London: The Guilford Press, 137–166.
Welz, Gisela (1996): Inszenierungen kultureller Vielfalt. Frankfurt am Main/New York/Berlin: Akademie.
Werbner, Pnina (1990): Manchester Pakistanis. Division and Unity. In: Clarke, Colin/Peach, Ceri/Vertovec, Steven (eds.): South Asians Overseas: Migration and Ethnicity. Cambridge: Cambridge University Press, 331–347.
Werbner, Pnina (2002): The Migration Process. Capital Gifts, and Offerings Among Overseas Pakistanis. Oxford: Berg.
Wimmer, Andreas/Glick Schiller, Nina (2002): Methodological Nationalism and beyond Nation-State Building, Migration and the Social Sciences. In: Global Networks 2, 301–334.
Vertovec, Steven (1999): Conceiving and Researching Transnationalism. In: Ethnic and Racial Studies 22, 447–462.
Vertovec, Steven/Cohen, Robin (2002): Introduction. Conceiving Cosmopolitanism. In: Vertovec, Steven/Cohen, Robin (eds.): Conceiving Cosmopolitanism. Theory, Context and Practice. Oxford: Oxford University Press, 1–22.
Zukin, Sharon (1995): The Cultures of Cities. Oxford: Blackwell.

Herta Nöbauer

Care als globales Ketten-Phänomen: Geschlecht, Migration und die globale Ökonomie von Fürsorge und Mitgefühl

Einleitung

Dieser Beitrag setzt sich mit Care-Arbeit als einer gesellschaftlich elementaren Arbeitsform in einer geschlechtlich strukturierten globalen Ökonomie auseinander.[1] In sozialwissenschaftlichen Diskursen sind unter Care-Arbeit[2] alle fürsorgenden Tätigkeiten, d. h. die Sorge um und die Sorge für Personen, zu verstehen. Ob jemand für diese Tätigkeiten Geld erhält oder nicht, ist für eine Anerkennung von fürsorgenden Tätigkeiten zunächst nicht entscheidend (Stiegler 2009: 27). Hauptsächlich erhalten Kinder und alte, kranke oder anderweitig hilfsbedürftige Menschen – also Menschen, die nicht eigenständig für sich sorgen können und deshalb von anderen abhängig sind – Fürsorge und Betreuung. Die Betreuungsformen schließen körperliche Pflege bzw. Gesundheitssorge, soziale Obsorge und die Hausarbeit ein. Zum überwiegenden Teil wird diese Arbeit von Frauen verrichtet. Care ist ein anthropologisch äußerst interessantes und geeignetes Feld, um kritische Einblicke in die Verwobenheit zwischen ökonomischen, politischen, sozialen und kulturellen Prozessen der Globalisierung und die dabei wirksamen und entstehenden Machtverhältnisse zu gewinnen. Aus einer feministisch-anthropologischen Perspektive werde ich einige Dynamiken aufzeigen, die die Beziehung zwischen dieser Form von Arbeit, Geschlecht und Globalisierung charakterisieren.

Methodisch basiert dieser Beitrag auf einer kritischen Lektüre von ethnographischen Publikationen zu transnationaler und globaler Care-Arbeit und meiner Verbindung dieser Studien mit Theorien zu Ökonomien der Gefühle. Die These, von der ich mit dieser theoretischen Verknüpfung ausgehe, lautet, dass mit Gefühlen wirkungsmächtige Ökonomien und Politiken gebildet werden (vgl.

1 — Für Feedback auf die früheren Vortragsversionen danke ich den Studierenden in meiner Lehrveranstaltung „Liebe, Hass und Angst: Ökonomie und Politik der Gefühle" aus dem Wintersemester 2012/13 und den Studierenden und KollegInnen des Department of Ethnology and Cultural Anthropology an der Universität Ljubljana im Rahmen meines Erasmus-Aufenthalts im Mai 2013; weiters danke ich Gertraud Seiser und Martin Thalhammer für ihre Anregungen zu diesem Artikel.

2 — Die Bedeutung global organisierter Care-Arbeit spiegelt sich vermehrt in sozialanthropologischen und generell sozialwissenschaftlichen Abschlussarbeiten an der Universität Wien (vgl. dazu etwa Gendera 2007; Handler 2008; Wagner 2008, 2010; Dobner/Tappert 2010; Marschnig 2010; Plöchl 2012; Rohm 2012).

Ahmed 2004a,b; Linke/Smith 2009; Richard/Rudnyckyj 2009). Allerdings, so argumentiere ich weiter, wird in anthropologischen Ethnographien zu Care-Arbeit(erinnen) die Analyse der Ökonomie und Politik der Gefühle im Unterschied zu Nachbardisziplinen (etwa der Soziologie: Hochschild 2002a, b, 2010) noch nicht ausreichend berücksichtigt. Dies verwundert aus zweierlei Gründen: Erstens ist Gefühlsarbeit ein wesentlicher Aspekt von Care (Hochschild 2002a; Stiegler 2009) und zweitens fanden in feministischen Analysen geschlechtlicher Arbeitsteilung bereits Anfang der 1980er-Jahre Gefühle als wichtige Ressource von Frauen und Gefühlsarbeit als entscheidende Aufgabe im modernen kapitalistischen Dienstleistungs- und Servicesektor explizite theoretische Anerkennung (Nowotny 1981; Hochschild 1983).

Anhand von Studien zu philippinischen Care-Arbeiterinnen werde ich veranschaulichen, welche Auswirkungen ihre globale Care-Arbeit zum einen für die sie ausübenden philippinischen Migrantinnen, die in Israel arbeiten, und zum anderen für die auf den Philippinen zurückbleibenden Familienmitglieder – insbesondere Kinder – sowie den philippinischen Nationalstaat hat. Ausgehend von der eminenten Bedeutung, die Gefühlsarbeit bei Care einnimmt, werde ich danach die Ökonomie der Gefühle im Kontext globaler Care-Arbeit eingehender behandeln. Dabei argumentiere ich, dass eine rein ethnographische Beschreibung von meist individualisierten Gefühlen bei Weitem nicht ausreicht, um die eingangs betonten Dynamiken zu verstehen, sondern Gefühle – und dabei insbesondere das für Care so zentrale Mitgefühl – in einen multidimensionalen und theoretischen Zusammenhang gestellt werden müssen, um die Ökonomie und Politik von Mitgefühl als eine wichtige Dimension der ökonomischen und kulturellen Globalisierung verstehen und analysieren zu können.

Feministische Anthropologinnen und ihre Kolleginnen aus den Nachbardisziplinen haben ab den 1970er-Jahren begonnen, sich intensiv mit ökonomischen Themen aus Geschlechterperspektive zu beschäftigen. Fragen der geschlechtlichen Arbeitsteilung bildeten dabei stets ein zentrales Thema (Sacks 1974; O'Laughlin 1977; Leacock 1978; Bennholdt-Thomsen/von Werlhof/Mies 1983; Molyneux 1989). In diesem Zusammenhang wurde unter anderem aufgezeigt, dass in zahlreichen Gesellschaften Frauen die Rolle der *caregivers* (Fürsorgerinnen) überantwortet wird, Männern hingegen jene der *breadwinners* (Brotverdiener). Derlei Zuschreibungen sind mit symbolischen und sozialen Zuordnungen von Frauen zum häuslichen Bereich und Männern zum öffentlichen Bereich verknüpft (Ortner 1974). Damit verbunden sind die sozial konstruierten epistemologischen Trennlinien, die zwischen den Bereichen Produktion und Reproduktion aufgestellt wurden (vgl. O'Laughlin 1977; Moore 1988).

Care beruht auf einer geschlechtlichen Arbeitsteilung und ist der sozialen Reproduktionsarbeit zugeordnet. Wie Apitzsch und Schmidbaur (2010) betonen, wurde in neuerer Zeit der Begriff der Reproduktionsarbeit sogar weitgehend durch „Care" ersetzt. Allerdings ist der Begriff Reproduktion nicht vollständig aus der feministischen Debatte und ihrer Kritik an der männlichen Ideologie der Trennung zwischen produktiven und reproduktiven Sphären verschwunden. Dies hänge damit zusammen, dass die reproduktive Tätigkeit eine zentrale gesellschaftliche Produktion ist, „nämlich die Produktion der Form des gesellschaftlichen Lebens selbst, die immer Reproduktion ist“ (Hearn 1987: 58, zit. nach Apitzsch/Schmidbaur 2010: 12 f.). Nach wie vor ist Care-Arbeit weiblich konnotiert; sie ist dem Häuslichen, Privaten und „Natürlichen“ zugeordnet. Lutz (2008: 39) zufolge ist Hausarbeit in ihren umfassenden Tätigkeiten eine „ganz besonders vergeschlechtlichte Aktivität [...], die Identität stiftet und als eine Kernaktivität des *Doing Gender* die Geschlechterordnung der Gesellschaft instand hält“.

Auch in Österreich leisten bis heute vorwiegend Frauen in der Rolle als Mütter, Töchter, Schwiegertöchter oder Nichten unentgeltlich Care-Arbeit für Familienangehörige (Schweitzer/Seiser/Strasser 2010). So essentiell Care für den sozialen Zusammenhalt und die soziale Sicherheit in einer Gesellschaft, besonders auch unter gegenwärtigen, für zunehmend mehr Menschen schwierigen ökonomischen Bedingungen ist (vgl. Seiser 2009), so sehr wird sie aber in vielen Ländern des globalen Nordens und Westeuropas öffentlich unsichtbar gemacht oder ungenügend thematisiert (vgl. Rerrich 2010) sowie politisch vernachlässigt, ja kurzsichtig und die gesellschaftliche Zukunft betreffend geradezu verantwortungslos behandelt. Dass Care ein feminisierter Arbeitsbereich ist, mag mit ein Grund dafür sein. Mit der Feminisierung von Arbeit geht in patriarchalen/geschlechterhierarchischen Gesellschaften stets eine Abwertung der Tätigkeiten und der erforderlichen Qualifikationen einher, denn die Qualifikationen werden als „naturgegebene“ weibliche Eigenschaften betrachtet. Aus diesem Grund wurden emotionale Arbeit und sorgende Tätigkeiten bislang kaum angemessen professionalisiert, bewertet und entlohnt (Bechter 2010: 121f.).

Trotz der lang währenden feministischen Kritik an der hierarchisierten Konstruktion der geschlechtlichen Arbeitsteilung finden die damit verbundenen Zuordnungen unter globalen Vorzeichen eine Fortsetzung. Dies verdeutlichen jene feministischen Studien, die seit den späten 1980er-Jahren die Forschungsfelder Arbeit und Geschlecht zunehmend in den Kontext von Globalisierungsprozessen stellen (vgl. Poster 2002; Mills 2003).

Zwar wird, wenn wir einen für anthropologische Studien notwendigen historischen Blick einnehmen, rasch deutlich, dass Globalisierung kein neues Phänomen darstellt, sondern vielmehr über Jahrhunderte entstanden ist. Die gegenwärtige Globalisierung allerdings ist Lewellen (2002: 11) zufolge dadurch charakterisiert, dass sie eng mit der Ausbreitung des neoliberalen Kapitalismus verknüpft, wenn nicht sogar davon definiert ist. Vor diesem Hintergrund kann sie allgemein bezeichnet werden als „the increasing flows of trade, finance, culture, ideas, and people brought about by the sophisticated technology of communications and travel and by the worldwide spread of neoliberal capitalism, and it is the local and regional adaptations to and resistances against these flows” (ebd.: 7 f.).

Um die globalen Strömungen, Vernetzungen und Abhängigkeiten beforschen zu können, fordern Feministinnen bereits seit Längerem, die übergeordneten Makropolitiken mit lokalen Ethnographien in Beziehung zu setzen (vgl. Freeman 2001; Poster 2002; Mills 2003). Die „großen" Theorien zu Globalisierung – so gut wie immer von Männern produziert – bildeten in diesem Zusammenhang in jüngerer Vergangenheit eine vorrangige Zielscheibe für feministische Kritik (Freeman 2001). Fehlende Empirie, mangelndes ethnographisches Material sowie Ignoranz und Blindheit gegenüber geschlechterdifferenten Erfahrungen wurde an ihnen von feministischer Seite ebenso bemängelt wie die diskursive Trennung zwischen der systemischen Makro- und der (inter-)individuellen Mikroebene bzw. zwischen globaler Ökonomie und lokalen kulturellen Prozessen (vgl. ebd.; Poster 2002). Diese dichotome Trennung veranlasste Freeman (2001) sogar zur programmatischen und zugleich ihren Aufsatz betitelnden Frage *Is Local: Global as Feminine: Masculine?*. Eine Kombination von Makro-, Meso- und Mikroebene schlagen feministische Autorinnen aktuell ebenfalls für Forschungen zu Arbeitsmigration im Kontext von Care vor (Lutz/Palenga-Möllenbeck 2010). Multiple Analyseebenen müssen demnach in den Blick genommen werden, um sowohl die Auswirkungen von ökonomischen und politischen Globalisierungsprozessen auf Individuen und, umgekehrt, den Einfluss, den Individuen auf größere globale Prozesse ausüben können, zu verstehen.

Ganz im feministischen Sinne sollen dabei die jeweiligen Machtstrukturen und die *Matrix of Domination*[3] (Hill Collins 1991) aufgezeigt werden, innerhalb derer Frauen wie Männer unterschiedlichster soziokultureller Identitäten agieren, sich widersetzen oder gefangen sind.

Die Globalisierung von Care-Arbeit(erinnen)

Während Care-Arbeit (auch) in den wohlhabenden Ländern in der Vergangenheit und Gegenwart über viele soziale Schichten hinweg hauptsächlich von Frauen aus dem eigenen Haushalt oder Familienverband verrichtet wurde und wird, ist sie im Zuge der gegenwärtigen Globalisierung in der gut situierten Mittelschicht des globalen Nordens zunehmend transnational organisiert (Hochschild 2010). Wo Frauen vermehrt einer Berufstätigkeit außer Haus nachgehen und in Berufe einsteigen, die besser entlohnt werden als die feminisierten Reproduktionstätigkeiten mit niedriger Bezahlung und schlechter sozialer Absicherung (Lutz 2008: 30), übernehmen immer häufiger Migrantinnen aus ärmeren Regionen

3 — Dieser von Hill Collins (1991) geprägte Begriff erklärt Unterdrückung durch das Zusammenwirken von sozialen Differenzen wie *race* bzw. Ethnizität, Klasse, Geschlecht, Sexualität, Religion, Alter.

und Ländern Care-Arbeiten (Hochschild 2010).[4] Von den strukturell und finanziell zumeist benachteiligten ArbeitsmigrantInnen (im Care-Bereich) profitieren ökonomisch sowohl die wohlhabende(re)n Länder als auch die durch hohe Kreditschulden von den großen globalen Finanzinstitutionen abhängigen Herkunftsländer[5] jener ArbeitsmigrantInnen (Parreñas 2002, 2007). Tatsächlich tragen MigrantInnen zu einer verbesserten ökonomischen Position von reichen ebenso wie ärmeren Staaten innerhalb der globalen Ökonomie bei, wobei die Position von Staaten innerhalb der Hierarchie der globalen Ökonomie ebenfalls geschlechtlich konnotiert ist, sodass von mächtigen *masculine* und weniger mächtigen *feminized nations* gesprochen werden kann (Parreñas 2007: 43).

Die Formierung einer *global care chain*

Wie bereits mein Aufsatztitel anzeigt, ist ein neues Phänomen der gegenwärtigen Care-Arbeit, dass sich eine „globale Betreuungskette" herausbildet. Bei dieser *global care chain*, um es mit dem von Hochschild (2002a) geprägten Begriff auszudrücken, werden Betreuungsaufgaben in zunehmendem Ausmaß staatenübergreifend und zwischen Bevölkerungsgruppen umverteilt. Zur geschlechtlichen Dimension der Arbeitsteilung kommt im globalen Kontext neuerdings eine zunehmende ethnische Strukturierung bzw. Hierarchisierung hinzu. Zu einer „Kette" wird die Betreuungsarbeit dadurch, dass in den Herkunftsländern der Migrantinnen an ihrer statt andere Personen die Care-Tätigkeiten in den Familien zu übernehmen haben. In den meisten Fällen sind dies weibliche Verwandte oder niedrig entlohnte Arbeitskräfte; seltener sind es jüngere männliche Familienangehörige, geschweige denn die zurückbleibenden Ehemänner von Migrantinnen. So wird die globale Betreuungskette zu einer „series of personal links between people across the globe based on the paid or unpaid work of caring" (ebd.: 1). Wie im Konzept der *global care chain* deutlich wird, ist im globalen und transnationalen Zusammenhang nicht nur die Erfahrungsperspektive der Migrantinnen in den neuen Lebens- und Arbeitsumgebungen von Bedeutung, sondern auch der Blick auf die Auswirkungen der Migration von Frauen auf die nicht-migrierten bzw. zurückbleibenden Familienangehörigen (allen voran Kinder) und darüber hinausreichende Veränderungen in den Herkunftsländern von Migrantinnen.

4 — Meiner Einschätzung nach ist die Berufstätigkeit von Frauen und die Transformation der Geschlechterverhältnisse aber nicht der einzige Grund. Ebenso entscheidend dürften Veränderungen in der demografischen Struktur von Gesellschaften sein, d. h. ein Anstieg der Anzahl von älteren Menschen.

5 — Dies geschieht vor allem durch finanzielle Rückflüsse bzw. Geldüberweisungen an Angehörige.

Care als Gefühlsarbeit, Mitgefühl als global verteilte Ressource

Gefühle, seien sie kommodifiziert oder nicht, spielen in Arbeitsbeziehungen eine ebenso wichtige, wenngleich spezifische Rolle wie in allen engen oder zeitintensiven Beziehungen. Care-Beziehungen sind eine Mischform von Arbeits- und intimen Beziehungen. Wie in feministischen Studien deutlich wird, basiert gerade Care-Arbeit ganz wesentlich auf Gefühlsarbeit *(emotional labour)* (Hochschild 1983, 2002a,b) und auf Körperarbeit *(body work)* (Twigg 2000) – wobei das zentrale Gefühl Mitgefühl ist. Care-Arbeit erfordert demnach einen sensiblen – vor allem geschlechtlich und kulturell sensiblen – Umgang mit den Gefühlen und dem Körper der Betreuten. Dass gerade in Care-Beziehungen rasch emotionale und körperliche Herausforderungen und Konflikte zutage treten können, versteht sich aus zwischenmenschlicher Sicht fast von selbst, bedarf aber für ein besseres Verständnis globaler Prozesse in Zukunft einer ausführlicheren ethnographischen Forschung. So sind etwa Pflegepraktiken stets von Vorstellungen über Schamgrenzen, Reinheit und Integrität des Körpers sowie über die Autonomie des Selbst begleitet, die zwischen pflegenden und gepflegten Menschen rasch zu Spannungen und Konflikten führen können.

Fürsorge und Mitgefühl stehen daher im Zentrum der Alltagspraxis von Care-Arbeit und bedürfen einer eingehenden Analyse. Obwohl in Ethnographien zu Care der Beschreibung von Gefühlen durchaus Aufmerksamkeit gewidmet wird, werden meines Erachtens die Affekte und Gefühle nur selten analytisch behandelt. Ich behaupte, dass wir, wenn wir aktuelle Theorien zu „affektiven Ökonomien" im Kontext der Globalisierung heranziehen, im Bereich der Care-Arbeit neue Einsichten in ökonomische und soziale Prozesse gewinnen können. Indem ich das in diesem Beitrag anstrebe, versuche ich einen differenzierten Einblick in die ambivalenten Bedeutungsdimensionen und die Praxis von Gefühlen – insbesondere von Mitgefühl – zu geben.

Drei Theorien bilden das analytische Werkzeug für mein Anliegen:

Beginnen möchte ich mit dem von Hochschild (1983) geprägten und viel zitierten Begriff *emotional labour*. Ausgehend von der Marx'schen These der Entfremdung[6] hat die Autorin den gegenwärtigen kapitalistischen Service- und Dienstleistungsbereich auf die Bedeutung von Gefühlsarbeit hin untersucht. *Emotional labour* umschreibt den Prozess der Regulierung und des Managements von Gefühlen und Gesichtsausdrücken, die Angestellte in diesem Sektor „nach

6 — Das Konzept der entfremdeten Arbeit im Kapitalismus wurde von Karl Marx 1844 in den zunächst unveröffentlichten ökonomisch-philosophischen Manuskripten formuliert und erstmals 1932 publiziert (Marx 2009 [1932]). Er beschreibt darin Entfremdung als jenen zweifachen Prozess, in welchem Arbeiter ihrer Produktionsmittel beraubt werden und eine wachsende Anzahl ihnen fremder Waren produzieren und dadurch zugleich das sie ausbeutende Lohnarbeitsverhältnis und die Warenförmigkeit ihrer Arbeitskraft reproduzieren (vgl. Seiser/Thalhammer in diesem Band).

außen" sichtbar zu vollziehen haben, um Zufriedenheit bei den KundInnen hervorzurufen. Die Kontrolle „zur Schau getragener" Emotionen hat auf entscheidende Weise auch für Care-Arbeiterinnen in deren Beziehungen zu den von ihnen betreuten oder gepflegten Menschen Gültigkeit. Diese Form des emotionalen Mikromanagements ist nach Hochschild eine Kommodifizierung von Emotionen. Der Ausdruck von Gefühlen wiederum variiert geschlechts- und klassenspezifisch, wobei die Verantwortung, Wohlgefühle bei anderen zu erzeugen, hauptsächlich Frauen zugeordnet wird (Hochschild 1983).

Weiters argumentiere ich mit Ahmeds (2004a, b) marxistisch geprägter Theorie der *affective economies*, dass aus kulturwissenschaftlicher Perspektive Mitgefühl weniger als individualisiertes Gefühl zu sehen ist, das wie im psychologischen Verständnis subjektiv in Individuen residiert, sondern als ein „Vermittlungsobjekt"[7], das unter spezifischen ökonomischen, ideologischen und politischen Bedingungen global zirkuliert und verteilt wird. Dabei verbindet es manche Menschen miteinander, schließt aber andere davon aus und erzeugt soziale Differenzen („Wir versus sie").[8] Gleichzeitig ist in Orientierung an Ahmed Mitgefühl als soziale Praxis zu verstehen, die Sozialität erzeugt.[9]

Daneben können wir mit einem weiteren Konzept, jenem von *economies of affect*, das von Richard und Rudnyckyj (2009) vorgeschlagen wird[10], verstehen lernen, wie Emotionen unter globalen und neoliberalen Bedingungen zur Formierung neuer Subjekte beitragen. Aus dieser von Foucault hergeleiteten Perspektive der *Gouvernementalität* und Subjektformation sind Care-Arbeiterinnen weniger als „Opfer" der neoliberalen globalen Ökonomie zu betrachten, sondern vielmehr als kontrollierbare, aber handlungsmächtige Subjekte, die mit der Idee und Praxis von Mitgefühl kulturelle Globalisierungsprozesse aktiv be- und vorantreiben.[11]

Wie sich diese genannten Konzepte zu Affekten in der Care-Praxis ausdrücken, werde ich weiter unten anhand des ethnographischen Fallbeispiels analysieren. Für den Moment genügt es festzuhalten, dass Gefühle dem anthro-

7 __ Ahmed (2004a: 119) zufolge vermitteln Emotionen, die die Autorin ihrerseits als zirkulierende Objekte bezeichnet, die Beziehung zwischen dem Psychischen und Sozialen sowie dem Individuellen und Kollektiven.

8 __ Ahmed (2004a, b) zeigt dies anhand der globalen Zirkulation von Hass-Diskursen nach 9/11 und die mit Hass eng verbundenen Diskurse über Liebe zum Vaterland auf.

9 __ Den Ansatz, dass Gefühle soziale Ordnung erzeugen, vertrat bereits im 19. Jahrhundert Émile Durkheim.

10 __ Richard und Rudnyckyj (2009) analysieren anhand von Fallbeispielen von NGOs in Mexiko und einer Stahlfabrik in Indonesien die aktive Subjektformierung von ArbeiterInnen und ArbeitgeberInnen, die durch den Rekurs auf Liebe zueinander aktiv die Umsetzung von neoliberalen Marktnormen fördern.

11 __ Eine Analyse von emotionaler Arbeit in gegenwärtigen unsicheren Arbeitsverhältnissen im universitären Feld findet sich in Nöbauer 2012.

pologischen Verständnis nach innerhalb von Beziehungen sozial und kulturell konstruiert und ins Leben gerufen werden und dabei ständigen Veränderungsprozessen unterliegen. Das gilt ebenso für das Mitgefühl. In sozialen Beziehungen, die vom globalen Kapitalismus geprägt sind, werden Gefühle oder Ideen von spezifischen Gefühlen, mit denen Menschen sich unter bestimmten Bedingungen identifizieren (sollen oder können), zu einer global gehandelten Ware und einem global verteilten Objekt (Hochschild 2002b; Ahmed 2004a,b). Doch werden Gefühle im Kontext der Globalisierung nicht nur auf neue Weise, wie etwa durch Professionalisierung, kommodifiziert, sondern umgekehrt bringt Globalisierung auch neue affektive Imaginationen und Formen affektiver Beziehungen hervor, wie ich später am Beispiel von philippinischen Care-Arbeiterinnen in Israel zeigen werde.

Für ein anthropologisches Verstehen von globaler Care-Arbeit ist es daher wesentlich, nach den Auswirkungen auf die jeweils migrierten und nicht-migrierten „Betroffenen“ zu fragen; weiters danach, wie Menschen in den Ziel- und Herkunftsländern mit den jeweiligen Herausforderungen, die Care-Arbeit mit sich bringt, umgehen; ebenso, welche *matrix of domination* in der „globalen Betreuungskette“ wirksam ist und in welcher Wechselwirkung eine jeweilige Herrschaftsmatrix mit sozialen Beziehungen, (National-)Staaten und der globalen Ökonomie steht.

Ethnographisches Fallbeispiel: Geschlecht, Migration und Care im transnationalen Kontext der Philippinen und Israels

Anhand eines ethnographischen Fallbeispiels werde ich nun einige Auswirkungen von globalisierter Care-Arbeit auf philippinische Migrantinnen und deren transnationale Familien aufzeigen. Dabei werde ich einen Blick sowohl auf die Philippinen werfen als auch auf Israel, eines jener zahlreichen Zielländer, in denen jene Frauen als Care-Arbeiterinnen – zumeist zeitlich begrenzt – tätig sind und leben. Zunächst werde ich ausgehend von der Perspektive der geschlechtlichen globalen Ökonomie der Philippinen auf die Beziehungen zwischen Migrantinnen und ihren zu Hause verbliebenen Kindern eingehen, um dann als weiteres Beispiel Haltungen und Reaktionen der dortigen Medien und Politik zu illustrieren. Im darauffolgenden Schritt werde ich zu Israel wechseln, wo gegenwärtig Tausende dieser Migrantinnen als Care-Arbeiterinnen tätig sind. Nach einer kurzen Skizzierung des Care-Migrationsregimes in Israel werde ich zuerst einige Aspekte aus der Praxis der Care-Arbeit jener Frauen sowie die Bedeutungen beschreiben, die sie ihren Erfahrungen geben. Neben der zentralen Stellung des Mitgefühls in der Care-Arbeit werde ich außerdem auf affektive Beziehungen außerhalb der Care-Arbeit eingehen, die für die Gemeinschaftsbildung von philippinischen Migrantinnen und die globale Zirkulation von Mitgefühl entscheidend sind. In diesem Zusammenhang spielen die christliche Religion der Herkunftsregion sowie diverse lokale und globale christliche bzw. evangelikale Netzwerke eine bedeutende Rolle.

Entlang dieser inhaltlichen Struktur versuche ich aufzuzeigen, wie ökonomische und politische Makro- und soziale und kulturelle Mikroprozesse im konkreten Fallbeispiel zusammenwirken.

Auf den Philippinen: Das Geschlecht der nationalen und globalen Ökonomie

Wie feministische Autorinnen ausführlich darlegen (vgl. Parreñas 2002, 2007; Liebelt 2008a, b; Rodriguez 2010), spielen Frauen eine eminent wichtige Bedeutung für die globale Ökonomie der Philippinen. Als sogenanntes „Entwicklungsland", das aufgrund seiner hohen Kreditschulden von mächtigen ausländischen Finanzinstitutionen (Weltbank, Internationaler Währungsfond, Asiatische Entwicklungsbank) abhängig ist, hat dieses Land während der globalen ökonomischen Rezession in den 1980er-Jahren als nationale Entwicklungsstrategie eine Exportwirtschaft aufzubauen begonnen. Mit dieser sollen Devisen für die Rückzahlungen der Kredite beschafft werden. Heute gehören die Philippinen zu den weltweit größten Exporteuren von befristetem Arbeitspersonal mit Frauen als wesentlichem Bestandteil der Exportökonomie: Viele Frauen arbeiten im Land selbst als Billigstlohnarbeiterinnen vorwiegend in der Elektronik- und Textilindustrie für multinationale, US-amerikanische, europäische, japanische und andere asiatische Konzerne. Zudem sind philippinische Migrantinnen, die inzwischen zirka die Hälfte aller philippinischen MigrantInnen ausmachen, in nahezu allen Ländern rund um den Globus als *care* bzw. *domestic workers* tätig. Damit gehören sie zu jener steigenden Zahl von Frauen, die von der sogenannten „Dritten Welt" in die Zentren des globalen Kapitalismus strömen, um innerhalb einer zutiefst geschlechtlichen Ökonomie Jobs zu übernehmen, die der unteren sozialen Hierarchie zugewiesen werden (vgl. Liebelt 2008b; Hochschild 2010; Apitzsch/Schmidbaur 2010).

Durch die enorm hohen finanziellen Rückflüsse bzw. Geldüberweisungen an Familienangehörige und Verwandte im Herkunftsland sichern philippinische Migrantinnen – zusammen mit Migranten – nicht nur die Haushaltseinkommen, die Bildung der Kinder und kommunale sozioökonomische Entwicklungen ab, sondern liefern dem Inselstaat dringend benötigte Devisen (Parreñas 2002: 41, 2007: 43). Diese Struktur der Exportwirtschaft des Landes und der Abhängigkeit derselben von der Arbeit von Frauen macht deutlich, dass die globale Ökonomie ein geschlechtlicher Prozess ist. Geschlechtlich markiert ist auch die Stellung von Nationalstaaten in der globalen Ökonomie. So sind Parreñas (2007: 43) zufolge die Philippinen im Unterschied zu anderen, ökonomisch mächtigen „maskulinen Nationen" als „*gendered feminine nation*" zu sehen.

Obwohl viele philippinische Migrantinnen eine gute berufliche Ausbildung haben (etwa als Lehrerinnen, Ärztinnen), emigrieren sie. Die Gründe dafür sind vielfältiger Natur, sind aber in mehrfacher Weise von der hierarchischen Geschlechterordnung geprägt: Zum einen ist die eklatante geschlechtsspezifische Lohndiskrepanz, aufgrund derer Frauen im Unterschied zu Männern auf den Philippinen extrem niedrige Löhne erhalten, ein wichtiger Faktor. Jene ist Teil einer geschlechtlichen Arbeitsteilung, deren geschlechterideologische Vorstellung darauf basiert, dass Frauen aufgrund ihrer vermeintlichen „Natur" für pflegende, betreuende, nährende und erzieherische Tätigkeiten und Berufe geschaffen sind. Weiters entscheiden sich viele Frauen für die Arbeit im Ausland, um der starken sozialen Kontrolle zu Hause, den häufigen Konflikten und Problemen mit Ehemännern und Vätern, die keine finanzielle Verantwortung für Kinder übernehmen, sowie unglücklichen Beziehungen zu entkommen (vgl. Parreñas 2002, 2007; Liebelt 2008a,b).

Die Arbeitsmigration wird darüber hinaus auf politischer Ebene unterstützt. So fördern und organisieren zahlreiche staatliche und nicht-staatliche Einrichtungen auf den Philippinen die Auslandsbeschäftigung. Auf der familiären Ebene wiederum reguliert ein System namens *kuha* die Migration von Familienmitgliedern. Diesem entsprechend wird von migrierten Angehörigen erwartet, dass sie, sobald sie sich im Ausland etabliert haben, Verwandten dabei helfen, nachzukommen. Üblicherweise werden hierbei jüngere weibliche Verwandte finanziell unterstützt. Auf diese Weise sind philippinische Arbeitsmigrantinnen in große soziale und familiäre Netzwerke eingebunden, die stets mehrere Nationalstaaten umfassen (Liebelt 2008a: 73).

Die Zuschreibung von philippinischen Frauen zur Häuslichkeit wird in der Migration fortgesetzt. Selbst gut ausgebildete Frauen arbeiten als Pflegerinnen, Kindermädchen und Haushaltsarbeiterinnen. Sie nehmen im Ausland – gezwungenermaßen – ein soziales *downgrading* ihrer eigentlichen beruflichen Ausbildung in Kauf, ja, verheimlichen diese mitunter sogar, um Konflikte mit ihren ArbeitgeberInnen zu vermeiden (vgl. Constable 2002), indem sie kein der Qualifikation entsprechendes Einkommen einfordern. Das in der Migration entstandene ökonomische *upgrading* der Frauen hat allerdings die für sie im philippinischen Kontext vorgesehene Rolle der *caregivers* in jene der *breadwinners* verwandelt. Diese Umkehr der Geschlechterrollen hat vielfältige Auswirkungen: Zum einen werden Migrantinnen dadurch mit einer Krise der Geschlechterideologie im Herkunftsland konfrontiert, die auf nationaler Ebene abgehandelt wird; zum anderen führt die Migration von Müttern zu einer Care-Krise in den transnationalen Familien und einem *care drain* auf den Philippinen. Darauf werde ich nun näher eingehen.

Care crisis und *care drain*: Die Migration von Frauen und Krisen der Geschlechterideologie

Die Migration von Frauen, und insbesondere jene von Müttern, löste auf den Philippinen eine Care-Krise aus, die vor allem in der Mittelschicht, aus der viele der Migrantinnen kommen, zu großen Diskussionen führte (vgl. Parreñas 2002, 2007). Tatsächlich kommt es innerhalb der Familien durch die Auslandsbeschäftigung von Müttern zu großen Problemen, vor allem für die zu Hause verbliebenen Kinder. Wie Parreñas (2002) betont, ist die emotionale Belastung bei allen philippinischen Kindern, deren Mutter emigriert ist, hoch. Der Großteil der von ihr interviewten Kinder aus transnationalen Familien betrachtet sich als Teil einer auseinandergebrochenen Familie und würde selbst nie emigrieren und den eigenen Nachwuchs zurücklassen wollen. Die Bewertung der Migration ihrer Mütter ist aber vielfältiger, als hier angedeutet. Sie hängt hauptsächlich davon ab, welche Zuwendung die Kinder von anderen *caregivers*, d. h. von sozialen Müttern oder anwesenden Elternteilen, Geschwistern oder Verwandten bekommen. So etwa sehen manche Kinder, vor allem mit zunehmendem Alter, die Migration ihrer Mutter als großes Opfer, das sie für die Familie bringt, sind dankbar dafür und halten über Telefon und Internet engen Kontakt mit ihr (Madianou/Miller 2011). Andere Kinder wiederum haben kaum mehr eine Beziehung zu ihrer Mutter und lehnen es ab, mit ihr über die große Entfernung hinweg über persönliche Probleme zu sprechen, schätzen aber die finanzielle Unterstützung, die sie von ihr erhalten (Parreñas 2002, 2007).

Für Ehemänner bedeutet die Migration ihrer Frauen, dass sie sich in der für sie ungewohnten Geschlechterrolle als *caregivers* um die Kinder kümmern sollten. Die meisten dieser Männer gehen allerdings weiter ausschließlich ihrem Beruf außer Haus nach und nur ein geringer Anteil betreut den Nachwuchs selbst oder reduziert die Arbeitszeit, um sich der Kinder anzunehmen. Meistens sind es jüngere weibliche Familienmitglieder und weibliche Verwandte, aber auch jüngere männliche Familienangehörige (etwa Brüder), die sich um die Kinder kümmern (Parreñas 2002, 2007).

Die Emigration von Frauen wirkt sich auch auf der Ebene des philippinischen Nationalstaats krisenhaft aus, da es dadurch zu einem *care drain* bzw. *brain drain* kommt. Hierbei verliert das Land in ökonomischer und sozialer Hinsicht auf längere Sicht nicht nur Fürsorgerinnen in Familien, sondern auch die gut ausgebildeten Frauen aus Pflegeberufen, medizinischen und Lehrberufen, in deren Ausbildung der philippinische Staat einst viel Geld investiert hat. Um es mit anderen Worten auszudrücken: Weil und solange die Arbeitsbedingungen für Frauen auf den Philippinen so nachteilig sind und reiche Länder gut ausgebildete Frauen aus ärmeren Ländern rekrutieren, werden dem philippinischen Staat durch Migration gut ausgebildete Fachkräfte entzogen, sodass mittel- und langfristig ernste Probleme in der Versorgung der eigenen Bevölkerung im Gesundheits- und Bildungswesen entstehen (können). So etwa hat in den 1990er-Jahren die philippinische Regierung trotz Kritik begonnen, das Gesundheitssystem auf die lokale Ebene zu „delegieren". Gleichzeitig präsentierten offizielle Vertreter des Gesundheitssystems den *care drain* als „Mythos" und betonten, dass die hohen Arbeitsstandards im Ausland auch die Standards auf den Philippinen erhöhen würden.[12] In welchem Ausmaß dieser *care drain* nachteilige Auswirkungen auf den Staat in seinen vielfältigen Aufgaben hat, der bekanntermaßen gleichzeitig von den MigrantInnen ökonomisch profitiert, ist meinen Recherchen nach ein Forschungsdesiderat.

Ihre Forschungsergebnisse – vor allem die differenzierten Sichtweisen der von ihr interviewten Kinder – veranlassen Parreñas (2002: 53 f.) zur Empfehlung, auf nationaler Ebene das Problem der Care-Krise anzugehen und eine angemessene Betreuung für die Kinder in transnationalen Familien zu organisieren. Ein solches Bestreben könne allerdings, wie sie betont, nur dann realisiert werden, wenn damit eine Veränderung in den Geschlechterrollen bzw. in der Geschlechterideologie einhergeht. Dabei müsse in einer neuen sozialpolitischen Grundhaltung nicht nur der Status von Frauen als Familienerhalterinnen vollständig anerkannt werden, sondern auch ein anderes Verständnis von Männlichkeit Platz greifen. Um die sozialen Veränderungen, die ohnehin bereits Teil der geänderten Realität sind, in eine konstruktive Richtung zu lenken, seien allerdings auch neue politische Diskurse seitens der philippinischen Regierung sowie gesetzliche Korrekturen der Benachteiligungen von MigrantInnen in den jeweiligen Zielländern notwendig (ebd.)

Angriffe der Medien, Ambivalenzen der Politik

Durch die Care-Krise sind philippinische Migrantinnen einem *gender ideological clash* (Parreñas 2007) ausgesetzt. Dieser geschlechterideologische Konflikt bedeutet, dass die Frauen, obwohl sie zu Brotverdienerinnen geworden sind, nach wie vor mit der wesentlich unbeweglicheren Geschlechterideologie konfrontiert werden, der zufolge sie sich primär um die Kinder und den Haushalt zu kümmern haben. Philippinische Medien machen beispielsweise die zahlreichen Mütter unter den Migrantinnen laufend für die Care-Krise verantwortlich. In sensationsgieriger Weise berichten sie über jene Frauen als „schlechte Mütter und Ehefrauen", die die philippinische Gesellschaft gefährden würden und schreiben ihnen in pauschalierender Weise die Verantwortung für sämtliche Probleme transnationaler Familien zu. Die Rolle von Männern, sei es als migrierte Väter oder als Ehemänner – die, wie oben erwähnt, nur sehr eingeschränkt bereit sind,

12 — Siehe dazu den Bericht von Steve Finch (2013) *Philippines brain drain: fact or fiction?* im Journal der Canadian Medical Association (CMAJ). Darin werden gegensätzliche Argumente zum *care* und *brain drain* diskutiert.

die Care-Rolle in der Familie zu übernehmen –, wird von den Medien dabei überhaupt nicht problematisiert (Parreñas 2007).

Derlei mediale Berichterstattungen verstärken die Schuldgefühle, unter denen emigrierte Mütter gegenüber ihren Kindern ohnehin leiden. Umso mehr sind sie bemüht, über große geografische Distanzen hinweg mit der jeweils neuesten Kommunikationstechnologie (Mobiltelefone, Internet, Skype) die Kontakte zu ihren Kindern regelmäßig zu pflegen und ihnen großzügige Geschenke zu übermitteln (Madianou/Miller 2011).

Während Medien Arbeitsmigrantinnen immer wieder attackieren, war und ist die Haltung der philippinischen Regierungen zur Auslandsbeschäftigung von Frauen zumindest ambivalent. So etwa wurden in den späten 1980er-Jahren einige philippinische Migrantinnen, die als Haushaltsarbeiterinnen in Hongkong tätig waren, von der damaligen philippinischen Präsidentin Corazon Aquino als „neue Heldinnen der Nation" tituliert. Doch 1995 hat der nachfolgende Präsident Fidel Ramos zu Initiativen aufgerufen, angesichts der Care-Krise die Emigration von Frauen zu stoppen. In der Folge wurde allerdings wieder mehr der ökonomische Nutzen, den Migrantinnen für den philippinischen Staat bringen, in den Vordergrund gerückt (Parreñas 2007). Inzwischen wird beispielsweise jährlich die *migrant heroes week* gefeiert und dabei ein Preis, der *migrant hero of the year* verliehen (Rodriguez 2010). Frauen scheinen von diesem Preis zumindest nicht ausgeschlossen zu sein.

Rodriguez' anthropologische Analyse solcher Zelebrierungen ergibt, dass durch derlei staatliche Initiativen eine Loyalitätsbindung zwischen MigrantInnen und dem philippinischen Nationalstaat hergestellt wird. Damit wird eine neue Beziehung konstruiert, die als *migrant citizenship* bezeichnet werden kann, welche für die Zugehörigkeit zu den Philippinen die Beschäftigung im Ausland voraussetzt (ebd.: 79).

Caring for the „Holy Land"[13]: Philippinische Care-Arbeiterinnen in Israel

Wie in vielen Ländern herrscht auch in Israel ein rigides Migrationsregime, innerhalb dessen die zahlreichen ArbeitsmigrantInnen aus Südostasien, Osteuropa und anderen Regionen als „GastarbeiterInnen" mit befristeten Arbeitsverträgen gelten. Migrantinnen von den Philippinen werden staatlich gestützt seit 1995 rekrutiert. Dabei wird ihre befristete Beschäftigung auf *caregiving* in privaten Häusern und öffentlichen Einrichtungen eingeschränkt. Diese Restriktion steht in Zusammenhang mit der damaligen politischen Entscheidung, das Betreuungs- bzw. Pflegesystem von Krankenhäusern in die privaten Haushalte zu verlagern,

13 __ Diese Bezeichnung habe ich vom gleichnamigen Buchtitel *Caring for the „Holy Land"* von Claudia Liebelt (2011b) übernommen.

um die staatlichen Kosten für medizinische und geriatrische Betreuung erheblich zu reduzieren. Die Aufenthaltsdauer der Care-Arbeiterinnen ist an ihre Beschäftigung bei einer/einem israelischen StaatsbürgerIn gebunden, deren/dessen Name in den Reisepässen der Care-Arbeiterinnen eingetragen wird. Diese Bindung hatte bis vor wenigen Jahren zur Folge, dass mit dem Tod der jeweiligen betreuten israelischen Person die legale Aufenthaltsdauer einer Care-Arbeiterin erloschen ist.[14] Im Jahr 2014 wurde diese Regelung dahingehend verändert, dass MigrantInnen, die im Pflegebereich arbeiten, nach dem Tod einer von ihnen betreuten älteren Person zwischen drei ArbeitgeberInnen und drei definierten geografischen Regionen wechseln können (The Migrant 2014). Während in den Jahrzehnten vor 2002 ein illegaler Status von MigrantInnen relativ unbedeutend für ihr Alltagsleben war, veränderte sich im selben Jahr das politische Klima in Israel drastisch. Eine Kampagne mit rassistischem Charakter führte damals zu einer Massenabschiebung von illegalisierten MigrantInnen. Seither bedeutet ein illegaler Status die akute Gefahr der „Abschiebbarkeit" *(deportability)* (Liebelt 2008a).

Für philippinische Care-Arbeiterinnen ist Israel, so wie die meisten anderen ihrer Zielländer, lediglich eine von mehreren Zwischenstationen im Migrationsprozess. Wie Liebelt (2008a,b) erhellend aufzeigt – und was meines Erachtens im Zusammenhang mit der Care-Krise auf den Philippinen besonders bedeutend ist –, wechseln philippinische Migrantinnen immer wieder und spätestens nach einigen Jahren das Land, in dem sie arbeiten. Ihre Migration ist weniger ein „Hin und zurück"-Prozess *(back and forth)* zwischen einem spezifischen Land und den Philippinen als vielmehr ein „Immer weiter und weiter"-Prozess *(on and on)*, d. h. die Frauen kehren, wenn überhaupt, nur kurzfristig in ihr Herkunftsland zurück, um dann sogleich in ein anderes Land weiterzuwandern. Die transnationalen sozialen und familiären Netzwerke, in die philippinische MigrantInnen eingebunden sind, fördern diesen fortgesetzten Migrationsprozess, in dem die USA meist als das eigentliche „Traumziel" imaginiert werden. Wenn sie in Israel eintreffen, haben philippinische Care-Arbeiterinnen oft bereits jahrelange Erfahrungen als Betreuerinnen in anderen Ländern des Mittleren und Nahen Ostens oder in Asien. Aufgrund ihrer mehrere Länder umfassenden Arbeitsmigration beherrschen sie jeweils mehrere Sprachen und sind mit den vielfältigen kulturellen Praktiken und politischen Ideologien jener Länder bestens vertraut. Viele dieser Frauen, die allesamt alleine migrierten, sind – wie schon mehrfach erwähnt – verheiratete und alleinerziehende Mütter, deren Kinder zumeist auf den Philippinen leben und von anderen Personen bzw. Verwandten betreut werden. Den Kontakt zu ihren Kindern und Familien pflegen sie kontinuierlich mit Hilfe der modernen Kommunikationstechnologien. So zeigt Liebelt (2008a: 73) ethno-

14 — Obwohl dieses sogenannte „Bindungsarrangement" 2006 vom obersten Zivilgericht in Israel als „moderne Form der Sklaverei" bezeichnet und dessen Abschaffung verlangt wurde, wird es in der Praxis weiterhin ausgeübt (vgl. dazu Liebelt 2008a: 78).

graphisch detailliert, wie die langen Warteschlangen der Migrantinnen vor den Telefonzellen, die unzähligen Mobiltelefone und diversen Accessoires dazu, die Migrantinnen in selbstverständlicher Art und Weise benutzen, sowie die zahlreichen Internetcafés, die sie regelmäßig besuchen, Ausdrucksformen für die Verbundenheit mit ihren transnationalen Familien sind. Entsprechend ist auf den Philippinen die Bezeichnung *„cellphone families"* für transnationale Familien üblich geworden (ebd.).[15]

Migration und „Diaspora" als geteilte Erfahrung zwischen Betreuerinnen und Betreuten

In Israel sind jene, um die sich philippinische Care-Arbeiterinnen kümmern, zumeist ältere, pflegebedürftige Menschen. Die Betreuerinnen, die auch Haushaltsarbeit erledigen, leben mit ihnen in deren Privatwohnungen zusammen bzw. in den jeweiligen Pflegeeinrichtungen. Sechs Tage in der Woche verbringen sie praktisch jede Minute mit den Pflegebedürftigen. Zu Zeiten, in denen es den pflege- und hilfsbedürftigen älteren Menschen besonders schlecht geht, opfern die Betreuerinnen mitunter auch ihren einzigen, ansonsten freien Tag für deren Pflege (Liebelt 2008a, b). Dass dies eine besondere körperliche und emotionale Anstrengung erfordert und zudem eine soziale Isolierung für die Care-Arbeiterinnen zur Folge hat, wird von Liebelt kaum ausgeführt, will ich aber aus Gründen des thematischen Fokus auf die Gefühlsarbeit und die Ökonomien der Gefühle an dieser Stelle betonen. Viele Care-Arbeiterinnen werden Liebelt zufolge wie Familienmitglieder behandelt, für die sich ihre ArbeitgeberInnen verantwortlich fühlen; kinderlose Pflegebedürftige würden manchmal sogar ihren Besitz an die Pflegerinnen vererben (Liebelt 2008a: 68 f.).

So gut wie alle dieser älteren jüdischen Menschen haben Migrations-, Diaspora- und Fluchterfahrungen, manche sind traumatisierte Überlebende des nationalsozialistischen Terrorregimes. Die Beziehungen zwischen den betreuten jüdischen Menschen und den betreuenden Frauen, die allesamt Christinnen sind, sind, so Liebelt, von großer emotionaler Nähe, starkem Mitgefühl und oft einem Gefühl von familiärer Zugehörigkeit getragen. Die spezifischen Migrationserfahrungen der von ihnen betreuten Personen tragen dazu bei, dass die Care-Arbeiterinnen Diskurse über das Teilen der Erfahrungen mit Migration und „Diaspora" etablieren. Mit Ausdrücken wie „Wir sind die Juden von heute" (ebd.: 68) oder ähnlichen identifizieren sie sich mit der jüdischen Geschichte und dem Leiden darin. Damit appellieren philippinische Migrantinnen an das Mitgefühl der

15 __ Wie Madianou und Miller (2011) in ihrer transnationalen Ethnographie zur Beziehung zwischen philippinischen Migrantinnen in UK und deren Kindern auf den Philippinen zeigen, nehmen die Kinder die auf Kommunikationstechnologie basierenden transnationalen Beziehungen auch als Kontrolle der Mütter wahr und können sich dieser entziehen.

israelischen Gesellschaft, von der sie gesetzlich, politisch und kulturell weitestgehend ausgeschlossen werden, sie nicht abzuschieben, sondern aufzunehmen.

Die Fortsetzung der Ökonomie und Politik von Mitgefühl: Christliche Ethik und religiöse Mission in der Care-Arbeit

Die Mehrheit der philippinischen Migrantinnen in Israel (und auf den Philippinen) ist römisch-katholischen Glaubens. Eine Minderheit von ihnen wiederum ist – wie eine Reihe von MigrantInnen aus anderen Ländern – während ihrer Migration zu „evangelikalen Wiedergeborenen" konvertiert; Letztere sind ethnisch strukturiert und auf nationaler und globaler Ebene organisiert. In Israel gibt es ein gutes Dutzend großer, von philippinischen MigrantInnen geführten Gruppen, welche in unterschiedlichen evangelikalen Kirchen organisiert sind (ebd.: 74).[16] Neben den bereits erwähnten familiären Netzwerken stellen die religiösen Netzwerke wichtige lokale und transnationale soziale Einbindungsformen für viele MigrantInnen dar[17], innerhalb derer auch Jobs vermittelt und zusätzlich religiöse Karrieren gemacht werden können. Wie Liebelt (2008a) erwähnt, ist die Arbeitsethik der philippinischen Care-Arbeiterinnen von der christlichen Idee des Mitgefühls geprägt – wobei sich diese Idee mit dem „Diaspora"-Diskurs mischt.

Wie ich nun anhand der weiter oben vorgestellten Theorien zu Gefühlen aufzeigen werde, zirkuliert Mitgefühl in mehrfacher Weise und wird von verschiedenen AkteurInnen – den Migrantinnen, dem israelischen Staat und den christlichen Kirchen – auf unterschiedliche Weise verbreitet. Dadurch werden auf lokaler, nationaler und globaler Ebene soziale Verbindungen, aber auch soziale Differenzen erzeugt.

Erstens erhält Mitgefühl, das, so wie jedes Gefühl, stets intersubjektiv erzeugt wird, in einer Care-Beziehung eine grundlegende Bedeutung; es kann aus gefühlstheoretischer Sicht als eine elementare soziale Praxis von Care bezeichnet werden. Allerdings wird meinen Recherchen zufolge in Studien zu Care bisher kaum ausreichend reflektiert, dass die Bereitschaft, sich um andere Menschen zu kümmern und Mitgefühl zu praktizieren, auch bei Care-Arbeiterinnen weder eine „natürlich" gegebene noch permanent vorhandene ist. Die Körper von hilfsbedürftigen älteren und/oder kranken Menschen mehrmals täglich zu reinigen und bei der Überschreitung von Scham- und Ekelgrenzen möglichst Ruhe zu bewahren, diese Menschen geduldig mit Trinken und Essen zu versorgen, ihnen

16 — Diese christlichen Gruppen teilen die Überzeugungen der rechten jüdischen Ideologien der Wiedererrichtung des jüdischen Tempels und eines „Größeren Israels" (vgl. Liebelt 2008a). Eine politische Zweistaatenlösung, d. h. einen israelischen und einen palästinensischen Staat, lehnen diese Gruppen somit ab.

17 — Andere MigrantInnen sind aber auch in gewerkschaftsähnlichen Gruppen organisiert. Es wäre interessant, mehr darüber zu erfahren, warum und wie sich manche Menschen für eine Einbindung und Aktivitäten in gewerkschaftlichen oder religiösen Gruppen entscheiden.

empathisch zuzuhören und tröstend zur Seite zu stehen, auf ihre Bedürfnisse einzugehen – all dies erfordert vor allem auf längere Sicht gesehen erhebliche Anstrengung, große Ausdauer und Geduld und ein ausgeprägtes Maß an Zurücknahme eigener Bedürfnisse. Aus anthropologischer Sicht muss diese „Natürlichkeit" und Kontinuität der Bereitschaft zu Gefühlsarbeit hinterfragt werden. Vielmehr muss davon ausgegangen werden, dass Care-Arbeiterinnen am Mitgefühl immer wieder zu arbeiten haben, um sich damit weiterhin identifizieren zu können, sodass es unter den strukturell, sozial, ökonomisch und emotional schwierigen Bedingungen, unter denen diese Migrantinnen in Israel zu leben haben, aufrechterhalten werden kann. Ihre religiöse Überzeugung und die diversen christlichen Kirchen, in die sie eingebunden sind, sind ihnen hierbei speziell behilflich. So identifizieren sich Liebelt (2008a) zufolge christliche philippinische Migrantinnen (so wie etwa auch lateinamerikanische evangelikale Migrantinnen) in Israel im Sinne der Ideologie eines „Christlichen Zionismus"[18] und ausgehend von der Anerkennung der jüdischen Wurzeln im Christentum nicht nur mit den biblischen Grenzen des Landes, sondern auch mit der Sprache von Liebe und emotionaler Zugehörigkeit zu Israel, dem „Heiligen Land", und jüdischen Menschen, dem biblisch „auserwählten Volk". Häufig integrieren philippinische Migrantinnen deshalb jüdische Konzepte, Objekte und Praktiken in ihre eigene Religion, sodass die Grenzen und Unterschiede zwischen Christentum und Judentum verschwimmen (ebd.: 72).

Zweitens pochen die Migrantinnen darauf, dass sie von der israelischen Gesellschaft, von der sie weitestgehend ausgeschlossen werden, Mitgefühl erhalten und aufgenommen werden, wie ich im vorangegangenen Kapitel erwähnte. Jedoch zeigt das israelische Migrationsregime keinerlei Mitgefühl für die Care-Arbeiterinnen. Vielmehr reguliert und verteilt es Mitgefühl für pflege- und hilfsbedürftige israelische StaatsbürgerInnen unter politisch restriktiven Bedingungen über eine *matrix of domination*, in der nationalstaatliche, geschlechtliche und religiöse Zugehörigkeit wesentliche Herrschafts- und Unterdrückungsdimensionen bilden. Die ungleiche Verteilung von Mitgefühl für MigrantInnen einerseits und pflegebedürftige israelische StaatsbürgerInnen andererseits durch die Politik kann überdies in Orientierung an dem von Scheper-Hughes (1992) geprägten Begriff als eine Ausdrucksform einer „politischen Ökonomie von Gefühlen" identifiziert werden.

Drittens verteilen die christlichen Netzwerke bzw. Kirchen die Idee des Mitgefühls.[19] So machen beispielsweise PredigerInnen die Care-Arbeiterinnen auf

18__In der Ideologie des „Christlichen Zionismus" wird ein „Größeres Israel" beansprucht, dessen Verständnis sich von den biblischen Grenzen des Landes ableitet und – ähnlich dem jüdisch-religiös motivierten – von christlich-religiös motiviertem Nationalismus und einer Sprache von Liebe und emotionaler Zugehörigkeit zu jüdischen Menschen und Israel gekennzeichnet ist (Liebelt 2008a: 72).

19__So hat interessanterweise auch Papst Franziskus anlässlich seiner ersten Reise nach

den biblischen Auftrag aufmerksam, sich als biblisch „Auserwählte" um jüdische Menschen zu kümmern und ihr Mitgefühl für sie zu intensivieren. In Israel vollbrachte Care-Arbeit erhält für christliche Migrantinnen einen außergewöhnlichen Charakter, denn im „Heiligen Land" sich um „Gottes auserwähltes Volk" zu kümmern, gilt als etwas Besonderes und verleiht jenen Migrantinnen innerhalb des globalen religiösen Netzwerkes hohes Ansehen (Liebelt 2008a, b, 2011a).

Die Care-Arbeiterinnen werden in diesem Zusammenhang auch aufgefordert, ihre „größere" Aufgabe, nämlich die christliche Missionierung, nicht aus den Augen zu verlieren. Aus dieser Perspektive sehen philippinische Migrantinnen jener Kirchen einen erfolgreichen Schritt hin zum größeren Ziel der Missionierung Asiens, wenn jüdische ältere Menschen mit ihnen christliche Fernsehsendungen schauen (Liebelt 2008b: 578).

Ein derlei über religiöse Netzwerke getragenes und verteiltes Mitgefühl trägt zweifelsohne zur Formierung neuer Subjekte bei: Während die Care-Arbeiterinnen vom israelischen Nationalstaat Ausschluss und Marginalisierung erfahren, werden sie über äußerst affektive religiöse Beziehungen innerhalb der christlichen Netzwerke in globale Welten eingebunden und sie werden gleichzeitig zu handlungsmächtigen Subjekten, die eine kulturelle Globalisierung in mehrfacher Hinsicht vorantreiben. Im gleichen Atemzug wird über diese Netzwerke Mitgefühl lokal, national und global propagiert und verteilt, um das Ziel der globalen Missionierung zu verfolgen. Vor diesem religiösen Hintergrund unterstützen diese Migrantinnen aber auch jene ökonomischen und politischen Globalisierungsprozesse, von denen sie strukturell benachteiligt werden. Nicht zuletzt sollte meinem Verständnis nach gerade auch im Zusammenhang mit den sozial und strukturell existierenden Ungleichheiten von anthropologischer Seite zudem kritischer hinterfragt werden, inwieweit MigrantInnen, die die zuvor erwähnte Ideologie eines „Christlichen Zionismus" teilen, die politischen Auswirkungen solcher Ideologien auf palästinensische BewohnerInnen kritisch reflektieren und mitfühlende Haltungen gegenüber deren Leiden und Trauer (vgl. Butler 2006) einnehmen.

Wie aus diesen Verteilungsordnungen von Mitgefühl hervorgeht, sind philippinische Migrantinnen innerhalb einer komplexen und hierarchischen Struktur von Care und Mitgefühl situiert, in der sie sehr verwundbar sind und gleichzeitig *empowerment* über Bezugnahme auf Gefühle betreiben.

Kaum Berücksichtigung in diesem Spannungsfeld zwischen struktureller und sozialer Verwundbarkeit und affektivem *empowerment* findet in der anthropologischen Forschung bisher die Frage, inwieweit möglicher Schmerz über die Abwesenheit von ihren Kindern und Familien und mögliche religiös (mit-)ge-

seinem Amtsantritt, bei der er die italienische Insel Lampedusa besuchte, die Ziel vieler Flüchtlinge aus dem afrikanischen Kontinent ist, gegen eine „Globalisierung der Gleichgültigkeit" aufgerufen (Süddeutsche Zeitung 2013).

prägte Schuldgefühle der Care-Arbeiterinnen ihren zurückgelassenen Kindern gegenüber ebenfalls wirkungsmächtige Dimensionen in der individuellen und kollektiven Ökonomie der Gefühle bilden könnten.

Zusammenfassung

In diesem Beitrag habe ich anhand der Care-Arbeit, die philippinische Migrantinnen leisten, aufgezeigt, wie ökonomische und kulturelle Globalisierung miteinander verflochten und geschlechtlich strukturiert sind. Im Zentrum meiner Betrachtung stand dabei die Formierung einer globalen Betreuungskette *(global care chain)*, bei der Betreuungsaufgaben staatenübergreifend und zwischen Bevölkerungsgruppen umverteilt werden sowie deren vielfältige Auswirkungen. Zur geschlechtsspezifischen Arbeits(auf)teilung, durch die Care-Arbeit gekennzeichnet ist, kommt, wie ich dargelegt habe, im globalen Kontext eine ethnische Strukturierung bzw. Hierarchisierung hinzu. Wie ich weiters argumentiert habe, besteht Care-Arbeit ganz wesentlich aus emotionaler Arbeit, bei der das Mitgefühl der entscheidende Dreh- und Angelpunkt ist. Ausgehend von aktuellen Theorien zu Affekten und Gefühlen habe ich die globale Verteilung von Mitgefühl einer kritischen anthropologischen Analyse unterzogen, um damit zu einem Verständnis einer Ökonomie und Politik der Gefühle innerhalb der globalen und geschlechtlich strukturierten Ökonomie beizutragen. Verschiedene AkteurInnen und Mechanismen, die in die Verteilung von Mitgefühl involviert sind, erzeugen dabei intime und anderweitig soziale Verbindungen, aber gleichzeitig auch soziale Differenzen und Ausschlüsse, wie ich im ethnographischen Fallbeispiel näher diskutiert habe.

In einem transnationalen ethnographischen Setting, das ich ausgehend von ethnographischen Studien auf den Philippinen und in Israel angesiedelt habe, habe ich exemplarisch einige Auswirkungen und Erfahrungen von transnationaler Care-Arbeit aufgezeigt. Während philippinische Migrantinnen eine zentrale Rolle für die globale Ökonomie der Philippinen spielen, hat die Migration von Frauen auf ihr Leben und jenes ihrer transnationalen Familien ebenso wie auf den philippinischen Staat krisenhafte und konfliktträchtige Auswirkungen, die von der geschlechtlichen Arbeitsteilung und der vorherrschenden Geschlechterideologie geprägt sind. So führt die *global care chain*, innerhalb derer philippinische Migrantinnen in der unteren sozialen Hierarchie als Care-Arbeiterinnen tätig sind, dabei aber im Vergleich zum Herkunftsland ökonomisch aufsteigen, zu einer Care-Krise und einem *care drain* auf den Philippinen. Diese Konflikte werden von den Medien und der Politik auf den Philippinen unterschiedlich aufgegriffen: Während Medien die herkömmliche Geschlechterideologie als Argument gegen Migrantinnen einsetzen und die dominante Ideologie damit fortschreiben, verhält sich die Politik uneindeutiger zur Praxis der Geschlechterideologie, insofern sie den ökonomischen Nutzen reflektiert, den Arbeitsmigrantinnen für die globale Ökonomie der Philippinen in hohem Ausmaß haben. Migrantinnen wiederum leiden unter Schuldgefühlen ihren Kindern gegenüber und unter dem geschlechterideologischen Konflikt, der aus der Divergenz zwischen ihrer neuen Rolle als Brotverdienerinnen und der von ihnen erwarteten Rolle als *caregivers* für die Familie resultiert.

Am Beispiel von Israel als eines der zahlreichen Länder, in denen philippinische Migrantinnen als Care-Arbeiterinnen tätig sind, habe ich aufgezeigt, welche Netzwerke, Diskurse, Gefühle und Ideen für jene Frauen in der täglichen Care-Arbeit bedeutend sind, um angesichts schwieriger ökonomischer, struktureller und emotionaler Arbeits- und Lebensbedingungen bestehen zu können. Transnationale familiäre sowie religiöse Netzwerke gehören für viele philippinische Care-Arbeiterinnen zu den wichtigsten Netzwerken, in die sie eingebunden sind. Vor dem Hintergrund eines sie von der israelischen Gesellschaft weitestgehend ausschließenden Migrationsregimes sind jene lokalen und globalen Gemeinschaften von herausragender Bedeutung für jene Frauen. Der „Diaspora"-Diskurs, mit dem sie auf die Erfahrungen des Ausgegrenztseins und des Leidens verweisen, die sie mit jüdischen älteren Menschen teilen, stellte sich als besonders bedeutend für die Arbeitsmigrantinnen heraus. Dieser Diskurs wiederum mischt sich mit der nicht minder wichtigen, christlichen Idee des Mitgefühls.

Unter Anwendung von aktuellen Theorien zu Gefühlen habe ich Mitgefühl als mehrfach bedeutende Idee und Ressource identifiziert, die in einer Ökonomie und Politik der Gefühle von mehreren AkteurInnen (Care-Arbeiterinnen, israelischer Staat, christliche Kirchen) auf jeweils unterschiedliche Weisen global verteilt wird und zu sozialen Differenzen führt. Gleichzeitig habe ich aufgezeigt, dass Mitgefühl als Identifikationsfaktor zur Formierung neuer religiöser Subjekte dient, welche mit der Idee von Mitgefühl auch zur Umsetzung und Förderung einer ökonomischen Globalisierung beitragen, von der sie selbst hochgradig benachteiligt und ausgeschlossen werden.

Mit der Berücksichtigung von multiplen Ebenen hoffe ich einen anthropologisch aufschlussreichen Einblick in die komplexe Wechselwirkung zwischen Care-Arbeit, Geschlecht und Globalisierung gegeben zu haben. Care-Arbeiterinnen wurden dabei sowohl als „Betroffene" der Auswirkungen von Globalisierung als auch als AkteurInnen, die Globalisierung mitprägen und gestalten, sichtbar gemacht.

Belegliteratur

Ahmed, Sara (2004a): Affective Economies. In: Social Text 79, 22/2, 117–139.
Ahmed, Sara (2004b): The Cultural Politics of Emotion. Edinburgh: Edinburgh University Press.
Apitzsch, Ursula/Schmidbaur, Marianne (2010): Care und Reproduktion: Einleitung. In: Apitzsch, Ursula/Schmidbaur, Marianne (Hg.): Care und Migration: Die Ent-Sorgung menschlicher Reproduktionsarbeit entlang von Geschlechter- und Armutsgrenzen. Opladen: Barbara Budrich, 11–22.
Bechter, Anneliese (2010): Der Pflegeberuf in der Krise: Geschlecht als Un-/Ordnungsfaktor? In: Weiss, Alexandra/Simetzberger, Verena (Hg.): Frauen im 21. Jahrhundert. Situationen/Herausforderungen/Perspektiven. Gesellschafts- und sozialpolitische Aspekte. Innsbruck: innsbruck university press, 113–127.
Bennholdt-Thomsen, Veronika/von Werlhof, Claudia/Mies, Maria (1983): Frauen, die letzte Kolonie. Reinbek bei Hamburg: rororo.
Butler, Judith (2006): Precarious Life: The Powers of Mourning and Violence. London: Verso.
Constable, Nicole (2002): Filipina Workers in Hong Kong Homes: Household Rules and Relations. In: Ehrenreich, Barbara/Hochschild, Arlie Russell (eds.): Global Woman: Nannies, Maids, and Sex Workers in the New Economy. New York: Metropolitan, 115–141.
Constable, Nicole (2009): The Commodification of Intimacy: Marriage, Sex, and Reproductive Labor. In: Annual Review of Anthropology 38, 49–64.
Dobner, Marianne/Tappert, Simone (2010): Arbeitsbeziehungen im privaten Raum. Konstruktionen von „Eigen und „Fremd“ in der bezahlten Haushaltsarbeit in Madrid. Diplomarbeit, Universität Wien.
Ehrenreich, Barbara/Hochschild, Arlie Russell (eds.) (2002): Global Woman: Nannies, Maids, and Sex Workers in the New Economy. New York: Metropolitan.
Finch, Steve (2013): Philippines brain drain: Fact or fiction? In: CMAJ 185/12, E557–E558. First published 2 July 2013. Available at: http://www.cmaj.ca/content/185/12/E557.full, 30. 7. 2013.
Freeman, Carla (2001): Is Local:Global as Feminine:Masculine? Rethinking the Gender of Gobalization. In: Signs: Journal of Women in Culture and Society 26/4, 1007–1037.
Gendera, Sandra (2007): „Transnational care space“ Zentraleuropa. Diplomarbeit, Universität Wien.
Handler, Clara (2008): Migration auf den Philippinen: Soziale Kosten und Antwortstrategien. Diplomarbeit, Universität Wien.
Hill Collins, Patricia (1991): Black Feminist Thought. Knowledge, Consciousness, and the Politics of Empowerment. New York/London: Routledge.
Hochschild, Arlie Russell (1983): The Managed Heart: The Commercialization of Human Feeling. Berkeley: University of California Press.
Hochschild, Arlie Russell (2002a): The Nanny Chain. In: American Prospect 11/4. Available at: http://www.prospect.org/cs/articles?article=the_nanny_chain#, 6. 3. 2011.
Hochschild, Arlie Russell (2002b): Love and Gold. In: Ehrenreich, Barbara/Hochschild, Arlie Russell (eds.): Global Woman: Nannies, Maids, and Sex Workers in the New Economy. New York: Metropolitan, 15–30.
Hochschild, Arlie Russell (2010): The Backstage of a Global Free Market. Nannies and Surrogates. In: Apitzsch, Ursula/Schmidbaur, Marianne (Hg.): Care und Migration: Die Ent-Sorgung menschlicher Reproduktionsarbeit entlang von Geschlechter- und Armutsgrenzen. Opladen: Barbara Budrich, 23–39.
Leacock, Eleanor Burke (1978): Women's Status in Egalitarian Society. Implications for Social Evolution. In: Current Anthropology 19/2, 247–265.
Lewellen, Ted C. (2002). The Anthropology of Globalization: Cultural Anthropology enters the 21st century. Westport: Bergin & Garvey.

Liebelt, Claudia (2008a): "We are the Jews of today": Filipino domestic workers in Israel and the language of diaspora. In: HAGAR Studies in Culture, Polity and Identities 8/1, 63–81.
Liebelt, Claudia (2008b): On Sentimental Orientalists, Christian Zionists, and Working Class Cosmopolitans. Filipina Domestic Workers' Journeys to Israel and Beyond. In: Critical Asian Studies 40/4, 567–585.
Liebelt, Claudia (2011a): On gendered journeys, spiritual transformations and ethical formations in diaspora: Filipina care workers in Israel. In: feminist review 97, 74–91.
Liebelt, Claudia (2011b): Caring for the "Holy Land". Transnational Filipina Domestic Workers in the Israeli Migration Regime. Oxford: Berghahn.
Linke, Uli/Smith, Danielle Taana (2009): Fear: A Conceptual Framework. In: Linke, Uli/Smith, Danielle Taana (eds.): Cultures of Fear. A Critical Reader. New York: Pluto Press, 1–17.
Lutz, Helma (2008): Vom Weltmarkt in den Privathaushalt. Die neuen Dienstmädchen im Zeitalter der Globalisierung. Opladen: Barbara Budrich.
Lutz, Helma/Palenga-Möllenbeck, Ewa (2010): Care-Arbeit, Gender und Migration. Überlegungen zu einer Theorie der transnationalen Migration im Haushaltsarbeitssektor in Europa. In: Apitzsch, Ursula/Schmidbaur, Marianne (Hg.): Care und Migration. Die Ent-Sorgung menschlicher Reproduktionsarbeit entlang von Geschlechts- und Armutsgrenzen. Opladen: Barbara Budrich, 143–161.
Madianou, Mirca/Miller, Daniel (2011): Mobile phone parenting: Reconfiguring relationships between Filipina migrant mothers and their left-behind children. In: New Media & Society 13/3, 457–470.
Marschnig, Barbara (2010): Migrationserfahrungen von philippinischen Pflegekräften in Vorarlberg und Wien. Diplomarbeit, Universität Wien.
Marx, Karl (2009 [1932]): Ökonomisch-philosophische Manuskripte. Kommentar von Michael Quante. Frankfurt am Main: Suhrkamp.
Mills, Mary Beth (2003): Gender and Inequality in the Global Labor Force. In: Annual Review of Anthropology 32, 41–62.
Molyneux, Maxine (1989): Androzentrismus in der marxistischen Anthropologie. Eine Kritik zu Emmanuel Terray, „Der historische Materialismus vor dem Problem der linearen und segmentären Gesellschaften". In: Arbeitsgruppe Ethnologie Wien (Hg.): Von fremden Frauen. Frausein und Geschlechterbeziehungen in nichtindustriellen Gesellschaften. Frankfurt am Main: Suhrkamp, 100–136.
Moore, Henrietta (1988): Feminism and Anthropology. Cambridge: Polity Press.
Nöbauer, Herta (2012): Affective landscapes in academia: Emotional labour, vulnerability, and uncertainty in late-modern academic work. In: International Journal of Work Organisation and Emotion 5/2, 132–144.
Nowotny, Helga (1981): Women in Public Life in Austria. In: Epstein, Cynthia Fuchs/Coser, Rose Laub (eds.): Access to Power: Cross-National Studies of Women and Elites. London: George Allen and Unwin, 147–156.
O'Laughlin, Bridget (1977): Production and Reproduction. Meillassoux's "Femmes, greniers et capitaux". In: Critique of Anthropology 2/8, 3–32.
Ortner, Sherry B. (1974): Is Female to Male as Nature to Culture? In: Rosaldo, Michelle Z./Lamphere, Louise (eds.): Woman, Culture, and Society. Stanford: Stanford University Press, 67–88.
Parreñas, Rhacel Salazar (2002): The Care Crisis in the Philippines: Children and Transnational Families in the New Global Economy. In: Ehrenreich, Barbara/Hochschild, Arlie Russell (eds.): Global Woman: Nannies, Maids, and Sex Workers in the New Economy. New York: Metropolitan, 39–54.
Parreñas, Rhacel Salazar (2007): The Gender Ideological Clash in Globalization: Women, Migration, and the Modernization Building Project of the Philippines. In: Social Thought & Research 28, 37–56.

Plöchl, Lisa (2012): Das Zusammenleben in der 24-Stunden-Betreuung: Slowakische Betreuerinnen und österreichische Betreuungsbedürftige zwischen Selbstständigkeit und Autonomieverlust. Diplomarbeit, Universität Wien.
Poster, Winifred R. (2002): Racialism, Sexuality, and Masculinity: Gendering "Global Ethnography" of Workplace. In: Social Politics 9/1, 126–158.
Rerrich, Maria S. (2010): Care und Gerechtigkeit. Perspektiven der Gestaltbarkeit eines unsichtbaren Arbeitsbereichs. In: Apitzsch, Ursula/Schmidbaur, Marianne (Hg.): Care und Migration. Die Ent-Sorgung menschlicher Reproduktionsarbeit entlang von Geschlechts- und Armutsgrenzen. Opladen: Barbara Budrich, 77–93.
Richard, Analiese/Rudnyckyj, Daromir (2009): Economies of Affect. In: Journal of the Royal Anthropological Institute (N. S.) 15, 57–77.
Rodriguez, Robyn Magalit (2010): Migrants for export. How the Philippine state brokers labor to the world. Minneapolis: University of Minnesota Press.
Rohm, Lisa (2012): „Grenzenloses Sorgen": Transnationale Lebensweisen und Sorgetätigkeiten von slowakischen und rumänischen Pendelmigrantinnen in der 24-Stunden-Betreuung in Wien. Diplomarbeit, Universität Wien.
Sacks, Karen (1974): Engels Revisited: Women, the Organisation of Production, and Private Property. In: Rosaldo, Michelle Z./Lamphere, Louise (eds.): Woman, Culture, and Society. Stanford: Stanford University Press, 207–222.
Scheper-Hughes, Nancy (1992): Death Without Weeping. Violence of Everyday Life in Brazil. Berkeley/Los Angeles/London: University of California Press.
Schweitzer, Peter P./Seiser, Gertraud/Strasser, Elisabeth (2010): Two Austrian localities. In: Heady, Patrick/Schweitzer, Peter (eds.): Family, Kinship and State in Contemporary Europe, Vol. 2. The View from Below: Nineteen Localities. Frankfurt/New York: Campus, 91–127.
Seiser, Gertraud (2009): Frauen und soziale Sicherheit im ländlichen Raum: Ein ethnographisches Beispiel. In: Jahrbuch der Österreichischen Gesellschaft für Agrarökonomie 18/2, 149–161.
Stiegler, Barbara (2009): Zur Care-Arbeit in Deutschland. In: Biesecker, Adelheid/Michalitsch, Gabriele/Reiner, Sabine/Stiegler, Barbara/Young, Brigitte (Hg.): Antworten aus der feministischen Ökonomie auf die globale Wirtschafts- und Finanzkrise. Bonn: Friedrich-Ebert-Stiftung, 27–31.
Süddeutsche Zeitung (2013): Papst gedenkt ertrunkener Flüchtlinge. Verfügbar unter: http://www.sueddeutsche.de/panorama/franziskus-auf-lampedusa-papst-gedenkt-ertrunkener-fluechtlinge-1.1715363, 8. 7. 2013.
The Migrant (2014): Binding – Just as its Name Implies. In: The Migrant. Migration in Israel. Available at: http://the-migrant.co.il/en/node/2, 15. 7. 2016.
Twigg, Julia (2000). Carework as a form of bodywork. In: Ageing and Society 20, 389–411.
Wagner, Heike (2008): Der Migrationsprozess ecuadorianischer Haushaltsarbeiterinnen in Madrid. Eine Ethnografie. Dissertation, Universität Wien.
Wagner, Heike (2010): Dasein für Andere – Dasein als Andere in Europa: Ecuadorianische Hausarbeiterinnen in Privathaushalten und katholischen Gemeinden Madrids. Wiesbaden: Verlag für Sozialwissenschaften.

Empfohlene Literatur

Constable, Nicole (1997): Maid to Order: Stories of Filipina Workers. Ithaca: Cornell University Press.
Ehrenreich, Barbara/Hochschild, Arlie Russell (eds.) (2002): Global Woman: Nannies, Maids, and Sex Workers in the New Economy. New York: Metropolitan.

George, Sheba (2000): "Dirty Nurses" and "Men Who Play". Gender and Class in Transnational Migration. In: Burawoy, Michael/Blum, Josepha A./George, Sheba/Gille, Zsuzsa/Gowan, Teresa/Haney, Lynne/Klawiter, Maren/Lopez, Steven H./Ó Riain, Seán/Thayer, Millie (eds.): Global Ethnography: Forces, Connections, and Imaginations in a Postmodern World. Berkeley: University of California Press, 144–174.

Thelen, Tatjana (2014): Care/Sorge: Konstruktion, Reproduktion und Auflösung bedeutsamer Bindungen. Bielefeld: transcript.

Bernhard Hadolt

Körperteile mit Wert: Die Kommodifizierung des Körpers in der globalen Bioökonomie

Die Nutzbarmachung des menschlichen Körpers und seiner Bestandteile als Material in technischen, ökonomischen und politischen Zusammenhängen ist kein ausschließliches Merkmal moderner oder postindustrieller Gesellschaften. Vielmehr stellt dies einen konstitutiven Bestandteil wohl aller Gesellschaften dar, wie nicht zuletzt die reichhaltige anthropologische Literatur dazu nahelegt (Sharp 2000). Neben der Verwertung der Arbeitskraft von Körpern etwa im Rahmen von Sklaverei, Sexarbeit und Kriegen sei hier beispielhaft verwiesen auf das Stillen von Kindern durch Ammen, die Verarbeitung von Kopfhaaren zu Perücken, die Verwendung von Speichel zur Fermentierung von Lebensmitteln bei der Herstellung alkoholischer Getränke und die Verwendung von Haaren, Zehennägeln oder Menstruationsblut in diversen magischen Praktiken des Heilens und Schadens. Euro-amerikanische Imagination besonders an- und aufgeregt haben Praktiken wie der rituelle Verzehr von Körperteilen getöteter Feinde und verstorbener Angehöriger, der Gebrauch abgetrennter Schädel, Kopfhäute oder Penisse als Kriegstrophäen oder die Verarbeitung von Körperteilen von Menschen mit Albinismus zu *materia medica*. Beispiele aus der europäischen Geschichte (und Gegenwart) sind der viele Jahrhunderte florierende Handel mit Leichen (für anatomische Studien in medizinischen Forschungsstätten) und Leichenteilen (als religiös verehrte Reliquien), das öffentliche Sezieren von hingerichteten Delinquenten in anatomischen Theatern zum Gaudium der Bevölkerung und die wissenschaftliche Vermessung und Zurschaustellung von Schädeln Angehöriger diverser „Menschenrassen“, von missgebildeten Neugeborenen, Moor- oder Gletscherleichen und „Plastinaten“ in pathologischen Sammlungen, Museen und Wanderausstellungen. Die Weiterverarbeitung abgetriebener Föten und Plazenten zu Kosmetikprodukten ist ein Beispiel aus der jüngeren Geschichte.

Was viele KommentatorInnen in der Tat als neu in der rezenten globalisierten Welt erachten, kann entlang dreier Dimensionen charakterisiert werden: (1) dem Ausmaß der Verwertung von Körpermaterial, (2) dem Grad der technischen Um- und Weiterverarbeitung und (3) der zunehmenden Kommodifizierung von Körpern.

(Ad 1) Seit den 1950er Jahren haben – in erster Linie im Bereich der Biomedizin – sowohl der Umfang der betreffenden Anwendungsbereiche als auch jener der verfügbar gemachten Körperteile, Gewebe und Körpersubstanzen sowie die Anzahl der Einzelanwendungen beträchtlich zugenommen. Zunächst waren es Blut und Nieren und ab Ende der 1960er-Jahre Lebern, Lungen und Herzen, die für medizinische Zwecke verwendet wurden. Heute stehen darüber hinaus eine Vielzahl weiterer transplantabler Körperteile und Körpersubstanzen zur Verfügung, die insbesondere in der Transplantationsmedizin, der Fortpflanzungsmedizin, der plastischen Chirurgie/Schönheitschirurgie und in der Stammzellmedizin Verwendung finden (Waldby et al. 2004): Weltweit zu Tausenden verwendet werden Augenhornhäute, Bauchspeicheldrüsen, Knochenmark, Dünndärme, Knorpel, Knochen, Muskeln, Sehnen, Haut, Haarfollikel, Nerven, Herzklappen, Blutgefäße, Samen, Embryonen und Eizellen. Allein 2014 wurden weltweit ca. 80 000 Nieren und 6 500 Herzen transplantiert, davon knapp 18 000 bzw. 2 700 in den USA (Transplant Observatory n. y.). Hände, Unterarme, Beine, Zehen, Gesichter, Speicheldrüsen, Mägen, Penisse, Hoden, Vaginen, Gebärmütter, Eierstockgewebe, Körperfett, Zytoplasma von Eizellen und nicht zuletzt verschiedene Stammzelltypen und Zellkerne werden (bislang) seltener verwendet und/oder befinden sich im Experimentalstadium von klinischen Anwendungen.

Die Nutzbarmachung von Körpersubstanzen beschränkt sich allerdings längst nicht mehr auf die physisch-materielle Ebene. Mit der routinemäßigen Anwendung diverser molekularbiologischer Untersuchungs- und Manipulationsverfahren seit den 1990er-Jahren öffnet sich in der Genetik und später Epigenetik ein neues Feld der Bioökonomie, das sich wesentlich auf informationeller Ebene konstituiert (Sunder Rajan 2006). Mittels präsymptomatischer Gentests lassen sich Erberkrankungen diagnostizieren, lange bevor sie in körperlichen Symptomen manifest werden (Hadolt/Lengauer 2009); über das (z. T. verpflichtend vorgeschriebene) genetische Screening ganzer Populationen lassen sich TrägerInnen von Genen identifizieren, die für autosomal rezessive Erbkrankheiten wie Morbus Tay-Sachs oder β-Thalassämie verantwortlich sind, und die Anzahl der Geburten von betroffenen Kindern minimieren (Lock/Nguyen 2010). Die systematische Auswertung von populationsweiten genetischen und medizinischen Datenbanken erlaubt die Identifizierung von „Suszeptibilitätsgenen" und Genvarianten, die für die Entstehung von Volkskrankheiten wie Typ-2-Diabetes oder Bluthochdruck mitverantwortlich gemacht werden, und die Entwicklung von über das Internet vermarkteten, molekularbiologischen Test-Kits, mittels derer KundInnen ihre Prädisposition für Hunderte von Erkrankungen und Stoffwechselprozessen gleichzeitig ermitteln lassen können (Pálsson 2007). Geistige Eigentumsrechte über genetische Informationen schließlich werden in Form von Patenten über immortalisierte Zelllinien ausgeübt, die aus den Zellen von PatientInnen, Angehörigen „exotischer Völker", Embryonen, Kadavern etc. hergestellt und zu Tausenden in Laboren rund um die Welt kultiviert werden (Landecker 2007). Neben seiner diagnostischen Bedeutung wird solches Wissen inzwischen auch in therapeutischen Kontexten zunehmend relevant, wie im Rahmen des in der öffentlichen Diskussion noch wenig wahrgenommenen Gen-Editings.

(Ad 2) Neben dem Ausmaß der Instrumentalisierung von Körpern als Material gilt der Grad der technischen Um- und Weiterverarbeitung von Körperteilen als zentrales Kennzeichen der neuen Körperökonomien. Wie später noch ausführlicher zu diskutieren sein wird, involviert jede Form der Nutzbarmachung von Körper auch seine Transformation. In gewissem Sinne existiert der Körper als Material nicht per se, sondern muss erst mittels spezifischer technischer, juristischer und diskursiver Praktiken hergestellt werden (Kaufmann/Morgan 2005). Die Fragmentierung des Körpers in einzelne Bestandteile, deren Verdinglichung (Reifikation) und deren Standardisierung entlang medizinischer, technischer und juristisch-bürokratischer Kriterien spielen dabei eine zentrale Rolle. Ein Herz etwa wird erst im Rahmen eines auf bestimmten Ideen, Regelungen und Prozedere beruhenden Transplantationsregimes (der Vorstellung von „hirntot" als tatsächlich tot, Mechanismen der Beschaffung und Verteilung von Organen, chirurgische Eingriffe, Aufbereitung der entnommenen Organe etc.) zum Herztransplantat, das in den Körper eines anderen Menschen eingesetzt werden kann (Lock 2002). IVF (In-vitro-Fertilisation) setzt u. a. das Vorhandensein eines Embryos außerhalb des Körpers voraus – ein Zustand, der vor menschlicher (technischer, legistischer, sozialer) Intervention nicht existiert, sondern erst in bestimmten sozialen Praktiken hergestellt werden muss (Franklin 2006). Blut, das im Rahmen einer Blutspendeaktion gespendet wird, wird in mehreren Verarbeitungsschritten de-personalisiert, anonymisiert, bestimmt, getestet, aufbereitet, in seine Bestandteile zerlegt und zu verschiedenen Blutprodukten verarbeitet (Pichler 2012). Biowert *(biovalue)*, also „the yield of vitality produced by the biotechnical reformulation of living processes" (Waldby 2002: 310) wird nicht zuletzt mittels eines solchen biotechnischen *engineerings* von Leben *(engineering of life)* hergestellt. Herauszustreichen ist in diesem Zusammenhang, dass es hier nicht lediglich um Äußerlichkeiten des Körpers geht, sondern um die Gestaltung der Lebensprozesse, dem Design von Leben selbst *(life itself)* (Rose 2001).

(Ad 3) Schließlich gehen KommentatorInnen von einer wachsenden Kommodifizierung des Körpers aus, also der Umgestaltung des Körpers in eine Handelsware *(commodity)* und dessen Einbindung als Material und Ressource in Ökonomien, die einer Marktlogik folgen: Immer mehr Körper kann auf immer mehr Weisen veräußert und gekauft werden (Sharp 2000; Lock/Nguyen 2010). Die Verdinglichung und Fragmentierung des Körpers erfährt hier insofern noch einmal andere Bedeutungen, als die Behandlung des Körpers als Ware und seine Reterritorialisierung in ökonomische Zusammenhänge nicht nur mit Wertzuschreibungen und (zunehmend globalen) kapitalistischen Tauschmechanismen einhergeht, die sonst nur für andere Marktgüter gelten, sondern auch mit einer tiefgreifenden Erschütterung der involvierten Identitäten und sozialen Beziehungsgefüge der betroffenen Menschen. Freilich kann nicht von einer durchgängigen Kommodifizierung des Körpers ausgegangen werden, wie dies mitunter in populärwissenschaftlichen Darstellungen in polemischer Weise nahegelegt wird. Gerade der Umstand, dass die Kapitalisierung des Körpers brüchig, widersprüchlich und in vielen Anwendungsfeldern höchst umstritten ist, bestimmt die Einbindung des Körpers in die globale Bioökonomie in zentraler Weise (Hoeyer 2007).

Ein zentrales Problem in der Kommodifizierungsfrage des Körpers stellt der ambivalente Status des Körpers selbst dar: Auf der einen Seite verspricht die Vitalität des Körpers und sein biologisches Potenzial seine Nutzbarmachung für eine Verstärkung der Lebensprozesse anderer und damit die Aussicht auf eine Reduktion von Leiden und ein längeres und besseres Leben – Werte, die in den Werteordnungen vieler Gesellschaften von fundamentaler Bedeutung sind. Insofern als wir jedoch nicht nur einen Körper *haben*, sondern ein Körper *sind*, ist der Körper auf der anderen Seite auf basale Weise mit unserer Existenz und unserem Menschsein verbunden. Der Körper und seine Teile sind zumindest ein Stück mit uns als Menschen gleichzusetzen und seine Behandlung als verfügbares und handelbares Ding stellt damit potenziell eine ebensolche Behandlung von uns selbst dar. Eine Verletzung der körperlichen Integrität bedeutet damit eine Verletzung unserer eigenen Integrität als Menschen. Eine solche Gleichsetzung von Körper und Menschsein und die normative Forderung, eine Verdinglichung des Körpers zu verhindern, wird nicht zuletzt durch die Ideen und Wertvorstellungen des Humanismus und der Aufklärung befördert, wie sie sich in den Menschenrechten als unveräußerliche Rechte auf Leben, Freiheit, körperliche Unversehrtheit und Sicherheit und ethischen und legistischen Begriffen wie *Menschenwürde* und *Kindeswohl* niederschlagen. In der Frage der Kommodifizierung des Körpers stehen sich also eine Form von Menschenschutz (Verhinderung und Reduktion von menschlichem Leiden) und eine andere Form von Menschenschutz (körperliche Integrität und menschliche Würde) antagonistisch gegenüber. In den verschiedenen Praktiken der Körperkommodifizierung löst sich dieses Paradox vielfach als ein lediglich scheinbares auf, indem über moralische, soziale, räumliche, zeitliche und technische Grenzziehungen praxisspezifische Kategorisierungen von Menschen hergestellt und verfestigt werden, für die der jeweilige Menschenschutz gilt bzw. nicht oder nur bedingt gilt. Die Kommodifizierung von Körpern erfolgt also wesentlich entlang solcher Gefälle kategorialer Zuschreibungen, über die moralisch und politisch bestimmt wird, welche Kategorie von Menschen welchen Schutz – mitunter auch auf Kosten anderer Kategorien von Menschen – verdient, was als altruistische Weitergabe und moralisch legitimer Tausch von Körpersubstanzen gilt und was als gewaltvolle Ausbeutung. Die vielfältigen Machtpraktiken (wissenschaftliche Klassifizierungen, klinisch-technische Prozedere, Identitätspolitiken, Wunschökonomien, Praktiken der Sorge, ökonomische Abhängigkeit, strukturelle Gewalt etc.), die solche Differenzierungen herstellen und in der Praxis durchsetzen können, gilt es zu verstehen, wenn die Kommodifizierungsprozesse des Körpers verstanden werden und die betreffenden Körperpolitiken möglichst „gerecht“ ausfallen sollen.

An die Besonderheit des Körpers und solcher Formen neuer körperlicher Verfügbarkeit knüpft sich eine ganze Reihe gewichtiger Fragen nach der Legitimität, Reichweite, Form und den individuellen und gesellschaftlichen Konsequenzen der zunehmenden Nutzbarmachung des Körpers: Welche Aneignungsformen des Körpers sind moralisch vertretbar und gesellschaftlich wünschenswert? Wem gehört der Körper, wer darf in welcher Weise über den eigenen oder den Körper anderer verfügen? Wessen Körper wird in welcher Form verfügbar gemacht und wer darf und soll in welcher Form davon profitieren? Wie kann ein solcher Austausch „gerecht" gestaltet und „Ausbeutung" verhindert werden? Welche Auswirkungen haben solche Praktiken auf die Gesundheit und die Lebenszusammenhänge der betroffenen Menschen und was bedeuten sie für unsere Vorstellungen von Gesundheit, Körper, Identität und sozialen Beziehungen? Um diese und assoziierte Fragen entzündeten sich entlang der jeweiligen Anwendungsfelder (u. a. Organtransplantation, Reproduktionsmedizin, prädiktive Gendiagnostik, Stammzellforschung) z. T. heftige öffentliche Kontroversen und politische Auseinandersetzungen. Im Folgenden behandle ich anhand von drei Schlüsselbereichen der Bioökonomie – Bluttransfusion, assistierte Reproduktionstechnologien und Organtransplantation –, wie und mit welchen ethnographischen Befunden diese Fragen in den Sozialwissenschaften, insbesondere der Kultur- und Sozialanthropologie, diskutiert werden.

Gabe oder Ware? Das „Spenden" von Blut

Von einer Kommodifizierung von Blut zu sprechen, mutet zunächst abwegig an, denn: Wird Blut nicht *gespendet* – und eben nicht *ver-/gekauft*? Und hat gespendetes Blut nicht den Status einer Gabe und ist damit vom Markt handelbarer Waren losgekoppelt? Zweifellos stellt Blut diejenige transplantable Körpersubstanz dar, deren Zirkulation in modernen Gesellschaften am durchgängigsten in den Kontext des Spendens gestellt wird (Waldby et al. 2004). Zentrale Bestandteile eines solchen Diskurses des Spendens sind hierbei zum einen, dass die Spende *freiwillig* erfolgen muss: Der Spender/die Spenderin gibt umfassend informiert und ohne Zwang etwas ab, worüber er/sie Verfügungsmacht hat. Im Falle des Blutspendens bestätigt die spendende Person dies üblicherweise per Unterschrift im Verlauf des Blutspende-Prozederes und gibt damit seine/ihre informierte Einwilligung *(informed consent)*, dass Blut abgenommen und weiterverarbeitet werden darf; gleichzeitig gibt sie alle Rechte und Einflussnahme auf das gespendete Blut auf (Pichler 2012). Zum anderen hat die Spende *gemeinnützig* zu sein: Das abgegebene Objekt dient dem Nutzen der Allgemeinheit. Bei einer Blutspende kann der einzelne Spender/die Spenderin gerade *nicht* bestimmen, an wen genau sein/ihr Blut gehen soll. Stattdessen spendet er/sie an eine Gemeinschaft (zu der er/sie auch selbst gehört), die alles eingegangene Blut in einem überindividuellen Distributionssystem nach festgelegten Kriterien der (medizinischen) Notwendigkeit weiterverteilt, zu dem idealerweise alle Mitglieder gleichen Zugang haben (Waldby/Mitchell 2006). Während die Freiwilligkeit der Spende den Spender/die Spenderin zur verfügungsberechtigten, entscheidungsfähigen und selbstverantwortlichen Partei in einer Tauschbeziehung macht und damit die grundsätzliche Übertragbarkeit des Tauschobjekts moralisch und rechtlich absichert – etwas, das Spende und Ware gemeinsam haben –, verweist die Gemeinnützigkeit der Spende sowohl auf den altruistischen, jedenfalls unentgeltlichen Charakter des Tauschs, wie sie auch den generalisierten anderen als Empfänger des Tauschobjekts konstituiert – darin unterscheiden sich Spende und Ware. In den Blutübertragungsregimen vieler Länder ist die diskursive Rahmung von Blutübertragung als Spende inzwischen dermaßen verfestigt, dass die Thematisierung dieses Bereichs auch in wissenschaftlichen Arbeiten meist nur in Begriffen wie *Blutspende (blood donation)*, *Blutspender (blood donor)* oder *Blutspendesystem (blood donation system)* erfolgt. Allerdings verkürzt eine solche Sicht die hier involvierten Tauschökonomien auf lediglich einen, wenn auch zentralen, Aspekt. Wie verschiedene sozialwissenschaftliche Arbeiten zeigen, sind solche Gewebeökonomien (*tissue economies*, vgl. Waldby et al. 2004; Waldby/Mitchell 2006) um einiges komplexer verfasst und konstituieren sich auf eine Weise, die Blut auch als Ware herstellt.

Bis in die 1970er-Jahre war es in vielen Ländern wie auch in Österreich durchaus gängige Praxis, dass BlutspenderInnen für ihre Dienste mit Geld entlohnt wurden und SpenderInnen und EmpfängerInnen einander mitunter sogar bekannt waren. Die Entlohnung richtete sich dabei nach der Menge des abgegebenen Blutes bzw. nach dem medizinischen Aufwand, der mit der Spende verbunden war (Pichler 2012). Mit dem starken Ansteigen des Bedarfs an Blutprodukten insbesondere in der Notfallmedizin und in der Chirurgie und vor allem in Zusammenhang mit mehreren aufsehenerregenden Skandalen in den 1980er-Jahren um Blutkonserven, die mit Hepatitis C oder HIV verseucht waren und PatientInnen z. T. dennoch wissentlich verabreicht worden waren, weil keine unbelasteten Blutkonserven zur Verfügung standen, veränderten sich die Blutübertragungsregime (Lock/Nguyen 2010). In vielen Ländern kam es zu einer stärkeren Reglementierung und Standardisierung der Blutsammel- und Verarbeitungsprozedere, die vorrangig das Ziel haben, Blutkonserven „sicher" zu machen. Unter anderem regeln solche Vorschriften, wie SpenderInnen auf medizinische Eignung überprüft werden müssen und welchen Laboruntersuchungen das gesammelte Blut unterzogen werden muss. Der Selbstausschluss von potenziell kranken Spendern während der Anamnesephase zu Beginn der Blutabnahme stellt bis dato einen wichtigen Bestandteil im Risikomanagement von Blutspendeeinrichtungen dar, da nicht zuletzt aus Kostengründen Laboruntersuchungen längst nicht alle krankheitserregenden Belastungen einer Blutkonserve feststellen können. Bezahltes Spenden wurde vielfach mit dem Argument verboten, es erhöhe aufgrund des hohen monetären Anreizes das Kontaminierungsrisiko des Spenderblutes, weil kranke Personen während der Anamnese zu Falschaussagen über ihren Gesundheitszustand und zum Spenden verleitet würden, obwohl sie von ihrer Krankheit wüssten.

In seiner einflussreichen Studie über die Vor- und Nachteile verschiedener Systeme des Sammelns und Verteilens von Blut kommt Richard Titmuss (1997 [1971]) bereits Ende der 1960er-Jahre zum Schluss, dass Spendensystemen gegenüber Warensystemen der Vorzug zu geben sei: Während Spendensysteme (wie jenes von Großbritannien zu dieser Zeit) in der Lage sind, SpenderInnen aus allen sozialen Schichten zu rekrutieren, höhere Sicherheit gegen Kontaminierung mit Krankheitserregern bieten und zu einer geringeren Verschwendung von Blut führen, kommt es in Warensystemen (wie jenes in den USA) zur Rekrutierung von vorrangig armen und potenziell kranken GeberInnen aus niederen sozialen Schichten, zu einem hohen Ausmaß an Verschwendung wie auch zu hohen Kosten. Mindestens ebenso wichtig für Titmuss' nachdrückliches Eintreten für das Spendenmodell sind die gesellschaftlichen Auswirkungen, die er mit den jeweiligen Systemen verknüpft sieht. Unter Rückgriff auf Mauss' (1975 [1950]) wegweisende Analysen zum Gabentausch und dessen zentraler These, dass Gaben nicht schlicht Dinge sind, sondern soziale Beziehungen, argumentiert Titmuss, dass das selbstlose Teilen von Blut soziale Beziehungen zwischen ansonsten Fremden zu etablieren in der Lage sei. Über Gefühle von sozialer Verantwortung, Vertrauen, Gegenseitigkeit und Dankbarkeit gegenüber anderen und der Gesellschaft generell stärke dies die soziale Integration und trage zur Aufrechterhaltung der Gemeinschaft bei. Die gewinnorientierte Zirkulation von Blut als Ware hingegen führe zur sozialen Fragmentierung und Trennung von Beziehungen, weil kapitalistisch organisierte Märkte Personen als VerkäuferInnen und KäuferInnen in Opposition gegenüberstellen und Blut von etwas, dem die Identität der gebenden Person anhafte, zu einem unpersönlichen Ding reduziere, das besessen und konsumiert werden kann.

Wie Maria Pichler (2012) am Beispiel des österreichischen Blutspendewesens zeigt, ist der strikte Gegensatz, mit dem Titmuss Gabe und Ware konzeptualisiert, kaum haltbar, da der Status einer Blutspende – wenn aus einer Prozessperspektive auf ihre Objektbiografie betrachtet (Kopytoff 1986) – nicht auf den einer Spende/Gabe beschränkt bleibt. Vielmehr durchläuft eine Blutspende von ihrer Abnahme in einem Blutspendezentrum (in Österreich vom Roten Kreuz betrieben) bis zur Verwendung als Medikament etwa bei einer chirurgischen Operation eine Reihe von Stationen und Tauschsphären. Während die Blutspende während und kurz nach der Blutabnahme im Abnahmeraum und im Laberaum, in dem die SpenderInnen nach ihrer Spende verköstigt werden, noch Spendencharakter hat, beginnt ihre Umwandlung in eine Ware, wenn der Blutbeutel mit dem entnommenen Blut in die Produktionsabteilung des Blutspendezentrums gebracht wird. Dort wird das Blut gelagert, gefiltert, zentrifugiert, in verschiedene Bestandteile getrennt, konserviert, auf verschiedene Eigenschaften untersucht und etikettiert. Mangelhafte Konserven werden aussortiert und entsorgt.

Mit der Etikettierung des Blutbeutels wird die Umwandlung des Blutes in eine Ware abgeschlossen. Das Ergebnis ist ein Arzneimittelprodukt (oder mehrere solcher Produkte), das bestimmte standardisierte physische Eigenschaften und ein Ablaufdatum aufweist und das aus dem früheren physisch-sozialen Kontext eines spezifischen Spenders/einer Spenderin weitgehend herausgelöst und anonymisiert ist. Spitäler und niedergelassene ÄrztInnen fordern das Blutprodukt an und lagern es bis zu seiner Verwendung oder Entsorgung in ihrem Blutdepot; das Österreichische Rote Kreuz verrechnet je nach Blutprodukt zwischen 60 und 500 Euro. In seiner kulturellen Biografie (Kopytoff 1986) durchwandert eine Blutkonserve also die Tauschsphäre einer Spende, wird nach ihrer Kommodifizierung als Arzneimittel zur gehandelten Ware und erfährt in ihrer medizinischen Konsumation oder Entsorgung wieder eine Dekommodifizierung. Je nach Station und Kontext ist Blut persönlicher Teil eines spezifischen Körpers, gemeinnützige Spende, handelbare Ware, und nach seiner Transfusion wieder Teil eines spezifischen Körpers oder aber zu entsorgender Sondermüll.

Der ambivalente und kontextabhängige Status von Blut als Spende/Ware wird auch in meinen laufenden Forschungen zum Blutübertragungsregime auf den Philippinen deutlich. Auch die philippinischen Gesundheitsbehörden favorisieren aus Gründen der PatientInnensicherheit seit den 1990er-Jahren ein Blutversorgungssystem, das auf dem freiwilligen und unentgeltlichen Spenden von Blut basiert. Da allerdings die verfügbare Menge an Blutkonserven dem steigenden Bedarf an Blutprodukten kaum nachkommt, besteht ein hoher Mangel an Blutprodukten. Dieser trägt dazu bei, dass der politisch gewollte Wechsel vom früheren kommerziellen System der Blutgewinnung hin zu einem spendenbasierten in der Praxis bislang nur bedingt erfolgte. Zwar wurden die früheren kommerziellen Blutbanken geschlossen, doch bestehen Elemente des entgeltlichen Handels weiterhin fort. Aufgrund des Mangels an Blutprodukten verfolgen alle beforschten Blutspendeinstitutionen – im Wesentlichen Einrichtungen des Philippinischen Roten Kreuzes und des nationalen Gesundheitsministeriums – eine Politik des Ersatzes *(replacement policy)*. Diese bestimmt, dass jede Blutkonserve vor ihrer Verwendung durch eine neue ersetzt werden muss. Weil PatientInnen im philippinischen Gesundheitssystem für die Beschaffung der Blutkonserven, die für eine bevorstehende Operation benötigt werden, selbst verantwortlich sind, müssen sie mit einem Spender/einer Spenderin (einem *walking-in donor*) beim Blutzentrum vorsprechen und bekommen die Blutkonserve (gegen eine Gebühr, die die Kosten für Testung und Aufbereitung der Konserve abdeckt), wenn die mitgebrachte Spendeperson ihrerseits Blut gespendet hat. Gegenüber dem Personal der Einrichtung behaupten solche Spendepersonen, Verwandte oder Freunde zu sein, die für ihre Spende keine Entlohnung erhalten. Das mag in vielen Fällen stimmen, in anderen Fällen handelt es sich hierbei jedoch um gewerbsmäßige SpenderInnen, die illegal über Blutvermittler *(blood agents)* angeworben wurden. Eine weitere Möglichkeit, als PatientIn zu einer

Blutkonserve zu kommen, besteht darin, im Voraus selbst Blut zu spenden. Jede Spende wird auf dem Blutspendeausweis des Spenders/der Spenderin ähnlich einem „Guthaben" auf einem Konto eingetragen und der Spender/die Spenderin kann dieses „Guthaben" einer Blutkonserve zu einem späteren Zeitpunkt für sich oder eine andere von ihm/ihr benannte Person beanspruchen – freilich besteht auch hier die Möglichkeit, dieses Anrecht auf dem Schwarzmarkt weiterzuverkaufen. In einem solchen System wird die für das Spenden konstitutive Idee des generalisierten anderen immer wieder durch das potenzielle Markthandeln involvierter Akteure ausgehebelt. Die Kommodifizierungs- bzw. Dekommodifizierungprozesse von Blut folgen keinem einfachen und geradlinigen Pfad.

Verwandtschaft als Geschäft? Die assistierten Reproduktionstechnologien und die Redefinition/Ökonomisierung von Natur

Anders als die Übertragung von Blut haben die assistierten Reproduktionstechnologien (ART) – dazu werden neben Techniken zur Verhinderung einer Empfängnis (wie Antibabypille und Sterilisation) und Techniken, die der Kontrolle und Sicherheit während Schwangerschaft und Geburt dienen, insbesondere Techniken der künstlichen Befruchtung wie IVF (In-vitro-Fertilisation), ICSI (Intracytoplasmatische Spermieninjektion) und Insemination gezählt – in vielen Ländern heftige öffentliche Kontroversen hervorgerufen. Diese drehten sich zunächst darum, wie und mit welchen sozialen Konsequenzen für Familie und Verwandtschaft die künstliche Befruchtung in menschliche Fortpflanzung interveniert und in welchem Ausmaß dies gesellschaftlich wünschenswert ist. Des Weiteren entzünden sich die Debatten aber auch an den Kommerzialisierungsmöglichkeiten, die die durch IVF verfügbar gemachten Körperteile – Embryonen, Samenzellen, Eizellen, Gebärmütter, Eierstockgewebe – eröffnen. Auch hier stellt das Doppel von Gabe und Ware eine zentrale Argumentationsfigur dar, entlang derer solche Fragen der Zulässigkeit verhandelt werden (siehe Hadolt 2007 und 2009 für die Debatte in Österreich).

Zentraler Dreh- und Angelpunkt der ART ist der extrakorporale Embryo. Der Prozess seiner medizintechnischen Herstellung bietet eine Reihe von Interventionsmöglichkeiten und Anschlusspunkte an andere Medizintechnologien: Die Befruchtung in vitro ermöglicht die Substituierung nicht funktionierender Körperfunktionen (wie blockierte Eileiter), die Auswahl und beliebige Kombination der daran beteiligen Gameten („eigene" bzw. „fremde" Samen- und Eizellen bzw. auch entkernte Eizellen), die Testung und Selektion von bestimmten Embryonen im Rahmen der Präimplantationsdiagnostik, die Kryokonservierung von Embryonen, Samen- und (seit einigen Jahren auch) Eizellen zur späteren Verwendung (z.B. post mortem eines Elternteils, im Rahmen eines Transfers des Embryos in eine Leihmutter oder in eine längst postmenopausale Frau). IVF ist auch die Plattformtechnologie, auf der die Stammzellmedizin aufsetzt, da bei der Herstellung von Stammzelllinien weiterhin in erster Linie Embryonen als Rohmaterial dienen. Wesentlich für die Schaffung von Biowert (Waldby 2002) sind hier die verschiedenen Möglichkeiten, den Fortpflanzungsprozess zeitlich neu zu konfigurieren, indem die betreffenden biologischen Trajektorien angehalten (z. B. bei der erforderlichen Synchronisierung der Menstruationszyklen zweier Frauen bei einer Eizellspende; beim Einfrieren von Gameten und Embryonen) und in einem neuen Kontext fortgesetzt werden können (zu einem späteren Zeitpunkt bei einem neuerlichen IVF-Versuch, nach einer Krebsbehandlung oder nach einer genetischen Testung). Solcherart herstellbarer Biowert trägt wesentlich zum Tauschwert der kommodifizierten Körperteile und assoziierten medizinischen Leistungen bei.

Marilyn Strathern (1992 a, b) hat in ihren Untersuchungen zu Verwandtschaft im England des ausgehenden 20. Jahrhunderts als eine der ersten AnthropologInnen ausführlich auf die tiefgreifenden Veränderungen euro-amerikanischer Verwandtschaftsvorstellungen durch die künstliche Befruchtung hingewiesen. Bis zu deren Einführung, so Strathern, war das Denken über Verwandtschaft von der Vorstellung geprägt, dass die sozialen Arrangements der Verwandtschaft immer auf den biologischen Fakten der Fortpflanzung beruhen: Die sozialen Beziehungen zwischen Elternteilen, Kindern und Geschwistern – so unterschiedlich diese ausfallen mögen – setzten auf den immer gleichen „natürlichen Fakten“ von Geschlechtsverkehr, der Weitergabe von Erbmaterial und Geburt auf, die ihrerseits der menschlichen Intervention entzogen sind. Damit wurden die sozialen Arrangements als etwas gedacht, das einer unhintergehbaren Natur immer nachrangig – „after nature“ – ist. Die ART machen dieses Denken nicht nur explizit, sondern erschüttern es auch grundlegend. Indem sie die zuvor als unveränderlich gegeben angenommenen „natürlichen Fakten“ der menschlichen Intervention zugänglich machen, verlieren die sozialen Arrangements der Verwandtschaft ihren Status als notwendigerweise nachrangig gegenüber den natürlichen Fakten – Kultur ist nicht mehr einfach „after nature“. Sowohl die „natürliche“ als auch die soziale Ebene der Verwandtschaft wird als unterstützungsbedürftig hergestellt. In der gegenwärtigen Kultur der individuellen Wahl und des Unternehmertums *(enterprise culture)* stellt die Ermöglichung *(enablement)* des biologisch-medizinischen Eingreifens ungewollt kinderlose Personen und Paare zudem vor die unvermeidliche Wahl, die ART in Anspruch zu nehmen oder auch nicht (und wenn ja, in welcher Weise). Diese erzwungene Wahl ist Teil eines Prozesses des „enterprising kinship“ (Strathern 1992b: 31 ff.), in dem Verwandtschaft zu einer Unternehmung wird, die, gerade weil sie in unmittelbarer Weise auch die biologischen Aspekte der Fortpflanzung umfasst, eine qualitätsverbesserte Verwandtschaft in Aussicht stellt. Solche Qualitätsverbesserung kann etwa in einem Fall darin bestehen, dass bei vorliegender Infertilität überhaupt erst eine Schwangerschaft eintritt, in einem anderen Fall, dass das Kinderkriegen zeitlich besser auf die persönlichen Lebensentwürfe abgestimmt werden kann (wie jüngst in der Diskussion um das *sozial freezing*), oder aber, dass das entstehende Kind ausgesuchte Qualitäten aufweist. In jedem Fall ist eine solche Qualitätsverbesserung insofern eine Funktion eines Marktes, als es hier um Dinge geht, die für einen Markt der Kundenwünsche hergestellt, aufbereitet und beworben werden – sie sind „market*ed*" (ebd.: 38; Hervorhebung im Original). Für Paare mit „Kinderwunsch", die sich für die Ermöglichungsangebote der Reproduktionsmedizin entscheiden, wird das Kinderkriegen zum „Kindermachen", zu einem „Projekt", das harte Arbeit, großes Leidens- und Durchhaltevermögen, herausfordernde strategische Entscheidungen und einiges an Geld erfordert – dies immer mit der Drohung, trotz aller Mühen zu scheitern (Hadolt/Lengauer 2003). Als KonsumentInnen (und weniger als PatientInnen) stehen „Wunscheltern" vor der Aufgabe, im Markt von angebotenen Produkten und Leistungen eine verantwortungsvolle Wahl zu treffen. Für Fertilitätskliniken gilt es, den „Kinderwunsch" bestmöglich zu erfüllen und Produkte und Leistungen bereitzustellen, die das Versprechen nach qualitätsverbesserter Verwandtschaft auch entsprechend einlösen können. Der Umstand, dass die meisten „Kinderwunschbehandlungen" in privatwirtschaftlich geführten, gewinnorientierten Fertilitätskliniken unter Bedingungen der Marktkonkurrenz durchgeführt werden, verstärkt die marktförmige Ausrichtung solcher Produkte und Dienstleistungen zusätzlich.

Bei der Kommodifizierung von Ei- und Samenzellen nimmt dies spezifische Formen an. Während keine nationale Gesetzgebung den Handel mit Embryonen erlaubt (aufgrund des Status von Embryonen als Proto-Menschen), ist die Weitergabe von Eizellen in einigen Ländern, jene von Samenzellen gar in vielen Ländern gesetzlich zulässig. Ausnahmen sind hier vielfach muslimische Länder, in denen zwar IVF erlaubt ist, aber ausschließlich unter Verwendung der Gameten der Ehepartner (Inhorn/Shrivastav/Patrizio 2012). In Ländern wie Spanien (Orobitg/Salazar 2005) definiert der Gesetzgeber die Weitergabe von Samen- und Eizellen als altruistischen Akt eines Spenders/einer Spenderin, der zwar für die eingegangenen gesundheitlichen Risiken und Mühen monetär kompensiert werden darf, der jedoch keinen lukrativen ökonomische Charakter haben darf. In den USA besteht seit Langem ein legaler Markt, auf dem kommerzielle Eizellagenturen und Samenbanken das bezahlte Spenden und Beziehen von Gameten organisieren (Almeling 2007). Im Falle einer Eizellspende erfordert dies, dass sich Eizellspenderin und -empfängerin die Arbeit einer IVF-Behandlung (u. a. Hormonbehandlung, Abpunktieren der reifen Eizellen, Embryotransfer) quasi aufteilen. Die Spenderinnen werden über Werbung und Mundpropaganda rekrutiert und von den MitarbeiterInnen der Agentur dazu ermuntert, für die Empfängerinnen „feminine" Spenderprofile zu erstellen, die ihre altruistischen Motive und ihre fürsorglichen Charaktereigenschaften herausstreichen und negative Eigenschaften wie Rauchen und Trinken unerwähnt lassen; ein attraktives Foto der Spenderin ergänzt das Profil und erhöht die Wahrscheinlichkeit, von einer Empfängerin ausgewählt zu werden. Bei einer erfolgreichen Vermittlung erhält die Spenderin 4 000 US-Dollar, die an die Empfängerin zusammen mit den Kosten für die medizinische Behandlung und juristische Bearbeitung und einer Gebühr für die Agentur in der Höhe von 3 500 US-Dollar weiterverrechnet werden.

Samenspenden werden hauptsächlich für artifizielle Insemination verwendet. Mit der Gewinnung, Aufbereitung, kryokonservierten Lagerung und Distribution von Spendersamen sind Samenbanken bereits seit den 1970er-Jahren befasst. Die Gewinnung einer Samenspende ist weit weniger aufwendig als die Gewinnung einer Eizellspende und erfolgt durch Masturbation und Ejakulation in einen Plastikbecher (ebd.). Da nur 10 % aller Bewerber die geforderten Qualitätskriterien für eine Samenspende, insbesondere die hohe Anzahl von Spermien im Ejakulat, erfüllen, sind Samenbanken sehr daran interessiert, mit Samenspendern langfristige Verträge abzuschließen. Darin verpflichten sich Samenspender über einen Zeitraum von mindestens einem Jahr ein bis zwei Samenproben pro Woche abzuliefern und jeweils davor zwei Tage sexuelle Abstinenz einzuhalten, um die Spermienqualität zu erhöhen. Neben medizinischen Kriterien werden Spender nach ihrer Verlässlichkeit für die langwierige Arbeit als Spender ausgewählt. Für jede Samenspende, die den Qualitätskriterien entspricht (Stress, Krankheit und das Nichteinhalten sexueller Abstinenz können die Spermienqualität stark herabsetzen), erhält der Spender zwischen 50 und 100 US-Dollar. Ähnlich wie Blut durchläuft Spendersamen eine Reihe von technischen Aufbereitungs- und Testprozeduren, die ihn als „Technosamen" zu einem neuen und gegenüber dem „natürlichen", nicht behandelten Samen, der als schmutzig, potenziell krank und unfruchtbar dargestellt wird, verbesserten Körperprodukt machen (Schmidt/Moore 1998).

Die Marktförmigkeit der Reproduktionsmedizin zeigt sich auch in ihrer zunehmenden Transnationalisierung. Dies betrifft auf der Angebotsseite die nationalstaatliche Grenzen überschreitende Verbindung und Kooperation reproduktionsmedizinischer Akteure (Kliniken, Forschungsinstitute, Stiftungen, Universitäten, Interessenvertretungen, MedizinerInnen), die auf der Ebene von Wissens- und Technologietransfers, Forschung, Aus- und Weiterbildung, Management, Planung und Aufbau einer Klinik, Werbung, KlientInnenschaft etc. miteinander kooperieren oder in Geschäftsbeziehung miteinander stehen. So kooperieren etwa österreichische private Fertilitätsinstitute mit solchen in Ungarn, Italien, Deutschland, der Schweiz und Tschechien oder sind/waren an diesen medizinisch-organisatorisch wie wirtschaftlich beteiligt. Zum Teil haben österreichische Institute im umliegenden Ausland Zweigniederlassungen gegründet, an die in Umgehung der restriktiven österreichischen Fortpflanzungsmedizingesetzgebung KlientInnen für Prozeduren weitervermittelt wurden, die (wie bis 2015 die Eizellspende) in Österreich verboten waren/sind (vgl. Knoll 2011). Für den boomenden Fertilitätsmarkt in der Türkei beschreibt Beck (2007) drei

Generationen von Geschäftsmodellen, die jeweils unterschiedliche Formen der transnationalen Kooperation involvieren. Das erste Modell betrifft Kliniken, die von türkischen ReproduktionsmedizinerInnen gegründet und geführt werden, die ihre Ausbildung im Ausland absolviert haben und diese Expertise in der Türkei umsetzen. Im zweiten Modell wurde eine Fertilitätsklinik quasi *en block* inklusive Finanzierung, Architektur, medizinischer Ausstattung und Expertise bis hin zur Innenausstattung aus Deutschland, wo sich das Konzept bereits bewährt hatte, importiert. Das dritte Modell basiert auf einem Modus, der durch „knowledge franchising", wie Beck dies nennt, gekennzeichnet ist, wie im Falle eines Gesundheitszentrums in der Nähe von Istanbul, das als Kooperation zwischen der größten gemeinnützigen türkischen Stiftung und der John Hopkins Medical School in Baltimore entstanden ist. Hier betrifft die Kooperation nicht nur Aspekte wie Bau und Ausstattung, sondern auch den laufenden klinischen Betrieb mit gemeinsamer Forschung und Evaluierung der Leistungen und Erfolgsraten.

Auf die Transnationalisierung der Reproduktionsmedizin als globalen Fertilitätsmarkt verweist nicht zuletzt die hohe Mobilität der KlientInnen, die als sogenannte „Fertilitätstouristen" in andere Länder reisen, um sich dort ihren „Kinderwunsch" zu erfüllen. Fertilitätskliniken haben ihre Angebote nie lediglich an eine nationale KlientInnenschaft gerichtet, sondern waren immer schon auch für „Wunscheltern" aus dem Ausland offen. Mit der Transnationalisierung der Reproduktionsmedizin, dem starkem Wachstum des Marktes und der zunehmenden nationalen und internationalen Konkurrenz hat dieser Trend in den letzten beiden Jahrzehnten neue Qualitäten angenommen. Bereits für 1999 schätzte etwa Pennings (2002) den Anteil ausländischer IVF-Patientinnen in Belgien – wegen seiner äußerst liberalen Gesetzgebung eines der Zentren der Reproduktionsmedizin in Europa – auf ca. 30 %. Kaum eine Klinik kommt heute auf ihrer Webseite ohne die Angabe der aktuellen Preise, Leistungen, Auszeichnungen, Darstellung der Expertise der MitarbeiterInnen und nicht zuletzt den Erfolgsraten für die jeweiligen Behandlungen aus – dies in den verschiedenen Sprachen ihrer Zielgruppen. Kliniken werden bereits von vornherein mit Blick auf die Wünsche einer internationalen KlientInnenschaft geplant. Und einige Kliniken werben mit kompletten „fertility packages", die als Rundumservice neben den medizinischen Leistungen auch Visum, Flug, Unterkunft und anschließenden Urlaubsaufenthalt im Land inkludieren (Beck 2007).

Die Motivationen für KlientInnen, in anderen Ländern reproduktionsmedizinische Leistungen in Anspruch zu nehmen, sind vielfältig. An vorderer Stelle genannt werden neben den z. T. sehr unterschiedlichen Preisen, zu denen Behandlungen in verschiedenen Ländern zu haben sind, die großen Unterschiede in der Art und Weise, wie verschiedene Länder den Bereich der ART in Bezug auf Legitimität einzelner Anwendungen, Zugang und Durchführung gesetzlich regeln. Während Länder wie Israel, einige US-Staaten, Belgien, UK, der Iran und

Südafrika vergleichsweise liberale oder keine spezifischen Regelungen haben, gelten für Länder wie Deutschland, Frankreich, Österreich, Italien, Norwegen, Ägypten und Japan restriktivere Gesetze oder Leitlinien. Für die Entstehung transnationaler KlientInnenbewegungen können auch relativ geringe gesetzliche Unterschiede maßgeblich werden. So kommen etwa Klientinnen aus Deutschland nach Österreich, weil in Deutschland je IVF-Zyklus höchstens drei Embryonen erzeugt werden dürfen, die zudem auch alle transferiert werden müssen; in Österreich hingegen dürfen alle abpunktierten Eizellen fertilisiert werden, was die Chance auf genügend Embryonen und damit letztlich auf eine Schwangerschaft deutlich erhöht.

Weitere Faktoren, die Fertilitätstourismus begünstigen, betreffen, so Inhorn et al. (2012), das Fehlen von Behandlungsmethoden aufgrund fehlender Expertise und Ausrüstung, lange Wartezeiten auf Spendergameten oder Leihmütter, die Sorge über fehlende Datensicherheit und Bedenken über geringe medizinische Qualität und schlechte Versorgung. Wie Inhorn et al. am Beispiel Dubais und einer Ivy-League-Eliteuniversität[1] an der Ostküste der USA zeigen, spielen für die spezifischen Problemkonstellationen und Befindlichkeiten, aufgrund derer sich infertile Paare zum reproduktiven Reisen in andere Länder veranlasst sehen, auch noch andere Faktoren eine gewichtige Rolle. KlientInnen aus verschiedenen Regionen des Nahen Ostens entscheiden sich für Dubai, einem Zentrum für Fertilitätsbehandlung für den gesamten Nahen Osten, weil Dubai den Ruf einer *global city* mit entsprechend hoch entwickelter Infrastruktur und medizinischen Einrichtungen hat und weil sie lieber mit medizinischem Personal arbeiten, das derselben Religion angehört wie sie selbst. Ausgewanderte *(expatriates)* kommen nach Dubai zurück, weil sie sich die Unterstützung ihrer Familie erhoffen, und aus Gründen des „medical (ex)patriotism", dem Glauben, dass das „Heimatland" bessere medizinische Versorgung bietet als das „Aufnahmeland". An die Ivy-League-Eliteuniversität wenden sich infertile Paare aus aller Welt, weil sie sich Samen- bzw. Eizellspenden von hochintelligenten und sportlichen Yale-StudentInnen erhoffen und weil sie einem ART-Programm an einer Universität mit hohem Prestige mehr vertrauen als dem einer kleinen privaten Klinik. Sie kommen auch in der Hoffnung auf ein mittels ART gezeugtes „Ankerbaby", das aufgrund seiner US-amerikanischen Staatsbürgerschaft auch für die Eltern den Erhalt der US-Staatbürgerschaft in Aussicht stellt. Auf Basis detaillierter Fallstudien über infertile Paare, die auf der transnationalen „Suche nach Empfängnis" sind, argumentieren Inhorn et al., dass der Begriff des Fertilitätstourismus dem Phänomen des reproduktiven Reisens nicht gerecht wird, weil er Assoziationen von Spaß, Freizeit und Urlaub nahelegt, wohingegen Stress und Anstrengungen die Erfahrung des reproduktiven Reisens dominieren. Sie schlagen vor, stattdes-

1 — Die Ivy League ist eine Liga im US-amerikanischen Hochschulsport, die von den großen Eliteuniversitäten des Landes beschickt wird.

sen von „reproduktivem Exil" zu sprechen, da praktisch alle Paare angaben, dass sie weitaus lieber die ART in ihrem eigenen Land in Anspruch nehmen würden, wenn diese nur legal, vertrauenswürdig und finanziell leistbar wären.

Wer ist bioverfügbar? Der globalisierte Organhandel

Im Unterschied zur Bluttransfusion ist der Bereich der Transplantation solider Organe wesentlich dadurch gekennzeichnet, dass Organe (noch) nicht nachwachsen und demnach nur einmal entnommen werden können. Zudem geht die Spende von Herz, Lunge und Bauchspeicheldrüse notwendigerweise mit dem Tod des Spenders/der Spenderin einher, während Nieren und Leber auch als sogenannte „Lebendspenden" verfügbar sind. In allen Fällen bedeutet die Entnahme eines Organs einen massiven Eingriff in die Funktionsfähigkeit und Integrität des Körpers, bei „Lebendspenden" oft mit langfristigen negativen Konsequenzen für Gesundheit und Leistungsfähigkeit des Spenders/der Spenderin. Des Weiteren ermöglichte die Entwicklung von Immunsuppressiva seit Ende der 1970er-Jahre auch den Transfer eines Organs, ohne dass SpenderIn und EmpfängerIn zueinander immunologisch hoch verträglich sind; damit weitet sich der Pool potenzieller SpenderInnen auch über die eigene Familie hinaus enorm aus. Und schließlich lassen sich Organe nicht kryokonservieren und damit bevorraten. Diese biotechnischen Charakteristika der Organtransplantation stellen die Requisitions- und Distributionssysteme von Organen vor hohe Herausforderungen sowohl, was die biotechnisch-organisationale Umsetzung angeht als auch was deren Legitimität und ethische Absicherung entlang der eingangs aufgeworfenen Fragen um Lebensverlängerung/Lebensverbesserung, Menschenwürde und Schutz vor Ausbeutung betrifft. Auch für die moralische Ökonomie der Organtransplantation spielt der diskursive Spannungsraum von „Spende" versus „Ware" eine zentrale Rolle. Die Rede vom „Organmangel" *(organ shortage)* treibt hierbei den Marktwert von Organen ebenso an wie die zunehmende Globalisierung des Organmarktes.

Der Mangel an Organen wird üblicherweise mit der sinkenden Spendebereitschaft der Bevölkerung erklärt, woran sich insbesondere in Ländern mit Zustimmungsregelung[2] gleichzeitig der Aufruf knüpft, mehr zu spenden. Für Lock (2002) stellt sich die Situation weitaus komplexer dar: Auf der einen Seite haben die geringere Anzahl von tödlichen Verkehrsunfällen, medizinische Fortschritte in der Traumatologie und der wachsende Bevölkerungsanteil von alten Personen

2 — Gesetzliche Zustimmungsregelungen (wie in Deutschland und Großbritannien) erlauben eine postmortale Entnahme von Organen nur, wenn der Spender/die Spenderin hierfür zu Lebzeiten seine ausdrückliche Zustimmung gegeben hat, währenddessen Widerspruchsregelungen (wie in Frankreich und Österreich) die Organentnahme erlauben, sofern der Spender/die Spenderin dem nicht ausdrücklich widersprochen hat.

zu einer Verkleinerung des Pools potenzieller SpenderInnen geführt. Auf der anderen Seite ist der Bedarf an Organen aufgrund von alternden Gesellschaften und steigenden Prävalenzraten von Volkskrankheiten wie Diabetes, aber auch in Folge einer starken Ausweitung der medizinischen Indikationen für eine Organtransplantation gestiegen; Kleinkinder und Greise gelten nunmehr ebenso als selbstverständlich berechtigte Empfänger von Organen wie PatientInnen, die ein zweites oder drittes Transplantat erhalten, nachdem frühere Transplantationen gescheitert sind.

Die wachsende Kluft zwischen Angebot und Bedarf an Organen führt nicht nur zu längeren Organ-Wartelisten der zuständigen Vermittlungsstellen, sondern auch dazu, dass verzweifelte PatientInnen auf den hinteren Warteplätzen zunehmend versuchen, in anderen Ländern und/oder auf dem Schwarzmarkt zum lebensnotwendigen Organtransplantat zu kommen – oft mit aktiver Unterstützung und hohem Profit für beteiligte VermittlerInnen, ÄrztInnen und Kliniken (Scheper-Hughes 2003; Cohen 2005; Shimazono 2007). Solcher „Transplantationstourismus" betrifft insbesondere Nieren-Lebendspenden in Ländern des globalen Südens wie Pakistan, Indien, Bangladesch, Ägypten und den Philippinen. Nutznießer sind dabei längst nicht nur PatientInnen aus Ländern des globalen Nordens, sondern generell solche, die das Geld für Behandlung, Vermittlung und Kompensation des Spenders/der Spenderin aufbringen können. Moniruzzaman (2012) beschreibt für Bangladesch, wie (reiche) OrganempfängerInnen und (arme) OrganspenderInnen – in allen Fällen Bangladeschi – ins benachbarte Indien reisen, um dort die Nierentransplantation durchführen zu lassen.

Indien erlaubt die Organspende für drei Klassen von Personen: PatientInnen, die als hirntot diagnostiziert wurden, lebende Verwandte des Empfängers/der Empfängerin (Eltern, Kinder, Geschwister oder EhepartnerInnen) sowie nicht verwandte Personen, die in „Ausnahmefällen" von speziellen Kommissionen als LebendspenderInnen autorisiert werden. Cohen (2005) zeigt, dass südindische Transplantationskliniken in erster Linie letztere Klasse von Personen als NierenspenderInnen verfügbar und damit den Ausnahmefall zum Regelfall machen. (Indische) EmpfängerInnen entscheiden sich für nicht verwandte (indische) bezahlte SpenderInnen, weil sie ihre Familienmitglieder nicht den gesundheitlichen Risiken einer Nierenspende aussetzen möchten, und mehr noch, weil bezahlte SpenderInnen – anders als Verwandte – später keine weiteren Abgeltungen für ihre Spende einfordern können. Ebenfalls die Sorge um ihre Familien macht städtische Frauen als Lebendspenderinnen „bioverfügbar" *(bioavailable)*, um mit dem Entgelt für ihre Niere Schulden abzahlen oder Geld für Schulbesuch und Brautpreis aufbringen zu können. Ländliche Bauern hingegen verkaufen eine Niere, um etwa den Notfall eines Ernteausfalls finanziell überstehen zu können – oft ohne medizinische Nachsorge und mit massiven langfristigen gesundheitlichen Beeinträchtigungen. Zusammen mit medizintechnischen und regulativen Neuerungen stellen Armut und ökonomische Notfälle die Hauptfaktoren dafür dar, dass bestimmte Personengruppen eher als LebendspenderInnen bioverfügbar werden als andere. In solchen Gewaltökonomien erweist sich der Tausch *Geld gegen Gesundheit* mitunter auch für die OrganempfängerInnen als trügerisch, dann nämlich, wenn sie nach der Organtransplantation feststellen, dass sie sich die Immunsuppressiva, die sie lebenslang nehmen müssen, um die Abstoßung des fremden Organs zu verhindern, nicht leisten können.

Schlussbetrachtungen

Die Biomedizin in ihrer jetzigen Form ist ohne den Einsatz menschlicher Organe und anderer Körpergewebe nicht denkbar und die diesbezüglichen Medizintechnologien tragen zweifellos zur Verringerung von Leiden und zur Erhöhung der Lebensqualität vieler PatientInnen bei. Die Effektivität solcher Verfahren basiert dabei wesentlich auf dem Transfer technisch hervorgebrachter biologischer Vitalität von einem Körper auf einen anderen. In den assoziierten Tauschsphären zirkulieren nicht nur Körperteile, sondern auch technische Apparate, medizintechnologische Expertise, juristische Regelungsmodelle, bioethische Argumente, Hoffnungen, Geld, und nicht zuletzt in den diversen Formen des „Medizintourismus" auch PatientInnen; längst umspannen die Tauschsphären den gesamten Globus. Der Biowert der zirkulierenden Körperteile wie auch die Bioverfügbarkeit derjenigen Menschen, denen die Körperteile entnommen werden, gründen sich hierbei in zentraler Weise auf die z. T. beträchtlichen Differenzen hinsichtlich rechtlich-bürokratischen Regelungen, ökonomischer Macht und klinischen Praktiken innerhalb und zwischen den Ländern, die am jeweiligen Markt teilnehmen. Ein hohes Maß an Differenz bedeutet hier oft großes Potenzial für Ausbeutung der einen und hohen gesundheitlichen wie ökonomischen Profit der anderen.

Mit Blick auf solche Ungleichverteilung von Last und Nutzen, aber auch im Bemühen um Schutz der Menschenwürde rekurrieren staatliche Gesetzgeber, internationale Organisationen, NGOs und Bioethikkommissionen in ihren Regelungsbemühungen üblicherweise auf den Tauschmodus der Spende/Gabe. Dieser soll – auf Basis des frei entscheidenden und umfassend informierten Individuums – den gemeinnützigen Charakter der Verteilung von Körperteilen sicherstellen und die am individuellen Eigennutz orientierten Verteilungsmechanismen, wie im Tauschmodus der Ware mit seinen rein monetären Verteilungskriterien impliziert, hintanstellen. Wie die weiter oben diskutierten empirischen Befunde jedoch zeigen, wird eine solche binäre Gegenüberstellung von Spende und Ware der Komplexität, Heterogenität und Dynamik der betreffenden Bioökonomien nicht gerecht. Nicht nur verschwimmt in der Praxis, was als Spende und was als Ware gelten kann, da beide Tauschmodi meist gleichzeitig verschiedene Aspekte desselben Körpermarktes organisieren. Auch erweist sich der an die altruistische Spende geknüpfte normative Anspruch individueller Selbstlosigkeit in gesellschaftlichen Kontexten, die von ökonomischer Vulnerabilität und struktureller Gewalt geprägt sind, bestenfalls als naiv; im schlechteren Fall trägt diese Forderung selbst zur ungerechten Verteilung der Körperteile und zur Ausbeutung und Stigmatisierung der „SpenderInnen" (und mitunter auch der „EmpfängerInnen") bei. Was die Thematisierung der *Differenz* Spende versus Ware schließlich verdeckt, ist, was sie *gemeinsam* haben. Diese Gemeinsamkeiten formen die betreffenden Bioökonomien zumindest ebenso stark wie ihre Differenz. Zuallererst zu nennen sind hier m. E. zwei Aspekte: Erstens forcieren sowohl die Logik der Spende wie auch jene der Ware die Vorstellung, dass Gesundheit grundsätzlich eine persönliche Unternehmung sei (analog zu Stratherns „enterprising kinship"), ein Projekt der Selbstverbesserung, für das es einen Markt an Angeboten gibt, zu denen wir uns in der einen oder anderen Weise verhalten müssen; immer aber ist jede/r von uns einem Imperativ zur Entscheidung unterworfen. Zweitens basieren Spende wie Ware auf einer Sicht, die das betreffende (Gesundheits-)Problem als ein grundsätzlich (medizin-/bio-)technisches konzipiert, für das auch nur eine ebensolche technische Lösung denkbar ist. Andere Formen, das Problem und die Problemlösungen zu rahmen, bleiben tendenziell ausgeklammert.

Trotz aller moralischen Widersprüche und der brüchigen Verteilungsgerechtigkeit genießt die biotechnische Nutzbarmachung des Körpers im Bereich der Medizin weiterhin hohe gesellschaftliche Akzeptanz. Damit hat die Medizin eine Vorreiterfunktion in der Etablierung neuer Biotechnologien, nicht nur betreffend ihrer technischen Entwicklung, sondern auch was deren praktische Umsetzung in spezifischen Anwendungen auch außerhalb der medizinischen Domäne angeht. Die (humangenetisch zweifelhafte) gendiagnostische Abklärung der körperlichen und kognitiven Begabungen ihrer Kinder ist inzwischen für viele Eltern in China Teil ihrer elterlichen Pflichten, um ihre Kinder bestmöglich fördern und auf den Berufs- und Heiratsmarkt vorbereiten zu können (Sui/Sleeboom-Faulkner 2015). Schönheitschirurgie, *nutrigenomics*, Anti-Aging, *sex selection, social freezing* und reproduktives Klonen stellen weitere Bereiche dar, in denen Biotechnologien, die für medizinische Zwecke entwickelt wurden, in nichtmedizinischen Kontexten mit nicht-medizinischen Zweckorientierungen zur Anwendung kommen. Im weiten Feld der Verbesserungstechnologien *(enhancement technologies)* stellen Neuroprothesen, Exoskelette, Psychopharmaka, *tissue engineering* und Gen-Editing Formen der Selbstverbesserung (körperliche Upgrades sozusagen) in Aussicht, die nicht nur darauf zielen, einen körperlichen Normalzustand („Gesundheit") wiederherzustellen, sondern über das „Normalmaß" hinaus zu verbessern (Hogle 2005; Martin 2006). Auch wenn sich viele dieser Bereiche und Anwendungen als technisch nicht machbar oder als gesellschaftlich nicht tragfähig erweisen, verweisen die vielfältigen Bestrebungen, die Kapitalisierung des Körpers und des Lebens selbst voranzutreiben, zweifellos darauf, dass Körperteile auch in Zukunft von Wert sein werden. Damit bleibt die Frage nach der Kommodifizierung des Körpers ein Kristallisationspunkt für die Frage, wer wir sind und wer wir sein wollen.

Belegliteratur

Almeling, Rene (2007): Selling genes, selling gender: Egg agencies, sperm banks, and the medical market in genetic materia. In: American Sociological Review 72/3, 319–340.

Beck, Stefan (2007): Globalisierte Reproduktionsregimes: Anmerkungen zur Emergenz biopolitischer Handlungsräume. In: Beck, Stefan/Çil, Nevim/Hess, Sabine/Klotz, Maren/Knecht, Michi (Hg.): Verwandtschaft machen: Reproduktionsmedizin und Adoption in Deutschland und der Türkei. Berliner Blätter, Heft 42. Münster: LIT, 124–151.

Cohen, Lawrence (2005): Operability, Bioavailability, and Exception. In: Ong, Aihwa/Collier, Stephen J. (eds.): Global Assemblages. Technology, Politics, and Ethics as Anthropological Problems. Malden: Blackwell, 79–90.

Franklin, Sarah (2006): The cyborg embryo: Our path to transbiology. In: Theory, Culture & Society 23, 167–187.

Hadolt, Bernhard (2007): Die Genese der Reproduktionstechnologiepolitik in Österreich: Überlegungen zum Politiklernen in neuen Politikfeldern. In: Österreichische Zeitschrift für Politikwissenschaft 36/3, 285–302.

Hadolt, Bernhard (2009): Präimplantationsdiagnostik als Regelungsgegenstand österreichischer Reproduktionstechnologiepolitik. Working Paper, Reihe Soziologie, Nr. 91. Wien: Institut für Höhere Studien.

Hadolt, Bernhard/Lengauer, Monika (2003): Kinder-Machen: Eine ethnographische Untersuchung zur Handhabe von ungewollter Kinderlosigkeit und den Neuen Reproduktionstechnologien durch betroffene Frauen und Männer in Österreich. Dissertation, Universität Wien.

Hadolt, Bernhard/Lengauer, Monika (2009): Genetische Beratung in der Praxis: Herausforderungen bei präsymptomatischer Gendiagnostik am Beispiel Österreichs. Frankfurt am Main: Campus.

Hoeyer, Klaus (2007): Person, patent and property: A critique of the commodification hypothesis. In: BioSocieties 2, 327–348.

Hogle, Linda F. (2005): Enhancement Technologies and the Body. In: Annual Review of Anthropology 34, 695–716.

Inhorn, Marcia C./Shrivastav, Pankaj/Patrizio, Pasquale (2012): Assisted reproductive technologies and fertility "tourism": Examples from Global Dubai and the Ivy League. In: Medical Anthropology 31/3, 249–265.

Kaufmann, Sharon R./Morgan, Lynn M. (2005): The anthropology of the beginnings and ends of life. In: The Annual Review of Anthropology 34/3, 317–341.

Knoll, Eva-Maria (2011): Navigating Socio-technical and Moral Landscapes: Reproductive Tourism in Europe. Dissertation, Universität Wien.

Kopytoff, Igor (1986): The Cultural Biography of Things: Commoditization as Process. In: Appadurai, Arjun (ed.): The Social Life of Things: Commodities in Cultural Perspective. Cambridge: Cambridge University Press, 64–91.

Landecker, Hannah (2007): Culturing Life: How Cells Became Technologies. Cambridge: Harvard University Press.

Lock, Margaret M. (2002): Twice Dead: Organ Transplants and the Reinvention of Death. Berkeley: University of California Press.

Lock, Margaret M./Nguyen, Vinh-Kim (2010): An Anthropology of Biomedicine. Oxford: Wiley-Blackwell.
Martin, Emely (2006): The pharmaceutical person. In: BioSocieties 1/3, 273–287.
Mauss, Marcel (1975 [1950]): Soziologie und Anthropologie. Band 2: Gabentausch, Soziologie und Psychologie, Todesvorstellungen, Körpertechniken, Begriff der Person. Frankfurt am Main: Fischer.
Moniruzzaman, Monir (2012): "Living Cadavers" in Bangladesh: bioviolence of the human organ bazaar. In: Medical Anthropology Quarterly 26/1, 69–91.
Orobitg, Gemma/Salazar, Carles (2005): The gift of motherhood: egg donation in a Barcelona infertility clinic. In: Ethnos 70/1, 31–52.
Pálsson, Gísli (2007): Anthropology and the New Genetics. Cambridge: Cambridge University Press.
Pennings, Guido (2002): Reproductive tourism as moral pluralism in motion. In: Journal of Medical Ethics 28, 337–341.
Pichler, Maria (2012): Blut – die unverkäufliche Ware: Blut als Lebenselixier, Spende, Ware und Medikament. Diplomarbeit, Universität Wien.
Rose, Nikolas (2001): The politics of life itself. In: Theory, Culture & Society 18/6, 1–30.
Scheper-Hughes, Nancy (2003): Rotten trade: Millennial capitalism, human values and global justice in organs trafficking. Journal of Human Rights 2/2, 197–226.
Schmidt, Matthew/Moore, Lisa Jean (1998): Constructing a "Good Catch", Picking a Winner. In: Davis-Floyd, Robert/Dumit, Joseph (eds.): Cyborg Babies. From Techno-Sex to Techno-Tots. New York/London: Routledge: 21–39.
Sharp, Lesley A. (2000): The commodification of the body and its parts. In: Annual Review of Anthropology 29, 287–328.
Shimazono, Yosuke (2007): The state of the international organ trade: A provisional picture based on integration of available information. In: Bulletin of the World Health Organization 85/12, 955–962.
Strathern, Marilyn (1992a): After Nature: English Kinship in the Late Twentieth Century. Cambridge: Cambridge University Press.
Strathern, Marilyn (1992b): Reproducing the Future: Essays on Anthropology, Kinship and the New Reproductive Technologies. Manchester: Manchester University Press.
Sui, Sul/Sleeboom-Faulkner, Margaret (2015): Commercial genetic testing and its governance in Chinese society. In: Minerva 53/3, 215–234.
Sunder Rajan, Kaushik (2006): Biocapital: The Constitution of Postgenomic Life. Durham et al.: Duke University Press.
Titmuss, Richard (1997 [1971]): The Gift Relationship: From Human Blood to Social Policy. Edited by Oakley, Ann/Aston, John. London: LSE Books.
Transplant Oberservatory (n.y.): Available at: http://www.transplant-observatory.org/data-charts-and-tables/chart/, 27.11.2016.
Waldby, Catherine (2002): Stem cells, tissue cultures and the production of biovalue. In: health: An Interdisciplinary Journal for the Social Study of Health, Illness and Medicine 6/3, 305–323.
Waldby, Cathy/Mitchell, Robert (2006): Tissue Economies: Blood, Organs, and Cell Lines in Late Capitalism. Durham et al.: Duke University Press.
Waldby, Catherine/Rosengarten, Marsha/Treloar, Carla/Fraser, Suzanne (2004): Blood and bioidentity: Ideas about self, boundaries and risk among blood donors and people living with Hepatitis C. In: Social Science & Medicine 59, 1461–1471.

Empfohlene Literatur

Hoeyer, Klaus (2007): Person, patent and property: A critique of the commodification hypothesis. In: BioSocieties 2, 327–348.
Lock, Margaret M./Nguyen, Vinh-Kim (2010): An Anthropology of Biomedicine. Oxford: Wiley-Blackwell.
Sharp, Lesley A. (2000): The commodification of the body and its parts. In: Annual Review of Anthropology 29, 287–328.
Strathern, Marilyn (1992): Reproducing the Future: Essays on Anthropology, Kinship and the New Reproductive Technologies. Manchester: Manchester University Press.
Waldby, Cathy/Mitchell, Robert (2006): Tissue Economies: Blood, Organs, and Cell Lines in Late Capitalism. Durham et al.: Duke University Press.

Manuela Zips-Mairitsch and Werner Zips

Transborder Game. Re-spatialization and Resource Management in Southern African Transfrontier Areas

Introduction

Game has become big business in South Africa over the last half century. Game farms soared from just four in 1965 to well over 5,000 today. So-called "recreational" and trophy hunting including related industries generate almost 5 billion Rand per annum or roughly 500 million Euro (du Toit/van Schalkwyk 2011). While this consumptive sector of the wildlife industry is responsible for a considerable turnover, its benefits are unequally enjoyed. After all, hunting always was and still is a game of and for the privileged few (not only) in Southern Africa. In contrast, the wildlife tourism industry, as one of the fastest-growing sectors in the South African economy, has been designed as a means of social transformation through *Black Economic Empowerment*, employment equity, community-based development, co-management and individual skills training schemes, among other governance measures. This specifically economic conceptualization behind the fusion of decolonization and conservation has stimulated a wide debate about the ideological and epistemic gaps between global, regional, national and local ideas of landscapes, environment, resource use, and indeed, nature (cf. Adams/Mulligan 2003: 5 ff.; Nustad 2015).

Conservation, once thought of as a self-evident category, has proven a quite slippery paradigm when actually applied in the political agenda of social change. Conflicting views of various stakeholders on conservation range from benign concepts of an ultimate global savior to a neo-colonial land-grabber. Arguably, far-ranging plans for *Transfrontier Conservation Areas* (TFCAS) have further contributed to a "bewildering kaleidoscope" of multi-legal fields and intertwined legalities within and across national boundaries (cf. Benda-Beckmann 2001: 129). Environmental policy initiatives that target the joint goal of transboundary global biodiversity protection and regional integration through peacebuilding and the creation of mutual trust have to consider a sometimes radical divergence in local histories and interests of local communities across the border(s). The political transborder game may be flawed from the very beginning if it is played at the expense of one or more parties affected by the opening of boundaries for game only. This paper will discuss how preconceived notions of decolonization and conservation are doomed to fail without an adequate involvement of local communities. We will explore how a procedural paradigm of an equitable participation of all concerned in the governance of nature (conservation) may explain some severe setbacks experienced in the foundation of TFCAS and Peace Parks in Southern Africa.

Breaking Down the Barriers in the Interest of Peace

Celebrated as an "international model for conservation" (National Geographic 1996) the establishment of the *Peace Park Foundation* in South Africa in 1997 promised indeed a new vision for the protection of wildlife and biodiversity, and a political healing of the "scars of colonial history", i. e. the national borders dissecting Africa according to European design.[1] With its core idea and overall aim to promote and implement the concept of *Transfrontier Conservation Areas* within the *Southern African Development Community* (SADC) region the peace parks model grabbed the imagination of the political elites, many development agencies, the tourism industry, conservationists, and wildlife managers as no other initiative had achieved before. Given the scarcity of peace in global relations, this imaginative agenda may well deserve its advanced praises, if it keeps to its promises in helping to lift the livelihoods of people on the ground. Such livelihood goals are not just about the trickle-down of visible economic benefits to the broader constituency, but also about the recognition of local identities, the respect for divergent histories and cultural concepts of authority and of due process in opinion- and will-formation (cf. Büscher 2013: 224 ff.). Effective participation, and, perhaps most importantly, legal guarantees to secure land rights and natural resources are thus to be seen as key elements for a sound basis of conservation governance (cf. Magome/Murombedzi 2003: 108; Metcalfe 2003: 1, cf. Nelson 2010).

A main concern in this regard is the inclusion and adequate participation of local communities, including indigenous peoples, who lived on many of these territories from time immemorial and used their resources for their livelihood. It appears important to emphasize that in most, if not all concerned cases, this resource use appears to have been sustainable, since otherwise there would be nothing to conserve. If the peace afforded at the international level comes at a price to be paid by local resource users who are left out of the bilateral or multilateral agreements on huge conservation areas, negative consequences of noncompliance and alienation are to be expected. One of the key questions dealt with in this paper will be if the morally loaded normative discourse on the respatialization of large areas of the entire Southern African borderlands (see map) – the proclaimed "healing of colonial scars" – will live up to the anticipated win-win situation. Most commonly projected rewards of the peace parks initia-

1 __ At the Berlin Conference 1884 African territories were further sliced up without their consent and without regard to people(s), homogeneous or not, or to their cultures, their lands or their identities.

tive emphasize the enhancement of peace-building, the creation of regional stability and mutual empowerment through joint resource management plans of development on the one hand and empowerment, social transformation, decolonization and the potential solution of global environmental concerns over a rapidly degenerating biodiversity on the other hand. Or, if the more negative prospects predicted by some local players involved have empirical evidence: i. e. a tacit re-nationalization of lands, a concealed land-grabbing in the name of conservation and natural resource protection, a cut-off from local accesses to formerly owned lands, a reversal of community-based natural resource management schemes or an increasing control of newly invented parastatal institutions over the lives of local people?

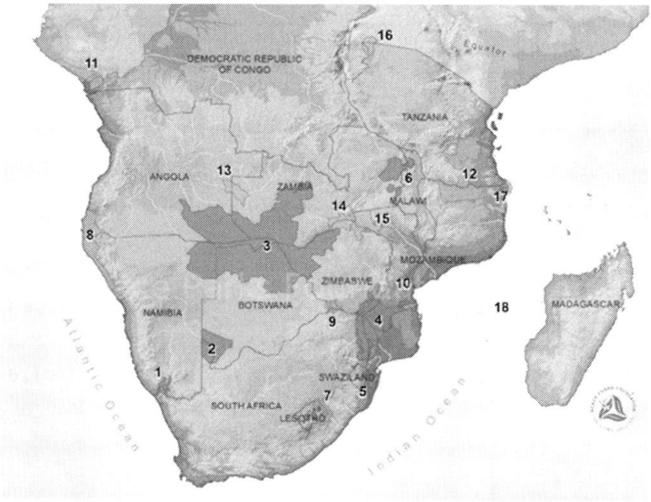

Figure 19: Transfrontier Conservation Areas. Peace Parks Foundation 2017
www.peaceparks.org

Many border zones in Southern Africa boast a huge biodiversity potential because of their high concentration of peculiar types of natural resources, such as wild plants and wildlife species. This fact has less to do with ecological conditions but with the reduced human impact in borderlands because of political tensions and warfare in colonial and postcolonial times. In this historical context the turnaround from violent exchange or at least political tensions and mistrust to amicable cooperation becomes even more compelling. Due to a high level of poverty in the rural areas adjacent to boundary conservation zones, such plans need a strong economic bottom line in order to convince transboundary communities to buy in the grand vision. Statistical data e. g. for South Africa drastically indicates that the key post-apartheid goals of eradicating poverty, reducing inequality, and cutting unemployment substantially, have not been met (Statistics South Africa 2015: 41 ff.). Unemployment rates of almost 40 percent among "Black African" youth prove both the persistance of the racialist and racist legacy and the lapse of governance to tackle the situation efficiently. Although accurate and detailed statistical data for the remote areas of most border zones is not available, it is generally accepted (and confirmed by our own empirical data gathered over the past few years in the borderlands under discussion here) that the situation in many of these areas is by far worse (cf. Büscher 2013: 5). The single most important factor for the continuation of inequality and impoverishment in remote rural areas is often identified as a failure in the educational system and the lack of adequate measures to ensure skills development. If conservation initiatives are designed to improve the economic conditions of local communities, the poor skills profile appears thus as the major target. Seen from a bottom-up perspective, the engagement for and promise of skills development is conceived as the major asset to "sell" conservation projects to adjacent communities.

It has been stated that ecotourism as the predominant strategy of land use outperforms agriculture in the economic sense. Beyond doubt wildlife tourism emerged as a booming industry in South Africa, Botswana and Namibia, thus turning border zones into economically highly viable areas. What remains to be seen is if its benefits are equally shared or if the power-divide between states, the private sector, environmental NGOs and local communities proves too adamant to overcome by existing initiatives for poverty alleviation and regional integration. One may only speculate that the window of opportunity may close rapidly if the first experiences with the newly implemented large transfrontier conservation areas are to the detriment of local communities. Great hopes created by fly-in architects of the bright future for all through wildlife tourism may quickly vanish if their realization becomes postponed year after year. Complex governance schemes and elaborate management plans have been negotiated in the context of SADC over a period of more than a decade to avoid such outcomes.

However, some big dreams for an extensive unmaking of borders as the conceived "scars of colonization" as well as the offshoot for an "African Renaissance" under the ambitious brand of "peace parks" have not yet fully materialized. One of the key test cases for such aims may be found in the participation and inclusion of local communities, some of which claim older land rights for many areas that have come under transborder land use regimes. Representatives of indigenous or local communities sued for access to resources and revenue share in transfrontier parks. In the following chapters we will discuss some potential emerging forms of participatory governance of resource utilization in contrast to other alleged denials of land rights, criticized to undermine livelihoods of border-adjacent communities. Some of these coined as "remote area dwellers" reproach their national governments for playing a "transborder game" of conservation in the name of wildlife protection through the free transborder movement of game. The most strident question therefore remains the distribution of all possible benefits from transfrontier conservation areas through ecotourism and its employment opportunities, as Ross Kettle, biologist on the Garonga Private Game Reserve in the vicinity of the Kruger Park asserts (in an interview on 23 February 2011).

> Ecotourism is very important for South Africa's economy. I think most tourists coming to South Africa will want to include some kind of eco-adventure in their trip. Whether they are going to see a national park or a private game reserve. Most people still associate Africa with wildlife. What happened in recent years with private conservation, there has been a big boom since 1994 when South Africa became a democratic country. Tourism has exploded and a lot of former farmers were converting their agricultural land to private game reserves because they found out that it's more economically viable. The positive effect of this is that it's much better for the environment because you don't have internal fences, you use less pesticide and herbicides and it's just a lot better for the environment in general. What's also very important about this development is, if you compare game ranging for example to cattle farming on average, it will employ five times as many people as conventional cattle ranging. So it does create a lot more employment.

Parks against People?

For many indigenous peoples and local communities the notion of a transfrontier park as a bi- or multi-lateral transnational conservation area appears as threatening as the legal institution of a national park. According to earlier concepts of nature protection, aptly coined "fortress conservation" (Adams/Hulme 2001: 10), the foundation of a national park almost always meant the practical dispossession and often displacement of people living on its land and off its resources. This was based on a presumed biological necessity of non-human interference. Forced removals were substantiated with the professed naturalist explanations of positive impacts on conservation such as the expansion of the country's conservation estate and the reduced consumptive use and decreased land deterioration, especially in high biodiversity areas from which people were relocated (cf. Nustad 2015: 24ff.). No evidence of negative impacts on conservation prior to people's relocation could however be found in any of the cases studied, and no lasting impacts are evident (Fabrizio/de Wet 2002: 144). For those affected in almost all cases of national park declaration in Southern Africa (and beyond) the involuntary eviction meant not only profound symbolic losses, but their entire economic deprivation: "Conservation displacement, like other forms of displacement, compromise two processes (i) the forced removal of people from the homes; and (ii) economic displacement, the exclusion of people from particular areas in their pursuit of a livelihood" (Brockington/Igoe 2006: 425).

Today, those potentially affected are therefore quite immune against the "sweet talk" of community participation and empowerment or joint management, which they suspect as a rhetorical strategy to disguise its main agenda of wildlife protection geared to attract tourists with the myth of "wild Africa". Many of those aware of the dramatic consequences of a long history of displacement and forced denial of resource access associate the idea of wildlife reserves with being forced off their land and deprived of their way of life (Metcalfe 2003: 10). Such appealing terms of economic community empowerment through ecotourism do not necessarily allure many communities concerned into believing that exclusive game lodges include their wellbeing. There is rather a clear understanding that wildlife tourism and hunting for food exclude each other, as for instance most San communities in Southern Africa painfully experienced. That their own relationships with nature were declared by many governmental institutions as backward or archaic and therefore an unwanted survival of an anachronistic past aggravated such sentiments against the lure of conservation and development initiative promises of an unconditional mutual advantage and sure improvement of their livelihood (cf. Magome/Murombedzi 2003: 116). A statement by the Botswana NGO *Kuru Family of Organizations* trying to protect the interests of San communities dispossessed of their lands in various national park sites of the Kalahari (including what is today the Kgalagadi Transfrontier Park) provides a telling example:

> For thousands of years people have been practicing CBNRM [Community-based natural resource management] by using their natural resources in a sustainable way. But, when National Parks and Game Reserves were set up, hunting for subsistence became poaching and local people were alienated from managing the resources on which they had previously depended. (Kuru Family of Organizations 2004: 2)

Therefore, perhaps the most difficult task for the reconciliation of biodiversity conservation and a self-determined form of development suggested by the notion of Community-based Natural Resource Management (CBNRM) is to overcome fears (well-grounded in historical experiences) of falling again victim to a colonial imperative of nature protection against local people:

> [T]he colonial relationship [...] allowed Europeans to impose their image of Africa upon the reality of the African landscape. Much of the emotional as distinct from the economic investment which Europe made in Africa has manifested itself in a wish to protect the natural environment as a special kind of "Eden", for the purposes of the European psyche, rather than as a complex and changing environment in which people have actually had to live. (Anderson/Grove 1987: 4)

Activist groups and local interest NGOs rally for a rights-based approach that particularly secures the land rights of people finding themselves on projected conservation zones. The global agenda of biodiversity protection has increasingly come under their fierce critique to expect local people to "[...] trade off their short-term livelihood needs against long-term survival of wildlife to tolerate their conflict with wildlife, and, in the extreme form, to endorse Western conservation ideals" (Magome/Murombedzi 2003: 116). Affected communities often accuse national and transnational environmentalist actors as tacitly following their age-long program of silencing their voices in the interest of the most noble marriage of conservation and peace in the form of parks. Transboundary parks are no exception in this regard. The grand vision allows for playing down all other concerns and facilitates the dismissal of legitimate objections against local resource restrictions. Some conservation argumentations sanctimoniously employ even the myth of the "noble savage" to debilitate claims of local communities and indigenous peoples (often ousted into border regions) to their well-established traditions of sustainable resource exploitation (Kenrick 2011: 15ff.). In this regard, such reversals of human-wildlife relationships find their precursor in colonial models of conservation and their justification of nature parks fending off people:

> It is significant that pre-colonial conservation, based as it was on the unity of humanity and nature, did not create separate categories for conservation, but rather devised strategies for conserving nature while at the same time guaranteeing access to it. Although this access and use may have been mitigated by policy, religion, custom and practice to reflect existing stratification and other imbalances in pre-colonial society, the motivation for conservation was to guarantee human access to nature. This was in direct contrast with the colonial model of conservation, which has led to the development of nature conservation areas as areas cleared of all human influence and settlement (e.g., parks, game reserves and hunting blocks), with highly restricted access to resources. (Murombedzi 2003: 4)

Land Restitution as a Means of the Decolonization of Nature

Soon after the birth of democratic South Africa, the first elected government legislated its *Restitution of Land Rights Act* 22 of 1994. It aimed to undo at least some of the injustices committed by the earlier dispossession of (black) people through the *Natives Land Act* of 1913 and 1936 as well as the following monstrous apartheid legislations. These legal acts restricted the black majority to land ownership of a mere 13 percent of the country's total land area. Even though national parks are conventionally viewed as sacred in global conservation circles – spaces where human habitation and resource use is prohibited –, the South

African government abstained from restricting its land restitution to non-protected areas. National parks were therefore not sacrosanct from land claims (Magome/Murombedzi 2003: 111).

In 1995, on the basis of this new South African land legislation, the *Land Claims Committee* of the ≠Khomani San community submitted a claim to the government for the restitution of land in the former Kalahari Gemsbok National Park (now part of the Kgalagadi Transfrontier Park) asserting that its members had been illegally alienated from their ancestral lands following the proclamation of the park in 1931. While initially, in the 1930s, the ≠Khomani San group had been allowed to live in the park, these rights were retracted soon after. Their dispossession was falsely based on the premise that the ≠Khomani San were deemed having acquired a "western life style and habits" (Bosch/Hirschfeld 2002: 164). After three years of negotiations and deliberations, an out-of-court settlement between the government and the ≠Khomani San community was reached. The agreement dealt with the transfer of 37,000 hectares of land outside the park (consisting of six farms) as well as access to further 25,000 hectares of land on the South African section inside the park (Chennells 2002: 52).

In the year 2000 the first post-colonial TFCA, the Kgalagadi Transfrontier Park, brought down the fences between the South African and Botswanan protection areas of the south-western Kalahari. The joint conservation management and planning agreements arguably produced winners on all possible sides, from the political elite to other stakeholders in natural resource management and ecotourism. Reviewed on the basis of the two dimensions of ecological sustainability and improvement of bilateral international relations, this achievement is indeed remarkable. Furthermore, it has set an example for the installation of comparable transfrontier conservancies in Southern Africa (foremost the Greater Limpopo Transfrontier Park/Conservation Area prospected to cover almost 100,000 square kilometers in its most optimistic scenario) and beyond. The usual extensive inter-state negotiations and joint preparations clearly helped to build mutual trust, as a precondition for peaceful, constructive and stable relations. If it were not for the possible adverse side effects of such agreements for local and indigenous communities, the two-tiered vision of peace and ecological conservation would deserve little, if any critical attention.

But the legal record and empirical data in both states indicate that the agreements on conservation issues may not stretch far enough to accommodate the vital interests of local and/or indigenous communities in relation to full participation, self-determined development and resource use. A comparative analysis of governance in the field of indigenous-state relations in Botswana and South Africa reveals quite divergent choices of options. Both states clearly consider the development of indigenous populations to be their own internal affairs and have not involved the people originally inhabiting the areas in question in these negotiated arrangements. This neglect of what many indigenous communities (and not only in Southern Africa) consider their older historical rights to land and resources became the target of criticism made public through the attention of world media and through their respective legal struggles (cf. Zips-Mairitsch 2009). For the late legendary master tracker and long-serving South African National (SAN) Parks Ranger Karel Vet Piet Kleinman the peace park establishment did not mean "peace" in the fullest for himself and the community of ǂKhomani San[2], whose ancestors are buried inside the park, but whose graves cannot be visited except by applying for a special permit to visit the park without subjection to the regular entrance fee:

> I could only say, all our people are there in the park, the late Regopstaan Kruiper is buried there and our whole heritage, our life is there; the graves of our ancestors are in the park. So what I can say actually is that it's our life, the park is our life, it's our history, it's our heritage. It's our people's land, we don't want to be treated like tourist people, when we are in the park, we don't want to be treated like strangers, but what we would like to be treated as is the real and true owners of that land, so we would like to be treated fairly as the true owners of that land. (Karel Vet Piet Kleinman, interview on 12 February 2004)

It may be read as a highly symbolic sign that the South African government through SANParks authorities provided a burial site just behind the staff camp at the Twee Rivieren entrance for Karel Vet Piet Kleinman after he tragically passed away in a car accident a few days after the above-quoted interview was given. He has thus become the first San buried inside the park boundaries since a few decades in recognition for his achievements to nature protection and perhaps as a signal for the entire community of ǂKhomani San of a renewed and changing relationship. With the opening of the desert Lodge !Xaus, San for the first time since their eviction directly benefit from revenues generated by ecotourism. However, empirical research will have to establish if such economic ventures reflect new forms of community involvement to alleviate poverty and offer employment possibilities through education and qualified skills development. A rising number of studies indicates that schemes of community-based development strategies are perhaps mere forms of window-dressing for neoliberal state-private cooperations that fail to live up to the standards of true development partnerships with local communities (cf. Büscher 2013; Holmes 2012).

Another much better researched case is the land restitution to the Makuleke community in a transboundary conservation area, the Great Limpopo Transfrontier Park/Conservation Area opened in 2002. It encompasses the South African Kruger National Park, which covers 20,000 square kilometers of land – an

2 — There is no uniform set of names for some of the larger ethnic divisions. The terms "San", "Bushmen", "Basarwa", "Khwe" etc. have all been used to refer to peoples with hunting and gathering practices in Southern Africa. Compare discussions inter alia: Hohmann 2003; Hitchcock/Biesele 2004; Saugestad 2004; Zips-Mairitsch 2009.

area the size of Scotland – and was initially established as a game reserve in 1898 in order to rebuild wildlife numbers following overhunting in the area. Through forced removals of local people and the consolidation of various state game reserves, Kruger grew to its current size during the 1970s (Magome/Murombedzi 2003: 114). In coherence with the then universal model of "fortress conservation" for protected areas and national parks, the nationalized landscape became transformed from a consumptive multi-use area to an exclusive tourist destination: "The reserve gained popularity as 'a hunting ground' for a limited number of privileged white South Africans; and when it gained the national park status, it became 'a playing ground' for local and international tourists" (ibid.: 115).

Soon after the formal end of apartheid and the legal transformation towards a democratic South Africa, the Makuleke community, forcefully evicted in 1969, lodged a land claim on about 250 square kilometers against the northern section of Kruger. Their 1995 restitution claim was confirmed by the land restitution commission and thus became a test case for the decolonization of nature through a new complementary vision of conservation and participatory community development. Influential officials of SANParks, in at least partial accordance with the old conservation regime, wanted to fight the case through, but were "convinced" by much political pressure to settle amicably with a compromise (ibid.). The agreement finally achieved between the government (SANParks) and the Makuleke community in 1998 restored the latter with full ownership of the land, but the exercise of their rights was limited to commercial developments on their land in continuity with its current use designed for biodiversity conservation (de Villiers 1999: 59 f.).

Instead of emerging as a new form of conservation governance with true community involvement in the management of the lands won back, the agreement foresaw an elaborate list of "project law" conditionalities. Among other well understandable restrictions concerning mining or prospecting, harvesting of wildlife species, agricultural activities, residential development, and so forth, SANParks received a formal servitude that allows it exclusively to perform its rights according to the *National Parks Act*. The governmental conservation body thereby emerged as the supreme management authority and established full control over wildlife (Magome/Murombedzi 2003: 115 f.). What from one angle looks like a major achievement for community participation in the struggle for shares in the profitable business of nature conservation and ecotourism, appears from another perspective as a sincere setback in the search for alternative models of joint governance with cooperative methods of steering diverse interests into a consensual management plan. This may be particularly true for a national park which is seen internationally as one of the most important models for enhanced economic exploitation under a sustainable conservation regime:

> The Kruger National Park is South Africa's second most significant destination for tourists, the first being the Cape Peninsula National Park. Kruger is

> the national park that generates most revenue for South African national parks, it cross-subsidizes other parks, so it's very important for the wider system of conservation areas and conservation management. In terms of local economies it's absolutely critical, there are towns that are entirely reliant on the trade from tourists coming to the Kruger National Park. It's been like that for a long time. There are many rural communities who live in the shadow of Kruger, who find employment in the Kruger National Park. But it is also the case that the most rural of those communities alongside the fence are not yet seeing enough benefit still from the conservation wind. (David Bunn, interview on 15 March 2011)

Again, the most important potential benefits may occur within the realm of skills development, allowing local communities to gradually escape from the vicious circle of poor education and low-skilled labor or subsistence farming. Top-down modes of governance still dominate for many private game reserves adjacent to Kruger, where clear-cut boundaries settle local communities at the other side of fences in a waiting position for the trickling down of revenues in one form or the other. This is not to say that such benefits do not come through at all, but that communities formally evicted from the lands under today's private ownership remain on the passive side of management efforts for the improvement of local livelihoods. Another severe problem in this regard beyond the scope of this paper is the unequal distribution of economic assets within local communities. Only some, mostly the well-educated segments of a community, take the lion share of selective partnerships with state or private investors mostly under the pretext of *Black Economic Empowerment* (BEE). One of the most problematic fictions behind the overall community-based natural resource management schemes may be identified in the presupposition of existing homogenous communities. But these are rather exceptions in an age of cooption and preferential outsourcing of public services. We therefore agree with an observation that failures in the development of community management capacities have worked as a self-fulfilling prophecy that CBNRM does not work and the state should re-assert control:

> Although Southern Africa has been a leader in community-based natural resource management (CBNMR), communities have generally struggled to secure and manage fully devolved resource use rights [...] Governance problems also exist through competition within community leadership and interference by external elites. Communities have also faced management problems related to lack of relevant knowledge, administration, accountability, transparency, reporting, and monitoring both ecological and socioeconomic impact. (Metcalfe 2003: 5)

Patronage and cooption determine reactive modes of participation by communities. This reflects the lack in receiving full ownership of rights, thus leading to the neglect in taking "full ownership", which is often required from local recipients by development imperatives. The paradox of demanding to "take ownership" for projects dependent on material assets for which a (re-)transfer of ownership has been formerly denied seems to go unnoticed in too many cases. Land restitution in border zones and the devolution of authority to communities is further complicated in transboundary collaboration that touches upon questions of sovereignty and national integrity. Many governmental agencies fear the loss of central control in the borderlands and therefore prefer higher levels of coordination. Local communities are often only involved in the implementation phase of transfrontier biodiversity conservation when they are informed about expectations rather than consulted. Many of these governance processes are conceived by local communities as lacking legitimacy and are hence not granted the local support needed for an ultimate success (cf. ibid.: 6). The promising peaceful management of transboundary resources appears vulnerable for shortcomings in the adequate realization of empowerment of rural communities out-fenced from their former resources by a unilateral nature protection regime. It may be identified as one of the key reasons why long-term conservation goals have been hampered by local resentment, obstruction and resistance. Non-compliance of excluded communities may be traced in many cases to the preponderance of a traditional conservation paradigm based on natural science and its positivist notion of an untamed and untouched wilderness only to be maintained without (local) people:

> This approach reduces the complex aspects of a problem into discrete parts that can be analysed, so that predictions can be made on these discrete parts. It is then assumed that knowledge can be summarized into universal laws or generalizations. Conservation science is firmly set within this paradigm, and so too are the inherently ethnocentric basic values and assumptions of its professionals. This has produced a body of work and industry based on a top-down transfer of technology model of conservation that has consistently ignored the complexity of ecological and social relationships at the local level. (Chatty/Colchester 2002: 7 f.)

Peace for all? Bilateral or Multilateral Transborder Conservation Initiatives and Unilateral Ideas of Development

Border zones are often chosen for conservation for a variety of purposes. Almost 40 percent of African national parks are located at international borders. Almost one third of all African borders have a national park on one or both sides (Griffiths 1995: 357). *Transfrontier Conservation Areas* (TFCAS) are conceived as relatively large areas of land within one or more protected areas that straddle boundaries between two or more countries and allow the protection of large-scale ecosystems. Important reasons for establishing TFCAs include improved biodiversity conservation (particularly free movement of wildlife); ameliorated political cooperation (ideally leading to stability and peace in the region); and economic growth based upon increased economies of scale (Magome/Murombedzi 2003: 122):

> The inventors of TFCAs, business people, politicians, ecologists and NGOs, eager to be counted as facilitators and "dream-makers", are preoccupied with biodiversity conservation and promoting peace in the region under the banner of improved economic growth. However, they are often far removed from the realities on the ground, and cannot imagine the potential negative impacts that TFCAs can impose upon the lives of local people. (ibid.: 123)

In the past decades a great wealth of multi-disciplinary research, including development policies, political geography, legal anthropology and governance in comparison studies may have contributed to a better understanding of the reasons for obvious earlier failures in the implementation of even benevolent, but still paternalistic CBNRM schemes. Perhaps some members of the private sector in the privately owned game reserves adjacent to Kruger have learned their lessons from overtly top-down approaches and are now moving to the forefront of emerging alternative supportive partnerships. Some of the interviews that we conducted (over the past few years) with a great variety of stakeholders in the Greater Kruger area in the context of our own empirical research on this topic seem to support such an optimistic view on the subject:

> "Parks with people" is focusing on how we can integrate people's lifestyle within the natural environment as well. When a lot of the national parks first developed, there was a strong effect to move people out of the parks and put the fence up to keep people out, rather than to keep people in. And we started to realize that without the people the parks don't see a future – they don't generate enough income for conservation. In a lot of African countries, especially where money for conservation is hard to come by without attracting people to the area to invest, you are going to find it very difficult. And so there has been a strong push to generate a foundation within the surrounding communities to increase productivity, to attract businesses to the local area. So that, when people come to the parks, they are not just coming to see the animals, they are coming to see different things, the local culture and how people live within the area. Then they can support themselves in that respect. (William Lawson, interview on 15 February 2011)

The former head ranger of the upmarket Sabi Sabi Private Game Reserve, biologist William Lawson, attributed the change in conservation policies to a possible solution for the major problem of illegal hunting in boundary areas that are difficult to control. Community involvement in the protection of these areas appears of ultimate importance for the effective reduction of poaching activities:

> It helps the parks in a big way because poaching is still an issue. Within national parks it always will be, poaching is not a problem you can get rid of,

> it's a problem that you just have to make sustainable and if you provide employment for locals within the parks themselves then there is a mutual respect and there is a non-verbal agreement for the prosperity of those parks. And as a result, it usually reduces the amount of poaching or illegal hunting that takes place. (William Lawson, interview on 15 February 2011)

Due to the fact that the illegal trade with animal products attracts investments on other levels of the value chain of crime-related business activities, cooperation and supportive partnerships in this regard tend to strengthen other sectors of social security and peace. Based on the premise that peace involves not only governments but also people, the exclusion of those stakeholders with perhaps the strongest ties of all to the lands in question may prove an obstacle in achieving the environmental aims of conservation. Such considerations point to the tensions between conservationists, development agencies and local actors, particularly in the contested arena of natural resource control, use and management. As mentioned before, communities do not take the peace parks at face value rhetorically, due to a long history of alienation from their lands. Some may interpret the initiative as a more benevolent, but no less harmful policy of community and indigenous expropriation, access restriction and pretexts for internal displacement like experienced before. In their view it requires concrete work more than mere words to prove that there is indeed a difference between earlier forms of land and resource nationalization in the name of conservation and the new form of resource centralization or "transnationalization" of transfrontier conservation areas in the interest of two or more states. Whereas the first approach used the strategy of an unilateral declaration of national parks and monuments, or game and other reserves, whereby the land authorities involved with wildlife and natural resources ultimately retained control over the land and resources (Hitchcock 2004: 226), the more recent approach attempted the conservation of large transboundary areas through a bi- or multilateral declaration of "peace or transfrontier parks", which were later to be acknowledged and ratified by national legislation. Both conservation regimes are suspected by local actors as means to dispossess and disenfranchise local communities from lands and resources as well as from their territorial and resource rights.

Conclusion

Community-based natural resource management (CBNRM) programs have gained considerable momentum since the 1990s in Southern Africa, including Botswana and South Africa. Against the grain of much idealistic rhetoric, political promises and peace talk, management and control of transborder game may still reflect the hierarchical arrangements introduced by earlier conservation legislation and governance. The answer, if there is indeed a shift in paradigm from top-down governance to development in partnership, should in our view thus remain virtually undecided: "it depends". It depends on actual procedural progress regarding the inclusion of all concerned and affected in joint governance efforts. The constant ignorance of procedural requirements may count as one of the key factors in the failure of some CBNRM programs set in motion to resolve the significant conflicts between conservation and development in Southern Africa. If the power relations between landholders stay skewed, then the hegemonic utilization of environmental protection likely tend to follow anachronistic schemes of exclusion: "Tourism development and conservation were used as justifications for the removal of people from some of the best-known protected areas in Southern Africa" (Hitchcock 2004: 224).

According to this critical view, the rhetoric of conservation thus continues to provide discursive strategies for effectively restricting the access of local and indigenous resource users. Such a shortfall accounts for political costs in the areas of internal and external relations, political stability, empowerment of local communities, and even broad-based economic development. In which way may top-down ordained CBNRM programs suffer from the democratic deficiencies of centralized and unilateral forms of development, resource governance and conservation regimes? What has been subsumed under the well-known dependency syndrome on government or the private sector patronage appears but one obstacle for the envisioned re-spatialization and new, more efficient, effective, sustainable and satisfactory modes of resource management (not only) in transfrontier conservation areas. Civil unrest induced through broken promises of poverty alleviation, democratization and improved livelihoods has in the past taken violent forms and may in the future affect the core agenda of all conservation, i.e. the protection of global biodiversity. Some argue quite convincingly that it is in the best interest of community-based natural resource management "[...] if the state and other agencies recognize those communities officially as proprietary units with de jure rights for land, wildlife, veld (bush) products, minerals, and other natural resources over which they maintain legal control in perpetuity" (ibid.: 226).

There is of course hope that the rights-based approach sought by the post-apartheid South African government may spread to its neighbouring countries, some of which still adhere to the principle of "fortress conservation" and treat communities – whether indigenous or not – living in game reserves as mere threats to the environment. It is telling that the profound irony cast in such a verdict goes so far quite unnoticed: without the foresight of these communities in sustainable resource use practices, there would likely be no biodiversity to protect. South Africa's recognition of communities' rights even in so-called national parks or transfrontier conservation areas owes its origin to the need of a corrective to past expropriations, relocations and internal displacements from such landscapes. In line with this political agenda an official brochure on transboundary peace parks in Southern Africa, compiled for the *Southern Africa Initiative of German Business* (SAFRI), one of the major donor agencies, states that the peace parks model will undo the strict conservation regimes. These imposed restrictions robbed indigenous and other local communities of their lands, resource rights and even access to their historical burial grounds all over Southern Africa. The peace park model is therefore supposed to repair those injustices by returning at least part of the formerly derogated rights, in accordance with its proclaimed aims to reconcile environmental protection with ideas of community-based natural resource management. It remains to be seen to what extent concrete procedures of participatory environmental governance promote the empowerment of local communities and indigenous peoples by allowing their self-determined collaboration in co-management schemes and by increasing their land tenure security (Pabst 2002: 17).

To sum up, the ambitious and creative dissolution of (colonial) borders and internal boundaries, as embodied in the vision of transfrontier cooperative resource utilization of cross-border conservation areas, deserves the supportive interest of African borderlands research. However, we believe that it also merits a critical attention to its modes of governance; in particular, if justice in the sense of procedural and communicative access is granted to all affected by its grand design. It is about time that the transborder game of nature conservation brings all players to the table. South Africa's rights-based approach with its intention of reconciliation may then indeed provide a model to dissolve the old and false contradiction that those responsible for the preservation of large biologically diverse tracts of land are a potential threat for sustainability today. In fact the contrary may be true: conservation and supportive partnerships with communities may depend on each other, if they are based on equitable procedures of opinion- and will-formation. Such new forms of governance that abstain from the top-down hegemony of earlier times could prove the prerequisite for a sound search of best practices and general guidelines for co-management. Only then may the grand vision of ever-increasing transfrontier conservation areas not merely stay confined to wild animals, but refer to all players with reasonable stakes in this viable political, social and economic resource magnitude.

References

Adams, William M./Hulme, David (2001): Conservation and Community. Changing Narratives, Policies and Practices in African Conservation. In: Hulme, David/Murphree, Marshall (eds.): African Wildlife and Livelihoods. The Promise and Performance of Community Conservation. Oxford: Heinemann, 9–23.

Adams, William/Mulligan, Martin (2003): Introduction. In: William, Adams/Mulligan, Martin (eds.): Decolonizing Nature: Strategies for Conservation in a Post-Colonial Era. London: Earthscan, 1–15.

Anderson, David/Grove, Richard (1987): Introduction: The scramble for Eden: past, present and future in African conservation. In: Anderson, David/Grove, Richard (eds.): Conservation in Africa. People, Policies and Practices. Cambridge: Cambridge University Press, 1–12.
Benda-Beckmann, Franz von (2001): On the reproduction of law: Micro and macro in the time-space geography of law. In: Fikentscher, Wolfgang (Hg.): Begegnung und Konflikt – eine kulturanthropologische Bestandsaufnahme. München: Verlag der Bayerischen Akademie der Wissenschaften, 119–131.
Bosch, Dawie/Hirschfeld, Elna (2002): The !Ae!Hai Heritage Park bundle – including the agreement whereby the land claims of the ≠Khomani San community and the Mier community are finalized and associated documents. Pretoria: Commission on the Restitution of Land Rights.
Brockington, Daniel/Igoe, James (2006): Eviction for Conservation. A global overview. In: Conservation and Society 4/3, 424–470.
Büscher, Bram (2013): Transforming the Frontier. Peace Parks and the Politics of Neoliberal Conservation in Southern Africa. Durham/London: Duke University Press.
Chatty, Dawn/Colchester, Marcus (2002): Introduction. In: Chatty, Dawn/Colchester, Marcus (eds.): Conservation and Mobile Indigenous Peoples. Displacement, forced settlement, and sustainable development. New York/Oxford: Berghahn.
Chennells, Roger (2002): The ≠Khomani San Land Claim. In: Cultural Survival Quarterly 26/1, 51–53.
de Villiers, Bertus (1999): Land Claims and National Parks – the Makuleke Experience. Pretoria: Human Sciences Research Council.
du Toit, J. G./van Schalkwyk, O. L. (2011): How to improve wildlife production in South Africa. Paper presented at OIE Global Conference on Wildlife, Animal Health and Biodiversity – Preparing for the future. Paris.
Fabricius, Christo/de Wet, Chris (2002): The Influence of Forced Removals and Land Restitution on Conservation in South Africa. In: Chatty, Dawn/Colchester, Marcus (eds.): Conservation and Mobile Indigenous Peoples. Displacement, forced settlement, and sustainable development. New York/Oxford: Berghahn, 142–157.
Griffiths, Ieuan (1995): African Boundaries and National Parks. In: Blake, Gerald H. et al. (eds.): The Peaceful Management of Transboundary Resources. London: Graham & Trotman, 357–370.
Hitchcock, Robert (2004): Natural Resource Management among the Kalahari San: Conflict and Cooperation. In: Hitchcock, Robert/Vinding, Diana (eds.): Indigenous Peoples' Rights in Southern Africa. Copenhagen: IWGIA, 202–227.
Hitchcock, Robert/Biesele, Megan (2004): San, Khwe, Basarwa or Bushmen? Terminology, Identity and Empowerment in Southern Africa. Available at: http://web.archive.org/web/20070723133446/http://www.kalaharipeoples.org/documents/San-term.htm, 9.3.2017.
Hohmann, Thekla (2003): San and the State: An Introduction. In: Hohmann, Thekla (Hg.): San and the State. Köln: Rüdiger Köppe, 1–36.
Holmes, George (2012): Biodiversity for Billionaires: Capitalism, Conservation and the Role of Philanthropy in Saving/Selling Nature. In: Development and Change 43/1, 185–203.
Kenrick, Justin (2011): Unthinking Eurocentrism: The political writing of Adam Kuper and Tim Ingold. In: Anthropological Notebooks 17/2, 11–36.
Kuru Family of Organizations (2004): What is CBNRM? In: Newsletter October 2004, 2.
Magome, Hector/Murombedzi, James (2003): Sharing South African National Parks: Community land and conservation in a democratic South Africa. In: William M. Adams/Mulligan, Martin (eds.): Decolonizing Nature: Strategies for Conservation in a Post-Colonial Era. London: Earthscan, 109–133.

Metcalfe, Simon (2003): Impacts of Transboundary Protected Areas on Local Communities in Three Southern African Initiatives. Paper presented at the 5th World Parks Congress, Durban.
Murombedzi, James (2003): Pre-colonial and colonial conservation practices in southern Africa and their legacy today. IUCN. Available at: www.iucn.org/themes/ceesp/Publications/TILCEPA/CCAJMurombedzi.pdf, 15. 1. 2017.
Nelson, Fred (ed.) (2010): Community Rights, Conservation & Contested Land. The Politics of Natural Resource Governance in Africa. London, New York: Earthscan.
Nustad, Knut G. (2015): Creating Africas. Struggles over Nature, Conservation and Land. London: Hurst & Co.
Pabst, Martin (2002): Grenzüberschreitende Peace Parks im südlichen Afrika. München: Südliches Afrika Initiative der Deutschen Wirtschaft (SAFRI).
Saugestad, Sidsel (2004): The Indigenous Peoples of Southern Africa: An Overview. In: Hitchcock, Robert/Vinding, Diane (eds.): Indigenous Peoples' Rights in Southern Africa. Copenhagen: International Work Group for Indigenous Affairs, 22–41.
Statistics South Africa (2015): Employment, unemployment, skills and economic growth. An exploration of household survey evidence on skills development and unemployment between 1994 and 2014. Available at: http://www.statssa.gov.za/presentation/StatsSApresentationonskillsandunemployment_16September.pdf, 19. 8. 2016.
Zips-Mairitsch, Manuela (2009): Verlorenes Land? Indigene (Land)Rechte der San in Botswana. Berlin: Dietrich Reimer.

Recommended reading list

Chatty, Dawn/Colchester, Marcus (eds.) (2002): Conservation and Mobile Indigenous Peoples. Displacement, forced settlement, and sustainable development. New York, Oxford: Berghahn.
Comaroff, John/Comaroff, Jean (2009): Ethnicity, Inc. Chicago/London: University of Chicago Press.
Fabricius, Christo/Koch, Eddie/Magome, Hector/Turner, Stephen (eds.) (2004): Rights, Resources & Rural Development. Community-based Natural Resource Management in Southern Africa. London: Earthscan.
Nelson, Fred (ed.) (2010): Community Rights, Conservation & Contested Land. The Politics of Natural Resource Governance in Africa. London, New York: Earthscan.

Thomas Fillitz

Der Erfolg des globalen Kunstmarkts – sozialanthropologische Perspektiven

Einleitung

In diesem Beitrag bespreche ich Aspekte des globalen Markts für zeitgenössische Kunst.[1] Zunächst ist festzuhalten, dass sich dieser in drei Felder unterteilt, jenes der Auktionshäuser, das der Galerien sowie das der Kunstmessen. Mein besonderes Interesse gilt der Diskrepanz zwischen den Finanzkrisen seit 2008 und einer globalen Kunstwelt, die davon nicht besonders betroffen scheint: Besucherzahlen namhafter Museen erreichen Höchstwerte, die großen Kunstbiennalen, wie die DOCUMENTA Kassel oder die Biennale di Venezia, operieren mit bedeutenden Budgets und verzeichnen bei den letzten Austragungen Besucherrekorde, bei der DOCUMENTA 13 (2012) beispielsweise waren es in 100 Tagen offiziell 860 000 bei einem Budget von über 24 Millionen Euro.[2] Bedeutende Kunstmessen, wie die Art Basel, die Frieze Art London, die Art Basel Miami oder die ARCO Madrid, erfreuen sich jährlich über 50 000 und mehr BesucherInnen innerhalb weniger Tage. Das Feld des Auktionsmarkts wiederum verzeichnete im ersten Halbjahr 2008 einen historischen Rekordumsatz von über fünf Billionen US-Dollar (Artprice 2011).

Für großes Aufsehen sorgte die Versteigerung, die Starkünstler Damien Hirst bei Sotheby's London für den Abend des 15. September 2008 ansetzen ließ, zu einem Zeitpunkt, als Anfang des Monats das Bankhaus Lehman Brothers bereits schwere Verluste angekündigt hatte. Am selben Tag, an dem Lehman Brothers Insolvenz bekannt geben musste, erzielte das Auktionshaus mit Hirsts Werken einen Umsatz von 144 Millionen Euro, was einen neuen Verkaufsrekord für eine(n) lebende(n) KünstlerIn darstellte (SpiegelOnline 2008).

Obschon der Auktionskunstmarkt für zeitgenössische Kunst schwere Einbußen (um bis zu 60 Prozent) im ersten Halbjahr 2009 hinnehmen musste, verzeichnete er für die Jahre 2009–10 und 2011–12 die historisch besten Ergebnisse hinter jenen von 2007–08 (Artprice 2012b: 11). In weniger als achtzehn Monaten

1 — Artprice bezeichnet diese Kunst genauer als Kunst nach dem Zweiten Weltkrieg und zeitgenössische Kunst, d. h. Kunst von KünstlerInnen, die nach 1945 geboren sind, bzw. die neuesten Arbeiten von lebenden KünstlerInnen.

2 — Zum Vergleich: Die DOCUMENTA 11 (2002) verzeichnete 651 000 BesucherInnen bei einem Budget von 18,1 Millionen Euro, die DOCUMENTA 12 (2007) 751 000 bei 26,89 Millionen Euro.

erholte sich der Kunstmarkt. So verbuchten die *evening sales* für zeitgenössische Kunst von Sotheby's und Christie's in New York (13. und 14. November 2012) nie da gewesene Rekordumsätze, die 800 Millionen(!) US-Dollar erreichten.

Ich argumentiere in diesem Beitrag, dass dieser globale Kunstmarkt eine besondere Erscheinungsform des *millennial capitalism* darstellt (Comaroff/Comaroff 2001). Als entsprechende Charakteristika des Kunstmarkts sind folgende Aspekte zu nennen: (a) Dieser Markt ist höchst flexibel, indem er schnell auf neue Zentren des Finanzkapitals fokussiert und somit die Kapitalflüsse konzentriert. (b) Insbesondere die Felder des Auktionsmarkts und der Kunstmessen stellen auf eine neue globale KäuferInnengeneration ab, die Kunst wie Mode oder Lifestyle konsumiert (Moulin 1997 [1992]: 79; Quadt 2008: 15; Findlay 2012: 162). (c) *gambling* und *glamour* sind zwei dominante Marktformen, die eine in Bezug auf Auktionen, die andere in Bezug auf Kunstmessen. (d) Transnationale und globale Netzwerke sind für weitreichende Transaktionen bestimmend. (e) Das Kunstwerk erfuhr eine Diversifikation, es erscheint als Anlage, als Luxusware oder als kulturelles Gut.

Diese Veränderungen des globalen Kunstmarkts begannen in den späten 1980er-Jahren mit der Transformation von Kunst zu einem Luxuskonsumgut und korrelieren mit dem Verkauf der großen Auktionshäuser an Großunternehmer, die im Konsumptionssektor ihren Reichtum akquirierten: 1983 kaufte der amerikanische Shopping-Mall-Eigentümer Alfred Taubmann Sotheby's, 1998 übernahm François Pinault Christie's. Er ist Gründer einer Holding, die Luxusmarken wie Yves Saint Laurent oder Gucci umfasst. Ihm folgte sein Konkurrent Bernard Arnault mit dem Kauf des damals drittgrößten Auktionshauses Phillips (später Phillips de Pury). Er ist Mehrheitseigentümer von LVMH, einem Konzern, zu dem Marken wie Louis Vuitton, Christian Dior, Moët & Chandon oder Hennessy gehören (Dossi 2011 [2007]: 127 ff.).

Um den globalen Kunstmarkt als besondere Erscheinungsform des *millennial capitalism* zu besprechen, konzentriere ich mich im Folgenden auf zwei Themenkomplexe. Im ersten Teil behandle ich die drei Logiken, die jeweils in einem Feld des globalen Kunstmarkts dominant sind. Für das Feld der Auktionshäuser handelt es sich um die Logik des *gambling*, bei der es darum geht, so hohe Umsätze wie nur möglich zu generieren. Das Feld der Galerien ist von einer Logik der moralischen Ökonomie dominiert, wo qualitative persönliche Langzeitbeziehungen zwischen GaleristInnen, KünstlerInnen und SammlerInnen bestimmend sind (vgl. Plattner 1998). Das Feld der Kunstmessen schließlich tendiert heute stark zu einer Logik des *glamour*. Immer stärker werden in diesem Feld Unterhaltung und Kunsthandel miteinander verknüpft und die Kunstmessen selbst werden als Luxusware zu einem Spektakel (siehe Debord 1972 [1967]).

Im zweiten Teil konzentriere ich mich auf die Renditen, die große SammlerInnen zum Erwerb von Kunst motivieren. Dabei gilt es zu beachten, dass dies eine sehr heterogene Gruppe ist, sie reicht von reinen SpekulantInnen bis hin zu solchen, die aus Liebe zur Kunst handeln, von privaten SammlerInnen bis zu staatlichen Institutionen und multinationalen Konzernen.[3]

Infolgedessen versuche ich verschiedene Erklärungsansätze einzubeziehen. Sie reichen von neoklassischen ökonomischen Untersuchungen, die diese Renditen im Wesentlichen als ökonomisch bestimmt betrachten (vgl. Grampp 1989), bis hin zu sozialwissenschaftlichen Konzepten, die sozio-kulturelle Beweggründe akzentuieren (vgl. Bourdieu 1979, 1992). Während erstere Ansätze vor allem die individuelle Dimension hervorheben, ist die Frage nach den Renditen auch in Beziehung zu rezenten Strategien des globalen Kunstmarkts zu betrachten und somit auch im Kontext des Konzepts des *millennial capitalism*.

Der globale Kunstmarkt: die drei Logiken

Der Auktionsmarkt – die Logik des *gambling*

Der Auktionsmarkt stellt das wichtigste Segment des sogenannten *secondary market* dar. Damit wird jener Kunstmarkt bezeichnet, in dem Kunstwerke von renommierten GegenwartskünstlerInnen *(hot artists)* angeboten werden bzw. solche Werke, die sich bereits im Marktsegment befanden. Kunstwerke in diesem Sekundärmarkt sind als Objekte charakterisiert, die entweder bereits von kunsthistorischem Wert sind oder eine ökonomische Investitionsqualität erlangt haben. Zeitgenössische Kunst lebender KünstlerInnen wird seit 1973 von den renommierten Auktionshäusern versteigert, nachdem das Ehepaar Scull seine berühmte Sammlung – Kunstwerke, die zwischen 1953 und 1968 geschaffen worden waren – am 18. Oktober 1973 bei Sotheby's/New York mit großem Erfolg versteigern ließ (Hollein 1999: 27; vgl. Moulin 1997: 57).

Bis 2007–08 war der globale Auktionsmarkt von vier Unternehmen der europäisch-nordamerikanischen Kunstwelt dominiert, Sotheby's, Christie's, Phillips de Pury und Bonhams. Sotheby's, zum Beispiel, hat Auktionsstandorte in London, New York, Hongkong, Toronto, Doha, Genf, Mailand, Paris und Zürich; Christie's in London, New York, Hongkong, Amsterdam, Dubai, Genf, Mailand, Paris und Zürich – beide mit Repräsentanten und Partnern weltweit.[4] Diese beiden sind die absoluten Marktführer, sie sind die *branded* Unternehmen par excellence. Sotheby's und Christie's erzielten bis vor kurzem rund achtzig Prozent des Gesamtumsatzes bei Kunstversteigerungen, sie verfügen nahezu über ein Monopol für den Verkauf von Kunstwerken, deren Wert über einer Million US-Dollar liegt (Thompson 2008: 95) und übernehmen nur Kunstwerke mit einem

3 — In diesem Beitrag werde ich mich auf die bedeutenden, kapitalstarken SammlerInnen beschränken.

4 — Vgl. die jeweiligen Webseiten.

ökonomischen Mindestwert von einhunderttausend Euro (Quadt 2008: 118). Die führende Metropole dieses globalen Kunstmarkts ist nach wie vor New York, allerdings etabliert sich Peking seit 2010 dicht dahinter an zweiter Stelle. Es folgen London, Hongkong und mit einem gewissen Abstand Paris und Shanghai (Artprice 2011: 13).

Am Auktionsmarkt werden die Kunstwerke als Waren ge-/verhandelt. Dieses Marktfeld folgt bestimmten Regeln: (a) Versteigerungen sind prinzipiell öffentlich zugänglich; (b) erzielte Auktionspreise werden medial veröffentlicht und stellen ein zentrales Werbemittel für die Auktionshäuser dar; (c) Schätzpreise werden publiziert, neuerdings handelt es sich um Schätzungen von Mindest- und Höchstpreisen; (d) Objekte, die keine Käufer finden, werden oft intern vom Unternehmen angekauft und sind infolgedessen nicht als unverkäuflich gelistet (McAndrew 2010: 13).

In der Kunstökonomie dienen die erzielten Preise bei Auktionen zur Erstellung von Kunstpreisindices, wie z. B. jener von Mei/Moses, eine elektronische Datenbank, von Frey und Pommerehne (1989), der jährlich in der Zeitschrift *Capital* publizierte Kunstkompass, der von Bongard initiiert wurde, oder weitere elektronische Datenbanken wie Artprice, Artnet und Arts Economics. Damit wird versucht, den ökonomischen Wert von Kunstwerken und deren Wertsteigerungspotenzial festzulegen, um die Investitionsqualität von Kunst nachzuweisen. Es gilt damit der Ungewissheit des Wertes von Kunstwerken zu begegnen, da jedes Kunstwerk grundsätzlich einzigartig ist und somit ein objektiver Kostenvergleich schwerfällt. So stellen Mei und Moses fest, dass der „true value of art [...] unobservable" ist (Mei/Moses 2002: 1667). Candela und Scorcu meinen in diesem Zusammenhang, dass es keinen grundlegenden ökonomischen Wert von Kunstwerken gibt. Marktpreise von Kunstwerken entsprechen vielmehr einer „conventional social valuation" (Candela/Scorcu 1997: 176), und diese sei ökonomisch zu bestimmten Zeiten und Orten feststellbar.

Bei diesen ökonomischen Ansätzen handelt es sich darum, das rationale Funktionieren des Kunstmarkts zu belegen. Diese Studien, wie auch jene der ExpertInnen für die Preisschätzungen in den Auktionshäusern, sind im Sinne von *calculative agencies* zu verstehen (Callon 1998: 3 f.), die von Märkten benötigt werden, um den KäuferInnen gemeinsame, solide Referenzen anzubieten. Auf solchen Grundlagen postulieren zum Beispiel Singer und Lynch (1997: 198 ff.) Kunstmärkte seien rational, vor allem wenn Informationen über die kunsthistorische Relevanz und Authentizität von Kunstwerken hinzugezogen werden. Die Bedeutung von ExpertInnenwissen wird ebenso von Ginsburgh (2003: 99) betont und Bonus und Ronte (1997: 109) argumentieren, dass die Glaubwürdigkeit von Marktpreisen dadurch gesichert wird, je mehr die Bedeutung der Werke auf dem Konsens von Insidern, den ExpertInnen, beruht.

Diesen scheinbar klaren Preiskalkulationen kann jedoch entgegengehalten werden, dass Auktionshäuser immer weitere ausgeklügelte Strategien anwenden, um adäquate Käuferschichten anzuziehen und ihre Umsätze zu steigern. So haben sie in den 1980er-Jahren PR- und Marketingabteilungen mit großen Finanzkapazitäten eingerichtet (Dossi 2011: 128; Findlay 2012: 33). Hochglanzkataloge werden für jede Versteigerung produziert, die an potenzielle KäuferInnen verschenkt werden, manchmal exklusiv an einen auserwählten Kreis. Vor den Auktionen werden bereits Veranstaltungen für solche Kundschaften durchgeführt, wie Vorbesichtigungen, Empfänge oder Abendessen. Für den Ablauf einer Auktion selbst wird bedacht geplant, welche Bilder in welcher Reihenfolge unter den Hammer kommen (Thompson 2008: 108 f.).

Doch auch besondere persönliche Beziehungen werden von den Auktionshäusern gepflegt. Seltene, hochwertig geschätzte Kunstwerke werden des Öfteren weltweit in verschiedene Städte geflogen, um sie exklusiv sogenannten UHNW *(ultra high net worth collectors)*, also MultimillionärInnen, zu zeigen und die Bedeutung dieser Werke durch die hauseigenen ExpertInnen herausstreichen zu lassen (ebd.: 106 ff.). Carrier (2005: 31) weist auf diese Konstellation des Warentausches hin: SozialagentInnen stehen zwar in persönlichen Beziehungen zueinander und können sich gegenseitig verpflichtet sein, jedoch beruhen diese Beziehungen auf den geplanten Marktverhandlungen.

Ferner ist dem Argument der (ökonomischen) Rationalität des Markts entgegenzuhalten, dass die erzielten Preise für idente Objekte an verschiedenen Orten zur selben Zeit nicht dieselben sind (Mei/Moses 2002: 1656). In Bezug auf realisierbare Preise während Auktionen zitiert Thompson Simon de Pury, damals Direktor von Christie's Europe, der meinte: „If you had the same lot sold four times over by four different auctioneers, you would get four different prices" (Thompson 2008: 114). Damit weist er auf die Bedeutung der/des Auktionators/-in hin, welche Strategien er/sie anwendet, um Preise hochschnellen zu lassen, mitunter weit über die Höchstschätzungen hinaus. Aber auch die Zusammensetzung von BieterInnen wird bei Hochpreisobjekten keinem Zufall überlassen. Selbst wenn per Telefon geboten werden kann, über „Strohpersonen" neuerdings auch über das Internet, es wird dafür gesorgt, dass mehrere VIPs physisch in einem eigens eingerichteten Raum anwesend sind, um das Wettkampfprinzip anzuheizen. Dossi (2011: 135) meint in diesem Zusammenhang, dass bei sehr teuren Objekten (sechsstellige Schätzwerte) mindestens drei solcher BieterInnen zugegen sein müssen. Bei der in der Einleitung erwähnten Versteigerung von Damien Hirst z. B. waren unzählige StargaleristInnen und GroßsammlerInnen anwesend und haben einander heftig überboten (SpiegelOnline 2008).

Diese verschiedenen Strategien der großen Auktionshäuser sind darauf ausgerichtet, Höchstpreise zu erzielen. Insofern sprechen GaleristInnen gern von parasitären Preisen des Auktionsmarkts, parasitär insofern, als Letzterer an einer längerfristigen Pflege des Œuvres von KünstlerInnen und eines stabilen Preisgefüges desinteressiert ist (Velthuis 2007: 79). Es handelt sich somit nicht allein um eine Logik des Markts, wie Velthuis (ebd.: 23 ff.) ausführt. Vielmehr kann in diesem Fall durchaus von einer Marktform des *gambling* gesprochen werden, wie es Jean und John Comaroff für den *millennial capitalism* definieren: „It has been routinized in a widespread infatuation with, and popular participation in, high-risk dealings [...] whose fortunes are governed largely by chance" (Comaroff/Comaroff 2001: 5). Auch Dossi (2011: 136) charakterisiert solche Auktionen als „Mischung aus Spielcasino, Boxarena und Oscarverleihung", wobei die *gaming rooms* die ehrwürdigen Räume von Sotheby's, Christie's oder anderen führenden Auktionshäusern repräsentieren. In dieses Bild passen auch die in zeitlich immer kürzeren Abständen wiederkehrenden, medial gefeierten Mitteilungen von stetig neuen Umsatzrekorden.

Der Galeriemarkt – die Logik einer moralischen Ökonomie

Galerien zeitgenössischer Kunst gehören dem primären Kunstmarkt an. Dessen Charakteristik ist das Präsentieren neuer KünstlerInnen, neuer Kunstbewegungen und auch solcher Arbeiten, die noch nicht im Marktaustausch gelandet sind. Es ist ein Marktfeld, welches das verkaufte Kunstwerk eher als *terminal commodity* ansieht, indem es aus dem Austauschprozess ausscheidet (Kopytoff 1986: 75). Der Verkauf von Kunstwerken am Primärmarkt ist privat und vertraulich, es gibt keine offiziellen Preisangaben (Plattner 1996: 45, 166). Dennoch schätzen ExpertInnen, dass dieses Feld höhere Umsätze erwirtschaftet als der Auktionsmarkt (Findlay 2012: 174).

Grundsätzlich ist dieses Marktfeld global, transnational, national, regional und lokal stark hierarchisiert. Moulin unterscheidet zwischen den Entdeckergalerien und den Leadergalerien. Erstere pflegen enge Kontakte vor allem zu jungen, neuen KünstlerInnen, um neue Tendenzen auf dem Kunstmarkt einzuführen, während die Leadergalerien die dominanten Kunsttendenzen in ihren Einflussräumen festlegen. Letztere verfügen über besondere Marketingstrategien und kulturelle Kommunikationsmöglichkeiten und haben ein großes Potenzial, transnationale, mitunter globale Netzwerke mit befreundeten Galerien zu aktivieren (sogenannte *friendly galleries*), um somit ihre Künstler besser auf den verschiedenen Märkten zu promoten und zu verkaufen (Moulin 1997: 47).

Thompson unternimmt eine Klassifikation mit Blick auf den globalen Kunstmarkt. Er unterteilt die Galerien in mehrere Kategorien. An erster Stelle stehen *branded galleries* (z. B. Gagosian oder White Cube). Sie repräsentieren SuperstarkünstlerInnen und sind in den bedeutendsten Zentren angesiedelt (New York und London). Ihnen folgen *mainstream galleries* (New York, London, manche befinden sich an sekundären Orten wie Paris, Zürich oder Frankfurt/Main). Danach kommen die *high street galleries*. Sie vertreten KünstlerInnen, die entweder von den *mainstream galleries* abgelehnt wurden oder in ihrer Reputation noch nicht so weit sind, um den Sprung in die höhere Galeriengruppe zu schaffen. Dann folgen KünstlerInnenkooperativen, die Ausstellungsräume gemeinsam betreiben.

Am untersten Ende der Skala befinden sich die *vanity galleries*, bei denen KünstlerInnen für Ausstellungen bezahlen (Thompson 2008: 27ff., 43).

Der Galeriemarkt ist wesentlich von der Beziehung zwischen GaleristInnen, KünstlerInnen und SammlerInnen determiniert (vgl. v. a. Moulin 1997; siehe auch Plattner 1996; Velthuis 2007; Thompson 2008). KunstkritikerInnen und verschiedene Typen von KuratorInnen[5] bilden das weitere Umfeld in Hinblick auf die öffentliche Publizität und die Anerkennung von KünstlerInnen und ihren Werken in der Kunstwelt.

Bemerkenswert ist an diesem Feld des Kunstmarkts, dass die Metapher „Kunst hat keinen Preis" voll zu Wirkung kommt. So erfuhr Velthuis (2007: 1) während seiner Untersuchungen des New Yorker Primärmarkts, dass GaleristInnen es geradezu ablehnen, über Preise zu diskutieren. Plattner (1996: 167) hebt hervor, auch SammlerInnen würden eher über die Liebe zur Kunst sprechen als über Preise von Objekten. Meine eigenen Beobachtungen in verschiedenen Städten bestätigen dieses Phänomen. In den Ausstellungsräumen führender Galerien waren die Objekte ohne Preisbeschilderung, oft wurden informelle Anfragen nach Preisen höflich verweigert: In Dakar z. B. wurde ich manchmal gefragt: „Warum, sind Sie an einem Kauf ernsthaft interessiert?"

In diesem Zusammenhang spricht Moulin (1997: 22) von der Intransparenz dieses Marktfeldes, Plattner erklärt dieses Phänomen als „embedding of economic dealings within social interactions" (Plattner 1996: 12). Velthuis erinnert an Bourdieus Charakterisierung des Kunstmarkts als „‚degeneration' of commercial interests", der dies auf den Doppelcharakter des Kunstwerks zurückführt, das sowohl Ware als auch symbolisches Objekt ist (Bourdieu, zit. nach Velthuis 2007: 27).

Tatsächlich verstehen sich GaleristInnen als „kulturelle AkteurInnen" (Moulin 1997: 56) oder als *gatekeeper* der Kunstwelt (Thompson 2008: 30). Ihre Tätigkeiten sind vielfältig – Ausstellungen organisieren und bewerben, KritikerInnen zu Berichten motivieren, KuratorInnen interessieren, die Kontakte zu KünstlerInnen und SammlerInnen pflegen, usw., wobei diese Tätigkeiten von ihnen in einen kulturell-moralischen Diskurs eingebettet werden.[6] Sie verstehen sich als an Gewinn desinteressierte FörderInnen, sie beschreiben ihre Galerien als Orte kultureller Experimente, in deren Räumlichkeiten privilegierte Dialoge mit KünstlerInnen stattfinden können (Moulin 1997: 21).

Moralische, mit Vertrauen argumentierende Metaphern (z. B.: „Wir sind nicht nur Freunde, wir kümmern uns um Ihre alltäglichen Anliegen") sind für Galerist-

5 — Wesentlich sind MuseumskuratorInnen und KuratorInnen großer Kunstereignisse wie Biennalen.

6 — Viele KünstlerInnen meinten mir gegenüber allerdings, dass nur wenige GaleristInnen tatsächlich diese Arbeiten zufriedenstellend ausführen. Oft meinten sie, das wären bloß weitere HändlerInnen, die nur an ihrem ökonomischen Gewinn interessiert wären.

Innen zentral für ihre Beziehungen zu den KünstlerInnen sowie für jene zu den SammlerInnen (Velthuis 2007: 55). Dies impliziert den Aufbau von persönlichen Langzeitbeziehungen und zeitweiligen Austausch von Gaben (Abbing 2006: 39 ff.). Einige KünstlerInnen berichteten zum Beispiel, sie hätten manchmal von ihrer GaleristIn ein kleines Werk geschenkt bekommen, „einfach so". Aber auch sie fühlten sich ihren GaleristInnen verpflichtet. Bei einigen Arbeiten, die ich in ihrem Atelier sah, verweigerten sie jede weitere Diskussion, da ihr Galerist/ihre Galeristin sein/ihr Interesse an ihnen bekundet hatte.

Ähnliche moralische Metaphern werden zur Charakterisierung des Verhältnisses zwischen GaleristInnen und SammlerInnen artikuliert. GaleristInnen zufolge würden SammlerInnen durch ihre Beziehung „grow spiritually" (Velthuis 2007: 1). Sie verstehen sich als jene ExpertInnen, die deren Interesse an zeitgenössischer Kunst gestalten. Sie informieren sie über neue Tendenzen in der Kunstwelt, beraten sie bei Ankäufen und sind auch bei Kontakten zu Museen behilflich. In diesem Zusammenhang sind für GaleristInnen die Ankaufsmotivationen von größter Bedeutung, da das Platzieren von Objekten in bestimmten Sammlungen wichtig für die weitere Karriere einer KünstlerIn ist. GaleristInnen, mitunter auch SammlerInnen selbst, unterscheiden daher zwischen „richtigen" und „falschen" Gründen des Ankaufs von Kunstwerken. Unter erstere Kategorie fällt die Liebe zur Kunst, Kunst als geistige Auseinandersetzung aufzufassen, die Bereitschaft, KünstlerInnen zu treffen, sich den Galerien verbunden zu fühlen und sich aktiv in der Kunstwelt zu betätigen (z. B. in Vereinen, zu Ausstellungen zu reisen, relevante Literatur zu studieren etc.). Schlechte Gründe betreffen insbesondere Kunst als Investitionsmöglichkeit zu betrachten, Kunstwiederverkauf zu praktizieren oder nur aus Intentionen der Haus- oder Wohnungsdekoration kaufen zu wollen (Velthuis 2007: 43 f.; vgl. Plattner 1996: 171).

SammlerInnen, mit denen ich in Dakar oder Wien sprach, waren stolz auf ihre Sammlungen, einige meinten: „Wenn Du mich kennenlernen willst, musst du meine Sammlung sehen und verstehen". Sie waren auch stolz auf ihre Aktivitäten in Vereinen, die bestimmte Museen unterstützen, ihr Engagement für die Dakar Kunstbiennale, auf die Unterstützung, die sie gewähren. Ich konnte einige Male beobachten, wie eine SammlerIn bei einer KünstlerIn ein Werk kaufte, da diese in finanzielle Schwierigkeiten geraten war – und sie betrachteten das als Verpflichtung gegenüber der Kunst.

All diese moralischen Diskurse können jedoch nicht darüber hinwegtäuschen, dass dieser Markt von ökonomischen Strukturen gekennzeichnet ist. KünstlerInnen möchten von ihrer Kunst leben, GaleristInnen wollen weiter bestehen und Profite machen und SammlerInnen sind auch nur bereit, gewisse Beträge auf bestimmten Kunstmärkten zu bezahlen. Tatsächlich können nur wenige KünstlerInnen allein von ihrer Kunst leben, dies betrifft das Hoch- und Mittelpreissegment. Bonus und Ronte (1997: 112 f.) zeigen, dass den Galerien mit der Vermarktung neuer KünstlerInnen anfangs hohe Kosten anfallen, ebenso wie durch Richtungsänderungen im Laufe der Zeit. Galerien benötigen infolgedessen eine gewisse Finanzstärke. Es verwundert daher nicht, dass *branded* und *mainstream galleries* über ein bedeutendes operatives Kapital verfügen (Thompson 2008: 29). Dieses erlaubt es ihnen, besondere Marketingabteilungen zu unterhalten (Moulin 1997: 74; Findlay 2012: 35). Junge Galerien hingegen kämpfen zumeist mit ihrer eingeschränkten finanziellen Basis, können kaum Werbestrategien einsetzen und beziehen zudem nur geringe Kommissionen, da ihre KünstlerInnen noch zu unbekannt sind und ihre Klientel jung und finanzschwach ist (Peterson 1997: 253). So kann es nicht verwundern, dass gerade in diesem Segment das Galeriesterben an der Tagesordnung ist.

In den letzten zwanzig Jahren haben Galerien neue Strategien entwickelt, indem sie Niederlassungen an verschiedenen Standorten gründen (v.a. finanzstarke Galerien) oder sich mit anderen transnational vernetzen. „Der Aufbau und die Pflege eines flexiblen internationalen Netzwerks sind gerade für den Handel mit zeitgenössischer Kunst und die Durchsetzung jüngerer Künstler auf dem Markt zu einem wesentlichen Kriterium erfolgreicher Galeriearbeit geworden" (Kronthaler 2008a: 86). Gagosian beispielsweise verfügt heute über drei Galerien in New York, eine in Los Angeles, zwei in London, eine in Paris, eine in Rom, eine in Athen, eine in Genf und eine in Hongkong (siehe Webseite Gagosian). White Cube hat vier Standorte in London und expandierte 2012 nach Hongkong und São Paulo (Webseite White Cube). Das andere Modell besteht in Galeriekooperationen. Dieses wurde von Leo Castelli bereits in den 1960er-Jahren eingeführt, der früh dessen Vorteile erkannte und ein Netzwerk von *friendly galleries* in den USA, Kanada und Europa aufbaute: Mehrere KünstlerInnen können zur selben Zeit ausgestellt werden, somit eine transnationale Statusproduktion erfahren und bedeutende SammlerInnen in diesen Regionen direkt interessiert werden.[7] Mitte der 1970er-Jahre lukrierte Castelli auf diesem Weg 70 Prozent seiner Verkäufe (Moulin 1997: 50 f.). Die heutige Bedeutung dieser Modelle wurde in einer quantitativen Studie von Quadt (2008: 88 ff.) nachgewiesen, wonach fast alle wichtigen Galerien in Deutschland, Österreich und der Schweiz entsprechend einem der beiden Modelle arbeiten oder beide verbinden.

Das Galerienfeld operiert somit auf einem Kontinuum des Kunstwerks zwischen Ware und kulturellem Gut. Preisentscheidungen beruhen auf Vergleichen mit ähnlichen Objekten auf dem Markt, wie mir einige KünstlerInnen berichteten, und GaleristInnen orientieren sich auch an den erzielten Auktionsumsätzen. Sie nutzen aber auch Auktionen, um Preise für bestimmte KünstlerInnen rasch in die Höhe zu treiben, wie der Erfolg von Julian Schnabel zu Beginn der 1980er-Jahre belegt. Zwischen 1978 und 1981 hatte er Ausstellungen in bedeutenden Galerien in Düsseldorf, Zürich und New York, und 1982 in der angesehenen Tate

7 — Darüber hinaus bestehen auch Netzwerke mit Museen für zeitgenössische Kunst, sie legitimieren die kulturellen Werte von Kunstwerken.

in London. Seine Preise bewegten sich zwischen 9 000 und 40 000 US-Dollar. Als 1983 eines seiner Werke bei Sotheby's/New York über 93 000 US-Dollar einbrachte, schnellten auch seine Preise im Galeriefeld in die Höhe (Hollein 1999: 52; vgl. Moulin 1997: 71 ff.).

Mit den Kriterien für die Preiserstellung und deren extra-ökonomischen Bedeutungen hat sich vor allem Velthuis (2003, 2004, 2007: 94 ff.) auseinandergesetzt. Allgemein kann gesagt werden, dass nicht Qualität die Preise bestimmt, vielmehr gelten Preise als Zeichen für die Qualität eines Kunstwerkes (Plattner 1996: 15 f.; Bonus/Ronte 1997: 109). Auch Velthuis (2003: 182) verweist auf Konventionen, die von den GaleristInnen geteilt werden. Seine Untersuchung zeigt, dass GaleristInnen solche Entscheidungen auf der Grundlage von *pricing scripts* fällen, „a set of routines which function as a cognitive manual for the variety of pricing decisions that a dealer needs to make at different stages of an artist's career" (ebd.: 117). Diese werden durch *referential values* ergänzt, „which provide exact numerical values for certain types of pricing decisions" (ebd.).

Wenn dieser Primärmarkt zum einen von der Produktion langanhaltender persönlicher Beziehungen bestimmt wird, kann die ökonomische Dimension dieses Kunstmarktsegments nicht vernachlässigt werden, da auch dieser Markt von kapitalstarken GaleristInnen und SammlerInnen dominiert wird und der Erfolg von KünstlerInnen in immer kürzeren Zeitspannen stattfindet. Es zeigt sich hier eindrücklich, dass dieses Marktfeld auf einem Kontinuum des Kunstwerks zwischen Gabe und Ware agiert (vgl. Carrier 2005: 190).

Aufgrund dieser besonderen Verbindung zwischen moralischen Diskursen und ökonomischen Interessen kann der Galeriemarkt als moralische Ökonomie bezeichnet werden. Ich verwende den Begriff im Sinne der Revision des Konzepts durch Arnold (2001), d. h. als Form eines spezifischen, eingebetteten Markts, in dem bedeutungsvolle Güter in konkreten Sozialbeziehungen verhandelt werden, ohne Bezug auf irgendwelche allgemein behaupteten oder romantisierten Moralvorstellungen (Arnold 2001: 94). Der Galeriemarkt erscheint insofern als moralische Ökonomie, als es sich um ökonomische Transaktionen handelt, in denen die eigentlichen Transaktionen aufgrund der kulturellen Bedeutungen der Kunstwerke sowie der Qualität der Beziehungen zwischen den involvierten SozialagentInnen strukturiert werden.

Kunstmessen – die Logik des *glamour*

Kunstmessen in ihrem heutigen Erscheinungsbild entstanden zu Beginn der 1970er-Jahre, aber ein regelrechter Boom entwickelte sich nach 2000. Heute widmen sich 156 Kunstmessen ausschließlich moderner und zeitgenössischer Kunst (Ehrmann 2010: 5). Die bedeutendsten in diesem Marktfeld sind die Art Basel (1970 gegründet), die Art Basel Miami (2002), die Frieze Art London (2003), die Frieze Art New York (2012) oder die SHContemporary Shanghai (2007).

Thompson zufolge sind Kunstmessen eine Antwort der Galerien auf die Erfolge der großen Auktionshäuser: „Art dealers needed a slingshot to combat Goliath" (Thompson 2008: 170; vgl. Moulin 2009: 71). Sie erscheinen aber ebenso als Antwort auf die Erfolge der Kunstbiennalen. Mit den vielfachen Neugründungen auf allen Kontinenten ab den 1980er-Jahren bilden sie heute eine neue Globalkultur innerhalb der Kunstwelt (vgl. Fillitz 2011). Gegenüber den Auktionshäusern bieten Kunstmessen den Mitgliedern der Kunstwelt und insbesondere den großen SammlerInnen, v. a. den „*high net worth*"-KäuferInnen, zu bestimmten Zeitpunkten des Jahres und an bestimmten Orten spezielle Räume, in denen sie die Tendenzen des globalen Kunstmarkts in hoher Qualität und internationaler Galerienkonzentration erfahren können.

> Especially during the last decade, art fairs have become a key venue in this international promotion of artists, and in the general expansion of the artworld. In the long-established art-market centers of Europe and North America, both new and existing fairs have grown ever-more international, allowing visitors to gain a global overview of the countless contemporary art scenes [...]. (Art Basel)

Es genügt, die Webseiten von Kunstmessen zu besuchen, um die ökonomische Dimension dieses Feldes wahrzunehmen. Sponsoren und Partner werden hervorgehoben und in der Regel in verschiedene Kategorien unterteilt. Sogenannte *lead partner* oder *main sponsors* sind zumeist Banken. Bei den drei Art-Basel-Messen ist es die UBS, bei den beiden Frieze Art Fairs ist es die Deutsche Bank. Danach kommen andere Sponsoren wie BMW oder AXA Art, eine der führenden Kunstversicherungen. Die verschiedenen Programmpunkte (Round Tables, Vorträge usw.), kuratierte Ausstellungsbereiche, Empfänge und Abendessen oder die VIP-Bereiche in den Ausstellungshallen haben weitere Sponsorengruppen. Darüber hinaus verkaufen die Betreibergesellschaften den von einer Kommission von GaleristInnen ausgewählten Galerien ihre Ausstellerkojen bisweilen zu hohen Preisen und „gewöhnliche" BesucherInnen bezahlen für einen einmaligen Eintritt 40 Euro aufwärts. So bestätigte der Eigentümer der eher kleinen Viennafair, der russische Investor Sergey Skaterschilov, in einem Interview anlässlich der Veranstaltung von 2012: „Ich als Organisator möchte mit dem investierten Kapital Geld verdienen. Eines meiner zentralen Motive ist ein ökonomisches" (Höller 2012: 29).

Bei den *branded* Kunstmessen werden Gesamtumsätze durch Galerienverkäufe etwa um 500 Millionen Euro erzielt. Kronthaler zufolge generieren Galerien durch ihre Teilnahme an mehreren Kunstmessen bis zu 50 Prozent ihres Jahresumsatzes (Kronthaler 2008b: 95). Für mittlere Galerien ist die Teilnahme zwar ein „Muss", schafft jedoch finanzielle Probleme, betrachtet man die Gesamtkosten, die sich aus mehreren Messeteilnahmen pro Jahr ergeben (Dossi 2011: 45; Kronthaler 2008b: 95). Nicht teilzunehmen können sie sich kaum leisten, bedeutet dies unter Umständen Verlust an Prestige und an Vertrauen der SammlerInnen in ihr Programm. Finanzschwache Galerien sind unter solchen Bedingungen von einer Teilnahme de facto ausgeschlossen.

Aufgrund der Anzahl auserwählter Galerien bilden Kunstmessen ein enormes Marktfeld: Die Art Basel nimmt 300 Galerien an, die Frieze Art London etwas mehr als 170, die Art Basel Miami, seit 2005 die Nummer eins der Kunstmessen, akzeptiert rund 200 Galerien, wobei sich mehrere „Satellitenmessen" um diesen Zentralbereich gebildet haben, bei denen weitere 100 Galerien ausstellen können.

Wie schon in der Einleitung erwähnt, verzeichnen Kunstmessen innerhalb weniger Tage – sie erstrecken sich in der Mehrzahl über einen Zeitraum von vier Tagen – einen beachtlichen Publikumsandrang, ungefähr zwischen 50 000 und 70 000 BesucherInnen. Doch es sind weder solche Zahlen noch das breite Publikum, auf das Kunstmessen primär fokussieren. Bei ihnen geht es vor allem darum, einen Raum zu schaffen, in dem Galerien interagieren, breitgefächerte Begegnungen mit SammlerInnen, KuratorInnen, ExpertInnen aus aller Welt ermöglicht und Sponsoren zufriedengestellt werden. Die Teilnahme eines kunstinteressierten Publikums ist zwar erwünscht, doch das Ereignis soll keine Massenveranstaltung sein. Kunstmessen bezeichnen sich insofern gern als privilegierte Orte der Kommunikation, Information und des Ideenaustausches (vgl. Kronthaler 2008b: 97).

> Thus, a successful fair is one that not only generates sales for exhibitors, but also spurs new collectors and curators to follow the activities of their favorite artists all over the globe – and drives them to see shows in the year-round spaces of the galleries that have supported those artists so strongly. (Art Basel)

Kunstmessen bilden einen anderen Raum als Galerien. Die Intimität, die Letztere an ihren Standorten bieten, ist hier nicht gegeben. GaleristInnen verhandeln in offenen Räumen, haben Kontakt zu verschiedensten SammlerInnen und diese können Geschäfte mit einer Vielzahl von Galerien abwickeln. Thompson vergleicht Kunstmessen mit einem Zusammenfallen von „shopping mall, blending art, fashion, and parties in one place" (Thompson 2008: 171). Das beginnt bereits mit Vorbesichtigungen, die nur einem exklusiv eingeladenen Publikum zugänglich sind, zum Teil wird der Eintritt zu diesen Veranstaltungen extrem teuer verkauft. Ein Argument für diese Veranstaltungen ist, dass den großen SammlerInnen die Möglichkeit der Erstauswahl unter angenehmen Bedingungen geboten werden soll. Allerdings sind diese Vorbesichtigungen regelrecht zu High-Society-Spektakeln mutiert, wo es um Sehen und Gesehen-Werden geht und wo SammlerInnen untereinander mit ihren teuren Ankäufen prahlen. 2005 hat die Art Basel Miami eine neue Dimension der Kunstmesse als luxuriöses Spektakel eingeleitet und präsentiert sich seitdem bewusst als „a five-day carnival each December of partying, sports and entertainment celebrities, and conspicuous consumption, with art viewing almost secondary" (ebd.: 175).

Dieser besondere Charakter von Kunstmessen als Luxusgüter mit dementsprechenden Vermarktungsstrategien erscheint als das derzeit richtungsweisende Modell (ebd.). Es ist ein besonderer Markt, in dem die Betreibergesellschaften zunehmend global agieren (siehe Art Basel und Frieze Art) und das Beste des globalen Kunstmarkts (Galerien, KünstlerInnen und Kunstwerke) zu genau festgelegten Zeitpunkten des Jahres an einem spezifischen Platz konzentrieren. Damit schaffen sie es, die globalen Flüsse kapitalstarker SammlerInnen und anderer Persönlichkeiten der Kunstwelt über das Jahr verteilt zu strukturieren. Indem die Konsumption von Kunst bewusst mit *celebrity lifestyle* verbunden wird, erscheint *glamour* immer mehr als Charakteristikum dieses Marktfelds.

Somit manifestiert sich hier ein weiteres Merkmal des *millennial capitalism*, „that it appears both to include and to marginalize in unanticipated ways" (Comaroff/Comaroff 2001: 8). Denn diese Ökonomie des Spektakels (vgl. Debord 1972), des *glamours*, wird unter Einbeziehung eines breiteren Publikums vollzogen. Diese BesucherInnen können sich allerdings die angebotene Kunst niemals leisten und GaleristInnen verweigern mitunter Gespräche, wie ich es selbst erfahren habe. Dieses Publikum partizipiert gleichsam als marginalisierte ZuschauerInnen hinter subtil gezogenen Barrieren am exklusiven Spektakel (vgl. Moore 2012).

Zu den unterschiedlichen Renditen am globalen Kunstmarkt

Im vorherigen Teil habe ich versucht, die drei Logiken nachzuweisen, die in den unterschiedlichen Feldern des globalen Kunstmarkts dominant sind. Insbesondere die Felder des Auktionsmarkts und der Kunstmessen scheinen für seinen derzeitigen Erfolg verantwortlich zu sein. Wenn man geopolitische Aspekte des globalen Kunstmarkts betrachtet, zeigt sich, dass er mit den allgemeinen Entwicklungen der globalen Ökonomie übereinstimmt. New York hält weiterhin seine Vormachtstellung am globalen Kunstmarkt, obschon es vom Erfolg des chinesischen Markts stark bedrängt wird. Bemerkenswert ist der Aufstieg von Peking zwischen 2008 und 2012 zum weltweit größten Auktionsmarkt (Artprice 2011, 2012a, 2012b). Freilich ist festzuhalten, dass am chinesischen Markt exklusiv zeitgenössische Kunst chinesischer KünstlerInnen verhandelt wird und den chinesischen Auktionshäusern, allen voran Poly International, eine privilegierte Stellung auf diesem Markt gesichert wird. Während sie der Staat kontrolliert und finanziell fördert, erlegt er ausländischen Auktionshäusern Handelsrestriktionen auf (Artprice 2012b: 13 f.). London behauptet sich als drittes Zentrum, während Hongkong zu einem neuem „Epizentrum des globalen Kunstmarkts" heranwächst (ebd.: 14). Dies wird auf verschiedene sozioökonomische Faktoren zurückgeführt, wie sein Status als Freihafen, die Steuerbefreiung auf die Ein- und Ausfuhr von Kunstwerken, seine multilinguale Kultur usw. (Artprice 2011: 27).

Vor allem konnte die Stadt ein qualitativ bedeutendes, diversifiziertes Netzwerk fördern, das aus *branded* Auktionshäusern wie Sotheby's und Christie's, der Hongkong Kunstmesse, seit 2013 Art Basel Hongkong, und der steigenden Präsenz von *branded* Galerien wie Gagosian oder White Cube besteht (Artprice 2012b: 13 f.).

Angesichts dieser Entwicklungen ist man geneigt, neoklassischen ökonomischen Erklärungsmodellen (z. B. Grampp 1989) gegenüber sozialwissenschaftlichen (z. B. Bourdieu 1979, 1992) den Vorzug zu geben. Grampp formuliert diesen Ansatz wie folgt: „It is that works of art are economic goods, that their value can be measured by the market, that the sellers and buyers of art [...] try to get as much as they can from what they have" (Grampp 1989: 8). Frey (2000: 11 ff.) hebt diesbezüglich hervor, dass der Kunstmarkt nicht über die Qualität von Kunst entscheidet, sondern auf die Nachfrage antwortet und dementsprechend das Angebot gestaltet. Mit anderen Worten, der ästhetische Wert ist im neoklassischen Ansatz weitestgehend irrelevant (vgl. Velthuis 2007: 26 ff.).

Dementsprechend betonen ökonomische Kunstmarktstudien die finanzielle Natur der Renditen aus Kunstankäufen als zentrale Motivationen von KäuferInnen. Dazu gibt es jedoch Ungereimtheiten: So hat Baumol (1986: 13) erstmals nachgewiesen, dass die finanzielle Rendite auf wiederverkaufte Kunstwerke bei jährlich 0,55 Prozent lag, also weit unter dem Potenzial anderer Anlageprodukte der Finanzmärkte. Weitere Studien von KunstökonomInnen kommen zu ähnlichen Schlüssen, „the real monetary return of paintings lies below that of financial assets" (Frey/Pommerehne 1989: 406).[8] Werden allein solche ökonomischen Perspektiven berücksichtigt, erscheint die Investition in Kunst unattraktiv. Tatsächlich vertreten viele KunstökonomInnen die Ansicht, dass Angebot und Nachfrage am Kunstmarkt Komplexitäten aufweisen, „that cannot be explained by mainstream economic theory" (McAndrew 2010: 22) und dass es „psychische Aspekte" einzubeziehen gilt (Frey/Pommerehne 1989: 406; Frey 2000: 6; McAndrew 2010: 23). Selbst Grampp konzediert komplexe, nicht-ökonomische Renditen aus dem Kunstankauf: „What people do receive from art they pay for is pleasure, pride, instruction, enlightment, inspiration, [...]" (Grampp 1989: 38).

Es scheint daher sinnvoll, die Gruppe der bedeutenden SammlerInnen genauer zu betrachten. Im Allgemeinen werden große SammlerInnen in drei Gruppen unterteilt: in individuelle SammlerInnen, in private und staatliche Institutionen (Museen, Stiftungen) sowie Unternehmen wie Banken, Versicherungen, multinationale Konzerne oder Hedgefonds (McAndrew 2010: 14 ff.). Allein die Gruppe der individuellen SammlerInnen ist jedoch höchst heterogen (Moulin 1997: 51 f.). Das Industriellenehepaar Ludwig z. B. kaufte in großem Rahmen an, verkaufte nicht und verteilte seine Sammlung über verschiedene Museen in

8__Vgl. u. a. Gérard-Varet 1995; Mei/Moses 2002; Beckert/Rössel 2004; Kräussl 2010; Renneboog/Spaenjers 2012.

Europa wie in Köln oder Wien (vgl. ebd.: 52). Darüber hinaus schuf es Stiftungen, die Museumsankäufe finanzieren, so die Stiftung Ludwig in Wien. *Connoisseurship* bezeichnet solche kunstaffinen, engagierten SammlerInnen. Auf der anderen Seite des Spektrums kann Saatchi genannt werden. Saatchi kommt aus der Werbebranche und wird heute als Prototyp der *branded* SammlerIn bezeichnet (Thompson 2008: 85). Er informierte sich an Kunsthochschulen, kaufte direkt bei Galerien und KünstlerInnen ein, finanzierte ihnen Projekte, betrieb seine eigene Galerie, organisierte Ausstellungen in renommierten öffentlichen Institutionen wie der Royal Academy in London und verlieh seine Objekte an Museen. Die Preise seiner Ankäufe wurden veröffentlicht und verschafften auf diese Weise den KünstlerInnen eine rasche Reputation, die er durch Auktionsverkäufe mit einem erheblichen finanziellen Gewinn umzusetzen verstand und in andere KünstlerInnen investierte. Eine Skulptur von Rachel Whitehead beispielsweise, die er um 5 000 englische Pfund erwarb, ließ er 1998 bei Christie's London versteigern, der Zuschlag belief sich auf 133 500 englische Pfund (ebd.: 85 ff.).

Seit Beginn des neuen Milleniums haben sich beträchtliche Verschiebungen in Bezug auf die Gruppe der SammlerInnen ergeben. Heute ist die Zahl der potenziellen kapitalstarken SammlerInnen zwanzigmal höher als 1990 und die Zahl jener, die bereit sind, für ein Kunstwerk mehr als 100 000 US-Dollar zu bezahlen, ist im stetigen Anstieg (ebd.: 230; Dossi 2011: 32 ff.). Neben SammlerInnen aus Nordamerika und Europa sind neuerdings auch solche aus Russland, dem Mittleren Osten und aus Asien aktiv (Artprice 2011: 13 f.).

Connoisseurship ist charakteristisch für das Ehepaars Ludwig oder SammlerInnen, mit denen ich in Dakar gesprochen habe. Es gibt sie noch und sie betonen ihre Liebe zur Kunst, ihre Freude an Galerie- und Atelierbesuchen (vgl. Plattner 1996; Velthuis 2007). Diese Gruppe ist auch dahingehend bemerkenswert, als dass es heute einen neuen Trend hin zu Privatmuseen als Beitrag zur Kunstwelt gibt. Die Fondation Beyeler in Basel ist eine der bedeutendsten solcher Einrichtungen in Europa.[9] In Österreich verzeichnen wir nach dem Ende des Museums Essl in Klosterneuburg mittlerweile zwei, das Museum Liaunig in Kärnten und die Sammlung Angerlehner bei Wels.

Dennoch gehört *connoisseurship* in anderen Feldern des globalen Kunstmarkts der Vergangenheit an. Die neue Generation von SammlerInnen nutzt den Ankauf zeitgenössischer Kunst, um ihren Zeitgeist und Erfolg gegenüber ihresgleichen zur Schau zu stellen (Moulin 1997: 220; Thompson 2008: 233; Artprice 2010: 8). Galeriebesuche sind für sie eher altmodisch und zu zeitaufwendig (Findlay 2012: 173). Diese SammlerInnen vertrauen den Empfehlungen der großen Auktionshäuser und den Kunstmessen, wo sie schnell zwischen den ausstellenden Galerien vergleichen und ihre Ankäufe tätigen können (Thompson

9 — Ihr Stifter, der Galerist Erst Beyeler, war 1970 auch einer der drei Gründer der Art Basel.

2008: 235). Auch nutzen sie Datenbanken im Internet wie Artprice, Artnet oder die von McAndrew geschaffene Arts Economics, um die benötigten Informationen zu erwerben, d. h. den ökonomischen Wert mit dem Status des Kunstwerks in der Kunstwelt zu verknüpfen.

Obschon es schwerfällt, angesichts einer solch heterogenen Gruppe von allgemeinen Ankaufsmotivationen zu sprechen, können dominante Aspekte in Verbindung mit den besprochenen Marktlogiken festgehalten werden. Zu beachten ist insbesondere der Umstand, dass all diese SammlerInnen nicht isoliert voneinander zu betrachten sind, sondern dass sie in Beziehungsnetzwerken leben (Granovetter 1985). Insofern sind ihre Aktivitäten am Kunstmarkt auch immer im Verhältnis zueinander zu sehen. Sie kennen und treffen einander bei Auktionen und Kunstmessen, und sie kennen die gegenseitigen Sammeltätigkeiten. In diesem Zusammenhang können die folgenden dominanten Renditen gesehen werden:

1) Der Auktionsmarkt wurde von mir mit *gambling* charakterisiert. Die Dominanz des ökonomischen Kapitals ist hier mit kulturellem Kapital verwoben. Das zeigt sich unter anderem daran, dass Hochpreise nicht nur für berühmte und kunsthistorisch anerkannte Kunstwerke erzielt werden, sondern auch für solche, die heftige öffentliche Debatten über den gesellschaftlichen Stellenwert von Kunst auslösen. „The market attributes value first and foremost to the strongest and the famous works, but also to those that trigger discussion by stepping outside the closed field of ‚Art' and penetrating the public sphere" (Artprice 2012b: 32). Während Bourdieu kulturelles Kapital (vgl. Zips in diesem Band) mit einem Bildungsprozess verbindet, ermöglicht das Auktionsfeld, dieses durch die Luxusware Kunst zu erwerben. Zu Höchstpreisen anzukaufen impliziert für solche SammlerInnen eine rasche Aneignung von kulturellem Kapital und dessen Reproduktion durch weitere solcher Ankäufe. Gleichzeitig zeigt es gegenüber Gleichgesinnten wirtschaftlichen Erfolg und die aktive Anteilnahme am heutigen globalen kulturellen Geschehen.

2) Auf der anderen Seite des Spektrums ist das hochhierarchisierte Galeriefeld mit seiner moralischen Ökonomie angesiedelt. Es betont das Vergnügen an Kunst, die intellektuelle Auseinandersetzung mit ihr und, wie mir einige SammlerInnen sagten, die Verantwortung für das lokale kulturelle Leben. Von SammlerInnen erfordert es Zeit, es ist eine herausfordernde Aktivität, die fast zu einem zweiten Beruf wird. Insofern kann hier für die Dominanz von symbolischem Kapital argumentiert werden, da solchen SammlerInnen von GaleristInnen und anderen ExpertInnen der Kunstwelt (internationale KuratorInnen, Museen etc.) eine besondere Auseinandersetzung mit Kunst und den Kunstinstitutionen zugestanden wird und ihnen Prestige und Anerkennung zufließen.

3) Kunstmessen ermöglichen potentiellen KäuferInnen an einem Ort und auf breiter Ebene schnelle Einblicke in das gerade trendige Kunstgeschehen und bieten zugleich besonders informierten SammlerInnen ein Angebot an Kunst-

werken, das eine Galerie allein nicht bewerkstelligen könnte.[10] Des Weiteren kombinieren sie Aspekte der globalen Kunstwelt und eines exklusiven Marktes. Dies wird in einem Rahmen gestaltet, der ein breiteres Publikum einbezieht und *celebrity lifestyle* bzw. *glamour* feiert. Der duale Charakter von Kunst als exklusive und sozial abgrenzende Luxusware sowie als inklusives symbolisches Kulturgut wird auf diesem Weg zum Vehikel, um dieses Ereignis als Spektakel zu akzentuieren. Diese spezifische Konsumption setzt Finanzkraft voraus, bedingt keinen Bildungsprozess und vermarktet sich als Populärkultur in der Form einer *glamour*-Freizeitunterhaltung. Diese Charakteristika bestimmen den derzeit umfassenden Erfolg von Kunstmessen, wodurch sie als privilegierter Raum des *millennial capitalism* im globalen Kunstmarkt positioniert werden.

Schluss

In diesem Beitrag habe ich nach dem Grund für den kontinuierlichen Erfolg des globalen Kunstmarkts, bis auf eine kurze Rezensionsphase zwischen der zweiten Hälfte 2008 und 2009, trotz der Finanzkrisen der letzten Jahre gefragt. Es schien allerdings opportun, eine größere Zeitspanne zu wählen und die tiefgreifenden Veränderungen der globalen Kunstwelt seit Mitte der 1980er-Jahre miteinzubeziehen. Es war eine Periode, in der KuratorInnen der europäisch-nordamerikanischen Kunstwelt sich für das zeitgenössische Kunstschaffen in den verschiedensten Kunstwelten, die bis dahin nicht berücksichtigt worden waren, zu interessieren begannen. Die globale Verbreitung von Kunstbiennalen entsprach diesen neuen Perspektiven.

Damit einhergehend schaffte es der globale Kapitalismus auch den Kunstmarkt neu zu positionieren, vor allem in seiner *millennial* Form. Die folgenden Strategien wurden diesbezüglich aufgezeigt: (a) Obschon der Kunstmarkt als Einheit zu sehen ist, besteht er aus drei verschiedenen Marktfeldern. Diese Gliederung ermöglicht es, drei zentrale Logiken für jedes Feld zu entwickeln, die Logiken des *gambling* und des *glamour*, die in den kapitalistisch dynamischsten Feldern dominant sind, sowie jene der *moral economy* in dem der Galerien. (b) Eine solche Vorgehensweise erlaubt es, die Kategorie der SammlerIn zu diversifizieren, in solche, denen es um *l'amour pour l'art* geht, andere, die Kunst als Investitionsmittel ansehen, oder wieder andere, die sogenannten *"high net worth"*-Personen, die durch Kunst ihren Zeitgeist zur Schau stellen wollen bzw. ihren Kunst-Lifestyle. Damit geht eine Unterscheidung des Kunstwerks einher, das ein Investitionsmittel sein kann, ein Luxusgut oder ein kultureller Wert. (c) Die Produktion

10 — Verschiedene Galerien bieten beispielsweise Kunstwerke ein und derselben hochgehandelten KünstlerIn an bzw. können SammlerInnen aus einem vielfältigen Angebot von *hot artists* auswählen.

komplexer, transnationaler bzw. globaler Netzwerke in den verschiedenen Marktfeldern ermöglicht dem Kunstmarkt extrem flexibel zu agieren, indem aufstrebende, ökonomisch interessante Regionen erschlossen werden und eine neue Klientel angesprochen wird. Diese Charakteristik ermöglicht die Konzentration der Kapitalflüsse auf einige wenige Zentren und die Marginalisierung von Regionen, die für die Kapitalakkumulation von geringerem Interesse sind.

Das Konzept des *millennial capitalism* entspricht den Strategien des globalen Kunstmarkts insofern, als Letzterer alle diese genannten Aspekte kombiniert und auf einer globalen Dimension anwendet. Kein nationaler, regionaler oder lokaler Markt kann in einer solch umfassenden, flexiblen Weise operieren. Damit einhergehend werden auch die Machtzentren der globalen Kunstwelt offenkundig, welche die tatsächlichen Entwicklungen, d. h. die künstlerischen Innovationen und die Prozesse der Inklusion und Exklusion von künstlerischem Schaffen bestimmen.

Belegliteratur

Abbing, Hans (2006 [2002]): Why Are Artists Poor? The Exceptional Economy of the Arts. Amsterdam: Amsterdam University Press.

Arnold, Thomas C. (2001): Rethinking Moral Economy. In: American Political Science Review 95/1, 85–95.

Art Basel. Verfügbar unter: https://www.artbasel.com/en/, 4. 3. 2013.

Artnet. Verfügbar unter: http://www.artnet.com, 4. 3. 2013.

Artprice (2010): Art Market Trends 2010. Verfügbar unter: http://www.artprice.com, 8. 11. 2011.

Artprice (2011): Le marché de l'art contemporain 2010/2011. Contemporary Art Market. Le rapport annuel. Verfügbar unter: http://www.artprice.com, 8. 11. 2011.

Artprice (2012a): Art Market Trends 2011. Verfügbar unter: http://www.artprice.com, 8. 12. 2012.

Artprice (2012b): Le marché de l'art contemporain 2011/2012. Contemporary Art Market. Le rapport annuel. Verfügbar unter: http://www.artprice.com, 8. 12. 2012.

Arts Economics. Verfügbar unter: http://www.artseconomics.com/, 4. 3. 2013.

Baumol, William J. (1986): Unnatural Value Or Art Investment as Floating Crap Game. In: The American Economic Review 76/2, 10–14.

Beckert, Jens/Rössel, Jörg (2004). Kunst und Preise. Reputation als Mechanismus der Reduktion von Ungewissheit am Kunstmarkt. In: Kölner Zeitschrift für Soziologie und Sozialpsychologie 56/1, 2–50.

Bonus, Holger/Ronte, Dieter (1997): Credibility and Economic Value in the Visual Arts. In: Journal of Cultural Economics 21, 103–118.

Bourdieu, Pierre (1979): La distinction. Critique sociale du jugement. Paris: Éditions Minuit.

Bourdieu, Pierre (1992): Les règles de l'art. Genèse et structure du champ littéraire. Paris: Seuil.

Callon, Michel (1998): Introduction: The Embeddedness of Economic Markets. In: Callon, Michel (ed.): The Laws of the Market. The Sociological Review. Oxford/Malden: Blackwell, 1–57.

Candela, Guido/Scorcu, Antonello E. (1997): A Price Index for Art Market Auctions. An Application to the Italian Market of Modern and Contemporary Oil Paintings. In: Journal of Cultural Economy 21, 175–196.

Carrier, James (2005 [1995]): Gift and Commodities. Exchange in Western Capitalism since 1700. London/New York: Routledge.

Comaroff, Jean/Comaroff, John L. (2001): Millennial Capitalism: First Thoughts on a Second Coming. In: Comaroff, Jean/Comaroff, John L. (eds.): Millennial Capitalism and the Culture of Neoliberalism. Durham/London: Duke University Press, 1–56.
Debord, Guy (1972 [1967]): La société du spectacle. Paris: Buchet Chastel.
documenta. http://www.documenta.de, 12.11.2012.
Dossi, Piroschka (2011 [2007]): hype! Kunst und Geld. München: Deutscher Taschenbuch Verlag.
Ehrmann, Thierry (2010): Editorial. In: Artprice, Art Market Trends 2010. Available at: http://www.artprice.com, 8.11.2011, 5–7.
Fillitz, Thomas (2011): Worldmaking – The Cosmopolitanization of Dak'Art, the Art Biennale of Dakar. In: Belting, Hans/Birken, Jacob/Buddensieg, Andrea/Weibel, Peter (eds.): Global Studies. Mapping Contemporary Art and Culture. Ostfildern: Hatje Cantz, 382–401.
Findlay, Michael (2012): Vom Wert der Kunst. Ein Insider erzählt. München et al.: Prestel.
Frieze Art. Verfügbar unter: http://friezelondon.com/, 4.3.2013.
Frey, Bruno (1997): Art Markets and Economy: Introduction. In: Journal of Cultural Economy 21, 165–173.
Frey, Bruno (2000): Arts and Economics. Analysis and Cultural Policy. Berlin et al.: Springer.
Frey, Bruno/Pommerehne, Werner (1989): Art Investment: An Empirical Inquiry. In: Southern Economic Journal 56/2, 396–409.
Gagosian. Verfügbar unter: http://www.gagosian.com/, 4.3.2013.
Gérard-Varet, Louis-André (1995): On Pricing the Priceless: Comments on the Economics of the Visual Art Market. In: European Economic Review 39, 509–518.
Ginsburgh, Victor (2003): Awards, Success and Aesthetic Quality in the Arts. In: The Journal of Economic Perspectives 17/2, 99–111.
Grampp, William (1989): Pricing the Priceless. Art, Artists, and Economics. New York: Basic Books.
Granovetter, Mark (1985): Economic Action and Social Structure: The Problem of Embeddedness. In: American Journal of Sociology 91/3, 481–510.
Hollein, Max (1999): Zeitgenössische Kunst und der Kunstmarktboom. Wien/Köln/Weimar: Böhlau.
Höller, Herwig (2012): Eines der zentralen Motive ist ein ökonomisches. In: Der Standard 20.9.2012, 29.
Kopytoff, Igor (1986): The Cultural Biography of Things: Commoditization as Process. In: Appadurai, Arjun (ed.): The Social Life of Things. Commodities in Cultural Perspective. Cambridge: Cambridge University Press, 64–91.
Kräussl, Roman (2010): Art Price Indices. In: McAndrew, Clare (ed.): Fine Art and High Finance. Expert Advice on the Economics of Ownership. New York: Bloomberg Press, 63–86.
Kronthaler, Helmut (2008a): Netzwerk Kunst. In Quadt, Edgar (Hg.): Artinvestor. Wie man erfolgreich in Kunst investiert. München: FinanzBuch. Verfügbar unter: http://www.wiso-net.de/r_ebook/, 11.5.2012, 83–93.
Kronthaler, Helmut (2008b): Kunstmessen – Galerien im Test. In: Quadt, Edgar (Hg.): Artinvestor. Wie man erfolgreich in Kunst investiert. München: FinanzBuch. Verfügbar unter: http://www.wiso-net.de/r_ebook/, 11.5.2012, 94–117.
McAndrew, Clare (2010): An Introduction to Art and Finance. In: McAndrew, Clare (ed.): Fine Art and High Finance. Expert Advice on the Economics of Ownership. New York: Bloomberg Press, 1–30.
Mei, Jianping/Moses, Michael (2002): Art as Investment and the Underperformance of Masterpieces. In: The American Economic Review 92/5, 1656–1668.
Moore, Henrietta (2012): What is an Event? In: The Event as a Privileged Medium in the Contemporary Art World. Maska xxvii/147–148, 83–89.

Moulin, Raymonde (1967): Le marché de la peinture en France. Paris: Éditions de Minuit.
Moulin, Raymonde (1997 [1992]): L'artiste, l'institution et le marché. Paris: Flammarion-Champsarts.
Moulin, Raymonde (2009 [2003]): Le marché de l'art. Mondialisation et nouvelles technologies. Paris: Flammarion-Champsarts.
Peterson, Karin (1997): The Distribution and Dynamics of Uncertainty in Art Galleries: A Case Study of New Dealership in the Parisian Art Market, 1985–1990. In: Poetics 25, 241–263.
Plattner, Stuart (1996): High Art Down Home. An Economic Ethnography of a Local Art Market. Chicago: University of Chicago Press.
Plattner, Stuart (1998): A Most Ingenious Paradox. The Market for Contemporary Fine Art. In: American Anthropologist 100/2, 482–493.
Plattner, Stuart (2004): Contemporary Art in a Renaissance Setting: The Local Art System in Florence, Italy. Available at: http://stuartplattner.com/Anthropology%20and%20Human%20Subjects.html, 6.6.2012.
Quadt, Edgar (Hg.) (2008): Artinvestor. Wie man erfolgreich in Kunst investiert. München: FinanzBuch. Verfügbar unter: http://www.wiso-net.de/r_ebook/, 11.5.2012.
Renneboog, Luc/Spaenjers, Christophe (2012): Buying Beauty: On Prices and Returns in the Art Market. Available at: http://papers.ssrn.com/sol3/papers.cfm?abstract_id=1352363, 6.4.2012.
Singer, Leslie/Lynch, Gary A. (1997): Are Multiple Art Markets Rational? In: Journal of Cultural Economy 21, 197–218.
SpiegelOnline (2008): Hirst-Auktion in London. Schlachtfest mit dem goldenen Kalb, 16. September. Verfügbar unter: http://www.spiegel.de/kultur/gesellschaft/0,1518,578527,00.html, 3.4.2013.
Thompson, Don (2008): The $12 Million Stuffed Shark. The Curious Economics of Contemporary Art. London/New York: Palgrave Macmillan.
Velthuis, Olav (2003): Symbolic Meanings of Prices: Constructing the Value of Contemporary Art in Amsterdam and New York Galleries. In: Theory and Society 32, 181–215.
Velthuis, Olav (2004): An Interpretive Approach to Meanings of Prices. In: The Review of Austrian Economics 17/4, 371–386.
Velthuis, Olav (2007): Talking Prices. Symbolic Meaning of Prices on the Market for Contemporary Art. Princeton: Princeton University Press.
White Cube. Verfügbar unter: http://www.whitecube.com/, 4.3.2013.

Empfohlene Literatur

Carrier, James (2005 [1995]): Gift and Commodities. Exchange in Western Capitalism since 1700. London/New York: Routledge.
Moulin, Raymonde (2009 [2003]): Le marché de l'art. Mondialisation et nouvelles technologies. Paris: Flammarion-Champsarts.
Plattner, Stuart (1998): A Most Ingenious Paradox. The Market for Contemporary Fine Art. In: American Anthropologist 100/2, 482–493.
Thompson, Don (2008): The $12 Million Stuffed Shark. The Curious Economics of Contemporary Art. London/New York: Palgrave Macmillan.
Velthuis, Olav (2007): Talking Prices. Symbolic Meaning of Prices on the Market for Contemporary Art. Princeton: Princeton University Press.

Personen- und Sachregister[1]

1 — Für eine bessere Lesbarkeit werden im Index alle allgemeinen und somit übersetzbaren englischen Begriffe in der deutschen Sprache geführt, auch wenn sie auf Stellen in englischsprachigen Artikeln verweisen.

Abbildungsverzeichnis

AutorInnenverzeichnis

Ayşe Çağlar
ist seit 2011 Professorin am Institut für Kultur- und Sozialanthropologie der Universität Wien. Davor war sie Professorin am Institut für Soziologie und Sozialanthropologie an der Central European University, Budapest (2003–2010) und Minerva Fellow am Max-Planck-Institut zur Erforschung multireligiöser und multiethnischer Gesellschaften, Göttingen. Sie dissertierte an der McGill University in Montreal und habilitierte sich an der Freien Universität Berlin 2004 in Soziologie und Anthropologie. Sie arbeitet und publiziert zu Themen der Globalisierung, urbaner Restrukturierung, Migration, Transnationalisierungsprozessen und Staat, Staatsbürgerschaft und Roma in Europa, und zu kulturellen Politiken. Ihre Artikel erschienen in *American Ethnologist, Ethnic and Racial Studies, Journal of Ethnic and Migration Studies, Global Networks, Citizenship Studies.*
Kontakt: ayse.caglar@univie.ac.at

Maria Dabringer
ist Kultur- und Sozialanthropologin, Lektorin am Institut für Kultur- und Sozialanthropologie der Universität Wien. Wissenschaftliche Schwerpunkte sind u.a. Ökonomische Anthropologie, Konsumanthropologie und Anthropology of Food, Materielle Kultur und Urbananthropologie. Ihr regionaler Schwerpunkt ist Lateinamerika, insbesondere andiner Raum, Ecuador. Sie ist als systemische Beraterin im Bildungs- und Wissenschaftsbereich tätig.
Kontakt: maria.dabringer@univie.ac.at; Webseite: www.mariadabringer.at

Thomas Fillitz
ist außerordentlicher Universitätsprofessor am Institut für Kultur- und Sozialanthropologie, Universität Wien. Neben Gastprofessuren und Lehrtätigkeiten an verschiedensten europäischen Universitäten war er zwischen 2007 und 2013 Sekretär der European Association of Social Anthropologists. Seine Forschungsinteressen sind: Afrikanische zeitgenössische Kunst, Kunstmärkte, Globalisierungsprozesse.
Kontakt: thomas.fillitz@univie.ac.at

Andre Gingrich
ist Kultur- und Sozialanthropologe (Habil.: 1994) und Professor (1998– 2017) an der Universität Wien; Wittgenstein-Preisträger des FWF 2000, Lichtstern Scholar am Department of Anthropology der University of Chicago 2002, Mitglied der Österreichischen (seit 2002) und der Kgl. Schwedischen (seit 2007) Akademien der Wissenschaften, Direktor des Instituts für Sozialanthropologie (ISA) der ÖAW (seit 2003); Feldforschungen in mehreren Ländern der arabischen Halbinsel.
Kontakt: andre.gingrich@oeaw.ac.at

Bernhard Hadolt
ist Kultur- und Sozialanthropologe mit einer Spezialisierung in Medizinanthropologie, Körperanthropologie und Technikanthropologie. Er forscht und lehrt derzeit als Senior Lecturer am Institut für Kultur- und Sozialanthropologie, Universität Wien, u. a. zu sozialen Transformationsprozessen in Zusammenhang mit neuen Medizintechnologien in Österreich, Japan und den Philippinen; Senior Researcher am Institut für Höhere Studien, Wien (2004–2009), Research Fellow an der Osaka University (2007–2008), Gastprofessuren an der Universität Wien (2011–2016), der Kyoto University (2011) und der Ritsumeikan University, Kyoto (2015).
Kontakt: bernhard.hadolt@univie.ac.at

Wolfgang Kraus
ist außerordentlicher Professor am Institut für Kultur- und Sozialanthropologie der Universität Wien. Er forscht seit 1980 zu marokkanischen imazighen/Berbern mit Schwerpunkt zunächst auf Wirtschaft und sozialer Organisation, später auf tribaler Identität und historischem Wissen sowie dem Vergleich islamischer Stammesgesellschaften in Nordafrika und Westasien. Weitere Schwerpunkte sind Verwandtschaft, ethnographische Methoden, visuelle Anthropologie, Audiodokumentation sowie digitale Archivierung audiovisueller ethnographischer Daten.
Kontakt: wolfgang.kraus@univie.ac.at

Elke Mader
ist Professorin für Kultur- und Sozialanthropologie und Leiterin des Universitätslehrgangs für Interdisziplinäre Lateinamerika-Studien an der Universität Wien. Viele ihrer Studien reflektieren die Auseinandersetzung mit indigenen Gemeinschaften in Lateinamerika, wo sie mehrjährige Feldforschungen im Amazonasgebiet in Peru und Ecuador durchführte, in erster Linie zu Mythen und Ritualen. Im Rahmen der Medienanthropologie und der Visuellen Anthropologie beschäftigt sich Elke Mader u. a. mit transkulturellen Prozessen an der Schnittstelle von Ritualen und Medien sowie von Mythen und Spielfilmen, u. a. in Zusammenhang mit Bollywood und Globalisierung.
Kontakt: elke.mader@univie.ac.at

Hermann Mückler
ist außerordentlicher Professor für Kultur- und Sozialanthropologie an der Universität Wien und beschäftigt sich vor allem mit (ethno-)historischen, kolonialgeschichtlichen sowie politischen Themen zur Großregion Asien-Pazifik, insbesondere zur Pazifischen Inselwelt (Ozeanien) und Australien. Er ist Präsident der Anthropologischen Gesellschaft in Wien. Jüngste Buchpublikation: *Die Marshall-Inseln und Nauru in deutscher Kolonialzeit. Südsee-Insulaner, Händler und Kolonialbeamte in alten Fotografien* (Berlin: Frank & Timme 2016).
Kontakt: hermann.mueckler@univie.ac.at; Webseite: www.hermann-mueckler.com

Herta Nöbauer
ist Senior Lecturer am Institut für Kultur- und Sozialanthropologie der Universität Wien. Ihre Schwerpunkte in der Lehre und Forschung liegen in den Themenbereichen Umweltanthropologie, Technikanthropologie, Anthropologie der Gefühle und Kritische Männlichkeitsforschung. Aktuell forscht sie zur Anthropologie des Schnees und zu Prozessen vertikaler Globalisierung in den österreichischen Alpen.
Kontakt: herta.noebauer@univie.ac.at

Peter Schweitzer
ist Professor und Institutsvorstand am Institut für Kultur- und Sozialanthropologie der Universität Wien. Zwischen 1991 und 2013 war er an der University of Alaska Fairbanks tätig, zuletzt als Professor und Alaska EPSCOR Direktor. Schweitzers Interessens- und Publikationsspektrum umfasst den gesamten zirkumpolaren Raum, mit Schwerpunkten in Sibirien und in Alaska; thematisch reicht das Spektrum von Jäger- und Sammlerforschung über Fachgeschichte zu Infrastruktur, Mobilität und Klimawandel. Schweitzer war Präsident der International Arctic Social Sciences Association (IASSA) und ist seit 2016 Direktor des Austrian Polar Research Institute (APRI).
Kontakt: peter.schweitzer@univie.ac.at

Gertraud Seiser
ist wissenschaftliche Mitarbeiterin am Institut für Kultur- und Sozialanthropologie der Universität Wien. Aktuelle Forschungsinteressen beinhalten die Themenfelder Ökonomische Anthropologie, insbesondere soziale Sicherheit, informelle Arbeit und die Verhandlung von Gender in ruralen Kontexten sowie den Krampus als soziales und ökonomisches Phänomen.
Kontakt: gertraud.seiser@univie.ac.at

Martin Thalhammer
arbeitet als Studienassistent und Tutor am Institut für Kultur- und Sozialanthropologie. Studiert derzeit im Master Kultur- und Sozialanthropologie und Internationale Entwicklung an der Universität Wien, Sozial- und Humanökologie an der Universität Klagenfurt und Umwelt- und Bioressourcenmanagement an der Universität für Bodenkultur Wien. Er interessiert sich besonders für Ökonomische Anthropologie und Politische Ökologie.
Kontakt: martin.thalhammer@univie.ac.at

Tatjana Thelen
ist Professorin am Institut für Kultur- und Sozialanthropologie. Nach dem Studium der Ethnologie in Bonn und Köln promovierte sie 2002 an der Freien Universität Berlin mit einer Arbeit zu Eigentum und sozialer Ungleichheit in Ungarn und Rumänien. Bis 2011 führte sie verschiedene Forschungsprojekte zu Themen von Staat, Verwandtschaft und sozialer Sicherung/Care am Max-Planck-Institut für ethnologische Forschung durch. Zum Teil zeitgleich arbeitete sie an der Humboldt-Universität zu Berlin (2006–2007) und an der Universität Zürich (2008–2011). 2012 erfolgte die Habilitation an der Martin-Luther-Universität Halle/Wittenberg. Nach einer Vertretungsprofessur an der Universität Bayreuth hat sie 2012 den Ruf an die Universität Wien angenommen.
Kontakt: tatjana.thelen@univie.ac.at

Gabriele Weichart
ist Senior Lecturer am Institut für Kultur- und Sozialanthropologie der Universität Wien und Adjunct Senior Researcher an der University of Tasmania. 1997–2002 war sie als wissenschaftliche Mitarbeiterin am Institut für Ethnologie der Universität Heidelberg tätig, 2004–2005 als Gastwissenschafterin am Maison Asie-Pacifique in Marseille. Ihre Schwerpunkte in Forschung und Lehre liegen in den Bereichen Architektur, Raum und Umwelt, materielle Kultur und Kunst sowie in der Anthropology of Food. Regional ist sie auf Südostasien, v.a. Indonesien, und Australien spezialisiert, wo sie seit 1990 anthropologische und interdisziplinäre Feldforschungen durchgeführt hat.
Kontakt: gabriele.weichart@univie.ac.at

Werner Zips
ist außerordentlicher Professor für Kultur- und Sozialanthropologie an der Universität Wien. Seine Schwerpunkte in der Lehre und Forschung liegen in den Themenbereichen der Rechtsanthropologie, Politischen Anthropologie, Ethnohistorie und Historischen Anthropologie, mit einem regionalen Fokus auf die Karibik, Westafrika und das südliche Afrika. Er hat zahlreiche Filme mit ethnologischem Content produziert und Regie für TV-Dokumentationen geführt.
Kontakt: werner.zips@univie.ac.at

Manuela Zips-Mairitsch
ist Juristin und Lektorin am Institut für Kultur- und Sozialanthropologie. Ihre Schwerpunkte in der Lehre und Forschung liegen in den Themenbereichen Rechtsanthropologie, Menschenrechte, indigene Rechte, Naturschutz und wirtschaftliche Entwicklung, insbesondere im südlichen Afrika. Darüber hinaus hat sie als Gestalterin und Autorin an zahlreichen Filmprojekten für internationale Fernsehanstalten mitgearbeitet.
Kontakt: manuela.zips-mairitsch@univie.ac.at

Patricia Zuckerhut
ist Privatdozentin und Senior Lecturer am Institut für Kultur- und Sozialanthropologie und stellvertretende Leiterin des Universitätslehrgangs für Interdisziplinäre Lateinamerika-Studien an der Universität Wien. Schwerpunkte in Forschung und Lehre sind Konzepte, Theorien und Methoden der feministischen Anthropologie und der Genderforschung, feministisch-anthropologische Gewaltforschung, dekoloniale Diskurse, anthropologische Personenkonzepte, Kosmovision, Haushalt und Community, Peasant Studies, Latein- und Mittelamerika.
Kontakt: patricia.zuckerhut@univie.ac.at